Kohlhammer
Deutscher Gemeindeverlag

Schriftenreihe
Verwaltung in Praxis und Wissenschaft (vpw)

Herausgegeben von
Prof. Gerhard Banner, vorm. Vorstand der Kommunalen Gemeinschaftsstelle für Verwaltungsvereinfachung, Köln

Prof. Dr. Ernst Pappermann, vorm. Geschäftsführendes Präsidialmitglied des Deutschen Städtetages, Köln
beide Honorarprofessoren an der Deutschen Hochschule für Verwaltungswissenschaften Speyer

Verwaltungsrecht für die Fallbearbeitung

Praktische Anleitungen zum Erwerb
prüfungsrelevanter Kenntnisse und Fertigkeiten

7., neubearbeitete und erweiterte Auflage

Regierungsdirektor Dr. Raimund Brühl

Hochschullehrer an der Fachhochschule des
Bundes für öffentliche Verwaltung

Kohlhammer
Deutscher Gemeindeverlag

Für Christoph

© 2006
(7., neubearbeitete Auflage – erstmals 1984)
Deutscher Gemeindeverlag GmbH und Verlag W. Kohlhammer GmbH
Verlagsort: Stuttgart
Gesamtherstellung: Deutscher Gemeindeverlag GmbH
Nachdruck, auch auszugsweise, verboten – Alle Rechte vorbehalten
Recht zur fotomechanischen Wiedergabe nur mit Genehmigung des Verlages
Buch-Nr.: G 0/472
ISBN 10: 3-555-01380-7
ISBN 13: 978-3-555-01380-0

Vorwort
zur 7. Auflage

Im Verwaltungsrecht zeigt sich immer wieder in besonderem Maße, dass abstraktes Lehrbuchwissen noch keinen Erfolg garantiert. In Prüfung und Praxis stellt die Umsetzung theoretischer Kenntnisse in einzelfallbezogene Rechtsanwendung den zentralen Problempunkt dar. Der nunmehr bereits in 7. Auflage erscheinende Band hat es sich deshalb zum Ziel gesetzt, die im Verwaltungsrecht erforderlichen Kenntnisse und Fertigkeiten von vornherein fallbearbeitungsbezogen zu vermitteln. Dieses seit nunmehr fast 25 Jahren in den unterschiedlichsten Aus- und Fortbildungsveranstaltungen bewährte Konzept erspart dem Lernenden viel Zeit und manches Misserfolgserlebnis. Es ermöglicht dem Anfänger schnell ein erfolgreiches Arbeiten und führt den Fortgeschrittenen zu Sicherheit und Gewandtheit.

Das Werk fasst mit dem Allgemeinen Verwaltungsrecht, dem Polizei- und Ordnungsrecht und dem Verwaltungsrechtsschutz die Kerngebiete des Verwaltungsrechts in einem Band zusammen. Durch die Wissensvermittlung in Form von Frage und Antwort wird der Stoff in überschaubare Lernschritte aufgeteilt und eine Lernkontrolle ermöglicht. Zahlreiche Fälle mit Lösung bieten Gelegenheit zur Übung und Vertiefung und machen auf prüfungsrelevante Fallgestaltungen aufmerksam. Die für die praktische Arbeit notwendigen Fertigkeiten werden in Anwendungsproblemkreisen behandelt, die sich eingehend mit der Problemstellung, dem Aufbau, der richtigen Gewichtung und der Durchführung der Prüfung bis hin zu Formulierungsvorschlägen beschäftigen.

Die vollständig überarbeitete Neuauflage berücksichtigt neben zahlreichen Änderungen in Fachgesetzen insbesondere das Informationsfreiheitsgesetz des Bundes und das neue Verwaltungszustellungsgesetz. Die ausbildungsrelevante Rechtsprechung und Literatur sind sorgfältig bis Mai 2006 eingearbeitet. Zur besseren Lesbarkeit des Textes sind die Zitate in Fußnoten verlegt worden. Bei den klausurwichtigen Formulierungsvorschlägen sind die weiblichen Formen eingefügt worden, damit die Wahl der geschlechtsspezifischen Bezeichnung nicht vergessen wird. Im Übrigen stehen männliche Bezeichnungen in diesem Buch aus Vereinfachungsgründen zugleich für weibliche. In zweifacher Hinsicht ist die Neuauflage erweitert worden: Erstens ist in die Grundlagen ein Kapitel zur Verwaltungsorganisation aufgenommen worden, die insbesondere in der mündlichen Prüfung steigende Beachtung findet. Zweitens ist im Polizei- und Ordnungsrecht die Bundespolizei durchgängig einbezogen worden.

Ich wünsche allen Nutzern dieses Buches Erfolg in der Fallbearbeitung und bin für Kritik und Anregungen stets dankbar.

Brühl, im Mai 2006   Raimund Brühl

Zum Autor:

Dr. iur. Raimund Brühl ist nach wissenschaftlichen Tätigkeiten an den Universitäten Bonn und Bayreuth und Praxiserfahrungen in der Bundes- und Kommunalverwaltung seit 1982 Hochschullehrer an der Fachhochschule des Bundes für öffentliche Verwaltung. Am Fachbereich Allgemeine Innere Verwaltung in Brühl vertritt er die Fächer Verwaltungsrecht sowie Staats- und Verfassungsrecht. Seine Lehr- und Prüferfahrung hat er in zahlreichen Veröffentlichungen weitergegeben, die sich durch einen konsequenten Fallbearbeitungsbezug auszeichnen. Daneben engagiert er sich in der Fortbildung als ständiger Gastdozent der Bundesakademie für öffentliche Verwaltung in den Lehrgängen zur Förderung des Aufstiegs in den höheren Dienst sowie im Rahmen eines Fernstudiums zur Verwaltungsfachwirtin/zum Verwaltungsfachwirt.

Internet: www.fhbund.de/aiv unter Hochschullehrende
E-Mail: Raimund.Bruehl@fhbund.de

Inhaltsverzeichnis

Vorwort	V
Verzeichnis der abgekürzt zitierten Literatur	XV
Abkürzungen	XVI

ERSTER TEIL: Allgemeines Verwaltungsrecht

1. Abschnitt: Grundlagen

A.	Die öffentliche Verwaltung	1
	1. Aufgabe der öffentlichen Verwaltung	1
	2. Funktionen der öffentlichen Verwaltung	1
	3. Begriff der öffentlichen Verwaltung	2
	4. Arten öffentlicher Verwaltung	3
B.	Die Verwaltungsorganisation	4
	5. Grundbegriffe des Verwaltungsorganisationsrechts	4
	6. Aufbau der Bundesverwaltung	7
	7. Verwaltungsaufbau in den Ländern	8
	8. Funktionen und Arten der Zuständigkeit	11
C.	Das Recht als Grundlage der Aufgabenerfüllung	13
	9. Bedeutung des Rechts für die Verwaltung	13
	10. Struktur der Rechtsordnung	13
	11. Anwendungsproblemkreis 1: Die Prüfung der öffentlich-rechtlichen oder privatrechtlichen Natur des Verwaltungshandelns	14
	I. Problemstellung	14
	II. Der Gedankengang	15
	III. Abgrenzung	15
	1. Die Abgrenzungstheorien	16
	2. Problemfälle	17
	a) Realakte	17
	b) Maßnahmen mit doppelter Rechtsgrundlage	17
	c) Verträge	18
	d) Benutzung öffentlicher Anstalten und Einrichtungen	18
	IV. Empfehlung für die Fallbearbeitung	19
	12. Rechtsquellen des Verwaltungsrechts	20
	13. Rangordnung der Rechtsquellen	22
	14. Außenwirkung von Verwaltungsvorschriften	23
	15. Allgemeines und Besonderes Verwaltungsrecht	23
	16. Anwendungsbereich der Verwaltungsverfahrensgesetze	24

| 17. | Rechtsanwendung in der Verwaltung | 25 |
| 18. | Unbestimmte Rechtsbegriffe und Ermessen | 25 |

D. Handlungsformen der öffentlichen Verwaltung ... 27

| 19. | Handlungsformen | 27 |
| 20. | Kontrollfragen | 28 |

E. Allgemeine Grundsätze des Verwaltungshandelns ... 29

21.	Überblick	29
22.	Grundsatz der Gesetzmäßigkeit	29
23.	Grundsatz der Verhältnismäßigkeit	31
24.	Anforderungen an Ermessensentscheidungen	32
25.	Gleichheitsgrundsatz	32
26.	Grundsatz von Treu und Glauben	33

F. Das Verwaltungsrechtsverhältnis ... 34

27.	Begriff des Verwaltungsrechtsverhältnisses	34
28.	Arten von Verwaltungsrechtsverhältnissen	34
29.	Subjektives öffentliches Recht	35

2. Abschnitt: Die Lehre vom Verwaltungsakt

A. Bedeutung, Begriff und Arten des Verwaltungsakts ... 37

30.	Bedeutung des Verwaltungsakts	38
31.	Gesetzliche Definition des Verwaltungsakts	39
32.	Konstitutive Begriffsmerkmale	39
33.	Anwendungsproblemkreis 2: Die Prüfung der Begriffsmerkmale des Verwaltungsakts	39
	I. Problemstellung	39
	II. Die richtige Gewichtung	40
	III. Zitierung und Wiedergabe der Legaldefinition	40
	IV. Allgemeines zu den Begriffsmerkmalen	41
	V. Zu den einzelnen Begriffsmerkmalen	41
	1. hoheitliche Maßnahme	41
	2. einer Behörde	43
	3. auf dem Gebiet des öffentlichen Rechts	44
	4. zur Regelung	45
	5. mit Außenwirkung	48
	6. eines Einzelfalls	50
	VI. Abschließende Empfehlung	53
34.	Übungs- und Vertiefungsfälle	55
35.	Arten von Verwaltungsakten	65

B. Nebenbestimmungen ... 66

| 36. | Begriff, Arten und Funktion von Nebenbestimmungen | 67 |

Inhaltsverzeichnis

- 37. Unterschied Befristung – Bedingung. 67
- 38. Arten von Befristungen und Bedingungen. 68
- 39. Wirksamkeit aufschiebend befristeter oder bedingter Verwaltungsakte 69
- 40. Funktion des Widerrufsvorbehalts. 69
- 41. Unterschied Widerrufsvorbehalt – auflösende Bedingung 70
- 42. Begriff und Rechtscharakter der Auflage. 70
- 43. Rechtswirkungen der Auflage 70
- 44. Modifizierende Auflage 71
- 45. Abgrenzung Bedingung – Auflage. 71
- 46. Übungs- und Vertiefungsfälle 72
- 47. Auflagenvorbehalt 73
- 48. Zulässigkeit von Nebenbestimmungen 73

C. Rechtmäßigkeitsanforderungen. 74
- 49. Anwendungsproblemkreis 3: Die Rechtmäßigkeitsprüfung. . . . 74
  - I. Problemstellung 74
  - II. Grundsätzliches zu Aufbau und Darstellung 75
  - III. Prüfung der Rechtmäßigkeit eines erlassenen belastenden Verwaltungsakts 77
    - 1. Grundaufbau. 77
    - 2. Fortentwickelter Aufbau für Ermessensakte 91
  - IV. Prüfung der Rechtmäßigkeit eines beabsichtigten belastenden Verwaltungsakts 94
  - V. Prüfung der Rechtmäßigkeit eines erlassenen begünstigenden Verwaltungsakts 96
  - VI. Prüfung der Rechtmäßigkeit eines beabsichtigten begünstigenden Verwaltungsakts 100

D. Fehlerhafte Verwaltungsakte 101
- 50. Fehlerquellen und Fehlerfolgen. 102
- 51. Arten fehlerhafter Verwaltungsakte 102
- 52. Unrichtige Verwaltungsakte. 103
- 53. (Schlicht) Rechtswidrige Verwaltungsakte 103
- 54. Nichtige Verwaltungsakte 104
- 55. Rechtsschutz bei nichtigen Verwaltungsakten 105
- 56. Nicht(verwaltungs)akte 107
- 57. Übungs- und Vertiefungsfälle 107

E. Bestandskraft und ihre Durchbrechung durch Rücknahme und Widerruf 117
- 58. Formelle und materielle Bestandskraft 119
- 59. Durchbrechung der Bestandskraft. 119
- 60. Einleitung eines Wiederaufnahmeverfahrens 119
- 61. Ablauf des Wiederaufnahmeverfahrens 120
- 62. Entscheidung über das Wiederaufgreifen 120
- 63. Wiederholende Verfügung und Zweitbescheid 122

Inhaltsverzeichnis

64.	Regelungsstruktur der §§ 48, 49 VwVfG	123
65.	Zeitlicher Unterschied zwischen Rücknahme und Widerruf	124
66.	Interessenlage bei Aufhebung belastender und begünstigender Verwaltungsakte	125
67.	Folgen schutzwürdigen Vertrauens für die Rücknahme	125
68.	Entschädigungsansprüche und Erstattungspflichten	126
69.	Zeitliche Grenzen der Aufhebbarkeit	126
70.	Übungs- und Vertiefungsfälle	127

F. Verwaltungsvollstreckung 135

71.	Begriff der Verwaltungsvollstreckung	135
72.	Gesetzliche Grundlagen der Verwaltungsvollstreckung	136
73.	Arten der Verwaltungsvollstreckung	136
74.	Verwaltungsvollstreckung wegen Geldforderungen	137
75.	Anwendungsproblemkreis 4: Die Prüfung der Rechtmäßigkeit des Verwaltungszwangs	137
	I. Problemstellung	137
	II. Prüfung der Rechtmäßigkeit des Verwaltungszwangs im gestreckten Verfahren	138
	III. Prüfung der Rechtmäßigkeit des sofortigen Vollzugs	153
	IV. Prüfung der Rechtmäßigkeit eines auf Erstattung der Kosten der Ersatzvornahme oder des unmittelbaren Zwangs gerichteten Leistungsbescheids	156
	V. Rechtsbehelfe	160

3. Abschnitt: Der öffentlich-rechtliche Vertrag

76.	Rechtsgrundlagen	163
77.	Begriff	163
78.	Arten	164
79.	Bedeutung	164
80.	Zulässigkeit	165
81.	Rechtmäßigkeitsanforderungen	165
82.	Rechtsfolgen der Rechtswidrigkeit	166
83.	Erfüllung	167
84.	Durchsetzung	167

ZWEITER TEIL: Polizei- und Ordnungsrecht

1. Abschnitt: Grundlagen

85.	Geschichtliche Entwicklung des Polizei- und Ordnungsrechts	169
86.	Polizeibegriff	171
87.	Gesetzgebungs- und Verwaltungskompetenz	171
88.	Gesetze des allgemeinen Polizei- und Ordnungsrechts	172
89.	Grundsatz der Subsidiarität	175

90.	Legalitäts- und Opportunitätsprinzip	176
91.	Mittel der Gefahrenabwehr	177
92.	Grundrechtskonformität der Befugnisse	179
93.	Entschädigungsleistungen.	181

2. Abschnitt: Die Polizei- und Ordnungsverfügung

A. Zuständigkeit 183
  94. Anwendungsproblemkreis 5: Die Zuständigkeitsprüfung
     im Polizei- und Ordnungsrecht 183
     I. Problemstellung 183
     II. Die Organisation der Gefahrenabwehr 183
     III. Funktionsbezeichnung – Rechtsträger –
        Behörde im organisationsrechtlichen Sinne 185
     IV. Die Systematik der Zuständigkeitsregelung 187
     V. Sachliche Zuständigkeit 188
       1. Spezialzuweisungen 188
          a) Ordnungsverwaltung 188
          b) Polizei 191
       2. Generalzuweisung 191
          a) Die Aufgabe der Gefahrenabwehr 191
          b) Die subsidiäre Zuständigkeit der Polizei 192
          c) Subsidiäre Zuständigkeit zum Schutz
             privater Rechte 193
          d) Gefahrenabwehr gegenüber Verwaltungsträgern . . . 194
     VI. Instanzielle Zuständigkeit 195
       1. Ordnungsverwaltung 195
       2. Polizei 196
     VII. Örtliche Zuständigkeit 196
       1. Ordnungsverwaltung 197
       2. Polizei 197

B. Ermächtigungsgrundlage 198
  95. Anwendungsproblemkreis 6: Die Prüfung der
     Ermächtigungsgrundlage im Polizei- und Ordnungsrecht 198
     I. Problemstellung 198
     II. Das System der Ermächtigungsgrundlagen 198
     III. Die drei grundlegenden Klausurtypen 199
        Klausurtyp 1: Spezialermächtigung 200
       1. Die Charakteristik des Klausurtyps 200
       2. Die Ermittlung von Spezialermächtigungen 200
        Klausurtyp 2: Generalermächtigung 201
       1. Die Charakteristik des Klausurtyps 201
       2. Die Grundstruktur der Generalklausel 202
       3. Das Schutzgut „öffentliche Sicherheit" 203
       4. Das Schutzgut „öffentliche Ordnung" 204

5. Die Gefahr 206
Klausurtyp 3: Generalermächtigung iVm
speziaigesetzlichem Ge- oder Verbot 210
  1. Die Charakteristik des Klausurtyps................ 210
  2. Die Prüfungsfolge............................ 210

C. Polizei- und ordnungspflichtige Personen 212
  96. Überblick.. 212
  97. Verantwortlichkeit für das Verhalten von Personen.......... 213
  98. Verantwortlichkeit für den Zustand von Sachen und Tieren ... 214
  99. Inanspruchnahme nicht verantwortlicher Personen 215
  100. Übungs- und Vertiefungsfälle 216

D. Anforderungen an das Mittel der Gefahrenabwehr 223
  101. Übungs- und Vertiefungsfälle 223

E. Ermessen... 231
  102. Ermessensspielraum der Generalermächtigung............ 231
  103. Entschließungsermessen 231
  104. Auswahlermessen zwischen mehreren Adressaten 232
  105. Auswahlermessen zwischen mehreren Mitteln 233

DRITTER TEIL: Verwaltungsrechtsschutz

A. System der Verwaltungskontrolle 235
  106. Überblick.. 235

B. Formlose Rechtsbehelfe 237
  107. Kennzeichen formloser Rechtsbehelfe 237
  108. Arten formloser Rechtsbehelfe 238
  109. Funktion formloser Rechtsbehelfe....................... 239

C. Widerspruch.. 239
  110. Zwecke des Vorverfahrens 239
  111. Rechtsgrundlagen des Vorverfahrens.................... 239
  112. Anwendungsproblemkreis 7: Die Prüfung der Zulässigkeit
       und Begründetheit eines Widerspruchs.................. 240
    I. Problemstellung 240
    II. Klausurtaktische Überlegungen 240
    III. Aufbauvorschlag 240
       1. Auslegung des Rechtsschutzziels 241
       2. Zulässigkeit des Widerspruchs 242
          a) Grundsätzliches............................. 242
          b) Einleitung der Zulässigkeitsprüfung............. 242
          c) Zulässigkeitsvoraussetzungen 242

Inhaltsverzeichnis

d) Zwischenergebnis	259
3. Sonderpunkt: Zuständigkeit der Widerspruchsbehörde	259
4. Begründetheit des Widerspruchs	259
5. Ergebnis	261
IV. Zusatzaufgaben	261
113. Ablauf des Vorverfahrens	262
114. Widerspruchsbehörde	262
115. Verböserung im Widerspruchsverfahren	263
116. Kosten des Vorverfahrens	263
117. Aufschiebende Wirkung des Widerspruchs	264
118. Anwendungsproblemkreis 8: Die Prüfung der Rechtmäßigkeit der Anordnung der sofortigen Vollziehung	266
I. Problemstellung	266
II. Durchführung der Prüfung	267
D. Verwaltungsgerichtlicher Rechtsschutz	270
119. Aufbau der Verwaltungsgerichtsbarkeit	270
120. Verfahrensgrundsätze	271
121. Anwendungsproblemkreis 9: Die Prüfung der Zulässigkeit und Begründetheit einer verwaltungsgerichtlichen Klage	271
I. Problemstellung	271
II. Grundsätzliches zum Aufbau und zu den Klagearten	272
III. Allgemeine Zulässigkeitsvoraussetzungen	273
IV. Besondere Zulässigkeitsvoraussetzungen und Begründetheitsanforderungen	277
1. Anfechtungsklage	277
a) Statthaftigkeit der Klageart	277
b) Besondere Zulässigkeitsvoraussetzungen	278
c) Begründetheit der Anfechtungsklage	278
2. Verpflichtungsklage	279
a) Statthaftigkeit der Klageart	280
b) Besondere Zulässigkeitsvoraussetzungen	280
c) Begründetheit der Verpflichtungsklage	281
3. Allgemeine Leistungsklage	282
a) Statthaftigkeit der Klageart	282
b) Besondere Zulässigkeitsvoraussetzungen	283
c) Begründetheit der allgemeinen Leistungsklage	283
4. (Allgemeine) Feststellungsklage	284
a) Statthaftigkeit der Klageart	284
b) Besondere Zulässigkeitsvoraussetzungen	285
c) Begründetheit der Feststellungsklage	285
5. Fortsetzungsfeststellungsklage	286
a) Statthaftigkeit der Klageart	286
b) Besondere Zulässigkeitsvoraussetzungen	287
c) Begründetheit der Fortsetzungsfeststellungsklage	288
6. Normenkontrollverfahren	288
a) Statthaftigkeit des Normenkontrollverfahrens	288

Inhaltsverzeichnis

b) Zulässigkeit des Normenkontrollverfahrens	289
c) Begründetheit des Normenkontrollverfahrens	290
122. Anwendungsproblemkreis 10. Die Prüfung der Zulässigkeit und Begründetheit von Anträgen auf Gewährung vorläufigen Rechtsschutzes..................................	290
I. Problemstellung................................	290
II. Gesetzessystematik.............................	291
III. Anträge auf Anordnung bzw. Wiederherstellung der aufschiebenden Wirkung	291
1. Zulässigkeit des Antrags......................	292
2. Begründetheit des Antrags	294
3. Besonderheiten bei Verwaltungsakten mit Doppelwirkung	295
IV. Anträge auf Erlass einer einstweiligen Anordnung	297
1. Zulässigkeit des Antrags......................	297
2. Begründetheit des Antrags	299
123. Rechtsmittel..	300
Sachregister	303

Verzeichnis der abgekürzt zitierten Literatur

Achternberg	Allgemeines Verwaltungsrecht. 2. Aufl. 1986
Blasius/Büchner	Verwaltungsrechtliche Methodenlehre. 2. Aufl. 1984
Brühl, Entscheiden	Entscheiden im Verwaltungsverfahren. 1990
Brühl, Fallbearbeitung	Die juristische Fallbearbeitung in Klausur, Hausarbeit und Vortrag. 3. Aufl. 1992
Büchner/Schlotterbeck	Verwaltungsprozessrecht. 6. Aufl. 2001
Drews/Wacke/Vogel/ Martens	Gefahrenabwehr. 9. Aufl. 1986
Erichsen/Ehlers	Allgemeines Verwaltungsrecht. 12. Aufl. 2002
Giemulla/Jaworsky/ Müller-Uri	Verwaltungsrecht. 7. Aufl. 2004
Götz	Allgemeines Polizei- und Ordnungsrecht. 13. Aufl. 2001
Hofmann/Gerke	Allgemeines Verwaltungsrecht. 9. Aufl. 2005
Knack	Verwaltungsverfahrensgesetz. Kommentar. 8. Aufl. 2004
Knemeyer	Polizei- und Ordnungsrecht. 10. Aufl. 2004
Kopp/Schenke	Verwaltungsgerichtsordnung. Kommentar. 14. Aufl. 2005
Kopp/Ramsauer	Verwaltungsverfahrensgesetz. Kommentar. 9. Aufl. 2005
Maurer	Allgemeines Verwaltungsrecht. 16. Aufl. 2006
Meyer/Borgs	Kommentar zum Verwaltungsverfahrensgesetz. 2. Aufl. 1982
Möller/Wilhelm	Allgemeines Polizei- und Ordnungsrecht. 5. Aufl. 2003
Obermayer/Fritz	Kommentar zum Verwaltungsverfahrensgesetz. 3. Aufl. 1999
Pietzner/Ronellenfitsch	Das Assessorexamen im Öffentlichen Recht. 11. Aufl. 2005
Redeker/v. Oertzen	Verwaltungsgerichtsordnung. Kommentar. 14. Aufl. 2004
Schmitt Glaeser/Horn	Verwaltungsprozessrecht. 16. Aufl. 2005
Schwerdtfeger	Öffentliches Recht in der Fallbearbeitung. 12. Aufl. 2004
Stelkens/Bonk/Sachs	Verwaltungsverfahrensgesetz. Kommentar. 6. Aufl. 2001

Abkürzungen

aA	anderer Ansicht
aaO	am angegebenen Ort
Abs.	Absatz
a.F.	alte Fassung
AG	Aktiengesellschaft
AGVwGO	Gesetz zur Ausführung der Verwaltungsgerichtsordnung
AktG	Aktiengesetz
ALR	Preußisches Allgemeines Landrecht
Alt.	Alternative
Anm.	Anmerkung
AO	Abgabenordnung
AöR	Archiv des öffentlichen Rechts (Zeitschrift)
APF	Ausbildung, Prüfung, Fortbildung (Zeitschrift)
Art.	Artikel
ASOG	Allgemeines Sicherheits- und Ordnungsgesetz
AsylVfG	Gesetz über das Asylverfahren
AufenthG	Gesetz über den Aufenthalt, die Erwerbstätigkeit und die Integration von Ausländern im Bundesgebiet (Aufenthaltsgesetz)
Aufl.	Auflage
AZG	Arbeitszeitgesetz
BAföG	Bundesgesetz über individuelle Förderung der Ausbildung (Ausbildungsförderungsgesetz)
BauGB	Baugesetzbuch
BauO	(Landes-)Bauordnung
BauR	Baurecht (Zeitschrift)
Bay	Bayern; Bayerisches
BayObLG	Bayerisches Oberstes Landesgericht
BayVBl	Bayerische Verwaltungsblätter (Zeitschrift)
BayVGH	Bayerischer Verwaltungsgerichtshof
BBesG	Bundesbesoldungsgesetz
Bbg	Brandenburg; Brandenburgisches
BBG	Bundesbeamtengesetz

Abkürzungen

BbgPolG	Gesetz über die Aufgaben, Befugnisse, Organisation und Zuständigkeit der Polizei im Land Brandenburg (Brandenburgisches Polizeigesetz)
BDG	Bundesdisziplinargesetz
BDSG	Bundesdatenschutzgesetz
BGB	Bürgerliches Gesetzbuch
BGH	Bundesgerichtshof
BGHSt	Entscheidungen des Bundesgerichtshofs in Strafsachen
BGHZ	Entscheidungen des Bundesgerichtshofs in Zivilsachen
BHO	Bundeshaushaltsordnung
BImSchG	Gesetz zum Schutz vor schädlichen Umwelteinwirkungen durch Luftverunreinigungen, Geräusche, Erschütterungen und ähnliche Vorgänge (Bundes-Immissionsschutzgesetz)
Bln	Berlin; Berlinerisches
BMinG	Gesetz über die Rechtsverhältnisse der Mitglieder der Bundesregierung (Bundesministergesetz)
BNatSchG	Gesetz über Naturschutz und Landschaftspflege (Bundesnaturschutzgesetz)
BPersVG	Bundespersonalvertretungsgesetz
BPolG	Bundespolizeigesetz
Brm	Bremen; Bremerisches
BRRG	Rahmengesetz zur Vereinheitlichung des Beamtenrechts (Beamtenrechtsrahmengesetz)
BRS	Baurechtssammlung
BSG	Bundessozialgericht
BSGE	Entscheidungen des Bundessozialgerichts
BT-Drucks.	Bundestags-Drucksache
Buchst.	Buchstabe
BVerfG	Bundesverfassungsgericht
BVerfGE	Entscheidungen des Bundesverfassungsgerichts
BVerfGG	Gesetz über das Bundesverfassungsgericht
BVerwG	Bundesverwaltungsgericht
BVerwGE	Entscheidungen des Bundesverwaltungsgerichts
BWG	Bundeswahlgesetz
BWVBl	Baden-Württembergische Verwaltungsblätter (Zeitschrift)
BWVPr	Baden-Württembergische Verwaltungspraxis (Zeitschrift)
DDR	Deutsche Demokratische Republik

Abkürzungen

Der Staat	Der Staat (Zeitschrift)
d.h.	das heißt
Die Verwaltung	Die Verwaltung. Zeitschrift für Verwaltungswissenschaft
DÖD	Der Öffentliche Dienst (Zeitschrift)
DÖV	Die Öffentliche Verwaltung (Zeitschrift)
DtZ	Deutsch-Deutsche Rechts-Zeitschrift
DVBl	Deutsches Verwaltungsblatt (Zeitschrift)
DVP	Deutsche Verwaltungspraxis (Zeitschrift)
DVW	Der Verwaltungswirt (Zeitschrift)
EGGVG	Einführungsgesetz zum Gerichtsverfassungsgesetz
EU	Europäische Union
f.	folgende
ff.	fortfolgende
FGO	Finanzgerichtsordnung
FlurbG	Flurbereinigungsgesetz
Fortbildung	Fortbildung. Zeitschrift für Führungskräfte in Verwaltung und Wirtschaft
FStrG	Bundesfernstraßengesetz
GastG	Gaststättengesetz
GBl.	Gesetzblatt
GebG	Gebührengesetz
GefAG	Gefahrenabwehrgesetz
GenTG	Gesetz zur Regelung der Gentechnik (Gentechnikgesetz)
GewArch	Gewerbearchiv (Zeitschrift)
GewO	Gewerbeordnung
GG	Grundgesetz
GmbH	Gesellschaft mit beschränkter Haftung
GmbHG	Gesetz betreffend die Gesellschaften mit beschränkter Haftung
GmS-OGB	Gemeinsamer Senat der Obersten Gerichtshöfe des Bundes
GO	Gemeindeordnung
grds.	grundsätzlich
GV., GVBl., GVOBl.	Gesetz- und Verordnungsblatt
GVG	Gerichtsverfassungsgesetz
GWB	Gesetz gegen Wettbewerbsbeschränkungen (Kartellgesetz)

Abkürzungen

ha	Hektar
HandwO	Handwerksordnung
HGB	Handelsgesetzbuch
HGrG	Haushaltsgrundsätzegesetz
ieS	im engeren Sinne
IFG	Gesetz zur Regelung des Zugangs zu Informationen des Bundes (Informationsfreiheitsgesetz)
IfSG	Gesetz zur Verhütung und Bekämpfung von Infektionskrankheiten beim Menschen (Infektionsschutzgesetz)
IT	Informationstechnologie
iVm	in Verbindung mit
JA	Juristische Arbeitsblätter (Zeitschrift)
JuSchG	Jugendschutzgesetz
JR	Juristische Rundschau (Zeitschrift)
Jura	Juristische Ausbildung (Zeitschrift)
Jura RÖR	Jura Repetitorium Öffentliches Recht
JuS	Juristische Schulung (Zeitschrift)
JZ	Juristenzeitung (Zeitschrift)
KAG	Kommunalabgabengesetz
kg	Kilogramm
KG	Kommanditgesellschaft
km/h	Kilometer pro Stunde
KostO	Kostenordnung zum Verwaltungsvollstreckungsgesetz
KrO NRW	Kreisordnung für das Land Nordrhein-Westfalen
KrW-/AbfG	Kreislaufwirtschafts- und Abfallgesetz
KSchG	Kündigungsschutzgesetz
LAbfG	Landesabfallgesetz
LFGB	Lebensmittel-, Bedarfsgegenstände- und Futtermittelgesetzbuch (Lebensmittel- und Futtermittelgesetzbuch)
LKrO Bbg	Landkreisordnung für das Land Brandenburg (Landkreisordnung)
LKV	Landes- und Kommunalverwaltung (Zeitschrift)
LSA	Land Sachsen-Anhalt
LStVG	Landesstraf- und Verordnungsgesetz
LVG	Landesverwaltungsgericht

Abkürzungen

LVwG SH	Allgemeines Verwaltungsgesetz für das Land Schleswig-Holstein (Landesverwaltungsgesetz)
LWG NRW	Wassergesetz für das Land Nordrhein-Westfalen (Landeswassergesetz)
LZG	Verwaltungszustellungsgesetz
m²	Quadratmeter
MDR	Monatsschrift für Deutsches Recht (Zeitschrift)
MuSchG	Gesetz zum Schutz der erwerbstätigen Mutter (Mutterschutzgesetz)
M-V	Mecklenburg-Vorpommern
mwN	mit weiteren Nachweisen
Nds	Niedersachsen, Niedersächsisches
NJW	Neue Juristische Wochenschrift (Zeitschrift)
Nr(n).	Nummer(n)
NVwZ	Neue Zeitschrift für Verwaltungsrecht (Zeitschrift)
NVwZ-RR	NVwZ-Rechtsprechungs-Report Verwaltungsrecht
NRW	Nordrhein-Westfalen
NWVBl	Nordrhein-Westfälische Verwaltungsblätter (Zeitschrift)
OBG	Ordnungsbehördengesetz
OHG	Offene Handelsgesellschaft
OLG	Oberlandesgericht
OVG	Oberverwaltungsgericht
OVGE	Entscheidungen der Oberverwaltungsgerichte für das Land Nordrhein-Westfalen in Münster sowie für die Länder Niedersachsen und Schleswig-Holstein in Lüneburg
OWiG	Gesetz über Ordnungswidrigkeiten
PAG	Polizeiaufgabengesetz
ParteiG	Gesetz über die politischen Parteien (Parteiengesetz)
POG	Polizeiorganisationsgesetz
PolG	Polizeigesetz
ProdHaftG	Gesetz über die Haftung für fehlerhafte Produkte (Produkthaftungsgesetz)
PrOVGE	Entscheidungen des Preußischen Oberverwaltungsgerichts
PsychKG NRW	Gesetz über Hilfen und Schutzmaßnahmen bei psychischen Krankheiten des Landes Nordrhein-Westfalen
PUAG	Gesetz zur Regelung des Rechts der Untersuchungsausschüsse des Deutschen Bundestages (Untersuchungsausschussgesetz)

Abkürzungen

PVG	Polizeiverwaltungsgesetz
Rdnr(n)., Rn.	Randnummer(n)
RiA	Recht im Amt (Zeitschrift)
RP	Rheinland-Pfalz
Rz.	Randziffer
S.	Seite oder Satz
Sächs	Sächsisches
SGB-I	Sozialgesetzbuch, Erstes Buch. Allgemeiner Teil
SGB-X	Sozialgesetzbuch, Zehntes Buch. Verwaltungsverfahren
SGB-XII	Sozialgesetzbuch, Zwölftes Buch. Sozialhilfe
SGG	Sozialgerichtsgesetz
SH	Schleswig-Holstein
sog.	sogenannte
SOG	Sicherheits- und Ordnungsgesetz
SoldatenG	Soldatengesetz
SPolG	Saarländisches Polizeigesetz
StAG	Staatsangehörigkeitsgesetz
StGB	Strafgesetzbuch
StPO	Strafprozessordnung
StrWG	Straßen- und Wegegesetz
StVG	Straßenverkehrsgesetz
StVO	Straßenverkehrs-Ordnung
StVZO	Straßenverkehrs-Zulassungs-Ordnung
Thür	Thüringen; Thüringisches
TierSchG	Tierschutzgesetz
u.a.	unter anderem
UBWV	Unterrichtsblätter für die Bundeswehrverwaltung (Zeitschrift)
UmweltHG	Umwelthaftungsgesetz
UPR	Umwelt- und Planungsrecht (Zeitschrift)
usw.	und so weiter
UWG	Gesetz gegen den unlauteren Wettbewerb
UZWG	Gesetz über den unmittelbaren Zwang bei Ausübung öffentlicher Gewalt durch Vollzugsbeamte des Bundes

Abkürzungen

UZwGBw	Gesetz über die Anwendung unmittelbaren Zwanges und die Ausübung besonderer Befugnisse durch Soldaten der Bundeswehr und zivile Wachpersonen
VA	Verwaltungsakt
VerfGH	Verfassungsgerichtshof
VerkPBG	Gesetz zur Beschleunigung der Planungen für Verkehrswege in den neuen Ländern sowie im Land Berlin (Verkehrswegeplanungsbeschleunigungsgesetz)
VersG	Gesetz über Versammlungen und Aufzüge (Versammlungsgesetz)
VersR	Versicherungsrecht (Zeitschrift)
VerwArch	Verwaltungsarchiv (Zeitschrift)
VerwRspr	Verwaltungsrechtsprechung in Deutschland. Sammlung obergerichtlicher Entscheidungen aus dem Verfassungs- und Verwaltungsrecht
VG	Verwaltungsgericht
VGH	Verwaltungsgerichtshof
vgl.	vergleiche
VOP	Verwaltungsführung/Organisation/Personal. Fachzeitschrift für die öffentliche Verwaltung
VR	Verwaltungsrundschau (Zeitschrift)
VVDStRL	Veröffentlichungen der Vereinigung der Deutschen Staatsrechtslehrer
VwGO	Verwaltungsgerichtsordnung
VwVfG	Verwaltungsverfahrensgesetz
VwVG	Verwaltungs-Vollstreckungsgesetz
VwZG	Verwaltungszustellungsgesetz
VwZVG	Verwaltungszustellungs- und Vollstreckungsgesetz
WaffG	Waffengesetz
WHG	Gesetz zur Ordnung des Wasserhaushalts (Wasserhaushaltsgesetz)
WpflG	Wehrpflichtgesetz
z.B.	zum Beispiel
ZBR	Zeitschrift für Beamtenrecht
ZParl	Zeitschrift für Parlamentsfragen
ZPO	Zivilprozessordnung

ERSTER TEIL: Allgemeines Verwaltungsrecht

Im Allgemeinen Verwaltungsrecht soll die Studentin/der Student die Grundstrukturen, -elemente und -prinzipien des Verwaltungsrechts kennen lernen und sich die grundlegenden Fertigkeiten aneignen, die eine Orientierung und Fallbearbeitung auf allen Gebieten des Besonderen Verwaltungsrechts ermöglichen.

1. Abschnitt: Grundlagen

A. Die öffentliche Verwaltung

Fragen
1. Was ist die Aufgabe der öffentlichen Verwaltung?
2. Welche Funktionen nimmt sie wahr, um diese Aufgabe zu erfüllen?
3. Wie kann man den Begriff der öffentlichen Verwaltung definieren?
4. Welche Arten öffentlicher Verwaltung unterscheidet man?

Antworten

1. Aufgabe der öffentlichen Verwaltung

Die Aufgabe der öffentlichen Verwaltung besteht in der Besorgung von Angelegenheiten im Interesse und zum Wohl der Allgemeinheit.

2. Funktionen der öffentlichen Verwaltung

Wichtige Verwaltungsfunktionen sind[1]:

- die Verteidigungs- und Sicherheitsfunktion: Sicherung des Staates nach außen (durch Bundeswehr, Bundespolizei, Nachrichtendienste),
- die Ordnungsfunktion: Sicherung einer guten Ordnung im Gemeinwesen (Gefahrenabwehr aufgrund allgemeinen und besonderen Polizei- und Ordnungsrechts),
- die Betreuungsfunktion: Sicherung gegen existenzielle Risiken (Sozialversicherung, Sozialhilfe, Arbeitsförderung usw.),
- die Dienstleistungsfunktion: Erbringung von Leistungen, auf die der Bürger angewiesen ist (z.B. Lieferung von Energie und Wasser, Angebot von Bildungs- und kulturellen Einrichtungen, Abfallbeseitigung),
- die politische Funktion: eigenverantwortliches Treffen gestalterischer Entscheidungen (Planung, Erlass von Satzungen und Rechtsverordnungen),

---

1 Zur Vertiefung siehe Joerger/Geppert, Grundzüge der Verwaltungslehre, Band 1, 3. Aufl. 1983, Kapitel II; Püttner, Verwaltungslehre, 3. Aufl. 2000, 2. Teil; Thieme, Verwaltungslehre, 4. Aufl. 1984, 7. Kapitel; ders., Einführung in die Verwaltungslehre, 1995, 3. Kapitel.

- die Organisationsfunktion: Schaffung der organisatorischen Voraussetzungen, um die nach außen gerichteten Funktionen erfüllen zu können (Einrichtung von Verwaltungsstellen, Personalwirtschaft, Regelung der Ablauforganisation),
- die Fiskalfunktion: Beschaffung der erforderlichen Mittel, um die Verwaltungsaufgaben durchführen zu können (Steuer- und Zollverwaltung, Erhebung von Gebühren, erwerbswirtschaftliche Betätigung, Beschaffungswesen).

3. Begriff der öffentlichen Verwaltung

Der Begriff der öffentlichen Verwaltung ist mehrdeutig. Er kann verstanden werden

- im organisatorischen Sinne als Verwaltungsorganisation, d.h. als Gesamtheit der Verwaltungsträger, -organe und sonstigen -einrichtungen,
- im materiellen Sinne als Verwaltungstätigkeit, d.h. als die Staatstätigkeit, welche die Erfüllung von Aufgaben der öffentlichen Verwaltung zum Gegenstand hat,
- im formellen Sinne als Summe der von den Verwaltungsbehörden tatsächlich wahrgenommenen Tätigkeiten ohne Rücksicht auf ihren Charakter.

Während der organisatorische und der formelle Verwaltungsbegriff durch den Bezug auf die klar abgrenzbare Verwaltungsorganisation bestimmt sind, bereitet die Definition des Verwaltungsbegriffs im materiellen Sinne große Schwierigkeiten. Forsthoff[2] hat treffend bemerkt, dass die Mannigfaltigkeit, in der sich die einzelnen Verrichtungen der Verwaltung auffächern, der einheitlichen Formel spotte, weshalb die Eigenart der Verwaltung sich zwar beschreiben, aber nicht definieren lasse. Alle Versuche, den Begriff der öffentlichen Verwaltung **positiv** zu **definieren**, vermögen daher nur auf einzelne Aspekte typischer Verwaltungstätigkeit hinzuweisen, wobei sie durch ihre allgemein-abstrakte Natur weder Anschaulichkeit noch klare Abgrenzung erreichen, wie die wohl bekannteste Definition von Wolff/Bachof/Stober[3] zeigt:

„Danach bedeutet **Verwaltung** (Administration) soviel wie ausführende **Besorgung von Angelegenheiten**, also eine sinnvolle, nämlich zweckgerichtete und darum grundsätzlich planmäßige, jedoch im Unterschied von der Waltung nicht selbst zwecksetzende und planende, d.h. nicht richtunggebende, sondern **zweckbestimmte Tätigkeit** zur Besorgung von Angelegenheiten. Im Wortsinne liegt zudem, dass es sich nicht jeweils um eine einzelne Angelegenheit handelt, sondern um eine **mannigfaltige**, d.h. zeitlich andauernde Besorgung mehrerer **Angelegenheiten**, und dass der Verwaltende (wie der Waltende) **selbst handelnd beteiligt** ist, nicht also (wie ein Richter) als Unbeteiligter lediglich urteilt und verurteilt."

Vielfach begnügt man sich daher mit einer **Negativabgrenzung**, wobei nach der Subtraktionsmethode aus dem Gesamtbereich der Staatstätigkeit die anderen Gewalten und innerhalb der vollziehenden Gewalt der Bereich der Regierung ausgeklammert werden[4]:

„Öffentliche Verwaltung ist die Tätigkeit des Staates oder eines sonstigen Trägers öffentlicher Gewalt, die nicht Gesetzgebung, Regierung oder Rechtsprechung ist."

Der Wert dieser Formel besteht darin, die öffentliche Verwaltung in den Gesamtzusammenhang der Staatstätigkeit zu stellen. Ihre Aufgabe ist die Vollziehung der abstrakt-generellen Normvorgaben des Gesetzgebers im Rahmen der von der

---

2 Lehrbuch des Verwaltungsrechts, Band 1, 10. Aufl. 1973, § 1 S. 1.
3 Verwaltungsrecht I, 11. Aufl. 1999, § 2 Rdnr. 9.
4 Siehe nur Achterberg, §§ 7 bis 9; Jellinek, Verwaltungsrecht, 3. Aufl. 1931, Nachtrag 1950, Neudruck. 1966, § 1 I S. 6; Ehlers in Erichsen, § 1 I.

Grundlagen

Regierung gesetzten Leitlinien durch Einzelfallentscheidung. Die Übereinstimmung mit den gesetzlichen Vorgaben kann der Betroffene von den Gerichten überprüfen lassen.

Beispiel:
Der Gesetzgeber hat in § 3 Abs. 1 StVG für eine unbestimmte Vielzahl von Fällen geregelt, dass die Fahrerlaubnisbehörde die Fahrerlaubnis zu entziehen hat, wenn sich jemand als ungeeignet oder nicht befähigt zum Führen von Kraftfahrzeugen erweist. Erlangt die Fahrerlaubnisbehörde der Stadt Köln Kenntnis davon, dass der Autofahrer Willi Schmitz in einem Jahr mehr als fünfzig gebührenpflichtige Verwarnungen und Bußgeldbescheide wegen Parkverstößen und Geschwindigkeitsüberschreitungen erhalten hat, so hat sie eine Entscheidung darüber zu treffen, ob sie ihm die Fahrerlaubnis entziehen muss oder nicht. Entzieht sie ihm die Fahrerlaubnis, kann er gerichtlich überprüfen lassen, ob sein Verhalten den vom Gesetzgeber vorgegebenen unbestimmten Rechtsbegriff der Ungeeignetheit zum Führen von Kraftfahrzeugen erfüllt oder nicht.

Die Schwächen der Negativdefinition liegen darin, dass die zur Abgrenzung herangezogenen anderen Staatsfunktionen ebenfalls keinen eindeutigen Begriffsinhalt haben, da das Prinzip der Gewaltenteilung nur mit mannigfaltigen Durchbrechungen und Überlappungen funktionsfähig ist (so gehört z.B. zu den Aufgaben der Verwaltung auch die Rechtsetzung in Form von Rechtsverordnung und Satzung und die Kontrolle im Wege des verwaltungsgerichtlichen Vorverfahrens). Zudem lässt sie die Verwaltung selbst als nicht weiter hinterfragte und veranschaulichte Größe stehen.

4. Arten öffentlicher Verwaltung

Eine Einteilung der öffentlichen Verwaltung wird nach verschiedenen Kriterien vorgenommen[5]. Wichtige Unterscheidungen sind:

nach den Verwaltungsträgern:
- Bundes- und Landesverwaltung,
- unmittelbare und mittelbare Verwaltung,
- Staats- und Selbstverwaltung;

nach den Aufgaben:
- Ordnungsverwaltung,
- Leistungsverwaltung,
- Abgabenverwaltung,
- Bedarfsverwaltung;

nach den Auswirkungen:
- Eingriffsverwaltung,
- pflegende Verwaltung,
- wirtschaftende Verwaltung;

nach der Rechtsform des Handelns:
- hoheitliche (hier im Sinne von öffentlich-rechtlicher) Verwaltung,
- privatrechtliche (fiskalische und verwaltungsprivatrechtliche) Verwaltung;

nach der Bindung an das Gesetz:
- gebundene Verwaltung,
- Ermessensverwaltung,
- freie Verwaltung.

---

5 Vgl. nur Maurer, § 1 II; Ehlers in Erichsen/Ehlers, § 1 V.

B. Die Verwaltungsorganisation

Fragen

5. Was bedeuten die folgenden Grundbegriffe des Verwaltungsorganisationsrechts: Organisationsgewalt, Organ, Organwalter, Behörde, Amt, Amtswalter, Hierarchie und Aufsicht, Amtshilfe?
6. Wie ist die Bundesverwaltung aufgebaut?
7. Wie ist der Verwaltungsaufbau in den Ländern?
8. Welche Ziele verfolgt die Zuständigkeitsordnung und welche Arten von Zuständigkeiten gibt es?

Antworten

5. Grundbegriffe des Verwaltungsorganisationsrechts

Organisationsgewalt

Um ihre Aufgaben erfüllen zu können, müssen die Verwaltungsträger einen Verwaltungsapparat aufbauen, strukturieren und lenken[1]. Die Befugnis dazu bezeichnet man als Organisationsgewalt. Sie umfasst die Kompetenz zur Bildung, Errichtung, Einrichtung, Änderung und Aufhebung von juristischen Personen des öffentlichen Rechts und von Organen, Behörden und Ämtern sowie die Bestimmung ihrer Zuständigkeiten, ihres Binnenaufbaus, ihrer persönlichen und sachlichen Ausstattung sowie ihrer Beziehungen untereinander. Die Aufteilung der Organisationsgewalt auf die beiden großen Verwaltungsträger, den Bund und die Länder, hat das Grundgesetz selbst festgelegt in den Artikeln 83 bis 91. Grundsätzlich liegt die Verwaltungskompetenz danach – auch für die Ausführung von Bundesgesetzen – bei den Ländern. Der Bund darf Verwaltungseinheiten nur schaffen, soweit ihm das Grundgesetz das ausdrücklich gestattet.

Organ

Verwaltungsträger sind regelmäßig juristische Personen. Als solche sind sie nicht handlungsfähig. Handeln können nur natürliche Personen. Die Verwaltungsträger müssen deshalb mit natürlichen Personen besetzte Organisationseinheiten einrichten, die für sie handeln. Diese Einheiten, denen durch Rechtsnorm die Wahrnehmung von Verwaltungsaufgaben übertragen ist, nennt man Organe. Organe sind z.B. die Bundesministerien, die Landeskriminalämter, die Kreistage und Landräte, die Gemeinderäte und Bürgermeister.

Organwalter

Organwalter sind die natürlichen Personen, die nach außen im Namen des Organs auftreten. Sie sind Bedienstete des Verwaltungsträgers (vor allem Beamte und Angestellte), welche die dem Organ übertragenen Funktionen wahrnehmen.

---

[1] Näher zum Verwaltungsorganisationsrecht Achterberg, §§ 10 ff; Burgi in: Erichsen/Ehlers, 7. Abschnitt; Hofmann/Gerke, 2. Abschnitt; Huber, Allgemeines Verwaltungsrecht, 2. Aufl. 1997, 3. Teil; Loeser, System des Verwaltungsrechts, Band 2, 1994; Maurer, 6. Teil; Schmidt-De Caluwe, JA 1993, 77, 115 und 143; Wolff/Bachof/Stober, Verwaltungsrecht, Band 3, 5. Aufl. 2004; zur Organisationsaufgabe selbst Siepmann/Siepmann, Verwaltungsorganisation, 6. Aufl. 2004.

Grundlagen

Behörde

Der Begriff der Behörde ist ein Schlüsselbegriff des Verwaltungsrechts. Umso problematischer ist es, dass dieser Begriff in einem dreifachen Sinne verwendet wird.

• Entsprechend dem allgemeinen Sprachgebrauch kann der Begriff der Behörde zunächst im formellen oder organisatorischen Sinne als eine Organisationseinheit verstanden werden, durch die der Staat oder ein anderer Rechtsträger Aufgaben der öffentlichen Verwaltung erfüllt. Welche Behörden ein Verwaltungsträger eingerichtet hat, lässt sich auf Landesebene dem jeweiligen Landesorganisationsgesetz, bei den Gemeinden und Gemeindeverbänden dem Kommunalverfassungsrecht entnehmen. Behörden im organisatorischen Sinne sind z.B. die Bundesministerien, das Statistische Bundesamt, die Landesministerien, das Landeskriminalamt, die Kreis-, Amts- und Gemeindeverwaltungen.

• Die verwaltungsrechtlichen Gesetze verstehen den Begriff der Behörde demgegenüber meist in einem anderen Sinne. Indem § 1 Abs. 4 VwVfG jede Stelle, die Aufgaben der öffentlichen Verwaltung wahrnimmt, zur Behörde im Sinne dieses Gesetzes erklärt, schafft er einen materiellen oder funktionalen Behördenbegriff. Maßgeblich dafür ist nicht die generelle Einordnung und Bezeichnung der Stelle, sondern die konkret wahrgenommene Aufgabe. Den funktionalen Behördenbegriff erfüllt z.B. auch der Bundespräsident, wenn er Beamte oder Richter ernennt, der Bundestag, wenn er durch einen Untersuchungsausschuss von Zwangsmitteln Gebrauch macht, oder ein Privatunternehmer, der öffentliche Aufgaben als Beliehener wahrnimmt.

• Die meisten fachgesetzlichen Behördennamen stellen bloße Funktionsbezeichnungen dar. Es gibt keine „Ordnungsbehörde", „Straßenverkehrsbehörde" oder „Ausländerbehörde" im organisatorischen Sinne einer verselbstständigten Verwaltungseinheit, die im Rechtsverkehr unter diesem Namen auftritt. Die Verwendung von Funktionsbezeichnungen erfolgt vor allem aus zwei Gründen: Erstens enthebt sie den Gesetzgeber der umständlichen Notwendigkeit, in jeder Vorschrift den gesamten Behördenaufbau aufführen zu müssen. Zweitens ermöglicht sie es, die Bestimmung der Behörde im organisatorischen Sinne einem anderen, insbesondere dem Landesgesetzgeber oder einem Fachministerium, zu überlassen. Welchem Rechtsträger die Funktion übertragen ist, muss dann Ergänzungsnormen entnommen werden.

Amt

Während der Begriff der Behörde die Außenbeziehungen der öffentlichen Verwaltung betrifft, hat der organisatorische Begriff des Amtes den verwaltungsinternen Aufbau im Auge. Der Amtsbegriff wird dabei sowohl aufgabenbezogen als auch personenbezogen verwendet. Einer Behörde im organisatorischen Sinne ist regelmäßig eine Vielzahl von Aufgaben zugewiesen. Vor allem bei den Gemeinden und Kreisen kommt so ein breites Aufgabenspektrum zusammen. Um allen Aufgaben gerecht werden zu können, bilden die Behörden intern verschiedene Ämter. Dadurch finden sich zahlreiche gesetzliche Funktionsbezeichnungen als Amtsbezeichnungen wieder (z.B. Ordnungsamt, Ausländeramt, Straßenverkehrsamt, Sozialamt).

ERSTER TEIL 1. Abschnitt

Als Amt wird aber auch der auf eine Person zugeschnittene Aufgabenbereich bezeichnet. Man spricht z.B. vom Amt des Bürgermeisters oder vom Amt des Datenschutzbeauftragten. Der Amtsbegriff spielt auch im öffentlichen Dienstrecht eine wesentliche Rolle.

Vom verwaltungsinternen Amtsbegriff zu unterscheiden ist der kommunalrechtliche Begriff des Amtes im Sinne der Brandenburger Amtsordnung. Die Ämter sind danach Körperschaften des öffentlichen Rechts, die als Träger von Aufgaben der öffentlichen Verwaltung an die Stelle der amtsangehörigen Gemeinden treten.

Amtswalter

Amtswalter nennt man die natürliche Person, die ein Amt inne hat.

Hierarchie und Aufsicht

Innerhalb eines Verwaltungsträgers gilt das Prinzip der hierarchischen Ordnung. Den obersten Organen kommt die Leitungsaufgabe zu. Sie leiten durch allgemeine Weisungen (insbesondere Verwaltungsvorschriften) und Einzelweisungen (meist Erlasse genannt) den Gesetzesvollzug der ihnen nachgeordneten Behörden. Auch innerhalb einer Behörde stehen die Mitarbeiter in einer durch das Beamten- bzw. Arbeitsrecht festgeschriebenen hierarchischen Ordnung.

Die nachgeordneten Behörden und Organwalter unterstehen der Aufsicht. Es gibt drei Aufsichtsarten:

- Die Dienstaufsicht ist eine organisatorische Aufsicht. Sie erstreckt sich auf den Aufbau, die innere Ordnung, die Ausstattung, die allgemeine Geschäftsführung und die Personalangelegenheiten der Behörde.

- Die Fachaufsicht ist eine inhaltliche Aufsicht. Sie erstreckt sich auf die rechtmäßige und zweckmäßige Wahrnehmung der Aufgaben.

- Die Aufsicht in Selbstverwaltungsangelegenheiten ist darauf beschränkt, dass die Verwaltung im Einklang mit den Gesetzen erfolgt. Man spricht dann von Rechtsaufsicht.

Die Aufsichtsbehörden haben, damit sie ihrer Aufgabe nachkommen können, ein umfassendes Informationsrecht. In Ausübung der Aufsicht können die Aufsichtsbehörden nach Maßgabe der einschlägigen Gesetze darüber hinaus

- fachliche Weisungen erteilen,

- Beschlüsse und Anordnungen beanstanden und verlangen, dass sie rückgängig gemacht werden,

- Beschlüsse und Anordnungen aufheben,

- sonstige Anordnungen treffen und

- Befugnisse der nachgeordneten Behörden selbst ausüben.

Grundlagen

Amtshilfe

Art. 35 GG verpflichtet alle Behörden des Bundes und der Länder sich gegenseitig Rechts- und Amtshilfe zu leisten. Näheres regeln die §§ 4 bis 8 VwVfG.

6. Aufbau der Bundesverwaltung

Zu unterscheiden ist zwischen der unmittelbaren und der mittelbaren Bundesverwaltung.

Unmittelbare Bundesverwaltung

Unmittelbare Bundesverwaltung liegt dann vor, wenn die Bundesrepublik Deutschland selbst Verwaltungsträger ist. Das Grundgesetz setzt dem Bund hinsichtlich der Verwaltungskompetenz enge Grenzen. In den meisten Geschäftsbereichen kommt ihm nur eine leitende und koordinierende Funktion zu. Typisch für die unmittelbare Bundesverwaltung ist deshalb eine Vielzahl von Einzelbehörden ohne Verwaltungsunterbau.

Oberste Bundesbehörden unterstehen keiner anderen Bundesbehörde und sind für das ganze Bundesgebiet zuständig. Oberste Bundesbehörden sind die Bundesministerien, das Bundespräsidialamt, das Bundeskanzleramt, das Bundespresseamt und der Bundesrechnungshof.

Bundesoberbehörden sind Verwaltungsbehörden, die einer obersten Bundesbehörde unmittelbar unterstehen und für das ganze Bundesgebiet zuständig sind. Bundesoberbehörden sind u.a. das Bundesverwaltungsamt, das Bundeszentralamt für Steuern, das Bundesamt für Migration und Flüchtlinge, das Bundeskartellamt und das Umweltbundesamt.

Bundesmittelbehörden bestehen nur in den wenigen Bereichen, in denen der Bund einen eigenen Verwaltungsunterbau besitzt (vgl. Art. 87 Abs. 1 und 3 GG sowie Art. 87 b GG). Mittlere Bundesbehörde sind wie die Bundesoberbehörden einer obersten Bundesbehörde unterstellt. Ihr Zuständigkeitsbereich erstreckt sich im Unterschied zu den Bundesoberbehörden aber nur auf einen Teil des Bundesgebietes. Mittlere Bundesbehörden sind z.B. die Bundespolizeipräsidien, die Oberfinanzdirektionen, die Wasser- und Schifffahrtsdirektionen und die Wehrbereichsverwaltungen.

Untere Bundesbehörden unterstehen einer mittleren oder oberen Bundesbehörde und haben einen noch engeren Zuständigkeitsbereich. Beispiele bilden die Bundespolizeiämter, die Hauptzollämter, die Wasser- und Schifffahrtsämter sowie die Kreiswehrersatzämter.

Daneben verfügt der Bund über einige **unselbstständige Einrichtungen**, die sich nicht in den allgemeinen Verwaltungsaufbau einordnen lassen wie die Bundeszentrale für politische Bildung, der Generalbundesanwalt und der Vertreter des Bundesinteresses beim Bundesverwaltungsgericht.

ERSTER TEIL 1. Abschnitt

Mittelbare Bundesverwaltung

Von mittelbarer Bundesverwaltung spricht man dann, wenn die Aufgabe auf verselbstständigte Rechtsträger übertragen ist.

Öffentlich-rechtliche Körperschaften sind mitgliedschaftlich verfasste, vom Wechsel der Mitglieder weitgehend unabhängige selbstständige Verbandsorganisationen, die öffentliche Aufgaben unter staatlicher Aufsicht wahrnehmen. Gemäß § 29 Abs. 1 SGB IV sind die Träger der Sozialversicherung Körperschaften des öffentlichen Rechts mit Selbstverwaltung. Versicherungsträger auf Bundesebene sind insbesondere die Deutsche Rentenversicherung Bund, die Deutsche Rentenversicherung Knappschaft, Bahn, See sowie die Bundesagentur für Arbeit.

Öffentlich-rechtliche Anstalten sind zur Rechtsperson des öffentlichen Rechts erhobene Bestände an sächlichen und persönlichen Verwaltungsmitteln, die in der Hand eines Trägers öffentlicher Verwaltung einem besonderen Zweck dauernd zu dienen bestimmt sind. Anstalten im Bundesbereich sind u.a. die Deutsche Bibliothek, die Deutsche Welle, der Deutsche Weinfonds und die Filmförderungsanstalt.

Öffentlich-rechtliche Stiftungen sind durch Stiftungsakt an einen öffentlich-rechtlichen Zweck gebundene und durch Hoheitsakt zur juristischen Person des öffentlichen Rechts erhobene Vermögensmassen, die staatlicher Aufsicht unterliegen. Der Bund hat einige bedeutende Stiftungen eingerichtet, z.B. die Stiftung Preußischer Kulturbesitz, die Conterganstiftung für behinderte Menschen sowie die Stiftung „Erinnerung, Verantwortung, Zukunft".

Durch Gesetz oder aufgrund eines Gesetzes kann ausnahmsweise auch natürlichen oder juristischen Personen des Privatrechts die Befugnis übertragen werden, Verwaltungsaufgaben im eigenen Namen und in den Handlungsformen des öffentlichen Rechts wahrzunehmen. Diese bezeichnet man dann als **Beliehene** oder **beliehene Unternehmen**[2].

Körperschaften und Anstalten kommen auch in der Form vor, dass sie nicht vollständig verselbstständigt, sondern nur mit einer (mehr oder weniger großen) **Teilrechtsfähigkeit** ausgestattet sind wie die Fachhochschule des Bundes für öffentliche Verwaltung.

7. Verwaltungsaufbau in den Ländern

Die Landesverwaltungen sind **nicht einheitlich** aufgebaut. Ein großer Flächenstaat verlangt eine andere Verwaltungsorganisation als ein Stadtstaat. Zudem macht sich bis heute der Einfluss der Besatzungsmächte nach dem Zweiten Weltkrieg bemerkbar, der insbesondere zu verschiedenen Kommunalverfassungstypen geführt hat. Anders als der Bund haben die Länder den Verwaltungsaufbau gesetzlich festgelegt in Landesorganisationsgesetzen und kommunalverfassungsrechtlichen Gesetzen (Gemeindeordnung, Landkreisordnung).

---

2 Zur Stellung der Beliehenen innerhalb der Verwaltungsorganisation – dargestellt am Beispiel der Beleihung nach § 44 III BHO/LHO siehe Stelkens, NVwZ 2004, 304

Grundlagen

Auch bei der Landesverwaltung wird zwischen unmittelbarer und mittelbarer Verwaltung unterschieden.

Unmittelbare Landesverwaltung

Vergleicht man den Aufbau der unmittelbaren Landesverwaltung in Nordrhein-Westfalen und in Brandenburg miteinander, so zeigen sich der Landesgröße entsprechende Unterschiede.

Unmittelbare Landesbehörden sind im Land Nordrhein-Westfalen gemäß § 2 LOG NRW viergliedrig aufgebaut:

– die obersten Landesbehörden,

– die Landesoberbehörden,

– die Landesmittelbehörden und

– die unteren Landesbehörden.

Demgegenüber ist der Aufbau der unmittelbaren Landesverwaltung im Land Brandenburg nach § 3 Abs. 1 LOG Bbg zweistufig:

– die erste Stufe bilden die obersten Landesbehörden,

– die zweite Stufe die Landesoberbehörden, die allgemeinen und die sonstigen unteren Landesbehörden, die Einrichtungen des Landes sowie die Landesbetriebe.

Im Land Brandenburg fehlen also die Mittelbehörden, die die Koordinierung und Kontrolle der unteren Landesbehörden noch einmal örtlich aufteilen. Untypisch ist, dass die unteren Landesbehörden nicht Landesoberbehörden, sondern unmittelbar obersten Landesbehörden unterstellt sind.

Oberste Landesbehörden sind die Landesregierung, der Ministerpräsident und die Landesministerien (§ 8 Abs. 1 LOG Bbg/§ 3 LOG NRW).

Landesoberbehörden sind Behörden, die einer obersten Landesbehörde unmittelbar unterstehen und für das ganze Land zuständig sind wie das Landesamt für Besoldung und Versorgung oder das Landeskriminalamt (§ 10 Abs. 1 LOG Bbg/ § 6 Abs. 1 LOG NRW mit Aufzählung jeweils in Absatz 2).

Landesmittelbehörden sind die einer obersten Landesbehörde unmittelbar unterstehenden Behörden, die für einen Teil des Landes (und in besonderen Fällen für das ganze Land) zuständig sind (§ 7 Abs. 1 LOG NRW). Landesmittelbehörden sind die Bezirksregierungen und die Oberfinanzdirektionen (Absatz 2). Die Bezirksregierung ist die allgemeine Vertretung der Landesregierung im Bezirk (§ 8 Abs. 1 S. 1 LOG NRW). Sie ist, wie Absatz 2 es ausdrückt, eine Bündelungsbehörde, d. h., sie ist nachgeordnete Behörde für alle Landesministerien. Die Bezirksregierung ist zuständig für alle Aufgaben der Landesverwaltung, die nicht ausdrücklich anderen Behörden übertragen sind (Absatz 3).

Untere Landesbehörden sind nach der Definition des § 11 Abs. 1 LOG Bbg Behörden, die einer obersten Landesbehörde unterstehen und für Teile des Landes zuständig sind. Demgegenüber sind in Nordrhein-Westfalen gemäß § 9 Abs. 1

ERSTER TEIL 1. Abschnitt

LOG NRW untere Landesbehörden einer Landesoberbehörde oder einer Landesmittelbehörde unterstellt. Bei den unteren Landesbehörden wird unterschieden zwischen den allgemeinen und den besonderen (vgl. § 3 Abs. 1 LOG Bbg). Allgemeine untere Landesbehörden sind gemäß § 11 Abs. 2 LOG Bbg die Landräte und die Oberbürgermeister, nach § 8 Abs. 1 S. 1 LOG NRW die Landrätinnen und Landräte als untere staatliche Verwaltungsbehörden. Die Länder bedienen sich zur Ausübung ortsnaher Verwaltungsaufgaben also regelmäßig der Landkreise und kreisfreien Städte. Die Kreisordnungen bestimmen daher, dass das Gebiet des Kreises zugleich den Bezirk der unteren staatlichen Verwaltungsbehörde bildet (§ 1 Abs. 1 S. 3 LKrO Bbg/§ 1 Abs. 3 KrO NRW). Die Landrätinnen und Landräte sowie die Oberbürgermeisterinnen und Oberbürgermeister erhalten dadurch eine Doppelstellung: zum einen sind sie gewähltes Organ der Selbstverwaltungskörperschaft Landkreis bzw. kreisfreie Stadt, zum anderen als allgemeine untere Landesbehörde bestelltes Organ der Staatsverwaltung. Besondere untere Landesbehörden sind u.a. die Polizeipräsiden bzw. Kreispolizeibehörden, die Schulämter und die Finanzämter.

Neben den Landesbehörden verfügt das Land gemäß § 13 LOG Bbg/§ 14 LOG NRW über **unselbstständige Einrichtungen** wie Institute, Archive, Untersuchungsanstalten, Schulen sowie über **Landesbetriebe** (§ 14 a LOG NRW).

Mittelbare Landesverwaltung

Wichtigste Träger der mittelbaren Landesverwaltung sind die **Gebietskörperschaften**, also die Gemeinden und Gemeindeverbände (Landkreise, in Brandenburg auch die Ämter). Art. 28 Abs. 2 GG und die Landesverfassungen (vgl. Art. 97 Verfassung Bbg/Art. 78 Verfassung NRW) garantieren ihnen das Recht der Selbstverwaltung.

Die **Gemeinde** ist Grundlage und Teil des demokratischen Gemeinwesens (vgl. z.B. § 1 Abs. 1 GO Bbg/NRW). Sie erfüllt ihre Aufgaben in bürgerschaftlicher *Selbstverwaltung* zum gemeinsamen Wohl aller Einwohner durch ihre von den Bürgern gewählten Organe und im Rahmen der Gesetze durch die Bürger unmittelbar. Sie fördert das gesellschaftliche Zusammenleben ihrer Einwohner (§ 1 Abs. 2 S. 2 und 3 GO Bbg). Die Gemeinde erfüllt in ihrem Gebiet alle Aufgaben der örtlichen Gemeinschaft in eigener Verantwortung, soweit die Gesetze nicht etwas anderes bestimmen (§ 3 Abs. 1 GO Bbg/§ 2 GO NRW).

Der **Landkreis** ist Gemeindeverband und Gebietskörperschaft mit dem Recht, überörtliche Angelegenheiten, die auf sein Gebiet begrenzt sind, im Rahmen der Gesetze eigenverantwortlich zu ordnen und zu verwalten (vgl. § 1 Abs. 1 S. 2 LKrO Bbg/§ 2 KrO NRW). Der Landkreis erfüllt in seinem Gebiet die öffentlichen Aufgaben, die die Leistungsfähigkeit der kreisangehörigen Gemeinden und Ämter übersteigen, soweit die Gesetze nichts anderes bestimmen und die Aufgaben nicht durch kommunale Zusammenarbeit erfüllt werden. Er fördert die kreisangehörigen Gemeinden und Ämter in der Erfüllung ihrer Aufgaben, ergänzt durch sein Wirken die Selbstverwaltung der Gemeinden und Ämter und trägt zu einem gerechten Ausgleich der unterschiedlichen Belastung der Gemeinden und Ämter bei. Er fördert insbesondere die wirtschaftliche, ökologische, soziale und kulturelle Entwicklung seines Gebietes zum Wohle der Einwohner (§ 2 Abs. 1 LKrO Bbg).

Grundlagen

Die Gemeinden und Gemeindeverbände wirken aber auch nach Maßgabe der hierfür geltenden gesetzlichen Vorschriften bei der Landesverwaltung mit (§ 16 LOG Bbg/§ 15 LOG NRW). Das Land kann sie durch Gesetz oder Rechtsverordnung zur Übernahme und Durchführung bestimmter öffentlicher Aufgaben verpflichten, wenn dabei gleichzeitig Bestimmungen über die Deckung der Kosten getroffen werden. Führen diese Aufgaben zu einer Mehrbelastung der Gemeinden oder Gemeindeverbände, so ist dafür ein entsprechender finanzieller Ausgleich zu schaffen (Art. 97 Abs. 3 Verfassung Bbg/Art. 78 Abs. 3 Verfassung NRW). Dabei handelt es sich entweder um Pflichtaufgaben zur Erfüllung nach Weisung (§ 3 Abs. 4 GO Bbg/§ 3 Abs. 1 und 2 GO NRW) oder um Auftragsangelegenheiten (vgl. § 3 Abs. 5 GO Bbg). Die wichtigste Pflichtaufgabe ist die Wahrnehmung der Funktion der örtlichen bzw. der Kreisordnungsbehörde aufgrund § 3 Abs. 1 OBG Bbg/NRW.

Daneben gibt es **sonstige rechtsfähige Körperschaften sowie Anstalten und Stiftungen** (vgl. §§ 18 bis 20 LOG Bbg/§§ 18 bis 21 LOG NRW). Rechtsfähige Anstalten auf Landesebene sind z.B. die öffentlich-rechtlichen Rundfunkanstalten. Kommunale Einrichtungen wie Wasserwerke oder Verkehrsbetriebe werden zum Teil als nicht rechtsfähige Anstalten betrieben. Auch eine **Beleihung Privater** ist nach Landesrecht möglich (so ausdrücklich § 21 LOG Bbg). Ein Beispiel bilden die staatlich anerkannten Privatschulen.

8. Funktionen und Arten der Zuständigkeit

Die Verteilung der vielgestaltigen Verwaltungsaufgaben auf die verschiedenen Verwaltungsträger und ihre Behörden wird durch sog. Zuständigkeitsregelungen[3] vorgenommen. Die Zuständigkeitsordnung verfolgt mehrere **Ziele**:

- Es soll die vollständige und sachgerechte Erledigung der Fachaufgabe durch eine mit sachkundigem Personal und den notwendigen sachlichen Mitteln ausgestattete Stelle sichergestellt werden.
- Es soll eine klare Verantwortlichkeit für die Aufgabe begründet werden.
- Doppelarbeit soll vermieden werden.
- Gleichzeitig wird eine „Gewaltenteilung" innerhalb der öffentlichen Verwaltung erreicht.
- Der Bürger, der in Kontakt mit der öffentlichen Verwaltung treten möchte, soll wissen, an welche Stelle er sich wenden muss.
- Nach außen soll, wenn auch verwaltungsintern zahlreiche Abstimmungsprozesse notwendig sind, nur eine Behörde verbindlich handeln.

---

[3] Siehe auch Collin/Fügemann, JuS 2005, 694. Zur Zuständigkeitsprüfung im Polizei- und Ordnungsrecht vgl. den Anwendungsproblemkreis 5, Frage 94

ERSTER TEIL 1. Abschnitt

Die Zuweisung von Verwaltungsaufgaben erfolgt regelmäßig über **drei Zuständigkeitsarten**,

- die sachliche Zuständigkeit,
- die instanzielle Zuständigkeit und
- die örtlichen Zuständigkeit.

Die **sachliche Zuständigkeit** verteilt die Sachaufgaben auf die Verwaltungsträger (sog. Verbandskompetenz) und innerhalb der Verwaltungsträger auf die verschiedenen Behördenzweige (sog. Ressortkompetenz). Vorschriften der sachlichen Zuständigkeit beschreiben demgemäß eine bestimmte Verwaltungsaufgabe und übertragen sie einem meist durch eine Funktionsbezeichnung gekennzeichneten Behördenzweig. Als Sonderfall kann auch innerhalb einer Behörde eine Zuständigkeitsverteilung vorkommen (sog. funktionelle Zuständigkeit). So werden die Disziplinarbefugnisse gemäß § 17 Abs. 1 BDG insbesondere vom Dienstvorgesetzten ausgeübt.

Die **instanzielle Zuständigkeit** spielt nur bei mehrstufigem Verwaltungsaufbau eine Rolle. Sie legt fest, welche Ebene zum Handeln berechtigt ist. Regelmäßig sind das die unteren Behörden.

Achtung: Die Regelungen über die instanzielle Zuständigkeit tragen oft die Überschrift „Sachliche Zuständigkeit", weil die instanzielle Zuständigkeit früher als Unterfall der sachlichen Zuständigkeit verstanden wurde.

Wenn auf einer Instanzebene mehrere gleichgelagerte Behörden vorhanden sind, nimmt die **örtliche Zuständigkeit** eine räumliche Aufgabenverteilung vor. Das kann durch fachgesetzliche Vorschriften geschehen. Anders als bei den anderen Zuständigkeitsarten stellt das Verwaltungsverfahrensgesetz aber auch allgemeine Regeln für die örtliche Zuständigkeit zur Verfügung.

§ 3 Abs. 1 VwVfG enthält folgende Anknüpfungspunkte:

1. unbewegliches Vermögen/ortsgebundenes Recht oder Rechtsverhältnis,

2. Betrieb eines Unternehmens/Ausübung eines Berufes,

3. andere Angelegenheiten, die eine natürliche oder juristische Person betreffen,

4. Anlass für die Amtshandlung

Merken muss man sich, dass die Ziffern 1 bis 4 in einer festen Rangordnung stehen: Die Ziffer 2 darf nur dann geprüft werden, wenn die Ziffer 1 sich als nicht einschlägig erwiesen hat. Ebenso ist die Ziffer 2 vorrangig vor der Ziffer 3 und die Ziffer 3 vor der Ziffer 4.

Grundlagen

C. Das Recht als Grundlage der Aufgabenerfüllung

Fragen

9. Welche Bedeutung hat das Recht für die öffentliche Verwaltung?
10. Welche Struktur hat die Rechtsordnung der Bundesrepublik Deutschland?
11. Anwendungsproblemkreis 1: Die Prüfung der öffentlich-rechtlichen oder privatrechtlichen Natur des Verwaltungshandelns
12. Welches sind die Rechtsquellen des Verwaltungsrechts?
13. Welche Rangordnung besteht zwischen den Rechtsquellen?
14. Kann der Bürger sich auf ihn begünstigende Verwaltungsvorschriften berufen?
15. Was versteht man unter dem Allgemeinen und dem Besonderen Verwaltungsrecht?
16. Welchen Anwendungsbereich haben die Verwaltungsverfahrensgesetze?
17. Wie vollzieht sich die Rechtsanwendung in der Verwaltung?
18. Was ist der Unterschied zwischen unbestimmten Rechtsbegriffen und Ermessen?

Antworten

9. Bedeutung des Rechts für die Verwaltung

Entscheidungen können nach verschiedenen Gesichtspunkten getroffen werden. So ist die primäre Handlungsmaxime für die Privatwirtschaft die Gewinnmaximierung. Für die öffentliche Verwaltung ist das wichtigste Entscheidungskriterium das Recht, wie sich aus **Art. 20 Abs. 3 GG** ergibt, der die vollziehende Gewalt an Gesetz und Recht bindet. Der Verfassungsgeber hat das Recht neben dem Gesetz als der zentralen Rechtsquelle angesprochen, um zum einen Gewohnheitsrecht und untergesetzliche Rechtsquellen einzubeziehen, zum anderen die Verwaltung an das Ziel des Gesetzes zu erinnern, Recht im Sinne von Gerechtigkeit zu schaffen.

10. Struktur der Rechtsordnung

Die Struktur der Rechtsordnung der Bundesrepublik Deutschland wird geprägt durch die vom Römischen Recht übernommene **Zweiteilung** in Privatrecht und öffentliches Recht.

Das **Privatrecht** wird bestimmt durch den Grundsatz der Privatautonomie. Ausgehend von der Fiktion der Gleichheit der Privatrechtssubjekte wird es dem Einzelnen weitgehend überlassen, wie er seine Rechtsbeziehungen zu anderen gestaltet. Das Bürgerliche Recht (= Zivilrecht) als das für jeden Bürger geltende allgemeine Privatrecht enthält demgemäß überwiegend nachgiebiges Recht (ius dispositivum), das durch Parteivereinbarung ersetzt werden kann. Zwingendes Recht (ius cogens) findet sich nur da, wo das Verkehrsinteresse (Sachen-, Familien- und Erbrecht) oder der Schutz Schwächerer (z.B. im Minderjährigenrecht, bei Allgemeinen Geschäftsbedingungen, Verbraucherkrediten oder Haustürgeschäften) es erfordert. Die Notwendigkeit zwingender Regelungen verstärkt sich in den nur für bestimmte Personenkreise geltenden Sonderprivatrechten.

ERSTER TEIL 1. Abschnitt

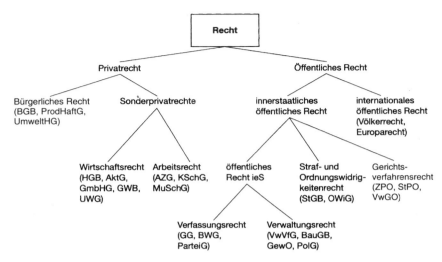

Das **öffentliche Recht** wird ganz von öffentlichen Interessen und damit von zwingendem Recht beherrscht. Das Verfassungsrecht legt die Grundordnung des Staates fest. Das Verwaltungsrecht bindet und lenkt die Tätigkeit der vollziehenden Gewalt. Zum innerstaatlichen öffentlichen Recht zählen außerdem das Straf- und Ordnungswidrigkeitenrecht sowie das Verfahrensrecht für die staatlichen Gerichte. Das internationale öffentliche Recht regelt die Beziehungen zu anderen Staaten und internationalen Organisationen.

11. Anwendungsproblemkreis 1: Die Prüfung der öffentlich-rechtlichen oder privatrechtlichen Natur des Verwaltungshandelns

I. Problemstellung

Privatrechtssubjekte können mit Ausnahme des seltenen Sonderfalles des Beliehenen nur privatrechtlich handeln. Die öffentliche Verwaltung kann aber nicht nur öffentlich-rechtlich, sondern auch privatrechtlich handeln, und zwar in **drei Fallgruppen:**

• privatrechtliche Hilfsgeschäfte der Verwaltung: Beschaffung der für die Verwaltung erforderlichen Sachmittel (Verwaltungsgebäude, Büromaterialien usw.), Beschäftigung von Angestellten und Arbeitern des öffentlichen Dienstes,

• erwerbswirtschaftliche Betätigung der Verwaltung: Teilnahme am Wirtschaftsleben durch eigene unternehmerische Tätigkeit oder Beteiligung an Handelsgesellschaften,

• Erfüllung von Verwaltungsaufgaben in Rechtsformen des Privatrechts (Städtisches Wasserwerk, Verkehrsbetriebe, Badeanstalt, Stadttheater)[1].

---

1 Zur privatrechtsförmigen Verwaltung näher Achterberg, § 12 und JA 1985, 503; Erichsen, Jura 1986, 148; Hänselmann, JuS 1984, 940; Püttner, JA 1980, 218; zur wirtschaftlichen Betätigung der öffentlichen Hand Ehlers, JZ 1990, 1089 und Jura 1999, 212; Gusy, JA 1995, 166 und 253; Schmid, BWVPr 1995, 106 und 129; Schönfelder, UBWV 2003, 164; zur Grundrechtsbindung Erichsen/Ebber, Jura 1999, 373.

Grundlagen

Die Frage, ob die Verwaltung öffentlich-rechtlich oder privatrechtlich handelt, ist insbesondere **bedeutsam**

- für die Anwendbarkeit des Verwaltungsverfahrensgesetzes, das nach § 1 Abs. 1 nur „für die öffentlich-rechtliche Verwaltungstätigkeit" gilt;
- für den Begriff des Verwaltungsakts und des öffentlich-rechtlichen Vertrages, die nach § 35 S. 1 und § 54 S. 1 VwVfG „auf dem Gebiet des öffentlichen Rechts" angesiedelt sind;
- für die Frage des Rechtsweges: In „öffentlich-rechtlichen Streitigkeiten" ist nach § 40 Abs. 1 VwGO grundsätzlich der Verwaltungsrechtsweg gegeben, während bürgerlichrechtliche Streitigkeiten durch § 13 GVG den ordentlichen Gerichten zugewiesen sind;
- für die Verwaltungsvollstreckung, die grundsätzlich nur für die Durchsetzung öffentlich-rechtlicher Forderungen und Verpflichtungen zur Verfügung steht (vgl. §§ 1 und 6 VwVG);
- für den Umfang der Amtshaftung nach § 839 BGB in Verbindung mit Art. 34 GG: Die Verantwortlichkeit des Staates anstelle des Beamten tritt nur bei Ausübung eines öffentlichen Amtes, d.h. bei öffentlich-rechtlicher Tätigkeit, ein.

Für diese und weitere Fragestellungen muss bei der Fallbearbeitung geprüft werden, ob die Verwaltung öffentlich-rechtlich oder privatrechtlich gehandelt hat.

II. Der Gedankengang

Die zu prüfenden Vorschriften sprechen von einer öffentlich-rechtlichen Verwaltungstätigkeit, Maßnahme, Streitigkeit usw., beziehen die öffentlich-rechtliche Qualität also auf etwas Tatsächliches. Das ist ungenau, denn zum öffentlichen Recht oder zum Privatrecht können streng genommen nur Rechtsnormen gehören. Gemeint ist eine Verwaltungstätigkeit, Maßnahme, Streitigkeit usw., die sich nach öffentlichem Recht bemisst, für die öffentlich-rechtliche Vorschriften maßgeblich sind. Das Verwaltungshandeln teilt also die Natur der Rechtsvorschrift, auf die es sich stützt. Für die Prüfung ergibt sich daraus folgender Gedankengang:

1. Stufe: Welche Verwaltungstätigkeit, Maßnahme, Streitigkeit usw. soll auf ihre öffentlich-rechtliche Natur hin untersucht werden?

2. Stufe: Nach welchen Rechtsnormen bemisst sich diese Tätigkeit, Maßnahme, Streitigkeit?

3. Stufe: Sind diese Vorschriften dem öffentlichen Recht oder dem Privatrecht zuzurechnen?

4. Stufe: Schluss auf die öffentlich-rechtliche (oder privatrechtliche) Natur der Tätigkeit, Maßnahme, Streitigkeit.

III. Abgrenzung

Für die Zuordnung von Rechtsnormen zum öffentlichen Recht oder zum Privatrecht ist ein für alle Fälle geeignetes sicheres Kriterium noch nicht gefunden worden. Die Abgrenzung wird anhand von Theorien und für Problemfälle entwickelten ergänzenden Gesichtspunkten vorgenommen.

ERSTER TEIL   1. Abschnitt

1. Die Abgrenzungstheorien

Die Rechtswissenschaft hat immer wieder versucht, in Form von Theorien allgemein gültige Unterscheidungskriterien aufzustellen. Drei Theorien sind davon als bekannt übrig geblieben. Um sie besser zu verstehen, ist es hilfreich, eine typische Norm des Privatrechts (hier die Grundvorschrift über den Kaufvertrag) und des öffentlichen Rechts (hier die Generalermächtigung des Polizeirechts) vergleichend gegenüberzustellen.

§ 433 BGB:
(1) Durch den Kaufvertrag wird der Verkäufer einer Sache verpflichtet, dem Käufer die Sache zu übergeben und das Eigentum an der Sache zu verschaffen. Der Verkäufer hat dem Käufer die Sache frei von Sach- und Rechtsmängeln zu verschaffen.
(2) Der Käufer wird verpflichtet, dem Verkäufer den vereinbarten Kaufpreis zu zahlen und die gekaufte Sache abzunehmen.

§ 8 Abs. 1 PolG NRW:
Die Polizei kann die notwendigen Maßnahmen treffen, um eine im einzelnen Falle bestehende, konkrete Gefahr für die öffentliche Sicherheit (Gefahr) abzuwehren, soweit nicht die §§ 9 bis 46 die Befugnisse der Polizei besonders regeln.

Drei wesentliche Unterschiede zwischen dem Privatrecht und dem öffentlichen Recht sind von den folgenden Theorien herausgearbeitet und zum Abgrenzungskriterium erhoben worden[2].

- Die **Interessentheorie** stellt auf die Art des durch den einzelnen Rechtssatz verwirklichten Interesses ab: Öffentlich-rechtlich sind danach die dem öffentlichen Interesse, privatrechtlich die dem Individualinteresse dienenden Rechtssätze. Sie geht zurück auf den Satz des römischen Juristen Ulpian: publicum ius est quod ad statum rei Romanae spectat, privatum quod ad singulorum utilitatem[3].

Für die ausgewählten Beispielsnormen erweist sich die Interessentheorie als stimmig: Die Verpflichtung des Verkäufers dient dem Individualinteresse des Käufers, die des Käufers dem des Verkäufers, während die allgemeinen Befugnisse der Polizei im Interesse der öffentlichen Sicherheit eingeräumt sind. Viele Rechtssätze verfolgen aber sowohl öffentliche Interessen als auch Privatinteressen. Öffentliche Interessen werden im Privatrecht z.B. in den Vorschriften über das Grundbuch und das Handelsregister deutlich, Privatinteressen im öffentlichen Recht in den Bestimmungen über Sozialleistungen oder die Garantie des Kindergartenplatzes. Die Interessentheorie ermöglicht daher keine sichere Abgrenzung.

- Die **Subjektions- oder Subordinationstheorie** erhebt die Natur der Rechtsbeziehung zwischen den Beteiligten zum Unterscheidungskriterium: Öffentlich-rechtliche Rechtsbeziehungen werden danach durch das Verhältnis der Über-/Unterordnung, privatrechtliche durch das der Gleichordnung gekennzeichnet.

Für die Beispielsnormen trifft diese Unterscheidung zu: Verkäufer und Käufer stehen einander gleichrangig gegenüber, während die Polizei und der zur Gefahrenabwehr herangezogene Bürger in einem Über-/Unterordnungsverhältnis stehen. Es gibt aber sowohl im Privatrecht Über-/Unterordnungsverhältnisse, insbesondere im Arbeitsrecht, als auch im öffentlichen Recht Gleichordnungsverhältnisse, wie das Rechtsinstitut des öffentlich-rechtlichen Vertrages zeigt. Auch die Über-/Unterordnungstheorie vermag daher kein umfassend geeignetes Kriterium anzubieten.

---

2   Eingehend dazu Erichsen, Jura 1982, 537.
3   Wörtlich übersetzt: „Öffentliches Recht ist, was sich auf den Römischen Staat bezieht, privates, was nach dem Nutzen des Einzelnen (strebt)".

Grundlagen

- Die **Subjektstheorie** (auch Zuordnungs- oder Sonderrechtstheorie) stellt auf das Zuordnungssubjekt des Rechtssatzes ab: Zum öffentlichen Recht gehören alle Rechtssätze, die sich ausschließlich an den Staat oder einen sonstigen Träger hoheitlicher Gewalt wenden, zum Privatrecht diejenigen, die für jedermann gelten. Das öffentliche Recht ist also das Sonderrecht des Staates, während das Privatrecht jedermann (somit auch dem Staat) zur Verfügung steht.

In § 433 BGB werden der Verkäufer und der Käufer angesprochen. Beides kann jedermann sein, so dass die Norm dem Privatrecht zuzurechnen ist. Demgegenüber ermächtigt § 8 Abs. 1 PolG NRW nur die Polizei, also ausschließlich einen Träger hoheitlicher Gewalt zur Gefahrenabwehr, so dass es sich um eine Norm des öffentlichen Rechts handelt. Indem sie auf ein rein formales Kriterium abstellt, ermöglicht die Subjektstheorie eine sichere Abgrenzung immer dann, wenn das Verwaltungshandeln einer bestimmten Norm zuzuordnen ist.

2. Problemfälle

a) Realakte

Die Einordnung von Realakten bereitet deshalb Schwierigkeiten, weil sie regelmäßig keine gesetzliche Grundlage haben. Musterbeispiel ist die Fahrt eines Verwaltungsmitarbeiters mit einem Kraftfahrzeug aus dienstlichen Gründen. Kommt es zu einem Verkehrsunfall, stellt sich die Frage, ob die Haftungsgrundlage im Privatrecht oder im öffentlichen Recht zu suchen ist. Die Fahrt als solche ist weder privatrechtlich noch öffentlichrechtlich. Ihr liegt auch keine Rechtsvorschrift unmittelbar zugrunde, deren Zuordnung auf sie übertragen werden könnte. Der Bundesgerichtshof[4] stellt einen Zusammenhang mit der Zielsetzung der Fahrt her: Die **Teilnahme am allgemeinen Straßenverkehr** soll öffentlich-rechtlich sein, wenn sie zur Wahrnehmung hoheitlicher Aufgaben erfolgt (z.B. baupolizeiliche Schließung einer Baustelle, gewerbepolizeiliche Kontrolle eines Betriebes), privatrechtlich, wenn sie der Erledigung fiskalischer Geschäfte dient (z.B. Verhandlung über den Ankauf eines Grundstücks oder die Anmietung von Büroräumen). Es erscheint aber weder einsichtig noch sachgerecht, die Fahrt danach zu beurteilen, was nach ihrem Abschluss geschieht. In der Literatur[5] wird die Dienstfahrt daher, sofern sie sich wie regelmäßig nicht von der Teilnahme eines Privatmannes am Straßenverkehr unterscheidet, einheitlich dem Privatrecht zugeordnet. Öffentlich-rechtliche Qualität wird ihr nur dann zuerkannt, wenn die Teilnahme am Straßenverkehr selbst als Ausübung hoheitlicher Befugnisse nach außen erkennbar wird, was jedenfalls dann der Fall ist, wenn Sonderrechte gemäß § 35 StVO in Anspruch genommen werden[6].

b) Maßnahmen mit doppelter Rechtsgrundlage

Ebenso wie beim Verwaltungshandeln ohne Rechtsgrundlage muss die Subjektstheorie versagen, wenn es eine mögliche Rechtsgrundlage sowohl im öffentlichen Recht wie im Privatrecht gibt. In einem solchen Fall muss **nach dem Sachzusammenhang** entschieden werden, welchem Rechtsgebiet die Fragestellung zuzuordnen ist.

---

4 BGHZ 29, 38, 40; DÖV 1979, 865 mwN.
5 Siehe nur Maurer, § 3 Rdnr. 22.
6 So auch BGHZ 113, 164 für die Unanwendbarkeit des § 839 Abs. 1 S. 2 BGB bei dienstlicher Teilnahme am Straßenverkehr.

Beispiele:
Bei Verlust eines studentischen Kleidungsstücks an der Garderobe einer öffentlichen Hochschule kommt ein Ersatzanspruch sowohl aus einem privatrechtlichen als auch aus einem öffentlich-rechtlichen Verwahrungsverhältnis in Betracht. Da die Verwahrung in unmittelbarem Zusammenhang mit dem öffentlich-rechtlichen Hochschulbenutzungsverhältnis steht, ist sie dem öffentlichen Recht zuzuordnen.

Verlangt ein Bürger Widerruf oder Unterlassung diskriminierender oder beleidigender Äußerungen eines Amtsträgers, so kann entweder ein privatrechtlicher oder ein öffentlich-rechtlicher Widerrufs- oder Unterlassungsanspruch bestehen. Nach den von der Rechtsprechung entwickelten Grundsätzen[7] sollen öffentlich-rechtlicher Natur nur Klagen auf Widerruf von ehrverletzenden Äußerungen sein, die von Bediensteten eines Trägers öffentlicher Verwaltung bei Erfüllung öffentlicher Aufgaben gestützt auf vorhandene oder vermeintliche öffentlich-rechtliche Befugnisse gegenüber einem außerhalb der Verwaltung stehenden Bürger abgegeben werden. Sachgerechter erscheint es jedoch, für alle Äußerungen im Rahmen der Amtsführung unabhängig vom rechtlichen Charakter der Amtshandlung einheitlich den Verwaltungsrechtsweg zu eröffnen[8].

c) Verträge

Ob ein Vertrag zwischen Verwaltung und Bürger öffentlich-rechtlicher oder privatrechtlicher Natur ist, muss **objektiv nach dem Vertragsgegenstand** entschieden werden. Dem öffentlichen Recht sind alle Verträge zuzurechnen, die sich auf einen nach den maßgeblichen Rechtsvorschriften und Grundsätzen öffentlich-rechtlich geregelten Sachverhalt beziehen[9]. Der Gegenstand des Vertrages ist nach der Subjektstheorie dann dem öffentlichen Recht zuzurechnen, wenn mit ihm solche Rechte und Pflichten begründet, aufgehoben oder verändert werden, deren Träger notwendig nur ein Subjekt öffentlicher Verwaltung sein kann[10].

Beispiele:
Beschlagnahmt die Gemeinde Fahrzeuge eines Bauunternehmers, um die Folgen einer Naturkatastrophe rasch beseitigen zu können, und einigt sie sich mit ihm später über die Höhe der Entschädigung, so ist Gegenstand des Vertrages die Ausgestaltung der im öffentlichen Recht (z.B. in § 39 Abs. 1 Buchst. a OBG NRW) geregelten Entschädigungspflicht. Es handelt sich damit um einen öffentlich-rechtlichen Vertrag.

Zum Zivilrecht gehört hingegen ein Vertrag zwischen einer juristischen Person des Zivilrechts und der Kommune über die Errichtung und den Betrieb eines Krankenhauses, Schwesternheims und Altenheims, da diese Tätigkeit auch ohne Beteiligung eines Trägers öffentlicher Verwaltung möglich ist[11].

Fehlt eine unmittelbar anwendbare Rechtsnorm, muss aus der Zweckbestimmung der Regelung und dem Gesamtcharakter des Vertrages ermittelt werden, zu welchem Rechtsgebiet die Vereinbarung in sachlichem Zusammenhang steht[12].

d) Benutzung öffentlicher Anstalten und Einrichtungen

Im Bereich der Leistungsverwaltung hat die Verwaltung, soweit keine Rechtsvorschriften die Leistungserbringung bindend festlegen, die **Wahlfreiheit**, ob sie ihre Leistungen in öffentlich-rechtlichen oder in privatrechtlichen Rechtsformen erbringen will. Das gilt insbesondere für die Versorgung der Bürger mit Wasser, Strom, Fernwärme, für Verkehrsbetriebe sowie für den Betrieb von Theatern, Sportstätten, Badeanstalten, Büchereien usw. Das Wahlrecht bezieht sich dabei sowohl auf

---

7 Vgl. VGH Mannheim NJW 1990, 1808, 1809 und VGH Kassel NVwZ-RR 1994, 700.
8 So auch Berg, JuS 1984, 521. Zum behördlichen Hausverbot siehe Fall 34 e.
9 BVerwGE 44, 331, 332 f.; GemS-OGB NJW 1986, 2359 mwN.
10 Vgl. OVG Münster NJW 1991, 61.
11 OVG Münster aaO.
12 Näher dazu Erichsen in Erichsen/Ehlers, § 24; Kopp/Ramsauer, § 54 Rdnrn. 27 ff.; Lange, JuS 1982, 500.

die **Organisationsform** als auch auf **das Leistungs- oder Benutzungsverhältnis**. Wählt die Verwaltung eine privatrechtliche Organisationsform (AG, GmbH), so kann auch das Leistungs- oder Benutzungsverhältnis mit dem Bürger nur privatrechtlicher Natur sein. Bei öffentlich-rechtlicher Organisationsform (Eigenbetrieb) kann die Beziehung zum Bürger hingegen öffentlich-rechtlich oder privatrechtlich ausgestaltet sein, also entweder ein öffentlich-rechtliches Anstaltsbenutzungsverhältnis begründet oder ein privatrechtlicher Vertrag geschlossen werden. Maßgeblich dafür ist **der Wille des zuständigen Verwaltungsträgers**, der aus den gesamten Umständen ermittelt werden muss[13]. Hinweise geben insbesondere die Rechtsnatur der Benutzungsordnung (Satzung oder Allgemeine Geschäftsbedingungen), die Bezeichnung der Maßnahme (Zulassungsbescheid oder Eintrittskarte; Widerruf oder Kündigung), die Art des Entgelts (Gebühr oder Nutzungsentgelt) sowie das eventuelle Vorliegen einer Rechtsbehelfsbelehrung. Damit die Wahl zivilrechtlicher Handlungsformen nicht zur „Flucht in das Privatrecht" wird mit dem Ziel, sich zu Lasten des Bürgers öffentlich-rechtlicher Bindungen zu entziehen, sind das Verwaltungsprivatrecht und die Zwei-Stufen-Theorie entwickelt worden[14]. Die **Lehre vom Verwaltungsprivatrecht** besagt, dass das Privatrecht dann, wenn es zur Erfüllung öffentlicher Aufgaben genutzt wird, durch die wesentlichen öffentlich-rechtlichen Bindungen (Zuständigkeitsordnung, Grundrechte, allgemeine Grundsätze des Verwaltungshandelns) überlagert und gebunden wird[15]. Die **Zwei-Stufen-Theorie** spaltet das Benutzungsverhältnis auf in die öffentlich-rechtlich zu beurteilende Stufe der Zulassung zur Einrichtung und in die Stufe der Abwicklung des Benutzungsverhältnisses, die privatrechtlich ausgestaltet werden kann[16].

IV. Empfehlung für die Fallbearbeitung

In Ausbildung und Prüfung ist die öffentlich-rechtliche Natur der zu beurteilenden Verwaltungstätigkeit regelmäßig unproblematisch. Sie sollte dann dem Gebot der Schwerpunktbildung folgend nur mit knapper Begründung festgestellt werden. Widerstehen sollte man insbesondere der Versuchung, sich in eine breite Auseinandersetzung mit den Abgrenzungstheorien zu stürzen. Da die Theorien drei verschiedene Merkmale von öffentlich-rechtlichen Rechtssätzen einerseits und Privatrechtsnormen andererseits zum Unterscheidungskriterium erheben, schließen sie sich gegenseitig nicht aus und können damit auch nicht im Verhältnis zueinander richtig oder falsch sein. Allerdings ist ihre Überzeugungskraft als Klausurbegründung unterschiedlich stark. Soweit das Verwaltungshandeln eindeutig einer bestimmten geschriebenen Rechtsgrundlage zugeordnet werden kann, gewährleistet die Subjektstheorie die sicherste Abgrenzung. Für die Fallbearbeitung empfiehlt sich ein gestuftes Vorgehen:

• Ist die Abgrenzung völlig unproblematisch, bedarf die Natur der Maßnahme keiner erneuten Ableitung über die Theorien oder sonstige Kriterien. So sollte bei den in der Ausbildung immer wieder anzuwendenden zentralen öffentlich-recht-

---

13 Maurer, § 3 Rdnr. 26.
14 Zur Kritik des privatrechtlichen Verwaltungshandelns siehe Unruh, DÖV 1997, 653.
15 Siehe dazu Hofmann/Gerke, Rdnrn. 123 ff.
16 Näher dazu Fall 34 f.

lichen und privatrechtlichen Gesetzen wie dem Ordnungsbehördengesetz oder dem Polizeigesetz einerseits und dem Bürgerlichen Gesetzbuch andererseits der **Hinweis auf den anerkannten Rechtscharakter des Gesetzes** genügen[17].

Formulierungsbeispiele:
Die Maßnahme stützt sich auf das Ordnungsbehördengesetz, eine öffentlich-rechtliche Rechtsgrundlage, und erfolgt damit auf dem Gebiet des öffentlichen Rechts.

Die Streitigkeit hat die Frage der Polizeipflicht des Widerspruchsführers zum Gegenstand, die sich nach dem anerkanntermaßen zum öffentlichen Recht gehörenden Polizeigesetz bemisst, und ist damit öffentlich-rechtlicher Natur.

Dabei ist es ratsam, das einschlägige Gesetz insgesamt und nicht einzelne Paragraphen, etwa nur die Ermächtigungsgrundlage, anzugeben, weil regelmäßig noch nicht absehbar ist, welche Bestimmungen des Gesetzes im weiteren Verlauf der Untersuchung eine Rolle spielen werden.

- Bei nicht oder nur oberflächlich bekannten Gesetzen ist es jedenfalls in Ausbildungs- und Prüfungsarbeiten ratsam, eine **knappe Begründung anhand der Subjektstheorie** zu geben.

Formulierungsbeispiele:
Die Ausweisung richtet sich nach dem Aufenthaltsgesetz. Danach ist die Befugnis zur Ausweisung ausschließlich der Ausländerbehörde als Träger hoheitlicher Gewalt zugewiesen. Nach der Subjektstheorie handelt es sich damit bei der Ausweisung um eine öffentlich-rechtliche Verwaltungstätigkeit.

Die Ausnahmebewilligung zur Eintragung in die Handwerksrolle erteilt nach der Handwerksordnung die höhere Verwaltungsbehörde, also ausschließlich ein Träger hoheitlicher Gewalt. Nach der Subjektstheorie handelt es sich damit um eine öffentlich-rechtliche Maßnahme.

- Eine **Vertiefung der Abgrenzungsfrage** ist nur in wirklichen Problemfällen geboten, auch dann nur begrenzt auf die speziellen Schwierigkeiten und Lösungsvorschläge der jeweiligen Fallgruppe.

12. Rechtsquellen des Verwaltungsrechts

Die Frage nach den Rechtsquellen[18] bezieht sich auf die Form, in der Rechtsnormen zur Entstehung gelangen und in Erscheinung treten. Von der Entstehungsart her lassen sich zwei grundsätzliche Arten von Rechtsquellen unterscheiden, das Gewohnheitsrecht und das gesetzte Recht.

Gewohnheitsrecht als ursprüngliche, mit zunehmendem Perfektionismus des staatlichen Gesetzgebers immer mehr zurückgedrängte Rechtsquelle entsteht durch eine von der Rechtsüberzeugung der Beteiligten getragene dauernde und gleichmäßige Übung.

---

17 So auch Maurer, § 3 Rdnr. 21.
18 Vgl. zu den Rechtsquellen Maurer, § 4; Hofmann/Gerke, Rdnrn. 130 ff.; Merten, Jura 1981, 169 und 236; von Olshausen, JA 1983, 177; Ossenbühl in Erichsen/Ehlers, §§ 6 ff. Zur Einordnung der Rechtsgrundsätze und Rechtsregeln siehe Penski, JZ 1989, 105.

Grundlagen

Gesetztes Recht (auch geschriebenes oder positives Recht genannt) wird demgegenüber durch einen verfahrensmäßig geregelten Rechtsetzungsakt eines dazu ermächtigten Organs mit schriftlicher Fixierung erlassen. Es kommt in verschiedenen Erscheinungsformen vor, die in einer festen Rangordnung stehen:

- **Verfassung** = die von der verfassungsgebenden Versammlung erlassene rechtliche Grundordnung des Staates,

- **formelle Gesetze** = das von den verfassungsrechtlich eingesetzten Gesetzgebungsorganen in dem vorgeschriebenen Verfahren erlassene Recht,

- **Rechtsverordnungen** = die von Organen der vollziehenden Gewalt (Regierung, Ministerium, Verwaltungsbehörde) aufgrund einer Ermächtigung durch formelles Gesetz erlassenen Rechtsnormen (vgl. Art. 80 GG)[19],

- **Satzungen** = Rechtsnormen, die von einer juristischen Person des öffentlichen Rechts zur Regelung ihrer eigenen Angelegenheiten erlassen werden (z.B. Gemeindesatzungen, Promotions- oder Diplomierungsordnung einer Hochschule).

Immer größere Bedeutung gewinnt **überstaatliches Recht**, insbesondere das Recht der Europäischen Union[20]. Aus überstaatlichen Rechtsquellen kann unmittelbar die öffentliche Verwaltung bindendes Recht nur durch staatliche Bestimmung entstehen. Art. 25 GG macht die allgemeinen Regeln des Völkerrechts[21] zum Bestandteil des Bundesrechts mit Rang vor den Gesetzen. Völkerrechtliche Verträge bedürfen der Transformation in innerstaatliches Recht durch Gesetz in den Fällen des Art. 59 Abs. 2 S. 1 GG, im Übrigen durch Rechtsverordnung oder sonstigen Umsetzungsakt der Exekutive. Beim **Recht der Europäischen Union** ist das primäre und das sekundäre Unionsrecht zu unterscheiden. Das primäre Unionsrecht bildet der am 7.2.1992 in Maastricht unterzeichnete Vertrag über die Europäische Union (EUV), der durch Gesetz vom 28.12.1992 aufgrund des neu geschaffenen Art. 23 GG ratifiziert worden ist, mit Fortschreibung im Amsterdamer Vertrag vom 2.10.1997, im Vertrag von Nizza vom 26.2.2001 und der EU-Beitrittsakte 2003 von 16.4.2003. Der Bund hat in diesen Verträgen Hoheitsrechte auf die Europäische Union übertragen. Das von dieser insbesondere in Form von EU-Verordnungen erlassene Recht bezeichnet man als sekundäres Unionsrecht. Es ist innerstaatlich unmittelbar verbindlich, wobei es nationalem Recht grundsätzlich vorgeht[22].

---

19 Näher dazu von Danwitz, Jura 2002, 93.
20 Zu den Einwirkungen des Europäischen Verwaltungsrechts auf das nationale Verwaltungsrecht siehe Battis, DÖV 2001, 988; Bergmann/Kenntner, Deutsches Verwaltungsrecht unter europäischem Einfluss, 2002; Cassese, Der Staat 1994, 25; Classen, NJW 1995, 2457 und Die Verwaltung 1998, 307; Ehlers, DVBl 1991, 605; 2004, 1441; Engel, Die Verwaltung 1992, 437; Fastenrath, Die Verwaltung, 1998, 277; Giegerich, JuS 1997, 39, 335, 426, 522, 619, 714; Kadelbach, Allgemeines Verwaltungsrecht unter europäischem Einfluss, 1999; Klein, Der Staat 1994, 39; Ruffert, Die Verwaltung 2003, 293; Schmidt-Aßmann, DVBl 1993, 924; Schoch, JZ 1995, 109; Schulz, DÖV 1998, 261; Schwarze, Das Verwaltungsrecht unter europäischem Einfluss, 1996; Stern, JuS 1998, 769; Suerbaum, VerwArch 2000, 169; Sydow, JuS 2005, 97 und 202; Veelken, JuS 1993, 265; Wahl, DVBl 2003, 1285; zu europarechtlichen Bezügen in der öffentlich-rechtlichen Fallbearbeitung Derpa, JA 2002, 571.
21 Zu den Grundzügen siehe Hölscheidt/Ridinger/Zitterbart, Jura 2005, 83 und 224.
22 Zu den Grenzen siehe BVerfGE 89, 155; Limbach, NJW 2001, 249; Nicolaysen/Nowak, NJW 2001, 1233; Schmid, NVwZ 2001, 249.

Keine Rechtsquellen im herkömmlichen Sinne sind nach überwiegender Ansicht Verwaltungsvorschriften und Richterrecht.

Verwaltungsvorschriften sind allgemeine Bestimmungen, die von vorgesetzten Stellen an nachgeordnete Behörden, Ämter oder Amtswalter gerichtet sind mit dem Ziel, die Organisation, das dienstliche Verhalten und das Vorgehen beim Vollzug von Rechtsvorschriften verbindlich festzulegen. In der Praxis heißen sie u.a. Erlasse, Richtlinien, Verfügungen, Durchführungsbestimmungen, Dienstanweisungen, Verwaltungsordnungen, Geschäftsverteilungspläne. Im Unterschied zu den anerkannten Rechtsquellen fehlt ihnen als Innenrecht der Verwaltung die unmittelbare Außenwirkung gegenüber dem Bürger. Insbesondere die Rechtsprechung[23] sieht sie daher nicht als Rechtsquelle an. Demgegenüber finden sich in der Literatur[24] Bestrebungen, sie zumindest dann als Rechtsquelle anzuerkennen, wenn sie der Ausgestaltung verwaltungsrechtlicher Sonderverhältnisse dienen (sog. Sonderverordnungen) oder fehlende gesetzliche Regelungen ersetzen sollen (sog. Ersatzrechtsnormen)[25].

Die Aufgabe des Richters besteht darin, das geltende Recht auf den Einzelfall anzuwenden. Die **richterliche Entscheidung** bindet grundsätzlich nur die Parteien des Rechtsstreits, so dass sie mangels Allgemeinverbindlichkeit keine Rechtsquelle darstellt. Ausnahmen bilden nur bestimmte Entscheidungen des Bundesverfassungsgerichts, denen nach § 31 Abs. 2 BVerfGG Gesetzeskraft zukommt[26], sowie die Nichtigerklärung von Rechtsvorschriften durch das Oberverwaltungsgericht im Rahmen des Normenkontrollverfahrens, die nach § 47 Abs. 5 VwGO allgemein verbindlich ist. Es ist aber nicht zu verkennen, dass der Richter, um die ihm unterbreiteten Konfliktfälle lösen zu können, das geltende Recht auslegen und, wenn es sich als lückenhaft erweist, auch fortbilden muss[27]. Dadurch entstehen Leitsätze und Regeln, die wie Gesetze in der Rechtspraxis einheitlich angewendet werden (sog. Richterrecht). Soweit sie nicht durch dauernde gleichmäßige Übung gewohnheitsrechtliche Geltungskraft erlangen, sollte man aber im Hinblick auf die Gewaltenteilung (Art. 20 Abs. 2 S. 2 GG) nicht von einer Rechtsquelle, sondern von einer Rechtserkenntnisquelle sprechen.

13. Rangordnung der Rechtsquellen

Für die praktische Verwaltungsarbeit müssen meist Vorschriften aus mehreren Rechtsquellen herangezogen und miteinander verbunden werden. Ergibt sich dabei, dass zwei oder mehr Rechtsvorschriften widersprüchliche Regelungen ent-

---

23 BVerwGE 58, 45, 49.
24 Siehe nur Ossenbühl in Erichsen, § 6 V mwN.
25 Zu Verwaltungsvorschriften allgemein vgl. Bock, JA 2000, 390; Erichsen/Klüsche, Jura 2000, 540; Remmert, Jura 2004, 728; Sauerland, Die Verwaltungsvorschrift im System der Rechtsquellen, 2005; Tegethoff, JA 2005, 794; zum methodischen Umgang mit Verwaltungsvorschriften Guckelberger, Die Verwaltung 2002, 61; zu der von der Wyhl-Entscheidung des Bundesverwaltungsgerichts (BVerwGE 72, 300) mit der Beschränkung der gerichtlichen Kontrolle gegenüber sog. normkonkretisierenden Verwaltungsvorschriften ausgelösten Diskussion Di Fabio, DVBl 1992, 1338; Erbguth, DVBl 1989, 474; Hill, NVwZ 1989, 401; Uerpmann, BayVBl 2000, 705; Wallerath, NVWBl 1989, 153; Wolf, DÖV 1992, 849.
26 Vgl. dazu Seibert, JuS-Lernbogen 1988, L 49.
27 Eingehend dazu Brühl, Fallbearbeitung, Erster Teil B und C.

Grundlagen

halten, so stellt sich die Frage, welcher Norm der Vorrang gebührt. Das bemisst sich nach folgenden **Kollisionsgrundsätzen:**

- Bundesrecht bricht Landesrecht (Art. 31 GG), und zwar unabhängig von der Art der Rechtsquelle, so dass eine Rechtverordnung des Bundes einer abweichenden Regelung in einer Landesverfassung vorgeht.
- Innerhalb der beiden Rechtssysteme bricht das ranghöhere Recht das rangniedrigere (Verfassung vor Gesetz, Gesetz vor Rechtsverordnung usw.).
- Bei gleichrangigen Rechtsnormen geht die speziellere Regelung der allgemeineren vor (lex specialis derogat legi generali).
- Steht auch nach dieser Regel noch keine Rangfolge fest, so gilt der Satz, dass die später erlassene Norm die ältere verdrängt (lex posterior derogat legi priori).

14. Außenwirkung von Verwaltungsvorschriften

Verwaltungsvorschriften binden nach herrschender Ansicht nur die Verwaltung, haben aber **keine unmittelbare Außenwirkung.** Für den Bürger können sie aber von entscheidender Bedeutung sein, insbesondere wenn sie festlegen, unter welchen Voraussetzungen Zuwendungen oder andere Leistungen gewährt werden. Die Rechtsprechung[28] ermöglicht es dann dem Betroffenen, sich **mittelbar** auf ihn begünstigende Verwaltungsvorschriften zu berufen durch die Rechtsfigur der **Selbstbindung der Verwaltung über Art. 3 Abs. 1 GG.** Soweit der Verwaltung ein Handlungsspielraum eingeräumt ist, darf sie wegen des Gleichheitsgrundsatzes vergleichbare Fälle ohne sachlichen Grund nicht unterschiedlich behandeln. Das hat zur Folge, dass die Behörde sich mit jeder Entscheidung, die sie trifft, immer mehr für künftige Fälle festlegt und somit an die Stelle der ursprünglichen Handlungsfreiheit eine verfestigte Verwaltungsübung tritt. Verwaltungsvorschriften schreiben in diesem Zusammenhang vor, wie die Verwaltungspraxis aussehen soll. Sie führen damit grundsätzlich eine Selbstbindung der Verwaltung herbei, auf die der Bürger sich über Art. 3 Abs. 1 GG berufen kann[29]. Voraussetzung für einen Verstoß gegen den Gleichheitssatz ist aber, dass die Richtlinie in der Praxis auch einheitlich angewendet wird oder absolut eindeutig und unmissverständlich ist, also für unterschiedliche Interpretationen keinen Raum lässt.[30] Aus sachlichen, willkürfreien Gründen kann die Verwaltungspraxis oder eine Verwaltungsvorschrift geändert werden[31].

15. Allgemeines und Besonderes Verwaltungsrecht

Das Verwaltungsrecht erstreckt sich auf nahezu alle Bereiche des Lebens. Die unübersehbare Vielzahl von Gesetzen und anderen Rechtsquellen, die die einzelnen Sachgebiete regelnd gestalten, bilden das Besondere Verwaltungsrecht.

---

28 BVerwGE 19, 48, 55; 52, 193, 199; 70, 127; 122, 264.
29 Lesenswert OVG Münster NJW 1981, 2597 zur Rücknehmbarkeit eines Bescheides, durch den entgegen den einschlägigen Subventionsrichtlinien eine Subvention bewilligt worden ist. Vgl. auch Hofmann/Gerke, Rdnrn. 195 ff.; Jarass, JuS 1999, 105; Maurer, § 24 Rdnrn. 20 ff.; Rogmann, Die Bindungswirkung von Verwaltungsvorschriften, 1998; Rupp, JuS 1975, 609.
30 BVerwG NVwZ 2003, 1384 mit Besprechung von Lochen, JA 2004, 117.
31 Eingehend dazu BVerwG NVwZ 1998, 273.

Wichtige Gebiete sind das Staatsangehörigkeits- und Ausländerrecht, das Beamtenrecht, das Kommunalrecht, das Recht der öffentlichen Sicherheit und Ordnung, das Baurecht, das Gewerberecht, das Umweltschutzrecht, das Straßen- und Verkehrsrecht, das Wasser-, Berg-, Jagd-, Fischerei- und Forstrecht, das Gesundheitsrecht, das Erziehungs- und Bildungsrecht, das Sozialrecht.

Ein derart umfangreicher und vielgestaltiger Rechtsstoff ist gedanklich und anwendungstechnisch nur beherrschbar, wenn er aus einem überschaubaren Grundbestand an Bauelementen zusammengesetzt ist. Diese immer wieder in neuem Zusammenhang anzutreffenden allgemeinen Grundformen und Prinzipien herauszuarbeiten und zu vermitteln ist die Aufgabe des Allgemeinen Verwaltungsrechts.

16. Anwendungsbereich der Verwaltungsverfahrensgesetze

Verwaltungsverfahrensgesetze, die nicht nur das Verfahren, sondern auch wesentlich Teilbereiche des (materiellen) Allgemeinen Verwaltungsrechts regeln, gibt es im Bund und in den Ländern[32]. Zunächst ist daher zu bestimmen, welches Gesetz Anwendung findet. Wird eine Bundesbehörde tätig, ist das Verwaltungsverfahrensgesetz des Bundes einschlägig, hat eine Landesbehörde gehandelt, das Verwaltungsverfahrensgesetz des betreffenden Landes (vgl. § 1 VwVfG des Bundes)[33].

Für alle Verwaltungsverfahrensgesetze gelten folgende Einschränkungen des Anwendungsbereichs:

• Erfasst wird nur die öffentlich-rechtliche Verwaltungstätigkeit (§ 1 Abs. 1 VwVfG).

• In § 2 VwVfG sind jeweils einige Sondergebiete ausdrücklich ausgenommen, insbesondere die Finanz- und Sozialverwaltung, für die in der Abgabenordnung und im Sozialgesetzbuch eigenständige Verfahrensregelungen getroffen worden sind.

• § 9 VwVfG beschränkt das Verwaltungsverfahren im Sinne des Gesetzes und damit den Regelungskreis der nachfolgenden Vorschriften auf „die nach außen wirkende Tätigkeit der Behörden, die auf die Prüfung der Voraussetzungen, die Vorbereitung und den Erlaß eines Verwaltungsaktes oder auf den Abschluss eines öffentlich-rechtlichen Vertrages gerichtet ist; es schließt den Erlass des Verwaltungsaktes oder den Abschluss des öffentlich-rechtlichen Vertrages ein."

• Inhaltsgleiche oder entgegenstehende Bestimmungen in anderen Gesetzen gehen Regelungen des Verwaltungsverfahrensgesetzes vor (§ 1 Abs. 1 VwVfG am Ende).

---

[32] Zur Entstehung des Verwaltungsverfahrensgesetzes vgl. Schmitt-Glaeser in: Festschrift zum 50-jährigen Bestehen des Richard Boorberg-Verlags, 1977, S. 1 ff., zum Überblick über das Gesetz Maurer, JuS 1976, 485 und Schmidt-Aßmann, Jura 1979, 505. Eingehend Brühl, Entscheiden im Verwaltungsverfahren, 1990; Martens, Die Praxis des Verwaltungsverfahrens, 1985; Ule/Laubinger, Verwaltungsverfahrensrecht, 4. Aufl. 1995; Weides, Verwaltungsverfahren und Widerspruchsverfahren, 3. Aufl. 1993.

[33] Da die Gesetze bis auf die §§ 1 und 2, die den Geltungsbereich festlegen, weitgehend inhalts- und mit Ausnahme des Schleswig-Holsteinischen Rechts, das im Landesverwaltungsgesetz enthalten ist, auch paragraphengleich sind, kann im Folgenden vereinfachend vom „VwVfG" gesprochen werden.

Grundlagen

17. Rechtsanwendung in der Verwaltung

Ausgangspunkt jeglicher Rechtsanwendung ist ein Einzelfall, der eine rechtliche Überprüfung erforderlich macht. Demgemäß hat auch die öffentliche Verwaltung zunächst einmal den Lebenssachverhalt, den sie prüfen soll, möglichst genau zu ermitteln. Sodann müssen die für seine Beurteilung maßgeblichen Rechtsvorschriften gesucht werden. Die eigentliche Rechtsanwendung besteht in dem Vergleich, ob die im Tatbestand der Rechtsnorm aufgestellten Voraussetzungen für die festgesetzte Rechtsfolge vom Sachverhalt erfüllt werden. Um diese sog. Subsumtion richtig durchführen zu können, muss zunächst die Struktur der Norm ermittelt, gegebenenfalls auch noch die Bedeutung unbestimmter Tatbestandsmerkmale im Wege der Auslegung geklärt werden. Ist der Tatbestand erfüllt, muss insbesondere bei Ermessensnormen noch die Rechtsfolge näher bestimmt werden[34]. Am Schluss steht regelmäßig die praktische Umsetzung der für den Einzelfall geltenden Rechtsfolge, meist in Form eines Bescheides[35].

18. Unbestimmte Rechtsbegriffe und Ermessen

Rechtsnormen wollen eine sachgerechte Regelung für eine unbestimmte Vielzahl künftiger Fälle treffen. Unbestimmte Rechtsbegriffe und Ermessen sind wesentliche Mittel, um dieses Ziel erreichen zu können.

Damit der Tatbestand auf zahllose sich immer wieder neu ergebende Fallkonstellationen Anwendung finden kann, ist oft ein sehr hoher Abstraktionsgrad unumgänglich. Die Folge sind Tatbestandsmerkmale, deren Sinn und Zweck sich nicht auf den ersten Blick erschließen, sondern erst im Wege der Auslegung ermittelt werden müssen. Solche Tatbestandsmerkmale nennt man **unbestimmte Rechtsbegriffe**[36].

Beispiele:
„Eignung und Befähigung" im Sinne des Art. 33 Abs. 2 GG, „die öffentliche Sicherheit oder Ordnung" im Polizeirecht, die Ungeeignetheit oder fehlende Befähigung zum Führen von Kraftfahrzeugen in § 3 Abs. 1 StVG, die Unzuverlässigkeit des Gewerbetreibenden in § 35 Abs. 1 GewO, „sonstige erhebliche Interessen der Bundesrepublik Deutschland" in § 55 Abs. 1 AufenthG.

Obwohl die Auslegung letztlich eine Wertung darstellt und unterschiedliche Ergebnisse vertretbar erscheinen mögen, billigen Rechtsprechung und herrschende Lehre der Verwaltung bei der Ausfüllung unbestimmter Rechtsbegriffe unter Hinweis auf den in Art. 19 Abs. 4 GG garantierten Rechtsschutz grundsätzlich keinen Entscheidungsspielraum zu. Es gibt nur ein richtiges Ergebnis, über das letztlich das Gericht befindet. Ein **Beurteilungsspielraum** wird nur dann eingeräumt, wenn sich die Entscheidung einer rein juristischen Beurteilung entzieht wie bei Prüfungs-

---

34 Eingehend zur Rechtsanwendungstechnik Brühl, Fallbearbeitung, Erster Teil.
35 Zur Bescheidtechnik vgl. Brühl, Entscheiden im Verwaltungsverfahren.
36 Zum unbestimmten Rechtsbegriff im Verwaltungsrecht siehe Schoch, Jura 2004, 612.

entscheidungen und ähnlichen pädagogischen Wertungen[37], bei Entscheidungen pluralistisch zusammengesetzter Gremien (z.B. der Bundesprüfstelle für jugendgefährdende Medien) sowie bei verwaltungspolitischen Entscheidungen[38].

Während unbestimmte Rechtsbegriff in beiden Teilen der Rechtsnorm vorkommen können, bezieht sich das **Ermessen** nach herkömmlicher Ansicht ausschließlich auf die Rechtsfolge[39]. Im Interesse der Lebensnähe und Anpassungsfähigkeit des Verwaltungshandelns schreibt der Gesetzgeber vielfach nicht eine bestimmte Rechtsfolge verbindlich vor, sondern räumt der Verwaltung die Befugnis ein, nach Zweckmäßigkeitsgesichtspunkten zwischen verschiedenen Reaktionsmöglichkeiten wählen zu dürfen[40]. Ermessen wird eröffnet durch ausdrückliche Verwendung des Wortes „Ermessen" oder durch Formulierungen wie „kann", „darf", „ist befugt"[41].

Beispiele:
§ 17 Abs. 2 S. 1 SGB-XII: Über Art und Maß der Leistungserbringung ist nach pflichtgemäßem Ermessen zu entscheiden, soweit das Ermessen nicht ausgeschlossen wird.

§ 55 Abs. 1 AufenthG: Ein Ausländer kann ausgewiesen werden, wenn sein Aufenthalt die öffentliche Sicherheit und Ordnung oder sonstige erhebliche Interessen der Bundesrepublik Deutschland beeinträchtigt.

Ein engerer Handlungsspielraum wird durch das Wort „soll" oder die Formulierung der Bestimmung als Regel-Vorschrift eröffnet. Im Regelfall ist die gesetzlich festgelegte Rechtsfolge verbindlich, nur in begründeten Ausnahmefällen darf von ihr abgewichen werden.

Beispiele:
Nach § 9 StAG sollen Ehegatten oder Lebenspartner Deutscher eingebürgert werden. Grundsätzlich verleiht diese Vorschrift einen zwingenden Rechtsanspruch auf Einbürgerung. Nur bei Vorliegen einer Scheinehe oder -partnerschaft zum Zwecke der Erschleichung der deutschen Staatsangehörigkeit darf ausnahmsweise die Einbürgerung verweigert werden.

In den Fällen des § 54 AufenthG wird ein Ausländer in der Regel ausgewiesen, d.h., die Ausländerbehörde ist grundsätzlich gehalten, die Ausweisung zu verfügen. Ihr ist aber die Befugnis eingeräumt, von einer Ausweisung abzusehen, wenn im Einzelfall besondere Umstände vorliegen, die den Ausländer entlasten oder die Ausweisung als unangemessene Härte erscheinen lassen.

---

37 Vgl. Beaucamp, JA 2002, 314; Hamann/Vahle, VR 1990, 17; zur gerichtlichen Überprüfbarkeit siehe BVerfGE 84, 34 und 59; 88, 40; Hofmann, NVwZ 1995, 740; Pieroth/Kemm, JuS 1995, 780; Zimmerling/Brehm, NVwZ 1997, 451.
38 Näher dazu Meyn, JA 1980, 327.
39 Vgl. nur Maurer, § 7 Rdnrn. 26 ff.; Meyn, JA 1980, 328; von Mutius, Jura 1987, 92, 93; Seewald, Jura 1980, 175; a.A. z.B. Bullinger, JZ 1984, 1001; Herdegen, JZ 1991, 747; Smeddinck, DÖV 1998, 370.
40 Zur Funktion und Verfassungsmäßigkeit von Ermessensregeln vgl. Meyer, VR 1989, 303.
41 Zur Einführung in das verwaltungsbehördliche Ermessen siehe Schoch, Jura 2004, 462; zu den rechtlichen Anforderungen an eine Ermessensentscheidung siehe Frage 24, zur Ermessensprüfung in der Fallbearbeitung Frage 49. Anwendungsproblemkreis 3.

Grundlagen

D. Handlungsformen der öffentlichen Verwaltung

Fragen

19. Welche Handlungsformen stehen der öffentlichen Verwaltung zur Verfügung?
20. Kontrollfragen: Worin unterscheidet sich der Verwaltungsakt von der Rechtsnorm, vom öffentlich-rechtlichen Vertrag und von der Verwaltungsvorschrift, die Rechtsnorm vom schlichten Verwaltungshandeln, die Rechtsverordnung von der Satzung?

Antworten

19. Handlungsformen

Das System der Handlungsformen der öffentlichen Verwaltung zeigt das folgende Schaubild:

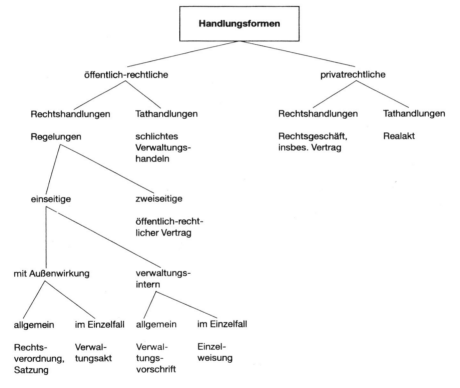

Wie bereits dargestellt stehen der öffentlichen Verwaltung sowohl öffentlich-rechtliche als auch privatrechtliche Handlungsformen zur Verfügung. In beiden Bereichen unterscheidet man zwischen Rechts- und Tathandlungen. **Rechtshandlungen** sind darauf gerichtet, bestimmte Rechtsfolgen herbeizuführen. Im öffentlichen Recht bezeichnet man sie als Regelungen, im Privatrecht als Willenserklärungen, die den Grundbaustein aller Rechtsgeschäfte darstellen. **Tathandlungen** sollen demgegenüber nur einen tatsächlichen Erfolg bewirken. Im öffentlichen Recht spricht man von schlichtem Verwaltungshandeln[1], im Privatrecht von Realakten (z.B. unerlaubte Handlungen). Auch Tathandlungen können Rechtsfolgen auslösen. Diese treten aber nicht wie bei Rechtshandlungen ein, weil sie gewollt und erklärt worden sind, sondern (automatisch) kraft Gesetzes (etwa die Schadensersatzpflicht bei unerlaubter Handlung). Innerhalb der Rechtshandlungen unterscheidet man zwischen einseitigen und zweiseitigen. Verträge als zweiseitige Rechtsgeschäfte bilden im Privatrecht die Regel, während sie im öffentlichen Recht die Ausnahme darstellen. Hier ist die einseitige Regelung als Ausdruck hoheitlicher Gewalt vorherrschend. Diese kann verwaltungsintern bleiben oder Außenwirkung haben, je nachdem ob sie sich nur auf den Binnenbereich der Verwaltung bezieht oder sich nach außen an den Bürger wendet. In beiden Fällen gibt es allgemeine und Einzelfallregelungen. Allgemeine Regelungen mit Außenwirkung haben Rechtsnormcharakter. Rechtsverordnungen werden von Regierungs- und Verwaltungsorganen aufgrund formalgesetzlicher Ermächtigung, die Inhalt, Zweck und Ausmaß festlegen muss (vgl. Art. 80 Abs. 1 S. 2 GG), erlassen[2]. Satzungen sind abstrakt-generelle Regelungen mit verbindlicher Rechtswirkung nach außen, die von juristischen Personen des öffentlichen Rechts (Gemeinden, Kreise, Handwerkskammern, Hochschulen) aufgrund und im Rahmen der ihnen gesetzlich verliehenen Autonomie erlassen werden[3]. Verwaltungsinterne Maßnahmen allgemeiner Natur sind die Verwaltungsvorschriften. Einzelakte sind insbesondere Organisationsakte (Eröffnung oder Schließung von Behörden, Änderung der Amtsbezirke usw.) und Einzelweisungen im Rahmen des Beamtenverhältnisses (vgl. § 55 S. 2 BBG)[4].

20. Kontrollfragen

Verwaltungsakte unterscheiden sich von der Rechtsnorm dadurch, dass sie keine allgemeine, sondern eine Einzelfallregelung enthalten, vom öffentlich-rechtlichen Vertrag durch die Einseitigkeit der Regelung, von der Verwaltungsvorschrift durch die Außenwirkung.

Die Rechtsnorm stellt eine Rechtshandlung dar, das schlichte Verwaltungshandeln ist Tathandlung. Rechtsverordnung und Satzung unterscheiden sich vor allem durch das Rechtsetzungsorgan und die Art der Ermächtigung: Rechtsverordnungen werden von Regierungs- und Verwaltungsorganen aufgrund von Einzelermächtigungen erlassen, Satzungen von juristischen Personen des öffentlichen Rechts mit Selbstverwaltungsrecht aufgrund genereller Ermächtigung (z.B. Art. 28 Abs. 2 GG, § 55 HandwO).

---

1 Instruktiv dazu Erichsen in Erichsen/Ehlers, §§ 30 bis 32; Robbers, DÖV 1987, 272.
2 Vgl. näher Maurer, § 13.
3 Siehe Stober, JA-Übungsblätter 1979, 65.
4 Vgl. zu den Handlungsformen Becker, JA 1986, 359; Gusy, Jura 1985, 578; König, VR 1990, 401; von Mutius, Jura 1979, RÖR 1 bis 8; Ossenbühl, JuS 1979, 681; Schmidt-Aßmann, DVBl 1989, 533; Schnapp, DÖV 1990, 826; Schütz, UBWV 2004, 41; Yersin, JA 1982, 469 mit JA-Studienbogen 6; Zimmer, Jura 1980, 242.

E. Allgemeine Grundsätze des Verwaltungshandelns

Fragen

21 An welchen Grundsätzen muss sich die öffentliche Verwaltung bei ihrem Handeln orientieren?
22. Was bedeutet der Grundsatz der Gesetzmäßigkeit der öffentlichen Verwaltung?
23. Welche Anforderungen ergeben sich aus dem Grundsatz der Verhältnismäßigkeit?
24. Welche Anforderungen sind an Ermessensentscheidungen zu stellen?
25. Welche Auswirkungen hat der Gleichbehandlungsgrundsatz für die öffentliche Verwaltung?
26. Welche Folgerungen sind aus dem Grundsatz von Treu und Glauben zu ziehen?

Antworten

21. Überblick

Die öffentliche Verwaltung hat sich bei ihrem Handeln an rechtlichen und außerrechtlichen Grundsätzen zu orientieren[1]. Erstere fasst man unter dem Begriff **Rechtmäßigkeit**, letztere unter dem Begriff **Zweckmäßigkeit** zusammen (vgl. § 68 Abs. 1 S. 1 VwGO). Zur Rechtmäßigkeit gehören insbesondere der Grundsatz der Gesetzmäßigkeit der Verwaltung, das Verhältnismäßigkeitsprinzip, die Anforderungen an eine pflichtgemäße Ermessensausübung, die Grundrechte und allgemeinen Verfassungsprinzipien sowie auch die Grundsätze der Wirtschaftlichkeit und Sparsamkeit (vgl. § 7 BHO)[2]. Die Zweckmäßigkeit umfasst die ergänzenden verwaltungspraktischen und -politischen Aspekte sowie die Bürgerfreundlichkeit und Verständlichkeit.

22. Grundsatz der Gesetzmäßigkeit

Nach Art. 20 Abs. 3 GG ist die vollziehende Gewalt an Gesetz und Recht gebunden. Aus der Gesetzesbindung der öffentlichen Verwaltung erwachsen zwei weitreichende Anforderungen, die als Prinzip vom Vorrang des Gesetzes und als Prinzip vom Vorbehalt des Gesetzes bezeichnet werden.

Das **Prinzip vom Vorrang des Gesetzes** besagt, dass die Verwaltung an die bestehenden Gesetze gebunden ist, also keine Maßnahme treffen darf, die mit einer gesetzlichen Regelung nicht vereinbar ist („Kein Handeln gegen das Gesetz!").

Beispiel:
Bedürftigen darf die Sozialhilfe nicht unter Hinweis auf die leeren öffentlichen Kassen verweigert werden, da nach § 17 Abs. 1 S. 1 SGB-XII auf Sozialhilfe ein Anspruch besteht, soweit bestimmt wird, dass die Leistung zu erbringen ist.

Das Prinzip vom Vorrang des Gesetzes gilt uneingeschränkt für den gesamten Bereich der Verwaltung. Es beruht auf der unterschiedlichen demokratischen Legitimation von gesetzgebender und vollziehender Gewalt[3].

---

1 Achterberg, § 19 und JA 1982, 237; Schütz, UBWV 1985, 172.
2 Zur Ökonomisierung des Verwaltungsrechts siehe Schneider, Die Verwaltung 2001, 317; Voßkule, Die Verwaltung 2001, 347; Groß, Die Verwaltung 2001, 371.
3 Näher zum Vorrang des Gesetzes Alberts, VR 1985, 126; Erichsen, Jura 1995, 550; Gusy, JuS 1983, 189; Pietzcker, JuS 1979, 710; Wehr, JuS 1997, 231.

ERSTER TEIL   1. Abschnitt

Das **Prinzip vom Vorbehalt des Gesetzes** besagt, dass die Verwaltung nur insoweit tätig werden darf, als sie dazu durch ein Gesetz oder eine aufgrund eines Gesetzes erlassene sonstige Rechtsnorm ermächtigt ist („Kein Handeln ohne Gesetz!")[4]. Ausdrücklich festgeschrieben ist dieses Prinzip in den Polizeigesetzen:

§ 1 Abs. 5 S. 1 PolG NRW: Maßnahmen, die in Rechte einer Person eingreifen, darf die Polizei nur treffen, wenn dies aufgrund dieses Gesetzes oder anderer Rechtsvorschriften zulässig ist.

Beispiele:
Mangels gesetzlicher Grundlage darf die Fahrerlaubnisbehörde bei Führerscheinbesitzern keine allgemeinen Seh-, Hör- oder Reaktionstests, das Gesundheitsamt keine allgemeinen Aids-Tests durchführen.

Der Verwaltung steht kein Gebührenfindungsrecht zu. Es obliegt allein dem Gesetz- oder Verordnungsgeber, für Amtshandlungen eine besondere Gebühr einzuführen[5].

Das Prinzip vom Vorbehalt des Gesetzes macht deutlich, dass die Verwaltung „vollziehende Gewalt" ist, die Vorgaben auszuführen hat, aber sich nicht selbst neue Befugnisse eröffnen darf. Historisch betrachtet ist es im 19. Jahrhundert entstanden als Kampfmittel des Bürgertums zur Beschränkung der Macht des Monarchen zugunsten der Mitwirkung einer Volksvertretung. Eine zweite Wurzel bildet die auf die Aufklärung zurückgehende Vorstellung, dass vorgegebene allgemeine Regeln notwendig sind, um die Ausübung staatlicher Macht vorhersehbar, begrenzbar und kontrollierbar zu machen. Zu diesen demokratischen und rechtsstaatlichen Erwägungen ist unter der Geltung des Grundgesetzes noch ein grundrechtlicher Ansatz hinzugetreten, der den Gesetzesvorbehalt für grundrechtsrelevante Maßnahmen als verfahrensrechtliche Absicherung der Grundrechte versteht.

Die Frage nach dem **Geltungsbereich des Vorbehaltsprinzips** hat lange Zeit einen der meistdiskutierten Problemkreise des Verwaltungsrechts dargestellt. Nach traditionellem Verständnis, wie es insbesondere in der Weimarer Republik als gesicherte Erkenntnis galt, wurde das Vorbehaltsprinzip nur auf Eingriffe in Freiheit und Eigentum des Bürgers im allgemeinen Verwaltungsrechtsverhältnis angewandt. Ausgeklammert waren also sowohl die sog. besonderen Gewaltverhältnisse als auch die gesamte Leistungsverwaltung. Mit der ersten Ausnahme hat das Bundesverfassungsgericht Schluss gemacht. Ausgehend vom sog. Strafgefangenen-Beschluss im Jahre 1972[6] hat es in einer langen Reihe von Entscheidungen vor allem zum Schulbereich[7] klargemacht, dass Eingriffe in die grundrechtlich geschützte Individualsphäre auch in verwaltungsrechtlichen Sonderverhältnissen einer gesetzlichen Grundlage bedürfen. Umstritten ist noch die Bedeutung des Vorbehaltsprinzips für die Leistungsverwaltung, insbesondere für

---

4 Näher zum Vorbehalt des Gesetzes Detterbeck, Jura 2002, 235; Erichsen, Jura 1995, 550; Habermehl, JA-Übungsblätter 1982, 141; Hofmann/Gerke, Rdnrn. 177 ff.; Hölscheidt, JA 2001, 409; Kloepfer, JZ 1984, 685; Krebs, Jura 1979, 304; Pietzcker, JuS 1979, 710; Pietzner, JA 1973, 339 und 413 (siehe auch JA 1971, 41); Wehr, JuS 1997, 419; Zimmerling, VR 1993, 257. Lehrreich ist auch der Streit um den Vorbehalt des Gesetzes in der Gentechnik VGH Kassel NJW 1990, 336 mit Anmerkungen von Deutsch, NJW 1990, 339; Gersdorf, DÖV 1990, 514; Hirsch, NJW 1990, 1445; Rose, DVBl 1990, 279; Sendler, NVwZ 1990, 23. Zum Gesetzesvorbehalt im Bereich der Organisationsgewalt siehe VerfGH NRW NJW 1999, 1243 mit kritischer Stellungnahme von Böckenförde, NJW 1999, 1235.
5 BVerwG NJW 1991, 2851 für das sog. Wunschkennzeichen; zum Analogieverbot bei hoheitlichen Eingriffen siehe auch BVerfG DVBl 1997, 351 mit kritischer Anmerkung von Schwabe aaO.
6 BVerfGE 33, 1; vgl. auch die Besprechung von Beaucamp, JA 2003, 937 sowie BVerfGE 40, 237.
7 U.a. BVerfGE 34, 165; 41, 251; 45, 400; 47, 46; 51, 268.

Grundlagen

Subventionen[8]. Während die Lehre vom Totalvorbehalt das Prinzip uneingeschränkt auch auf Leistungen des Staates anwenden will mit der Begründung, im modernen Dienstleistungsstaat werde der Freiheitsbereich des Bürgers mehr durch die Verteilung staatlicher Leistungen denn durch Eingriffe bestimmt, befürchtet die Gegenmeinung dadurch eine Lähmung der pflegenden Verwaltung und eine Überproduktion von Normen. Nach einer Mittelmeinung bedürfen Zuwendungen und Subventionen keiner materiellgesetzlichen Grundlage. Vielmehr soll auch jede andere parlamentarische Willensäußerung, insbesondere die etatmäßige Bereitstellung der Mittel, genügen[9]. Das Bundesverwaltungsgericht[10] lässt die Bereitstellung der benötigten Mittel im Haushaltsplan als Grundlage für eine Subventionsmaßnahme jedoch dann nicht ausreichen, wenn die Maßnahme mit gezielten Eingriffen in die Grundrechte von nicht am Subventionsverhältnis beteiligten Dritten verbunden ist.

Soweit das Prinzip vom Vorbehalt des Gesetzes gilt, stellt sich weiter die Frage, inwieweit der Gesetzgeber die Maßstäbe für das Verwaltungshandeln selbst festlegen muss oder der Verwaltung die Ausgestaltung überlassen darf. Das Bundesverfassungsgericht[11] beantwortet die Frage nach dem sog. **Parlamentsvorbehalt** mit der **Wesentlichkeitstheorie:** Der Gesetzgeber hat die wesentlichen Entscheidungen selbst zu treffen. Eine wesentliche Entscheidung ist insbesondere dann anzunehmen, wenn grundrechtlich geschützte Rechtsgüter quantitativ oder qualitativ in besonderem Maße betroffen sind[12].

Beispiele:
Zu den wesentlichen Entscheidungen, die der Gesetzgeber selbst treffen muss, gehören im Schulbereich insbesondere die organisatorische Grundstruktur der Schule, die Bildungsinhalte und Lernziele, die Fächerkataloge, die Rechtsstellung der Schüler (Aufnahme in die Schule, Entlassung aus der Schule, Prüfungen, Versetzung usw.) und Disziplinarmaßnahmen.
Das Bundesverwaltungsgericht[13] hat 2004 entschieden, dass die Beihilfevorschriften des Bundes nicht den Anforderungen des verfassungsrechtlichen Gesetzesvorbehalts genügen. Die wesentlichen Entscheidungen über die Leistungen an Beamte, Richter und Versorgungsempfänger im Falle von Krankheit und Pflegebedürftigkeit habe der Gesetzgeber zu treffen.

23. Grundsatz der Verhältnismäßigkeit

Der für jegliche Staatstätigkeit geltende Grundsatz der Verhältnismäßigkeit stellt drei Anforderungen an das Verwaltungshandeln[14]:

---

8 Vgl. Jakobs, BayVBl 1985, 353; Stober, GewArch 1993, 136.
9 So BVerwGE 6, 282, 287 f.; 58, 45, 48; NJW 1977, 1838; OVG Münster NJW 1981, 2597; vgl. auch Bleckmann, DVBl 2004, 333; zu den Problemen der modernen Leistungsverwaltung siehe Ladeur/Gostomzyk, Die Verwaltung 2003, 141; Schenke, DÖV 1989, 365.
10 BVerwGE 90, 112, 126 f.
11 U.a. BVerfGE 40, 237, 249 f.; 47, 46, 78 f.; 58, 257, 268 ff.; siehe auch von Arnim, DVBl 1987, 1241 und Becker, BayVBl 1985, 641; gegen eine Überforderung des Gesetzgebers Hoffmann-Riem, AöR 130 (2005), 5; Klemmt, DÖV 2005, 507.
12 So ausdrücklich BVerfGE 33, 125, 158 ff. und 303, 346; 47, 46, 79; 49, 89, 126 f.; siehe auch Baader, JZ 1992, 394.
13 BVerwGE 121, 103 mit Anm. von Saurer, DÖV 2005, 587; vgl. auch die Darstellung von Tegethoff in JA 2005, 794. Allgemein zum Gesetzesvorbehalt im Beamtenrecht Summer, DÖV 2006, 249.
14 Eine Bestandsaufnahme der Literatur zur Verhältnismäßigkeit staatlichen Handelns bietet Dechsling, Das Verhältnismäßigkeitsgebot, 1989. Grundfälle der Verhältnismäßigkeit hat Michael in JuS 2001, 654, 764 und 866 zusammengestellt. Zur Behandlung im Rahmen der Rechtmäßigkeitsprüfung siehe Anwendungsproblemkreis 3 (Frage 49), zur Geltung im Polizei- und Ordnungsrecht die Fälle 101 d, e und f.

- **Geeignetheit** (= Zwecktauglichkeit): Die Maßnahme muss geeignet sein, den angestrebten Zweck zu erreichen.

- **Erforderlichkeit** (= Prinzip des mildesten Mittels, Übermaßverbot): Von mehreren möglichen und geeigneten Maßnahmen ist diejenige zu wählen, die den Einzelnen und die Allgemeinheit voraussichtlich am wenigsten beeinträchtigt.

- **Angemessenheit** (= Verhältnismäßigkeit im engeren Sinne, richtige Zweck-Mittel-Relation): Die Maßnahme darf nicht zu einem Nachteil führen, der zu dem erstrebten Erfolg erkennbar außer Verhältnis steht.

24. Anforderungen an Ermessensentscheidungen

Ermessen bedeutet nicht, dass die Verwaltung nach Gutdünken entscheiden dürfte. Ermessen ist stets **pflichtgemäßes Ermessen** (so z.B. ausdrücklich § 15 OBG Bbg/§ 16 OBG NRW, § 3 Abs. 1 BbgPolG/NRW und § 17 Abs. 2 S. 1 SGB-XII). Die Anforderungen an eine pflichtgemäße Ermessensbetätigung legt § 40 VwVfG fest: Die Behörde hat ihr Ermessen entsprechend dem Zweck der Ermächtigung auszuüben und die gesetzlichen Grenzen des Ermessens einzuhalten. Entspricht die Ermessensentscheidung diesen Maßstäben nicht, ist die Maßnahme rechtswidrig. § 114 S. 1 VwGO ermächtigt folgerichtig das Verwaltungsgericht, die Einhaltung dieser Anforderungen zu kontrollieren. Üblicherweise werden, indem die gesetzlichen Grenzen des Ermessens in eine untere und eine obere Grenze aufgespalten werden, **drei Ermessensfehler** unterschieden[15]:

- **Ermessensnichtgebrauch** (= Ermessensmangel, Ermessensunterschreitung): Die Behörde macht von dem ihr eingeräumten Ermessen ganz oder teilweise keinen Gebrauch, entweder weil sie ihren Handlungsspielraum nicht erkennt oder weil sie entgegen dem in der Ermessensnorm enthaltenen Differenzierungsgebot schematisch ohne Rücksicht auf die besonderen Umstände des Einzelfalls handelt.

- **Ermessensüberschreitung**: Die Behörde überschreitet die äußeren Grenzen des ihr eingeräumten Ermessensspielraums, wählt eine Maßnahme, die von der Ermächtigung nicht gedeckt ist.

- **Ermessensmissbrauch**: Die Behörde übt ihr Ermessen nicht entsprechend dem Zweck der Ermächtigung aus, handelt aus sachwidrigen Erwägungen.

25. Gleichheitsgrundsatz

Der Gleichheitsgrundsatz des Art. 3 GG in seiner allgemeinen Ausprägung in Absatz 1 und seinen besonderen Regelungen in den Absätzen 2 und 3 hat nach der Rechtsprechung für die öffentliche Verwaltung die Bedeutung eines **allgemeinen Willkürverbots**. Die Verwaltung darf weder in wesentlicher Hinsicht gleich-

---

15 Vgl. Alexy, JZ 1986, 701. Zur Prüfung in der Fallbearbeitung siehe Anwendungsproblemkreis 3 (Frage 49).

Grundlagen

gelagerte Sachverhalte willkürlich ungleich, noch in wesentlicher Hinsicht Ungleiches willkürlich gleich behandeln[16]. Gegen das Willkürverbot wird nicht bereits dann verstoßen, wenn die Rechtsanwendung oder das eingeschlagene Verfahren fehlerhaft sind. Willkürlich sind sie nur dann, wenn sie unter keinem denkbaren Aspekt mehr rechtlich vertretbar sind und sich daher der Schluss aufdrängt, dass die Entscheidung auf sachfremden und damit willkürlichen Erwägungen beruht[17]. Mit der sog. **neuen Formel** hat das Bundesverfassungsgericht das formale Merkmal des Willkürverbots um wertbezogene Maßstäbe ergänzt und damit besonders für personenbezogene Differenzierungen die Gleichheitsprüfung verschärft[18].

26. Grundsatz von Treu und Glauben

Der Grundsatz von Treu und Glauben ist ein allgemeines Rechtsprinzip, das die gesamte Rechtsordnung durchzieht[19]. Im Verwaltungsrecht ist er zwar nicht wie im Bürgerlichen Recht (in § 242 BGB) ausdrücklich normiert, liegt jedoch zahlreichen Vorschriften zugrunde, z.B. den Bestimmungen über die Zusicherung (§ 38 VwVfG), Rücknahme und Widerruf (§§ 48, 49 VwVfG) oder die Anpassung und Kündigung des öffentlich-rechtlichen Vertrages in besonderen Fällen (§ 60 VwVfG). Seine Bedeutung geht aber auch im Verwaltungsrecht weit über diese geregelten Einzelfälle hinaus[20]. So sind aus dem Grundsatz von Treu und Glauben unter anderem folgende allgemeine Anforderungen an das Verwaltungshandeln entwickelt worden:

- das Verbot widersprüchlichen Verhaltens,
- das Verbot des Missbrauchs von Rechtsvorschriften,
- das Verbot der Ausnutzung einer unredlich erlangten Rechtsstellung,
- das Rechtsinstitut der Verwirkung,
- die allgemeine Betreuungspflicht der Behörde gegenüber dem Bürger.

---

16 Zum Problem der Gleichheit im Unrecht vgl. BVerwG NVwZ-RR 1992, 360; Kölbel, Gleichheit „im Unrecht", 1998; Trockels, BWVPr 1989, 102; zur gutachtlichen Prüfung von Gleichheitsgrundrechten Brüning, JA 2001, 611.
17 BVerfG NJW 1992, 1675; Gusy, JuS 1982, 30; Odendahl, JA 2000, 170; Pietzcker, JZ 1989, 305.
18 Ausgehend von BVerfGE 55, 72, 88 ff.; vgl. Brüning, JZ 2001, 669; Bryde/Kleindiek, Jura 1999, 36; Jarass, NJW 1997, 2545; Michael, JuS 2001, 148; Sachs, JuS 1997, 124.
19 Vgl. Blanke, Vertrauensschutz im deutschen und europäischen Verwaltungsrecht, 1999; Bullinger, JZ 1999, 905; Pieroth, JZ 1984, 971 und 1990, 279; Preuß, JA 1977, 265 und 313; speziell zum Problemkreis der Rückwirkung von Rechtsnormen Arndt/Schumacher, NJW 1998, 1538; Brüning, NJW 1998, 1525; Fischer, JuS 2001, 861; Schwerdtfeger, Rdnrn. 413 ff.; Stüsser, Jura 1999, 545; Wernsmann, JuS 1999, 1177; 2000, 39.
20 Vgl. OVG Münster, NJW 1992, 2245.

ERSTER TEIL 1. Abschnitt

F. Das Verwaltungsrechtsverhältnis

Fragen

27. Was versteht man unter einem Verwaltungsrechtsverhältnis?
28. Welche zwei grundlegenden Arten von Verwaltungsrechtsverhältnissen unterscheidet man?
29. Was ist ein subjektives öffentliches Recht?

Antworten

27. Begriff des Verwaltungsrechtsverhältnisses

Unter einem Rechtsverhältnis versteht man eine durch Rechtsnormen gestaltete Beziehung zwischen Rechtssubjekten. Es entsteht, wenn auf einen Lebenssachverhalt eine Rechtsnorm zur Anwendung gelangt und dadurch Rechtsfolgen zwischen den Rechtssubjekten begründet werden. Handelt es sich dabei um eine Rechtsnorm des Verwaltungsrechts, so spricht man von einem Verwaltungsrechtsverhältnis. Als Verwaltungsrechtsverhältnis bezeichnet man also die durch die Tätigkeit der Verwaltung oder unmittelbar kraft Gesetzes entstehende Rechtsbeziehung zwischen Verwaltung und Bürger oder zwischen zwei Verwaltungsträgern, die durch Rechtsnormen des Verwaltungsrechts gestaltet wird[1].

28. Arten von Verwaltungsrechtsverhältnissen

Innerhalb der Verwaltungsrechtsverhältnisse unterscheidet man zwischen allgemeinen und besonderen Verwaltungsrechtsverhältnissen:

• Als **allgemeines Verwaltungsrechtsverhältnis** bezeichnet man die Beziehung der Verwaltung zu allen natürlichen und juristischen Personen innerhalb des Staatsgebiets, also das normale Staat-Bürger-Verhältnis.

• **Besondere Verwaltungsrechtsverhältnisse** oder verwaltungsrechtliche Sonderverhältnisse sind Rechtsverhältnisse, bei denen sich der Bürger zugunsten eines bestimmten Verwaltungszwecks in eine gesteigerte Abhängigkeit von einem Verwaltungsrechtsträger begibt. Dazu gehören die Beziehungen des Beamten, Richters, Soldaten und Wehrpflichtigen zum Dienstherrn, des Schülers und Studenten zur (Hoch-)Schule, des Straf- und Untersuchungsgefangenen zur Anstalt. Früher bezeichnete man diese Rechtsbeziehungen als „besondere Gewaltverhältnisse"[2]. Damit verbunden war die Vorstellung von einem parlaments- und gerichtsfreien Herrschaftsraum, in dem die Verwaltung nach Belieben die Rechtsstellung des Einzelnen einschränken konnte. Nachdem das Bundesverfassungsgericht[3] klargestellt hat, dass auch in diesen Sonderverhältnissen das Recht und nicht die Gewalt herrscht, sollte man diesen Ausdruck nicht mehr verwenden.

---

1 Siehe Hase, Die Verwaltung 2005, 453; Hofmann/Gerke, Rdnrn. 254 ff.; von Danwitz, Die Verwaltung 1997, 339; Gröschner, Die Verwaltung 1997, 301; Pietzcker, Die Verwaltung 1997, 281.
2 Vgl. dazu Ronellenfitsch, DÖV 1984, 781.
3 BVerfGE 33, 1; siehe Frage 22.

Grundlagen

29. Subjektives öffentliches Recht

Die Rechtsordnung, das sog. objektive Recht, stellt vielfältige Verhaltensanforderungen an die öffentliche Verwaltung. Das bedeutet aber noch nicht, dass der Bürger auch die Einhaltung dieser rechtlichen Bindungen verlangen und gegebenenfalls gerichtlich durchsetzen kann. Dazu muss er gegenüber der Verwaltung ein subjektives öffentliches Recht haben. Ein subjektives öffentliches Recht ist also die dem einzelnen Bürger kraft öffentlichen Rechts verliehene Rechtsmacht, vom Staat zur Verfolgung seiner Interessen ein bestimmtes Tun, Dulden oder Unterlassen verlangen zu können.

Bedeutsam ist das subjektive öffentliche Recht nicht nur für das materielle Recht, sondern auch für das Verfahrens- und Prozessrecht, wie folgende Vorschriften belegen:

- § 28 Abs. 1 VwVfG schreibt die Anhörung Beteiligter nur vor Erlass eines Verwaltungsakts vor, „der in Rechte eines Beteiligten eingreift".
- Art. 19 Abs. 4 GG garantiert den Rechtsweg nur demjenigen, der „durch die öffentliche Gewalt in seinen Rechten verletzt" wird.
- § 42 Abs. 2 VwGO macht die Zulässigkeit von Anfechtungs- und Verpflichtungsklagen davon abhängig, dass „der Kläger geltend macht, durch den Verwaltungsakt oder seine Ablehnung oder Unterlassung in seinen Rechten verletzt zu sein."
- § 113 Abs. 1 und 5 S. 1 VwGO begnügen sich für die Begründetheit der Klage nicht mit der Rechtswidrigkeit des Verwaltungsakts, sondern verlangen zusätzlich, dass „der Kläger dadurch in seinen Rechten verletzt ist".

Für die **Annahme eines subjektiven öffentlichen Rechts** sind stets zwei Fragen zu prüfen[4]:

- Liegt eine Rechtsnorm vor, die die Verwaltung objektiv zu einem bestimmten Verhalten verpflichtet?
- Soll diese Rechtsnorm zumindest auch dem Schutz der Interessen des Einzelnen oder eines bestimmten abgrenzbaren Personenkreises dienen?

Keine Probleme bereiten in dieser Hinsicht Vorschriften, in denen das Recht des Bürgers bereits dem Wortlaut nach zum Ausdruck kommt.

Beispiele:
§ 1 BAföG: Auf individuelle Ausbildungsförderung besteht für eine der Neigung, Eignung und Leistung entsprechende Ausbildung ein Rechtsanspruch nach Maßgabe dieses Gesetzes, wenn dem Auszubildenden die für seinen Lebensunterhalt und seine Ausbildung erforderlichen Mittel anderweitig nicht zur Verfügung stehen.

§ 90 c Abs. 1 BBG: Der Beamte hat, auch nach Beendigung des Beamtenverhältnisses, ein Recht auf Einsicht in seine vollständige Personalakte.

Anerkannt ist auch, dass die Grundrechte für den Bürger subjektive öffentliche Rechte (Abwehr-, teilweise auch Leistungs- und Teilhaberechte) darstellen.

---

4 Vgl. Hofmann/Gerke, Rdnrn. 239 ff.; Scherzberg, DVBl 1988, 129 und Jura 1988, 455.

Bei Vorschriften, die dem Wortlaut nach nur die Verwaltung objektiv zu einem bestimmten Verhalten zwingen, muss im Wege der Auslegung ermittelt werden, ob und gegebenenfalls welche Individualinteressen sie zu schützen bestimmt sind. Dafür genügt nicht, dass die Vorschrift reflexhaft auch Individualinteressen dient, sondern der Schutz des Einzelnen muss von der Norm bezweckt werden.

Beispiel:
Den Vorschriften über Abstandflächen (Bauwich) im Baurecht (vgl. z.B. § 6 BbgBO/BauO NRW) wird von der Rechtsprechung nachbarschützende Wirkung zuerkannt[5]. Ebenso hat die Festsetzung von Baugebieten durch Bebauungspläne grundsätzlich nachbarschützende Funktion[6].

Auch aus Ermessensnormen kann sich ein subjektives öffentliches Recht ergeben, nämlich dann, wenn die Norm nicht nur dem öffentlichen Interesse, sondern zumindest auch dem Interesse des betroffenen Bürgers zu dienen bestimmt ist. Allerdings ist zu beachten, dass das Recht des Bürgers nicht weiter gehen kann als die Bindung der Behörde. Regelmäßig hat der Bürger daher nur einen Anspruch auf einen fehlerfreien Entscheidungsfindungsprozess, ein sog. **Recht auf fehlerfreien Ermessensgebrauch**[7]. Dieses Recht kann sich ausnahmsweise zu einem Anspruch auf eine bestimmte Entscheidung verdichten, wenn nur diese eine Entscheidung noch ermessensgemäß ist (sog. **Ermessensreduzierung** auf Null)[8].

Beispiel:
Die polizeiliche und ordnungsbehördliche Generalklausel (§ 10 Abs. 1 BbgPolG/§ 8 Abs. 1 PolG NRW; § 13 Abs. 1 OBG Bbg/§ 14 Abs. 1 OBG NRW) räumt der Behörde nach heutiger Ansicht[9] Befugnisse nicht nur allein im öffentlichen Interesse, sondern auch im Interesse des gefährdeten Bürgers ein. Da das Handeln zur Gefahrenabwehr aber ins Ermessen der Behörde gestellt ist, hat der Bürger regelmäßig nur einen Anspruch auf eine fehlerfreie Ermessensentscheidung, etwa wenn er verlangt, ein seine Garageneinfahrt versperrendes Fahrzeug abzuschleppen oder Lärm- und Staubbelästigungen durch ein benachbartes Kohlengeschäft abzustellen. Zu einem Anspruch auf Einschreiten erstarkt dieses Recht bei gegenwärtigen Gefahren für erhebliche Rechtsgüter, z.B. bei herumliegenden Giftmüllfässern auf einem von Kindern als Spielplatz benutzten Gelände.

---

5   Vgl. VGH Mannheim NJW 1992, 1060; Hahn, JuS 1987, 536 und Wahl, JuS 1984, 577.
6   BVerwGE 94, 151.
7   Näher dazu Pietzcker, JuS 1982, 106.
8   Vgl. dazu BVerwG NVwZ 1992, 165; di Fabio, VerwArch 1995, 214; Gern, DVBl 1987, 1194; Hain/Schlette/Schmitz, AöR 122 (1997), 32.
9   Vgl. Dietlein, DVBl 1991, 685; Drews/Wacke/Vogel/Martens, § 24 unter 8; Möller/Wilhelm, 3. Abschnitt 5.2.2; Martens, JuS 1962, 245; zum Anspruch Dritter auf bauaufsichtliches Einschreiten Mampel, DVBl 1999, 1403.

Die Lehre vom Verwaltungsakt

2. Abschnitt: Die Lehre vom Verwaltungsakt

A. Bedeutung, Begriff und Arten des Verwaltungsakts

Fragen

30. Welche Bedeutung hat der Verwaltungsakt?
31. Gibt es eine für das gesamte Verwaltungsrecht gültige gesetzliche Definition des Verwaltungsakts?
32. Welche Begriffsmerkmale sind für den Verwaltungsakt konstitutiv?
33. Anwendungsproblemkreis 2: Die Prüfung der Begriffsmerkmale des Verwaltungsakts
34. Übungs- und Vertiefungsfälle
    Liegt in folgenden Fällen ein Verwaltungsakt vor?
    a) Polizist A verursacht auf einer Streifenfahrt einen Verkehrsunfall.
    b) Der Gewohnheitsverbrecher B hat bei der Fahrerlaubnisbehörde Führerscheinvordrucke und amtliche Stempel erbeutet und stellt nun gegen Bezahlung Führerscheine aus.
    c) Der Präsident des Deutschen Bundestages stellt gem. § 20 Abs. 2 S. 2 ParteiG in der Festsetzung staatlicher Mittel an die C-Partei einen Rückforderungsanspruch wegen überzahlter Abschlagszahlungen fest und verrechnet diesen Betrag unmittelbar.
    d) Der Autofahrer D führt seinen PKW bei einer vom Technischen Überwachungsverein eingerichteten Prüfstelle zur Hauptuntersuchung vor. Der amtlich anerkannte Sachverständige für den Kraftfahrzeugverkehr E teilt ihm nach durchgeführter Prüfung eine Prüfplakette zu.
    e) Der Bürgermeister erteilt F, G und H Hausverbot für das Rathaus. F hat die Ablehnung einer Baugenehmigung nicht verwinden können und wiederholt den zuständigen Sachbearbeiter aufgesucht und beleidigt. G hat in allzu aufdringlicher Weise versucht, die Reinigung der Fenster im Rathaus übertragen zu bekommen. H hat im Standesamt Brautpaare ungefragt fotografiert und sie nachher hartnäckig zum Kauf der Fotos gedrängt.
    f) Die Stadt I unterhält eine Stadthalle, die sie regelmäßig politischen Parteien für Veranstaltungen zur Verfügung stellt. Die Vermietung der Halle an die radikale J-Partei lehnt sie mit der Begründung ab, es seien Beschädigungen der Halle und des Inventars zu befürchten.
    g) Bundesbeamter K ist wegen Betruges zu drei Jahren Freiheitsstrafe verurteilt worden, was nach § 48 BBG die Beendigung des Beamtenverhältnisses mit Rechtskraft des Urteils zur Folge hat. K richtet ein Gnadengesuch an den Bundespräsidenten, dem nach § 50 Abs. 1 BBG iVm Art. 1 Nr. 2 der Anordnung des Bundespräsidenten über die Ausübung des Begnadigungsrechts des Bundes das Gnadenrecht zusteht. Der Bundespräsident lehnt das Gesuch ab.
    h) Die Polizei hat während einer völligen Neuordnung des ruhenden Verkehrs in der Innenstadt vorübergehend das Parken in eingeschränkten Haltverbotszonen geduldet. Nach Eröffnung der neuerrichteten Parkhäuser weist sie in Handzetteln, die sie an verbotswidrig abgestellten Fahrzeugen befestigt, darauf hin, dass das Parken an der betreffenden Stelle verboten sei und Zuwiderhandlungen künftig wieder geahndet würden.
    i) Die Bauaufsichtsbehörde sichert dem Bauherrn L, der sein Wohnhaus ohne die erforderliche Genehmigung aufgestockt hat, schriftlich zu, keine Abrissverfügung zu erlassen.
    j) Autofahrer M hat bei einem Verkehrsunfall schwere Kopfverletzungen erlitten. Nach seiner Entlassung aus dem Krankenhaus verschuldet er in kurzer Zeit mehrere Unfälle. Die Fahrerlaubnisbehörde schließt daraus auf eine mögliche Ungeeignetheit zum Führen von Kraftfahrzeugen und fordert ihn zur Vorbereitung der Entscheidung über die Entziehung der Fahrerlaubnis auf, ein Gutachten einer anerkannten medizinisch-psychologischen Untersuchungsstelle über seine Fahrtauglichkeit vorzulegen.
    k) Die Behörde verweigert dem Beteiligten N in einem Verwaltungsverfahren die Akteneinsicht.
    l) Dienstvorgesetzter O fertigt eine dienstliche Beurteilung eines ihm unterstellten Beamten.
    m) Der Präsident einer Mittelbehörde legt im Rahmen von Sparmaßnahmen die Amtsbezirke zweier unterer Behörden zusammen und schließt ein Amt, wodurch sich für viele Bürger der Weg zur Behörde verlängert. Die zuständige Stelle schließt eine Realschule mit der Folge, dass die Schüler nunmehr die Gesamtschule in der Nachbargemeinde besuchen müssen.
    n) Sonstige Vorhaben im Außenbereich dürfen nach § 35 Abs. 2 iVm § 36 Abs. 1 S. 1 und 4 BauGB nur im Einvernehmen mit der Gemeinde und nach Maßgabe landesrechtlicher Rechtsverordnungen mit Zustimmung der höheren Verwaltungsbehörde genehmigt werden. Welchen Rechtscharakter haben derartige Mitwirkungsakte?

o) Der Schulleiter ordnet an, dass vom neuen Schuljahr an der Schulbeginn von 8.00 Uhr auf 7.45 Uhr vorverlegt wird. Er teilt den Eltern des Schülers P mit, dass ihr Sohn nicht in die nächste Klasse versetzt wird.
p) Amtmann Q wird, nachdem er zwei Jahre lang das Personalreferat geleitet hat, als Sachbearbeiter in die Zentralabteilung umgesetzt, wodurch er seine Referatsleiter- und Vorgesetztenfunktion verliert.
q) Das Ordnungsamt gibt der Kirchengemeinde St. Marien auf, die Wege des zur Kirche gehörenden Friedhofs bei Schnee- und Eisglätte zu streuen.
r) Nachdem Rentner R sein Kraftfahrzeug auf einer öffentlichen Straße abgestellt und sich für eine mehrwöchige stationäre Behandlung ins Krankenhaus begeben hat, werden in dem betreffenden Straßenabschnitt zur Vorbereitung eines Straßenfestes mobile Haltverbotsschilder aufgestellt. Vier Tage später veranlasst die Stadt, dass das Fahrzeug des R von einem Abschleppunternehmen auf dessen Betriebshof geschleppt wird, wo es R erst nach Zahlung der Abschlepp- und Unterstellkosten herausgegeben wird. Hat gegenüber R überhaupt ein Haltverbot bestanden mit der Folge, dass sein Fahrzeug kostenpflichtig abgeschleppt werden durfte?
s) Die Gemeinde S erlässt einen Bebauungsplan.
35. In welche wesentlichen Arten werden die Verwaltungsakte eingeteilt?

Antworten

30. Bedeutung des Verwaltungsakts

Der Verwaltungsakt nimmt unter den Handlungsformen der öffentlichen Verwaltung eine herausgehobene Stellung ein, die auf vier Funktionen beruht[1]:

- Die **materiellrechtliche Funktion** des Verwaltungsakts besteht darin, die abstrakt generelle Aussage des Gesetzes individualisierend und konkretisierend für den Einzelfall mit verbindlicher Wirkung umzusetzen. Als einseitiges Regelungsinstrument ist der Verwaltungsakt auch im modernen Rechtsstaat der Sache nach immer noch, was Otto Meier[2] schon 1895 so griffig definierte als einen der Verwaltung zugehörigen obrigkeitlichen Ausspruch, der dem Untertanen im Einzelfall bestimmt, was für ihn rechtens sein soll. Diese Wirkung entfaltet der Verwaltungsakt grundsätzlich ohne Rücksicht darauf, ob er das Gesetz richtig umsetzt oder nicht.

- Die **verfahrensrechtliche Funktion** des Verwaltungsakts ergibt sich aus § 9 VwVfG. Danach sind die folgenden Vorschriften über das Verwaltungsverfahren u.a. zu beachten bei der nach außen wirkenden Tätigkeit der Behörden, die auf die Prüfung der Voraussetzungen, die Vorbereitung und den Erlass eines Verwaltungsaktes gerichtet ist. Wegen der einschneidenden materiellrechtlichen Wirkung des Verwaltungsakts hat der Gesetzgeber der Verwaltung verfahrensrechtliche Bindungen auferlegt, insbesondere den Beteiligten ein Recht auf Anhörung, Akteneinsicht und Begründung des Verwaltungsakts eingeräumt.

- Die **prozessrechtliche Funktion** des Verwaltungsakts hat sich mit dem Erlass der Verwaltungsgerichtsordnung im Jahre 1960 abgeschwächt: War früher das Vorliegen eines Verwaltungsakts Voraussetzung verwaltungsgerichtlichen Rechtsschutzes, so bestimmt die Handlungsform heute nur noch die Klageart und damit die Zulässigkeits- und Begründetheitsvoraussetzungen (für Verwaltungsaktklagen vgl. §§ 42, 43, 68 ff., 80 und 113 VwGO).

---

1 Vgl. nur Löwer, JuS 1980, 805 mwN.
2 Deutsches Verwaltungsrecht, Band 1, S. 95.

- Die **vollstreckungsrechtliche Funktion** erlaubt es der Behörde, sich durch den Erlass eines Verwaltungsakts selbst einen Vollstreckungstitel zu verschaffen (Privileg der Selbsttitulierung) und diesen regelmäßig auch selbst zu vollstrecken (Privileg der Selbstvollstreckung).

31. Gesetzliche Definition des Verwaltungsakts

Die Verwaltungsverfahrensgesetze enthalten in § 35 Satz 1 eine gesetzliche Definition des Verwaltungsakts. Diese Bestimmung gilt unmittelbar aber nur für den Anwendungsbereich des jeweiligen Verwaltungsverfahrensgesetzes. Inhaltsgleiche Definitionen enthalten für zwei wichtige Ausnahmebereiche § 118 AO und § 31 SGB-X. Über ihren unmittelbaren Geltungsbereich hinaus dürfen diese Legaldefinitionen aber als Festschreibung des allgemein anerkannten, in Rechtsprechung und Wissenschaft entwickelten Begriffs des Verwaltungsakts auch zur Auslegung des Verwaltungsaktbegriffs in anderen Gesetzen, insbesondere in der Verwaltungsgerichtsordnung und im Verwaltungsvollstreckungsgesetz, herangezogen werden[3].

32. Konstitutive Begriffsmerkmale

Obwohl der Gesetzgeber auf eine verfestigte Begriffsbestimmung zurückgreifen konnte, ist ihm die Definition des Verwaltungsakts etwas geschwätzig geraten[4]. So sind die Verfügung und Entscheidung nur Beispiele für die hoheitliche Maßnahme und die Worte „auf unmittelbare Rechtswirkung ... gerichtet" eine Erläuterung der Regelung. Als konstitutive Begriffselemente bleiben damit folgende **sechs Merkmale** übrig:

- hoheitliche Maßnahme
- einer Behörde
- auf dem Gebiet des öffentlichen Rechts
- zur Regelung
- mit Außenwirkung
- eines Einzelfalls.

33. Anwendungsproblemkreis 2: Die Prüfung der Begriffsmerkmale des Verwaltungsakts

I. Problemstellung

Die Prüfung der Verwaltungsaktqualität einer behördlichen Maßnahme gehört zu den immer wiederkehrenden Bestandteilen einer Verwaltungsrechtsklausur. Obwohl die Begriffsmerkmale des Verwaltungsakts in der Lehre und in der Lehrbuchliteratur traditionell einen breiten Raum einnehmen, scheint ihre praktische Anwendung doch Probleme zu bereiten. Unsicherheit herrscht bereits vielfach darüber,

---

3 Vgl. nur Kopp/Ramsauer, § 35 Rdnr. 1.
4 So Löwer, JuS 1980, 805, 807.

wie eingehend die Prüfung sein soll. Zahlreiche Leistungspunkte werden zudem durch ungeschicktes Vorgehen, unrichtige Definitionen oder mangelhafte Begründungen verschenkt. Dabei ist es gar nicht schwer, die Verwaltungsaktprüfung so in den Griff zu bekommen, dass die volle Punktzahl sicher erreicht wird, ohne wertvolle Zeit zu verschwenden.

II. Die richtige Gewichtung

Allgemein gültige Aussagen über die richtige Gewichtung der Verwaltungsaktprüfung zu machen ist deshalb so schwer, weil sie sich in der Ausbildung nicht nur nach ihrer objektiven Problematik, sondern auch nach pädagogischen Übereinkünften richtet. Regelmäßig gilt danach:

1. Das Gewicht der Verwaltungsaktprüfung ist abhängig vom Anlass der Prüfung. Die größte Bedeutung hat sie bei der Statthaftigkeit des Widerspruchs gemäß § 68 Abs. 1 und 2 VwGO sowie bei der Bestimmung der richtigen Klageart in den Fällen der §§ 42 Abs. 1, 43 Abs. 1 Alt. 2 VwGO. Hingegen wird im Rahmen einer Rechtmäßigkeitsprüfung bei der Heranziehung von Bestimmungen, die das Vorliegen eines Verwaltungsakts voraussetzen, üblicherweise bei Verfahrensvorschriften (z.B. §§ 28, 37, 39 VwVfG) überhaupt keine, bei materiellrechtlichen Vorschriften (insbesondere § 36 und §§ 48, 49 VwVfG) nur eine knappe Begründung gefordert.

2. Zudem verändern sich die Erwartungen im Verlaufe des Studiums. Bis einschließlich zur Zwischenprüfung wird meist jedenfalls im Rahmen der Statthaftigkeit aus Übungsgründen eine gutachtliche Prüfung Merkmal für Merkmal erwartet. Im weiteren Studienverlauf ist nur noch insoweit näher auf die Abgrenzung einzugehen, als sie ausnahmsweise einmal problematisch ist.

Formulierungsbeispiele:
Als bauaufsichtliche Verfügung stellt das Schreiben des Bürgermeisters einen Verwaltungsakt dar.
Von den Begriffsmerkmalen des Verwaltungsakts ist allein das Merkmal der Außenwirkung problematisch ...

3. Selbst bei einer umfassenden gutachtlichen Prüfung der Begriffsmerkmale des Verwaltungsakts ist auf eine sachgerechte Gewichtung entsprechend der unterschiedlichen Bedeutung und Problematik der Merkmale Wert zu legen. Eine eingehende Untersuchung verdient nur das im Einzelfall wirklich problematische Merkmal. Im Übrigen sollte man sich auf eine kurze Begründung beschränken.

III. Zitierung und Wiedergabe der Legaldefinition

Da mit § 35 S. 1 VwVfG eine gesetzliche Definition des Verwaltungsakts vorhanden ist, muss auch in der Fallbearbeitung auf sie zurückgegriffen werden. Außerhalb des Anwendungsbereichs des Verwaltungsverfahrensgesetzes sollte die sinngemäße Verwendung deutlich gemacht werden, indem zitiert wird „vgl. § 35 S. 1 VwVfG".

Ist eine eingehende Prüfung aller Begriffsmerkmale gefordert, ist es empfehlenswert, eine Definition voranzustellen. Ein unschönes Abschreiben des Gesetzes kann dadurch vermieden werden, dass man nur die konstitutiven Begriffsmerkmale in der Reihenfolge aufzählt, in der sie anschließend geprüft werden.

Die Lehre vom Verwaltungsakt

Formulierungsvorschlag:
Verwaltungsakt ist jede hoheitliche Maßnahme einer Behörde auf dem Gebiet des öffentlichen Rechts zur Regelung mit Außenwirkung eines Einzelfalls.

Die Definition der Allgemeinverfügung in § 35 S. 2 VwVfG betrifft die Abgrenzung des Verwaltungsakts gegenüber der Rechtsnorm und braucht daher nur dann herangezogen zu werden, wenn diese Problematik bei der Prüfung der Einzelfallregelung eine Rolle spielt.

IV. Allgemeines zu den Begriffsmerkmalen

Soweit die einzelnen Merkmale des Verwaltungsaktbegriffs in der Literatur unterschiedlich definiert werden, handelt es sich überwiegend nicht um sachliche Differenzen, sondern um unterschiedliche Zuordnungen bestimmter Abgrenzungsfragen zu den einzelnen Merkmalen. Diese Tatsache sollte auch bei der Korrektur berücksichtigt werden: Sofern das Ergebnis als Summe der wesentlichen Abgrenzungen stimmt, besteht kein berechtigter Grund zur Kritik, mag die Problemaufteilung und damit die Definition einzelner Merkmale auch von der eigenen Übung abweichen.

Die sechs Begriffsmerkmale bekommt man sicher in den Griff, wenn man sich die Definition, den Abgrenzungszweck und einige wichtige Problemfälle merkt.

V. Zu den einzelnen Begriffsmerkmalen

1. hoheitliche Maßnahme

Das erste Begriffsmerkmal ist nach der Legaldefinition die hoheitliche Maßnahme, für die die Verfügung und die Entscheidung als Beispiele angeführt werden. Da die Beispiele keinen festen Begriffsinhalt haben, sollte man sich auf den Oberbegriff konzentrieren.

Die (hoheitliche) **Maßnahme** wird zum Teil mit Wolff/Bachof/Stober[5] als „ein Gebot oder Verbot, eine sonstige Rechtsgestaltung oder eine Feststellung sowie deren Versagung" definiert und damit mit dem Merkmal der Regelung weitgehend gleichgesetzt[6]. Für die Fallbearbeitung ist das nicht günstig, da das Gesetz die hoheitliche Maßnahme als eigenständiges Merkmal aufführt. Man beschränkt daher den Begriff der Maßnahme besser auf seine Verhaltenskomponente[7].

Definition:

Maßnahme ist jedes zweckgerichtete Verhalten mit Erklärungscharakter.

§ 37 Abs. 2 VwVfG ist zu entnehmen, dass die Erklärung schriftlich, elektronisch, mündlich oder in anderer Weise (z.B. durch Zeichengebung oder Verkehrsampel) abgegeben werden kann.

---

5   Verwaltungsrecht I, § 45 VI.
6   So u.a. Knack/Henneke, § 35 Rdnr. 9 und Löwer, aaO.
7   Wie hier z.B. Hofmann/Gerke, Rdnr. 293; Meyer/Borgs, § 35 Rdnr. 23.

Abgrenzung:

Nicht erfasst werden

- die bloße Untätigkeit der Verwaltung (an die aber das Gesetz Rechtsfolgen knüpfen kann)[8],
- tatsächliches Handeln ohne Erklärungsgehalt,
- ungewollte Auswirkungen des Verwaltungshandelns,
- die Fälle fehlenden natürlichen Willens: Handeln unter absoluter Gewalt oder Hypnose, fehlende Steuerungsfähigkeit infolge Geisteskrankheit, Alkohol- oder Drogengenusses[9].

Das Definitionselement **„hoheitlich"** wird vielfach mit dem Merkmal „auf dem Gebiet des öffentlichen Rechts" gleichgesetzt[10] oder gänzlich unbeachtet gelassen[11]. Dabei wird übersehen, dass das Adjektiv **„hoheitlich"** einen wichtigen Abgrenzungszweck erfüllt, indem es nämlich aus dem Gesamtbereich der öffentlich-rechtlichen Verwaltungstätigkeit den Teil herausgreift, in dem die Verwaltung einseitig verbindlich, eben hoheitlich handelt[12].

Definition:

Hoheitlich ist der Teil der öffentlich-rechtlichen Verwaltungstätigkeit, in dem die Verwaltung einseitig verbindlich handelt.

Abgrenzung:

Rechtsgeschäftliches Handeln, insbesondere öffentlich-rechtlicher Vertrag

Klausurtechnisch stellt sich das Problem, dass die Prüfung des hoheitlichen Charakters der Maßnahme eigentlich die Bejahung ihrer öffentlich-rechtlichen Qualität und damit die Erörterung des dritten Begriffsmerkmals voraussetzt. Aus diesem Grunde wird häufig die Prüfung bis zum Merkmal der Regelung zurückgestellt und darunter dann nur eine einseitige Regelung verstanden[13]. Das ist sachgerecht, sofern die Abgrenzung zwischen Verwaltungsakt und öffentlich-rechtlichem Vertrag ausnahmsweise einmal problematisch ist. Ansonsten wirkt es gefälliger, wenn die einseitige Verbindlichkeit des Handelns dem Aufbau der Legaldefinition folgend bereits eingangs festgehalten wird. Mit Rücksicht auf die geringe Abgrenzungsfunktion des ersten Merkmals ist im Regelfall eine abgekürzte Prüfung anzuraten, indem etwa festgestellt wird, dass die handelnde Stelle etwas (wird genau bezeichnet) „einseitig verbindlich erklärt" und damit eine hoheitliche Maßnahme getroffen habe. Zugleich wird damit für die weitere Prüfung festgelegt, welche Erklärung auf ihre Verwaltungsaktqualität hin untersucht wird.

---

8 Zum sog. fiktiven Verwaltungsakt siehe Caspar, AöR 2000, 131.
9 Dazu Obermayer/Fritz, § 35 Rdnrn. 23 ff.
10 So z.B. Maurer, § 9 Rdnr. 11; Meyer/Borgs, § 35 Rdnr. 26.
11 Siehe Löwer, JuS 1980, 805, 807 f.
12 Wie hier Kahl, Jura 2001, 505, 507; Obermayer/Fritz, § 35 Rdnr. 24 und Stelkens/P. u.U. Stelkens, § 35 Rdnr. 68 mwN.
13 So z.B. Habermehl, JA-Übungsblätter 1979, 163; Meyer/Borgs, § 35 Rdnr. 41.

Die Lehre vom Verwaltungsakt

Formulierungsbeispiele:
Der Landrat hat einseitig verbindlich erklärt, der Ausländer Omar Ben Sadek müsse das Gebiet der Bundesrepublik Deutschland binnen einer Woche verlassen. Damit hat er eine hoheitliche Maßnahme getroffen.

Der Bürgermeister hat einseitig verbindlich die beantragte Gaststättenerlaubnis versagt und damit eine hoheitliche Maßnahme getroffen.

2. einer Behörde

Die Verwaltungsverfahrensgesetze enthalten für ihren Regelungsbereich in unterschiedlichen Absätzen des § 1 eine Legaldefinition des Begriffs „Behörde" (meist wie in Bbg und NRW in Abs. 2, in M-V in Abs. 3, im Bund in Abs. 4), auf die in der Fallbearbeitung ausdrücklich Bezug zu nehmen ist.

Definition:

Behörde ist jede Stelle, die Aufgaben der öffentlichen Verwaltung wahrnimmt (§ 1 Abs. 2, 3 oder 4 VwVfG).

Maßgeblich ist demnach nicht, ob die betreffende Stelle organisationsrechtlich Teil der öffentlichen Verwaltung ist, sondern ob sie im Einzelfall materiell eine Aufgabe der öffentlichen Verwaltung wahrgenommen hat. Der **funktionale Behördenbegriff** umfasst damit die öffentlich-rechtliche Verwaltungstätigkeit

- von Behörden im organisationsrechtlichen Sinne (unmittelbare und mittelbare Bundes- und Landesbehörden),

- von Verfassungsorganen (z.B. die Verhängung von Ordnungsstrafen[14] oder die Anordnung von Maßnahmen des Zeugniszwanges[15] durch einen parlamentarischen Untersuchungsausschuss[16], die Ausübung der Polizeigewalt durch den Parlamentspräsidenten[17] oder die Ernennung von Beamten, Soldaten und Richtern sowie die Ausübung des Begnadigungsrechts durch den Bundespräsidenten[18]),

- von Rechtsprechungsorganen (z.B. die Ausübung des Hausrechts oder die Erlaubnis zur geschäftlichen Besorgung fremder Rechtsangelegenheiten nach dem Rechtsberatungsgesetz durch den Gerichtspräsidenten[19]),

- von Regierungsorganen (z.B. das Handeln eines Ministers als Spitze der Exekutive oder die Versagung der Aussagegenehmigung für einen Minister durch die Bundesregierung nach § 7 BMinG[20]),

- von kirchlichen Organen (insbesondere im Beurkundungs- und Bestattungswesen[21]),

---

14 OVG Berlin DVBl 1970, 2931.
15 BVerwG DVBl 1988, 852.
16 Siehe auch das Untersuchungsausschussgesetz des Bundes – PUAG –; eingehend dazu Hermanns/Hülsmann, JA 2003, 573; Schulte, Jura 2003, 505; Wiefelspütz, ZParl 2002, 551.
17 Vgl. Köhler, DVBl 1992, 1577.
18 Obermayer/Fritz, § 35 Rdnr. 40.
19 Vgl. dazu BVerwG NJW 1977, 2178 und 1978, 2341.
20 BVerwGE 109, 258.
21 Vgl. BVerwGE 25, 364; zum Rechtsschutz in Kirchensachen siehe Goos, ZBR 2004, 159.

- von Beliehenen (z.B. die Stilllegung einer Feuerstätte durch den Bezirksschornsteinfegermeister[22] oder die Ausübung der Bordgewalt durch einen Luftfahrzeugführer oder Seeschiffskapitän[23]).

Unerheblich für den Behördenbegriff ist, ob die Einrichtung der handelnden Behörde und die Begründung ihrer Zuständigkeiten rechtswirksam erfolgt und ob die Aufgabenerfüllung rechtmäßig gewesen ist[24]. Es darf daher nicht der Fehler begangen werden, bereits bei der Prüfung der Verwaltungsaktqualität in eine Rechtmäßigkeitsprüfung hinüberzuwechseln.

Abgrenzung:

- Verfassungsorgane im verfassungsrechtlichen Aufgabenbereich,
- Rechtsprechungsorgane als unabhängige Spruchkörper im gerichtlichen Verfahren,
- Regierungsorgane bei politischen Führungsentscheidungen (sog. Regierungsakte),
- kirchliche Organe im innerkirchlichen Bereich,
- Private im privaten Tätigkeitsbereich.

In Klausuren ist meist die Behördeneigenschaft einer Behörde im organisatorischen Sinne zu begründen. Es liegt dann nahe, einfach auf diese Zuordnung hinzuweisen. Dadurch würde aber nicht deutlich, dass es nach dem Willen des Gesetzes nicht auf die Organisationsform, sondern auf die wahrgenommene Aufgabe ankommt, was bei der Korrektur bemängelt werden kann. Es ist daher auf jeden Fall (zusätzlich) auf die Verwaltungsqualität der Maßnahme einzugehen, was kurz durch Nennung des einschlägigen Gebietes des Verwaltungshandelns geschehen kann.

Formulierungsbeispiele:
Der Bürgermeister hat mit der Abrissverfügung eine Aufgabe der öffentlichen Verwaltung auf dem Gebiet der Gefahrenabwehr wahrgenommen und ist damit Behörde im Sinne des § 1 Abs. 2 (3 oder 4) VwVfG.

Das Staatliche Umweltamt hat die hygienischen Verhältnisse in Gaststätten zum Schutz der Gäste untersucht. Das ist eine Aufgabe öffentlicher Verwaltung, so dass das Staatliche Umweltamt eine Behörde im Sinne des § 1 Abs. 2 (3 oder 4) VwVfG ist.

3. auf dem Gebiet des öffentlichen Rechts

Die sog. Gebietsklausel beschränkt den Verwaltungsaktbegriff auf die öffentlich-rechtliche Verwaltungstätigkeit.

Definition:

Eine Maßnahme erfolgt auf dem Gebiet des öffentlichen Rechts, wenn ihre Rechtsgrundlage dem öffentlichen Recht zuzurechnen ist. Das ist nach der Subjekts-

---

22 BGHZ 62, 372; OLG Hamm NJW 1972, 2088.
23 Kopp/Ramsauer, § 1 Rdnr. 58.
24 Kopp/Ramsauer, § 35 Rdnr. 9.

Die Lehre vom Verwaltungsakt

theorie der Fall, wenn Rechtsvorschriften vollzogen werden, die sich ausschließlich an einen Träger hoheitlicher Gewalt wenden[25].

Abgrenzung:
- privatrechtliche Maßnahmen
- rechtsfreie Maßnahmen

4. zur Regelung

Der Begriff der Regelung stellt das Kernmerkmal des Verwaltungsakts dar, weshalb ihm in der Klausur besondere Aufmerksamkeit gebührt. Wer kurz begründen will, dass ein Verwaltungsakt vorliegt, sollte jedenfalls sagen, worin die Regelung besteht. Bei einer umfassenden Prüfung ist es ratsam, stets die Definition voranzustellen.

Die Legaldefinition erläutert im Zusammenhang mit der Außenwirkung selbst, was mit dem Begriff der Regelung gemeint ist, nämlich eine hoheitliche Maßnahme, „die auf unmittelbare Rechtswirkung ... gerichtet ist."

Definition:

Regelung ist jede Maßnahme, die ihrem Ausspruch nach unmittelbar auf die Herbeiführung von Rechtswirkungen gerichtet ist.

Die Definition enthält zunächst ein **Erfolgselement:** Es müssen objektiv Rechtswirkungen im Sinne einer für die Betroffenen unmittelbar verbindlichen, auf Rechtsbeständigkeit gerichteten Begründung, Änderung, Aufhebung oder Feststellung von Rechten, Pflichten oder Rechtsverhältnissen eintreten[26]. Die Prüfung dieses Elements wird sehr erleichtert, wenn man sich die möglichen Regelungsarten merkt[27].

Regelungsarten:

- **Gebot** (Auferlegung einer Pflicht, z.B. zur Geldzahlung oder zur Beseitigung von Gefahren),
- **Verbot** (Anordnung eines Fahrverbots, Haltverbotszeichen),
- **Rechtsgewährung** (Erteilung einer Erlaubnis oder Genehmigung, Bewilligung von Leistungen, Ernennung zum Beamten usw.),
- **Rechtsversagung** (Versagung einer Erlaubnis oder Genehmigung, einer Leistung oder einer sonstigen Rechtsposition),
- **Rechtsgestaltung** im engeren Sinne (Änderung einer bestehenden Rechtsstellung durch Entzug eines Rechts, Aufhebung einer Pflicht, Statusänderung, privatrechtsgestaltende Genehmigung),

---

25 Die Abgrenzung der öffentlich-rechtlichen Verwaltungstätigkeit von der privatrechtlichen ist bereits im Anwendungsproblemkreis 1 (Frage 11) eingehend behandelt worden. Zur Ausklammerung rechtsfreier Maßnahmen siehe Fall 34 g.
26 Vgl. Kopp/Ramsauer, § 35 Rdnrn. 47 f.
27 Siehe dazu Hofmann/Gerke, Rdnr. 297; Meyer/Borgs, § 35 Rdnrn. 34 ff.; Obermayer, RiA 1980, 121.

- **Feststellung** (verbindliche Klärung einer Rechtssituation),
- **dingliche Regelung** (Regelung der öffentlich-rechtlichen Eigenschaft einer Sache oder ihrer Benutzung durch die Allgemeinheit im Sinne des § 35 Satz 2 VwVfG).

In der Klausur reicht es vielfach aus, die einschlägige Regelungsform zu benennen und auf ihren Charakter als anerkannte Regelungsart hinzuweisen. Gewarnt werden muss vor zwei typischen **Fehlerquellen**. Zum einen darf beim Merkmal der Regelung nicht der Gegenstand der Prüfung gewechselt werden. Das geschieht nicht selten in der Weise, dass die Rechtswirkung der Grundverfügung (Gebot, Verbot) in der Vollstreckungsandrohung gesehen wird, obwohl es sich dabei um zwei selbstständige, getrennt zu beurteilende Regelungen handelt, die nur in einem Bescheid zusammengefasst sind. Zum anderen darf die Frage, ob Rechtswirkungen herbeigeführt werden, nicht danach entschieden werden, ob eine Abweichung von der sich aus dem Gesetz ergebenden Rechtslage eintritt[28]. Feststellungen können keine Veränderung der Rechtslage herbeiführen. Verfügungen sind ebenfalls häufig nur deklaratorischer Natur, indem sie unmittelbar wirkende gesetzliche Gebote oder Verbote konkretisierend und individualisierend wiederholen. Von der in Klausuren immer wieder einmal anzutreffenden Definition, Regelung sei jede Maßnahme, die die Rechtslage verändere[29], muss abgeraten werden, da sie sachlich zumindest missverständlich ist und den Anwender leicht in die Irre führt.

Die Definition der Regelung enthält weiter ein **finales Element**: Die Maßnahme muss gerade darauf abzielen, Rechtswirkungen herbeizuführen, was anhand ihres objektiven Sinngehalts festzustellen ist[30]. Die Regelung im Verwaltungsrecht entspricht damit der Willenserklärung im Privatrecht. Beide Handlungsformen führen durch eine Erklärung Rechtsfolgen herbei, weil und soweit sie gewollt sind. Wie im Privatrecht sind im Wege der Auslegung der objektive Erklärungsgehalt der Maßnahme und die von ihr herbeigeführten Rechtsfolgen zu ermitteln.

Das Merkmal der Regelung grenzt den Verwaltungsakt also von solchen Maßnahmen ab, mit denen eine unmittelbare Festlegung von Rechtsfolgen nicht bezweckt ist. Ausgeklammert werden damit die vielfältigen Formen des schlichten Verwaltungshandelns.

Abgrenzung:

schlichtes Verwaltungshandeln

Das schlichte Verwaltungshandeln ist auf die Herbeiführung eines tatsächlichen Erfolgs gerichtet. Das schließt nicht aus, dass der Bürger dadurch Rechtsnachteile erleidet. Diese verleihen der Maßnahme solange keine Regelungsqualität, wie sie nicht beabsichtigt, sondern bloße faktische Auswirkung des Verwaltungshandelns sind.

---

28 Hofmann/Gerke, Rdnr. 296.
29 So in der Literatur wohl nur Schmahl, Allgemeines Verwaltungsrecht, 4. Aufl. 1997, S. 85.
30 BVerwGE 60, 144; Kopp/Ramsauer, § 35 Rdnr. 48.

Die Lehre vom Verwaltungsakt

Das Bundesverfassungsgericht hat sich in zwei Beschlüssen vom 26. Juni 2002 mit der Informationstätigkeit der Bundesregierung im Bereich des Verbraucherschutzes[31] und über religiöse und weltanschauliche Vereinigungen[32] befasst. Danach ist die Bundesregierung aufgrund ihrer Aufgabe der Staatsleitung überall dort zur Informationsarbeit berechtigt, wo ihr eine gesamtstaatliche Verantwortung zukommt, die mithilfe von Informationen wahrgenommen werden kann. Für das Informationshandeln der Bundesregierung im Rahmen der Staatsleitung bedarf es über die Zuweisung der Aufgabe der Staatsleitung hinaus auch dann keiner besonderen gesetzlichen Ermächtigung, wenn es zu mittelbar-faktischen Grundrechtsbeeinträchtigungen führt[33].

Keine Verwaltungsakte sind mangels Regelungscharakters insbesondere folgende Maßnahmen:

- Mitteilungen, Auskünfte, Ratschläge[34],

- bloße Hinweise auf die Rechtslage[35],

- Wiederholung der in einem Verwaltungsakt getroffenen Regelung (sog. wiederholende Verfügung im Gegensatz zum [negativen] Zweitbescheid)[36],

- Auszahlung von Geld[37],

- Besoldungsmitteilungen[38],

- verwaltungsrechtliche Willenserklärungen wie Aufrechnung[39] und Stundung,

- dienstliche Beurteilung eines Beamten[40],

- Gutachten und Stellungnahmen[41],

- sonstige Vorbereitungshandlungen, die der Regelung durch Verwaltungsakt vorausgehen,

- Ankündigung eines Verwaltungsakts[42] (Verwaltungsakt ist aber die Zusicherung im Sinne des § 38 VwVfG[43] und die Androhung von Zwangsmitteln)[44].

---

31 NJW 2002, 2621 – Glykolwein.
32 NJW 2002, 2626.
33 Zur Verwaltung durch Information vgl. Gurlit, DVBl 2003, 1119; Gusy, NJW 2000, 977.
34 Vgl. nur Kopp/Ramsauer, § 35 Rdnr. 50.
35 BVerwGE 51, 55, 60; 48, 259, 262 f.
36 Näher dazu Frage 63.
37 BVerwGE 16, 2, 6 f.
38 Kopp/Ramsauer, § 35 Rdnr. 63.
39 BVerwG NJW 1983, 776; Ehlers, JuS 1990, 777.
40 BVerwGE 49, 351; 28, 191; siehe aber Fall 34 I.
41 Stelkens/P. u.U. Stelkens, § 35 Rdnr. 89
42 Stelkens/P. u.U. Stelkens, § 35 Rdnr. 86 mwN.
43 Vgl. Erichsen, Jura 1991, 109; Guckelberger, DÖV 2004, 357; Jakobs, Jura 1985, 234; Rokohl, BWVPr 1992, 217; zur Zusicherung im Zuwendungsrecht Kloepfer/Lenski, NVwZ 2006, 501.
44 Zur Diskussion über Rechtsnatur und Rechtsfolgen sog. vorläufiger Verwaltungsakte vgl. Axer, DÖV 2003, 271; Bockey, JA 1992, 161; di Fabio, DÖV 1991, 629; Eschenbach, DVBl 2002, 1247; Kemper, DVBl 1989, 981; König, BayVBl 1989, 33; Kopp, DVBl 1989, 238; Kreßel, BayVBl 1989, 65; Martens, DÖV 1987, 992 und NVwZ 1991, 1043; Peine, DÖV 1986, 849; Schimmelpfennig, Vorläufige Verwaltungsakte, 1989 und BayVBl 1989, 69; Schmehl, VR 1998, 373. Zur Rechtsnatur „heimlicher" behördlicher Maßnahmen vgl. Erfmeyer DÖV 1999, 719.

ERSTER TEIL 2. Abschnitt

5. mit Außenwirkung

Das Merkmal der Außenwirkung hängt, wie die Formulierung der Legaldefinition zeigt, eng mit dem der Regelung zusammen und sollte daher auch unmittelbar anschließend geprüft werden. Es dient dazu, verwaltungsinterne Maßnahmen aus dem Verwaltungsaktbegriff auszuklammern. Der Binnenbereich der Verwaltung soll als ihre eigene Angelegenheit grundsätzlich von den Bindungen des Verwaltungsverfahrensgesetzes und richterlicher Einwirkung frei bleiben.

Abgrenzung:

verwaltungsinterne Maßnahmen

Die Feststellung der Außenwirkung ist problemlos, soweit es sich um das **allgemeine Verwaltungsrechtsverhältnis,** das normale Staat-Bürger-Verhältnis, handelt.

Definition:

Im allgemeinen Verwaltungsrechtsverhältnis liegt Außenwirkung vor, wenn die Regelung darauf gerichtet ist, Rechtswirkungen gegenüber einer außerhalb der Verwaltung stehenden (natürlichen oder juristischen) Person zu entfalten[45].

Keine Außenwirkung haben damit insbesondere

- Organisationsakte, sofern sie nicht in grundrechtlich geschützte Rechtspositionen eingreifen oder wesentliche Staatsentscheidungen darstellen[46],

- vorbereitende Maßnahmen, die der endgültigen Entscheidung nach außen voran gehen[47],

- Verwaltungsvorschriften oder Einzelweisungen[48],

- Mitwirkungsakte anderer Verwaltungsstellen[49].

Schwieriger gestaltet sich die **Abgrenzung in verwaltungsrechtlichen Sonderverhältnissen,** insbesondere im Beamtenverhältnis, weil der Adressat der Maßnahme hier kein Außenstehender ist, sondern in unterschiedlichem Maße in den Verwaltungsbereich integriert ist. Dadurch wird er einerseits unselbstständiger Bestandteil der Verwaltung, ohne andererseits seine eigenständige Rechtspersönlichkeit gänzlich zu verlieren. Regelungen im Rahmen von verwaltungsrechtlichen Sonderverhältnissen können damit sowohl verwaltungsinterner Natur sein als auch Außenwirkung besitzen, je nachdem auf welchen der beiden Bereiche sie sich beziehen. Hinsichtlich der Bemühungen um eine sichere Abgrenzung der Bereiche lassen sich drei Phasen feststellen:

---

45 So z.B. auch Achterberg, § 21 Rdnr. 48 und Giemulla/Jaworsky/Müller-Uri, Rdnr. 216.
46 Siehe dazu Fall 34 m.
47 Vgl. im einzelnen Stelkens/P. u.U. Stelkens, § 35 Rdnrn. 86 ff.
48 Eingehend dazu Stelkens/P. u.U. Stelkens, § 35 Rdnrn. 100 ff., 110 ff. mwN.
49 Siehe dazu Fall 34 n.

Die Lehre vom Verwaltungsakt

- Lange Zeit herrschend war die Abgrenzung anhand des von Ule[50] entwickelten Gegensatzpaares Grundverhältnis/Betriebsverhältnis. Zum Grundverhältnis wurden alle Rechtsakte gezählt, die das „besondere Gewaltverhältnis" begründen, umgestalten oder aufheben. Sie wurden als im Verwaltungsrechtsweg anfechtbare Verwaltungsakte angesehen. Zum Betriebsverhältnis wurden alle Maßnahmen gerechnet, die der Aufrechterhaltung und Ausgestaltung des internen Dienstbetriebs dienen. Mit der Feststellung, dass sie mangels Außenwirkung keine Verwaltungsakte darstellen, wurde weitgehend die Vorstellung verbunden, dass sie wegen der vorgegebenen „Gewaltunterworfenheit" des Adressaten der verwaltungsgerichtlichen Kontrolle entzogen seien[51].

- Abgelöst wurde das Gegensatzpaar Grundverhältnis/Betriebsverhältnis durch die Unterscheidung, ob von der Maßnahme das statusrechtliche Amt oder das funktionelle Amt im abstrakten Sinne einerseits (dann Außenwirkung) oder das funktionelle Amt im konkreten Sinne andererseits (dann keine Außenwirkung) betroffen ist. Eine Änderung in der Einordnung der Maßnahmen brachten die neuen Begriffe nicht. Dafür setzte sich aber die Erkenntnis durch, dass die Gewährung gerichtlichen Rechtsschutzes im Beamtenverhältnis nicht von der Verwaltungsaktqualität der Maßnahme abhängig sein kann.

- Die letzte Entwicklung bezieht sich auf die Blickrichtung der Unterscheidung. War bislang immer danach gefragt worden, wie sich die Maßnahme im Einzelfall auswirkt, so ist seit dem grundlegenden Urteil des Bundesverwaltungsgerichts vom 22. Mai 1980[52] entscheidend, ob sie „ihrem objektiven Sinngehalt nach dazu bestimmt ist, Außenwirkung zu entfalten". Begründen lässt sich diese Neuorientierung unmittelbar aus dem Gesetz. § 35 S. 1 VwVfG verlangt nämlich eine Regelung, „die auf unmittelbare Rechtswirkung nach außen gerichtet ist". Es ist daher im Wege der Auslegung der objektive Regelungszweck, die Zielrichtung, die Bestimmung der Maßnahme zu ermitteln.

In der Fallbearbeitung wird das ursprüngliche Gegensatzpaar Grundverhältnis/Betriebsverhältnis wegen der mit dem Betriebsverhältnis verbundenen Vorstellung von einem rechtsfreien Raum von der Mehrzahl der Korrektoren als überholt beanstandet. Die neueren Begriffe sind schwer zu behalten und bieten auch keine echte Entscheidungshilfe. Es ist daher zu empfehlen, auf terminologische Fassaden gänzlich zu verzichten und statt dessen unmittelbar mit Sinn und Zweck der Unterscheidung und der inhaltlichen Bestimmung der beiden Rechtskreise zu argumentieren. Dabei sind alle Formulierungen zu vermeiden, die darauf hindeuten könnten, der Verfasser halte die Auswirkung der Maßnahme für maßgeblich (insbesondere „auswirkt", „eingreift", „dazu führt", „berührt", „tangiert", „erfasst").

Definition:

Im besonderen Verwaltungsrechtsverhältnis ist Außenwirkung dann gegeben, wenn die Maßnahme sich an den Beamten (Soldaten, Schüler, Studenten usw.) nicht allein in seiner Eigenschaft als Amtsträger oder sonstiges Glied der Verwaltung richtet, sondern ihrem objektiven Sinngehalt nach dazu bestimmt ist, unmit-

---

50 VVDStRL 15, 133, 151; DVBl 1957, 17.
51 Vgl. BVerwGE 14, 84
52 BVerwGE 60, 144.

telbare Rechtswirkungen ihm gegenüber als selbstständiger Rechtspersönlichkeit zu entfalten.

Die Entscheidungsfindung erleichtert in vielen Fällen folgende Hilfsüberlegung: Es wird unterstellt, der Beamte sei infolge Urlaubs, Krankheit oder Fortbildung abwesend. Richtet sich die Maßnahme, die auf seinen Schreibtisch kommt, auch an seinen Vertreter im Amt, ist sie rein verwaltungsinterner Natur. Ist sie nur für ihn persönlich bestimmt, handelt es sich um einen Verwaltungsakt.

Verwaltungsakte sind im Beamtenverhältnis insbesondere folgende Maßnahmen[53]:

- Ernennung,
- Versetzung,
- Abordnung,
- Entlassung,
- Festsetzung des Dienstalters,
- Rückforderung von Dienstbezügen,
- Bewilligung oder Versagung von Urlaub, Reisekosten, Beihilfe, Nebentätigkeiten.

Verwaltungsinterne Maßnahmen sind insbesondere

- Dienstpostenbewertung,
- Zuweisung eines Dienstpostens,
- dienstliche Weisung,
- Änderung des Aufgabenbereichs,
- Umsetzung,
- Neuverteilung der Dienstzimmer,
- Änderung der Dienstzeiten.

Abschließend sei darauf hingewiesen, dass die Abgrenzung zwischen Verwaltungsakten und verwaltungsinternen Maßnahmen viel von ihrer Brisanz verloren hat, seit anerkannt ist, dass der Grundsatz vom Vorbehalt des Gesetzes auch in verwaltungsrechtlichen Sonderverhältnissen gilt[54] und der Verwaltungsrechtsweg in allen öffentlich-rechtlichen Streitigkeiten eröffnet, also nicht mehr an die Handlungsform des Verwaltungsakts gebunden ist. Damit ist die Notwendigkeit, die frühere Entscheidungen vielfach geprägt hat, entfallen, im Interesse eines effektiven Rechtsschutzes krampfhaft einen Verwaltungsakt konstruieren zu müssen.

6. eines Einzelfalls

Das Merkmal der Einzelfallregelung soll den Verwaltungsakt von Verwaltungsmaßnahmen mit Rechtsnormcharakter, also von Rechtsverordnungen und Sat-

---

53 Vgl. auch die Aufzählungen bei Knack/Henneke, § 35 Rdnrn. 39 ff.; Kopp/Ramsauer, § 35 Rdnrn. 84 ff.; Stelkens/P. u.U. Stelkens, § 35 Rdnrn. 125 ff.; Wagner, VR 1986, 226.
54 Siehe Frage 22.

Die Lehre vom Verwaltungsakt

zungen, abgrenzen. Die Unterscheidung hat weit reichende Bedeutung, da Erlassverfahren, Wirksamkeitsvoraussetzungen und Rechtsschutzmöglichkeiten der beiden Handlungsformen stark voneinander abweichen[55].

Abgrenzung:
Maßnahmen mit Rechtsnormcharakter

Beim Merkmal der Einzelfallregelung ist es ratsam, auf den Versuch einer umfassenden Definition zu verzichten und statt dessen unmittelbar auf die zur Abgrenzung entwickelten Kriterien einzugehen. Umstritten ist, ob es für die Abgrenzung primär auf die äußere Form oder auf den Inhalt der Maßnahme ankommt[56]. In Klausuren wird regelmäßig in erster Linie eine inhaltliche Prüfung erwartet. Stimmen Inhalt und Form überein, braucht auf letztere nicht ausdrücklich eingegangen zu werden. Ist die Maßnahme nach der inhaltlichen Analyse eine Rechtsnorm, ist die Frage aufzuwerfen, ob die Anordnung eventuell einen sog. **Formverwaltungsakt** darstellt. Das ist dann der Fall, wenn sie von der Behörde als Verwaltungsakt gewollt und in der gesamten Form sowie der Veröffentlichungsart als solcher ausgestaltet ist, wobei entscheidende Bedeutung insbesondere der Rechtsbehelfsbelehrung zukommt. Im Interesse eines effektiven Rechtsschutzes des Bürgers ist bei einem derartigen Fehlgriff in der Handlungsform die Maßnahme für den Rechtsschutz als Verwaltungsakt zu behandeln, so dass Widerspruch und Verwaltungsaktklagen (§§ 42, 43 VwGO) zulässig sind[57]. Wegen der Inkongruenz von Form und Inhalt sind die Rechtsbehelfe dann auch ohne weiteres begründet.

Die **inhaltliche Abgrenzung** erfolgt **anhand zweier Gegensatzpaare,** die den geregelten Fall und den Adressaten zum Maßstab erheben. Der Fall kann konkret oder abstrakt, der Adressat individuell oder generell bestimmt sein. Daraus ergeben sich vier Kombinationsmöglichkeiten:

- Die **abstrakt-generelle Regelung,** die für eine unbestimmte Anzahl von Fällen an eine unbestimmte Anzahl von Personen gerichtet ist, bildet den Grundtyp der Rechtsnorm.

- Die **konkret-individuelle Regelung,** die sich wegen eines bestimmten Falles an einen bestimmten Adressaten wendet, ist die typische Erscheinungsform des Verwaltungsakts. In der Klausur reicht bei dieser unproblematischen Fallgruppe die Feststellung aus, dass die Maßnahme als konkret-individuelle Regelung eine Einzelfallregelung darstellt.

Formulierungsbeispiele:
Indem die Behörde Herrn Müller-Lüdenscheid die Erlaubnis zum Betreiben der Gaststätte „Zur Badewanne" erteilt, hat sie eine konkret-individuelle Maßnahme getroffen. Damit handelt es sich um eine Einzelfallregelung.

Als konkret-individuelle Maßnahme stellt die Ausweisung des Ausländers A eine Einzelfallregelung dar.

- Die **abstrakt-individuelle Regelung** ist dadurch gekennzeichnet, dass einem bestimmten Adressaten etwas für eine unbestimmte Vielzahl von Fällen aufgegeben wird („Immer wenn ..., dann hat X ..."), etwa bei Schnee- oder Eisglätte zu

---

55 Näher dazu Giemulla/Jaworsky/Müller-Uri, Rdnr. 240.
56 Kopp/Ramsauer, § 35 Rdnr. 16 mwN; Schenke, NVwZ 1990, 1009.
57 BVerwGE 18, 1, 5; OVG Schleswig NJW 2000, 1059.

streuen oder bei Hochwasser ein Wehr zu öffnen. Diese Fallgruppe wird aus Praktikabilitätsgründen als Verwaltungsakt behandelt, weil Erlassverfahren, insbesondere Bekanntmachungsform, und Rechtsschutzmöglichkeiten dieser Handlungsform besser auf die individuelle Ausrichtung der Maßnahme passen. Zudem ist der geregelte Fall auch nicht völlig abstrakt, sondern weist konkrete räumliche und gegenständliche Bezüge auf[58].

- Als Problembereich verbleibt die **konkret-generelle Regelung**. Die Einordnung der Maßnahme erleichtert § 35 S. 2 VwVfG, der vier Fallgruppen unter der Bezeichnung „**Allgemeinverfügung**" dem Verwaltungsakt zurechnet[59]. § 35 S. 2 1. Alternative VwVfG behandelt als Verwaltungsakt eine Regelung, die sich an einen nach allgemeinen Merkmalen bestimmten Personenkreis richtet. Typisch für diese Fallgruppe ist, dass in einem konkreten Fall (z.B. Durchführung einer verbotenen Versammlung; Einsturz- oder Brandgefahr in einem größeren Gebäude) Maßnahmen ergriffen werden müssen, die Adressaten aber in der Eile oder wegen der Unübersichtlichkeit des Falles nicht individuell benannt werden können. Die Behörde behilft sich dann mit einer Sammelbezeichnung, die den betroffenen Personenkreis allgemein umschreibt (z.B. Teilnehmer der Versammlung, Hausbewohner oder Besucher einer Veranstaltung). Bestimmt ist der Personenkreis, wenn er im Zeitpunkt des Erlasses der Maßnahme objektiv feststeht, die Behörde also auch, wenn sie die Zeit hätte und die Mühe nicht scheuen würde, die Adressaten namentlich benennen könnte. Problematisch ist die Erweiterung um die Bestimmbarkeit durch die 2. Alternative. Wollte man eine Individualisierung der Adressaten zu einem beliebigen zukünftigen Zeitpunkt als ausreichend ansehen, würde die Grenze zur Rechtsnorm aufgehoben. Es darf daher beim Erlass der Allgemeinverfügung nicht wie bei einer Rechtsnorm noch völlig offen und unvorhersehbar sein, welche Personen in Zukunft von der Regelung betroffen werden[60]. Andererseits ist es nicht sachgerecht, in der Alternative der Bestimmbarkeit lediglich eine Klarstellung dahingehend zu sehen, dass der angesprochene Personenkreis nur von seiner Zahl her der Behörde nicht bekannt zu sein braucht[61]. Öffentliche Verwaltung benötigt gerade dann, wenn der Adressatenkreis beim Erlass noch nicht genau festgestellt werden kann, zur effektiven Aufgabenerfüllung die Allgemeinverfügung mit ihrem einfacheren und schnelleren Erlassverfahren. In vorsichtiger Ausdehnung sollten daher auch solche Fälle in den Begriff der Allgemeinverfügung einbezogen werden, bei denen der betroffene Personenkreis eingegrenzt und im Wesentlichen beim Erlass der Maßnahme bestimmbar ist, mag in Randbereichen auch eine Individualisierung erst zu einem künftigen Zeitpunkt möglich sein[62].

Verwaltungsakt ist nach § 35 S. 2 VwVfG ferner die Regelung der öffentlich-rechtlichen Eigenschaft einer Sache (3. Alternative: dingliche Allgemeinverfügung; z.B. Widmung und Einziehung eines Weges, Erklärung einer Baumgruppe zum Naturdenkmal, Eröffnung oder Schließung einer Schule) oder ihrer Benutzung durch die Allgemeinheit (4. Alternative: Benutzungsregelung).

---

58 Löwer, JuS 1980, 805, 810; Maurer, § 9 Rdnr. 20.
59 Vgl. dazu Weidemann, VR 2005, 217.
60 So insbesondere Meyer/Borgs, § 35 Rdnr. 68 und Obermayer, NJW 1980, 2386.
61 So aber Meyer/Borgs, aaO.
62 Wie hier BVerwGE 12, 87; Erichsen in Erichsen/Ehlers, § 12 Rdnr. 50; Giemulla/Jaworsky/Müller-Uri, Rdnr. 259.

Die Lehre vom Verwaltungsakt

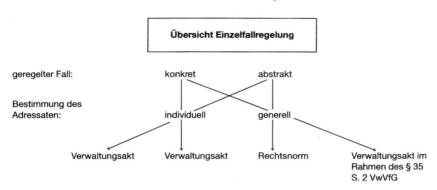

VI. Abschließende Empfehlung

Da in Klausuren immer wieder eine Prüfung der Begriffsmerkmale des Verwaltungsakts gefordert wird, ist es lohnend, sich einmal eine Grundform einer vollständigen und doch möglichst komprimierten Prüfung anhand eines unproblematischen Verwaltungsakts, etwa einer Ordnungsverfügung, zu entwickeln. Diese bildet dann den Grundbaustein für jede künftige Prüfung, bei der nur noch die individuellen Merkmale des Einzelfalls eingesetzt und eventuelle Probleme bei einzelnen Begriffsmerkmalen vertiefend behandelt werden müssen.

ERSTER TEIL 2. Abschnitt

> auf dem Gebiet des öffentlichen Rechts

Eine Maßnahme erfolgt auf dem Gebiet des öffentlichen Rechts, wenn ihre Rechtsgrundlage dem öffentlichen Recht zuzurechnen ist. Das ist nach der Subjektstheorie der Fall, wenn Rechtsvorschriften vollzogen werden, die sich ausschließlich an einen Träger hoheitlicher Gewalt wenden.

privatrechtliche Maßnahmen,
rechtsfreie Maßnahmen

> zur Regelung

Regelung ist jede Maßnahme, die ihrem Ausspruch nach unmittelbar auf die Herbeiführung von Rechtswirkungen gerichtet ist.
Regelungsarten:
Gebot, Verbot, Rechtsgewährung, -versagung und -umgestaltung, Feststellung, dingliche Regelung.

schlichtes Verwaltungshandeln, insbesondere Mitteilungen, Auskünfte, Hinweise auf die sich aus Gesetz oder VA ergebende Rechtslage,
verwaltungsrechtliche Willenserklärungen,
vorbereitende Maßnahmen,
Gutachten,
Ankündigung eines VA

> mit Außenwirkung

im allgemeinen Verwaltungsrechtsverhältnis

Im allgemeinen Verwaltungsrechtsverhältnis liegt Außenwirkung vor, wenn die Regelung darauf gerichtet ist, Rechtswirkungen gegenüber einer außerhalb der Verwaltung stehenden (natürlichen oder juristischen) Person zu entfalten.

verwaltungsinterne Maßnahmen, insbesondere Organisationsakte, vorbereitende Maßnahmen, Mitwirkungsakte anderer Behörden, Verwaltungsvorschriften

in verwaltungsrechtlichen Sonderverhältnissen

In verwaltungsrechtlichen Sonderverhältnissen ist Außenwirkung dann gegeben, wenn die Maßnahme sich an den Beamten (Soldaten, Schüler, Studenten usw.) nicht allein in seiner Eigenschaft als Amtsträger oder sonstiges Glied der Verwaltung richtet, sondern ihrem objektiven Sinngehalt nach dazu bestimmt ist, unmittelbare Rechtswirkungen ihm gegenüber als selbständiger Rechtspersönlichkeit zu entfalten.

verwaltungsinterne Maßnahmen, insbesondere Einzelweisungen und Verwaltungsvorschriften

Die Lehre vom Verwaltungsakt

eines Einzelfalles

konkret-individuelle Regelungen, abstrakt-individuelle Regelungen, konkret-generelle Regelungen im Rahmen des § 35 S. 2 VwVfG

Maßnahmen mit Rechtsnormcharakter, d. h. abstrakt-generelle Regelungen, konkret-generelle Regelungen außerhalb des § 35 S. 2 VwVfG

34. Übungs- und Vertiefungsfälle

a) Es fehlt schon am Merkmal der Maßnahme. Die Verursachung eines Verkehrsunfalls ist weder zweckgerichtet noch beinhaltet sie ein Erklärung. Es handelt sich um eine ungewollte tatsächliche Auswirkung des Verwaltungshandelns.

b) Die Ausstellung von Führerscheinen durch eine dazu nicht berechtigte Privatperson ist keine Maßnahme einer Behörde. Es liegt ein sog. **Nicht(verwaltungs-)akt** vor, der keinerlei Rechtswirkung äußert[63].

c) Von den Definitionselementen des Verwaltungsakts ist nur das Merkmal der Behörde problematisch. Der Präsident des Deutschen Bundestags scheidet nicht generell als Behörde aus, weil er Teil eines Verfassungsorgans ist, das zur rechtsetzenden Gewalt gehört. Nach § 1 Abs. 4 VwVfG ist auf die wahrzunehmende Aufgabe abzustellen. § 21 Abs. 2 ParteiG bezeichnet den Präsidenten ausdrücklich als „mittelverwaltende Stelle" für die staatliche Teilfinanzierung der Parteien (vgl. § 18 ParteiG). Er entscheidet über die Festsetzung, Auszahlung und Rückforderung der Mittel (§§ 19 bis 21 ParteiG). Insoweit nimmt er Aufgaben der öffentlichen Verwaltung wahr, ist Behörde im Sinne des § 35 S. 1 in Verbindung mit § 1 Abs. 4 VwVfG[64]. So spricht denn auch § 20 Abs. 2 S. 2 ParteiG zutreffend von „dem die Festsetzung umfassenden Verwaltungsakt".

d) Die Tatsache, dass amtlich anerkannte Sachverständige oder Prüfer bei einem Technischen Überwachungsverein Angestellte eines privatrechtlichen Vereins sind, steht der Annahme einer hoheitlichen Maßnahme einer Behörde nicht entgegen. Es ist anerkannt, dass die öffentliche Verwaltung sich bei der Wahrnehmung öffentlicher Aufgaben auch der Mitwirkung von Privatpersonen oder privatrechtlich organisierten Institutionen bedienen kann. Ist diesen die Befugnis eingeräumt, hoheitliche Kompetenzen im eigenen Namen wahrzunehmen, bezeichnet man sie als **Beliehene** oder **beliehene Unternehmen.** Die Sicherung des Straßenverkehrs vor Gefahren durch verkehrsuntüchtige Fahrzeuge ist eine öffentliche Aufgabe, die ihre Rechtsgrundlage in öffentlich-rechtlichen Normen (StVG, StVZO) findet. Diese verleihen nicht nur der Zulassungsstelle, sondern auch dem einzelnen amtlich anerkannten Sachverständigen und Prüfer hoheitliche Befugnisse. Fraglich ist nur, ob sich die den Sachverständigen und Prüfern zugewiesene Tätigkeit in der technischen Begutachtung, der Vorbereitung, Ausführung

---

63 Siehe auch Frage 56.
64 BVerfGE 27, 152, 157; 73, 1, 30 f.; OVG Münster, NVwZ 2000, 335; Wilrich, DÖV 2002, 152, 156 f.

und Verlautbarung von Entscheidungen der Zulassungsbehörde erschöpft[65] oder ob sie die Entscheidung mit umfasst. § 29 Abs. 2 S. 2 StVZO bestimmt ausdrücklich, dass Prüfplaketten „von der Zulassungsstelle oder den zur Durchführung von Hauptuntersuchungen berechtigten Personen" zuzuteilen sind. Der Sachverständige oder Prüfer ist damit im Rahmen des § 29 StVZO auch mit der Befugnis beliehen, die Zuteilung der Plakette im eigenen Namen vorzunehmen, so dass er insoweit als Behörde im Sinne des § 1 Abs. 2 (3 oder 4) VwVfG anzusehen ist[66].

e) Die Anwendung der Gebietsklausel bereitet bei einem **behördlichen Hausverbot** deshalb Schwierigkeiten, weil es sowohl auf die privatrechtlichen Eigentums- und Besitzschutzrechte des Behördenleiters als auch auf seine öffentlich-rechtliche Sachherrschaft gestützt werden kann.

Das Bundesverwaltungsgericht[67] differenziert nach dem Charakter der Rechtsbeziehung zwischen Behörde und Bürger, die den Anlass für das Hausverbot gegeben hat: Betritt ein Besucher das Behördengebäude zur Wahrnehmung öffentlich-rechtlicher Angelegenheiten (wie F), soll ein dadurch ausgelöstes Hausverbot auf dem Gebiet des öffentlichen Rechts erfolgen und damit ein Verwaltungsakt sein. Ist das Ziel des Besuchs aber privatrechtlicher Natur (wie bei G, der einen Werkvertrag im Sinne des § 631 BGB abschließen will), soll auch das Hausverbot privatrechtlich (§§ 1004, 903 BGB) und deshalb kein Verwaltungsakt sein. Offen bleibt danach, wie das Hausverbot einzuordnen ist, wenn es wie bei H einen hoheitlichen Akt vor privaten Geschäftsinteressen schützen will[68]. In der Literatur wird diese Unterscheidung überwiegend als ungeeignet und gekünstelt abgelehnt und statt dessen auf den Zweck des Hausverbots abgestellt[69]. Demzufolge ist ein Hausverbot immer dann öffentlich-rechtlicher Natur, wenn es die Erfüllung öffentlicher Aufgaben im Verwaltungsgebäude sichern soll, was in allen drei Beispielsfällen anzunehmen ist.

f) Die Benutzung der Stadthalle erfolgt aufgrund eines privatrechtlichen Mietvertrages im Sinne der §§ 535 ff. BGB. Andererseits ist der Anspruch auf Zulassung zur **Benutzung einer gemeindlichen Einrichtung** öffentlich-rechtlich geregelt (vgl. z.B. § 14 GO Bbg und § 8 Abs. 2 und 3 GO NRW). Der zu beurteilende Lebensvorgang unterliegt also sowohl öffentlich-rechtlichen als auch privatrechtlichen Vorschriften. Um die unterschiedlichen Teile der Rechtsordnung angehörenden Regelungen in eine sinnvolle Ordnung zu bringen, ist die sog. **Zwei-Stufen-Theorie** entwickelt worden[70]. Auf der ersten Stufe ergeht aufgrund öffentlich-rechtlicher Vorschriften eine gesonderte Entscheidung darüber, ob die Leistung gewährt wird. Das gilt selbst dann, wenn die Gemeinde die Einrichtung nicht selbst betreibt, sondern durch eine juristische Person des Privatrechts betreiben lässt[71]. Im Falle

---

65 So BGHZ 49, 108 zur Erteilung der Betriebserlaubnis für Einzelfahrzeuge gem. § 21 StVZO.
66 So auch BayVGH DÖV 1975, 210; OLG Köln NJW 1989, 2065 mwN; VG Münster NJW 1967, 171.
67 BVerwGE 35, 103, 106 mwN.
68 Privatrechtlich nach BGHZ 33, 230.
69 Beaucamp, JA 2003, 231; Brüning, DÖV 2003, 389; Ipsen/Koch, JuS 1992, 809; Knemeyer, DÖV 1970, 596; Kopp/Ramsauer, § 35 Rdnr. 37 mwN; Ronellenfitsch, VerwArch Bd. 73 (1982), 465; Zeiler, DVBl 1981, 1000; Zilkens, JuS 2003, 165; so auch BayVGH DVBl 1981, 1010; OVG Münster NVwZ-RR 1989, 316 und NWVBl 1998, 350; VGH Kassel NJW 1990, 1250. Generell gegen eine privatrechtliche Ableitung Klenke, NWVBl 2006, 84.
70 Grundlegend BVerwGE 1, 308.
71 BVerwG DVBl 1990, 154.

einer positiven Entscheidung erfolgt auf der zweiten Stufe die tatsächliche Erbringung der Leistung und genaue Ausgestaltung der Rechtsbeziehungen in privatrechtlicher Form. Die Anwendung der Zwei-Stufen-Theorie hat also zur Folge, dass die Frage nach dem „Ob" der Leistung sich nach öffentlichem Recht richtet und für Streitigkeiten der Verwaltungsrechtsweg gegeben ist, während für die Frage nach dem „Wie" der Leistung Privatrecht einschlägig ist und Streitigkeiten darüber vor den Zivilgerichten auszutragen sind. Mit der Ablehnung des Antrags auf Überlassung der Stadthalle hat die Stadt I eine Regelung auf der ersten Stufe und damit auf dem Gebiet des öffentlichen Rechts getroffen, einen Verwaltungsakt erlassen[72].

Ist keine ernsthafte Gefahr der Beschädigung nachweisbar, ist die Verweigerung der Räume rechtswidrig, da alle erlaubten politischen Parteien einen Anspruch auf gleichmäßigen Zugang zu öffentlichen Einrichtungen aus Art. 3 Abs. 1 GG und dem Grundsatz der Chancengleichheit der Parteien, gegebenenfalls auch aus § 14 GO Bbg und § 8 Abs. 2 und 3 GO NRW bzw. den parallelen Vorschriften der anderen Bundesländer, haben[73].

g) Wenn § 35 S. 1 VwVfG eine Maßnahme auf dem Gebiet des öffentlichen Rechts verlangt, so wird damit nicht nur eine Abgrenzung zum Privatrecht geschaffen, sondern auch die vorgelagerte Frage aufgeworfen, ob sich die Maßnahme überhaupt nach rechtlichen Kriterien richtet. Die Rechtsprechung[74] lehnt eine **rechtliche Bindung des Inhabers des Gnadenrechts** und damit auch eine gerichtliche Nachprüfbarkeit der Ablehnung eines Gnadenersuchs ebenso wie des positiven Gnadenerweises ab. Zur Begründung wird zum einen angeführt, das auf ein Organ der Exekutive übertragene, in Art. 60 Abs. 2 GG anerkannte Begnadigungsrecht verleihe eine Gestaltungsmacht besonderer Art, die nicht den Sicherungen der Gewaltenverschränkung unterliege, sondern allein der politischen Verantwortlichkeit der Verfassungsorgane überantwortet sei. Zum anderen wird vorgebracht, es entspreche der Eigenart des Gnadenrechts, dass es an allgemein gültigen Gesichtspunkten für die Gewährung oder Nichtgewährung von Gnade fehle, weshalb eine sinnvolle gerichtliche Überprüfung nicht möglich sei.

Diese Ansicht stößt auf erhebliche Bedenken. Angesichts der gravierenden Bedeutung der Entscheidung für den Betroffenen ist es mit Art. 1 Abs. 3 und 19 Abs. 4 GG unvereinbar, die Gewährung oder Versagung der Begnadigung außerhalb jeglicher rechtlichen Überprüfung zu stellen. Zumindest muss die Entscheidung mit Art. 3 GG vereinbar sein. Mit der überwiegenden Meinung in der Literatur[75] ist daher die Ablehnung eines Gnadengesuchs nicht wie die Verleihung von Orden, Ehrentiteln und ähnlichen Auszeichnungen als rechtsfreie Maßnahme, sondern als gerichtlich in beschränktem Umfang nachprüfbarer Verwaltungsakt anzusehen.

---

72 Vgl. auch BVerwGE 32, 333.
73 BVerwGE 31, 368; 32, 333; vgl. auch VGH München NJW 1989, 2491 und VGH Baden-Württemberg DÖV 1994, 569 sowie die Rechtsprechungsübersicht von März, BayVBl 1992, 97; allgemein zum Anspruch auf Zulassung zu öffentlichen Einrichtungen Kerkmann, VR 2004, 73 und Püttner/Lingemann, JA 1984, 121 und 274.
74 BVerfGE 25, 352; NJW 2001, 3771; BVerwG JZ 1983, 495 mwN.
75 Vgl. nur Bachof, JZ 1983, 469; Holste, Jura 2003, 738 mwN; Kauther, VR 1978, 193; Kopp/Ramsauer, § 35 Rdnr. 46; Paptistella, APF 1989, 176 jeweils mwN; aA u.a. Schütte, JA 1999, 868.

h) Eine Maßnahme stellt nur dann einen Verwaltungsakt dar, wenn sie eine Regelung enthält, d.h., ihrem Ausspruch nach unmittelbar auf die Herbeiführung von Rechtswirkungen gerichtet ist. Das ist nicht der Fall, wenn sie lediglich auf eine sich aus einer Rechtsnorm oder einem bereits erlassenen Verwaltungsakt ergebende Rechtsfolge hinweist. Demnach ist der Handzettel der Polizei kein Verwaltungsakt, denn er belehrt die Autofahrer nur über das bestehende Verbot und die sich aus der Zuwiderhandlung ergebenden Befugnisse der Polizei[76]. Auch der Hinweis auf eine Änderung der bisherigen Verwaltungspraxis kann nicht als Regelung gewertet werden.

i) Vom Hinweis auf die Rechtslage und von der bloßen Mitteilung ist die Zusage, einen bestimmten Verwaltungsakt später zu erlassen oder zu unterlassen, zu unterscheiden. Diese in § 38 VwVfG geregelte sog. **Zusicherung** wird überwiegend selbst als Verwaltungsakt angesehen[77]. Ihre unmittelbare Rechtswirkung besteht in der verbindlichen Festlegung der Behörde hinsichtlich ihres künftigen Verhaltens und in der Begründung eines entsprechenden Anspruchs des Bürgers[78].

j) Greift die Behörde einen Lebenssachverhalt auf, so erlässt sie nur selten sofort einen Verwaltungsakt. In den meisten Fällen geht der endgültigen Regelung ein Verwaltungsverfahren voraus, in dem der Sachverhalt aufgeklärt und die spätere Entscheidung vorbereitet wird. Die Behörde kann sich auch in diesem Verfahrensstadium schon an den Bürger wenden und ihn zur Mitwirkung auffordern. Dahingehende Maßnahmen sind, solange sie ausschließlich der **Vorbereitung der Sachentscheidung** dienen und nicht bereits materiell- oder verfahrensrechtliche endgültige Teilentscheidungen enthalten, noch keine Verwaltungsakte.

Dementsprechend stellt die Anordnung der Verwaltungsbehörde nach § 46 Abs. 3 iVm § 11 FeV zur Beibringung eines medizinisch-psychologischen Gutachtens keinen Verwaltungsakt dar. Sie begründet keine selbstständige Pflicht des Betroffenen, sich einer Untersuchung zu unterziehen, sondern konkretisiert lediglich seine schon nach allgemeinen Rechtsgrundsätzen bestehende Mitwirkungsobliegenheit bei der Aufklärung des Sachverhalts (vgl. § 26 Abs. 2 VwVfG). Die Behörde kann die Beibringung des Gutachtens nicht erzwingen. Dass sie bei einer Weigerung des Bürgers, sich der Untersuchung zu unterziehen oder das Gutachten vorzulegen, bei ihrer Entscheidung auf die Nichteignung des Betroffenen schließen darf[79], macht die Anordnung nicht zu einem Verwaltungsakt, da dies nicht der Zweck der Maßnahme ist. Ein (anfechtbarer) Verwaltungsakt ist daher erst die Entscheidung über die Entziehung der Fahrerlaubnis[80].

---

76 So auch BVerwGE 48, 259, 264 zu einem ähnlichen Fall.
77 BVerwG NVwZ 1986, 1011 mit Anmerkung von Stelkens, NVwZ 1987, 471 mwN; vgl. näher Erichsen, Jura 1991, 109.
78 Eingehend zu behördlichen Zusicherungen und Zusagen Guckelberger, DÖV 2004, 357; zum Wegfall der Bindungswirkung gemäß § 38 Abs. 3 VwVfG siehe BVerwGE 97, 323 mit kritischer Anmerkung von Baumeister, DÖV 1997, 229; zur Bindungswirkung rechtswidriger allgemeiner Zusagen Erfmeyer, DVBl 1999, 1625.
79 Ständige Rechtsprechung, vgl. nur BVerwGE 71, 93; so auch ausdrücklich § 11 Abs. 8 FeV.
80 BVerwGE 34, 248 zu § 3 Abs. 2 StVZO a.F.; OVG Münster NJW 2001, 3427 zur FeV; kritisch Schreiber, ZRP 1999, 519.

k) § 29 Abs. 1 VwVfG räumt den Beteiligten im Verwaltungsverfahren ein **Recht auf Akteneinsicht** ein, soweit kein Versagungsgrund nach Absatz 2 gegeben ist[81]. Die Entscheidung über die Gewährung von Akteneinsicht ist nicht nur eine Vorstufe zum Erlass eines späteren Verwaltungsakts in der Sache. Sie enthält vielmehr bereits eine abschließende Regelung über die Gewährung oder Versagung eines Verfahrensrechts und ist damit ein (verfahrensrechtlicher) Verwaltungsakt[82]. Zu beachten ist, dass die von der Sachentscheidung betroffenen Beteiligten die Versagung der Akteneinsicht nach § 44 a VwGO[83] nur im Rahmen von Rechtsbehelfen gegen die abschließende Entscheidung angreifen können[84].

Ein vom Verwaltungsverfahren losgelöstes allgemeines Recht auf Akteneinsicht und Informationszugang gewähren die **Informationsfreiheitsgesetze**[85]. Einem verbreiteten internationalen Vorbild[86] folgend waren zunächst die Länder Berlin[87], Brandenburg[88], Nordrhein-Westfalen[89] und Schleswig-Holstein[90] vorangeschritten. Nach langen wissenschaftlichen Diskussionen und schwierigen politischen Verhandlungen hat der Bund das Gesetz zur Regelung des Zugangs zu Informationen des Bundes (Informationsfreiheitsgesetz – IFG)[91] erlassen, das am 1. Januar 2006 in Kraft getreten ist. Es gewährt in § 1 Abs. 1 jedem nach Maßgabe des Gesetzes gegenüber den Behörden des Bundes einen Anspruch auf Zugang zu amtlichen Informationen. Ausnahmen bestehen zum Schutz von besonderen öffentlichen Belangen (§ 3 IFG), des behördlichen Entscheidungsprozesses (§ 4 IFG), personenbezogener Daten (§ 5 IFG) sowie des geistigen Eigentums und von Betriebs- oder Geschäftsgeheimnissen (§ 6 IFG). Über den Antrag entscheidet die Behörde, die zur Verfügung über die begehrten Informationen berechtigt ist (§ 7 Abs. 1 S. 1 IFG). Auskünfte können mündlich, schriftlich oder elektronisch erteilt werden. Die Behörde ist nicht verpflichtet, die inhaltliche Richtigkeit der Information zu prüfen (§ 7 Abs. 3 IFG). Die Information ist dem Antragsteller unter Berücksichtigung seiner Belange unverzüglich zugänglich zu machen. Der Informationszugang soll innerhalb eines Monats erfolgen (§ 7 Abs. 5 IFG). Sofern Belange Dritter berührt werden, gibt die Behörde diesem schriftlich Gelegenheit zur Stellungnahme (§ 8 IFG). Abgesehen von einfachen Auskünften werden für Amtshandlungen nach dem Informationsfreiheitsgesetz Gebühren und Auslagen erhoben (§ 10 IFG). Gegen die ablehnende Entscheidung sind Widerspruch und Verpflichtungs-

---

81 Näher dazu Brühl, Entscheiden, 1. Abschnitt 2.4.2; Schwab, DÖD 1997, 145.
82 BVerwGE 12, 296, 297; aA VGH München NVwZ 1990, 775.
83 Siehe dazu Hill, Jura 1985, 61 und W. Schmidt, JuS 1982, 795.
84 Anders für die Akteneinsicht bei Prüfungsanfechtung Steike, NVwZ 2001, 868, 872; zur digitalen Aktenführung siehe Vehslage, VR 2001, 374.
85 Zu Informatisierung der Verwaltung und Zugang zu Verwaltungsinformationen allgemein Guckelberger, VerwArch 2006, 62; zum Verhältnis der verschiedenen allgemeinen und besonderen Informationsrechte siehe Raabe/Helle-Meyer, NVwZ 2004, 641; Vahle, DVP 2004, 45.
86 Zu den Erfahrungen in der Schweiz vgl. Schoch, DÖV 2006, 1; in den USA Bräutigam, DÖV 2005, 376; zum Informationszugang in der EU Nowak, DVBl 2004, 272.
87 Vgl. dazu Partsch, LKV 2001, 98.
88 Partsch, NJW 1998, 2559; Palenda/Breidenbach, NJW 1999, 1307.
89 Beckmann, DVP 2003, 142; Bischopink, NWVBl 2003, 245; Partsch/Schurig, DÖV 2003, 482; Stollmann, NWVBl 2002, 216; zu Problemfragen Meier, VR 2005, 13.
90 Vergleichend Brückner/Breitrück, DVP 2004, 397; Stollmann, VR 2002, 309.
91 BGBl I 2005, S. 2722; eine Einführung in das Gesetz geben Hopf, UBWV 2006, 58; Kloepfer/von Lewinski, DVBl 2005, 1277; Kugelmann, NJW 2005, 3609; Mensching, VR 2006, 1 und Schmitz/Jastrow, NVwZ 2005, 984.

klage zulässig, wobei ein Widerspruchsverfahren auch dann durchzuführen ist, wenn die Entscheidung von einer obersten Bundesbehörde getroffen wurde (§ 9 Abs. 4 IFG). Außerdem kann jeder, der sein Recht auf Informationszugang als verletzt ansieht, den Bundesbeauftragten für die Informationsfreiheit anrufen. Diese Aufgabe wird vom Bundesbeauftragten für den Datenschutz wahrgenommen (§ 12 IFG).

l) Die **dienstliche Beurteilung eines Beamten** durch den Dienstvorgesetzten ist nach der herkömmlichen Rechtsprechung des Bundesverwaltungsgerichts[92] regelmäßig kein Verwaltungsakt. Mit der Beurteilung treffe die Dienstbehörde nicht eine Regelung mit bestimmten unmittelbaren Rechtswirkungen, sondern eine tatsächliche Bewertung der Eignung und fachlichen Befähigung des Beamten. Die eventuelle Bedeutung einer dienstlichen Beurteilung für eine mögliche spätere Beförderung reiche nicht aus, um schon die Beurteilung als rechtliche Regelung anzusehen. Für die Entscheidung über eine Beförderung seien noch andere Kriterien wie die Prüfungsnote und das Dienstalter maßgebend. Diese Begründung ist mit der neueren Rechtsprechung, die die Leistung zum alleinigen Kriterium für die Beförderung erhoben hat[93], nicht mehr haltbar. Mit der durch das neue Beurteilungssystem stärker verrechtlichen Beurteilung bindet sich die Behörde in der Regel bereits für die Beförderungsentscheidung[94].

m) Bei der Zusammenlegung der Amtsbezirke und der Schließung eines Amtes handelt es sich um Maßnahmen, die auf der **Organisationsgewalt des Staates** beruhen. Derartige Maßnahmen erzeugen regelmäßig Rechtswirkungen nur im Verhältnis zu einzelnen Organen des Staates, sind ihrem Wesen nach aber nicht geeignet, die rechtlich geschützte Sphäre Dritter zu berühren, mögen diese dadurch faktisch auch Nachteile wie die Verlängerung des Anmarschweges erleiden[95]. Die organisatorischen Maßnahmen des Präsidenten der Mittelbehörde sind daher keine Verwaltungsakte.

Verwaltungsaktqualität können Organisationsakte aber unter einem anderen Gesichtspunkt haben, wenn sie nämlich zugleich in die rechtlich geschützte Sphäre einer Person eingreifen. Das ist bei der Schließung einer Schule der Fall, da diese Maßnahme in durch Art. 6 GG geschützte Elternrechte eingreift. Sie stellt daher einen anfechtbaren Verwaltungsakt dar[96].

n) Es ist keine seltene Erscheinung im Verwaltungsrecht, dass eine Behörde nicht allein entscheiden darf, sondern eine **Beteiligung anderer Stellen** gesetzlich vorgeschrieben ist. Ausschlaggebend dafür ist entweder, dass Interessen dieser Organe berührt werden[97], oder, dass der Gesetzgeber eine Kontrolle der Maßnahme

---

92 BVerwGE 28, 191; 49, 351.
93 BVerwGE 122, 147.
94 Für Verwaltungsakt-Qualität auch Strauch/Jung, DVP 2002, 95.
95 BVerwG NJW 1961, 1323, 1325; VGH Kassel DVBl 1995, 164; OVG Koblenz DVBl 1954, 745; VGH Mannheim DVBl 1995, 159.
96 BVerfGE 51, 268, 282 mwN; BVerwGE 18, 40; OVG Münster NVwZ-RR 1990, 23; vgl. auch die Entscheidungsrezension von Hufen, JuS 1988, 410. Zur Einordnung anderer schulorganisatorischer Maßnahmen siehe Stelkens/Bonk/Sachs, § 35 Rdnrn. 127 ff. VGH Kassel DÖV 1989, 358 hat auch die Schließung eines Schlacht- und Viehhofs als Verwaltungsakt qualifiziert.
97 So beim Einvernehmen der Gemeinde, siehe dazu Hellermann, Jura 2002, 589; Konrad, JA 2001, 588.

durch eine höhere Behörde – etwa um die Einheitlichkeit der Verwaltungspraxis sicherzustellen – für notwendig erachtet (so bei der Zustimmung der höheren Verwaltungsbehörde). Das Beteiligungsverhältnis könnte nun so ausgestaltet sein, dass die in ihrer Entscheidungsbefugnis verbundenen Behörden die Rechtsbeziehungen zum Bürger nur durch Erlass eines gemeinsamen Verwaltungsakts regeln können. Eine solche verbundene Regelungskompetenz schafft aber vielfältige Probleme sowohl zwischen den beteiligten Behörden als auch für den Bürger (z.b. im Hinblick auf das Rechtsbehelfsverfahren). Aus diesem Grunde hat der Gesetzgeber einer Behörde das Handeln nach außen gegenüber dem Bürger allein übertragen. Die Beteiligung der anderen Behörde(n) vollzieht sich als interner Vorgang der Willensbildung der öffentlichen Verwaltung. So ist es auch bei der Genehmigung sonstiger Vorhaben im Außenbereich. Gegenüber dem Bürger handelt nur die Baugenehmigungsbehörde. Sie allein ist befugt, durch Verwaltungsakt verbindlich über den Bauantrag zu entscheiden. Die Beteiligung der Gemeinde und der höheren Verwaltungsbehörde ist ein verwaltungsinterner Abstimmungsvorgang, in dem mangels Außenwirkung kein (selbstständig anfechtbarer) Verwaltungsakt erblickt werden kann[98].

Lehnt die Baugenehmigungsbehörde den Antrag ab, weil die Gemeinde ihr Einvernehmen bzw. die höhere Verwaltungsbehörde die Zustimmung versagt hat, kann der Bürger nur gegen den Bescheid der Baugenehmigungsbehörde, nicht aber unmittelbar gegen die Gemeinde bzw. die höhere Verwaltungsbehörde vorgehen. Im Rahmen eines Verwaltungsrechtsstreits überprüft das Gericht auch, ob die Versagung des Einvernehmens bzw. der Zustimmung, auf die sich die negative Entscheidung im Verwaltungsakt der Baugenehmigungsbehörde stützt, zu Recht erfolgt ist. Kommt es dabei zu einem abweichenden Ergebnis, wird die Äußerung der zu beteiligenden Behörde wirkungslos und die Entscheidungsbehörde zum Erlass eines positiven Verwaltungsakts verpflichtet. Die gleichen Grundsätze gelten für den Fall, dass die nach außen handelnde Behörde über einen Antrag des Bürgers deshalb nicht entscheidet, weil das Einvernehmen bzw. die Zustimmung noch nicht erklärt worden ist. Auch hier muss der Bürger Untätigkeitsklage gegen die Erstbehörde erheben, in deren Rahmen dann der fehlende Mitwirkungsakt überwunden werden kann. Ferner folgt daraus, dass ein Verwaltungsakt nicht schon deshalb fehlerhaft ist, weil er ohne das Einvernehmen bzw. die Zustimmung einer anderen Behörde oder trotz deren Versagung erlassen worden ist. Ergibt die rechtliche Prüfung, dass das Einvernehmen bzw. die Zustimmung zu erteilen gewesen wäre, ist die Entscheidung nach außen rechtmäßig. Im gegenteiligen Fall ist der Verwaltungsakt allenfalls aufhebbar, nicht aber nichtig, wie § 44 Abs. 3 Nr. 4 VwVfG ausdrücklich klarstellt[99].

o) Bei **Maßnahmen im Rahmen des Schulbenutzungsverhältnisses** ist das Merkmal der Außenwirkung besonders sorgfältig zu prüfen. Alle Maßnahmen, die lediglich der Aufrechterhaltung und Durchführung des internen Schulbetriebs dienen wie die Einteilung zum Tafeldienst, das Schreiben einer Klassenarbeit, das

---

98 Vgl. BVerwG DVBl 1966, 177, 180; OVG Koblenz DVBl 1964, 540.
99 Hilg, APF 1988, 57 und 119; Michaells, UBWV 1987, 375; Stelkens/P. u.U. Stelkens, § 35 Rdnr. 88 ff.; Weidemann, VR 2000, 95; zur Zulässigkeit von Bauvorhaben allgemein Dolderer, Jura 2004, 752; speziell nach § 35 BauGB Stollmann, JuS 2003, 855.

Stellen von Hausaufgaben, entfalten keine Außenwirkung. Verwaltungsakte sind nur solche Maßnahmen, die an den Schüler nicht nur in seiner Eigenschaft als Mitglied der Schulgemeinschaft gerichtet sind, sondern seine allgemeine Rechtssphäre oder die seiner Erziehungsberechtigten zu regeln bestimmt sind[100]. Die Nichtversetzung schiebt den Schulabschluss um ein Jahr hinaus und hat damit Verwaltungsaktqualität[101].

Demgegenüber fehlt der Festsetzung der Schulanfangszeit die Außenwirkung, zumindest dann, wenn sie sich im üblichen, meist durch Erlasse näher festgelegten Rahmen hält.

p) Bei der **Umsetzung eines Beamten** kommt es darauf an, ob die Auswirkung oder die Zielsetzung der Maßnahme über die Außenwirkung entscheidet. Im Unterschied zur Versetzung, bei der der Beamte einer anderen Behörde zugeordnet wird, ist die Umsetzung lediglich die das statusrechtliche Amt und das funktionelle Amt im abstrakten Sinne unberührt lassende Zuweisung eines anderen Dienstpostens (funktionelles Amt im konkreten Sinne) innerhalb der Behörde. Ihrem objektiven Sinngehalt nach zielt sie ausschließlich auf die innerbehördliche Organisation ab. Dabei kann sie aber auch Auswirkungen auf die Individualsphäre des Beamten haben, etwa indem er infolge der Umsetzung Beförderungschancen oder Leitungsfunktionen verliert oder sich durch einen mit der Umsetzung verbundenen Wechsel des Dienstgebäudes sein Anfahrtsweg verlängert. Bezieht man das Merkmal der Außenwirkung auf die tatsächlichen Auswirkungen der Regelung, so gelangt man bei der Umsetzung zu schwer verständlichen einzelfallabhängigen Differenzierungen. Demgegenüber ist die Umsetzung nach der neueren höchstrichterlichen Rechtsprechung[102] unabhängig von ihren Auswirkungen im Einzelfall ebenso wie die Änderung des Aufgabenbereichs eines Beamten[103] immer eine behördeninterne Maßnahme und kein Verwaltungsakt. Bedeutsam ist die Frage, ob sie sich im Einzelfall auf die individuelle Rechtssphäre des Beamten auswirkt, für die Möglichkeit, verwaltungsgerichtlichen Schutz in Anspruch zu nehmen, da der Kläger dazu eine Rechtsverletzung geltend machen muss (vgl. Art. 19 Abs. 4 GG, § 42 Abs. 2 VwGO analog)[104].

Für die Umsetzung des Amtmanns Q bedeutet das: Die Anordnung des Dienstherrn ist kein Verwaltungsakt. Da Q geltend machen kann, in seiner individuellen Rechtssphäre verletzt zu sein, ist verwaltungsgerichtlicher Rechtsschutz in Form der allgemeinen Leistungsklage möglich. Eine Klage hätte aber wenig Aussicht auf Erfolg, weil dem Dienstherrn bei behördeninternen Entscheidungen ein weiter Ermessensspielraum eingeräumt ist[105].

---

100 LVG Düsseldorf DÖV 1954, 696.
101 BVerwGE 1, 260; LVG Düsseldorf aaO; zum Rechtsschutz gegen einzelne Zeugnisnoten siehe Bryde, DÖV 1981, 193, gegen Leistungsbewertungen in beamtenrechtlichen Ausbildungsverhältnissen Lässig, DÖV 1988, 876.
102 BVerwGE 60, 144.
103 BVerwG DVBl 1995, 1245.
104 Zur Umsetzung siehe allgemein Müssig, DVW 1989, 31 und Vehslage, VR 2001, 415; speziell zum Rechtsschutz gegen Umsetzungen Franz, ZBR 1986, 14; Leupold, DÖV 2002, 136; Ohrmann/Vahle, DVP 1987, 335; Teufel, ZBR 1981, 20; Thiele, DÖD 1981, 69.
105 Vgl. BVerwGE 60, 144, 150 f.

q) Einem individuell bestimmten Adressaten wird ein Gebot für eine unbestimmte Zahl künftiger Sachverhalte auferlegt. Es handelt sich also um eine abstrakt-individuelle Regelung, die wegen ihrer individuellen Ausrichtung als Einzelfallregelung und damit als Verwaltungsakt angesehen wird[106].

r) Die Frage nach der Rechtsnatur von Verkehrsregelungen durch amtliche Verkehrszeichen hat Rechtsprechung und Literatur immer wieder beschäftigt[107]. Als Verwaltungsakte kommen nur Gebots- und Verbotszeichen (§§ 41, 42 StVO) in Betracht; Hinweiszeichen (§ 40 StVO) fehlt der Regelungscharakter. Bei Gebots- und Verbotszeichen ist das Verwaltungsaktsmerkmal der Einzelfallregelung problematisch. Das Bundesverwaltungsgericht[108] hat zunächst versucht, eine konkret-individuelle Regelung dadurch zu konstruieren, dass es in dem Verkehrszeichen eine sich in einer konkreten örtlichen Verkehrssituation stets wiederholende Bekanntmachung einer Verkehrsbeschränkung gegenüber jedem einzelnen individuell bestimmten Verkehrsteilnehmer, der sich dem Schild nähert, gesehen hat. Der Verwaltungsgerichtshof München[109] hat diese Konstruktion zu Recht als gekünstelt zurückgewiesen. Verkehrsschilder regeln in zeitlicher wie in personeller Hinsicht eine unbestimmte Vielzahl von Fällen und wären bei einer Abgrenzung allein anhand der Gegensatzpaare daher Rechtsnormen. Der Gesetzgeber hat den Streit mit Erlass des Verwaltungsverfahrensgesetzes beendet. Verkehrszeichen regeln die Benutzung einer öffentlichen Sache, der öffentlichen Straße, durch die Allgemeinheit und sind damit gemäß § 35 S. 2 letzte Alternative VwVfG Verwaltungsakte in Form der Allgemeinverfügung[110].

Ein Verwaltungsakt wird gegenüber demjenigen, für den er bestimmt ist oder der von ihm betroffen wird, in dem Zeitpunkt wirksam, in dem er ihm bekannt gegeben wird (§ 43 Abs. 1 S. 1 VwVfG). Es ist deshalb fraglich, ob das Haltverbot gegenüber R, der keine subjektive Kenntnis von den mobilen Haltverbotsschildern gehabt hat, überhaupt wirksam geworden ist. Nach der vom Bundesverwaltungsgericht[111] früher vertretenen Ansicht, dass ein Verkehrszeichen im Wege der Einzelbekanntgabe dadurch bekannt gemacht werde, dass der Betroffene sich dem Schild nähere, wäre diese Frage zu verneinen gewesen. Nach neuerer Rechtsprechung[112] erfolgt die Bekanntgabe von Verkehrszeichen jedoch als öffentliche Bekanntgabe durch Anbringen des Verkehrsschildes, wobei offen gelassen wird, ob sie als öffentliche Bekanntgabe eines nicht schriftlichen Verwaltungsaktes nach § 41 Abs. 3 VwVfG einzuordnen ist oder ob die Spezialvorschriften der Straßenverkehrsordnung (§ 39 Abs. 1 und Abs. 1 a, 45 Abs. 4 StVO) den § 41 VwVfG

---

106 OVG Münster OVGE 16, 289; zur Frage, ob und inwieweit die Ordnungsbehörde gegen die Kirchengemeinde als Hoheitsträger einschreiten kann, vgl. VG Stade NVwZ 1989, 497, 499 f.
107 Siehe Hansen/Stollenwerk, VR 1991, 121; Lorz, DÖV 1993, 129; Manssen, DVBl 1997, 633; Prutsch, JuS 1980, 566 und VR 1984, 427; Stelkens/P. u.U. Stelkens, § 35 Rdnrn. 241 ff.; Vahle, DVP 1989, 237.
108 BVerwGE 27, 181, 183 f.
109 NJW 1978, 1988.
110 So auch BVerwGE 59, 221, 225; 92, 32; 99, 249, 252; 102, 316, 318.
111 BVerwGE 27, 181, 184; 59, 221, 226.
112 BVerwGE 102, 316, 318 f. mit Anmerkung von Hendler, JZ 1997, 780; vgl. auch VGH Kassel NJW 1997, 1023 mit Anmerkung von Michaelis, NJW 1998, 122; VGH Mannheim NVwZ-RR 1990, 59, 60; kritisch Bitter/Konow, NJW 2001, 1386; Hansen/Meyer, NJW 1998, 284; Mehde, NJW 1999, 767.

insgesamt verdrängen. Sind Verkehrszeichen so aufgestellt oder angebracht, dass sie ein durchschnittlicher Kraftfahrer bei Einhaltung der nach § 1 StVO erforderlichen Sorgfalt schon „mit einem raschen und beiläufigen Blick"[113] erfassen kann, so äußern sie ihre Rechtswirkungen gegenüber jedem von der Regelung betroffenen Verkehrsteilnehmer, gleichgültig ob er das Verkehrszeichen tatsächlich wahrnimmt oder nicht[114]. Damit ist das Haltverbot, in dem zugleich ein Wegfahrgebot liegt, auch gegenüber R wirksam geworden.

Wenn eine Verkehrsregelung mit dem Aufstellen des Verkehrszeichens gegenüber allen potentiell betroffenen Verkehrsteilnehmern – unabhängig von der tatsächlichen Kenntnisnahme – wirksam wird, so wird durch das Aufstellen des Verkehrszeichens konsequenterweise auch die Anfechtungsfrist in Gang gesetzt. Da Verkehrszeichen keine Rechtsbehelfsbelehrung enthalten, können sie gemäß § 58 Abs. 2 VwGO innerhalb eines Jahres seit ihrer Aufstellung mit dem Widerspruch angegriffen werden[115].

Das Bundesverwaltungsgericht[116] hat auch die weiteren Voraussetzungen für die Entfernung des Fahrzeugs im Wege der Ersatzvornahme und die Belastung des Halters mit den Kosten für gegeben erachtet[117]. Es hat insbesondere festgestellt, dass es grundsätzlich nicht gegen das verfassungsrechtliche Prinzip der Verhältnismäßigkeit verstoße, wenn ein zunächst erlaubtermaßen geparkter Kraftwagen vier Tage nach Aufstellen eines Haltverbotszeichens auf Kosten des Halters abgeschleppt werde. Der Verkehrsteilnehmer müsse mit Situationen rechnen, die kurzfristig eine Änderung bestehender Verkehrsregelungen verlangten. Nach einer Vorlaufzeit von vier Tagen sei es nicht zu beanstanden, das Abschlepp- und Kostenrisiko eines längerfristigen Parkens statt der Allgemeinheit oder dem Veranstalter des Straßenfestes demjenigen zuzuweisen, der die Sachherrschaft über das an der betreffenden Stelle geparkte Kraftfahrzeug habe und Vorsorge für den Falle einer Änderung der Verkehrsrechtslage treffen könne[118].

s) § 10 Abs. 1 BauGB schreibt vor, dass der **Bebauungsplan** von der Gemeinde als Satzung zu beschließen ist. Diese gesetzlich festgelegte Form stimmt auch mit dem Inhalt des Bebauungsplans überein. Der Bebauungsplan selbst ändert unmittelbar noch nichts am tatsächlichen und rechtlichen Zustand der in seinem Geltungsbereich gelegenen Grundstücke. Er bildet nur die Grundlage für eine bei seinem Inkrafttreten weder zeitlich noch zahlenmäßig noch vom Adressaten her bestimmbare Mehrzahl von Vollzugsmaßnahmen. Erst diese Einzelfallentscheidungen (Erteilung oder Versagung einer Baugenehmigung, Bebauungsgenehmigung, Befreiung usw.) sind Verwaltungsakte. Der vorgeschaltete Plan kann deshalb nur Rechtsnormcharakter haben[119].

---

113 BGH NJW 1970, 1126 f.
114 BVerwGE 102, 316, 318.
115 VGH Kassel NJW 1999, 1651 und 2057; kritisch Bitter/Konow, NJW 2001, 1386.
116 BVerwGE 102, 316, 319 f.
117 Zur Ermächtigungsgrundlage für das Abschleppen straßenverkehrswidrig abgestellter Kraftfahrzeuge und zu den Einschränkungen, die sich aus dem Grundsatz der Verhältnismäßigkeit ergeben, siehe den Fall 101 f.
118 Zu Rechtsproblemen von den Verkehrszeichen siehe Vahle, DVP 2005, 353.
119 Stich, DVBl 1973, 589, 590.

Die Lehre vom Verwaltungsakt

35. Arten von Verwaltungsakten

Verwaltungsakte sind von der Verwaltungsrechtswissenschaft immer wieder nach den verschiedenartigsten Kriterien katalogisiert worden[120]. Wesentliche Unterscheidungen sind:

nach dem Inhalt

- befehlende Verwaltungsakte (Gebote und Verbote), auch Verfügungen genannt,
- gestaltende Verwaltungsakte (Gewährung, Versagung und Umgestaltung eines Rechts oder Rechtsverhältnisses, dingliche Regelung gem. § 35 S. 2 Alt. 3 und 4 VwVfG),
- feststellende Verwaltungsakte (verbindliche Feststellung des Bestehens oder Nichtbestehens von Rechtsverhältnissen oder bestimmter Eigenschaften von Personen oder Sachen);

nach der Gesetzesbindung

- gebundene Verwaltungsakte, zu deren Erlass die Behörde gesetzlich verpflichtet ist (vgl. z.B. § 53 AufenthG),
- Ermessensverwaltungsakte, deren Erlass im pflichtgemäßen Ermessen der Behörde steht (siehe § 55 AufenthG);

nach der Wirkung

- begünstigende Verwaltungsakte (gemäß § 48 Abs. 1 S. 2 VwVfG jeder Verwaltungsakt, „der ein Recht oder einen rechtlich erheblichen Vorteil begründet oder bestätigt hat"),
- belastende Verwaltungsakte (Verwaltungsakte ohne Begünstigung im Sinne des § 48 Abs. 1 S. 2 VwVfG),
- Verwaltungsakte mit Doppelwirkung (Verwaltungsakte, die gegenüber dem Adressaten teils begünstigende, teils belastende Wirkung entfalten wie die Beamtenernennung oder jeder Verwaltungsakt mit Nebenbestimmungen),
- Verwaltungsakte mit Drittwirkung (Verwaltungsakte, die sich nicht in ihren Wirkungen auf die Rechtsbeziehung der Behörde zum Adressaten erschöpfen, sondern zugleich begünstigend oder belastend auf die Rechtssphäre Dritter einwirken wie die Erteilung einer bau- oder immissionsrechtlichen Genehmigung unter Freistellung von nachbarschützenden Vorschriften)[121];

nach der zeitlichen Geltung

- Verwaltungsakte mit einmaliger Rechtsfolge (Verwaltungsakte, die sich durch ein einmaliges Verhalten erledigen oder in einer einmaligen Rechtsgestaltung erschöpfen, z.B. ein Steuerbescheid oder eine Enteignungsverfügung),

---

[120] Maurer, § 9 Rdnrn. 44 ff. Stelkens/P. u.U. Stelkens, § 35 Rdnrn. 138 ff.
[121] Zum Teil wird auch für diese Fallgruppe der Begriff Verwaltungsakt mit Doppelwirkung verwendet, so in § 80 Abs. 1 S. 2 iVm § 80 a VwGO.

- Verwaltungsakte mit Dauerwirkung (Verwaltungsakte, die ein auf gewisse Dauer berechnetes Rechtsverhältnis begründen oder ändern, das in seinem Bestand vom Verwaltungsakt abhängig ist, wie z.B. die Ernennung zum Beamten, die Widmung einer Straße, die Verkehrsregelung durch Gebots- oder Verbotszeichen, die Erteilung einer Fahrerlaubnis oder einer Gaststättenerlaubnis)[122];

nach der Beteiligung

- einseitige Verwaltungsakte (Verwaltungsakte, die von der Behörde ohne Mitwirkung anderer erlassen werden können = Regelfall des belastenden Verwaltungsakts),
- mitwirkungsbedürftige Verwaltungsakte (Verwaltungsakte, deren Erlass abhängig ist von einem Antrag des Bürgers wie fast alle begünstigenden Verwaltungsakte oder sogar davon, dass er eine bestimmte Verpflichtung übernimmt, sog. Verwaltungsakt auf Unterwerfung, z.B. die gebührenpflichtige Verwarnung nach § 56 Abs. 2 OWiG, die nur bei Einverständniserklärung und sofortiger oder fristgerechter Zahlung wirksam ist),
- mehrstufige Verwaltungsakte (Verwaltungsakte, bei deren Entscheidungsfindung neben der erlassenden Behörde noch andere Behörden mitwirken).

B. Nebenbestimmungen

Fragen

36. Was versteht man begrifflich unter Nebenbestimmungen, welche Arten gibt es und was ist ihre Funktion?
37. Worin besteht der Unterschied zwischen Befristung und Bedingung?
38. Welche Arten von Befristungen und Bedingungen gibt es?
39. Wann wird ein Verwaltungsakt mit aufschiebender Befristung oder Bedingung wirksam?
40. Welche Funktion hat ein Widerrufsvorbehalt?
41. Was ist der Unterschied zwischen einem Widerrufsvorbehalt und einer auflösenden Bedingung?
42. Was ist eine Auflage und welchen Rechtscharakter hat sie?
43. Welche Rechtswirkungen hat die Auflage?
44. Was versteht man unter einer modifizierenden Auflage?
45. Welche Kriterien sind für die Abgrenzung zwischen Bedingung und Auflage maßgeblich?
46. Übungs- und Vertiefungsfälle
    Um welche Art von Nebenbestimmung handelt es sich in folgenden Fällen?
    a) Autofahrer X besitzt einen Führerschein mit folgendem Eintrag: „Der Führerscheininhaber muss beim Führen eines Kraftfahrzeugs eine vom Arzt verordnete, die Sehschärfe ausreichend korrigierende Sehhilfe tragen."
    b) Bauherr Y hat bei der Errichtung eines Geschäfts- und Wohnhauses die Nutzungsart von Räumen gegenüber den genehmigten Plänen eigenmächtig geändert. Obwohl er keinen Anspruch auf die zusätzliche Nutzung hat, erteilt die Bauaufsichtsbehörde eine Nachtragsbauerlaubnis „unter der Bedingung", bestimmte zwingende gesetzliche Anforderungen für die gewählte Nutzungsart zu erfüllen.
47. Was ist ein Auflagenvorbehalt?
48. In welchem Umfang sind Nebenbestimmungen zulässig?

---

122 Zum Verwaltungsakt mit Dauerwirkung siehe Felix, NVwZ 2003, 385.

Die Lehre vom Verwaltungsakt

Antworten

36. Begriff, Arten und Funktion von Nebenbestimmungen

Nebenbestimmungen sind Zusätze zum Verwaltungsakt, die einen eigenen Regelungsgehalt haben, der mit dem des Verwaltungsakts in innerem Zusammenhang steht.

Abzugrenzen sind Nebenbestimmungen[1]

- von der Inhaltsbestimmung, d.h. von der näheren Festlegung der Hauptregelung des Verwaltungsakts,

Beispiele:
Beschränkung der Baugenehmigung auf eine bestimmte Geschosszahl, der Gaststättenerlaubnis auf eine bestimmte Betriebsart, der Fahrerlaubnis auf eine bestimmte Klasse.

- **von bloßen Hinweisen auf Rechtswirkungen,** die kraft Gesetzes mit dem Verwaltungsakt verbunden sind.

Beispiele:
Hinweis auf die zeitliche Geltungsdauer der Baugenehmigung gem. § 77 BauO NRW oder auf die gesetzliche Pflicht des § 6 GastG zum Ausschank auch alkoholfreier Getränke zum Verzehr an Ort und Stelle.

Die **Arten** von Nebenbestimmungen sind aufgeführt und definiert in § 36 Abs. 2 VwVfG[2]. Danach zählen zu den Nebenbestimmungen

- die Befristung (Nr. 1),
- die Bedingung (Nr. 2),
- der Widerrufsvorbehalt (Nr. 3),
- die Auflage (Nr. 4),
- der Auflagenvorbehalt (Nr. 5).

Nebenbestimmungen haben die **Funktion,** eine den individuellen Umständen des Einzelfalles angepasste differenzierende Regelung zu ermöglichen. Sie haben insbesondere im Zusammenhang mit begünstigenden Verwaltungsakten große Bedeutung dadurch, dass sie die krasse Alternative, die Begünstigung entweder uneingeschränkt zu gewähren oder zu versagen, um den Mittelweg einer eingeschränkten Gewährung erweitern.

37. Unterschied Befristung – Bedingung

Befristung und Bedingung ist gemeinsam, dass sie die Geltungsdauer der im Verwaltungsakt getroffenen Regelung begrenzen. Nach der Legaldefinition des § 36 Abs. 2 Nr. 1 VwVfG ist die Befristung eine Bestimmung, „nach der eine Vergünstigung oder Belastung zu einem bestimmten Zeitpunkt beginnt, endet oder für einen bestimmten Zeitraum gilt". Demgegenüber ist gem. § 36 Abs. 2 Nr. 2 VwVfG die Bedingung eine Bestimmung, „nach der der Eintritt oder der Wegfall einer

---

[1] Siehe auch Beckmann, VR 2003, 148.
[2] Zu den Nebenbestimmungen Achterberg, Fortbildung 1985, 10; Axer, JA 2001, 748; Brenner, JuS 1996, 281; Erichsen, Jura 1990, 214; Gern/Wachenheim, JuS 1980, 276; Heitsch, DÖV 2003, 367; Karl, APF 1986, 346; Maurer, § 12; Rademacher, BWVPr 1984, 6; Raap, UBWV 2005, 20; Remmert, VerwArch 1997, 112; Schachel, Jura 1981, 449.

Vergünstigung oder einer Belastung von dem ungewissen Eintritt eines zukünftigen Ereignisses abhängt".

Die gesetzliche Definition der Befristung legt dem Wortlaut nach nahe, dass der fragliche Zeitpunkt oder Zeitraum von vornherein kalendermäßig bestimmt sein müsse. Bei einer solchen Auslegung entstünde aber eine Gesetzeslücke für den Fall, dass der Eintritt des Ereignisses zwar gewiss, sein Zeitpunkt aber noch ungewiss ist (Tod des Adressaten, Beendigung des Beamtenverhältnisses oder des Studiums[3]). Der Unterschied zwischen Befristung und Bedingung kann daher – wie vor Erlass des Verwaltungsverfahrensgesetzes allgemein anerkannt[4] – nur darin bestehen, dass der **Eintritt des künftigen Ereignisses bei der Befristung gewiss, bei der Bedingung noch ungewiss** ist.

38. Arten von Befristungen und Bedingungen

Bei Befristung und Bedingung ergeben sich aus § 36 Abs. 2 Nr. 1 und 2 VwVfG drei verschiedene Arten:

- die **aufschiebende Befristung oder Bedingung,** die den Beginn der im Verwaltungsakt ausgesprochenen Begünstigung oder Belastung hinausschiebt,

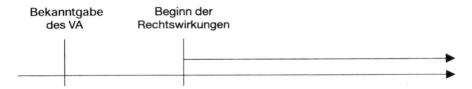

Beispiele:
Ernennung zum Beamten zu einem in der Ernennungsurkunde festgelegten späteren Termin, Erteilung einer Betriebserlaubnis mit Wirkung ab einem bestimmten Zeitpunkt oder ab Einbau vorgeschriebener Schallschutzmaßnahmen, Übertragung der Straßenreinigungspflicht ab 1.1. kommenden Jahres.

- die **auflösende Befristung oder Bedingung,** die das Ende einer Begünstigung oder Belastung festlegt,

Beispiele:
Erteilung einer Aufenthaltserlaubnis für zwei Jahre, Berufung in das Beamtenverhältnis auf Zeit, Erteilung einer Sondernutzungserlaubnis, solange der Verkehr nicht behindert wird.

- die durch Verbindung beider Formen geschaffene Beschränkung einer Begünstigung oder Belastung auf einen **künftigen Zeitraum**.

---

3 OLG Stuttgart MDR 1990, 464.
4 Vgl. BVerwGE 60, 269, 275 f.

Die Lehre vom Verwaltungsakt

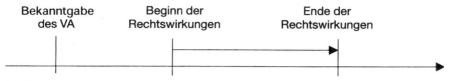

Beispiele:
Abordnung zur Fachhochschule durch Schreiben vom 15. März für den Zeitraum vom 1. April bis zum 30. September für einen bestimmten Studienabschnitt, Bewilligung von Sozialleistungen für einen künftigen Zeitraum, Verpflichtung zur Hilfeleistung bei (künftigen) Katastrophenfällen.

39. Wirksamkeit aufschiebend befristeter oder bedingter Verwaltungsakte

Auch ein mit einer aufschiebenden Befristung oder Bedingung versehener Verwaltungsakt wird wie jeder andere Verwaltungsakt gem. § 43 Abs. 1 VwVfG mit der Bekanntgabe wirksam. Mit diesem Ereignis liegt eine verbindliche Regelung vor, die innerhalb der Rechtsbehelfsfristen angefochten werden muss, wenn sie nicht bestandskräftig werden soll. Hinausgeschoben ist lediglich der Eintritt der festgelegten Begünstigung oder Belastung. Um diese Unterscheidung deutlich zu machen, spricht man auch von **äußerer und innerer Wirksamkeit** des Verwaltungsakts[5].

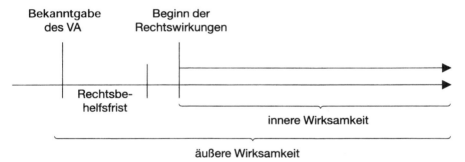

40. Funktion des Widerrufsvorbehalts

Die Funktion des Widerrufsvorbehalts ergibt sich aus § 49 Abs. 2 S. 1 Nr. 1 VwVfG. Danach kann ein rechtmäßiger begünstigender Verwaltungsakt, auch nachdem er unanfechtbar geworden ist, ganz oder teilweise mit Wirkung für die Zukunft widerrufen werden, wenn der Widerruf durch Rechtsvorschrift zugelassen oder im Verwaltungsakt vorbehalten ist. Ein Widerrufsvorbehalt hat folglich die Wirkung, ein schutzwürdiges Vertrauen des Bürgers in den Bestand des Verwaltungsakts, das einem späteren Widerruf entgegenstehen könnte, nicht entstehen zu lassen. Die Verwaltung nimmt daher in weitem Umfang Widerrufsvorbehalte rein vorsorglich in begünstigende Verwaltungsakte auf, um sich künftige Gestaltungsfreiheit zu sichern.

---

5   Vgl. BVerwG DVBl 1978, 628, 629.

41. Unterschied Widerrufsvorbehalt – auflösende Bedingung

Bei der auflösenden Bedingung erlischt die Begünstigung oder Belastung automatisch mit dem Eintritt des künftigen ungewissen Ereignisses. Der Widerrufsvorbehalt schafft demgegenüber nur die Möglichkeit für eine spätere Aufhebung der Begünstigung oder Belastung. Erst die Erklärung des Widerrufs bringt die Rechtswirkungen des Verwaltungsakts zum Erlöschen. Für die Behörde hat der Widerrufsvorbehalt den Vorteil, dass sie sich noch nicht bei Erlass des Verwaltungsakts festlegen muss, sondern die Entwicklung der Dinge abwarten und jederzeit, wenn es sich als notwendig erweisen sollte, korrigierend eingreifen kann. Zudem kann der Widerruf grundsätzlich nicht nur für einen bestimmten Fall, sondern auch allgemein vorbehalten werden. Für den Bürger hat ein Widerrufsvorbehalt gegenüber einer auflösenden Bedingung den Vorteil, dass er, da der Widerruf einen belastenden Verwaltungsakt darstellt, vor Erklärung des Widerrufs ein Anhörungsrecht gem. § 28 VwVfG und nach seiner Bekanntgabe Rechtsbehelfsmöglichkeiten hat.

42. Begriff und Rechtscharakter der Auflage

Eine Auflage ist nach der Definition des § 36 Abs. 2 Nr. 4 VwVfG eine „Bestimmung, durch die dem Begünstigten ein Tun, Dulden oder Unterlassen vorgeschrieben wird". Als selbstständiges Gebot oder Verbot hat die Auflage im Gegensatz zu Befristung, Bedingung und Widerrufsvorbehalt, bei denen es sich um unselbstständige Bestandteile eines Verwaltungsakts handelt, selbst Verwaltungsaktqualität. Sie stellt einen belastenden Verwaltungsakt dar, der mit einem begünstigenden Verwaltungsakt verbunden ist.

43. Rechtswirkungen der Auflage

Der **Verwaltungsaktcharakter** der Auflage hat folgende Konsequenzen:

- Die Auflage kann selbstständig im Wege der Verwaltungsvollstreckung durchgesetzt werden.

- Sie kann grundsätzlich isoliert mit Anfechtungswiderspruch und -klage angegriffen werden.

- Die Unwirksamkeit oder Aufhebung der Auflage berührt grundsätzlich nicht den Bestand der Begünstigung.

Die **Eigenschaft als Nebenbestimmung** hat für die Auflage folgende Auswirkungen:

- die Auflage ist in ihrem Bestand abhängig vom Hauptverwaltungsakt: Bei Unwirksamkeit, Aufhebung oder Erledigung der Begünstigung fällt auch die Auflage weg.

- Hat der Begünstigte die Auflage nicht oder nicht innerhalb einer ihm gesetzten Frist erfüllt, kann die Behörde den begünstigenden Verwaltungsakt gem. § 49 Abs. 2 S. 1 Nr. 2 bzw. § 49 Abs. 3 S. 1 Nr. 2 VwVfG widerrufen. Sie hat somit die Wahl zwischen der Durchsetzung der Auflage und dem Widerruf der Begünstigung.

Die Lehre vom Verwaltungsakt

44. Modifizierende Auflage

Die sich aus ihrer Verwaltungsaktqualität ergebende relative Selbstständigkeit der Auflage bereitet Probleme, wenn Begünstigung und Auflage in einem untrennbaren inneren Zusammenhang stehen, die Auflage etwa dazu dient, Inhalt und Umfang der Begünstigung festzulegen, oder beide das Ergebnis einer einheitlichen Ermessensentscheidung sind.

Beispiele:
Die beantragte Baugenehmigung für ein Transportbetonwerk wird mit der Maßgabe erteilt, dass der Betrieb einen bestimmten Lärmpegel nicht überschreiten darf[6].

Die erforderliche Genehmigung zum Abbruch eines Wohngebäudes wird mit der Auflage erteilt, eine Abstandssumme zur Förderung des sozialen Wohnungsbaus zu entrichten[7].

Solche eng mit der Hauptregelung verbundenen Nebenbestimmungen nennt man modifizierende Auflagen. Nach der Rechtsprechung[8] darf der Grundsatz der isolierten Anfechtbarkeit und Aufhebbarkeit von Auflagen nicht dazu führen, dass der Behörde ein Verwaltungsakt untergeschoben wird, der sinnentstellt ist oder gar ihren Absichten zuwider läuft. Sie lässt eine isolierte Anfechtung daher nur zu, wenn nach Aufhebung der Auflage der Verwaltungsakt ohne inhaltliche Änderung bestehen bleibt und nach dem von der Behörde hergestellten Zusammenhang zwischen Begünstigung und Auflage sinnvollerweise bestehen bleiben kann. Steht die Auflage hingegen mit dem Gesamtinhalt des Verwaltungsakts in einem untrennbaren Zusammenhang, muss der Betroffene Verpflichtungswiderspruch und -klage erheben mit dem Ziel, die Verurteilung der Verwaltung zum Erlass eines uneingeschränkten begünstigenden Verwaltungsakts zu erreichen[9]. In der Literatur werden derartige Regelungen vielfach nicht als Nebenbestimmungen, sondern als inhaltliche Einschränkungen oder Veränderungen des Verwaltungsaktes gegenüber dem Antrag angesehen[10].

45. Abgrenzung Bedingung – Auflage

Für die Abgrenzung zwischen Bedingung und Auflage sind insbesondere folgende Kriterien maßgeblich:

• Die **Bezeichnung** der Nebenbestimmung durch das Gesetz oder die Behörde vermag nur als erster Anhaltspunkt zu dienen.

• Entscheidend sind **Sinn und Zweck** der Nebenbestimmung, wobei insbesondere die unterschiedlichen Rechtswirkungen von Bedingung und Auflage zu beachten sind: Die Bedingung ermöglicht nicht die zwangsweise Durchsetzung von Verhaltenspflichten, beeinflusst aber unmittelbar die Wirksamkeit der Begünsti-

---

6 BVerwG DÖV 1974, 380.
7 BVerwGE 55, 135.
8 Vgl. nur BVerwG aaO.
9 Zum Rechtsschutz gegen Nebenbestimmungen vgl. Beckmann, VR 1999, 301; Hufen/Bickenbach, JuS 2004, 867 und 966; Jahndorf, JA 1999, 676; Maurer, § 12 Rdnrn. 22 ff.; Pietzcker, NVwZ 1995, 15; Schmidt, NVwZ 1996, 1188; Sieckmann, DÖV 1998, 525; Sproll, NJW 2002, 3221; Stadie, DVBl 1991, 613; Stelkens/P. u.U. Stelkens, § 36 Rdnrn. 82 ff.; Störmer, DVBl 1996, 81; Sturm, VR 2004, 15; Zimmerling, DVP 1994, 105.
10 Maurer, § 12 Rdnr. 16; Weyreuther, DVBl 1984, 365 mwN; zur Frage, ob die modifizierte Gewährung ein bürgerfreundliches Instrument ist Möhres/Bremer, VR 1989, 405.

gung. Die Auflage bietet der Behörde die Wahlmöglichkeit zwischen der Durchsetzung der Verfügung und dem Widerruf der Begünstigung. Zu prüfen ist, welche Rechtswirkungen für den Einzelfall sachgerechter sind.

- Ergänzend kann der Gesichtspunkt herangezogen werden, dass die Behörde **im Zweifel die gesetzmäßige Nebenbestimmung** wählen will. Das Gesetz kann die Wahl zwischen Bedingung und Auflage ausdrücklich einschränken.

Beispiel:
Aus dem Vergleich zwischen § 12 Abs. 2 S. 1 und 2 AufenthG ergibt sich, dass das Visum und die Aufenthaltserlaubnis nachträglich nur mit Auflagen, nicht aber mit Bedingungen verbunden werden dürfen.

Die Unzulässigkeit bestimmter Arten von Nebenbestimmungen kann sich auch aus der Natur des Verwaltungsakts ergeben.

Beispiel:
Die Einbürgerung ist als statusbegründender Verwaltungsakt bedingungsfeindlich.

Aus dem Grundsatz der Verhältnismäßigkeit folgt, dass im Zweifel eher eine Auflage anzunehmen ist, da ihre Rechtswirkungen für den Bürger weniger einschneidend sind und sie auch der Behörde flexiblere Reaktionsmöglichkeiten eröffnet.

46. Übungs- und Vertiefungsfälle

a) Ist der Bewerber nur bedingt zum Führen von Kraftfahrzeugen geeignet, kann die Fahrerlaubnisbehörde die Fahrerlaubnis „unter den erforderlichen Auflagen erteilen" (§ 23 Abs. 2 S. 1 FeV). Die Wortwahl des Gesetzgebers gewinnt dadurch erhöhte Bedeutung, dass die in der ursprünglichen Fassung der Vorgängervorschrift des § 12 Abs. 2 S. 1 StVZO verwendete Bezeichnung „Bedingungen" 1960 „aus rechtstheoretischen Erwägungen" durch die Bezeichnung „Auflagen" ersetzt worden ist. Wäre die Verpflichtung, eine Sehhilfe zu tragen, eine Bedingung, hinge die Rechtswirksamkeit der Fahrerlaubnis vom künftigen ungewissen Verhalten des Betroffenen ab. Je nachdem, ob er eine Sehhilfe trägt oder nicht, würde er das eine Mal mit, das andere mal ohne Fahrerlaubnis ein Kraftfahrzeug führen und sich damit im letzteren Fall nach § 21 Abs. 1 Nr. 1 StVG strafbar machen. Sieht man die Anordnung hingegen als Auflage an, so berührt eine Zuwiderhandlung den Bestand der Fahrerlaubnis nicht. Der Betreffende begeht eine Ordnungswidrigkeit nach § 24 StVG. Außerdem kann ihm die Fahrerlaubnis nach § 49 Abs. 2 S. 1 Nr. 2 VwVfG entzogen werden. Diese differenzierten Rechtsfolgen werden der Problemstellung besser gerecht, so dass die Folgenbetrachtung den Wortlaut des Gesetzes bestätigt. Schließlich bestünden auch angesichts der Rechtsnatur der Fahrerlaubnis als Dauererlaubnis, die klare Verhältnisse schaffen soll, erhebliche Bedenken gegen die Rechtmäßigkeit einer Bedingung, die die Wirksamkeit der Erlaubnis von dem künftigen ungewissen Verhalten des Erlaubnisinhabers abhängig machen würde.

Eine im Führerschein eingetragene Anordnung der Verwaltungsbehörde, die vom Fahrer ein bestimmtes persönliches Verhalten, insbesondere die Benutzung eines an seine Person gebundenen Hilfsmittels wie Sehhilfe oder Hörgerät verlangt, ist daher mit der höchstrichterlichen Rechtsprechung[11] als Auflage anzusehen.

---

11 BGH NJW 1969, 1213; VersR 1969, 1011; BGHSt 28, 72, 75; 32, 80, 81.

Die Lehre vom Verwaltungsakt

b) Die Landesbauordnungen enthalten regelmäßig keine Begrenzung auf bestimmte Nebenbestimmungen, so dass das Gesetz keinen Anhaltspunkt liefert. Der Bezeichnung durch die Behörde ist gerade bei Baugenehmigungen mit Vorsicht zu begegnen, da sie meist von Beschäftigten des technischen Dienstes bearbeitet werden. Die Bezeichnung als Bedingung ist daher nicht mehr als ein erstes Indiz.

Eine Würdigung der besonderen Umstände des Einzelfalls ergibt aber, dass die Behörde offenbar das Instrument der Bedingung bewusst gewählt hat. Der Bauherr war vorsätzlich zu seinem Vorteil von genehmigten Plänen abgewichen und hatte keinen Anspruch auf die zusätzliche Nutzung. Die Erteilung der Nachtragsbauerlaubnis stellt daher ein großzügiges Entgegenkommen der Behörde dar, das zudem nur dann mit dem Gesetz in Einklang steht, wenn die Erfüllung bestimmter gesetzlicher Anforderungen sichergestellt ist. Das ist aber nur über eine (aufschiebende) Bedingung zu erreichen. Die Nebenbestimmung in der Nachtragsbauerlaubnis ist daher keine Auflage, sondern eine Bedingung[12].

47. Auflagenvorbehalt

Der Auflagenvorbehalt enthält die Erklärung der Behörde, dass sie sich die nachträgliche Aufnahme, Änderung oder Ergänzung einer Auflage vorbehält. Wie der Widerrufsvorbehalt schließt auch der Auflagenvorbehalt die Entstehung schutzwürdigen Vertrauens aus und sichert der Behörde damit einen Gestaltungsspielraum über den Eintritt der Bestandskraft hinaus. Sinnvoll ist ein Auflagenvorbehalt insbesondere dann, wenn Auswirkungen des Verwaltungsakts, z.B. Umweltbelastungen durch einen genehmigten Gewerbebetrieb, zur Zeit seines Erlasses noch nicht absehbar sind. Überwiegend wird der Auflagenvorbehalt wie die Auflage selbst als Verwaltungsakt angesehen.

48. Zulässigkeit von Nebenbestimmungen

Die Zulässigkeit von Nebenbestimmungen richtet sich in erster Linie **nach Spezialvorschriften,** die in großer Zahl vorhanden sind (z.B. § 12 AufenthG; § 33 a Abs. 1 S. 3 GewO; § 3 Abs. 2 und § 5 GastG; § 12 BImSchG).

Fehlt eine spezialgesetzliche Regelung, bietet **§ 36 VwVfG** eine Ermächtigungsgrundlage zum Erlass von Nebenbestimmungen, wobei zwischen gebundenen und Ermessensentscheidungen differenziert wird.

Nach 36 Abs. 1 VwVfG darf ein Verwaltungsakt, auf den ein Anspruch besteht, mit einer Nebenbestimmung nur versehen werden, wenn sie durch Rechtsvorschrift zugelassen ist oder sichergestellt werden soll, dass die gesetzlichen Voraussetzungen des Verwaltungsaktes erfüllt werden.

Nach § 36 Abs. 2 VwVfG gilt im Übrigen, also bei Ermessensakten, dass Verwaltungsakte nach pflichtgemäßem Ermessen mit Nebenbestimmungen versehen werden dürfen. Diese weitgehende Gestaltungsfreiheit der Verwaltung rechtfertigt sich aus der Überlegung, dass Nebenbestimmungen in belastenden Verwaltungs-

---

12 Vgl. BVerwGE 29, 261, 265.

akten die Belastung im Interesse des Bürgers begrenzen und sich in begünstigenden Verwaltungsakten als milderes Mittel gegenüber der Versagung darstellen.

Als allgemeine Anforderung an die Gestaltung von Nebenbestimmungen verlangt § 36 Abs. 3 VwVfG, dass eine Nebenbestimmung nicht dem Zweck des Verwaltungsakts zuwider laufen darf. Zu beachten sind weiter das Bestimmtheitsgebot, das Verhältnismäßigkeitsprinzip und das Verbot, etwas tatsächlich oder rechtlich Unmögliches zu verlangen.

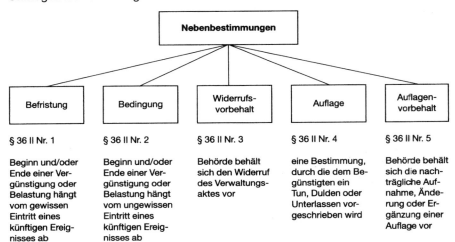

C. Rechtmäßigkeitsanforderungen

49. Anwendungsproblemkreis 3: Die Rechtmäßigkeitsprüfung

I. Problemstellung

Die Prüfung der Rechtmäßigkeit oder Verfassungsmäßigkeit einer staatlichen Maßnahme ist die Aufgabenstellung im öffentlichen Recht schlechthin. Demgemäß liegt auch in Studium und Prüfung das Schwergewicht der Aufgabenstellung im Verwaltungsrecht auf der Frage nach der Rechtmäßigkeit. Die Rechtmäßigkeitsprüfung kann als eigenständige Fragestellung oder eingebunden in eine Rechtsbehelfsprüfung gefordert sein. Dabei ist nahezu ausnahmslos die Rechtmäßigkeit von Verwaltungsakten zu untersuchen. Der Art des Verwaltungsaktes und dem Verfahrensstand nach lassen sich **vier grundlegende Arten** unterscheiden:

- Prüfung der Rechtmäßigkeit eines erlassenen belastenden Verwaltungsakts,
- Prüfung der Rechtmäßigkeit eines beabsichtigten belastenden Verwaltungsakts,
- Prüfung der Rechtmäßigkeit eines erlassenen begünstigenden Verwaltungsakts,
- Prüfung der Rechtmäßigkeit eines beabsichtigten begünstigenden Verwaltungsakts.

II. Grundsätzliches zu Aufbau und Darstellung

Die Arbeit der Ermittlung und Ordnung der einzelnen Rechtmäßigkeitsanforderungen wird durch **Aufbauschemata** erleichtert. Diese sind jedoch nicht unproblematisch, da sie zu einem falsch verstandenen Vollständigkeitsdrang und zum Außerachtlassen der Besonderheiten des Einzelfalls verleiten[1]. Eine dem Sachverhalt in seiner Einzigartigkeit gerecht werdende Fallbearbeitung vermag nur dem zu gelingen, der das Aufbauschema nicht unreflektiert Punkt für Punkt gleichmäßig abhakt, sondern sich vorher überlegt, welche Anforderungen überhaupt sinnvoll angesprochen werden können, in welcher Reihenfolge sie am zweckmäßigsten aufgegriffen und problemgerecht gewichtet werden sollten. Aufbauschemata bieten also noch keine fertige Gliederung für die Fallbearbeitung. Sie sind nur eine Arbeitsunterlage, aus der reduzierend, konkretisierend und wertend ein spezielles Prüfprogramm für den Einzelfall erstellt werden muss. Prüfungserfolg ist in erster Linie die Frucht sorgfältiger Vorüberlegungen vor Beginn der Niederschrift[2]!

Den in Lehre und Literatur angebotenen Aufbauschemata zur Rechtmäßigkeitsprüfung sind vielfach Fragen nach **der Rechtsnatur der Maßnahme** und der in Betracht kommenden Ermächtigungsgrundlage vorangestellt[3]. Richtig daran ist, dass einzelne Rechtmäßigkeitsvoraussetzungen rechtsformspezifisch sind wie etwa die verfahrensmäßigen Anforderungen der §§ 28, 37, 39 und 41 VwVfG, die sich nur auf Verwaltungsakte beziehen, und dass das anzuwendende Recht teilweise von der Ermächtigungsgrundlage abhängt. Der Bearbeiter muss sich daher, bevor er mit der Prüfung beginnt, ob die Maßnahme rechtmäßig oder rechtswidrig ist, klar darüber werden, welche Rechtsnatur sie hat und was ihre Ermächtigungsgrundlage sein kann. Diese Vorüberlegungen gehören aber nicht an den Anfang der Niederschrift. Kaum etwas vermag die meisten Korrektoren nachhaltiger zu verstimmen, als eine Rechtmäßigkeitsprüfung, die mit dem Satz beginnt: „Als erstes ist zu prüfen, ob die Maßnahme einen Verwaltungsakt darstellt." Den Regeln der Gutachtentechnik[4] entsprechend muss die Frage nach der Rechtmäßigkeit einer Maßnahme unmittelbar in ein hypothetisches Ergebnis und in das Aufzeigen der Voraussetzungen für das Ergebnis umgesetzt werden. Abzulehnen ist aber auch der vor allem im Polizei- und Ordnungsrecht weit verbreitete Aufbauratschlag, die **Frage nach der richtigen Ermächtigungsgrundlage** vorzuziehen, dann erst die formellen Voraussetzungen zu prüfen und anschließend die Erörterung der Ermächtigungsgrundlage mit der Subsumtion fortzusetzen[5]. Abgesehen davon, dass ein solches Vorgehen Zusammengehörendes auseinander reißt, ist der zugrunde liegende Gedanke auch ungenau. Die Ermächtigungsgrundlage entscheidet nämlich nicht einheitlich über das anzuwendende Recht. Die Frage, ob das allgemeine Recht durch spezialgesetzliche Regeln verdrängt wird[6], stellt sich viel-

---

[1] Zu Vorteilen und Risiken juristischer Prüfungsschemata siehe auch Holz, UBWV 1998, 243.
[2] Umfassend zur Arbeitstechnik bei Klausur, Hausarbeit und Vortrag Brühl, Fallbearbeitung, Zweiter Teil.
[3] Vgl. nur Blasius/Büchner, 8.1.1.2 und 8.1.1.3; Erbel, Öffentlich-rechtliche Klausurenlehre mit Fallrepetitorium, Band 2: Verwaltungsrecht, 2. Aufl. 1983, unveränderter Nachdruck 1991, B I 1; Schwerdtfeger, Rdnrn. 59 und 108; Teubner, Die Examens- und Übungsklausur im Bürgerlichen Recht, Strafrecht und Öffentlichen Recht, einschließlich der Verfahrensrechte, 4. Aufl. 1995, S. 309.
[4] Vgl. Brühl, Fallbearbeitung, Zweiter Teil A III Arbeitsschritt 7.
[5] So u.a. Erbel, Schwerdtfeger, Teubner, jeweils aaO sowie Giemulla/Jaworsky/Müller-Uri, Rdnrn. 654 ff.
[6] Näher dazu unten Frage 89.

mehr bei jedem Prüfpunkt neu. So kann durchaus die Generalklausel (§ 13 Abs. 1 OBG Bbg/§ 14 Abs. 1 OBG NRW; § 10 Abs. 1 BbgPolG/§ 8 Abs. 1 PolG NRW) die Ermächtigungsgrundlage bilden (weil das einschlägige Spezialgesetz nur Gebote oder Verbote aufstellt oder hinsichtlich der Eingriffsermächtigung bewusst oder unbewusst eine lückenhafte Regelung enthält), die Zuständigkeit, der Adressat oder das Mittel aber speziell bestimmt sein. Methodisch sauber ist es, die Voraussetzungen für das vorgegebene Ergebnis in der teils logisch zwingenden, teils Zweckmäßigkeitsüberlegungen unterliegenden Reihenfolge konsequent durchzugehen und die Fragen nach der Rechtsnatur der Maßnahme und nach dem anzuwendenden Recht jeweils bei dem Prüfpunkt kurz zu beantworten, für den sie (erstmalig) bedeutsam wird[7]. In der Regel ist das für die einschlägigen Rechtsgrundlagen die sachliche Zuständigkeit, für die Rechtsnatur des Handelns die Einhaltung der Verfahrensvorschriften.

Umschreibt man die Voraussetzungen mit den beiden großen Prüfblöcken, so könnte der **Einleitungssatz** etwa lauten:

Die Maßnahme ist rechtmäßig, wenn sie den formellen und materiellen Anforderungen der Rechtsordnung entspricht.

Lautet die Fallfrage, ob die Maßnahme rechtswidrig ist, oder ergibt sich diese Fragestellung im Rahmen der Begründetheitsprüfung eines Rechtsbehelfs, kann formuliert werden:

Die Maßnahme ist rechtswidrig, wenn sie in formeller oder materieller Hinsicht Anforderungen der Rechtsordnung nicht genügt.

Es empfiehlt sich, die beiden großen Prüfungsteile der formellen und der materiellen Voraussetzungen deutlich voneinander abzusetzen und durch Überschriften kenntlich zu machen. Ob die einzelnen Anforderungen ebenfalls mit Überschriften (und Gliederungspunkten) versehen oder nur durch Absätze voneinander getrennt werden, ist Geschmacksfrage. Das Ziel ist ein klar gegliedertes, aber nicht künstlich zerstückeltes Gutachten. Jedenfalls in Fortgeschrittenenarbeiten sind weitergehende Überschriften daher unüblich.

In der **Reihenfolge** der einzelnen Rechtmäßigkeitsanforderungen unterscheiden sich die gebräuchlichen Aufbauschemata kaum voneinander. Letztlich unlösbar ist das Problem, ob zuerst die sachliche oder die örtliche Zuständigkeit zu prüfen ist. Weder darf die sachlich unzuständige Behörde über die örtliche Zuständigkeit noch die örtlich unzuständige Behörde über die sachliche Zuständigkeit entscheiden. Klausurmäßig ist es günstiger, mit der sachlichen Zuständigkeit zu beginnen, da damit gleich zu Beginn das anzuwendende Recht festgelegt wird. Die inhaltliche Bestimmtheit ist mit der überwiegenden Ansicht nicht den formellen, sondern den materiellen Voraussetzungen zuzuordnen, da sie nicht äußerlich, sondern nur im Zusammenhang mit den materiellen Anforderungen an das richtige Mittel festgestellt werden kann.

---

[7] So auch Schwacke, Juristische Methodik, 3. Aufl. 1995, S. 143.

Als Grundsatz gilt, dass **sämtliche Anforderungen durchzuprüfen** sind, auch dann, wenn sich herausstellt, dass eine Rechtmäßigkeitsvoraussetzung nicht erfüllt ist. In Klausuren erlebt man immer wieder, dass Studierende mithilfe von Ausnahmevorschriften, die dem Sachverhalt nach gar nicht einschlägig sind, oder durch gewagte Auslegung von Tatbestandsmerkmalen mit Gewalt ein negatives Ergebnis bei frühen Prüfpunkten zu vermeiden versuchen, um die Klausur zu „retten". Das ist völlig unnötig, da die Aufgabenstellung so zu verstehen ist, dass alle eventuellen Rechtswidrigkeitsgründe aufzuzeigen sind. Auch in der Praxis wird man sich ja bei einem Rechtsbehelf bemühen, möglichst viele Gründe für die Rechtswidrigkeit der Maßnahme anzuführen, um die Erfolgsaussichten zu erhöhen. Ebenso muss die Widerspruchsbehörde alle Fehler des Verwaltungsakts ermitteln, um sie, soweit das rechtlich möglich ist, im Widerspruchsbescheid bereinigen zu können. Nicht weiter geprüft werden kann allerdings dann, wenn keine Ermächtigungsgrundlage gegeben ist. Ohne Erfüllung des Tatbestandes einer Ermächtigungsgrundlage kann nicht auf die der Präzisierung der Rechtsfolge dienenden ergänzenden Anforderungen eingegangen werden[8].

Das **Ergebnis** der formellen Prüfung wird in einem Zwischenergebnis festgehalten:

Die Maßnahme ist formell rechtmäßig.

Die Maßnahme ist formell rechtswidrig.

Nach Abschluss der materiellen Prüfung ist das Endergebnis festzustellen:

Die Maßnahme ist rechtmäßig.

Die Maßnahme ist (teilweise) rechtswidrig.

III. Prüfung der Rechtmäßigkeit eines erlassenen belastenden Verwaltungsakts

Die Prüfung der Rechtmäßigkeit eines erlassenen belastenden Verwaltungsakts bildet die Grundform der Rechtmäßigkeitsprüfung, aus der die anderen Aufbauschemata durch Anpassung an die geänderte Fragestellung entwickelt werden. Sie steht auch in Ausbildung und Prüfung im Mittelpunkt.

1. Grundaufbau

> **Allgemeines Aufbauschema:**
>
> **I. Formelle Rechtmäßigkeit**
> 1. Zuständigkeit der erlassenden Behörde
>   a) sachliche Zuständigkeit (nach spezialgesetzlicher Regelung iVm Organisationsrecht)
>   b) instanzielle Zuständigkeit (nach spezialgesetzlicher Regelung iVm Organisationsrecht)
>   c) örtliche Zuständigkeit (nach spezialgesetzlicher Regelung oder § 3 VwVfG)
> 2. Beachtung eventueller Formvorschriften (Grundsatz der Formfreiheit gemäß § 37 Abs. 2 VwVfG)
> 3. Einhaltung von Verfahrensvorschriften, insbesondere über
>   a) Anhörung Beteiligter (§ 28 VwVfG)
>   b) Begründung schriftlicher oder elektronischer Verwaltungsakte (§ 39 VwVfG)
>   c) Bekanntgabe (§ 41 VwVfG; VwZG)

---

8 Siehe zur Anschauung das Klausurbeispiel in VR 1991, 22.

II. Materielle Rechtmäßigkeit
1. Ermächtigungsgrundlage
   a) Vorhandensein
   b) Wirksamkeit (insbesondere Verfassungsmäßigkeit)
   c) Vorliegen der Voraussetzungen (Subsumtion)
2. Inhaltliche Bestimmtheit (§ 37 Abs. 1 VwVfG)
3. Rechtliche und tatsächliche Möglichkeit
4. Verhältnismäßigkeit
   a) Geeignetheit (Zwecktauglichkeit)
   b) Erforderlichkeit (Gebot des mildesten Mittels)
   c) Angemessenheit (richtige Zweck-Mittel-Relation)
5. Bei Ermessensakten pflichtgemäße Ermessensausübung (vgl. § 40 VwVfG), d.h.
   a) kein Ermessensnichtgebrauch
   b) keine Ermessensüberschreitung
   c) kein Ermessensmissbrauch
6. Vereinbarkeit mit höherrangigem Recht, insbesondere mit Grundrechten und allgemeinen Verfassungsprinzipien

Der zu überprüfende Verwaltungsakt ist im Studium überwiegend eine Ordnungs- oder Polizeiverfügung. Ihre prüfungsmäßigen Besonderheiten werden daher an dieser Stelle bereits mit einbezogen. Inhaltlich werden die speziellen Anforderungen an eine Ordnungs- oder Polizeiverfügung im Zweiten Teil 2. Abschnitt handelt.

Spezifiziertes Aufbauschema für eine Ordnungs- oder Polizeiverfügung:

I. Formelle Rechtmäßigkeit
1. Zuständigkeit der erlassenden Behörde
   a) sachliche Zuständigkeit
      aa) nach spezialgesetzlicher Bestimmung (vgl. § 1 Abs. 2 und 3 OBG Bbg/NRW; §§ 78 S. 1, 79 BbgPolG/§10 POG NRW)
      bb) zur allgemeinen Gefahrenabwehr (Allzuständigkeit der Ordnungsbehörden nach § 1 Abs. 1 OBG Bbg/NRW; Eilfallzuständigkeit der Polizei nach § 78 S. 2 iVm §§ 1 Abs. 1 und 2 BbgPolG/ § 1 Abs. 1 PolG NRW)
   b) instanzielle Zuständigkeit (§ 5 iVm § 3 und § 6 OBG Bbg/NRW; §§ 2, 3, 11 und 12 POG NRW)
   c) örtliche Zuständigkeit (§§ 4, 6 OBG Bbg/NRW; §§ 75–77 BbgPolG/§ 7 bis 9 POG NRW)
2. Beachtung von Formvorschriften (§ 19 Abs. 1 OBG Bbg/§ 20 Abs. 1 OBG NRW; Polizeiverfügungen formfrei nach § 37 Abs. 2 S. 1 VwVfG)
3. Einhaltung von Verfahrensvorschriften, insbesondere über
   a) Anhörung Beteiligter (§ 28 VwVfG)
   b) Begründung schriftlicher oder elektronischer Verwaltungsakte (§ 39 VwVfG)
   c) Bekanntgabe (§ 41 VwVfG und LZG Bbg/NRW)

II. Materielle Rechtmäßigkeit
1. Ermächtigungsgrundlage
   a) Spezialermächtigung
   b) Generalermächtigung (§ 13 Abs. 1 OBG Bbg/§ 14 Abs. 1 OBG NRW; § 10 Abs. 1 BbgPolG/§ 8 Abs. 1 PolG NRW)
2. Richtiger Adressat
   a) nach speziaigesetzlicher Regelung
   b) nach allgemeinem Polizei- und Ordnungsrecht (§§ 16 bis 18 OBG Bbg/§§ 17 bis 19 OBG NRW; §§ 5 bis 7 BbgPolG/§§ 4 bis 6 PolG NRW)
3. Inhaltliche Bestimmtheit (§ 37 Abs. 1 VwVfG)
4. Rechtliche und tatsächliche Möglichkeit (angesprochen in § 14 Abs. 1 OBG Bbg/§ 15 Abs. 1 OBG NRW; § 3 Abs. 1 BbgPolG/§ 2 Abs. 1 PolG NRW)

Die Lehre vom Verwaltungsakt

5. Verhältnismäßigkeit
   a) Geeignetheit (angesprochen in den angeführten Bestimmungen)
   b) Erforderlichkeit (§ 14 Abs. 1 OBG Bbg/§ 15 Abs. 1 OBG NRW; § 3 Abs. 1 BbgPolG/§ 2 Abs. 1 PolG NRW)
   c) Angemessenheit (§ 14 Abs. 2 OBG Bbg/§ 15 Abs. 2 OBG NRW; § 3 Abs. 2 BbgPolG/§ 2 Abs. 2 PolG NRW)
6. Verbot der Aufsichtserleichterung (§ 19 Abs. 2 S. 1 OBG Bbg/§ 20 Abs. 2 S. 1 OBG NRW)
7. Pflichtgemäße Ermessensausübung (§ 15 OBG Bbg/§ 16 OBG NRW; § 4 Abs. 1 BbgPolG/§ 3 Abs. 1 PolG NRW; § 40 VwVfG), d.h. fehlerfreie Ermessensbetätigung beim
   a) Entschließungsermessen
   b) Auswahlermessen zwischen mehreren Adressaten
   c) Auswahlermessen zwischen mehreren Mitteln
8. Vereinbarkeit mit höherrangigem Recht, insbesondere mit Grundrechten (vgl. § 43 OBG Bbg/§ 44 OBG NRW; § 8 BbgPolG/§ 7 PolG NRW) und allgemeinen Verfassungsprinzipien

Spezifiziertes Aufbauschema für eine Bundespolizeiverfügung

I. Formelle Rechtmäßigkeit
1. Zuständigkeit der erlassenden Behörde
   a) sachliche Zuständigkeit (§ 1 iVm §§ 2 bis 13 BPolG)
   b) instanzielle Zuständigkeit (§§ 57, 58 BPolG iVm VO über die Zuständigkeit der Bundespolizeibehörden)
   c) örtliche Zuständigkeit (§ 58 BPolG iVm VO über die Zuständigkeit der Bundespolizeibehörden und §§ 64, 65 BPolG)
2. Einhaltung von Verfahrensvorschriften, insbesondere über
   a) Anhörung Beteiligter (§ 28 VwVfG)
   b) Begründung nur bei schriftlichen Polizeiverfügungen (§ 39 VwVfG)
   c) Bekanntgabe (§ 41 VwVfG)

II. Materielle Rechtmäßigkeit
1. Ermächtigungsgrundlage
   a) Spezialermächtigung (insbesondere §§ 21–50 BPolG)
   b) Generalermächtigung (§ 14 Abs. 1 BPolG)
2. Richtiger Adressat
   a) nach spezialgesetzlicher Bestimmung
   b) nach §§ 17, 18 und 20 BPolG
3. Inhaltliche Bestimmtheit (§ 37 Abs. 1 VwVfG)
4. Rechtliche und tatsächliche Möglichkeit (angesprochen in § 15 Abs. 1 BPolG)
5. Verhältnismäßigkeit
   a) Geeignetheit (angesprochen in § 15 Abs. 1 BPolG)
   b) Erforderlichkeit (§ 15 Abs. 1 und 3 BPolG)
   c) Angemessenheit (§ 15 Abs. 2 BPolG)
6. Pflichtgemäße Ermessensausübung (§ 16 Abs. 1 BPolG iVm § 40 VwVfG) beim
   a) Entschließungsermessen
   b) Auswahlermessen zwischen mehreren Adressaten
   c) Auswahlermessen zwischen mehreren Mitteln
7. Vereinbarkeit mit höherrangigem Recht, insbesondere mit den Grundrechten (vgl. § 70 BPolG)

Erläuterungen:

Formelle Rechtmäßigkeit

Zuständigkeit der erlassenden Behörde

Berechtigt Verwaltungsaufgaben wahrzunehmen ist nur die zuständige Behörde, wobei die **sachliche, instanzielle und örtliche Zuständigkeit** unterschieden wird[9].

Beachtung von Formvorschriften

Für das Verwaltungsverfahren begründet § 10 VwVfG den **Grundsatz der Nichtförmlichkeit.** § 37 Abs. 2 S. 1 VwVfG stellt noch einmal klar, dass ein Verwaltungsakt schriftlich, elektronisch, mündlich oder in anderer Weise erlassen werden kann. Ein **Formerfordernis** muss daher durch eine besondere Rechtsvorschrift ausdrücklich aufgestellt werden. Vielfach ist Schriftform vorgeschrieben, so z.B. als Regelfall in § 19 Abs. 1 OBG Bbg/§ 20 Abs. 1 OBG NRW für Ordnungsverfügungen und in § 77 Abs. 1 AufenthG für belastende Maßnahmen im Ausländerrecht. Eine durch Rechtsvorschrift angeordnete Schriftform kann, soweit nicht durch Rechtsvorschrift etwas anderes bestimmt ist (z.B. in § 38 a StAG für Urkunden in Staatsangehörigkeitssachen und in § 5 Abs. 2 S. 3 BRRG/§ 6 Abs. 2 S. 4 BBG für die beamtenrechtliche Ernennung), gemäß § 3 a Abs. 2 S. 1 VwVfG durch die elektronische Form ersetzt werden, soweit der Empfänger einen Zugang für die Übermittlung elektronischer Dokumente eröffnet (Absatz 1). Das elektronische Dokument ist mit einer qualifizierten elektronischen Signatur nach dem Signaturgesetz zu versehen (§ 3 a Abs. 2 S. 2 VwVfG)[10]. Die formellen Anforderungen an einen schriftlichen oder elektronischen Verwaltungsakt ergeben sich aus § 37 Abs. 3 bis 5 VwVfG.

Einhaltung von Verfahrensvorschriften

Das Verwaltungsverfahrensgesetz enthält eine ganze Reihe von Vorschriften über das Verfahren, z.B. über die Beteiligungs- und Handlungsfähigkeit (§§ 11, 12), die Vertretung (§§ 14 ff.), ausgeschlossene Personen und Besorgnis der Befangenheit (§§ 20, 21), den Beginn des Verfahrens (§ 22), die Amtssprache (§ 23), die Ermittlung der entscheidungserheblichen Tatsachen (§§ 24 ff.), die Anhörung Beteiligter (§ 28), die Gewährung von Akteneinsicht (§ 29) und die Geheimhaltung (§ 30 oder § 3 b). Diese allgemeinen Regeln werden durch besondere Vorschriften für einzelne Handlungsformen oder Aufgabenbereiche ergänzt. Wer in der Klausur alle Anforderungen an das Verfahren durchprüfen wollte, würde damit nicht nur die ihm zur Verfügung stehende Zeit weitgehend aufbrauchen, sondern auch mangels verwertbarer Angaben im Sachverhalt kaum sinnvolle Ausführungen machen

---

[9] Siehe dazu bereits oben Frage 8. Mit der Durchführung der Zuständigkeitsprüfung beschäftigt sich der Anwendungsproblemkreis 5 (Frage 94) am Beispiel des Polizei- und Ordnungsrechts.

[10] Zum elektronischen Rechtsverkehr siehe Kremer, VR 2003, 114; Roßnagel, NJW 2003, 469; Schlatmann, LKV 2002, 489; Schmitz, DÖV 2005, 885; Schmitz/Schlatmann, NVwZ 2002, 1281. Zum Zugang elektronischer Nachrichten im Verwaltungsverfahren siehe Skrobotz, VR 2003, 397, zum Beweiswert von E-Mail Roßnagel/Pfitzmann, NJW 2003, 1209.

Die Lehre vom Verwaltungsakt

können. Es ist daher gerade beim Verfahren eine **kluge Beschränkung auf einige wenige zentrale Punkte** geboten. Bei der Prüfung der Rechtmäßigkeit eines belastenden Verwaltungsakts sind das regelmäßig die Anhörung Beteiligter (§ 28 VwVfG), die Begründung schriftlicher oder elektronischer Verwaltungsakte (§ 39 VwVfG) und die Bekanntgabe (§ 41 VwVfG iVm Verwaltungszustellungsgesetz). Weitere Anforderungen sollte man nur dann ansprechen, wenn sie vom Sachverhalt problematisiert werden[11].

Materielle Rechtmäßigkeit

Ermächtigungsgrundlage

In Ausbildungs- und Prüfungsarbeiten sollte man die Prüfung der Ermächtigungsgrundlage durch einen kurzen Hinweis auf den verfassungsrechtlichen Hintergrund[12] einleiten.

Formulierungsvorschlag:
Nach dem Grundsatz vom Vorbehalt des Gesetzes (Art. 20 Abs. 3 GG) ist jedenfalls im gesamten Bereich der Eingriffsverwaltung eine gesetzliche oder auf gesetzlicher Grundlage erlassene Ermächtigungsgrundlage erforderlich.

Als nächstes ist eine Rechtsnorm zu benennen, die als Ermächtigungsgrundlage in Betracht kommt.

Formulierungsvorschläge:
Ermächtigungsgrundlage könnte im vorliegenden Fall § ... sein.
Eine Ermächtigung zur ... (konkrete Bezeichnung der Maßnahme) könnte § ... enthalten.
Als Ermächtigungsgrundlage kommt § ... in Betracht.

Die Frage nach der Wirksamkeit (Verfassungsmäßigkeit) der Ermächtigungsgrundlage ist nur aufzuwerfen, wenn sie im Sachverhalt problematisiert wird oder sich aufdrängt. Im Mittelpunkt der Prüfung der Ermächtigungsgrundlage steht die Ermittlung, Auslegung und Subsumtion der Tatbestandsvoraussetzungen. In sehr vielen verwaltungsrechtlichen Arbeiten bildet diese Erörterung den Schwerpunkt der Aufgabenstellung.

Eingehend zur Prüfung der Ermächtigungsgrundlage im Polizei- und Ordnungsrecht der Anwendungsproblemkreis 6 (Frage 95).

Ergebnis der Prüfung kann nicht nur sein, dass eine Ermächtigungsgrundlage gegeben oder nicht gegeben ist, sondern auch, dass die Maßnahme nur teilweise von einer gesetzlichen Ermächtigung gedeckt ist.

Beispiele:
Der vom Bürger zu zahlende Geldbetrag ist in einem Leistungsbescheid zu hoch angesetzt.

Ein Gebot oder Verbot überschreitet in gegenständlicher oder zeitlicher Hinsicht die Grenzen der Ermächtigung.

Die Rücknahme eines rechtswidrigen begünstigenden Verwaltungsakts ist wegen des nach § 48 Abs. 2 VwVfG zu berücksichtigenden schutzwürdigen Vertrauens nur für die Zukunft und nicht auch für die Vergangenheit rechtmäßig.

---

11 Eingehend zum Verwaltungsverfahrensrecht Brühl, Entscheiden im Verwaltungsverfahren; zu den Verfahrensrechten des Bürgers und den Folgen bei der Verletzung Vahle, DVP 2004, 187.
12 Siehe Frage 22.

Richtiger Adressat

Eine **Besonderheit des Polizei- und Ordnungsrechts** ist die Frage nach dem richtigen Adressaten der Maßnahme[13]. Zu beachten ist, dass auch im Bereich der Gefahrenabwehr nicht immer darauf einzugehen ist. So benennen zahlreiche Ermächtigungsgrundlagen den Adressaten mit einem sachgebietsbezogenen Sammelnamen.

Beispiele:
Ein „Ausländer" im Sinne der §§ 53 ff. AufenthG, der „Gewerbetreibende" im Sinne des § 35 GewO, ein „Beamter" im Sinne der beamtenrechtlichen Vorschriften.

In diesen Fällen ist im Sachverhalt meist eine bestimmte Person vorgegeben, die die geforderte Eigenschaft besitzt. Die Benennung des richtigen Adressaten fällt dann in der Regel mit der Individualisierung des Betroffenen im Einleitungssatz zusammen, so dass bei der Prüfung der Ermächtigungsgrundlage (oder der sachlichen Zuständigkeit) allenfalls eine kurze Feststellung angebracht sein kann.

Beispiel:
Als Italiener ist Cavaradossi Ausländer im Sinne des § 2 Abs. 1 AufenthG.

Problematisiert werden muss die Frage nach dem richtigen Adressaten dann, wenn der Betroffene seine Verantwortlichkeit leugnet oder wenn objektiv fraglich ist, gegen wen die Maßnahme zu richten ist, insbesondere weil ein unbestimmter Rechtsbegriff auszulegen ist.

Beispiele:
Wer benutzt Gewässer nach dem Wasserhaushaltsgesetz (siehe § 3 WHG)?
Wer ist der Halter eines Kraftfahrzeugs im Sinne der straßenverkehrsrechtlichen Vorschriften?

Im Bereich des allgemeinen Polizei- und Ordnungsrechts empfiehlt es sich regelmäßig, die Vorschriften über den Adressaten der Reihe nach durchzugehen, also zunächst nach der Verantwortlichkeit für das Verhalten von Personen und dann erst nach der Verantwortlichkeit für den Zustand von Sachen zu fragen. Liegen mehrere Anknüpfungspunkte vor, ist es am sichersten, den stärksten zu begründen und auf die anderen kurz hinzuweisen. Kommen mehrere Verantwortliche in Betracht, ist erstens die Verantwortlichkeit des Adressaten der Verfügung zu begründen, zweitens zu prüfen, ob noch andere Personen polizei- bzw. ordnungspflichtig sind, und bejahendenfalls drittens zu untersuchen, ob das Auswahlermessen richtig angewendet worden ist.

Bevor eine Inanspruchnahme als Nichtverantwortlicher in Betracht gezogen wird, muss zunächst geklärt sein, dass der Betreffende kein Verhaltens- oder Zustandsstörer ist (vgl. die Einleitung des § 18 Abs. 1 OBG Bbg/§ 19 Abs. 1 OBG NRW; § 20 BPolG; § 7 Abs. 1 BbgPolG/§ 6 Abs. 1 PolG NRW).

---

13 Eingehend dazu die Fragen 96 bis 100.

Die Lehre vom Verwaltungsakt

Inhaltliche Bestimmtheit

Ein Verwaltungsakt muss nach § 37 Abs. 1 VwVfG inhaltlich hinreichend bestimmt sein. Das ist er dann, wenn ihm der Empfänger zweifelsfrei entnehmen kann, was von ihm verlangt ist, und er ohne weitere Konkretisierung als Grundlage für eine Verwaltungsvollstreckung dienen kann[14].

Rechtliche und tatsächliche Möglichkeit

Dass vom Adressaten nichts Unmögliches verlangt werden darf, ist eine rechtsstaatliche Selbstverständlichkeit. § 14 Abs. 1 OBG Bbg/§ 15 Abs. 1 OBG NRW und § 15 Abs. 1 BPolG; § 3 Abs. 1 BbgPolG/§ 2 Abs. 1 PolG NRW setzen ausdrücklich eine mögliche Maßnahme voraus[15].

Sind die Bestimmtheit und Möglichkeit der Maßnahme unproblematisch, braucht das in der Klausur allenfalls mit einem Satz festgestellt zu werden.

Die Maßnahme ist inhaltlich bestimmt, rechtlich und tatsächlich möglich.

Verhältnismäßigkeit

Die Entscheidung über die Rechtmäßigkeit oder Rechtswidrigkeit der Maßnahme fällt in vielen Klausuren bei der Verhältnismäßigkeit. Dementsprechend kann auch das bewertungsmäßige Gewicht dieses Prüfpunktes relativ hoch sein. In Ausländerrechtsklausuren ist beispielsweise die Problematik nicht selten so stark auf die Ermessensprüfung mit Schwerpunkt bei der Verhältnismäßigkeit verlagert, dass dafür mehr als die Hälfte der Leistungspunkte angesetzt sein kann. Wer dann vorher seine Zeit mit dem Auswalzen von Unproblematischem vertan hat und die Verhältnismäßigkeitsprüfung nur noch mit letztem Atem erreicht, hat in der Regel keine Chance mehr, noch eine ausreichende Leistung zustande zu bringen.

Sofern die Verhältnismäßigkeit einer näheren Behandlung bedarf, sollte die Problematik dieses Prüfpunktes dem Leser vorab deutlich gemacht werden, um seine Aufmerksamkeit zu wecken.

Beispiele:
Fraglich ist aber, ob die Maßnahme verhältnismäßig ist.
Bedenken ergeben sich im Hinblick auf das Verhältnismäßigkeitsprinzip.

Viele Prüfer wollen die einzelnen Ausprägungen des Verhältnismäßigkeitsprinzips[16] aufgeführt sehen, so dass man am besten fortfährt:

Die Maßnahme ist verhältnismäßig, wenn sie geeignet, erforderlich und angemessen ist.

Bei der **Geeignetheit**, die selten problematisch wird, ist zu beachten, dass in weiten Bereichen, etwa im Umweltschutz, ein hundertprozentiger Erfolg nicht erreichbar ist, weshalb eine Maßnahme auch dann geeignet sein kann, wenn sie nur eine spürbare Verbesserung der Situation herbeiführt[17].

Die Prüfung der **Erforderlichkeit** verlangt etwas Phantasie: Der Bearbeiter muss sich überlegen, welche Handlungsalternativen die Behörde bei Erlass der Maß-

---

14 Siehe auch Fall 101 a.
15 Zu den Anforderungen siehe die Fälle 101 b und c.
16 Siehe dazu Michael, JuS 2001, 148.
17 Siehe auch Fall 101 d.

nahme gehabt hat. Gerade an dieser Stelle wird erkennbar, ob der Bearbeiter praktisches Gespür für die Verwaltungsarbeit besitzt. Eigene Gedanken werden daher vom Korrektor, sofern sie nicht völlig abwegig sind, dankbar honoriert. Lässt sich die Geeignetheit einer Alternative aus dem Sachverhalt nicht belegen, sollte diese als Möglichkeit angesprochen, letztlich aber offen gelassen werden. Stehen mehrere Maßnahmen zur Auswahl, ist abzuwägen, welche dieser Maßnahmen bei gleicher Zwecktauglichkeit den Einzelnen und die Allgemeinheit voraussichtlich am wenigsten belastet.

Beispiel:
Als mildere Mittel im Vergleich zur Ausweisung eines Ausländers kommen in Betracht eine ernsthafte Ermahnung mit Ausweisungsandrohung für künftiges Fehlverhalten[18], die Verhängung von Strafen oder Geldbußen nach §§ 95–98 AufenthG, die nachträgliche Verkürzung der Frist bei einer befristeten Aufenthaltserlaubnis gemäß § 7 Abs. 2 S. 2 AufenthG oder die nachträgliche Verbindung des Visums oder der Aufenthaltserlaubnis mit Auflagen aufgrund § 12 Abs. 2 S. 2 AufenthG. Zu erwägen ist auch, ob nicht Maßnahmen der Gefahrenabwehr auf dem Sachgebiet, dem das Fehlverhalten zuzuordnen ist, bereits die Gefahr ausschließen (z.B. die Entziehung der Fahr- oder Gewerbeerlaubnis)[19].

Das Prinzip der **Angemessenheit** gebietet, die Nachteile, die die Maßnahme selbst mit sich bringt, im Auge zu behalten und abzuwägen, ob diese Nachteile nicht größer sind als die, die durch die Maßnahme beseitigt werden sollen. Das darf nicht in Form eines reinen Kostenvergleichs erfolgen. Vielmehr müssen bei der Abwägung die betroffenen Rechtsgüter bewertet und berücksichtigt werden[20].

Verbot der Aufsichtserleichterung

Ordnungsverfügungen dürfen nach § 19 Abs. 2 S. 1 OBG Bbg/§ 20 Abs. 2 S. 1 OBG NRW nicht lediglich den Zweck haben, die den Ordnungsbehörden obliegende Aufsicht zu erleichtern. Die Behörde darf daher z.B. nicht vorgeschriebene Genehmigungen allein deshalb versagen, um sich spätere Kontrollen zu ersparen[21]. Auf diesen Prüfpunkt darf nur eingegangen werden, wenn ein entsprechendes Fehlverhalten aus dem Bescheid oder den Angaben des Sachverhalts erkennbar wird.

Ermessen

Neben der Verhältnismäßigkeit ist das Ermessen der Bereich, in dem in Ausbildungs- und Prüfungsarbeiten am häufigsten Probleme und Rechtswidrigkeitsgründe angesiedelt sind. Es ist daher ratsam, diesem Prüfpunkt volle Aufmerksamkeit zu schenken. Bei der Erarbeitung der Lösung ist zunächst zu prüfen, ob Ermessen eingeräumt ist[22]. Bejahendenfalls ist festzulegen, in welcher Hinsicht Ermessen besteht. Das Ermessen kann sich nur auf die Frage, ob die Behörde tätig werden soll (Entschließungsermessen), oder auch auf die Art und Weise des Tätigwerdens (Auswahlermessen) beziehen[23].

---

18 Zur Abmahnung als mildestem Mittel vgl. Rädler, NVwZ 2000, 1260.
19 Siehe auch Fall 101 e.
20 Näher dazu Fall 101 f.
21 Siehe Fall 101 h.
22 Siehe dazu Frage 18.
23 Näher dazu Fragen 102 bis 105.

Die Lehre vom Verwaltungsakt

Besteht ein mehrfacher Ermessensspielraum, stellt sich die Frage, ob das Ermessen in mehreren Teilprüfungen bei dem jeweils einschlägigen Prüfpunkt (Ermächtigungsgrundlage, Adressat, Anforderungen an das Mittel) oder zusammengefasst im Anschluss an diese Prüfungen erörtert werden soll. Das zweckmäßige Vorgehen hängt davon ab, inwieweit der Sachverhalt Ermessensfragen aufwirft. Erweist sich die Prüfung als völlig problemlos, ist es am effektivsten, alle Aspekte am Ende ohne Problematisierung kurz anzusprechen und die pflichtgemäße Ermessensbetätigung festzustellen. Werden ein oder zwei Anwendungsbereiche des Ermessens im Sachverhalt problematisiert, ist es besser, den Zusammenhang mit dem jeweiligen Prüfpunkt zu belassen, also unmittelbar im Anschluss an die Bejahung des Tatbestandes der Ermächtigungsgrundlage mit der Frage nach dem Entschließungsermessen fortzufahren und nach der Feststellung der Verantwortlichkeit mehrerer Personen die Frage nach dem Auswahlermessen aufzuwerfen. Auswahlermessen unter mehreren Mitteln besteht nur selten, da nach der Prüfung der Erforderlichkeit regelmäßig nur noch eine Maßnahme als mildestes Mittel übrig bleibt.

Einleiten sollte man die Ermessensprüfung mit der kurzen Feststellung, dass das Gesetz die Entscheidung in das Ermessen der Behörde stellt:

Die Ordnungsbehörden „können" nach § 13 Abs. 1 OBG Bbg/§ 14 Abs. 1 OBG NRW die notwendigen Maßnahmen zur Gefahrenabwehr treffen, so dass die Entscheidung über das Eingreifen in ihr Ermessen gestellt ist.

Ein Ausländer „kann" unter den Voraussetzungen des § 55 Abs. 1 AufenthG ausgewiesen werden, so dass der Gesetzgeber der Verwaltung einen Ermessensspielraum eingeräumt hat.

Bei mehreren ordnungspflichtigen Personen steht der Behörde ein Auswahlermessen zu.

Anschließend sollte klargestellt werden, was Ermessen bedeutet, nämlich nicht eine völlige Handlungsfreiheit der Behörde, sondern den Auftrag zu einer pflichtgemäßen Entscheidungsfindung:

Die Behörde muss ihr Ermessen pflichtgemäß betätigt haben.

Nach § 15 OBG Bbg/§ 16 OBG NRW treffen die Ordnungsbehörden ihre Entscheidungen nach pflichtgemäßem Ermessen.

Die rechtlichen Anforderungen, die an eine pflichtgemäße Ermessensbetätigung zu stellen sind, hat der Gesetzgeber in § 40 VwVfG aufgeführt: Die Behörde hat ihr Ermessen entsprechend dem Zweck der Ermächtigung auszuüben und die gesetzlichen Grenzen des Ermessens einzuhalten. Entspricht die Ermessensausübung nicht diesen Maßstäben, ist die Maßnahme rechtswidrig. Innerhalb der damit gezogenen Grenzen steht der Verwaltung aber eine echte Entscheidungs- und Gestaltungsfreiheit zu, die gerichtlicher Kontrolle wegen des Grundsatzes der Gewaltenteilung entzogen ist. Das ist auch in Klausuren zu beachten: Die rechtliche Prüfung des Ermessens ist eine **begrenzte Fehlerkontrolle,** nicht die Suche nach der bestmöglichen Lösung! Es ist nicht danach zu fragen, welche Handlungsalternative vielleicht zweckmäßiger wäre, sondern danach, ob die von der Behörde gewählte Maßnahme den in § 40 VwVfG aufgeführten rechtlichen Anforderungen noch genügt. Bekenntnisse zu außerrechtlichen Zielen und entsprechende Vorwürfe an die Behörde, wie man sie in Klausuren immer wieder antrifft, offenbaren somit nur mangelnde Rechtskenntnis.

Üblicherweise wird gelehrt, in Ausbildungsarbeiten nicht vom Wortlaut des § 40 VwVfG auszugehen, sondern die darin enthaltenen Anforderungen in **drei Ermessensfehler** aufzulösen[24].

Formulierungsvorschläge:
Rechtmäßig ist die Ermessensausübung, wenn kein Ermessensnichtgebrauch, keine Ermessensüberschreitung und kein Ermessensmissbrauch vorliegt (vgl. § 40 VwVfG).

Die Ermessensbetätigung ist gemäß § 40 VwVfG fehlerhaft, wenn ein Ermessensnichtgebrauch, eine Ermessensüberschreitung oder ein Ermessensmissbrauch festzustellen ist.

Von einem **Ermessensnichtgebrauch** spricht man zunächst dann, wenn die Behörde von dem ihr eingeräumten Ermessen keinen Gebrauch gemacht hat, weil sie entweder verkannt hat, dass die Entscheidung in ihr Ermessen gestellt ist, oder entgegen dem mit der Ermessensermächtigung verbundenen Differenzierungsgebot schematisch ohne Rücksicht auf die Besonderheiten des Einzelfalls entschieden hat[25].

Während ein vollständiger Ermessensnichtgebrauch eher von theoretischem Interesse ist, hat die teilweise Ermessensunterschreitung praktische Bedeutung. Sie ist gegeben, wenn die Behörde den ihr eingeräumten Ermessensspielraum nicht vollständig ausschöpft. Mit der Ermessensermächtigung ist der Verwaltung der Auftrag erteilt, unter Abwägung aller relevanten Umstände eine dem Einzelfall gerecht werdende Entscheidung zu finden. Bleibt sie hinter diesem Auftrag zurück, liegt ein Rechtsfehler vor[26]. Der Ermessensmangel kann zum einen darauf beruhen, dass wesentliche, insbesondere für den Betroffenen günstige Umstände (beispielhaft der Anforderungskatalog des § 55 Abs. 3 AufenthG) nicht in die Abwägung einbezogen worden sind, zum anderen darauf, dass dem Einzelfall angemessene Entscheidungsalternativen nicht berücksichtigt worden sind. Der Ermessensmangel ist also ein Abwägungsmangel, der sich vor allem als Begründungsmangel offenbart. Dabei sind jedoch zwei Einschränkungen zu berücksichtigen:

- Die Rechtsprechung hat den Abwägungs- und Begründungsaufwand in einigen Bereichen (z.B. für eine bauaufsichtliche Beseitigungsverfügung[27] oder die Heranziehung von Störern zum Kostenersatz[28]) durch die **Rechtsfigur des intendierten Ermessens** reduziert. Als intendiertes Ermessen bezeichnet das Bundesverwaltungsgericht in seiner Leitentscheidung vom 5. Juli 1985 zur Erteilung eines Wohnberechtigungsscheins[29] eine Ermessensbetätigung „deren Richtung bereits vom Gesetz vorgezeichnet ist", „bei der also ein bestimmtes Ergebnis dem Gesetz näher steht, sozusagen von ihm gewollt ist und davon nur ausnahmsweise abgesehen werden darf". Folgt die Behörde den Intentionen des Gesetzgebers, bedarf es im Regelfall einer Abwägung des Für und Wider und einer entsprechenden Begründung nicht[30].

---

24 Siehe dazu bereits Frage 24 sowie Proppe, JA 1997, 418.
25 Vgl. nur Kopp/Ramsauer, § 40 Rdnrn. 59 f.
26 Vgl. nur die ständige Rechtsprechung des Bundesverwaltungsgerichts zur Ausweisung, u.a. BVerwGE 42, 133; 59, 112, 113 f.; 60, 75, 76 f.; 62, 215, 220; 78, 285, 289; 102, 63, 68 ff. und 249, 252 f.
27 BVerwG BRS 36 Nr. 93.
28 VGH Mannheim NJW 1991, 1698.
29 BVerwGE 72, 1.
30 Zum intendierten Verwaltungsermessen siehe Beckmann, VR 1999, 357; Borowski, DVBl 2000, 149; Masloff, UBWV 1998, 26; Pabst, VerwArch 2002, 540; Volkmann, DÖV 1996, 282; kritisch Beaucamp, JA 2006, 74; Erbguth, JuS 2002, 333, 334; Maurer, § 7 Rdnr. 12.

Die Lehre vom Verwaltungsakt

- Der Gesetzgeber hat mit der 6. VwGO-Novelle der Verwaltungsbehörde im Interesse der Beschleunigung des Verfahrens durch § 114 S. 2 VwGO gestattet, ihre Ermessenserwägungen hinsichtlich des Verwaltungsaktes auch noch im verwaltungsgerichtlichen Verfahren zu ergänzen. In der Literatur ist diese Gesetzesänderung vielfach auf Kritik gestoßen und die Rechtsprechung zur sachgerechten Einschränkung der Regelung aufgefordert worden[31]. Das Bundesverwaltungsgericht[32] hat entschieden, dass die Ergänzung von Ermessenserwägungen durch die Behörde nach § 114 S. 2 VwGO verfassungsrechtlich unbedenklich sei. Der Gesetzgeber habe mit der Einfügung dieser Regelung nur klarstellend auf die bestehende ständige Rechtsprechung hinweisen wollen. Das Bundesverwaltungsgericht hatte das Nachschieben von Gründen auch schon vor Inkrafttreten des § 114 S. 2 VwGO jedenfalls bei Identität von Ausgangs- und Widerspruchsbehörde zugelassen[33], wenn die nachträglich von der Behörde angegebenen Gründe schon bei Erlass des Verwaltungsaktes vorlagen, dieser durch sie nicht in seinem Wesen geändert und der Betroffene nicht in seiner Rechtsverteidigung beeinträchtigt wurde. Das Gericht stellt klar, dass § 114 S. 2 VwGO ausschließlich prozessuale Bedeutung habe. Die Zulässigkeit der Ergänzung von Ermessenserwägungen richte sich nach dem einschlägigen materiellen Recht und dem Verwaltungsverfahrensrecht, das die Nachholung einer erforderlichen Begründung in § 45 Abs. 2 VwVfG bis zum Abschlusse der letzten Tatsacheninstanz des verwaltungsgerichtlichen Verfahrens zulasse[34]. Abschließend weist das Gericht darauf hin, dass § 114 S. 2 VwGO nur die Ergänzung der Ermessenserwägungen, nicht die vollständige Nachholung oder die Auswechslung der die Ermessensentscheidung tragenden Gründe regelt[35].

Eine **Ermessensüberschreitung** liegt dann vor, wenn die Behörde über die äußeren Grenzen des ihr eingeräumten Ermessensspielraums hinausgeht. Grenzen können dem Ermessen in unterschiedlicher Weise gesetzt sein.

- Ist eine bestimmte Maßnahme ins Ermessen der Behörde gestellt (z.B. die Auflösung einer Versammlung oder eines Aufzugs in § 15 Abs. 3 VersG), so darf diese keine schwerwiegendere oder andersartige Maßnahme treffen (z.B. nicht Versammlungsteilnehmer festsetzen), wohl aber dem Verhältnismäßigkeitsprinzip entsprechend ein milderes Mittel anwenden (etwa anordnen, einen bestimmten Versammlungsort zu räumen[36], oder Spruchbänder, die die öffentliche Sicherheit stören, vorübergehend in Gewahrsam nehmen[37]).

- In der Ermessensnorm können feste Ober- und Untergrenzen gesetzt sein, zum Beispiel für die Bemessung eines Zwangs- oder Bußgeldes.

---

31 Vgl. Bader, NVwZ 1999, 120; Brischke, DVBl 2002, 429, 431; Clausing, JuS 2000, 59; Decker, JA 1999, 154; Determann, Jura 1997, 350; Dolderer, DÖV 1999, 104; Löhnig, JA 1998, 700; Pöcker/Barthelmann, DVBl 2000, 668; Redeker, NVwZ 1997, 625; Schenke, NJW 1997, 81, 88 ff.
32 BVerwGE 106, 351, 363 ff.
33 Vgl. nur BVerwGE 64, 356, 358.
34 Zur Verflechtung von Verwaltungsverfahrens- und Verwaltungsprozessrecht vgl. Hinterseh, JA 2004, 83; zum Nachschieben von Ermessenserwägungen bei der Verpflichtungsklage Fendt, JA 2000, 883.
35 Vgl. auch OVG Münster NVwZ 2001, 1424; Brischke, DVBl 2002, 429, 431 mwN.
36 VGH Mannheim NVwZ 1989, 163.
37 BVerwGE 64, 55.

- Die Ausübung des Ermessens kann durch unbestimmte Rechtsbegriffe begrenzt sein. Meist ist die Behörde ermächtigt, die notwendigen oder erforderlichen Maßnahmen zu treffen (z.B. in § 16 Abs. 1 S. 1 IfSG; § 8 S. 1 JuSchG; § 13 Abs. 1 OBG Bbg/§ 14 Abs. 1 OBG NRW; § 16 a S. 1 TierSchG).

- Selbst dann, wenn das Gesetz dem Wortlaut nach keine Ermessensgrenzen festsetzt, darf das Ermessen nicht schrankenlos ausgeübt werden. Begrenzt wird das Ermessen vor allem durch das Rechtsstaatsprinzip (Art. 20 Abs. 3 GG), insbesondere durch den sich aus ihm herleitenden Grundsatz der Verhältnismäßigkeit, sowie durch die Grundrechte und die in ihnen verkörperte Wertordnung.

Das hat zur Folge, dass eine unverhältnismäßige oder grundrechtswidrige Ermessensentscheidung stets auch eine Ermessensüberschreitung darstellt. In der Fallbearbeitung stellt sich damit eine Verteilungsfrage. In der Regel ist es sachgerecht, das Problem bei dem Prüfpunkt eingehend zu erörtern, der den Fehler am speziellsten beschreibt, also im Rahmen der Verhältnismäßigkeit oder der Vereinbarkeit mit höherrangigem Recht, und bei der Ermessensprüfung nur kurz darauf hinzuweisen, dass zugleich eine Ermessensüberschreitung vorliegt.

Ein **Ermessensmissbrauch** liegt dann vor, wenn die Behörde ihr Ermessen nicht entsprechend dem Zweck der Ermächtigung ausgeübt hat. Das Recht verfolgt das Ziel, menschliches Verhalten zu steuern, um eine sichere und gerechte Ordnung des Gemeinwesens zu schaffen. Jede Rechtsnorm stellt daher als Mosaikstein der Gesamtrechtsordnung ein sachlich begrenztes Zweckprogramm dar. Ist die Entscheidung im Interesse einer flexiblen Reaktionsmöglichkeit ins Ermessen der Verwaltung gestellt, so hat die zuständige Behörde zu ermitteln, welche Entscheidungsalternative im Einzelfall den vom Gesetzgeber mit dem Erlass der Ermächtigung verfolgten Zwecken gerecht wird. Der Gesetzgeber hat in neueren Gesetzen seine Zielvorstellungen vielfach in einleitenden Bestimmungen ausdrücklich festgelegt.

Beispiele:
§ 1 Abs. 1 Bundes-Immissionsschutzgesetz (BImSchG): Zweck dieses Gesetzes ist es, Menschen, Tiere und Pflanzen, den Boden, das Wasser, die Atmosphäre sowie Kultur- und sonstige Sachgüter vor schädlichen Umwelteinwirkungen und, soweit es sich um genehmigungsbedürftige Anlagen handelt, auch vor Gefahren, erheblichen Nachteilen und erheblichen Belästigungen, die auf andere Weise herbeigeführt werden, zu schützen und dem Entstehen schädlicher Umwelteinwirkungen vorzubeugen.

§ 1 Gentechnikgesetz (GenTG): Zweck dieses Gesetzes ist,

1. unter Berücksichtigung ethischer Werte, Leben und Gesundheit von Menschen, die Umwelt in ihrem Wirkungsgefüge, Tiere, Pflanzen und Sachgüter vor schädlichen Auswirkungen gentechnischer Verfahren und Produkte zu schützen und Vorsorge gegen das Entstehen solcher Gefahren zu treffen,
2. die Möglichkeit gewährleisten, dass Produkte, insbesondere Lebens- und Futtermittel, konventionell, ökologisch oder unter Einsatz gentechnisch veränderter Organismen erzeugt und in den Verkehr gebracht werden können,
3. den rechtlichen Rahmen für die Erforschung, Entwicklung, Nutzung und Förderung der wissenschaftlichen, technischen und wirtschaftlichen Möglichkeiten der Gentechnik zu schaffen.

Nicht selten werden mehrere Zwecke aufgeführt, die in Konflikt miteinander geraten können. Es muss dann durch Abwägung der widerstreitenden Ziele ermittelt werden, welchem Zweck im Einzelfall der Vorrang gebührt.

Die Lehre vom Verwaltungsakt

Beispiel:
§ 1 Bundesnaturschutzgesetz (BNatSchG): Natur und Landschaft sind auf Grund ihres eigenen Wertes und als Lebensgrundlagen des Menschen auch in Verantwortung für die künftigen Generationen im besiedelten und unbesiedelten Bereich so zu schützen, zu pflegen, zu entwickeln und, soweit erforderlich, wiederherzustellen, dass
1. die Leistungs- und Funktionsfähigkeit des Naturhaushalts,
2. die Regenerationsfähigkeit und nachhaltige Nutzungsfähigkeit der Naturgüter,
3. die Tier- und Pflanzenwelt einschließlich ihrer Lebensstätten und Lebensräume sowie
4. die Vielfalt, Eigenart und Schönheit sowie der Erholungswert von Natur und Landschaft
auf Dauer gesichert sind.

Ergänzend führt § 2 Abs. 1 BNatSchG 15 Grundsätze auf, nach denen diese vier Ziele insbesondere zu verwirklichen sind. Zielkonflikte sind durch „Abwägung aller sich aus den Zielen nach § 1 ergebenden Anforderungen untereinander und gegen die sonstigen Anforderungen der Allgemeinheit an Natur und Landschaft" zu lösen.

Soweit ausdrückliche Regelungen über die gesetzlichen Ziele und Zwecke fehlen oder für den Einzelfall unzureichend sind, müssen diese im Wege der teleologischen Auslegung ermittelt werden[38].

Ermessensmissbräuchlich ist eine Ermessensentscheidung insbesondere dann, wenn

- die Behörde von unzutreffenden Voraussetzungen ausgeht,

- die Maßnahme nicht auf sachlichen Erwägungen beruht, sondern aus persönlicher Sympathie oder Antipathie oder aus sonstigen eigennützigen Erwägungen getroffen wird,

- Sachzwecke vorgebracht werden, die dem zugrunde liegenden Gesetz fremd sind,

- gesetzliche Zielkonflikte unrichtig gelöst werden,

- in die Abwägung einbezogenen Gesichtspunkten ein zu hohes oder zu geringes Gewicht beigemessen wird.

Vereinbarkeit mit höherrangigem Recht

Die Vereinbarkeit mit höherrangigem Recht, insbesondere die Verfassungsmäßigkeit der Maßnahme, ist nur zu erörtern, wenn sie der Betroffene anzweifelt oder sich eine Prüfung aufdrängt. Richten sich die Bedenken gegen die Wirksamkeit der Ermächtigungsgrundlage, muss ihre Verfassungsmäßigkeit vor Beginn der Subsumtion geklärt werden[39]. Am Ende der Rechtsfolgeprüfung können nur die Aspekte erörtert werden, die sich auf die Vereinbarkeit der Einzelfallentscheidung mit höherrangigem Recht beziehen.

Allgemeine Verfassungsprinzipien spielen über den in einem eigenen Prüfpunkt zu behandelnden Grundsatz der Verhältnismäßigkeit hinaus kaum eine Rolle. Allenfalls der Vertrauensgrundsatz[40] und das Sozialstaatsprinzip (Art. 20 Abs. 1 GG) können einmal zu berücksichtigen sein. Immer wieder finden sich jedoch Argumente, die die Vereinbarkeit des Verwaltungshandelns mit den Grundrechten

---

38 Eingehend dazu Brühl, Fallbearbeitung, Erster Teil B IV 3 d.
39 Kritisch zur Normprüfungs- und -verwerfungskompetenz der Verwaltung Gril, JuS 2000, 1080.
40 Siehe oben Frage 26.

betreffen. Erwartet wird dann regelmäßig keine so tiefgehende Argumentation wie in einer Verfassungsrechtsklausur. Wichtig ist es aber auch in einer Verwaltungsrechtsklausur, die Grundrechtsprüfung systematisch durchzuführen[41].

Die **Prüfung eines Freiheitsgrundrechts** erfolgt dreistufig: Das Grundrecht ist verletzt, wenn

1. der Schutzbereich betroffen ist,
2. ein Eingriff in den Schutzbereich vorliegt und
3. der Eingriff verfassungsrechtlich nicht gerechtfertigt ist.

Der Eingriff ist verfassungsrechtlich gerechtfertigt, wenn

- eine Grundrechtsschranke vorhanden ist, wobei es drei Alternativen gibt:
- verfassungsunmittelbare Schranken (z.B. in Art. 9 Abs. 2, 13 Abs. 3 ff. GG),
- einfacher (z.B. Art. 8 Abs. 2 GG) oder qualifizierter Gesetzesvorbehalt (z.B. Art. 5 Abs. 2 GG),
- grundrechtsimmanente Schranken zum Schutz wichtiger Verfassungsgüter oder der Grundrechte Dritter, und wenn

- die Rechtsnorm oder der Einzelakt eine verfassungsmäßige Konkretisierung der Grundrechtsschranke darstellt, wobei als sog. Schranken-Schranken in Betracht kommen
- die Menschenwürde (Art. 1 Abs. 1 GG),
- das Verbot des Einzelfallgesetzes (Art. 19 Abs. 1 S. 1 GG),
- das Zitiergebot (Art. 19 Abs. 1 S. 2 GG),
- das Bestimmtheitsgebot,
- der Grundsatz der Verhältnismäßigkeit (beides abgeleitet aus Art. 20 Abs. 3 GG) und
- die Wesensgehaltsgarantie (Art. 19 Abs. 2 GG).

Von besonderer Bedeutung für das Verwaltungshandeln ist der Gleichheitsgrundsatz. Die **Prüfung des allgemeinen Gleichheitssatzes (Art. 3 Abs. 1 GG)** erfolgt zweistufig:

1. Behandelt die Verwaltung (bzw. der Gesetzgeber oder die Rechtsprechung) wesentlich Gleiches ungleich (alternativ: wesentlich Ungleiches gleich)?
   a) Bildung geeigneter Vergleichspaare: Sind verschiedene Personen, Personengruppen oder Sachverhalte miteinander vergleichbar?
   b) Feststellung, ob und bejahendenfalls inwieweit zwischen den beiden Teilen des Vergleichspaares eine Ungleich- bzw. Gleichbehandlung vorliegt.
2. Ist die Ungleichbehandlung (alternativ: Gleichbehandlung) verfassungsrechtlich gerechtfertigt?
   a) Ist das Gesetz kompetenz- und verfahrensmäßig verfassungsgemäß zustande gekommen?

---

41 Eine fallbearbeitungsbezogene Behandlung der Grundrechte bieten insbesondere Grote, Fälle zu den Grundrechten, 2. Aufl. 2001; Pieroth/Schlink, Grundrechte Staatsrecht II, 21. Aufl. 2005; Richter/Schuppert, Casebook Verfassungsrecht, 4. Aufl. 2001; Sachs, Verfassungsrecht II Grundrechte, 2. Aufl. 2003; Schmalz, Grundrechte, 4. Aufl. 2001; Schwerdtfeger, 6. Teil.

b) Welche Gründe werden für die Ungleichbehandlung (alternativ: Gleichbehandlung) vorgebracht bzw. können vorgebracht werden?
c) Verstoßen diese Gründe nicht gegen die Diskriminierungsverbote der speziellen Gleichheitssätze (insbesondere Art. 3 Abs. 2 und 3 GG)?
d) Sind die allgemeinen Anforderungen an einen sachlichen Grund für die Ungleichbehandlung (alternativ: Gleichbehandlung) erfüllt, das heißt, verfolgt die Verwaltung einen legitimen Zweck und ist die Maßnahme zur Erreichung des Zwecks geeignet, erforderlich und angemessen?

2. Fortentwickelter Aufbau für Ermessensakte

Die Aufspaltung der Rechtsfolgeprüfung in eine Vielzahl von Prüfprogrammen ist ein pädagogisches Mittel, dem Anfänger die vielgestaltigen Anforderungen deutlich zu machen und ein gutachtliches Arbeiten in überschaubaren Portionen zu ermöglichen. Bei Ermessensentscheidungen führt sie jedoch bei der praktischen Umsetzung nicht selten zu einer künstlichen Zersplitterung des Gedankengangs, die einer umfassenden und überzeugenden Ermessensprüfung im Wege steht. Sie verstellt den Blick darauf, dass Tatbestand und Rechtsfolge zusammen die Ermächtigungsgrundlage bilden und die Rechtsfolge in dem Auftrag des Gesetzgebers an die zuständige Behörde besteht, nach pflichtgemäßem Ermessen zu handeln. Statt dessen wird bereits nach Prüfung der tatbestandsmäßigen Voraussetzungen festgestellt, dass eine Ermächtigungsgrundlage gegeben sei. Die weitere Prüfung wird dann getrennt von der Rechtsgrundlage mit von außen herangetragenen Rechtsprinzipien durchgeführt. Wenn nach Erörterung aller Sachprobleme das Ermessen angesprochen wird, gibt es dazu kaum mehr etwas Sinnvolles zu sagen. Eine wirkliche Abwägung der für und gegen die Maßnahme sprechenden Gründe findet nicht statt.

In einem fortgeschrittenen Stadium des Studiums sollte man daher zu einer **durchgängigen Ermessensprüfung** vorstoßen, wie sie auch von der Verwaltungspraxis und der Rechtsprechung bei der Begründung von Ermessensentscheidungen angewandt wird[42].

Aufbauschema für die materielle Rechtmäßigkeit:

1. Tatbestand der Ermächtigungsgrundlage
2. Rechtsfolge der Ermächtigungsgrundlage
   a) Feststellung, dass die Behörde nach pflichtgemäßem Ermessen handeln darf
   b) Prüfung der Anforderungen des § 40 VwVfG
      aa) Ausübung des Ermessens entsprechend dem Zweck der Ermächtigung
      bb) Einhaltung der Grenzen des Ermessens
         (1) gesetzlich normierte Grenzen
         (2) ungeschriebene Grenzen, insbesondere Verhältnismäßigkeit und Grundrechte

---

[42] Zur Behandlung des Verwaltungsermessens in Bescheid und Urteil siehe Brühl, JuS 1995, 249. Mit aufbautechnischen und inhaltlichen Problemen in der öffentlich-rechtlichen Klausur befasst sich auch Lemke, JA 2000, 150.

Erläuterungen:

Da die gesamte Prüfung innerhalb der Ermächtigungsgrundlage stattfindet, kann die Erörterung der materiellen Rechtmäßigkeit wie folgt eingeleitet werden:

Die Maßnahme ist materiell rechtmäßig, wenn die tatbestandsmäßigen Voraussetzungen einer Ermächtigungsgrundlage erfüllt sind und ihre Rechtsfolge richtig angewendet worden ist.

Nachdem die Tatbestandsmäßigkeit bejaht worden ist, kann unmittelbar in die Rechtsfolge übergeleitet und festgestellt werden, dass die Behörde nach pflichtgemäßem Ermessen handeln darf.

Formulierungsbeispiele:
Ist der Tatbestand erfüllt, so können die Ordnungsbehörden gemäß § 13 Abs. 1 OBG Bbg/§ 14 Abs. 1 OBG NRW die notwendigen Maßnahmen zur Gefahrenabwehr treffen. Ihnen ist also ein Ermessensspielraum eingeräumt, den sie pflichtgemäß auszufüllen haben (vgl. § 15 OBG Bbg/§ 16 OBG NRW). Sie haben unter Berücksichtigung aller wesentlichen Umstände des Einzelfalls zu entscheiden, welche konkrete Rechtsfolge geboten ist.

Die Ausweisung nach § 55 AufenthG ist jedoch keine zwingende Folge der Erfüllung eines Ausweisungsgrundes. Ist der gesetzliche Tatbestand erfüllt, so liegt die Ausweisung im pflichtgemäßen Ermessen der Ausländerbehörde. Diese muss aufgrund einer Abwägung der für und gegen die Maßnahme sprechenden Umstände prüfen, ob die Ausweisung geboten ist.

Anschließend wird darauf hingewiesen, dass die rechtliche Überprüfung der Ermessensentscheidung begrenzt ist, und zwar im Rahmen einer verwaltungsgerichtlichen Klage durch § 114 S. 1 VwGO, außerhalb eines Klageverfahrens nach § 40 VwVfG.

Formullerungsbeispiele:
Die Verwaltungsgerichte dürfen die Ausübung des Ermessens nur auf Rechtsfehler überprüfen. Sie haben nachzuprüfen, ob die Behörde von dem Ermessen in einer dem Zweck der Ermächtigung entsprechenden Weise Gebrauch gemacht hat und ob sie die Grenzen des Ermessens nicht überschritten hat (§ 114 S. 1 VwGO).

Die rechtlichen Anforderungen an eine pflichtgemäße Ermessensausübung ergeben sich aus § 40 VwVfG. Danach hat die Behörde ihr Ermessen entsprechend dem Zweck der Ermächtigung auszuüben und die gesetzlichen Grenzen des Ermessens einzuhalten.

Als erstes ist zu untersuchen, ob die Behörde von ihrem Ermessen in einer dem Zweck der Ermächtigung entsprechenden Weise Gebrauch gemacht hat. Dazu ist der Zweck der Ermächtigung zu bestimmen und zu prüfen, ob die von der Behörde gegebene Begründung, hilfsweise die aus den Umständen ableitbare objektive Zielrichtung der Maßnahme, damit übereinstimmt.

Formulierungsbeispiel:
Der Zweck der Ausweisung ist ordnungsrechtlicher Natur. Die Ausweisung soll einer künftigen Störung der öffentlichen Sicherheit und Ordnung oder sonstiger Belange der Bundesrepublik Deutschland vorbeugen. Die Ausländerbehörde hat die Ausweisung zunächst mit der Wiederholungsgefahr begründet. Diese spezialpräventive Überlegung entspricht dem Zweck der Ermächtigung, wenn mit hinreichender Wahrscheinlichkeit damit gerechnet werden kann, dass der Ausländer aufgrund seines bisherigen Verhaltens in absehbarer Zukunft Belange der Bundesrepublik Deutschland erneut beeinträchtigen wird ... (wird geprüft). Des Weiteren ist die Ausweisung nach der Begründung der Behörde auch zur Abschreckung anderer Ausländer erfolgt. Auch diese generalpräventive Zielsetzung entspricht dem Gesetzeszweck, wenn die Ausweisung nach der Lebenserfahrung dazu dienen kann, andere Ausländer zur Vermeidung der ihnen sonst drohenden Ausweisung zu einem ordnungsgemäßen Verhalten während ihres Aufenthaltes im Geltungsbereich des Aufenthaltsgesetzes anzuhalten ... (wird untersucht).

Steht das Ergebnis dieser Prüfung fest, das in den allermeisten Fällen positiv ist, wird in die zweite rechtliche Anforderung übergeleitet.

Die Lehre vom Verwaltungsakt

Formulierungsvorschlag;
Dass die Behörde mit der Maßnahme sachgerechte Zielsetzungen verfolgt hat, reicht für die Rechtmäßigkeit der Ermessensentscheidung noch nicht aus. Die Behörde muss auch die gesetzlichen Grenzen des Ermessens eingehalten haben.

Vorrangig aufzugreifen sind die Grenzen des Ermessensspielraums, die in der Ermächtigungsgrundlage selbst festgelegt sind.

Formulierungsbeispiel:
Da das erforderliche Gutachten des beamteten Tierarztes vorliegt, kann die zuständige Behörde das Tier gemäß § 16 a S. 2 Nr. 2 S. 1 TierSchG dem Halter fortnehmen und so lange auf dessen Kosten anderweitig pfleglich unterbringen, bis eine den Anforderungen des § 2 entsprechende Haltung des Tieres durch den Halter sichergestellt ist. Der Gesetzgeber hat in der Rechtsfolge ausdrücklich eine zeitliche Grenze gesetzt, die die zuständige Behörde bei ihrer Ermessensentscheidung beachten muss ... (Einhaltung der Grenze wird geprüft).

Im Folgenden werden die Grenzen behandelt, die in Ergänzungsnormen niedergelegt sind.

Formulierungsbeispiel:
§ 55 Abs. 3 AufenthG führt Gesichtspunkte an, die zugunsten des Ausländers in die Abwägung einzubeziehen sind. Werden danach relevante Gesichtspunkte außer Acht gelassen oder in ihrem Gewicht verkannt, ist die Entscheidung ermessensfehlerhaft. Nach Nr. 1 sind bei der Entscheidung über die Ausweisung die Dauer des rechtmäßigen Aufenthalts und die schutzwürdigen persönlichen, wirtschaftlichen und sonstigen Bindungen des Ausländers im Bundesgebiet zu berücksichtigen ... (wird geprüft). Nr. 2 schreibt vor, die Folgen der Ausweisung für die Familienangehörigen oder Lebenspartner des Ausländers, die sich rechtmäßig im Bundesgebiet aufhalten und mit ihm in familiärer oder lebenspartnerschaftlicher Lebensgemeinschaft leben, zu beachten ... (wird erörtert). Schließlich sind nach Nr. 3 die in § 60 a Abs. 2 genannten Voraussetzungen zu berücksichtigen ... (wird ggf. angesprochen und geprüft).

Als Letztes ist auf allgemeine Ermessensgrenzen einzugehen.

Formulierungsbeispiele:
Begrenzt wird das Ermessen vor allem durch das Rechtsstaatsprinzip (Art. 20 Abs. 3 GG), insbesondere durch den sich aus ihm herleitenden Grundsatz der Verhältnismäßigkeit, sowie durch die Grundrechte und die in ihnen verkörperte Wertordnung.

In § 55 Abs. 3 und § 56 AufenthG sind zwar die wichtigsten zugunsten des Ausländers zu berücksichtigenden Gesichtspunkte gesetzlich normiert. Damit sind die Grenzen des Ermessensspielraums aber nicht abschließend festgelegt. Weitere Grenzen können sich aus allgemeinen Anforderungen wie dem Verhältnismäßigkeitsprinzip, den Grundrechten oder sonstigen Verfassungsprinzipien ergeben. Zu bedenken ist im vorliegenden Fall das Erforderlichkeitsprinzip und der Vertrauensgrundsatz ... (wird ausgeführt)[43].

Ob die Durchführung der Rechtsfolgeprüfung in getrennten Prüfpunkten oder als durchgängiger Gedankengang zweckmäßiger ist, muss von Fall zu Fall entschieden werden. Als **Faustregel** kann gelten: Bildet die polizei- und ordnungsrechtliche Generalklausel die Ermächtigungsgrundlage, ist das schrittweise Abklopfen der Anforderungen regelmäßig einfacher[44]. Zu einer einheitlichen Ermessensprüfung ist insbesondere dann zu raten, wenn besondere Ermessensgrenzen in einer Spezialermächtigung oder in Ergänzungsnormen festgelegt sind oder wenn die Aufgabenstellung auf eine Abwägung der für und gegen die Maßnahme sprechenden Gesichtspunkte angelegt ist.

---

43 Eingehend zu Ausweisung und Abschiebung als Klausurproblem Brühl, JuS 1991, 314 und 399. Zur praktischen Anschauung siehe die Klausurbeispiele in Brühl, Fallbearbeitung, Dritter Teil D II und JuS 1996, 250, jeweils noch zum Ausländergesetz.
44 Vgl. z.B. das Klausurbeispiel in VR 1990, 173.

IV. Prüfung der Rechtmäßigkeit eines beabsichtigten belastenden Verwaltungsakts

Aufbauschema:

I. **Vorschlag einer konkreten Maßnahme**
II. **Formelle Rechtmäßigkeit (teilweise)**
 1. Zuständigkeit der Behörde (sachlich, instanziell, örtlich)
 2. Verfahrensanforderungen, die bereits prüfbar sind
III. **Materielle Rechtmäßigkeit**
 1. Ermächtigungsgrundlage
    a) Vorhandensein
    b) Wirksamkeit (insbesondere Verfassungsmäßigkeit)
    c) Vorliegen der Voraussetzungen (Subsumtion)
    d) Pflichtgemäße Betätigung eines evtl. Entschließungsermessens
 2. Ggf. richtiger Adressat
    a) Wer kommt als Adressat der Maßnahme in Betracht?
    b) Wie ist ggf. das Auswahlermessen zu betätigen?
 3. Richtiges Mittel, d.h., ist die beabsichtigte Maßnahme
    a) rechtlich und tatsächlich möglich
    b) verhältnismäßig und
    c) ein eventuelles Auswahlermessen pflichtgemäß ausgeübt?
 4. Vereinbarkeit mit höherrangigem Recht
IV. **Was ist im weiteren Verfahren zu beachten?**
 1. Anhörung Beteiligter?
 2. Mitwirkung anderer Stellen?
 3. Form?
 4. Formulierung der Maßnahme im Hinblick auf das Bestimmtheitsgebot?
 5. Nebenentscheidungen?
 6. Begründung?
 7. Art der Bekanntgabe?

Erläuterungen:

Aufgabenstellung

Die Aufgabenstellung, die Rechtmäßigkeit einer künftigen Maßnahme zu prüfen, fristet im Studium völlig zu Unrecht noch ein Schattendasein. Tatsächlich ist sie, insbesondere wenn die Bearbeiterin/der Bearbeiter die Maßnahme selbst entwerfen soll, die Aufgabenstellung für eine praxisorientierte Verwaltungsausbildung schlechthin, versetzt sie diese/n doch in die künftige berufliche Situation, ein laufendes Verwaltungsverfahren durch eine praktisch verwertbare Entscheidung zum Abschluss zu bringen.

Vorschlag einer konkreten Maßnahme

Da die formellen und materiellen Anforderungen von der Maßnahme abhängen, muss als erstes eine konkrete Maßnahme als hypothetisches Ergebnis vorgeschlagen werden. Der Vorschlag sollte die Maßnahme bereits in ihren wesentlichen Merkmalen erkennen lassen, also z.B. nicht nur als Ordnungsverfügung bezeichnet sein, sondern auch den Adressaten und das Mittel benennen.

Beispiele:
Welche Entscheidung ist in der Sache zu treffen?

Die Lehre vom Verwaltungsakt

Es könnte eine Ordnungsverfügung zu erlassen sein, mit der Herrn Sorglos aufgegeben wird, den verwahrlosten Vorgarten von Unrat zu säubern.
Was soll Sachbearbeiter Gründlich in der Angelegenheit unternehmen?
Sachbearbeiter Gründlich könnte eine Abrissverfügung zu erlassen haben.

Formelle Anforderungen

Die Aufgabenstellung versetzt den Bearbeiter in ein **laufendes Verwaltungsverfahren.** Das hat für die formellen Rechtmäßigkeitsanforderungen zur Folge, dass teils schon eine Kontrolle der bereits vorgenommenen Handlungen durchgeführt werden kann, teils noch erst festgestellt werden muss, wie das weitere Verfahren zu gestalten ist. Da der weitere Verfahrensgang von der zu treffenden Maßnahme abhängt, die erst nach der Prüfung der materiellen Rechtmäßigkeitsanforderungen feststeht, ist es dem Vorschlag von Blasius/Büchner[45] folgend zweckmäßig, zu Beginn der Rechtmäßigkeitsprüfung nur die bei der Einleitung des Verfahrens zu beachtenden Anforderungen zu erörtern. Klausurrelevant ist dabei regelmäßig nur die Zuständigkeit, soweit bereits durchgeführt noch die Anhörung. Alle formellen und teilweise auch materiellen Anforderungen, die bei der Durchführung der beabsichtigten Maßnahme noch zu beachten sind, können dann im Anschluss an die materielle Rechtmäßigkeit behandelt werden.

Materielle Anforderungen

Die Prüfung der materiellen Rechtmäßigkeit erfolgt im Prinzip wie bei einer bereits erlassenen belastenden Maßnahme. Zu berücksichtigen ist aber, dass **noch Gestaltungsmöglichkeiten** bestehen. Dementsprechend ist eine Entscheidung nach der anderen zu fällen, insbesondere ist die Frage nach der pflichtgemäßen Ermessensbetätigung aufzuspalten und unmittelbar bei den Prüfpunkten zu stellen, für die eine Ermessensentscheidung zu treffen ist. Besonderes Gewicht kommt der Frage nach dem richtigen Mittel zu, weil dabei der größte Spielraum besteht. Hier fällt die Entscheidung über die Sachgerechtigkeit und Effektivität der Maßnahme. Vielfach ist es geboten, andere in Betracht kommende Mittel anzusprechen und zu sagen, warum sie nicht gewählt werden.

Weitere Verfahrensgestaltung

Abschließend ist in formeller Hinsicht zu überlegen, ob noch Beteiligte angehört oder andere Behörden beteiligt werden müssen, ob Formerfordernisse bestehen, ob eine Begründung notwendig ist und in welcher Weise die Verfügung bekannt gegeben werden soll. In materieller Hinsicht ist noch zu entscheiden, wie die Maßnahme im Hinblick auf das Bestimmtheitsgebot zu formulieren ist und welche Nebenentscheidungen (Anordnung der sofortigen Vollziehung, Androhung von Zwangsmitteln, Kostenentscheidung) notwendig sind. Ein abschließender wörtlicher **Tenorierungsvorschlag** macht, auch wenn er nicht ausdrücklich gefordert wird, stets einen guten Eindruck[46].

---

45 AaO., 8.1 und 8.3.
46 Zur Tenorierung im Ausgangsbescheid siehe Brühl, Entscheiden, 1. Abschnitt 4.4.5, zur Tenorierung im Widerspruchsbescheid, 4. Abschnitt 6.2.3.

ERSTER TEIL   2. Abschnitt

V. Prüfung der Rechtmäßigkeit eines erlassenen begünstigenden Verwaltungsakts

Aufbauschema:

I. Formelle Rechtmäßigkeit
1. Zuständigkeit der erlassenden Behörde
   a) sachliche Zuständigkeit
   b) instanzielle Zuständigkeit
   c) örtliche Zuständigkeit
2. Antrag (§ 22 S. 2 VwVfG iVm spezialgesetzlichen Vorschriften), ggf. form- und fristgerecht
3. Beachtung von eventuellen Formvorschriften
4. Einhaltung von Verfahrensvorschriften, insbesondere über
   a) Mitwirkung des Antragstellers, anderer Personen und Behörden
   b) sonstige Verfahrenserfordernisse, insbesondere Anhörung, Begründung und Bekanntgabe

II. Materielle Rechtmäßigkeit
1. Rechtsgrundlage/Anspruchsgrundlage, in Betracht kommen insbesondere
   a) öffentlich-rechtlicher Vertrag
   b) Verwaltungsakt (insbesondere Zusicherung im Sinne des § 38 VwVfG)
   c) Gesetz
   d) Verwaltungsvorschrift oder tatsächliche Verwaltungsübung iVm Art. 3 Abs. 1 GG
2. bei Ermessensakten pflichtgemäße Ermessensbetätigung
3. Ggf. weitere Anforderungen, insbesondere
   a) Richtiger Leistungsempfänger
   b) Inhaltliche Bestimmtheit der Leistung
   c) Rechtliche und tatsächliche Möglichkeit der Leistungserbringung
   d) Verhältnismäßigkeit
   e) Vereinbarkeit mit höherrangigem Recht, insbesondere dem Gleichbehandlungsgebot (Art 3 GG) und dem Verbot sittenwidrigen Verhaltens

Erläuterungen:

Aufgabenstellung

Begünstigende Verwaltungsakte sind nicht nur in der Leistungsverwaltung mit Schwerpunkt im Sozialrecht[47] anzutreffen, sondern auch im Bereich der Ordnungsverwaltung in Form von Genehmigungen und Erlaubnissen weit verbreitet. Der Aufbau entspricht weitgehend dem Schema für die Prüfung der Rechtmäßigkeit belastender Verwaltungsakte. Besonderheiten ergeben sich in verfahrensrechtlicher Hinsicht sowie in Bezug auf die Rechtsgrundlage und die weiteren Anforderungen an die Maßnahme.

Formelle Anforderungen

Antrag

Die meisten Leistungen erbringt der Staat nicht von Amts wegen, sondern nur auf Antrag. Eine Antragspflicht kann im Gesetz ausdrücklich begründet sein (vgl. z.B. § 10 Abs. 1 S. 1 BImSchG; § 8 Abs. 3 S. 1 HandwO, § 62 Abs. 1 S. 1 BbgBO/§ 69 Abs. 1 S. 1 BauO NRW) oder sich daraus ergeben, dass die Ausübung einer bestimmten Tätigkeit von einer Erlaubnis abhängig ist (vgl. die §§ 33 a ff. GewO;

---

47 Zur Bearbeitung praktischer Fälle siehe Schwabe, DVP 2005, 267.

Die Lehre vom Verwaltungsakt

§ 2 Abs. 1 GastG; § 4 Abs. 1 FeV; § 18 Abs. 1 StVZO), da es dann der Initiative des Interessenten überlassen ist, sich die erforderliche Erlaubnis zu beschaffen. Die Antragstellung kann form- und fristgebunden sein (§ 62 BbgBO/§ 69 BauO NRW stellt Anforderungen an Form und Inhalt des Bauantrages auf; § 81 Abs. 2 AufenthG setzt Fristen für die Beantragung eines Aufenthaltstitels, der nach der Einreise eingeholt werden kann). Ohne den erforderlichen Antrag darf die Behörde nicht tätig werden (§ 22 S. 2 Nr. 2 VwVfG; § 18 S. 2 SGB–X). Ein trotzdem erlassener begünstigender Verwaltungsakt ist regelmäßig schlicht rechtswidrig, solange der Fehler nicht durch nachträgliche Stellung des Antrags geheilt ist (§ 45 Abs. 1 Nr. 1 VwVfG; § 41 Abs. 1 Nr. 1 SGB-X)[48].

Beachtung von Formvorschriften

Auch für begünstigende Verwaltungsakte können Formvorschriften bestehen.

Beispiele:
§ 67 Abs. 4 S. 1 BbgBO/§ 75 Abs. 1 S. 2 BauO NRW bestimmt, dass die Baugenehmigung der Schriftform bedarf.

Nach § 3 Abs. 1 S. 2 GastG ist bei einer Gaststättenerlaubnis die Betriebsart in der Erlaubnisurkunde zu bezeichnen.

§ 6 Abs. 2 BBG schreibt vor, dass die Ernennung durch Aushändigung einer Ernennungsurkunde erfolgt, die einen bestimmten Inhalt haben muss.

Mitwirkung des Antragstellers, anderer Personen und Behörden

Teilweise ist die Begünstigung noch von einer weiteren Mitwirkung des Antragstellers abhängig.

Beispiele:
Nach § 82 AufenthG und § 15 AsylVfG treffen den Ausländer Mitwirkungspflichten.

Die §§ 60 ff. SGB-I schreiben eine weit reichende Mitwirkung des Leistungsberechtigten im Sozialrecht vor.

Vorgesehen sein kann auch die Mitwirkung anderer Personen, die von der Entscheidung betroffen werden.

Beispiel:
Nach § 64 BbgBO/§ 74 BauO NRW sind im Baugenehmigungsverfahren die Eigentümer angrenzender Grundstücke (Nachbarn bzw. Angrenzer) zu beteiligen.

Nicht selten ist auch die Mitwirkung anderer Behörden erforderlich.

Beispiele:
Gemäß § 36 Abs. 1 S. 1 bis 3 BauGB wird in bestimmten bauaufsichtlichen Verfahren von der Baugenehmigungsbehörde im Einvernehmen mit der Gemeinde entschieden. Nach Satz 4 kann die Landesregierung durch Rechtsverordnung allgemein oder für bestimmte Fälle festlegen, dass die Zustimmung der höheren Verwaltungsbehörde erforderlich ist.

Vor Erteilung einer Ausnahmebewilligung zur Eintragung in die Handwerksrolle ist nach § 8 Abs. 3 S. 1 HandwO die Handwerkskammer anzuhören. Die Handwerkskammer kann eine Stellungnahme der fachlich zuständigen Innung oder Berufsvereinigung einholen, wenn der Antragsteller ausdrücklich zustimmt (Satz 2). Sie hat ihre Stellungnahme einzuholen, wenn der Antragsteller es verlangt (Satz 3).

---

48 Eingehend zum Antragsverfahren Brühl, Entscheiden, 1. Abschnitt 2.1.2.

Sonstige Verfahrenserfordernisse

Die weiteren von der Prüfung der Rechtmäßigkeit belastender Verwaltungsakte her bekannten Anforderungen dürfen nicht unbesehen übernommen werden. Vielmehr ist im Einzelfall zu überlegen, welche dieser Erfordernisse auch für den Erlass eines begünstigenden Verwaltungsakts relevant sind. So ist eine vorherige Anhörung Beteiligter nach § 28 VwVfG bzw. § 24 SGB-X nur vor Erlass eines Verwaltungsaktes vorgeschrieben, der in Rechte eines Beteiligten eingreift, was bei rein begünstigenden Verwaltungsakten nicht der Fall ist. Etwas anderes kann aber dann gelten, wenn der begünstigende Verwaltungsakt eine belastende Teilregelung, insbesondere eine Nebenbestimmung (§ 36 VwVfG; § 32 SGB-X) enthält. Demgegenüber schreibt § 39 Abs. 1 VwVfG (§ 35 Abs. 1 SGB-X) als Grundsatz eine Begründung für alle schriftlichen oder schriftlich bestätigten Verwaltungsakte vor. Absatz 2 Nr. 1 macht aber eine Ausnahme für den Fall, dass die Behörde einem Antrag entspricht. Eine Bekanntgabe ist nach den allgemeinen Regeln erforderlich, wobei es allerdings meistens keiner förmlichen Zustellung bedarf.

Rechtsgrundlage/Anspruchsgrundlage

Die Bezeichnung „Ermächtigungsgrundlage" darf nur im Bereich der Eingriffsverwaltung verwendet werden. Bei begünstigendem Verwaltungshandeln spricht man aus Sicht der Behörde von einer „Rechtsgrundlage", aus Sicht des Berechtigten von einer „Anspruchsgrundlage". Ist die Erteilung einer Erlaubnis oder Genehmigung beantragt, ist der Grundsatz vom Vorbehalt des Gesetzes zu beachten: Die Verwaltung darf nur die Erlaubnisse und Genehmigungen erteilen, die nach der Rechtsordnung erforderlich sind. Die Prüfung ist demnach zweistufig aufzubauen.

Formulierungsvorschlag:
Die beantragte Erlaubnis (bzw. Genehmigung) ist zu erteilen, wenn der Antragsteller der Erlaubnis (bzw. der Genehmigung) bedarf und die Erteilungsvoraussetzungen vorliegen.

Zunächst ist dann zu untersuchen, ob die Erlaubnis bzw. Genehmigung von der Rechtsordnung gefordert wird.

Beispiel:
Nach § 2 Abs. 1 S. 1 GastG bedarf der Erlaubnis, wer ein Gaststättengewerbe betreiben will. Wann das der Fall ist, definiert § 1 GastG.

Anschließend sind die sachlichen Erteilungsvoraussetzungen zu untersuchen.

Ein Recht auf Erteilung einer Erlaubnis oder Genehmigung kann zunächst ein **öffentlich-rechtlicher Vertrag** begründen[49].

Beispiel:
Aus einem Erschließungsvertrag (§ 124 BauGB) kann sich ein Anspruch auf Erteilung von Baugenehmigungen ergeben.

Auch ein **Verwaltungsakt** geht als spezielle Rechts-/Anspruchsgrundlage dem Gesetz vor. Die festgelegte Begünstigung kann in dem Erlass eines Verwaltungsakts oder in einer schlichten Leistung (Geld-, Sach- oder sonstige Leistung) bestehen. Ein Anspruch auf Erlass eines Verwaltungsakts begründet insbesondere die Zusicherung im Sinne des § 38 VwVfG.

---

49 Näher dazu Fragen 76 bis 84.

Die Lehre vom Verwaltungsakt

Beispiel:
Sichert der Dienstherr einem Anwärter schriftlich zu, ihn nach erfolgreichem Abschluss des Vorbereitungsdienstes zu übernehmen, so hat der Anwärter nach Bestehen der Laufplanprüfung grundsätzlich einen einklagbaren Anspruch auf Ernennung.

Zu prüfen ist nur, ob der Verwaltungsakt wirksam (nicht nichtig) ist, nicht aber, ob er rechtmäßig oder rechtswidrig ist.

Die meisten Begünstigungen basieren unmittelbar auf dem **Gesetz**. Mit „Gesetz" sind Verfassungsnormen (insbesondere Grundrechte), formelle Gesetze, Rechtsverordnungen, Satzungen und allgemeine Rechtsinstitute (z.B. die auf das öffentliche Recht übertragbaren privatrechtlichen Institute der ungerechtfertigten Bereicherung, der Geschäftsführung ohne Auftrag[50], der culpa in contrahendo oder der Grundsatz von Treu und Glauben) gemeint. Die Rechtsnorm ist ggf. auf ihre Wirksamkeit hin zu untersuchen, zu zerlegen, auszulegen und zu subsumieren. Die Kriterien für die Bewilligung von Zuwendungen sind meist nur in **Verwaltungsvorschriften** festgelegt. Dann muss vor der Subsumtion problematisiert werden, ob das nach dem Vorbehalt des Gesetzes als Rechtsgrundlage für das Verwaltungshandeln ausreicht und ob der Bürger sich auf die Verwaltungsvorschrift als Anspruchsgrundlage berufen kann[51].

Sonstige materielle Anforderungen

Anders als bei der Prüfung der Rechtmäßigkeit belastender Maßnahmen ergeben sich die Anforderungen bei begünstigenden Maßnahmen in der Regel vollständig aus der Rechtsgrundlage, so dass diese nur von Fall zu Fall durch weitere Aspekte ergänzt werden müssen. Nach der Bejahung des Tatbestandes ist bei Ermessensakten unmittelbar in die Ermessensprüfung überzuleiten, bei der eine Abwägung der Interessen des Anspruchstellers mit entgegenstehenden privaten und öffentlichen Interessen vorzunehmen ist. Der richtige Leistungsempfänger ergibt sich regelmäßig unmittelbar aus dem Gesetz oder der Natur der Sache. Nur in einigen wenigen Problemfällen ist ausdrücklich geregelt, an wen die Leistung zu richten ist (vgl. z.B. § 48 SGB-I zur Auszahlung bei Verletzung der Unterhaltspflicht und § 49 SGB-I zur Auszahlung bei Unterbringung). Die gewährte Begünstigung muss inhaltlich hinreichend bestimmt sein, was aber kaum einmal Probleme aufwirft. Ebenso ist die Frage der rechtlichen und tatsächlichen Möglichkeit der Leistungserbringung von geringer praktischer Relevanz. Das Verhältnismäßigkeitsprinzip verbietet es, einen Antrag abzulehnen, wenn ihm mit Einschränkungen stattgegeben werden kann. Mit höherrangigem Recht unvereinbar sein kann eine Leistung vor allem dann, wenn sie gegen den Gleichbehandlungsgrundsatz (Art. 3 GG), gegen Treu und Glauben oder gegen das Verbot sittenwidrigen Verhaltens verstößt.

---

50 Siehe dazu Schoch, Jura 1994, 241.
51 Siehe dazu Fragen 14 und 22.

VI. Prüfung der Rechtmäßigkeit eines beabsichtigten begünstigenden Verwaltungsakts

Aufbauschema:

I. Vorschlag einer konkreten Maßnahme
II. Formelle Rechtmäßigkeit (teilweise)
1. Antrag
2. Zuständigkeit der Behörde (sachlich, instanziell, örtlich)
3. Verfahrensanforderungen, die bereits prüfbar sind

III. Materielle Rechtmäßigkeit
1. Rechtsgrundlage/Anspruchsgrundlage, in Betracht kommen insbesondere
   a) öffentlich-rechtlicher Vertrag
   b) Verwaltungsakt (insbesondere Zusicherung im Sinne des § 38 VwVfG)
   c) Rechtsvorschrift
   d) Verwaltungsvorschrift oder tatsächliche Verwaltungsübung iVm Art. 3 Abs. 1 GG
2. bei Ermessensakten pflichtgemäße Ermessensbetätigung
3. Ggf. weitere Anforderungen, insbesondere
   a) Richtiger Leistungsempfänger
   b) Inhaltliche Bestimmtheit der Leistung
   c) Rechtliche und tatsächliche Möglichkeit der Leistungserbringung
   d) Verhältnismäßigkeit
   e) Vereinbarkeit mit höherrangigem Recht, insbesondere dem Gleichbehandlungsgebot (Art. 3 GG) und dem Verbot sittenwidrigen Verhaltens

IV. Was ist im weiteren Verfahren noch zu beachten?
1. Mitwirkung des Antragstellers, anderer Personen oder Behörden?
2. Formulierung der Leistung im Hinblick auf das Bestimmtheitsgebot?
3. Form der Leistungserbringung?
4. Begründung, Art der Bekanntgabe?

Erläuterungen:

Das Schema ergibt sich aus der bereits bekannten Grundstruktur der Prüfung einer beabsichtigten Maßnahme und aus den besprochenen Anforderungen an begünstigende Maßnahmen. Die Prüfung der Rechtmäßigkeit einer beabsichtigten begünstigenden Maßnahme wird meist ausgelöst durch die Frage, ob der Bürger einen Anspruch auf eine bestimmte Maßnahme hat oder wie über einen Antrag des Bürgers zu entscheiden ist. In beiden Fällen ist es in der Regel ratsam, von der für den Bürger positiven Annahme auszugehen, selbst wenn am Ende der Anspruch verneint bzw. die Erteilung der Erlaubnis, Bewilligung oder Genehmigung abgelehnt werden muss. Anderenfalls würde man sich dem Vorwurf aussetzen, eine Erteilung von Anfang an ausgeschlossen zu haben. In der materiellen Rechtmäßigkeit ist wie im Zivilrecht eine Anspruchsgrundlage für die begehrte Maßnahme der Verwaltung zu suchen. Nicht jede Rechtsvorschrift, die das Handeln der öffentlichen Verwaltung regelt, gewährt auch dem Bürger ein Recht auf ein bestimmtes Verhalten der Verwaltung. Das ist nur dann der Fall, wenn die Vorschrift dem Bürger ein **subjektives öffentliches Recht** verleiht[52].

Ist die Leistung in das Ermessen der Behörde gestellt, hat der Bürger, sofern das Ermessen auch seine Interessen zu berücksichtigen hat, ein subjektives öffentliches Recht auf fehlerfreien Ermessensgebrauch. Anspruch auf eine konkrete Maßnahme hat er nur bei einer Ermessensreduzierung auf Null.

---

52 Siehe dazu Frage 29.

Die Lehre vom Verwaltungsakt

Liegen die gesetzlichen Voraussetzungen für die beantragte Entscheidung nicht vollständig vor, so ist wegen des Verhältnismäßigkeitsprinzips zu prüfen, ob nicht dem Antrag zumindest teilweise stattgegeben werden kann. Hindernisse lassen sich häufig durch Nebenbestimmungen[53] ausräumen[54].

D. Fehlerhafte Verwaltungsakte

Fragen

50. Bedeuten die Gegensatzpaare fehlerfrei/fehlerhaft, rechtmäßig/rechtswidrig und wirksam/unwirksam bei Verwaltungsakten das Gleiche?
51. Welche Arten fehlerhafter Verwaltungsakte gibt es?
52. Was ist ein unrichtiger Verwaltungsakt?
53. Welche Rechtsfolgen hat die (schlichte) Rechtswidrigkeit?
54. Wann ist ein Verwaltungsakt nichtig?
55. Welche Rechtsschutzmöglichkeiten stehen dem Betroffenen bei nichtigen Verwaltungsakten zur Verfügung?
56. Was versteht man unter einem Nicht(verwaltungs)akt?
57. Übungs- und Vertiefungsfälle
    a) Die brandenburgische/nordrhein-westfälische Stadt A ordnet die Beseitigung einer Jagdhütte an, die der Eigentümer B auf einem im Außenbereich gelegenen Grundstück errichtet hat. Dabei übersieht sie, dass das Grundstück infolge einer kommunalen Neugliederung zum Gebiet der Stadt C gehört.
    b) Die Gemeinde D setzt Straßenanliegergebühren zu niedrig fest, weil sie sich bei der Berechnung vertan hat. Kann sie nach Entdeckung des Fehlers die Bescheide einfach berichtigen?
    c) Der jähzornige E zwingt, nachdem er gerade zum dritten Mal durch die praktische Fahrprüfung gefallen ist, den Prüfer mit vorgehaltener Schusswaffe dazu, den vorbereiteten Führerschein zu vervollständigen und auszuhändigen.
    d) Die Gemeinde F erhebt Kurbeiträge ohne die dafür nach § 2 Abs. 1 iVm § 11 KAG Bbg/NRW erforderliche Satzung.
    e) Die örtliche Ordnungsbehörde stellt dem Bürger G aus Versehen nicht das Original, sondern den Entwurf einer Ordnungsverfügung zu. Diesem fehlt sowohl der Briefkopf mit der Angabe der erlassenden Behörde als auch die Unterschrift.
    f) Die Abiturientin H erhält einen Musterungsbescheid.
    g) Der Tierfreund I betreibt im Garten hinter seinem Haus in einem großen Holzschuppen eine Taubenzuchtanlage, die gegen bauplanungsrechtliche Vorschriften verstößt. Die Bauaufsichtsbehörde untersagt ihm die weitere Haltung von Tauben in einem schriftlichen Bescheid, der als Begründung nur den Hinweis darauf enthält, er verletze die öffentliche Sicherheit. Der Widerspruch des I wird mit der Begründung zurückgewiesen, es sei nicht ersichtlich, dass die Verfügung rechtswidrig oder unzweckmäßig sei. Erst im verwaltungsgerichtlichen Verfahren gibt der Vertreter der Behörde eine Erklärung ab, die eine tragfähige Begründung für die Maßnahme darstellt.
    h) Der Ausländer J wird gemäß § 55 AufenthG aus dem Gebiet der Bundesrepublik Deutschland ausgewiesen, ohne dazu vorher gehört worden zu sein. Gegen die mit einer Rechtsbehelfsbelehrung versehene Ausweisungsverfügung legt J Widerspruch ein, der zurückgewiesen wird.
    i) Die Flurbereinigungsbehörde bezieht nachträglich zwei insgesamt fast 150 ha große Waldgrundstücke in das ursprünglich 300 ha große Flurbereinigungsgebiet ein. Nach § 8 Abs. 1 FlurbG kann die Flurbereinigungsbehörde nur geringfügige Änderungen des Flurbereinigungsgebietes anordnen; für erhebliche Änderungen ist gem. § 8 Abs. 2 iVm § 4 FlurbG die obere Flurbereinigungsbehörde zuständig. Außerdem ist die nach § 85 Nr. 2 FlurbG erforderliche Zustimmung der Forstaufsichtsbehörde nicht eingeholt worden.
    j) K betreibt eine Peep-Show mit Erlaubnis der zuständigen Behörde. Darf diese die Fortsetzung des Betriebs trotz vorhandener Erlaubnis nach § 15 Abs. 2 S. 1 GewO verhindern?

---

53 Fragen 36 bis 48.
54 Ein Klausurbeispiel findet sich in VR 1989, 53. Zur Antragsbearbeitung in der Praxis siehe Brühl, Entscheiden, 1. Abschnitt 2.1.2.

Antworten

50. Fehlerquellen und Fehlerfolgen

Nein. Das Gegensatzpaar **fehlerfrei/fehlerhaft** fragt ohne weitere Wertung danach, ob die Verwaltung sich an die Verhaltensmaßstäbe gehalten hat, die die Rechtsordnung ihr vorgibt. Es bezieht sich somit auf die Fehlerquellen. Demgegenüber befassen sich die Gegensatzpaare rechtmäßig/rechtswidrig und wirksam/unwirksam mit der Bewertung und den Folgen des Fehlers.

Die Begriffe **rechtmäßig/rechtswidrig** bringen zum Ausdruck, ob die Verwaltungsmaßnahme mit der Rechtsordnung übereinstimmt oder von ihr nicht akzeptiert wird. Ein fehlerfreies Verwaltungshandeln ist immer auch rechtmäßig, nicht aber ist jede fehlerhafte Maßnahme zugleich auch rechtswidrig mit der Folge, dass sie nichtig oder im Rechtsbehelfsverfahren aufzuheben wäre. Es gibt nämlich Fehler, die die Rechtsordnung ohne Konsequenzen (vgl. § 46 VwVfG) oder mit abgewandelten Rechtswirkungen (z.B. § 58 Abs. 2 VwGO) hinnimmt.

Das Gegensatzpaar **wirksam/unwirksam** entscheidet schließlich über die Auswirkung des Fehlers auf den Bestand der Maßnahme. Rechtmäßige Maßnahmen sind wirksam. Hingegen sind nicht alle rechtswidrigen Staatsakte unwirksam. Im Gegensatz zu rechtswidrigen Rechtsnormen sind rechtswidrige Verwaltungsakte in der Regel nicht nichtig, sondern nur aufhebbar. Bis zur ausdrücklichen Aufhebung in oder außerhalb eines Rechtsbehelfsverfahrens sind sie wirksam, soweit nicht ausnahmsweise ein Nichtigkeitsgrund vorliegt (vgl. § 43 Abs. 2 und 3 VwVfG).

Die drei Gegensatzpaare gehören somit zu drei aufeinander folgenden **Prüffragen**[1]:

1. Frage: Ist der Verwaltungsakt fehlerhaft?
Nein: fehlerfreier = rechtmäßiger = wirksamer Verwaltungsakt
Ja: fehlerhafter Verwaltungsakt →

2. Frage: Führt der Fehler zur Rechtswidrigkeit des Verwaltungsakts?
Nein: unrichtiger, aber rechtmäßiger und wirksamer Verwaltungsakt
Ja: rechtswidriger Verwaltungsakt →

3. Frage: Hat die Rechtswidrigkeit die Unwirksamkeit zur Folge?
Nein: (schlicht) rechtswidriger = wirksamer, aber anfechtbarer und aufhebbarer Verwaltungsakt
Ja: nichtiger (unwirksamer) Verwaltungsakt.

51. Arten fehlerhafter Verwaltungsakte

Es werden vier Arten fehlerhafter Verwaltungsakte unterschieden:

- unrichtige Verwaltungsakte,
- (schlicht) rechtswidrige Verwaltungsakte,

---

[1] Zu den Fehlergründen siehe auch Schnapp/Henkenötter, JuS 1998, 524 und 624; zu den Fehlerfolgen Schnapp/Cordewener, JuS 1999, 39 und 147; zur Erledigung eines Verwaltungsakts „auf andere Weise" im Sinne des § 43 Abs. 2 VwVfG Erfmeyer, VR 2002, 329; Ruffert, BayVBl 2003, 33.

Die Lehre vom Verwaltungsakt

- nichtige Verwaltungsakte,
- Nicht(verwaltungs)akte.

52. Unrichtige Verwaltungsakte

Unter dem Begriff der (bloßen) Unrichtigkeit fasst man die Fehler zusammen, die nicht zur Rechtswidrigkeit des Verwaltungsakts führen. Dazu gehören **folgende Fallgruppen:**

- Nach § 42 VwVfG kann die Behörde Schreibfehler, Rechenfehler und ähnliche offenbare Unrichtigkeiten in einem Verwaltungsakt jederzeit berichtigen.

- Ist eine Rechtsbehelfsbelehrung nicht oder unrichtig erteilt worden, beginnt nicht die gesetzlich bestimmte Rechtsbehelfsfrist (vgl. §§ 70, 74 VwGO), sondern regelmäßig eine Jahresfrist zu laufen (§ 58 Abs. 2 VwGO).

- Nach § 46 VwVfG ist die Verletzung von Vorschriften über das Verfahren, die Form oder die örtliche Zuständigkeit, die nicht zur Nichtigkeit des Verwaltungsaktes führt, rechtlich unerheblich, wenn offensichtlich ist, dass die Verletzung die Entscheidung in der Sache nicht beeinflusst hat.

- Zur Kategorie der unrichtigen Verwaltungsakte kann man auch den bloß unzweckmäßigen Verwaltungsakt rechnen, den das nur zur Rechtmäßigkeitskontrolle berufene Gericht nicht aufheben darf, wohl aber die Widerspruchsbehörde (vgl. § 68 Abs. 1 S. 1 VwGO).

53. (Schlicht) Rechtswidrige Verwaltungsakte

Als (schlicht) rechtswidrig bezeichnet man einen Verwaltungsakt, der rechtswidrig, aber nicht nichtig ist. Zu dieser Gruppe zählen die allermeisten fehlerhaften Verwaltungsakte.

Ein (schlicht) rechtswidriger Verwaltungsakt wird wie ein rechtmäßiger Verwaltungsakt mit der Bekanntgabe (zunächst) wirksam. Dies lässt sich § 43 Abs. 2 VwVfG entnehmen, der die (schlichte) Rechtswidrigkeit nicht als Unwirksamkeitsgrund aufführt. Auch der (schlicht) rechtswidrige Verwaltungsakt entfaltet daher (zunächst) die ausgesprochenen Rechtswirkungen.

Die Rechtswidrigkeit eröffnet aber dem Betroffenen die Möglichkeit, den Verwaltungsakt in einem förmlichen Rechtsbehelfsverfahren von der Verwaltung oder vom Gericht aufheben zu lassen (vgl. §§ 42, 68, 113 VwGO). Erst mit der ausdrücklichen Aufhebung endet die Wirksamkeit des Verwaltungsakts (§ 43 Abs. 2 VwVfG). Man bezeichnet den (schlicht) rechtswidrigen Verwaltungsakt daher auch als „anfechtbar" oder „aufhebbar".

Unterlässt es der Betroffene, den (schlicht) rechtswidrigen Verwaltungsakt innerhalb der Rechtsbehelfsfristen anzufechten, wird er bestandskräftig, das heißt, es bleibt grundsätzlich endgültig bei der fehlerhaften Regelung[2].

---

2 Siehe Fragen 58, 59.

Der rechtspolitische Grund für diese auf den ersten Blick erstaunlichen Rechtswirkungen des (schlicht) rechtswidrigen Verwaltungsakts liegt in der Funktion des Verwaltungsakts, verbindlich Klarheit über die Rechte und Pflichten zwischen Staat und Bürger zu schaffen. Rechtssicherheit und damit Rechtsfrieden sind nur erreichbar, wenn auch der rechtswidrige Verwaltungsakt bis zu seiner Aufhebung grundsätzlich wirksam bleibt. Wäre die Wirksamkeit an die Rechtmäßigkeit gebunden, hätte der Verwaltungsakt nicht mehr Bedeutung als eine subjektive Rechtsansicht. Härten im Einzelfall lassen sich dadurch vermeiden, dass die Behörde einen rechtswidrigen Verwaltungsakt auch noch nach Eintritt der Bestandskraft gem. § 48 VwVfG zurücknehmen kann.

54. Nichtige Verwaltungsakte

Bei der Prüfung, ob ein Verwaltungsakt nichtig ist, empfiehlt es sich, in folgender Reihenfolge vorzugehen:

- In erster Linie sind **spezialgesetzliche Vorschriften** heranzuziehen (z.B. § 11 BBG zur Nichtigkeit der Beamtenernennung[3]).

Im Übrigen gilt § 44 VwVfG, dessen Absätze bei der Rechtsanwendung umgestellt werden sollten:

Die Prüfung beginnt mit dem **Positivkatalog** des Absatzes 2, der mit seinen absoluten (evidenzunabhängigen) Nichtigkeitsgründen eine sichere und schnelle Feststellung der Nichtigkeit ermöglicht.

Erst danach ist die **Generalklausel** des Absatzes 1 zu untersuchen, wobei vorab zu klären ist, ob der Fehler nicht nach dem Negativkatalog des Absatzes 3 nichtigkeitsirrelevant ist. „Besonders schwerwiegend" ist nur ein Fehler, der den davon betroffenen Verwaltungsakt als schlechterdings unerträglich, d.h. mit tragenden Verfassungsprinzipien oder der Rechtsordnung immanenten wesentlichen Wertvorstellungen unvereinbar erscheinen lässt[4]. „Offensichtlich" ist das dann, wenn die schwere Fehlerhaftigkeit des Verwaltungsakts für einen aufgeschlossenen Durchschnittsbetrachter ohne weiteres ersichtlich ist, sich geradezu aufdrängt, dem Verwaltungsakt gleichsam „an die Stirn geschrieben" ist[5]. Dabei ist auch vom Ergebnis her zu argumentieren: Einerseits sollen die Fälle der Nichtigkeit in engen Grenzen gehalten werden, andererseits müssen untragbare Rechtswirkungen verhindert werden. Das führt dazu, dass die Anforderungen an die Offensichtlichkeit mit steigender Schwere des Fehlers gemindert werden müssen[6].

---

3 Zu den Tatbeständen nichtiger, zurückzunehmender oder rücknehmbarer Ernennung siehe Günther, DÖD 1990, 281.
4 BVerwG NJW 1985, 2658.
5 BSGE 17, 79, 83.
6 Eingehend zur Nichtigkeit von Verwaltungsakten Schiedeck, JA 1994, 483. Vgl. auch Schnapp, DVBl 2000, 247.

Die Lehre vom Verwaltungsakt

Unter den Voraussetzungen des § 47 VwVfG kann ein nichtiger Verwaltungsakt in einen anderen Verwaltungsakt umgedeutet werden[7].

55. Rechtsschutz bei nichtigen Verwaltungsakten

Auf den ersten Blick erscheint es unnötig, gegen eine behördliche Maßnahme, die keinerlei Rechtswirkungen äußert, etwas zu unternehmen. Es darf aber nicht übersehen werden, dass auch ein nichtiger Verwaltungsakt zunächst einmal von außen als verbindliche staatliche Anordnung erscheint und von der erlassenden Behörde auch als solche behandelt wird. Es kann deshalb ein berechtigtes Interesse bestehen, den **Rechtsschein eines Verwaltungsakts** zu beseitigen. Dafür sieht das Gesetz drei Möglichkeiten vor:

- Nach § 44 Abs. 5 VwVfG kann der Betroffene bei der Behörde, die den Verwaltungsakt erlassen hat, einen **Antrag auf Feststellung der Nichtigkeit** stellen. Diesem ist zu entsprechen, wenn der Antragsteller hieran ein berechtigtes Interesse hat. Im Übrigen kann die Behörde die Nichtigkeit auch jederzeit von Amts wegen feststellen. Die Feststellung der Nichtigkeit bindet die Beteiligten und ist damit ein feststellender (deklaratorischer) Verwaltungsakt[8].

- Zur gerichtlichen Klärung der Gültigkeit eines Verwaltungsakts stellt § 43 Abs. 1 VwGO die **Feststellungsklage** zur Verfügung. Sie ist zulässig, wenn der Kläger ein berechtigtes Interesse an der alsbaldigen Feststellung der Nichtigkeit hat. Das ist insbesondere der Fall, wenn zu befürchten ist, dass die Verwaltung Konsequenzen aus dem nichtigen Verwaltungsakt ziehen will. Die Möglichkeit, bei der Behörde die Rücknahme oder die Feststellung der Nichtigkeit des Verwaltungsakts zu beantragen, steht der Zulässigkeit der Klage nicht entgegen[9].

- Daneben werden aber auch **Widerspruch und Anfechtungsklage** zugelassen, obwohl streng genommen bei einem nichtigen Verwaltungsakt nichts da ist, was aufgehoben werden könnte. Die Frage, ob ein Verwaltungsakt nichtig oder nur aufhebbar ist, ist jedoch meist nicht einfach zu beantworten. Es ist dem Rechtsschutzsuchenden nicht zuzumuten, sich für eine Alternative entscheiden zu müssen und damit Gefahr zu laufen, durch einen erfolglosen Antrag den Prozess zumindest teilweise zu verlieren und Kosten aufgebürdet zu bekommen, obwohl er in der Sache Recht hat. Aus verfahrensökonomischen Gründen lässt § 43 Abs. 2 S. 2 VwGO deshalb die Gestaltungsklage ausdrücklich zu.

---

7 Vgl. dazu Windthorst, BayVBl 1995, 357.
8 BSG DVBl 1990, 210 mwN.
9 BSG aaO.

ERSTER TEIL 2. Abschnitt

Fehlerhafte Verwaltungsakte

- unrichtiger Verwaltungsakt
- (schlicht) rechtswidriger Verwaltungsakt
- nichtiger Verwaltungsakt
- Nicht(verwaltungs)akt

unrichtiger Verwaltungsakt

Begriff:
Verwaltungsakt leidet an einem Fehler, der nicht zur Rechtswidrigkeit führt

Fallgruppen und Rechtsfolgen:
1. offensichtliche Unrichtigkeit (Schreib- und Rechenfehler)
→ Berichtigung (§ 42 VwVfG)
2. Verletzung von Vorschriften über Verfahren, Form oder örtliche Zuständigkeit, wenn offensichtlich ist, dass die Verletzung die Entscheidung in der Sache nicht beeinflusst hat.
→ unbeachtlich (§ 46 VwVfG)
3. fehlende oder fehlerhafte Rechtsmittelbelehrung
→ Monatsfrist (§§ 70 Abs. 1, 74 VwGO) gilt nicht, grundsätzlich aber Jahresfrist (§ 58 VwGO)
4. unzweckmäßiger Verwaltungsakt
→ Aufhebung durch die Behörde im Widerspruchsverfahren (§ 68 VwGO), nicht aber durch das Gericht

(schlicht) rechtswidriger Verwaltungsakt

Begriff:
rechtswidriger Verwaltungsakt, der nicht nichtig ist; auch anfechtbarer oder aufhebbarer Verwaltungsakt genannt

Rechtsfolgen:
Verwaltungsakt ist wirksam, solange er nicht auf Betreiben des Betroffenen im Rechtsbehelfsverfahren aufgehoben oder von der Behörde zurückgenommen worden ist

Rechtsbehelfe:
Widerspruch (§ 68 VwGO) und Anfechtungs- oder Verpflichtungsklage (§ 42 VwGO)

nichtiger Verwaltungsakt

Voraussetzungen der Nichtigkeit:
1. Spezialvorschriften (z. B. § 11 BBG)
2. absolute (evidenzunabhängige) Nichtigkeitsgründe des § 44 Abs. 2 VwVfG (Positivkatalog)
3. relative (evidenzabhängige) Nichtigkeitsgründe des § 44 Abs. 1 VwVfG (Generalklausel)
   a) Fehler, der zur Rechtswidrigkeit im weiteren Sinne führt
   b) kein nichtigkeitsirrelevanter Fehler gem. § 44 Abs. 3 VwVfG (Negativkatalog)
   c) besonders schwerwiegender und zugleich offensichtlicher Fehler

Rechtsfolgen:
keine (es sei denn, Umdeutung gem. § 47 VwVfG möglich)

Rechtsbehelfe:
1. Antrag nach § 44 Abs. 5 VwVfG
2. Feststellungsklage gem. § 43 VwGO
3. wie beim schlicht rechtswidrigen Verwaltungsakt

Nicht(verwaltungs)akt

Begriff:
Handlungen, die nur dem äußeren Erscheinungsbild nach einen Verwaltungsakt darstellen, in Wirklichkeit aber nicht einer Behörde zurechenbar sind

Erscheinungsformen:
Amtsanmaßung; erzwungene Amtshandlung; Scherzerklärung

Rechtsfolgen:
keine

Rechtsbehelfe:
wie beim nichtigen Verwaltungsakt

Die Lehre vom Verwaltungsakt

56. Nicht(verwaltungs)akte

Als Nichtakt oder Nichtverwaltungsakt werden solche Maßnahmen bezeichnet, die dem äußeren Erscheinungsbild nach einen Verwaltungsakt darstellen, in Wirklichkeit aber nicht einer Behörde zurechenbar sind.

Erscheinungsformen sind

- die Amtsanmaßung,

- der erzwungene Verwaltungsakt,

- die Scherzerklärung.

Die Schaffung einer besonderen Kategorie neben dem nichtigen Verwaltungsakt rechtfertigt sich damit, dass die fehlende Amtlichkeit der Maßnahme nicht unbedingt offensichtlich sein muss, vielfach sogar mit aller Anstrengung verborgen wird. Bei Anwendung der Evidenztheorie (§ 44 Abs. 1 VwVfG) könnte deshalb die Unwirksamkeit der Maßnahme problematisch sein. Es muss aber sichergestellt sein, dass Nichtverwaltungsakte unter keinen Umständen Rechtswirkung erlangen.

Da der Nicht(verwaltungs)akt wie der nichtige Verwaltungsakt den Rechtsschein eines gültigen Verwaltungsakts erzeugen kann, sind gegen ihn die gleichen Rechtsbehelfe statthaft wie gegen einen nichtigen Verwaltungsakt.

57. Übungs- und Vertiefungsfälle

a) Nach § 51 Abs. 1 S. 1 BbgBO sind die unteren Bauaufsichtsbehörden Sonderordnungsbehörden. Nach § 60 Abs. 1 BauO NRW sind Bauaufsichtsbehörden die aufgeführten Verwaltungsträger „als Ordnungsbehörden". § 60 Abs. 2 S. 1 BauO NRW stellt ausdrücklich klar, dass die den Bauaufsichtsbehörden obliegenden Aufgaben als solche der Gefahrenabwehr gelten. Mangels einer speziellen Regelung richtet sich die örtliche Zuständigkeit daher nach dem Ordnungsbehördengesetz. § 4 Abs. 1 OBG Bbg/NRW erklärt die Ordnungsbehörde für örtlich zuständig, in deren Bezirk die zu schützenden Interessen verletzt oder gefährdet werden. Für die Bauaufsicht bedeutet das, dass die Behörde örtlich zuständig ist, in deren Amtsbezirk das Bauvorhaben durchgeführt wird. Örtlich zuständig ist also im Beispielsfall nicht die Bauaufsichtsbehörde der Stadt A, sondern die der Stadt C.

Ein Verstoß gegen die örtliche Zuständigkeit kann ganz unterschiedliche Folgen haben. Nach § 44 Abs. 2 Nr. 3 VwVfG ist ein Verwaltungsakt nichtig, den eine Behörde außerhalb ihrer durch § 3 Abs. 1 Nr. 1 VwVfG begründeten Zuständigkeit erlassen hat. Ansonsten führt die Verletzung der örtlichen Zuständigkeit nach § 44 Abs. 3 Nr. 1 VwVfG nicht zur Nichtigkeit, kann sogar nach § 46 VwVfG unbeachtlich sein. Für die Aufgaben der Bauaufsicht ergibt sich aus § 4 Abs. 1 OBG Bbg/NRW eine dem § 3 Abs. 1 Nr. 1 VwVfG entsprechende Zuständigkeit der belegenen Sache. Es ist daher die in § 44 Abs. 2 Nr. 3 VwVfG getroffene Wertung anzuwenden[10].

---

10 Vgl. Kopp/Ramsauer § 44 Rdnr. 38 und BayVGH BayVBl 1976, 726.

ERSTER TEIL   2. Abschnitt

b) Nach § 42 S. 1 VwVfG (bzw. im Beispielsfall der Parallelvorschrift des § 129 AO) können Schreibfehler, Rechenfehler und ähnliche offenbare Unrichtigkeiten in einem Verwaltungsakt jederzeit berichtigt werden[11]. Der entscheidende Oberbegriff sind die offenbaren Unrichtigkeiten. Auch Schreib- und Rechenfehler werden nur insoweit erfasst, als sie offenbar sind[12]. Der Fehler, d.h. der Widerspruch zwischen dem, was die Behörde gewollt hat, und der objektiven Aussage des Verwaltungsaktes, muss ohne weiteres erkennbar sein. Das ist bei den Gebührenbescheiden nicht der Fall, da die Berechnungsgrundlagen weder aus dem Bescheid noch aus sonstigen Umständen ersichtlich sind. Die Behörde darf die Bescheide daher nicht einfach berichtigen, sondern nur im Wege der Rücknahme unter Beachtung schutzwürdigen Vertrauens der Betroffenen abändern.

c) Die Fahrerlaubnis wird gem. § 22 Abs. 4 FeV erteilt, indem der Sachverständige oder Prüfer dem Bewerber nach bestandener Prüfung den von der Fahrerlaubnisbehörde vorbereiteten Führerschein nach Einsetzen des Aushändigungsdatums aushändigt.

Wird eine Amtshandlung wie hier die Vervollständigung und Aushändigung des Führerscheins durch unmittelbaren Zwang herbeigeführt, ist sie der Behörde nicht zurechenbar. Gehandelt hat in Wirklichkeit die Privatperson, die den Zwang ausgeübt hat. Es liegt ein **Nicht(verwaltungs)akt** vor, der keinerlei Rechtswirkung äußert.

d) Die Gemeinden und Gemeindeverbände dürfen nach Maßgabe des Kommunalabgabengesetzes Abgaben erheben. Voraussetzung ist nach § 2 Abs. 1 KAG Bbg/NRW eine Satzung, die den Kreis der Abgabeschuldner, den die Abgabe begründenden Tatbestand, den Maßstab und den Satz der Abgabe sowie den Zeitpunkt ihrer Fälligkeit angeben muss. Abgabenbescheide, die ohne zugrunde liegende Satzung oder aufgrund einer unwirksamen Satzung erlassen werden, sind mangels (wirksamer) Rechtsgrundlage fehlerhaft und rechtswidrig im weiteren Sinne. Mit Rücksicht darauf, dass das Prinzip des Vorbehalts des Gesetzes nach Art. 20 Abs. 3 GG eine der wichtigsten verfassungsrechtlichen Anforderungen an das Verwaltungshandeln darstellt, müsste man eigentlich annehmen, dass das Fehlen einer (gültigen) Rechtsgrundlage immer einen besonders schwerwiegenden und meist auch offensichtlichen Fehler darstellt, der zur Nichtigkeit des Verwaltungsakts führt. Nach ständiger höchstrichterlicher Rechtsprechung[13] ist aber auch der sog. **„gesetzlose"** Verwaltungsakt grundsätzlich nicht nichtig, sondern nur anfechtbar. Jedem rechtswidrigen Verwaltungsakt fehlt die gesetzliche Grundlage, denn das allein ist der Grund für seine Rechtswidrigkeit. Der „gesetzlose" Verwaltungsakt kann deshalb keine eigene, einwandfrei vom (schlicht) rechtswidrigen Verwaltungsakt zu unterscheidende Kategorie darstellen. Deshalb muss auch in diesen Fällen im Einzelfall geprüft werden, ob der Fehler als besonders schwer erscheint und ob dies für einen verständigen Bürger offensichtlich ist.

---

11 Zur Berichtigung gemäß § 42 VwVfG und § 129 AO siehe Musil, DÖV 2001, 947.
12 BVerwGE 40, 212, 216; BSG NVwZ-RR 1991, 1.
13 BVerwGE 1, 67, 69 f.; 19, 284, 287; NJW 1974, 1961, 1963; NVwZ 2000, 1039 zum Geltungsvorrang des Gemeinschaftsrechts.

Die Lehre vom Verwaltungsakt

Ein Verwaltungsakt, der sich nicht auf eine gesetzlich vorgeschriebene Satzung stützen kann, wird regelmäßig als wirksam angesehen[14]. Das Vorhandensein einer ausdrücklichen gesetzlichen Ermächtigung (hier § 1 Abs. 1 iVm § 11 KAG Bbg/NRW) schließt es aus, den Verwaltungsakt als besonders schwer und offensichtlich fehlerhaft zu werten. Solange die Abgabenbescheide nicht im Rechtsbehelfsverfahren aufgehoben oder zurückgenommen worden sind, bleiben sie somit rechtswirksam.

e) Nach § 37 Abs. 3 S. 1 VwVfG muss ein schriftlicher oder elektronischer Verwaltungsakt die erlassende Behörde erkennen lassen und die Unterschrift oder die Namenswiedergabe des Behördenleiters, seines Vertreters oder seines Beauftragten enthalten.

§ 44 Abs. 2 Nr. 1 VwVfG erhebt die Nichtbeachtung der ersten Anforderung zu einem absoluten Nichtigkeitsgrund. Lässt ein schriftlicher Verwaltungsakt den Urheber nicht erkennen, kann der Bürger nicht mit Sicherheit feststellen, ob das Schreiben überhaupt von einer Behörde stammt, ob die zuständige Behörde gehandelt hat und wo er Rechtsbehelfe einlegen kann. Die **Erkennbarkeit der erlassenden Behörde** stellt daher eine Mindestanforderung an einen wirksamen schriftlichen oder elektronischen Verwaltungsakt dar. Dass die dem Bürger G zugestellte Ordnungsverfügung nicht auf einen Behördenbogen mit genauer Bezeichnung der erlassenden Stelle im Briefkopf geschrieben ist, begründet allein aber noch keinen Verstoß gegen § 37 Abs. 3 S. 1 VwVfG. Nach der Fassung dieser Vorschrift ist es erforderlich, aber auch ausreichend, dass die Ausgangsbehörde aus dem Dokument selbst eindeutig ersichtlich ist. Die erlassende Behörde kann im Text des Verwaltungsakts, insbesondere in der Rechtsbehelfsbelehrung, oder bei einem schriftlichen Verwaltungsakt auf dem Briefumschlag genannt sein. Die an G gerichtete Ordnungsverfügung ist deshalb nur dann nach § 44 Abs. 2 Nr. 1 VwVfG nichtig, wenn das Dokument keinen sicheren Anhaltspunkt für die Feststellung der erlassenden Behörde enthält.

Welche Folgen das **Fehlen der** in § 37 Abs. 3 S. 1 VwVfG ebenfalls vorgeschriebenen **Unterschrift** oder Namenswiedergabe hat, ist umstritten[15]. Teils wird grundsätzlich oder zumindest dann, wenn nicht mit hinreichender Sicherheit ausgeschlossen werden kann, dass der Akt noch nicht als endgültige Entscheidung der Behörde gewollt war, Nichtigkeit nach § 44 Abs. 1 VwVfG angenommen. Teils wird aus § 44 Abs. 2 Nr. 1 VwVfG der Umkehrschluss gezogen, dass die Nichteinhaltung der zweiten Anforderung des § 37 Abs. 3 VwVfG den Verwaltungsakt nicht nichtig, sondern nur (schlicht) rechtswidrig mache. Dieser Ansicht ist der Vorzug zu geben. § 37 Abs. 5 VwVfG, der Unterschrift und Namenswiedergabe bei mithilfe automatischer Einrichtungen erlassenen Verwaltungsakten für entbehrlich erklärt, zeigt, dass die Unterschrift bzw. Namenswiedergabe nicht zu den unverzichtbaren Bestandteilen eines Verwaltungsakts gehört. Die Übersendung des Verwaltungsakts, insbesondere im Wege der förmlichen Zustellung, ist ein viel stärkeres Indiz für den Regelungswillen der Behörde als die Unterschrift.

---

14 Vgl. OVG Münster MDR 1978, 82 für aufgrund nichtigen Bebauungsplans erlassene Baugenehmigungen.
15 Siehe die Nachweise bei Kopp/Ramsauer, § 44 Rdnr. 35.

f) Der Verwaltungsakt leidet an einem besonders schwerwiegenden Fehler, da er in krassem Widerspruch zur Wertordnung des Grundgesetzes steht, das in Art. 12 a nur Männer der Wehrpflicht unterwirft. Dies ist für jeden verständigen Betrachter auch offensichtlich, so dass der Musterungsbescheid nach § 44 Abs. 1 VwVfG nichtig ist.

g) **§ 39 Abs. 1 S. 1 VwVfG** schreibt vor, dass ein schriftlicher oder elektronischer sowie ein schriftlich oder elektronisch bestätigter Verwaltungsakt mit einer Begründung zu versehen ist. Die **Begründungspflicht** ist ein wesentliches Erfordernis jedes rechtsstaatlichen Verfahrens. Sie soll die Behörde zu sorgfältigem Vorgehen zwingen und dem Bürger die Möglichkeit geben, sich über die Erfolgsaussichten von Rechtsbehelfen schlüssig zu werden[16]. Die an I gerichtete Untersagungsverfügung unterliegt der Begründungspflicht, da sie schriftlich ergangen ist und ein Ausnahmegrund nach § 39 Abs. 2 VwVfG nicht eingreift.

Inhalt und Umfang der Begründungspflicht sind in § 39 Abs. 1 S. 2 und 3 VwVfG festgelegt[17]: „In der Begründung sind die wesentlichen tatsächlichen und rechtlichen Gründe mitzuteilen, die die Behörde zu ihrer Entscheidung bewogen haben. Die Begründung von Ermessensentscheidungen soll auch die Gesichtspunkte erkennen lassen, von denen die Behörde bei der Ausübung ihres Ermessens ausgegangen ist." Diesen Anforderungen genügt weder die Untersagungsverfügung noch der Widerspruchsbescheid. Es fehlt in beiden Fällen sowohl die Angabe der Rechtsgrundlage als auch die Mitteilung der für die Entscheidung maßgeblichen tatsächlichen Gründe. § 39 Abs. 1 VwVfG ist damit verletzt.

Vergleicht man den Verstoß gegen § 39 Abs. 1 VwVfG mit den in § 44 Abs. 2 und 3 VwVfG aufgeführten formellen Fehlern, ist Nichtigkeit nicht anzunehmen. Bei Form- und Verfahrensfehlern, die nicht zur Nichtigkeit führen, sind die §§ 45, 46 VwVfG zu beachten[18].

Nach der ursprünglichen Fassung des **§ 46 VwVfG** konnte die Aufhebung eines Verwaltungsaktes, der nicht nach § 44 VwVfG nichtig ist, nicht allein deshalb beansprucht werden, weil er unter Verletzung von Vorschriften über das Verfahren, die Form oder die örtliche Zuständigkeit zustande gekommen ist, „wenn keine andere Entscheidung in der Sache hätte getroffen werden können". Die Möglichkeit einer abweichenden Entscheidung wurde abstrakt nach der Gesetzeslage beurteilt mit der Folge, dass eine Unbeachtlichkeit des Fehlers bei Ermessensentscheidungen bis auf die seltenen Fälle einer Ermessensreduzierung auf Null nicht in Betracht kam[19]. Da die Bauaufsichtsbehörden ihre Maßnahmen nach pflichtgemäßem Ermessen treffen (vgl. § 61 Abs. 1 S. 2 BauO NRW), ist § 46 VwVfG in seiner ursprünglichen Gestalt nicht anwendbar. Mit dem Genehmigungsverfahrensbeschleunigungsgesetz vom 12.9.1996 hat der Bund den letzten Halbsatz des § 46 VwVfG neu gefasst[20]. Danach sind die angeführten formellen Fehler dann

---

16 Vgl. die Amtliche Begründung, BT-Drucks. 7/910, zu § 35 Absatz 1, S. 60 mwN.
17 Zum Begründungsgebot siehe Dolzer, DÖV 1985, 6; Lampert, DVP 2000, 390; Schoch, Jura 2005, 757; Schütz, UBWV 2000, 10; zur Umsetzung im Bescheid Brühl, Entscheiden, 1. Abschnitt 4.2 und 4.4.6.
18 Zu Heilungsmöglichkeiten bei Verfahrensfehlern siehe Himmelmann/Höcher, VR 2003, 79.
19 Amtliche Begründung, BT-Drucks. 7/910, zu § 42; BVerwGE 61, 45, 49 f. mwN; BVerwG NVwZ 1988, 525; Schenke, DÖV 1986, 305.
20 Zur Entstehungsgeschichte vgl. Bonk, NVwZ 1997, 320; Stelkens/Sachs, § 46 Rdnrn. 50 ff.

unbeachtlich, „wenn offensichtlich ist, dass die Verletzung die Entscheidung in der Sache nicht beeinflußt hat". Das bedeutet nach der Begründung des Regierungsentwurfs[21] eine Erstreckung auf die Fälle von Ermessensentscheidungen, „in denen die Behörde ... bei Vermeidung des Verfahrens- oder Formfehlers dieselbe ... Entscheidung getroffen hätte". Der Gesetzgeber verlangt mit diesem Kriterium der fehlenden Kausalität des Form- oder Verfahrensfehlers für die im konkreten Fall getroffene Entscheidung in der Sache eine hypothetische Beurteilung des behördlichen Verhaltens bei fehlerfreiem Vorgehen. Das ist angesichts der Unsicherheit der Beurteilung hypothetischer Kausalverläufe und der durch die Gewaltenteilung verfassungsmäßig geschützten Entscheidungsspielräume der Verwaltung nicht unproblematisch. Die Neufassung des § 46 VwVfG versucht dem durch das Erfordernis der Offensichtlichkeit Rechnung zu tragen. Die Kausalität des Form- und Verfahrensfehlers darf daher nur dann verneint werden, wenn der hypothetische Behördenwille ohne Zweifel feststeht. Nachträgliche Bekundungen der Behörde sind dabei ohne ausschlaggebende Bedeutung. Die Feststellung muss dem Gericht aufgrund objektiver Tatsachen (z.B. fehlerfrei abgewickelte Parallelfälle) problemlos möglich sein. Angesichts dieser strengen Anforderungen ist der erweiterte Anwendungsbereich des § 46 VwVfG sehr begrenzt[22]. Im konkreten Fall kamen auch noch andere Mittel, etwa die zahlenmäßige Begrenzung der Tauben oder ein Freiflugverbot in Betracht, so dass der Begründungsmangel nicht nach § 46 VwVfG unbeachtlich ist.

Der Verfahrensfehler könnte aber nach **§ 45 VwVfG** geheilt sein. Nach § 45 Abs. 1 Nr. 2 VwVfG ist eine Verletzung des § 39 Abs. 1 VwVfG unbeachtlich, wenn die erforderliche Begründung nachträglich gegeben wird. Die Bauaufsichtsbehörde hat ihre unzureichende Begründung erst im Verwaltungsprozess vervollständigt. Nach der ursprünglichen Fassung des § 45 Abs. 2 VwVfG durften unterlassene Verfahrenshandlungen nur bis zum Abschluss eines Vorverfahrens oder, falls ein Vorverfahren nicht stattfand, bis zur Erhebung der verwaltungsgerichtlichen Klage nachgeholt werden. Danach wäre die Nachholung der Begründung verspätet gewesen[23]. Der Gesetzgeber hat mit dem Genehmigungsverfahrensbeschleunigungsgesetz die zeitliche Grenze jedoch aufgehoben und die Nachholung von Verfahrenshandlungen mit heilender Wirkung bis zum Abschluss eines verwaltungsgerichtlichen Verfahrens zugelassen (durch Gesetze vom 21.8.2002 präzisiert auf den Abschluss der letzten Tatsacheninstanz). Damit wird erreicht, dass in einem Prozess abschließend entschieden wird und nicht der wegen des Verfahrensmangels vom Verwaltungsgericht aufgehobene Verwaltungsakt von der Behörde verfahrensmäßig fehlerfrei neu erlassen wird und es zu einem zweiten Prozess in der gleichen Sache kommt. Dem stehen jedoch schwerwiegende Nachteile für den Kläger gegenüber, wie auch die nicht zu unterschätzende pädagogische Wirkung einer Aufhebung von Verwaltungsakten wegen Verfahrensfehler auf die Verfahrens- und Bescheidgestaltung der Behörden geopfert worden ist. In der

---

21 BT-Drucks. 13/3995, S. 8.
22 So überzeugend Stelkens/Sachs, § 46 Rdnrn. 79 ff.; kritisch zur Neufassung auch Schöbener, Die Verwaltung 2000, 447.
23 Siehe auch die klausurmäßige Bearbeitung des Falles nach altem Recht von Habermehl, JA-Übungsblätter 1983, 78.

Literatur sind deshalb auch erhebliche verfassungsrechtliche Bedenken gegen die Neufassung geäußert worden[24].

Nach der jetzigen Gesetzeslage ist der ursprüngliche Begründungsmangel durch Nachholung im verwaltungsgerichtlichen Verfahren geheilt worden, so dass die Klage deswegen keinen Erfolg mehr haben kann.

h) Der Anspruch auf rechtliches Gehör gehört auch außerhalb der grundrechtlichen Gewährleistung in Art. 103 Abs. 1 GG für gerichtliche Verfahren zu den essentiellen Anforderungen an ein rechtsstaatliches Verfahren und wird von **§ 28 Abs. 1 VwVfG** dem Grundsatz nach auch für das Verwaltungsverfahren anerkannt[25]. Die **Anhörung der Beteiligten** hat nicht nur verfassungsrechtlichen Rang, sondern ist zugleich eine unabdingbare Voraussetzung für das vom Verwaltungsverfahrensgesetz verfolgte „Anliegen, das Vertrauensverhältnis zwischen Bürger und Verwaltung zu stärken"[26], Konfliktlösung im Wege der Kommunikation herbeizuführen und dadurch Akzeptanz zu erreichen. Zugleich ist die Anhörung Beteiligter das wichtigste Mittel zur Aufklärung des Sachverhalts für die Behörde[27]. So ist insbesondere eine ordnungsgemäße Ermessensentscheidung, die eine Abwägung aller relevanten Umstände erfordert, ohne Anhörung kaum denkbar.

§ 28 Abs. 1 VwVfG verpflichtet die Behörde, bevor sie einen Verwaltungsakt erlässt, der in Rechte eines Beteiligten eingreift, diesem Gelegenheit zu geben, sich zu den für die Entscheidung erheblichen Tatsachen zu äußern. Ob er die Gelegenheit nutzt oder nicht, ist seine Sache. Bedauerlicherweise hat der Gesetzgeber das Anhörungsrecht in § 28 Abs. 2 und 3 VwVfG in großzügiger Weise relativiert. Auch die gesetzlichen Folgen eines Verstoßes gegen § 28 Abs. 1 VwVfG sind nicht dazu angetan, die Verwaltung zur strikten Beachtung dieses zentralen Verfahrensrechts der Beteiligten anzuhalten. Das Unterlassen der gebotenen Anhörung führt zwar zur Rechtswidrigkeit des Verwaltungsakts. Diese kann aber erst im Rahmen eines Rechtsbehelfs in der Hauptsache gerügt werden (§ 44 a VwGO) und nach § 45 Abs. 1 Nr. 3 VwVfG durch Nachholung der erforderlichen Anhörung geheilt werden, wenn der Fehler nicht sogar nach § 46 VwVfG unbeachtlich ist.

Die höchstrichterliche Rechtsprechung hat zur weiteren Schwächung des Anhörungsgebots beigetragen, indem sie die Anforderungen an eine Heilung des Verfahrensfehlers sehr niedrig angesetzt hat. Der Leitsatz der grundlegenden Entscheidung des Bundesverwaltungsgerichts vom 17. August 1982[28] lautet: „Ergeht ein mit Gründen versehener Verwaltungsakt mit einer Belehrung darüber, dass dagegen Widerspruch erhoben werden kann, so wird ein ursprünglicher Verstoß gegen das Anhörungsgebot des § 28 Abs. 1 VwVfG in der Regel durch den Erlass des Widerspruchsbescheids gemäß § 45 Abs. 1 Nr. 3 VwVfG geheilt, ohne dass

---

24 Vgl. Bonk, NVwZ 1997, 320, 324 f.; Bracher, DVBl 1997, 534; Ehlers, Jura 1996, 617, 622; Hatje, DÖV 1997, 477, 483 ff.; Hufen, JuS 1999, 314; Niedobitek, DÖV 2000, 761; Redeker, NJW 1996, 521, 523 und NVwZ 1997, 625; Sodan, DVBl 1999, 729; dagegen Wahrendorf, NWVBl 1998, 177, 179 f.
25 Zum Anhörungsrecht siehe näher Brühl, Entscheiden, 1. Abschnitt 2.4.1; Stein, VR 1997, 238; Weides, JA 1984, 648; Wittmann, APF 1984, 141.
26 Amtliche Begründung, BT-Drucks. 7/910, zu § 24, S. 51.
27 Siehe dazu Brühl, JA 1992, 193.
28 BVerwGE 66, 111.

es dazu einer besonderen Maßnahme der Behörde bedarf." In der Literatur[29] ist diese Rechtsprechung jedenfalls für die Fälle, dass der Beteiligte seinen Widerspruch nicht begründet oder entscheidungserhebliche Tatsachen verkennt, kritisiert worden.

Weniger bekannt als dieser Leitsatz sind leider die Einschränkungen, die das Bundesverwaltungsgericht gemacht hat. So hat das Gericht in den Gründen des oben zitierten Urteils[30] ausdrücklich betont: „Der Anhörungsmangel wird allerdings noch nicht allein dadurch geheilt, dass der Betroffene seine Einwendungen im Wege des Widerspruchs vortragen kann. Die Anhörungspflicht schließt vielmehr ein, dass die Behörde ein etwaiges Vorbringen des Betroffenen zur Kenntnis nimmt und bei ihrer Entscheidung in Erwägung zieht." In einer späteren Entscheidung[31] wird formuliert: „Die Nachholung der Anhörung liegt darin, dass die Bekl.... über den Widerspruch nach Prüfung des Widerspruchsvorbringens entschieden hat." Weitere Einschränkungen ergeben sich aus der Frage, welche Behörde dafür bei Ermessensentscheidungen zuständig ist. Während der 1. Senat des Bundesverwaltungsgerichts[32] bis zur Abhilfeentscheidung die Ausgangsbehörde und danach – zumindest auch – die Widerspruchsbehörde für zuständig erachtet, sofern ihre Prüfungskompetenz nicht beschränkt ist, erfordert der Schutzzweck der §§ 28 Abs. 1, 45 Abs. 1 Nr. 3 VwVfG nach Ansicht des 3. Senats[33], „dass die nachträgliche Anhörung von derjenigen Behörde vorgenommen wird, welche die Ermessensentscheidung getroffen hat. Dies gilt unabhängig davon, ob der Widerspruchsbehörde nur eine Ermessenskontrolle im engeren Sinne (Rechtskontrolle) obliegt oder ob sie Ermessen anstelle des Ermessens der Ausgangsbehörde auszuüben hat. Denn auch im letzteren Falle ist nicht auszuschließen, dass die Ausgangsbehörde eine für den Betroffenen günstigere Entscheidung trifft, als sie die übergeordnete Behörde treffen würde. Deshalb hat bei Ermessensentscheidungen stets die Ausgangsbehörde aufgrund des Ergebnisses der nachgeholten Anhörung gemäß § 72 VwGO darüber zu befinden, ob sie dem Widerspruch abhilft."

Nach diesen Grundsätzen gilt für den Beispielfall: Die Ausgangsbehörde hätte dem Ausländer J vor Erlass der Ausweisungsverfügung Gelegenheit zur Äußerung geben müssen, da sie damit in sein Aufenthaltsrecht eingriff. Dass eine sofortige Entscheidung wegen Gefahr im Verzug oder im öffentlichen Interesse gem. § 28 Abs. 2 Nr. 1 VwVfG notwendig erschienen wäre, ist nicht ersichtlich. Der Verfahrensfehler ist nicht nach § 46 VwVfG unbeachtlich, da § 45 Abs. 1 AuslG die Ausweisung ins Ermessen der Behörde stellt und Entscheidungsvarianten gerade im Hinblick auf die nach § 45 Abs. 2 AuslG zu berücksichtigenden vielfältigen Ermessensgesichtspunkte nicht ausgeschlossen sind. Er wird aber gem. § 45 Abs. 1 Nr. 3 VwVfG mit dem Erlass des Widerspruchsbescheids geheilt, sofern ein etwaiges Vorbringen des Widerspruchsführers bei der Entscheidung auch der Ausgangsbehörde über die Abhilfe in Erwägung gezogen worden ist.

---

29 Feuchthofen, DVBl 1984, 170, 175; Grimm, NVwZ 1985, 865, 872; Hill, Das fehlerhafte Verfahren und seine Folgen im Verwaltungsrecht, 1986, S. 99 f.; Hufen, Fehler im Verwaltungsverfahren, 4. Aufl. 2002, Rz. 606 ff.; Schoch, NVwZ 1983, 249; Weides, JA 1984, 657 ff.
30 BVerwGE 66, 111, 114.
31 NJW 1989, 1873, 1874.
32 BVerwGE 66, 111, 114.
33 BVerwGE 66, 184, 188 f.

Sind die Anforderungen an eine Heilung mit Erlass des Widerspruchsbescheids noch nicht erfüllt, so kann der Verfahrensfehler nach § 45 Abs. 2 VwVfG noch bis zum Abschluss der letzten Tatsacheninstanz eines verwaltungsgerichtlichen Verfahrens nachgeholt werden.

i) Nach der Aufgabenverteilung des § 8 FlurbG hat die **instanziell unzuständige Behörde** gehandelt, da eine Änderung, die das Flurbereinigungsgebiet um 50% erweitert, nicht mehr als geringfügig angesehen werden kann,

Das VwVfG geht ausdrücklich nur auf die Verletzung der örtlichen Zuständigkeit ein (§ 44 Abs. 2 Nr. 3, Abs. 3 Nr. 1 und § 46). Diese Vorschriften sind auf die Verletzung der sachlichen (einschließlich der instanziellen) Zuständigkeit nicht (auch nicht analog) anwendbar[34]. Insoweit verbleibt es beim Grundsatz des § 44 Abs. 1 VwVfG. Der Zuständigkeitsfehler führt deshalb nur dann zur Nichtigkeit, wenn er besonders schwerwiegend und offensichtlich ist. Das ist bei einer Verletzung der sachlichen Zuständigkeit nur anzunehmen, wenn ein Fall der absoluten Unzuständigkeit vorliegt, d.h., die Behörde unter keinen wie immer gearteten Umständen mit der Sache befasst sein kann, sei es, dass es sich um die Behörde eines anderen hoheitlichen Verbandes (Bund statt Land, Land statt Gemeinde), um die Behörde eines anderen Ressorts (z.B. Flurbereinigungsbehörde statt Straßenverkehrsbehörde[35]) oder um eine Behörde handelt, die dem für den konkreten Fall eröffneten Instanzenzug nicht angehört[36]. Im Fall der instanziellen Zuständigkeit trifft das, wenn die untere statt der oberen Behörde desselben Ressorts oder umgekehrt die obere anstelle der unteren handelt, regelmäßig nicht zu. Das gilt besonders im vorliegenden Fall, bei dem nach § 8 FlurbG sowohl die obere Flurbereinigungsbehörde als auch die Flurbereinigungsbehörde zuständig sein kann und die Abgrenzung der Zuständigkeiten von der Auslegung des Begriffs „geringfügig" abhängt. Der Zuständigkeitsmangel macht den Beschluss der Flurbereinigungsbehörde somit nicht nichtig, sondern nur (schlicht) rechtswidrig[37].

Auch die unterlassene Beteiligung der Forstaufsichtsbehörde, deren Zustimmung nach § 85 Nr. 2 FlurbG erforderlich ist, führt nicht zur Nichtigkeit des Verwaltungsakts. Nach § 44 Abs. 3 Nr. 4 VwVfG ist ein Verwaltungsakt nicht schon deshalb nichtig, weil die nach einer Rechtsvorschrift erforderliche Mitwirkung einer anderen Behörde unterblieben ist. Der Fehler wird gem. § 45 Abs. 1 Nr. 5 VwVfG geheilt, wenn die Mitwirkung nachgeholt wird. Ansonsten bleibt der Verwaltungsakt schlicht rechtswidrig und damit wirksam.

j) Wird ein Gewerbe, zu dessen Ausübung eine Erlaubnis, Genehmigung, Konzession oder Bewilligung (Zulassung) erforderlich ist, ohne diese Zulassung betrieben, so kann die Fortsetzung des Betriebes nach § 15 Abs. 2 S. 1 GewO von der zuständigen Behörde verhindert werden. Als gewerbsmäßige Schaustellung von Personen ist eine **Peep-Show** nach § 33 a Abs. 1 S. 1 GewO erlaubnispflichtig. K ist eine entsprechende Erlaubnis erteilt worden. Diese könnte jedoch nichtig sein. Nach § 44 Abs. 2 Nr. 6 VwVfG ist ein Verwaltungsakt nichtig, der gegen die guten Sitten verstößt.

---

34 Vgl. zu § 46 VwVfG VGH München NVwZ-RR 1997, 399.
35 BayObLG NJW 1965, 1973, 1976.
36 BVerwG DÖV 1972, 172, 173.
37 BVerwG aaO.

Die Lehre vom Verwaltungsakt

Dem Wortlaut nach gilt § 44 Abs. 2 Nr. 6 VwVfG zunächst für Verwaltungsakte, die selbst nach Inhalt und Zweck **gegen die guten Sitten**[38] **verstoßen**. Ein Beispiel bildet ein baurechtlicher Vorbescheid, der von der kostenlosen Abtretung einer Grundstücksfläche für Verkehrszwecke abhängig gemacht wird[39]. Darüber hinaus ist die Vorschrift aber auch auf solche Verwaltungsakte anzuwenden, die dem Adressaten ein sittenwidriges Verhalten gebieten oder erlauben. Das Bundesverwaltungsgericht[40] hat festgestellt, dass der Betrieb einer Peep-Show gegen die guten Sitten verstößt. In den Gründen weist es zunächst darauf hin, dass der Begriff der guten Sitten ein unbestimmter, ausfüllungsbedürftiger Rechtsbegriff sei, mit dem das Gesetz auf die dem geschichtlichen Wandel unterworfenen sozialethischen Wertvorstellungen verweise, die in der Rechtsgemeinschaft als maßgebliche Ordnungsvoraussetzungen anerkannt seien. Das Bundesverwaltungsgericht setzt sich dann aber nicht damit auseinander, ob der Betrieb einer Peep-Show dem für den Begriff der guten Sitten maßgeblichen sozialethischen Unwerturteil der Rechtsgemeinschaft unterliegt, sondern weicht auf eine höhere, vorgeblich objektive Argumentationsebene aus[41]. Im Ansatz unangreifbar erblickt es in den wertethischen Prinzipien des Grundgesetzes den Kernbestand des maßgeblichen Ordnungsgefüges, um daraus dann zu folgern, dass ein Verhalten, das einer im Grundgesetz verankerten Wertvorstellung widerspreche, die guten Sitten verletze. Art. 1 Abs. 1 GG erkläre die Würde des Menschen für unantastbar und mache ihre Achtung und ihren Schutz aller staatlichen Gewalt zur Verpflichtung. Die Menschenwürde sei verletzt, wenn die einzelne Person zum Objekt herabgewürdigt werde. Bei der Peep-Show nimmt das Bundesverwaltungsgericht[42] das an unter Hinweis auf „die durch die Art der Bezahlung vermittelte Atmosphäre eines mechanisierten und automatisierten Geschäftsvorganges, bei dem der Anblick der nackten Frau wie die Ware eines Automaten durch Münzeinwurf verkauft und gekauft wird; die durch den Fensterklappenmechanismus und den einseitigen Sichtkontakt hervorgehobene verdinglichende Isolierung der als Lustobjekt zur Schau gestellten Frau vor im Verborgenen bleibenden Voyeuren; der durch diesen Geschehensablauf besonders krass hervortretende Eindruck einer entpersonifizierenden Vermarktung der Frau; die Isolation auch des allein in der Kabine befindlichen Zuschauers und das damit verbundene Fehlen einer sozialen Kontrolle, die durch das System der Einzelkabine bewusst geschaffene Möglichkeit der Selbstbefriedigung und deren kommerzielle Ausnutzung." In der juristischen Literatur[43] und in den Medien ist diese Entscheidung hart kritisiert worden. Auch

---

38 Zu den „guten Sitten" im bürgerlichen und öffentlichen Recht siehe Vahle, DVP 2002, 487.
39 BayVGH BayVBl 1976, 237.
40 BVerwGE 64, 274; bestätigt durch BVerwG GewArch 1986, 229; NVwZ 1987, 411; 1990, 668 (wonach das selbst dann gilt, wenn der Betrieb der Peep-Show in einem sog. Vergnügungsviertel liegt; vgl. auch VGH Mannheim NVwZ 1988, 640); NJW 1996, 1423 (unter Zurückweisung einer demoskopischen Umfrage; siehe zu diesem sowie zum europarechtlichen Aspekt auch OVG Schleswig GewArch 1995, 109).
41 Zur Problematik dieser „Hochzonungs- und Problemverschiebungsstrategie" siehe Jestaedt, Jura 2006, 127 mwN.
42 BVerwGE 64, 274, 278 f.
43 Bücking, VR 1984, 210; Gusy, DVBl 1982, 984 und GewArch 1984, 151; Höfling, NJW 1983, 1582; Hoerster, JuS 1983, 93 und 647 mit Gegenrede von Wildanger-Hofmeister, JuS 1983, 407; Kirchberg, NVwZ 1983, 141; von Olshausen, NJW 1982, 2221; Schatzschneider, NJW 1985, 2793, 2796.

Untergerichte[44] haben dem Bundesverwaltungsgericht die Gefolgschaft verweigert, während das Bundesverfassungsgericht[45] die Entscheidung gebilligt hat.

Folgt man der Meinung des Bundesverwaltungsgerichts, so ist eine gleichwohl erteilte Erlaubnis nichtig mit der Folge, dass die Peep-Show ohne die erforderliche Erlaubnis betrieben wird und die zuständige Behörde die Fortsetzung des Betriebs nach § 15 Abs. 2 S. 1 GewO verhindern kann[46].

Das Verwaltungsgericht Berlin[47] hat mit einem Aufsehen erregenden Urteil zum Widerruf der Gaststättenerlaubnis wegen Anbahnung der Prostitution den Anstoß zu einer regen öffentlichen Debatte über die rechtliche Bewertung sexueller Dienstleistungen gegeben. Das Gericht mahnt zunächst an, der Richter dürfe sich für die Feststellung der heute anerkannten sozialethischen Wertvorstellungen in unserer Gesellschaft nicht auf sein persönliches sittliches Gefühl verlassen, sondern müsse auf empirische Weise objektive Indizien ermitteln. Dazu könne es geboten sein, neben Rechtsprechung, Behördenpraxis, Medienecho und (mit Einschränkungen) demoskopischen Erhebungen auch Äußerungen von Fachleuten und demokratisch legitimierten Trägern öffentlicher Belange einzuholen, um den Inhalt von „öffentlicher Ordnung" bzw. „Unsittlichkeit" weiter zu konkretisieren. Indem das Gericht diesen methodischen Weg sehr sorgfältig beschreitet, kommt es zu dem Ergebnis, dass Prostitution, die von Erwachsenen freiwillig und ohne kriminelle Begleiterscheinungen ausgeübt wird, nach den heute anerkannten sozialethischen Wertvorstellungen in der Gesellschaft im Sinne des Ordnungsrechts nicht mehr als sittenwidrig anzusehen sei. Wer die Menschenwürde von Prostituierten gegen ihren Willen schützen zu müssen meine, vergreife sich in Wahrheit an ihrer durch die Menschenwürde geschützten Freiheit der Selbstbestimmung und zementiere ihre rechtliche und soziale Benachteiligung. Praktisches Ergebnis der Diskussion ist das Gesetz zur Regelung der Rechtsverhältnisse der Prostituierten vom 20.12.2001[48] gewesen[49]. Der Gesetzgeber hat sich darauf beschränkt, die Situation der Prostituierten in zivil-, straf- und sozialversicherungsrechtlicher Hinsicht punktuell zu verbessern. Eine Aussage darüber, ob die Ausübung der Prostitution sittenwidrig ist oder nicht, hat er nicht getroffen. Die gewerberechtlichen und ausländerrechtlichen Vorschriften, denen das Verdikt der sozialen Unwertigkeit der Prostitution zugrunde liegt, sind nicht angepasst worden. Das Prostitutionsgesetz hat dadurch für erhebliche Rechtsunsicherheit gesorgt. In der Literatur sieht Kurz[50] die bisherige Einstufung der Prostitution als sozial unwertig als nicht betroffen an und lehnt jegliche Auswirkung auf das Gewerberecht ab. Pauly[51] empfiehlt, die weitere Entwicklung in Gesetzgebung und Rechtsprechung abzu-

---

44 OVG Hamburg GewArch 1985, 125; 1987, 298; VG Oldenburg GewArch 1985, 124; VG Stuttgart GewArch 1986, 90.
45 GewArch 1987, 194.
46 BVerwG NVwZ 1990, 668; BayVGH DÖV 1986, 934; siehe auch Discher, JuS 1991, 642.
47 NJW 2001, 983.
48 BGBl. I S. 3983.
49 Einen kritischen Erfahrungsbericht gibt Schmidbauer, NJW 2005, 871; vgl. auch von Galen, Rechtsfragen der Prostitution, 2004; Hinrichs, VR 2003, 257; Wohlfahrt, VR 2004, 126.
50 GewArch 2002, 142.
51 GewArch 2002, 217.

Die Lehre vom Verwaltungsakt

warten. Auch der Bund-Länder-Ausschuss Gewerberecht[52] ist in seiner Sitzung am 18./19. Juni 2002 angesichts erheblicher Erkenntnismängel und Vollzugsschwierigkeiten noch nicht zu einem einheitlichen Beschluss gelangt.

Weitere Problemfälle im Hinblick auf die Wahrung der Menschenwürde bilden die Ausstellung „Körperwelten", in der plastinierte menschliche Leichen zur Schau gestellt werden[53], die Fernsehshow „Big Brother"[54] das Laserdrome, in dem auf die Gewaltanwendung gegen Menschen angelegte Laserspiele veranstaltet werden[55], und Paintball-Spiele[56].

E. Bestandskraft und ihre Durchbrechung durch Rücknahme und Widerruf

Fragen

58. Was versteht man unter der formellen und der materiellen Bestandskraft?
59. Ist eine Durchbrechung der (materiellen) Bestandskraft möglich?
60. Wie kann es zu einem Wiederaufnahmeverfahren kommen?
61. Wie läuft das Wiederaufnahmeverfahren ab?
62. Nach welchen Kriterien entscheidet die Behörde über das Wiederaufgreifen des Verfahrens?
63. Was ist der Unterschied zwischen wiederholender Verfügung und Zweitbescheid?
64. Welche Eigenschaften des Verwaltungsakts hat der Gesetzgeber in den §§ 48 und 49 VwVfG zum Anlass für unterschiedliche Regelungen über die Aufhebbarkeit von Verwaltungsakten genommen?
65. Welcher Unterschied besteht in zeitlicher Hinsicht zwischen Rücknahme und Widerruf?
66. Wie ist es zu erklären, dass belastende Verwaltungsakte grundsätzlich nach Ermessen, begünstigende aber nur unter besonderen Voraussetzungen aufgehoben werden können?
67. Warum führt schutzwürdiges Vertrauen bei Geld- und Sachleistungsverwaltungsakten zur Unzulässigkeit der Rücknahme, bei anderen Verwaltungsakten aber nur zum Ersatz des Vertrauensschadens?
68. Welche Entschädigungsansprüche und Erstattungspflichten hat der Betroffene im Falle der Rücknahme oder des Widerrufs eines Verwaltungsakts?
69. Ist die Aufhebung von Verwaltungsakten durch die Verwaltung zeitlich unbegrenzt möglich?
70. Übungs- und Vertiefungsfälle
    a) Der Familienvater L hatte 1976 im öffentlich geförderten sozialen Wohnungsbau ein Einfamilien-Reihenhaus errichtet. Mit Bewilligungsbescheid vom 23.12.1975 war ihm ein Aufwendungsdarlehen bewilligt worden, wobei ein Förderungssatz von 8 DM pro m² Wohnfläche zugrunde gelegt wurde. 1979 beantragte L, den Bewilligungsbescheid aufzuheben und den Förderungsbetrag neu festzusetzen. Anlass dafür war ein Urteil des Bundesverwaltungsgerichts (BVerwGE 57, 290), in dem die bisherige Praxis der Ermittlung des Förderungssatzes beanstandet und der Betrag von 8 DM für zu

---

52 Vgl. den Bericht von Schönleiter, GewArch 2002, 319; liberaler Caspar, NVwZ 2002, 1322.
53 Vgl. dazu Benda, NJW 2000, 1769; Bremer, NVwZ 2001, 167; Finger/Müller, NJW 2004, 1073; Gotzen, VR 2000, 384; Hufen, DÖV 2004, 611; Thiele, NVwZ 2000, 405; Willems, VR 2001, 306 sowie die Fallbearbeitung von Rossen-Stadtfeld, JA 2004, 383. Zum neuen nordrhein-westfälischen Bestattungsgesetz siehe Kremer, VR 2004, 163 und Spranger, NWVBl 2004, 9.
54 Hinrichs, NJW 2000, 2173.
55 Siehe das Urteil des EuGH DVBl 2004, 1476 mit Besprechung von Jestaedt, Jura 2006, 127 zum Vorlagebeschluss des Bundesverwaltungsgerichts NVwZ 2002, 598 mit Besprechung von Szczekalla, JA 2002, 992; die Entscheidungen OVG Koblenz GewArch 1994, 374; VGH München GewArch 1994, 376; OVG Münster GewArch 1995, 470; VG Köln, GewArch 1995, 70; VG München GewArch 1994, 332; VG Neustadt GewArch 1994, 236, die Stellungnahmen der Bundesregierung, BT-Drucks. 12/7462, S.7 und 8, des Wirtschaftsausschusses, BT-Drucks. 12/8005, S. 27, und des Bund-Länderausschusses „Gewerberecht", GewArch 1995, 102; Aubel, Jura 2004, 255; Kramer, NVwZ 2004, 1033 sowie die Fallbearbeitungen von Heckmann, JuS 1999, 986; Störmer, NWVBl 1997, 313; Theisen/Schoppmeier-Pauli, DVP 2005, 251; Weber, VR 2005, 96.
56 VGH Mannheim NVwZ-RR 2005, 472; Knollmann/Wilhelm, DVP 2005, 243.

ERSTER TEIL 2. Abschnitt

niedrig erachtet wurde. Der Antrag des L wurde – wie auch alle übrigen diesbezüglichen Anträge – mit der Begründung abgelehnt, das Wiederaufgreifen des Verfahrens mit der Folge einer Abänderung des Bewilligungsbescheids gefährde die Planung und Vergabe der begrenzten Mittel, die für die Förderung des sozialen Wohnungsbaus zur Verfügung stünden.

b) Die Bauaufsichtsbehörde hat die Beseitigung eines Wohnhauses angeordnet, das dem M gehört. Diese Verfügung wird damit begründet, das Haus sei einsturzgefährdet und nicht mehr sanierbar. Bevor es zum Abriss des Gebäudes kommt, stellt sich heraus, dass die statischen Berechnungen unrichtig waren, eine Einsturzgefahr in Wirklichkeit nie bestanden hat. Kann die Behörde ihre Anordnung noch zurücknehmen? Hat M darauf auch dann einen Anspruch, wenn er die Widerspruchsfrist ungenutzt hat verstreichen lassen?

c) Das Besoldungsdienstalter des Regierungsinspektors N war zunächst zu günstig festgesetzt worden, weil der Sachbearbeiter irrtümlich nach § 28 Abs. 3 Nr. 4 Buchst. a BBesG a.F. Wehrdienstzeiten angerechnet hatte, die N nicht geleistet und auch nicht angegeben hatte. N hat dadurch längere Zeit zu viel Gehalt bekommen. Nach Entdeckung des Fehlers wird das Besoldungsdienstalter rückwirkend korrigiert und der überzahlte Betrag zurückgefordert. N wehrt sich dagegen mit der Begründung, er habe sein Gehalt immer restlos ausgegeben. Die Unrichtigkeit der ursprünglichen Festsetzung des Besoldungsdienstalters sei ihm nicht bekannt gewesen, da er sich den Bescheid nicht näher angesehen habe. Schließlich müsse man doch wohl auf die Richtigkeit staatlicher Maßnahmen vertrauen dürfen.

d) Der Unternehmer O führt für seine Schmalzsiederei Schweineschmalz in Kisten zu je 25 kg aus dem Ausland ein. Für die Untersuchung der Lieferungen wurde zunächst eine Fleischbeschaugebühr von einem halben Cent pro kg erhoben. Nach einiger Zeit erhält O jedoch einen Bescheid, in dem ihm mitgeteilt wird, man habe bei den ersten Gebührenbescheiden übersehen, dass für Packstücke unter einem Gewicht von 40 kg eine Gebühr von 0,20 Euro pro Stück zu berechnen sei, weshalb die bisherigen Gebührenbescheide entsprechend abgeändert würden und der Differenzbetrag nachgefordert werde. O macht geltend, er habe bei der Preiskalkulation des Schmalzes die tatsächliche Gebührenhöhe nicht gekannt und deshalb die Gebühren nicht in voller Höhe auf seine Abkäufer abwälzen können.

e) Die Bundesbeamtin P beantragte Sonderurlaub „analog den Mutterschutzfristen", nachdem sie ein zehn Tage altes Kind mit dem Ziel der Adoption in ihren Haushalt aufgenommen hatte. § 3 Abs. 1 der Verordnung über den Mutterschutz für Beamtinnen (MuSchV) verbietet es, eine Beamtin in den ersten acht Wochen nach der Entbindung zur Dienstleistung heranzuziehen. § 4 S. 1 MuSchV stellt klar, dass die Zahlung der Dienstbezüge davon nicht berührt wird. Der Dienstherr gewährte Sonderurlaub unter Fortzahlung der Dienstbezüge. Er fügte aber einen Widerrufsvorbehalt bei, da er wegen der grundsätzlichen Bedeutung der Angelegenheit der obersten Dienstbehörde berichtet hatte. Als diese ihn zu Recht belehrte, dass eine analoge Anwendung der genannten Vorschriften der MuSchV angesichts des klaren Wortlauts und der Zielsetzung, die Gesundheit der Mutter nach der Geburt zu schützen, nicht gerechtfertigt sei, „widerrief" er den Sonderurlaubsbescheid mit rückwirkender Kraft.

f) Der Apotheker R hat von der Straßenverkehrsbehörde für sein Geschäftsfahrzeug gem. § 46 Abs. 1 S. 1 Nr. 3 StVO die Genehmigung bekommen, vor seiner Apotheke in zweiter Reihe parken zu dürfen, um stets einen Wagen für eilige Arzneimitteltransporte in Bereitschaft zu haben. Ein Jahr später wird die ruhige Nebenstraße durch eine Änderung der Verkehrsführung zu einer Hauptdurchgangsstraße. Kann die Straßenverkehrsbehörde ihre Ausnahmegenehmigung zur Vermeidung von Verkehrsstörungen widerrufen?

g) Landwirt S beantragte die Gewährung eines Grünbrache-Zuschusses für sieben verschiedene Flurstücke. Im Antrag verpflichtete er sich, diese Flächen für ein Jahr als Grünbrache zu behandeln, sie nicht zu düngen sowie den Aufwuchs nicht zu Futterzwecken zu verwenden oder in irgendeiner Form zu vermarkten. Daraufhin wurde ihm von der zuständigen Behörde ein Zuschuss von 12000 Euro unter Zugrundelegung der Richtlinien für das Grünbrache-Programm bewilligt. Bei einer Kontrolle hat die Behörde festgestellt, dass die Grünbracheflächen mit Weizen und Hafer begrünt sind, auf fünf Flächen der Aufwuchs von Schafen „abgehütet" wird und auf der siebten Fläche Spuren von Düngemitteleinwirkung vorhanden sind. Sie hat daraufhin in einem neuen Bescheid nur noch eine Fläche als Grünbrachefläche anerkannt und einen Zuschuss von 1100 Euro errechnet. Der Bescheid enthält einen Stempelaufdruck mit den Worten: „Der frühere Bescheid ist rückwirkend aufgehoben und wird hiermit ersetzt." In einer Anlage ist dargelegt, dass für sechs der sieben Flächen der Zuschuss wegen der Abweidung bzw. Düngung nicht gerechtfertigt sei. Zugleich werden die überzahlten Mittel in Höhe von 10900 Euro nebst Zinsen zurückgefordert. S legt dagegen Rechtsbehelfe ein, die er vor allem damit begründet, es seien keine Ausführungen zur Ermessensabwägung gemacht worden.

Die Lehre vom Verwaltungsakt

Antworten

58. Formelle und materielle Bestandskraft

Ein Verwaltungsakt, auch ein (schlicht) rechtswidriger, wird nach § 43 Abs. 1 VwVfG mit der Bekanntgabe wirksam. Diese Wirksamkeit ist aber insoweit erst vorläufiger Natur, als der Betroffene noch im Rechtsbehelfsverfahren die Aufhebung des Verwaltungsakts erreichen kann. Erst wenn keine förmlichen Rechtsbehelfe mehr möglich sind, ist der Bestand des Verwaltungsakts endgültig gesichert. Man bezeichnet den Verwaltungsakt dann als unanfechtbar oder formell bestandskräftig. Die **formelle Bestandskraft** tritt ein, wenn

- eine rechtskräftige Entscheidung in der Sache vorliegt,
- Rechtsbehelfsfristen ungenutzt verstrichen sind oder
- der Anfechtungsberechtigte auf alle Rechtsbehelfe verzichtet hat.

Unter der **materiellen Bestandskraft** versteht man die mit der formellen Bestandskraft eintretende Rechtsbeständigkeit der Maßnahme: Behörde und Bürger sind grundsätzlich gleichermaßen an die im Verwaltungsakt getroffene Regelung gebunden[1].

59. Durchbrechung der Bestandskraft

Die (materielle) Bestandskraft bedeutet nicht, dass eine Neuregelung des Lebenssachverhalts völlig ausgeschlossen wäre. Eine Aufhebung oder inhaltliche Änderung eines bestandskräftigen Verwaltungsakts ist möglich, wenn dafür eine gesetzliche Ermächtigung vorhanden ist. Eine begrenzte Durchbrechung der Bestandskraft ist unabdingbar für eine effektive und gerechte Verwaltung, da nach Erlass des Verwaltungsakts eintretende Ereignisse oder neue Erkenntnisse die ursprüngliche Entscheidung in einem völlig neuen Licht erscheinen lassen können. Der Gesetzgeber hat deshalb – teilweise in Spezialgesetzen (z.B. § 12 BBG und § 15 GastG), im Übrigen in §§ 48 ff. VwVfG – eine Durchbrechung der Bestandskraft eines Verwaltungsakts aus Gründen des öffentlichen Interesses oder im Interesse der Betroffenen zugelassen.

60. Einleitung eines Wiederaufnahmeverfahrens

Aus § 51 VwVfG ergibt sich, dass es ein Wiederaufgreifen des Verfahrens **auf Antrag** des Betroffenen gibt. Wenn § 51 Abs. 5 VwVfG klarstellt, dass die Vorschriften des § 48 Abs. 1 S. 1 und des § 49 Abs. 1 unberührt bleiben, nach denen die Behörde einen nicht begünstigenden Verwaltungsakt zurücknehmen oder widerrufen kann, so ist dem zu entnehmen, dass die Einleitung eines Wiederaufnahmeverfahrens auch von Amts wegen möglich ist. Das muss gleichermaßen für die Durchbrechung der Bestandskraft begünstigender Verwaltungsakte gelten, da es

---

[1] Zur Bestandskraft vgl. Erichsen/Knoke, NVwZ 1983, 185 und Sauer, DÖV 1971, 150; zur Bindungswirkung Kollmann, DÖV 1990, 189 und Seibert, Die Bindungswirkung von Verwaltungsakten, 1989; speziell zur Bindungswirkung des Widerspruchsbescheides Vahle, NVwZ 2003, 811; zur Amtshaftungsklage gegen bestandskräftige Verwaltungsakte Beaucamp, DVBl 2004, 352; Stuttmann, NJW 2003, 1432.

ERSTER TEIL 2. Abschnitt

bei diesen Verwaltungsakten wegen des entgegenstehenden Interesses des Betroffenen ansonsten nie zu einer Rücknahme oder einem Widerruf käme.

> **Übersicht über das Wiederaufnahmeverfahren auf Antrag des Betroffenen**
>
> 1. Verwaltungsverfahren (Sachprüfung)
> 2. Verfahrensergebnis: Verwaltungsakt (Erstbescheid)
> 3. Eintritt der formellen und materiellen Bestandskraft
> -
> 4. Antrag auf Wiederaufgreifen des Verwaltungsverfahrens (Nr. 1) und auf Ersetzung des Erstbescheids (Nr. 2) durch einen neuen Verwaltungsakt (Zweitbescheid)
> 5. Die Entscheidung der Behörde:
>   1. Stufe: Soll wieder aufgegriffen werden?
>   NEIN = Berufung auf Nr. 3 = Verfahren bleibt verschlossen = verfahrensrechtlicher Verwaltungsakt = insoweit rechtsbehelfsfähig
>   JA = Wiedereintritt ins Verwaltungsverfahren mit neuer Sachentscheidung
>   2. Stufe: Wie wird neu entschieden?
>   1. Alt.: Bestätigung von Nr. 2 = negativer Zweitbescheid = materiellrechtlicher Verwaltungsakt = Neueröffnung der Rechtsbehelfsmöglichkeit in der Sache
>   2. Alt.: Von Nr. 2 abweichende Entscheidung = positiver Zweitbescheid = Rechtsbehelfe, soweit noch beschwert

61. Ablauf des Wiederaufnahmeverfahrens

Bevor in der gleichen Sache ein neuer Verwaltungsakt erlassen werden darf, muss zunächst einmal die einer Neuregelung entgegenstehende Bestandskraft des bisherigen Verwaltungsakts überwunden werden. Das Wiederaufnahmeverfahren gliedert sich deshalb in zwei Verfahrensabschnitte[2],

- in das auf Durchbrechung der Bestandskraft gerichtete **Wiederaufnahmeverfahren** im engeren Sinne und
- in das auf neue Sachprüfung und -entscheidung gerichtete **Zweitverfahren**.

Das Wiederaufgreifen des Verfahrens und die Aufhebung des Verwaltungsakts sind **zwei nacheinander geschaltete Stufen des Wiederaufnahmeverfahrens,** eine verfahrensrechtliche und eine materiellrechtliche, die bei der Fallbearbeitung strikt unterschieden werden müssen.

62. Entscheidung über das Wiederaufgreifen

Das Verwaltungsverfahrensgesetz regelt in § 51 nur, wann die Behörde auf Antrag des Betroffenen das Verfahren wieder aufgreifen muss, der Betroffene also einen **Anspruch auf Wiederaufgreifen** hat[3]. Für die Entscheidung ist zwischen der Zulässigkeit und der Begründetheit des Antrags zu unterscheiden.

---

2 Eingehend zum Verfahrensablauf Brühl, Entscheiden, 5. Abschnitt 2 bis 4 mit Übersicht auf S. 212.
3 Zum Wiederaufgreifen vgl. Baumeister, VerwArch 1992, 374; Burgi, JuS-Lernbogen 1991, 81; Erichsen/Ebber, Jura 1997, 424; Kühne, JA 1985, 326; Maurer, § 11 VI; Möller, VR 1984, 112 und 327; Sachs, JuS 1982, 264; Schwabe, JZ 1985, 545; Selmer, JuS 1987, 363; zum Wiederaufgreifen nach rechtskräftigem Urteil über den Erstbescheid BVerwGE 70, 110 mit Anmerkung von Sachs, JuS 1985, 447 sowie Erfmeyer, DVBl 1997, 27 und Gotzen, VR 1998, 109 und 361; zum Verhältnis zum Widerspruchsverfahren Cornils, Die Verwaltung 2000, 485.

Die Lehre vom Verwaltungsakt

Zulässig ist der Antrag nach § 51 VwVfG, wenn[4]

- der Antrag statthaft ist, d.h. auf Aufhebung oder Änderung eines unanfechtbaren Verwaltungsakts gerichtet ist (Absatz 1 am Anfang),

- der Antragsteller ohne grobes Verschulden außerstande war, den Grund für das Wiederaufgreifen in dem früheren Verfahren, insbesondere durch Rechtsbehelf, geltend zu machen (Absatz 2),

- die Antragsfrist von drei Monaten ab Kenntnis vom Wiederaufnahmegrund gewahrt (Absatz 3) und

- der Antragsteller beschwert ist.

Begründet ist der Antrag auf Wiederaufgreifen des Verfahrens nach § 51 Abs. 1 VwVfG, wenn[5]

1. sich die dem Verwaltungsakt zugrunde liegende Sach- und Rechtslage nachträglich zugunsten des Betroffenen geändert hat;

2. neue Beweismittel vorliegen, die eine dem Betroffenen günstigere Entscheidung herbeigeführt haben würden;

3. Wiederaufnahmegründe entsprechend § 580 der Zivilprozessordnung gegeben sind.

Wie bereits gesagt ist auch die Wiederaufnahme des Verfahrens von Amts wegen möglich. Da das Gesetz die Aufhebung und Abänderung bestandskräftiger Verwaltungsakte dem Grundsatz nach in das **Ermessen** der Behörde stellt, hat die Behörde auch die logisch vorrangige Frage, ob überhaupt eine neue Sachprüfung stattfinden soll, nach pflichtgemäßem Ermessen zu entscheiden[6].

Wenn aber die zuständige Behörde ein Verfahren stets nach pflichtgemäßem Ermessen wiederaufnehmen kann, so erweitert das auch die Antragsmöglichkeiten des Betroffenen. Soweit die Wiederaufnahme im Interesse des Betroffenen steht, hat er außerhalb der Wiederaufnahmegründe des § 51 Abs. 1 Nr. 1 bis 3 VwVfG zumindest ein **subjektives öffentliches Recht auf ermessensfehlerfreie Entscheidung,** im Falle der Ermessensreduzierung auf Null sogar einen Rechtsanspruch auf Wiederaufnahme und neue Sachentscheidung[7].

---

4 Zur Zulässigkeitsprüfung siehe näher Brühl, Entscheiden, 5. Abschnitt 3.2.2.
5 Eingehend dazu Brühl, Entscheiden, 5. Abschnitt 3.2.3.
6 Vgl. Brühl, Entscheiden, 5. Abschnitt 3.3.1 zur Zulässigkeit und 3.3.2 zu den Kriterien für die Ermessensentscheidung.
7 BVerwG und VG Berlin NJW 1981, 2595; Brühl, Entscheiden, 5. Abschnitt 3.3.3.

63. Wiederholende Verfügung und Zweitbescheid

Wie bereits dargestellt läuft das Wiederaufnahmeverfahren zweistufig ab. Auf der ersten Stufe entscheidet die Behörde darüber, ob sie das Verwaltungsverfahren überhaupt wieder aufgreifen soll. Nur im Falle einer positiven Entscheidung tritt sie in eine neue Sachprüfung ein. Ergebnis dieser zweiten Stufe kann die Aufhebung oder Abänderung des Erstbescheides (sog. positiver Zweitbescheid), aber auch die Bestätigung der ursprünglichen Entscheidung (sog. negativer Zweitbescheid) sein. Dementsprechend kann die Ablehnung eines Antrags auf Aufhebung oder Abänderung eines bestandskräftigen Verwaltungsakts auf zwei grundsätzlich verschiedene Argumente gestützt werden: Entweder lehnt die Behörde bereits eine Wiederaufnahme des Verfahrens ab oder sie kommt trotz neuer Prüfung zum gleichen sachlichen Ergebnis. Die Mitteilung der Entscheidung gegenüber dem Antragsteller bezeichnet man im ersten Fall als „wiederholende Verfügung", im zweiten als „(negativen) Zweitbescheid". Obwohl das unmittelbare Ergebnis für den Betroffenen gleich ist, stellen die wiederholende Verfügung und der Zweitbescheid zwei völlig verschiedene Regelungen dar, was vor allem für den Rechtsschutz von Bedeutung ist.

Die **wiederholende Verfügung** enthält zwei Erklärungen: Zum einen beruft sich die Behörde auf die Regelung des bestandskräftigen Verwaltungsakts (daher die Bezeichnung wiederholende Verfügung). Da in der Sache keine (neue) Regelung erfolgt, sondern nur auf die Rechtslage hingewiesen wird, liegt insoweit kein Verwaltungsakt vor, so dass auch keine Anfechtungsmöglichkeit in der Sache gegeben ist. Zum anderen stellt die wiederholende Verfügung eine rechtsverbindliche Ablehnung des Wiederaufgreifens dar. Das ist eine neue Regelung, deren Angreifbarkeit durch die Bestandskraft der Sachentscheidung nicht blockiert werden kann. Die wiederholende Verfügung ist deshalb insoweit ein Verwaltungsakt, als die Wiederaufnahme des Verfahrens abgelehnt wird. Gegen diese Verfahrensentscheidung kann der Betroffene Widerspruch einlegen und sein Begehren nach neuer Sachentscheidung gerichtlich im Wege der Verpflichtungsklage weiterverfolgen. Gegenstand des Verfahrens ist ausschließlich die Frage, ob die Ablehnung des Antrags auf Wiederaufnahme des Verfahrens rechtmäßig war oder nicht[8]. Die Sachentscheidung selbst steht nicht zur Disposition.

Der **Zweitbescheid** stellt demgegenüber eine neue Sachentscheidung dar, die die Behörde nach Entscheidung für das Wiederaufgreifen und Durchführung eines neuen Verwaltungsverfahrens trifft. Damit ist der Zweitbescheid, auch wenn er im Ergebnis nicht vom Erstbescheid abweicht, ein neuer Verwaltungsakt in der Sache, der an die Stelle des alten Verwaltungsakts tritt und nach allgemeinen Grundsätzen mit Rechtsbehelfen angegriffen werden kann. Die Bedeutung des negativen Zweitbescheids besteht also darin, dass er dem Betroffenen die Rechtsschutzmöglichkeit gegen die Sachentscheidung, die bisher durch die Bestandskraft des Erstbescheids verschlossen war, neu eröffnet.

---

8   Vgl. BVerwG NJW 1980, 135, 136; NVwZ 2002, 482.

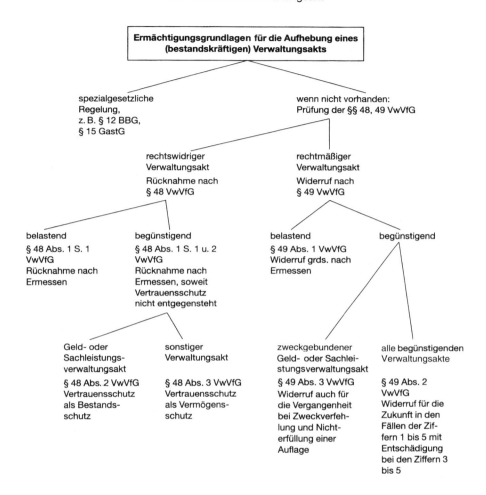

64. Regelungsstruktur der §§ 48, 49 VwVfG

Die komplizierte Regelung der §§ 48, 49 VwVfG wird transparenter, wenn man sich vor Augen führt, dass das Gesetz nach bestimmten Eigenschaften des Verwaltungsakts differenziert[9].

---

9   Zu Rücknahme und Widerruf vgl. Eiermann, UBWV 2000, 130; Erichsen, Jura 1981, 534 und 590 mit Übungsfall in Jura 1982, 46 sowie in Erichsen/Ehlers, §§ 16 ff.; Erichsen/Brügge, Jura 1999, 155, 496; Frohn, Die Verwaltung 1987, 337; Geron, JA 2002, 229; Göldner, DÖV 1979, 805; Hofmann/Gerke, 7. Abschnitt; Klein, APF 2006, B1; Knoke, Rechtsfragen der Rücknahme von Verwaltungsakten, 1989; Lange, Jura 1980, 456; Martens, Jura 1979, 83; Maurer, § 11; Richter, JuS 1990, 719, 991; 1991, 40, 121, 307, 385, 481; Roters, VR 1982, 226; Vahle, DVP 1999, 490 (Schaubilder). Zum Aufhebungsanspruch beim Verwaltungsakt mit Drittwirkung vgl. Horn, DÖV 1990, 864, zur Dogmatik des § 50 VwVfG Remmert, VerwArch 2000, 209.

- Die erste Aufspaltung erfolgt danach, ob der Verwaltungsakt, um dessen Aufhebung es geht, **rechtswidrig oder rechtmäßig** ist. Die vollständige oder teilweise Aufhebung eines rechtswidrigen Verwaltungsakts durch die Behörde außerhalb eines Rechtsbehelfsverfahrens richtet sich nach § 48 VwVfG und wird als Rücknahme bezeichnet. Demgegenüber befasst sich § 49 VwVfG mit der Aufhebung rechtmäßiger Verwaltungsakte, die Widerruf genannt wird.

- Sowohl § 48 als auch § 49 VwVfG differenzieren weiter danach, ob es sich um einen **begünstigenden oder belastenden Verwaltungsakt** handelt. Dabei ist die unterschiedliche Gesetzgebungstechnik zu beachten: § 48 Abs. 1 S. 1 VwVfG legt einen allgemeinen Grundsatz fest, der für beide Arten von Verwaltungsakten gilt. § 48 Abs. 1 S. 2 VwVfG schreibt vor, dass begünstigende Verwaltungsakte nur unter den Einschränkungen der Absätze 2 bis 4 zurückgenommen werden dürfen. § 49 VwVfG enthält demgegenüber getrennte Ermächtigungen für den Widerruf belastender (Abs. 1) und begünstigender (Abs. 2 und Abs. 3) Verwaltungsakte. Ob ein Verwaltungsakt begünstigend oder belastend (nach der Terminologie des § 49 Abs. 1 VwVfG „nicht begünstigend") ist, richtet sich nach der Legaldefinition des § 48 Abs. 1 S. 2 VwVfG.

- Für begünstigende Verwaltungsakte wird weiter unterschieden: Bei der Rücknahme gibt es in § 48 VwVfG gesonderte Regelungen für **Geld- und Sachleistungsverwaltungsakte** in Absatz 2 und **sonstige Verwaltungsakte** in Absatz 3. Beim Widerruf ist der allgemeinen Regelung des § 49 Abs. 2 VwVfG in Absatz 3 eine ergänzende Sonderbestimmung für Verwaltungsakte angefügt, die eine einmalige oder laufende Geldleistung oder teilbare Sachleistung zur Erfüllung eines bestimmten Zweckes gewähren oder hierfür Voraussetzung sind.

65. Zeitlicher Unterschied zwischen Rücknahme und Widerruf

Ein rechtswidriger Verwaltungsakt kann mit Wirkung für die Zukunft oder auch für die Vergangenheit zurückgenommen werden (§ 48 Abs. 1 S. 1 VwVfG). Der Widerruf ist hingegen nach § 49 Abs. 1 und 2 VwVfG nur mit Wirkung für die Zukunft gestattet, da der Gesetzgeber zunächst bei rechtmäßigen Verwaltungsakten kein Bedürfnis oder keine Berechtigung für eine rückwirkende Aufhebung gesehen hatte. Diese Rechtslage hat zu unbefriedigenden Ergebnissen bei Zuwendungen und Subventionen geführt. Abhilfe wurde zunächst im Haushaltsrecht geschaffen in Gestalt des § 44 a BHO und landesrechtlicher Parallelvorschriften. In den Neunzigerjahren wurden die Regelungen in die Verwaltungsverfahrensgesetze eingefügt[10]. § 49 Abs. 3 VwVfG gestattet für Verwaltungsakte, die eine einmalige oder laufende Geldleistung oder teilbare Sachleistung zur Erfüllung eines bestimmten Zweckes gewähren oder hierfür Voraussetzung sind, den Widerruf auch mit Wirkung für die Vergangenheit. § 49 a VwVfG knüpft daran die Folge, dass bereits erbrachte Leistungen zu erstatten sind und der zu erstattende Betrag grundsätzlich zu verzinsen ist.

---

10 Zur Novellierung der §§ 48, 49, 49 a VwVfG siehe Baumeister, NVwZ 1997, 19; Gröpl, VerwArch 1997, 23; Heße, NJW 1996, 2779; Hofmann, VR 1995, 7; Sachs/Wermeckes, NVwZ 1996, 1185; Schröder, JuS 1998, L 49.

Die Lehre vom Verwaltungsakt

66. Interessenlage bei Aufhebung belastender und begünstigender Verwaltungsakte

Entscheidet sich die Behörde für die **Aufhebung eines belastenden Verwaltungsakts,** befinden sich ihre Interessen im Einklang mit denen des Bürgers. Für die Aufhebung sprechen sowohl die Grundsätze der Gesetz- und Zweckmäßigkeit des Verwaltungshandelns als auch das Individualinteresse an der Befreiung von unnötigen Belastungen. Dagegen streitet allein das Prinzip der Rechtssicherheit in seiner objektiven Ausgestaltung. Es ist deshalb sachgerecht, die Aufhebung belastender Verwaltungsakte in das Ermessen der Behörde zu stellen. Streitpunkt zwischen Verwaltung und Bürger ist hier nicht die Frage, ob die Behörde den Verwaltungsakt aufheben darf, sondern ob sie die Belastung beseitigen muss. Da eine verwaltungsgerichtliche Klärung dieser Frage nur möglich wird, wenn die Behörde eine Entscheidung in der Sache trifft, verlagert sich die rechtliche Problematik im Konfliktfall regelmäßig in den § 51 VwVfG.

Im Gegensatz dazu entsteht ein Interessenkonflikt bei der **Aufhebung begünstigender Verwaltungsakte** nur bei einer positiven Entscheidung der Behörde. Der Betroffene wehrt sich gegen die Aufhebung, wobei zu seinen Gunsten der Grundsatz der Rechtssicherheit in der individuellen Ausgestaltung des Vertrauensschutzes angeführt werden kann. Der Gesetzgeber musste deshalb zwischen den widerstreitenden Interessen von Verwaltung und Bürger, hinter denen sich auch ein Konflikt zwischen Verfassungsprinzipien verbirgt, einen gerechten Ausgleich schaffen. Dazu war eine differenzierende Regelung nötig, die die Aufhebbarkeit von einer Interessenabwägung abhängig macht[11].

67. Folgen schutzwürdigen Vertrauens für die Rücknahme

Die Amtliche Begründung[12] versucht die Differenzierung damit zu rechtfertigen, die von § 48 Abs. 3 VwVfG erfassten Verwaltungsakte seien im Unterschied zu den vermögensrechtlichen Geld- und Sachleistungsverwaltungsakten des § 48 Abs. 2 VwVfG „stärker staatsbezogen", weshalb ihre Rücknahme stets möglich sein müsse.

Diese Argumentation überzeugt nicht, da auch mit der Gewährung von Geld- und Sachleistungen regelmäßig unmittelbar staatliche Aufgaben erfüllt werden. Deshalb ist die unterschiedliche Ausgestaltung des Vertrauensschutzes zum einen als **Bestandsschutz,** zum anderen als **Vermögensschutz** aber noch nicht verfassungswidrig, wie teilweise angenommen wird. Es lassen sich nämlich durchaus tragfähige Gründe für diese Lösung finden. Würde der Vertrauensschutz durchgängig als Bestandsschutz gewährt, könnte dem Betroffenen bei sonstigen Verwaltungsakten im Sinne des § 48 Abs. 3 VwVfG, die regelmäßig nicht teilbar sind, nur Alles oder Nichts gegeben werden. Diese häufig unbefriedigende Regelung, die der Rechtsprechungspraxis vor Erlass der Verwaltungsverfahrensgesetze entsprach, hat der Gesetzgeber durch eine flexible Lösung ersetzt, die einen gerech-

---

[11] Zur Rücknahme drittbelastender Verwaltungsakte siehe VGH München NVwZ 1997, 701 mit Besprechung von Gassner, JuS 1997, 794.
[12] BT-Drucks. 7/910, zu § 44 Abs. 3, S. 71.

ten Ausgleich zwischen dem öffentlichen und dem privaten Interesse erlaubt[13]. Bei Verwaltungsakten, die eine einmalige oder laufende Geldleistung oder teilbare Sachleistung gewähren oder hierfür Voraussetzung sind, ist demgegenüber eine angemessene Berücksichtigung schutzwürdigen Vertrauens über den Umfang der Rücknahme möglich. Eine Übertragung der in § 48 Abs. 3 VwVfG gefundenen Lösung würde nur ein unnötiges Hin- und Herrechnen mit wechselseitigem Leistungsaustausch zur Folge haben.

68. Entschädigungsansprüche und Erstattungspflichten

Wird ein sonstiger rechtswidriger Verwaltungsakt zurückgenommen, so hat die Behörde dem Betroffenen gemäß § 48 Abs. 3 S. 1 VwVfG auf Antrag den Vermögensnachteil auszugleichen, den dieser dadurch erleidet, dass er auf den Bestand des Verwaltungsakts vertraut hat, soweit sein Vertrauen unter Abwägung mit dem öffentlichen Interesse schutzwürdig ist. Die Ausschlussgründe des § 48 Abs. 2 S. 3 VwVfG gelten entsprechend (Satz 2). Der auszugleichende Vermögensnachteil, der auf das Bestandsinteresse begrenzt ist (Satz 3), wird durch die Behörde festgesetzt (Satz 4). Der Anspruch kann nur innerhalb eines Jahres geltend gemacht werden; die Frist beginnt, sobald die Behörde den Betroffenen auf sie hingewiesen hat (Satz 5). Der gleiche Anspruch besteht nach § 49 Abs. 6 VwVfG, wenn ein Verwaltungsakt in den Fällen des Absatzes 2 Nr. 3 bis 5 widerrufen wird. Die Fälle des Absatz 2 Nr. 1 und 2 sind von der Entschädigungspflicht ausgenommen, weil der Betroffene sich hier nicht auf schutzwürdiges Vertrauen berufen kann.

Nach § 49 a Abs. 1 S. 1 VwVfG sind bereits erbrachte Leistungen zu erstatten, soweit ein Verwaltungsakt mit Wirkung für die Vergangenheit zurückgenommen oder widerrufen worden oder infolge Eintritts einer auflösenden Bedingung unwirksam geworden ist. Die zu erstattende Leistung ist durch schriftlichen Verwaltungsakt festzusetzen (Satz 2). Für den Umfang der Erstattung gelten die §§ 818 ff. BGB entsprechend, wobei die Möglichkeit, sich auf einen Wegfall der Bereicherung zu berufen, eingeschränkt ist (Absatz 2). Nach Absatz 3 ist der zu erstattende Betrag vom Eintritt der Unwirksamkeit des Verwaltungsaktes an grundsätzlich mit fünf Prozentpunkten über dem Basiszinssatz nach § 247 Abs. 1 BGB zu verzinsen. Entsprechende Zinsen können nach Absatz 4 auch erhoben werden, wenn eine Leistung nicht alsbald nach der Auszahlung für den bestimmten Zweck verwendet wird[14].

69. Zeitliche Grenzen der Aufhebbarkeit

Nach § 48 Abs. 4 VwVfG ist die Rücknahme eines rechtswidrigen begünstigenden Verwaltungsakts, soweit er nicht durch arglistige Täuschung, Drohung oder Bestechung erwirkt worden ist, **nur innerhalb eines Jahres** seit dem Zeitpunkt zulässig, zu dem die Behörde von Tatsachen Kenntnis erhalten hat, welche die

---

[13] Vgl. Roters, VR 1982, 226, 231.
[14] Zur Geltendmachung von Zinsansprüchen nach § 49 a VwVfG siehe Freund/Rach, DVP 2004, 231, zu verwaltungsprozessualen Folgeproblemen des § 49 a VwVfG Pauly/Pudelka, DVBl 1999, 1609.

Rücknahme rechtfertigen[15]. Kraft Verweisung in § 49 Abs. 2 S. 2 und Abs. 3 S. 2 VwVfG gilt das auch für den Widerruf rechtmäßiger begünstigender Verwaltungsakte.

Seit dem Beschluss des Großen Senats des Bundesverwaltungsgerichts vom 19.12.1984[16] ist anerkannt, dass die Frist erst zu laufen beginnt, wenn die Behörde den Grund erkannt hat, der die Rücknahme oder den Widerruf rechtfertigt, und ihr auch die weiteren für ihre Entscheidung erheblichen Tatsachen vollständig bekannt sind. Dazu gehören auch die für die Ermessensausübung wesentlichen Umstände. Dient eine Anhörung des Betroffenen der Ermittlung weiterer entscheidungserheblicher Tatsachen, beginnt die Jahresfrist erst danach zu laufen. Maßgebend ist die Kenntnis des für die Entscheidung über die Rücknahme oder den Widerruf zuständigen Amtswalters. Die Kenntnis eines einzelne Fachfragen begutachtenden Mitarbeiters derselben oder einer anderen Behörde genügt nicht.

70. Übungs- und Vertiefungsfälle

a) Die Behörde hat bereits die Wiederaufnahme des durch bestandskräftig gewordenen Verwaltungsakt abgeschlossenen Verwaltungsverfahrens abgelehnt. Prüfungsgegenstand ist damit nur die verfahrensrechtliche Frage, ob die Ablehnung rechtmäßig oder die Behörde zum Wiederaufgreifen des Verfahrens verpflichtet ist. Maßgebliche Rechtsgrundlage ist § 51 VwVfG.

Von den Wiederaufnahmegründen des § 51 Abs. 1 VwVfG, die dem Betroffenen einen Rechtsanspruch auf das Wiederaufgreifen des Verfahrens geben, kommt hier nur der in Nr. 1 geregelte Fall einer nachträglichen Änderung der dem bestandskräftigen Verwaltungsakt zugrunde liegenden Rechtslage zugunsten des Betroffenen in Betracht.

Fraglich ist, ob ein **Wandel in der Rechtsauffassung aufgrund höchstrichterlicher Rechtsprechung** als eine Änderung der Rechtslage im Sinne dieser Vorschrift anzusehen ist. Das Bundesverwaltungsgericht[17] hat wiederholt entschieden, dass die Verwaltungsbehörden grundsätzlich nicht verpflichtet sind, ein durch unanfechtbar gewordenen Verwaltungsakt abgeschlossenes Verfahren deshalb wieder aufzugreifen, weil sich der Verwaltungsakt nachträglich im Lichte höchstrichterlicher Rechtsprechung als rechtswidrig erweist. Höchstrichterliche Entscheidungen, die einen Wandel in der Verwaltungspraxis zur Folge haben, ändern nicht die Rechtslage, sondern vermitteln nur ein vertieftes Verständnis von der in Rechtsnormen niedergelegten Rechtslage. Eine Gleichstellung des Wandels in der Rechtsauffassung mit der Änderung der Rechtslage würde, da § 51 Abs. 1 VwVfG keine differenzierende Behandlung zulässt, zur Folge haben, dass bei jeder neuen für den Bürger günstigeren Rechtsprechung auf Antrag selbst seit vielen Jahren abgeschlossene Verfahren wieder aufgegriffen werden müssten. Dadurch würde aber eine unerträgliche Rechtsunsicherheit eintreten, die Rechtsfindung ihres eigentlichen Sinns, Rechtsfrieden zu gewährleisten, beraubt und das

---

15 Vgl. Burianek, Jura 1985, 518 und Schoch, NVwZ 1985, 880.
16 BVerwGE 70, 356; vgl. auch von Komorowski, JA 2004, 445.
17 Zum Beispielsfall NJW 1981, 2595 mit der erstinstanzlichen Entscheidung des VG Berlin an gleicher Stelle; aA BSGE 58, 27.

Vertrauen in staatliches Handeln auf das Schwerste erschüttert: „Rechtsfriede und Rechtssicherheit sind von so zentraler Bedeutung für die Rechtsstaatlichkeit, dass um ihretwillen die Möglichkeit einer im Einzelfall vielleicht unrichtigen Entscheidung in Kauf genommen werden muss"[18]. Aus diesem Grunde bestimmt selbst § 79 Abs. 2 BVerfGG für den noch gravierenderen Fall, dass das Bundesverfassungsgericht eine Rechtsnorm für nichtig erklärt, dass nicht mehr anfechtbare Entscheidungen, die auf dieser Norm beruhen, grundsätzlich unberührt bleiben[19]. § 51 Abs. 1 Nr. 1 VwVfG ist deshalb im Falle eines Wandels der Rechtsauffassung durch höchstrichterliche Rechtsprechung nicht anwendbar[20].

Damit steht aber noch nicht fest, dass die Ablehnung des Wiederaufgreifens im Beispielsfall rechtmäßig war. Der Regelungsgehalt des § 51 VwVfG besteht nämlich nur darin, dass er für besondere Fälle ausnahmsweise einen Anspruch auf Wiederaufgreifen einräumt. Im Übrigen verbleibt es bei dem schon vor Inkrafttreten des Verwaltungsverfahrensgesetzes gültigen Grundsatz, dass das Wiederaufgreifen eines abgeschlossenen Verwaltungsverfahrens im pflichtgemäßen Ermessen der Verwaltungsbehörde steht[21]. Die ablehnende Entscheidung muss deshalb auf Ermessensfehler (vgl. § 40 VwVfG) und auf Vereinbarkeit mit dem Gleichbehandlungsgebot (Art. 3 Abs. 1 GG) untersucht werden.

Die Begründung zeigt, dass die Vergabestelle eine Ermessensentscheidung getroffen hat, die auf sachgerechten Erwägungen beruht. Die Wiederaufnahme des Verfahrens und die Abänderung des Bewilligungsbescheids könnten wegen der Pflicht zur Gleichstellung (Art. 3 Abs. 1 GG) bei der zu erwartenden Vielzahl von entsprechenden Anträgen in der Tat die Planung und Vergabe der Mittel für die Förderung des sozialen Wohnungsbaus ernstlich gefährden[22]. Die Ablehnung der Vergabestelle, das Verwaltungsverfahren wiederaufzugreifen, ist deshalb nicht zu beanstanden.

b) Bei der bauaufsichtlichen Verfügung handelt es sich um einen belastenden Verwaltungsakt, der schon im Zeitpunkt seines Erlasses rechtswidrig gewesen ist, da kein Rechtsgrund für die Beseitigungsanordnung bestanden hat. Nach § 48 Abs. 1 S. 1 VwVfG kann die Behörde einen belastenden rechtswidrigen Verwaltungsakt jederzeit auch mit Wirkung für die Vergangenheit zurücknehmen.

§ 48 Abs. 1 S. 1 VwVfG stellt die Rücknahme in das Ermessen der Behörde. Gemäß § 40 VwVfG ist die Behörde verpflichtet, ihr Ermessen entsprechend dem Zweck der Ermächtigung auszuüben und die gesetzlichen Grenzen des Ermessens einzuhalten. Dieser Verpflichtung der Verwaltung entspricht ein Anspruch des Bürgers auf fehlerfreie Ermessensausübung. Der Gesetzgeber hat der Behörde ein **Rücknahmeermessen** eingeräumt, damit sie im Einzelfall eine Abwägung

---

18 BVerfGE 2, 380, 395 f., 403.
19 Zu den Wirkungen der Entscheidungen des Bundesverfassungsgerichts vgl. Seibert, JuS-Lernbogen 1988, L 49.
20 Das BVerwG, NVwZ 1995, 1097, hat diese Ansicht auch für neue Rechtsprechung des Europäischen Gerichtshofs zum Schutz der Menschenrechte bestätigt; vgl. auch BayVGH DVBl 1993, 55 für die gewandelte Rechtsprechung des Bundesverfassungsgerichts zur gerichtlichen Überprüfbarkeit von Prüfungsentscheidungen (BVerfGE 84, 34 und 59).
21 BVerwG und VG Berlin NJW 1981, 2595.
22 VG Berlin aaO.

Die Lehre vom Verwaltungsakt

zwischen den widerstreitenden Verfassungsgrundsätzen der Gesetzmäßigkeit der Verwaltung und der Rechtssicherheit treffen kann. Schon im vorangehenden Fall ist auf die elementare Bedeutung der Rechtssicherheit für den Rechtsstaat hingewiesen worden. Es ist deshalb nicht richtig, unter Hinweis auf die Prinzipien der Gesetzmäßigkeit der Verwaltung und der materiellen Gerechtigkeit weitgehend eine Rücknahmepflicht anzunehmen, denn dadurch würde das auf festen Fristen aufbauende Rechtsschutzsystem hinfällig. Es muss deshalb eine an den Eigenarten des Verwaltungsakts, den Besonderheiten des Rechtsgebiets und der Bedeutung der Maßnahme für den Betroffenen orientierte **Abwägung im Einzelfall** vorgenommen werden.

Im Beispielsfall sprechen alle Umstände für eine Rücknahme der Beseitigungsanordnung. Der Abbruch eines Wohnhauses ohne rechtfertigenden Grund bedeutet nicht nur für den Betroffenen einen großen Verlust und eine unverständliche Belastung, sondern auch volkswirtschaftlich betrachtet einen sinnlosen Schaden. Es kommt noch hinzu, dass der Bestand eines bauplanungs- und bauordnungsrechtlich nicht zu beanstandenden Hauses von Art. 14 Abs. 1 GG garantiert wird, eine Vollstreckung der Abrissverfügung somit eine rechtswidrige Enteignung darstellen würde. M kann auch nicht zum Vorwurf gemacht werden, dass er die Rechtsbehelfsfristen ungenutzt hat verstreichen lassen, wenn er aufgrund der behördlichen Berechnung glauben musste, die Maßnahme sei berechtigt. Es ist deshalb eine Ermessensreduzierung auf Null anzunehmen.

M hat einen Anspruch auf Rücknahme der Beseitigungsanordnung.

c) Die Berichtigung des Besoldungsdienstalters und die Rückforderung der überzahlten Beträge sind zwei verschiedene Verwaltungsakte, die getrennt geprüft werden müssen[23].

Als Ermächtigungsgrundlage für die **Änderung der Festsetzung des Besoldungsdienstalters** kommen mangels beamtenrechtlicher Sondervorschriften nur die §§ 48 und 49 VwVfG in Betracht.

Da die Festsetzung im vorliegenden Fall bereits im Zeitpunkt ihres Erlasses rechtswidrig gewesen ist, findet § 48 VwVfG Anwendung. Die Änderung der Festsetzung des Besoldungsdienstalters stellt eine teilweise Rücknahme der ersten Festsetzung mit Wirkung (auch) für die Vergangenheit dar, die nach der für alle rechtswidrigen Verwaltungsakte geltenden Regel des § 48 Abs. 1 S. 1 VwVfG grundsätzlich im Ermessen der Behörde steht. § 48 Abs. 1 S. 2 VwVfG begrenzt den Ermessensspielraum jedoch für begünstigende Verwaltungsakte dahingehend, dass die Einschränkungen der Absätze 2 bis 4 zu beachten sind. Die Festsetzung des Besoldungsdienstalters ist, jedenfalls soweit sie dem Beamten Zeiten zuerkennt, ein begünstigender Verwaltungsakt.

Innerhalb der begünstigenden Verwaltungsakte ist zu unterscheiden zwischen Verwaltungsakten, die eine einmalige oder laufende Geldleistung oder teilbare

---

23 Vgl. zu dieser Aufgabenstellung auch Stein, DVP 2003, 108 sowie die Fallbearbeitungen von Dahm, DVP 1978, 9; Holzhauser/Hoppenberg, JA-Übungsblätter 1984, 137; Müller-Uri, VR 1982, 378. Zum Wegfall der Bereicherung im öffentlichen Dienst siehe Heubel, VR 1989, 360, zur Befugnis, einen Verwaltungsakt zu erlassen, Druschel, Die Verwaltungsaktbefugnis, 1999 und Moenikes, JA-Übungsblätter 1983, 139.

Sachleistung gewähren oder hierfür Voraussetzung sind (Absatz 2), und sonstigen Verwaltungsakten (Absatz 3). Die Festsetzung des Besoldungsdienstalters ist nach § 27 BBesG Voraussetzung für die Bemessung des Grundgehalts und damit für die Gewährung einer laufenden Geldleistung, so dass § 48 Abs. 2 VwVfG einschlägig ist. Eine Rücknahme darf danach nicht erfolgen, soweit der Begünstigte auf den Bestand des Verwaltungsaktes vertraut hat und sein Vertrauen unter Abwägung mit dem öffentlichen Interesse an einer Rücknahme schutzwürdig ist.

Die subjektive Voraussetzung des Rücknahmeverbots ist erfüllt: N hat auf den Bestand der ursprünglichen Festsetzung des Besoldungsdienstalters vertraut.

Ob das Vertrauen schutzwürdig ist, muss nach § 48 Abs. 2 S. 1 VwVfG anhand einer Interessenabwägung festgestellt werden, für die die Sätze 2 bis 4 Richtlinien aufstellen. Nach Satz 2 ist das Vertrauen in der Regel dann als schutzwürdig anzusehen, wenn der Begünstigte gewährte Leistungen verbraucht oder eine Vermögensdisposition getroffen hat, die er nicht mehr oder nur unter unzumutbaren Nachteilen rückgängig machen kann. N hat die aufgrund der Festsetzung des Besoldungsdienstalters gewährten Leistungen verbraucht, so dass die Voraussetzungen des Satzes 2 hinsichtlich der zu viel gezahlten Beträge vorliegen.

Vertrauen ist aber nur schutzwürdig, wenn es lauter ist. Die Gründe, die einer Berufung auf Vertrauen entgegenstehen, sind in Satz 3 aufgeführt. N hat den Verwaltungsakt weder durch arglistige Täuschung, Drohung oder Bestechung (Nr. 1) noch durch Angaben erwirkt, die in wesentlicher Beziehung unrichtig oder unvollständig waren (Nr. 2)[24]. Vertrauensschutz scheidet aber auch aus, wenn der Begünstigte die Rechtswidrigkeit des Verwaltungsakts kannte oder infolge grober Fahrlässigkeit nicht kannte (§ 48 Abs. 2 S. 3 Nr. 3 VwVfG). Da N die Rechtswidrigkeit nicht kannte, kommt es darauf an, ob seine Unkenntnis grob fahrlässig gewesen ist. Das ist dann der Fall, wenn er die im Verkehr erforderliche Sorgfalt in ungewöhnlich hohem Maße außer Acht gelassen hat. Die Unkenntnis des N beruhte darauf, dass er sich die schriftliche Mitteilung über die Berechnung und Festsetzung des Besoldungsdienstalters überhaupt nicht angeschaut hat. Aufgrund der ihm obliegenden Treuepflicht kann vom Beamten verlangt werden, dass er sich einen Festsetzungsbescheid durchliest und soweit auf seine Richtigkeit hin überprüft, wie es ihm nach seiner Ausbildung und individuellen Fähigkeit möglich ist. Enttäuscht er die berechtigten Erwartungen des Dienstherrn, muss er nachteilige Folgen in Kauf nehmen. Die irrtümliche Anrechnung von Wehrdienstzeiten hätte N selbst bei oberflächlicher Prüfung des Bescheids sofort auffallen müssen, so dass er die von ihm zu erwartende Sorgfalt in grober Weise außer Acht gelassen hat. N kann sich nicht auf Vertrauen berufen.

Wie § 48 Abs. 2 S. 4 VwVfG ausdrücklich anmerkt, ist damit auch regelmäßig eine Rücknahme für die Vergangenheit berechtigt. Die rückwirkende Änderung der Festsetzung des Besoldungsdienstalters ist rechtmäßig.

Als Ermächtigungsgrundlage für die **Rückforderung überzahlter Beträge** kommt allgemein § 49 a VwVfG in Betracht. Für die Rückforderung von Dienstbezügen eines Beamten enthält jedoch § 12 BBesG eine Sonderregelung, die gem. § 1

---

24 Vgl. zu diesen Ausschlussgründen Erfmeyer, DÖV 1997, 629.

Abs. 1 VwVfG vorgeht. Einschlägig ist hier § 12 Abs. 2 BBesG, der auf das Bereicherungsrecht des BGB verweist. N hat die überzahlten Beträge durch Leistung des Dienstherrn erhalten. Der rechtliche Grund für diese Leistung ist mit der teilweisen Rücknahme des Festsetzungsbescheids rückwirkend entfallen, so dass ein Bereicherungsanspruch nach § 812 Abs. 1 BGB entstanden ist. Da N die gewährten Leistungen verbraucht hat, ist er gem. § 818 Abs. 2 BGB zum Wertersatz verpflichtet, es sei denn, er könnte sich auf den Wegfall der Bereicherung (§ 818 Abs. 3 BGB) berufen. Das ist nach § 819 Abs. 1 BGB aber nicht möglich bei Kenntnis des Mangels des rechtlichen Grundes. § 12 Abs. 2 S. 2 BBesG erweitert diese Regelung um den Fall, dass der Mangel so offensichtlich war, dass der Empfänger ihn hätte erkennen müssen, was im vorliegenden Fall zu bejahen ist.

N ist damit in Höhe der überzahlten Beträge nach § 12 Abs. 2 BBesG iVm §§ 812, 818 Abs. 2 und 4, 819 Abs. 1, 292, 989 BGB zur Erstattung verpflichtet. Die Behörde darf ihren Anspruch durch Erlass eines Verwaltungsaktes geltend machen und gegebenenfalls im Wege der Verwaltungsvollstreckung durchsetzen.

d) Die Neufestsetzung der Fleischbeschaugebühren beinhaltet eine Rücknahme der ursprünglichen (rechtswidrigen) Bescheide, die an § 48 VwVfG zu messen ist.

Fraglich ist, ob uneingeschränkt der Grundsatz des § 48 Abs. 1 S. 1 VwVfG gilt oder ob gem. § 48 Abs. 1 S. 2 VwVfG ein schutzwürdiges Vertrauen des Betroffenen zu berücksichtigen ist, was das Gesetz nur für begünstigende Verwaltungsakte vorschreibt. Diese definiert er als Verwaltungsakte, die ein Recht oder einen rechtlich erheblichen Vorteil begründet oder bestätigt haben. Gebührenbescheide begründen kein Recht, sondern eine Pflicht des Betroffenen, nämlich eine Zahlungsverpflichtung. Folglich sind sie ihrem Ausspruch nach keine begünstigenden, sondern belastende Verwaltungsakte. Es kann aber nicht richtig sein, dass die Verwaltung die Intensität eines belastenden Eingriffs jederzeit verstärken darf. Der Bürger vertraut genauso darauf, dass nach Erlass eines belastenden Verwaltungsakts weitergehende Belastungen in der gleichen Angelegenheit nicht mehr auf ihn zukommen, wie er auf den Fortbestand einer Vergünstigung vertraut. Die Interessenlage entspricht bei einer **nachträglichen Änderung belastender Verwaltungsakte zum Nachteil des Betroffenen** somit der bei der Rücknahme begünstigender Verwaltungsakte, weshalb es sachgerecht ist, sie nur unter den Einschränkungen der Absätze 2 bis 4 zuzulassen[25].

Zur Begründung dieses Ergebnisses im Hinblick auf den Wortlaut des § 48 Abs. 1 S. 2 VwVfG gibt es verschiedene Ansätze. Zum Teil wird dem belastenden Verwaltungsakt eine begünstigende Regelung in Form einer Feststellung beigelegt, dass eine weitergehende oder andersartige Belastung in der Angelegenheit nicht in Betracht komme. Diese Konstruktion stößt auf Bedenken. Zum einen dürfte der Behörde regelmäßig ein entsprechendes Regelungsbewusstsein fehlen, zum anderen verwässert sie die Unterscheidung zwischen belastenden und begünstigenden Verwaltungsakten, da danach jeder belastende Verwaltungsakt ein Verwaltungsakt mit Doppelwirkung wäre. Überzeugender ist die an Sinn und Zweck der

---

25 Vertrauensschutz billigt im Ergebnis auch das Bundesverwaltungsgericht zu, vgl. BVerwGE 30, 132 mit Besprechung von Schröder, JuS 1970, 615 zum Rechtszustand vor Erlass des VwVfG sowie BVerwGE 67, 129 mit kritischer Anmerkung von Stelkens, JuS 1984, 930 zu einem abgabenrechtlichen Fall.

Vorschrift orientierte Auslegung des § 48 Abs. 1 S. 2 VwVfG dahingehend, dass nicht der Charakter des ursprünglichen Verwaltungsakts, sondern die Tendenz der späteren Abänderung maßgeblich ist: Eine Rücknahme ist zugunsten des Bürgers nach Ermessen, zu seinen Lasten aber nur unter den Einschränkungen der Absätze 2 bis 4 möglich. Wer diese Auslegung als nicht mehr vom Wortlaut gedeckt ansieht, kann über eine Analogie zu § 48 Abs. 1 S. 2 VwVfG zum gleichen Ergebnis kommen.

Die Nachforderung der Fleischbeschaugebühren ist demnach an § 48 Abs. 2 VwVfG zu messen. O hat dadurch, dass er die angeforderten zu niedrigen Gebühren seiner Preiskalkulation zugrunde gelegt hat, Vermögensdispositionen getroffen, die nicht mehr rückgängig zu machen sind. Der Regeltatbestand des Satzes 2 ist damit gegeben. Von den Ausschlussgründen des Satzes 3 kommt nur die Nr. 3 in Betracht. Dann müsste die Unkenntnis des O von der Rechtswidrigkeit der Gebührenbescheide auf grober Fahrlässigkeit beruht haben. Das Bundesverwaltungsgericht[26] hat es dem Betroffenen verwehrt, sich auf Vertrauen zu berufen, mit der Begründung, als Kaufmann hätte er sich bei seiner Kalkulation um die den Preis beeinflussenden Umstände selbst und von sich aus kümmern müssen, was auch für etwaige Post-, Zoll- oder Untersuchungsgebühren gelte. Im Ergebnis war die Entscheidung des Gerichts richtig, weil der Kläger drei Jahre vorher schon einmal aus demselben Grund Gebühren hatte nachzahlen müssen und deshalb die erneute Unrichtigkeit der Bescheide ohne weiteres hätte erkennen können. Bei der vorliegenden Ausgestaltung des Falles, bei der es um die ersten Gebührenbescheide geht, die O erhält, kann ihm aber der Vorwurf grober Fahrlässigkeit nicht gemacht werden. Der Bürger darf grundsätzlich darauf vertrauen, dass die Behörde rechtmäßig handelt. Eine Erkundigungs- oder Nachprüfungspflicht besteht nur, wenn sich die Fehlerhaftigkeit geradezu aufdrängt. Auch wenn von einem Kaufmann ein höheres Maß an Sorgfalt erwartet werden kann, muss doch zumindest in dem Bescheid ein Anhaltspunkt für seine Rechtswidrigkeit zu finden sein. Die Rechtswidrigkeit der Gebührenbescheide ergab sich jedoch erst durch einen Vergleich mit der betreffenden Gebührenordnung. Es ist schon sehr fraglich, ob von einem Kaufmann überhaupt verlangt werden kann, dass er sich die für seine Geschäfte einschlägigen Gebührenordnungen, die häufig nur sehr schwer zugänglich sind, besorgt und damit Gebührenbescheide auf ihre Richtigkeit hin überprüft. Jedenfalls würde eine derartige Pflicht nicht zu den wie selbstverständlich hinzuzuziehenden elementaren Sorgfaltspflichten gehören, bei deren Missachtung der Vorwurf grober Fahrlässigkeit berechtigt ist. Gründe dafür, dem öffentlichen Interesse an einer Rücknahme entgegen der Regel des § 48 Abs. 2 S. 2 VwVfG den Vorrang einzuräumen, sind nicht ersichtlich.

Die Nachforderung der Fleischbeschaugebühren ist damit rechtswidrig.

e) Der als Widerruf bezeichnete Bescheid stellt in Wirklichkeit die Rücknahme eines rechtswidrigen begünstigenden Verwaltungsakts dar. P hatte keinen Anspruch auf Sonderurlaub unter Fortzahlung ihrer Dienstbezüge, da die Mutterschutzvorschriften weder unmittelbar noch analog anwendbar sind[27].

---

26 BVerwGE 30, 132.
27 Eingehend dazu OVG Münster DVBl 1980, 885.

Fraglich ist, ob der **Gesichtspunkt des Vertrauensschutzes** nach § 48 Abs. 2 VwVfG **als Bestandsschutz** oder nach Absatz 3 nur **als Vermögensschutz** zu berücksichtigen ist. Das Oberverwaltungsgericht Münster[28] hat die Gewährung von Sonderurlaub unter Fortzahlung der Dienstbezüge einheitlich als immateriellen Verwaltungsakt im Sinne von Absatz 3 angesehen. Zur Begründung führt es an, der Bescheid habe eine Rechtsgrundlage nur für die Befreiung von der Dienstleistungspflicht geschaffen, nicht aber für die Zahlung der Dienstbezüge, die sich unmittelbar aus dem Gesetz ergebe. Demgegenüber hält Erichsen[29] in seiner eingehenden klausurmäßigen Bearbeitung des Falles eine ausdrückliche Regelung im Verwaltungsakt auch für die Fortzahlung der Dienstbezüge für zwingend erforderlich und sieht den Sonderurlaubsbescheid als einen Verwaltungsakt mit zwei unterschiedlichen Regelungen an, deren Rücknahme getrennt zum einen nach § 48 Abs. 2 VwVfG, zum anderen nach § 48 Abs. 3 VwVfG zu beurteilen sei. Diese künstliche Aufspaltung einer einheitlichen Regelung birgt die Gefahr widersprüchlicher Ergebnisse in sich. Zudem enthält § 3 Abs. 1 MuSchV ein unmittelbar wirkendes Dienstleistungsverbot, für das § 4 S. 1 MuSchV ausdrücklich klarstellt, dass dadurch die Zahlung der Dienstbezüge nicht berührt wird. Einer Entscheidung durch Verwaltungsakt bedarf es somit normalerweise nicht. Die Regelung des an P gerichteten Sonderurlaubsbescheids besteht nur in der Feststellung, dass die betreffenden Mutterschutzvorschriften analog gelten. Der Bescheid ist daher einheitlich ein sonstiger Verwaltungsakt im Sinne des § 48 Abs. 3 VwVfG[30].

Sonstige Verwaltungsakte sind ohne Rücksicht auf ein schutzwürdiges Vertrauen rücknehmbar. § 48 Abs. 3 VwVfG schränkt den Grundsatz des Absatzes 1 Satz 1 nicht ein, sondern begründet nur einen Anspruch auf Ausgleich des mit der Aufhebung verbundenen Vermögensnachteils. In der Literatur wird zum Teil versucht, dem Gesichtspunkt des Vertrauensschutzes im Rahmen der Ermessensentscheidung nach § 48 Abs. 1 S. 1 VwVfG Berücksichtigung zu verschaffen und damit doch wieder zum Bestandsschutz zu gelangen. Dieser Ansatz ist aber mit Wortlaut und Systematik des § 48 VwVfG nicht vereinbar und deshalb abzulehnen. Der Dienstherr durfte den Sonderurlaubsbescheid somit zurücknehmen.

Die Frage, ob die Behörde zum Vermögensausgleich verpflichtet ist, stellt sich erst, wenn der Betroffene einen entsprechenden Antrag stellt. Im vorliegenden Fall ist schon fraglich, ob P überhaupt auf den Bestand des Sonderurlaubsbescheids vertraut und daraufhin Vermögensdispositionen getroffen hat. Jedenfalls ist ihr Vertrauen unter Abwägung mit dem öffentlichen Interesse nicht schutzwürdig. Mit Rücksicht auf die Folgen, die sich aus dem Gleichbehandlungsgrundsatz ergeben konnten, bestand ein erhebliches öffentliches Interesse daran, den rechtswidrigen Zustand so schnell wie möglich wieder zu unterbinden[31].

f) In Frage steht die Aufhebung eines (ursprünglich) rechtmäßigen begünstigenden Verwaltungsakts mit Wirkung für die Zukunft. Einschlägig ist damit § 49 Abs. 2 VwVfG.

---

28 AaO.
29 Jura 1982, 46.
30 So auch Vahle, DVP 1986, 187, 188.
31 OVG Münster DVBl 1980, 885, 887.

Regelmäßig behält sich die Behörde bei einer derartigen Ausnahmegenehmigung einen späteren Widerruf ausdrücklich vor, so dass der Widerruf nach § 49 Abs. 2 Nr. 1 VwVfG zulässig ist, ohne dass der Betroffene einen Entschädigungsanspruch nach § 49 Abs. 6 VwVfG haben könnte.

Enthält die Erlaubnis keinen Widerrufsvorbehalt, kommt § 49 Abs. 2 Nr. 3 VwVfG in Betracht. Danach ist der Widerruf auch dann zulässig, wenn die Behörde aufgrund nachträglich eingetretener Tatsachen berechtigt wäre, den Verwaltungsakt nicht zu erlassen, und wenn ohne den Widerruf das öffentliche Interesse gefährdet würde[32]. Die Veränderung der Verkehrssituation ist eine nachträglich eingetretene Tatsache, die es rechtfertigt, die ins Ermessen der Straßenverkehrsbehörde gestellte Ausnahmegenehmigung nach § 46 Abs. 1 S. 1 Nr. 3 StVO zu versagen. Das öffentliche Interesse an der Sicherheit und Leichtigkeit des Straßenverkehrs erfordert auch den Widerruf der Genehmigung. Die dem R erteilte Ausnahmegenehmigung darf deshalb auch dann widerrufen werden, wenn ihr kein Widerrufsvorbehalt beigefügt war.

Wird ein begünstigender Verwaltungsakt in den Fällen des Absatzes 2 Nr. 3 bis 5 widerrufen, hat die Behörde jedoch gem. § 49 Abs. 6 VwVfG den Betroffenen auf Antrag für den Vermögensnachteil zu entschädigen, den dieser dadurch erleidet, dass er auf den Bestand des Verwaltungsakts vertraut hat, soweit sein Vertrauen schutzwürdig ist. Der Verlust der Parkmöglichkeit in zweiter Reihe stellt selbst keinen Vermögensschaden dar. R könnte nur dann einen Entschädigungsanspruch haben, wenn er im Vertrauen auf dieses Recht Vermögensdispositionen getätigt oder unterlassen, etwa eine nahegelegene Garage nicht angemietet hätte.

g) Die Bewilligung des Zuschusses in Höhe von 12 000 Euro erfolgte durch rechtmäßigen Verwaltungsakt, da S sich in seinem Antrag verpflichtet hatte, die Flächen entsprechend den Richtlinien als Grünbrache zu behandeln. Die Reduzierung des Zuschusses auf 1100 Euro durch den zweiten Bescheid stellt somit einen Teilwiderruf dar. Der Verwaltungsakt hat gemäß dem Grünbrache-Programm eine Geldleistung zur Erfüllung eines bestimmten Zweckes gewährt, so dass § 49 Abs. 3 VwVfG die Ermächtigungsgrundlage bildet. Die Leistung ist nicht für den in dem Verwaltungsakt bestimmten Zweck verwendet worden, da die Flächen nicht als Grünbrache behandelt worden sind, so dass die Ziffer 1 erfüllt ist. Gegebenenfalls kann auch die Ziffer 2 einschlägig sein, wenn nämlich in der Bezugnahme auf die Richtlinien eine Auflage liegt, die Flächen nicht zu düngen und den Aufwuchs nicht zu Futterzwecken zu verwenden. Der Verwaltungsakt kann damit auch mit Wirkung für die Vergangenheit ganz oder teilweise widerrufen werden. Der Widerruf liegt also im pflichtgemäßen Ermessen der Behörde. S hat geltend gemacht, die Behörde habe im Bescheid keine Ausführungen zur Ermessensabwägung gemacht. Er rügt damit einen Ermessensmangel. Das Bundesverwaltungsgericht[33] hat dem entgegengehalten, den haushaltsrechtlichen Grundsätzen der Wirtschaftlichkeit und Sparsamkeit (vgl. § 6 Abs. 1 HGrG sowie § 7 Abs. 1 BHO) komme beim Widerruf einer Subventionsbewilligung wegen Zweckverfehlung eine ermessenslen-

---

32 Eingehend zur Korrektur von Verwaltungsakten wegen nachträglicher Verhältnisänderung Frohn, Jura 1993, 393.
33 DVBl 1998, 145; erläuternde Besprechung von Michaelis in JA 1998, 453.

Die Lehre vom Verwaltungsakt

kende Bedeutung in dem Sinne zu, dass im Regelfall nur die Entscheidung für den Widerruf ermessensfehlerfrei sei (sog. intendiertes Ermessen)[34]. In Fällen dieser Art bedürfe es einer Darlegung der Ermessenserwägungen nur bei Vorliegen atypischer Gegebenheiten; lägen solche vor, könne die Behörde ihre Ermessensentscheidung nach § 114 S. 2 VwGO auch noch im Verwaltungsstreitverfahren entsprechend ergänzen. Folgt man diesen Grundsätzen, ist der Widerruf rechtmäßig.

Soweit der Verwaltungsakt mit Wirkung für die Vergangenheit widerrufen worden ist, sind die bereits gewährten Leistungen nach § 49 a Abs. 1 VwVfG zu erstatten. Der zu erstattende Betrag ist vom Eintritt der Unwirksamkeit des Verwaltungsaktes an nach Maßgabe des § 49 a Abs. 3 VwVfG zu verzinsen. Da der Widerruf mit Wirkung für die Vergangenheit ausgesprochen worden ist, bedeutet das eine rückwirkende Verzinsungspflicht vom Zeitpunkt der Bekanntgabe des ursprünglichen Verwaltungsaktes bzw., wenn die Leistung später erbracht wurde, vom Tag des Leistungsempfanges an[35].

F. Verwaltungsvollstreckung

Fragen
71. Was versteht man unter Verwaltungsvollstreckung?
72. Welches sind die gesetzlichen Grundlagen für die Verwaltungsvollstreckung?
73. Welche Arten der Verwaltungsvollstreckung sind zu unterscheiden?
74. Wie läuft die Verwaltungsvollstreckung wegen Geldforderungen ab?
75. Anwendungsproblemkreis 4: Die Prüfung der Rechtmäßigkeit des Verwaltungszwangs

Antworten
71. Begriff der Verwaltungsvollstreckung

Die im Verwaltungsakt vorgenommene verbindliche Regelung erfüllt ihre Funktion nur, wenn sie auch verwirklicht wird. Während feststellende und gestaltende Verwaltungsakte ihren Zweck mit der Bekanntgabe erfüllen, müssen befehlende Verwaltungsakte zwangsweise durchgesetzt werden, wenn der Adressat das Gebot oder Verbot nicht freiwillig befolgt.

Dabei braucht die öffentliche Verwaltung nicht wie der Bürger Gerichte zur Verbriefung des Anspruchs und staatliche Organe (Vollstreckungsgericht, Gerichtsvollzieher) zur Zwangsvollstreckung einzuschalten, sondern kann sich ihren Vollstreckungstitel regelmäßig durch Erlass eines Verwaltungsakts selbst beschaffen und ihn auch selbst vollstrecken **(Privileg der Selbsttitulierung und Selbstvollstreckung)**. Dieses auf die zwangsweise Durchsetzung öffentlich-rechtlicher, grundsätzlich in einem Verwaltungsakt festgesetzter Verhaltenspflichten gerichtete Verwaltungsverfahren bezeichnet man als Verwaltungsvollstreckung.

---
34 Siehe dazu Frage 49, Anwendungsproblemkreis 3 unter III 1 Ermessen.
35 Zu Grundfragen des Subventionsrechts siehe Vahle, DVP 1999, 143, zur Aufhebung staatlicher Zuwendungen Vahle, DVP 2002, 399. Weitere Klausuren zur Subventionsrückforderung bieten Pünder, VR 2001, 129; Schütz/Dibelius, Jura 1998, 427 und Suerbaum, JuS 1998, 635. Zur Rücknahme einer gemeinschaftswidrigen Subventionsbewilligung siehe BVerfG NJW 2000, 2015; BVerwG NJW 1998, 3728.

ERSTER TEIL   2. Abschnitt

Von der Verwaltungsvollstreckung zu unterscheiden ist die Vollstreckung von Urteilen der Verwaltungsgerichte nach §§ 167 ff. VwGO, die sich zugunsten der öffentlichen Hand aber gemäß § 169 VwGO gleichfalls nach den Verwaltungsvollstreckungsgesetzen richtet.

72. Gesetzliche Grundlagen der Verwaltungsvollstreckung

Gesetzliche Grundlagen für die Verwaltungsvollstreckung finden sich zum Teil in (vorrangigen) Vorschriften des Besonderen Verwaltungsrechts (vgl. u.a. § 58 AufenthG; §§ 53 ff. BbgPolG/§§ 50 ff. PolG NRW; §§ 22 S. 2, 30 Abs. 4 S. 2 und 3 StrWG NRW). Im Übrigen gelten die allgemeinen Verwaltungsvollstreckungsgesetze. Vollstreckt eine Bundesbehörde, ist das Verwaltungsvollstreckungsgesetz des Bundes (VwVG) anzuwenden, ergänzt durch das Gesetz über den unmittelbaren Zwang bei Ausübung öffentlicher Gewalt durch Vollzugsbeamte des Bundes (UZwG) oder das Gesetz über die Anwendung unmittelbaren Zwanges und die Ausübung besonderer Befugnisse durch Soldaten der Bundeswehr und verbündeter Streitkräfte sowie zivile Wachpersonen (VZwGBw). Für die Vollstreckung durch eine Landesbehörde gilt das jeweilige Landesverwaltungsvollstreckungsgesetz (oder Sicherheits- und Ordnungsgesetz)[1].

73. Arten der Verwaltungsvollstreckung

Die Verwaltungsvollstreckungsgesetze unterscheiden vom Gegenstand her zwischen

- der Vollstreckung wegen Geldforderungen (Beitreibung) und
- der Erzwingung von (sonstigen) Handlungen, Duldungen oder Unterlassungen (Verwaltungszwang).

Die Beitreibung ist u.a. geregelt in §§ 1–5 VwVG; §§ 1–14 VwVG Bbg; § 111 VwVfG M-V iVm §§ 1–3 und 5 VwVG; §§ 1–54 VwVG NRW; §§ 1–70 VwVG LSA; §§ 12–18 SächsVwVG; §§ 33–42 ThürVwZVG, der Verwaltungszwang in §§ 6–18 VwVG; §§ 15–35 VwVG Bbg; § 110 VwVfG M-V iVm §§ 79–100 SOG M-V; §§ 55–76 VwVG NRW; §§ 71–74 VwVG LSA iVm §§ 53–68 SOG LSA; §§ 19–27 SächsVwVG; §§ 43–54 ThürVwZVG.

Beim Verwaltungszwang gibt es zwei Verfahrensarten,

- das normale gestreckte Vollstreckungsverfahren, das einen vollziehbaren Verwaltungsakt (sog. Grundverfügung) voraussetzt und in den drei Stufen Androhung, Festsetzung, Anwendung des Zwangsmittels abläuft (§ 6 Abs. 1 VwVG; § 15 Abs. 1 VwVG Bbg; § 110 VwVfG M-V iVm §§ 79, 80 Abs. 1 SOG M-V; § 55 Abs. 1 VwVG NRW; § 71 Abs. 1 VwVG LSA iVm § 53 Abs. 1 SOG LSA; § 2 SächsVwVG; § 44 Abs. 1 ThürVwZVG) und

---

1   Siehe u.a. App, JuS 1987, 455; DÖV 1991, 415; VR 1992, 287; Jura 2004, 786; APF 2006, 91; App/Wettlaufer, Verwaltungsvollstreckungsrecht, 4. Aufl. 2005; Brunn, JA-Übungsblätter 1980, 163 und 202; Burmeister, JuS 1989, 256; Erichsen/Rauschenberg, Jura 1998, 31; Gusy, JA 1990, 296 und 339; Henneke, Jura 1989, 7 und 64; Hofmann/Gerke, 16. Abschnitt; Horn, Jura 2004, 447 und 597; Lemke, Verwaltungsvollstreckungsrecht des Bundes und der Länder, 1997; Maurer, § 20; Vahle, DVP 1992, 399; 1997, 58; 1999, 399 (20 Fälle); DVP 2006, 89; Weber, VR 2004, 181; Werner, VR 1999, 73; JA 2000, 902; Wind, VR 1988, 133; zum Verwaltungsvollstreckungsrecht der neuen Bundesländer App, NVwZ 1996, 656; Brühl, DtZ-Informationen 1993, 17; speziell zum gestreckten Vollzug von Ordnungsverfügungen nach dem SOG M-V Wehser, VR 2001, 340; zur Neuregelung im Vollstreckungsrecht NRW Haurand, DVP 2003, 301 und Vahle, DVP 2004, 275.

Die Lehre vom Verwaltungsakt

- das abgekürzte Verfahren (sofortiger Vollzug), das die Anwendung von Verwaltungszwang ohne vorausgehenden Verwaltungsakt ermöglicht (§ 6 Abs. 2 VwVG; § 15 Abs. 2 VwVG Bbg; § 110 VwVfG M-V iVm §§ 80 Abs. 2, 81 SOG M-V; § 55 Abs. 2 VwVG NRW; § 71 Abs. 1 VwVG LSA iVm § 53 Abs. 2 SOG LSA; § 54 ThürVwZVG; nach § 21 SächsVwVG ohne vollstreckungsrechtliche Verwaltungsakte).

74. Verwaltungsvollstreckung wegen Geldforderungen

Die Voraussetzungen für die Einleitung der Vollstreckung wegen Geldforderungen sind in § 3 VwVG sowie § 6 VwVG Bbg und NRW geregelt. Danach ist regelmäßig erforderlich:

- der Leistungsbescheid (Verwaltungsakt), durch den der Schuldner einer öffentlich-rechtlichen Geldforderung zur Leistung aufgefordert worden ist; alternativ bei zugelassener Beitreibung wegen Geldforderungen des bürgerlichen Rechts die Zahlungsaufforderung (vgl. § 1 Abs. 2 bis 4 VwVG NRW);
- die Fälligkeit der Leistung;
- der Ablauf einer Frist von einer Woche seit Bekanntgabe des Leistungsbescheids;
- grundsätzlich eine Mahnung mit einer Zahlungsfrist von einer weiteren Woche (§ 3 Abs. 3 VwVG; § 6 Abs. 3 und 4 VwVG Bbg; §§ 6 Abs. 3, 19 VwVG NRW).

Die Beitreibung von Geldforderungen ist Sache der Vollstreckungsbehörden. Die Aufgaben der Vollstreckungsbehörden werden teilweise von den Behörden wahrgenommen, die den Leistungsbescheid erlassen haben, teilweise aber auch von anderen Stellen, insbesondere durch die Vollstreckungsbehörden der Finanzverwaltung (§ 4 VwVG; § 2 VwVG Bbg; §§ 2, 3 VwVG NRW). Sind Erlass- und Vollstreckungsbehörde nicht identisch, wird die Vollstreckung durch eine verwaltungsinterne Vollstreckungsanordnung eingeleitet (§ 3 Abs. 1 und 4 VwVG). Sie stellt den Auftrag der Behörde, die den Anspruch geltend machen darf (Anordnungsbehörde), an die Vollstreckungsbehörde dar, die Vollstreckung durchzuführen.

Das Verwaltungszwangsverfahren und der Vollstreckungsrechtsschutz sind teilweise in den Verwaltungsvollstreckungsgesetzen selbst geregelt, teilweise verweisen diese aber auch auf die Beitreibungsvorschriften der Abgabenordnung (vgl. § 5 VwVG).

75. Anwendungsproblemkreis 4: Die Prüfung der Rechtmäßigkeit des Verwaltungszwangs

I. Problemstellung

Die Aufgabenstellung von Fortgeschrittenenarbeiten umfasst oft auch die Prüfung der Rechtmäßigkeit von Vollstreckungsmaßnahmen. Grundfall ist die Erzwingung von Handlungen, Duldungen oder Unterlassungen im gestreckten Verfahren (dazu unter II). Als Sonderformen kommen die Prüfung der Rechtmäßigkeit des sofortigen Vollzugs (unter III) und des auf Erstattung der Kosten der Ersatzvornahme oder des unmittelbaren Zwangs gerichteten Leistungsbescheids (unter IV) vor.

ERSTER TEIL 2. Abschnitt

II. Prüfung der Rechtmäßigkeit des Verwaltungszwangs im gestreckten Verfahren

Aufbauschema:

I. Formelle Rechtmäßigkeit
1. Zuständigkeit (§ 7 VwVG; § 16 VwVG Bbg; § 56 VwVG NRW)
2. Allgemeine Verfahrensvoraussetzungen (§§ 10 ff. VwVfG)
3. Vollstreckungsrechtliche Verfahrensschritte
   a) Androhung des Zwangsmittels (§ 13 VwVG; § 23 VwVG Bbg; § 63 VwVG NRW)
      aa) Schriftform (§ 13 Abs. 1 S. 1 VwVG; § 23 Abs. 1 S. 1 VwVG Bbg; § 63 Abs. 1 S. 1 VwVG NRW)
      bb) Verbindung mit dem Grundverwaltungsakt, wenn ein Rechtsmittel keine aufschiebende Wirkung hat (§ 13 Abs. 2 S. 2 VwVG; § 23 Abs. 2 S. 2 VwVG Bbg; § 63 Abs. 2 S. 2 VwVG NRW)
      cc) Fristsetzung (§ 13 Abs. 1 S. 2 VwVG; § 23 Abs. 1 S. 2 VwVG Bbg; § 63 Abs. 1 S. 2 ff. VwVG NRW)
      dd) Bestimmtheit (§ 13 Abs. 3 VwVG; § 23 Abs. 3 VwVG Bbg; § 63 Abs. 3 VwVG NRW)
      ee) Angabe der voraussichtlichen Kosten bei Androhung von Ersatzvornahme (§ 13 Abs. 4 VwVG; § 23 Abs. 4 VwVG Bbg; § 63 Abs. 4 VwVG NRW)
      ff) Androhung von Zwangsgeld in bestimmter Höhe (§ 13 Abs. 5 VwVG; § 23 Abs. 5 VwVG Bbg; § 63 Abs. 5 VwVG NRW)
      gg) Begründung (§ 39 Abs. 1 VwVfG)
      hh) Zustellung (§ 13 Abs. 7 VwVG; § 23 Abs. 6 VwVG Bbg; § 63 Abs. 6 VwVG NRW)
   b) Festsetzung des Zwangsmittels (§ 14 VwVG; § 24 VwVG Bbg; § 64 VwVG NRW)
   c) Anwendung des Zwangsmittels (§ 15 VwVG; § 25 Abs. 1 VwVG Bbg; § 65 VwVG NRW)

II. Materielle Rechtmäßigkeit
1. Ermächtigungsgrundlage (§ 6 Abs. 1 VwVG; § 15 Abs. 1 VwVG Bbg; § 55 Abs. 1 VwVG NRW)
   a) Vorliegen eines wirksamen Verwaltungsakts, der auf die Vornahme einer Handlung oder auf Duldung oder Unterlassung gerichtet ist
   b) Vollstreckbarkeit des Verwaltungsakts
   c) Fehlen von Vollstreckungshindernissen
2. Ggf. richtiger Vollstreckungsadressat
3. Richtiges Zwangsmittel (§§ 9–12 VwVG; § 17, 19, 20, 22 iVm § 26 ff. VwVG Bbg; §§ 57, 60–62 VwVG NRW)
4. Verhältnismäßigkeit (§ 9 Abs. 2 VwVG, § 18 VwVG Bbg; § 58 VwVG NRW)
5. Fehlerfreie Ermessensausübung (§ 40 VwVfG)

Erläuterungen:

Formelle Rechtmäßigkeit

Zuständigkeit

Verwaltungszwang wird von der Behörde ausgeübt, die den zu vollstreckenden Verwaltungsakt erlassen hat, und zwar auch dann, wenn eine Widerspruchsentscheidung zu vollziehen ist. Abweichende Zuständigkeitsbestimmungen sind zugelassen (§ 7 VwVG, § 16 VwVG Bbg; § 56 VwVG NRW).

Die Anwendung unmittelbaren Zwanges ist nur bestimmten Vollzugsbeamten übertragen (sog. funktionale Zuständigkeit, vgl. § 6 UZwG; §§ 28 ff. VwVG Bbg; § 68 VwVG NRW). Der Kreis der zum Gebrauch von Schusswaffen Berechtigten ist noch enger gezogen (vgl. § 9 UZwG; § 34 VwVG Bbg; § 74 VwVG NRW).

Allgemeine Verfahrensvoraussetzungen

Das Vollstreckungsverfahren ist Verwaltungsverfahren im Sinne des § 9 VwVfG mit der Folge, dass die Verfahrensvoraussetzungen der §§ 10 ff. VwVfG erfüllt sein

Die Lehre vom Verwaltungsakt

müssen, soweit es auf den Erlass eines Verwaltungsakts gerichtet ist. Anerkannt ist die **Verwaltungsaktqualität** bei der Androhung eines Zwangsmittels[2] und der Festsetzung eines Zwangsgeldes, umstritten bei der Festsetzung der Ersatzvornahme und des unmittelbaren Zwangs[3].

In der Fallbearbeitung sind die allgemeinen Verfahrensvoraussetzungen nur insoweit anzusprechen, als sie im Einzelfall ausnahmsweise einmal problematisch sind.

Vollstreckungsrechtliche Verfahrensschritte

Das gestreckte Vollstreckungsverfahren läuft regelmäßig in drei Stufen ab (vgl. §§ 13 bis 15 VwVG; §§ 23 bis 25 VwVG Bbg; §§ 63 bis 65 VwVG NRW):

- Androhung der Zwangsmittel,
- Festsetzung der Zwangsmittel,
- Anwendung der Zwangsmittel.

Androhung der Zwangsmittel

Die Androhung ist in der sorgfältigen rechtsstaatlichen Ausgestaltung des Verfahrens das Kernstück des Verwaltungszwangs. Sie erfüllt eine dreifache Funktion:

- Sie soll dem Pflichtigen die Möglichkeit geben, durch freiwillige Erfüllung der Verhaltenspflicht die Vollstreckung abzuwenden.
- Zugleich soll sie den gegebenenfalls erforderlich werdenden Vollzug des Verwaltungsakts so weit konkretisieren, dass das Zwangsmittel festgesetzt und angewendet werden kann.
- Außerdem soll sie dem Pflichtigen noch einmal eine Anfechtungsmöglichkeit eröffnen.

Die verwaltungsvollstreckungsrechtlichen Gesetze stellen an Form und Inhalt der Androhung besondere Anforderungen (vgl. § 13 VwVG; § 23 VwVG Bbg; § 63 VwVG NRW), die sorgfältig beachtet werden müssen.

Schriftform

Zwangsmittel müssen im gestreckten Verfahren schriftlich angedroht werden (§ 13 Abs. 1 S. 1 VwVG; § 23 Abs. 1 S. 1 VwVG Bbg; § 63 Abs. 1 S. 1 VwVG NRW). Die Schriftform kann nach § 3 a Abs. 2 VwVfG durch die elektronische Form ersetzt werden.

Verbindung mit dem Grundverwaltungsakt

Die Androhung braucht nicht gesondert zu erfolgen, sondern kann mit dem Verwaltungsakt verbunden werden, durch den die Handlung, Duldung oder Unterlassung aufgegeben wird. Sie soll mit ihm verbunden werden, wenn ein Rechtsmittel

---

2 BVerwG DVBl 1989, 362 mwN.
3 Siehe dazu unten bei der Festsetzung.

keine aufschiebende Wirkung hat (§ 13 Abs. 2 VwVG; § 23 Abs. 2 VwVG Bbg; § 63 Abs. 2 VwVG NRW).

Fristsetzung

Bei der Androhung ist für die Erfüllung der Verpflichtung eine angemessene Frist zu bestimmen, innerhalb der der Vollzug dem Pflichtigen billigerweise zugemutet werden kann (§ 13 Abs. 1 S. 2 VwVG; § 23 Abs. 1 S. 2 VwVG Bbg; § 63 Abs. 1 S. 2 VwVG NRW). Entbehrlich ist die Fristsetzung dann, wenn es gesetzlich ausdrücklich bestimmt ist (vgl. § 58 a Abs. 1 S. 2 AufenthG), sowie regelmäßig, wenn eine Duldung oder Unterlassung erzwungen werden soll. Eine Zwangsmittelandrohung, die entgegen den gesetzlichen Bestimmungen nicht mit einer Fristsetzung verbunden ist, ist als Grundlage für nachfolgende Vollzugsakte ungeeignet und damit nichtig[4].

Angemessen ist die Frist dann, wenn sie unter Berücksichtigung der Gefahrenlage und des behördlichen Interesses an der Schleunigkeit der Ausführung des Verwaltungsakts dem Betroffenen die nach der Lebenserfahrung erforderliche Zeit gibt, seiner Verpflichtung nachzukommen oder beim Verwaltungsgericht vorläufigen Rechtsschutz zu erlangen[5]. Die Frist kann nach den Umständen des Einzelfalls wenige Minuten oder mehrere Wochen betragen. Eine Verpflichtung zu „unverzüglichem Handeln" verstößt gegen das Bestimmtheitserfordernis[6]. Die Frist darf auch bei einem nicht sofort vollstreckbaren Verwaltungsakt mit der Bekanntgabe zu laufen beginnen und kürzer als die Rechtsbehelfsfrist sein[7]. Eine gegenteilige Regelung hat der Gesetzgeber in Verkennung der regelungstechnischen Zusammenhänge zwischen Handlungsfrist, Rechtsbehelfsfrist und Bestandskraft bei der Neufassung des nordrhein-westfälischen Verwaltungsvollstreckungsgesetzes[8] in § 63 Abs. 1 S. 3 getroffen. Sie kann schon im Regelfall, dass der Pflichtige den Verwaltungsakt freiwillig befolgt, zu einer sinnlosen Verzögerung führen. Noch schädlicher sind die durch Satz 4 vorgegebenen Rechtsfolgen: „Ist als Fristbeginn die Zustellung oder ein anderer Zeitpunkt bestimmt, tritt an dessen Stelle der Eintritt der Bestandskraft, sofern ein Rechtsbehelf mit aufschiebender Wirkung eingelegt wird." Der Verwaltungsakt kann damit erst frühestens einen Monat nach Eintritt der Bestandskraft durchgesetzt werden!

Bestimmtheit

Die Androhung muss sich nach § 13 Abs. 3 VwVG auf ein bestimmtes Zwangsmittel beziehen. Unzulässig ist die gleichzeitige Androhung mehrerer Zwangsmittel und die Androhung, mit der sich die Vollzugsbehörde die Wahl zwischen mehreren Zwangsmitteln vorbehält. Im Gegensatz dazu gestatten § 23 Abs. 3 VwVG Bbg und § 63 Abs. 3 VwVG NRW die Androhung mehrerer Zwangsmittel, sofern angegeben wird, in welcher Reihenfolge sie angewendet werden sollen. Als bestimmte Zwangsmittel kommen entsprechend der gesetzlichen Aufzählung (§ 9 Abs. 1

---

4 BVerwG DÖV 1964, 168.
5 Sadler, VwVG/VwZG, 6. Aufl. 2006, § 13 VwVG Rdnrn. 10 ff.
6 VGH Mannheim NVwZ-RR 1995, 506, 507 f.; 1996, 612; VGH München DÖV 1986, 619.
7 Eingehend dazu Brühl, JuS 1997, 926, 929 f.
8 Siehe dazu Haurand, DVP 2003, 301.

Die Lehre vom Verwaltungsakt

VwVG; § 17 Abs. 1 VwVG Bbg; § 57 Abs. 1 VwVG NRW) Ersatzvornahme, Zwangsgeld und unmittelbarer Zwang in Betracht. Die Art und Weise der Zwangsanwendung braucht bei der Androhung unmittelbaren Zwangs noch nicht bezeichnet zu werden[9].

Nicht zulässig ist die Androhung eines einheitlichen Zwangsmittels für mehrere voneinander unabhängige Handlungen. Es muss vielmehr die Androhung für jede einzelne Verpflichtung getrennt ergehen (so ausdrücklich § 332 Abs. 2 S. 2 AO)[10]. Auch die Androhung eines Zwangsgeldes für jeden Fall der Zuwiderhandlung ist mit Sinn und Zweck der Zwangsmittelandrohung nicht vereinbar[11]. Eine gegenteilige Regelung trifft aber auch hier das neue Verwaltungsvollstreckungsgesetz NRW in § 57 Abs. 3 S. 2 für die Erzwingung einer Duldung oder Unterlassung.

Angabe der voraussichtlichen Kosten bei Androhung von Ersatzvornahme

Soll die Handlung auf Kosten des Pflichtigen (Ersatzvornahme) ausgeführt werden, so ist nach § 13 Abs. 4 VwVG in der Androhung der Kostenbetrag vorläufig zu veranschlagen. § 23 Abs. 4 VwVG Bbg und § 63 Abs. 4 VwVG NRW enthalten eine entsprechende Soll-Vorschrift. Nach § 19 Abs. 2 S. 1 VwVG Bbg und § 59 Abs. 2 S. 1 VwVG NRW kann bestimmt werden, dass der Betroffene die voraussichtlichen Kosten der Ersatzvornahme im Voraus zu zahlen hat. Eine solche Zahlungsaufforderung entfaltet eine große Beugewirkung. Sie ist keine Maßnahme der Verwaltungsvollstreckung, sondern ein selbstständiger Verwaltungsakt, der im Wege der Beitreibung vollstreckt werden kann[12].

Androhung von Zwangsgeld in bestimmter Höhe

Zwangsgeld ist in bestimmter Höhe anzudrohen (§ 13 Abs. 5 VwVG; § 23 Abs. 5 VwVG Bbg; § 63 Abs. 5 VwVG NRW). Dazu ist die Angabe eines festen Euro-Betrages erforderlich. Die Angabe eines Höchstbetrages ist nicht zulässig.

Begründung

Als schriftlicher Verwaltungsakt ist die Androhung eines Zwangsmittels schriftlich zu begründen (§ 39 Abs. 1 VwVfG). Angegeben werden müssen auf jeden Fall die Rechtsgrundlagen der Vollstreckung. Stehen mehrere Zwangsmittel zur Wahl, ist die getroffene Auswahl kurz zu begründen. Auf die Höhe des Zwangsgeldes ist dann einzugehen, wenn es schon beim ersten Mal erheblich ist oder bei wiederholter Androhung erhöht wird. Stets der Begründung bedarf die Androhung von unmittelbarem Zwang als schärfstes Zwangsmittel.

---

9 BGH MDR 1975, 1006; OVG Münster NWVBl 1990, 426; aA VGH Kassel GewArch 1983, 263.
10 Ebenso VGH Mannheim NVwZ-RR 1996, 612.
11 BVerwG DVBl 1998, 230; VGH München NVwZ 1987, 512; OVG Magdeburg DÖV 1995, 385; VG Arnsberg GewArch 1980, 29, 30.
12 BVerwG NJW 1969, 809; VGH Mannheim NVwZ-RR 1997, 74; OVG Münster OVGE 36, 304 und NJW 1983, 1441.

Von einer Anhörung kann hingegen bei Maßnahmen in der Verwaltungsvollstreckung abgesehen werden (§ 28 Abs. 2 Nr. 5 VwVfG).

Zustellung

Die Androhung ist zuzustellen. Das gilt auch dann, wenn sie mit dem zugrunde liegenden Verwaltungsakt verbunden ist und für ihn keine Zustellung vorgeschrieben ist (§ 13 Abs. 7 VwVG; § 23 Abs. 6 VwVG Bbg; § 63 Abs. 6 VwVG NRW). Das am 1. Februar 2006 in Kraft getretene neue Verwaltungszustellungsgesetz eröffnet in § 5 Abs. 4 und 5 nunmehr auch die Möglichkeit der elektronischen Zustellung[13].

Festsetzung der Zwangsmittel

Wird die Verpflichtung innerhalb der Frist, die in der Androhung bestimmt ist, nicht erfüllt, so setzt die Vollzugsbehörde das Zwangsmittel fest (§ 14 S. 1 VwVG; § 24 S. 1 VwVG Bbg; § 64 S. 1 VwVG NRW), das heißt, sie ordnet an, dass das Zwangsmittel nunmehr angewendet werden soll. Zwangsgeld wird in Form eines Leistungsbescheides (§ 3 VwVG; § 6 VwVG Bbg/NRW) festgesetzt, also durch Erlass eines Verwaltungsakts. Demgegenüber wird bei Ersatzvornahme oder unmittelbarem Zwang ein Auftrag an einen privaten Unternehmer, eigene Mitarbeiter oder Vollzugskräfte erteilt. Darin allein besteht aber die Festsetzung nicht, wie das Bundesverwaltungsgericht[14] festgestellt hat. Das Bundesverwaltungsgericht versteht die Festsetzung vielmehr als schützende, an den Pflichtigen gerichtete Mitteilung und damit als subjektive Rechtsposition. Die Festsetzung ist daher unabhängig vom Zwangsmittel ein belastender Verwaltungsakt, der dem Pflichtigen in gehöriger Form mitzuteilen ist[15]. Dies ergibt sich zum einen aus dem Wortlaut der §§ 14 S. 2 und 15 Abs. 1 VwVG[16], zum anderen aus der Funktion der Festsetzung. Ihr kommt nämlich genauso wie der Androhung Konkretisierungs-, Warn- und Schutzfunktion zu, die sie nur erfüllen kann, wenn sie bekannt gegeben wird[17].

Schriftform ist für die Festsetzung des Zwangsmittels zwar nicht rechtlich vorgegeben, regelmäßig aber zweckmäßig. Mit der Festsetzung des Zwangsgeldes ist dem Betroffenen eine angemessene Frist zur Zahlung einzuräumen (so ausdrücklich § 60 Abs. 2 VwVG NRW). Im Übrigen ist eine erneute Fristsetzung nicht vorgeschrieben, vielfach aber sinnvoll[18]. Die einfache Bekanntgabe ist für die Festsetzung ausreichend.

Einzige materielle Voraussetzung ist nach dem Gesetzeswortlaut, dass die Verpflichtung innerhalb der Frist, die in der Androhung bestimmt ist, nicht erfüllt worden ist. Bei Duldungs- und Unterlassungspflichten, bei denen eine Fristsetzung entbehrlich ist, darf ein Zwangsmittel festgesetzt werden, wenn der Betroffene dem

---

13 Zur Zustellung siehe näher Frage 112 III 2 c) unter Frist.
14 NVwZ 1997, 381 mit Besprechung von Dünchheim, NVwZ 1997, 350, gegen VGH Mannheim, BWVBl 1996, 214.
15 BVerwGE 49, 169, 170 f.; OVG Koblenz, NVwZ 1986, 762; 1994, 715; OVG Münster NVwZ-RR 1998, 155.
16 Zu dieser rechtssystematischen Interpretation siehe BVerwG NVwZ 1997, 381.
17 OVG Münster NVwZ-RR 1998, 155.
18 Näher dazu Brühl, JuS 1997, 1021, 1022.

Die Lehre vom Verwaltungsakt

Gebot oder Verbot zuwiderhandelt. Die Festsetzung muss sich im Rahmen der Androhung halten. Das bedeutet, dass kein anderes oder schwerwiegenderes Zwangsmittel, wohl aber das angedrohte Zwangsmittel eingeschränkt, insbesondere Zwangsgeld niedriger als angedroht, festgesetzt werden darf.

Anwendung der Zwangsmittel

Als letzte Stufe des gestreckten Verfahrens wird das Zwangsmittel der Festsetzung gemäß angewendet (§ 15 Abs. 1 VwVG; § 23 Abs. 1 VwVG Bbg; § 65 Abs. 1 VwVG NRW). Ist bei der Festsetzung noch einmal eine Frist zur freiwilligen Erfüllung des Verwaltungsakts gesetzt worden, muss deren ergebnisloser Ablauf abgewartet werden. Die Behörde darf das festgesetzte Zwangsmittel eingeschränkt anwenden, nicht aber über die Festsetzung hinausgehen, es sei denn, die weitergehenden Maßnahmen sind von der Ermächtigung zum sofortigen Vollzug (§ 6 Abs. 2 VwVG, § 15 Abs. 2 VwVG Bbg; § 55 Abs. 2 VwVG NRW) gedeckt.

- **Zwangsgeld** wird in der festgesetzten Höhe eingezogen, notfalls beigetrieben (§ 20 Abs. 3 VwVG Bbg; § 60 Abs. 3 VwVG NRW).

- Bei **Ersatzvornahme** wird die geschuldete Handlung durch den Beauftragten, nach Landesrecht alternativ durch die Vollzugsbehörde selbst vorgenommen. Die entstandenen Kosten werden durch Leistungsbescheid festgesetzt[19], vom Pflichtigen eingezogen, soweit sie nicht bereits im Voraus gezahlt worden sind, notfalls beigetrieben. Zahlt der Betroffene die Kosten der Ersatzvornahme nicht bis zu dem Tag, der sich aus der Fristsetzung ergibt, so hat er in Nordrhein-Westfalen für den Kostenbetrag von diesem Tag an sogar Zinsen zu zahlen (§ 59 Abs. 3 VwVG NRW).

- **Unmittelbarer Zwang** wird dadurch angewendet, dass der Pflichtige durch körperliche Gewalt, ihre Hilfsmittel oder durch Waffen gezwungen wird, in der im Verwaltungsakt festgelegten Weise zu handeln, zu dulden oder zu unterlassen. Nach § 12 VwVG gehört zum unmittelbaren Zwang auch die Selbstvornahme durch die Vollzugsbehörde. Das Vorgehen richtet sich im Bund nach dem UZwG (bzw. dem UZwGBw), in den Ländern nach entsprechenden Landesvorschriften (in Brandenburg für die Polizei nach §§ 50 ff. BbgPolG, im Übrigen nach §§ 26 ff. VwVG Bbg; in Nordrhein-Westfalen für die Polizei nach §§ 57 ff. PolG NRW, im Übrigen nach §§ 66 ff. VwVG NRW). Auch an die Anwendung unmittelbaren Zwangs kann sich die Rückforderung, Einziehung und ggf. Beitreibung der Kosten anschließen.

Der Betroffene ist verpflichtet, alle rechtmäßigen Maßnahmen der mit der Ersatzvornahme Beauftragten und der Vollzugsdienstkräfte sowie ihrer Hilfskräfte zu dulden. Leistet er Widerstand, so kann dieser mit Gewalt gebrochen werden, wozu die Polizei auf Verlangen der Vollzugsbehörde Amtshilfe zu leisten hat (§ 15 Abs. 2 VwVG; § 25 Abs. 2 VwVG Bbg iVm §§ 50 ff. BbgPolG; § 65 Abs. 2 VwVG NRW iVm §§ 47 ff. PolG NRW). Die Durchführung der Amtshilfe richtet sich nach den für die Polizei geltenden Rechtsvorschriften (vgl. § 7 VwVfG).

---

19 Siehe dazu unter IV.

ERSTER TEIL   2. Abschnitt

Materielle Rechtmäßigkeit

Ermächtigungsgrundlage

Soweit keine der seltenen fachgesetzlichen Ermächtigungen (z.B. § 58 AufenthG; § 35 Abs. 5 GewO; § 16 Abs. 9 HandwO) eingreift, ist auf die allgemeinen Ermächtigungsgrundlagen zur zwangsweisen Durchsetzung von Verwaltungsakten zurückzugreifen (§ 6 Abs. 1 VwVG; § 15 Abs. 1 VwVG Bbg; § 55 Abs. 1 VwVG NRW). Die Prüfung der Ermächtigungsgrundlage gliedert sich in drei Teile:

- Es muss ein befehlender Verwaltungsakt vorliegen.
- Der Verwaltungsakt muss vollstreckbar sein.
- Es dürfen keine Vollstreckungshindernisse gegeben sein.

1. Vollstreckungsvoraussetzung: Die Grundlage des gestreckten Vollstreckungsverfahrens bildet ein Verwaltungsakt, die sog. Grundverfügung. Diese muss objektiv einen Verwaltungsakt im Sinne des § 35 VwVfG darstellen, was in der Fallbearbeitung nur bei echten Abgrenzungsproblemen zu hinterfragen ist.

Mit Zwangsmitteln durchgesetzt werden kann nur ein Verwaltungsakt, der auf die Vornahme einer Handlung, auf Duldung oder Unterlassen gerichtet ist, also ein sog. **befehlender Verwaltungsakt** (Verfügung). Rechtsgestaltende und feststellende Verwaltungsakte entfalten ihre Rechtsfolgen unmittelbar mit der Bekanntgabe; Vollzugsakte sind weder nötig noch möglich.

Beispiel:
Wenn die Behörde die Fahrerlaubnis entzieht und den Führerschein zurückfordert, so ist die Fahrerlaubnis mit der Bekanntgabe des Bescheides erloschen. Die Rückforderung des Führerscheins begründet demgegenüber eine Handlungspflicht des Führerscheininhabers, die mit Zwangsmitteln durchgesetzt werden kann.

Der Verwaltungsakt muss **wirksam** sein. Die Wirksamkeit beginnt gemäß § 43 Abs. 1 VwVfG mit der Bekanntgabe und dauert nach Absatz 2 an, solange und soweit der Verwaltungsakt nicht zurückgenommen, widerrufen, anderweitig aufgehoben oder durch Zeitablauf oder auf andere Weise erledigt ist. Die Wirksamkeit ist dabei nicht an die Rechtmäßigkeit des Verwaltungsakts geknüpft. Die Rechtmäßigkeit oder Rechtswidrigkeit eines Verwaltungsakts ist keine feststehende Tatsache, sondern zwischen Behörde und Adressat häufig strittig. Der Betroffene hat innerhalb der gesetzlich bestimmten Fristen Gelegenheit, die Rechtmäßigkeit, im Vorverfahren auch die Zweckmäßigkeit, des Verwaltungsakts überprüfen zu lassen. Ist der Rechtsbehelf zulässig und begründet, wird der Verwaltungsakt aufgehoben. Mit der Aufhebung der Grundverfügung fällt die Vollstreckungsgrundlage weg, so dass auch die vollstreckungsrechtlichen Verwaltungsakte aufzuheben sind. Hat der Betroffene es versäumt, diese Frage im Rechtsbehelfsverfahren fristgerecht verbindlich klären zu lassen, kann er sich nachträglich grundsätzlich nicht mehr auf die Rechtswidrigkeit oder Unzweckmäßigkeit des Verwaltungsakts berufen. Die Rechtmäßigkeit der vorangegangenen Verwaltungsakte ist demnach keine Vollstreckungsvoraussetzung[20], wie auch das Bundesverwaltungsgericht[21] ausdrücklich festgestellt hat:

---

20 Eingehend dazu Weiß, DÖV 2001, 275.
21 DÖV 1984, 887.

Die Lehre vom Verwaltungsakt

„Darauf, ob der auf Vornahme der Handlung gerichtete Verwaltungsakt, die Androhung der Ersatzvornahme und deren Festsetzung rechtmäßig waren, kommt es, wenn sie nicht nichtig und auch nicht mehr anfechtbar sind, nicht an. Tragender Grundsatz des Verwaltungs-Vollstreckungsrechts ist, dass die Wirksamkeit und nicht die Rechtmäßigkeit vorausgegangener Verwaltungsakte Bedingung für die Rechtmäßigkeit der folgenden Akte und letztlich der Anwendung des Zwangsmittels ist."

In der Fallbearbeitung müssen deshalb alle Formulierungen vermieden werden, die einen unmittelbaren Zusammenhang zwischen der Rechtmäßigkeit des Verwaltungsakts und der Rechtmäßigkeit des Verwaltungszwangs herstellen. Sind Rechtsbehelfe zulässigerweise sowohl gegen die Grundverfügung als auch gegen vollstreckungsrechtliche Verwaltungsakte erhoben, prüft man im Rahmen der Begründetheit zunächst die Grundverfügung. Ist diese rechtmäßig, kann die Zwangsmittelandrohung trotzdem rechtswidrig sein, z.B. weil formelle Anforderungen an die Androhung verletzt oder das falsche Zwangsmittel gewählt worden ist. Erweist sich die Grundverfügung als rechtswidrig (bzw. unzweckmäßig), steht damit bereits fest, dass die Zwangsmittelandrohung als akzessorische Anordnung ebenfalls aufzuheben ist. Zugleich kann die Vollstreckungsandrohung aber noch an eigenen Fehlern leiden, so dass zumindest noch deren formelle Rechtmäßigkeit kurz zu untersuchen ist.

Sind die vorausgegangenen Verwaltungsakte bereits bestandskräftig geworden, ist kurz zu erwägen, ob Nichtigkeitsgründe (§ 43 Abs. 3 iVm § 44 VwVfG) in Betracht kommen. Von praktischer Bedeutung für die Verwaltungsvollstreckung ist vor allem das Bestimmtheitsgebot des § 37 Abs. 1 VwVfG[22]. Ein Verwaltungsakt, der inhaltlich zu unbestimmt ist, um als Grundlage für eine Vollstreckung zu dienen, ist nach § 44 Abs. 1 VwVfG als nichtig anzusehen[23]. Da Nichtigkeitsgründe die große Ausnahme bilden, genügt in der Fallbearbeitung regelmäßig der Satz:

Mangels Anhaltspunkten dafür, dass der Verwaltungsakt nichtig sein könnte, liegt eine wirksame Grundverfügung vor.

2. Vollstreckungsvoraussetzung: Mit Zwangsmitteln durchgesetzt werden darf ein Verwaltungsakt nur dann, wenn er **vollstreckbar** ist. Vollstreckbar ist ein Verwaltungsakt

• spätestens, wenn er unanfechtbar ist, d.h. eine rechtskräftige Entscheidung vorliegt, die Rechtsbehelfsfristen verstrichen sind oder der Betroffene auf Rechtsbehelfe verzichtet hat,

• bereits vorher, wenn ein Rechtsmittel nach § 80 Abs. 2 VwGO keine aufschiebende Wirkung hat oder nach § 80 b Abs. 1 VwGO mehr hat,

• oder, worauf § 6 Abs. 1 VwVG ausdrücklich hinweist, wenn während des gestreckten Verfahrens sein sofortiger Vollzug angeordnet wird.

Zur **Bestimmung des Zeitpunkts,** zu dem Verwaltungszwang angewendet werden darf, muss man vier Fallgruppen auseinander halten.

---

22 Siehe dazu den Fall 101 a.
23 OVG Münster DVBl 1979, 732.

1. Fallgruppe: Den Grundfall bildet ein Verwaltungsakt mit Androhung eines Zwangsmittels, gegen den ein Rechtsmittel aufschiebende Wirkung hat, aber nicht eingelegt ist. Ein solcher Verwaltungsakt kann mit Zwangsmitteln erst durchgesetzt werden, wenn er unanfechtbar geworden ist. Ist dem Pflichtigen eine Handlungsfrist gesetzt, die kürzer als die Rechtsbehelfsfrist ist (unzulässig nach § 63 Abs. 1 S. 3 VwVG NRW), muss nach fruchtlosem Verstreichen der Handlungsfrist mit Zwangsmaßnahmen gewartet werden, bis der Verwaltungsakt unanfechtbar geworden ist.

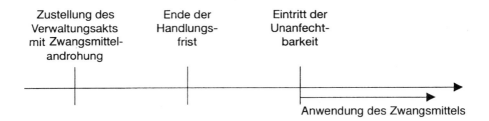

Ist die Handlungsfrist länger als die Rechtsbehelfsfrist oder beginnt sie erst mit dem Eintritt der Unanfechtbarkeit des Verwaltungsakts zu laufen, so kann der Verwaltungsakt trotz eingetretener Bestandskraft erst nach fruchtlosem Ablauf der Handlungsfrist vollzogen werden.

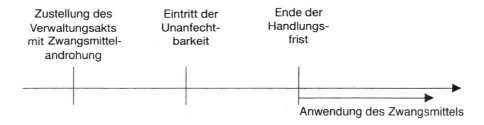

2. Fallgruppe: Legt der Pflichtige, dem eine Handlungsfrist gesetzt worden ist, die schon vor Bestandskraft des Verwaltungsakts zu laufen begonnen hat, während des Laufs der Frist Widerspruch oder, soweit ein Vorverfahren nach § 68 Abs. 1 S. 2 VwGO entbehrlich ist, Anfechtungsklage ein, so entfaltet sein Rechtsbehelf gemäß § 80 Abs. 1 VwGO aufschiebende Wirkung, und zwar rückwirkend auf den Zeitpunkt des Erlasses des Verwaltungsakts. Damit braucht der Pflichtige den Verwaltungsakt vorläufig noch nicht auszuführen. Endet die aufschiebende Wirkung gemäß § 80 b Abs. 1 VwGO, so ist die von der Behörde gesetzte Handlungsfrist zwischenzeitlich gegenstandslos geworden. Die Behörde muss dem Pflichtigen daher eine neue Handlungsfrist setzen, regelmäßig in Form einer neuen Zwangsmittelandrohung, und den Ablauf der neuen Frist abwarten, bevor sie den

Die Lehre vom Verwaltungsakt

Verwaltungsakt vollstrecken kann[24]. Nach der Sondervorschrift des § 63 Abs. 1 S. 4 VwVG NRW tritt, wenn als Fristbeginn die Zustellung oder ein anderer Zeitpunkt bestimmt ist, an dessen Stelle der Eintritt der Bestandskraft, sofern ein Rechtsbehelf mit aufschiebender Wirkung eingelegt wird.

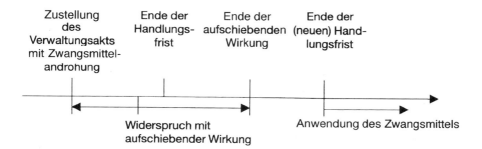

3. Fallgruppe: Anders ist die Rechtslage, wenn der Betroffene seinen Rechtsbehelf erst nach Ablauf der Handlungsfrist eingelegt hat. In diesem Fall ist die Frist durch die vorübergehend eingetretene aufschiebende Wirkung nicht gegenstandslos geworden. Der Betroffene hatte das Verhaltensgebot während der gesamten Dauer der Frist zu beachten, so dass die Behörde den Verwaltungsakt nach Beendigung der aufschiebenden Wirkung sofort mit Zwangsmitteln durchsetzen kann.

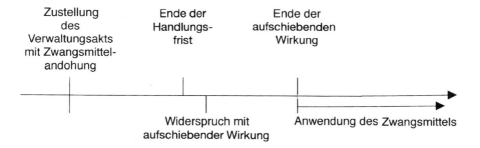

4. Fallgruppe: Hat ein Rechtsmittel gemäß § 80 Abs. 2 VwGO kraft Gesetzes oder durch Anordnung der sofortigen Vollziehung keine aufschiebende Wirkung, kann der Verwaltungsakt ohne Rücksicht darauf, ob ein Rechtsbehelf eingelegt ist oder nicht, ab Bekanntgabe bzw. nach Ablauf der bestimmten Handlungsfrist vollzogen werden.

---

24 BVerwG NJW 1980, 2033 m. w. Nachw.; DÖV 1980, 651, 652; OVG Lüneburg OVGE 29, 456; OVG Münster DVBl 1981, 194; GewArch 1982, 134, 135 f.

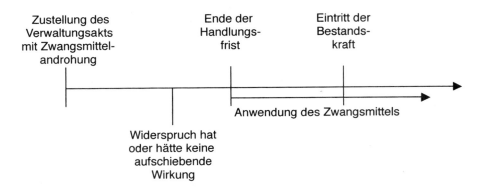

3. **Vollstreckungsvoraussetzung:** Negative Voraussetzung ist das **Fehlen von Vollstreckungshindernissen.** Vollstreckungshindernisse ergeben sich zum Teil aus besonderen fachgesetzlichen Regelungen, insbesondere kann bei Auskunftsersuchen dem Betroffenen ein Weigerungsrecht zustehen (vgl. § 393 Abs. 1 AO; § 52 Abs. 5 BImSchG; § 16 Abs. 2 S. 4 IfSG). Ein allgemeines Vollstreckungshindernis ergibt sich aus der Natur der Zwangsmittel als Beugemittel: Der Vollzug ist einzustellen, sobald sein Zweck erreicht ist (§ 15 Abs. 3 VwVG; § 25 Abs. 3 VwVG Bbg; § 65 Abs. 3 VwVG NRW). Außerdem ist der Vollzug einzustellen, wenn dem Betroffenen die Erfüllung der zu erzwingenden Leistung unmöglich geworden ist oder die Vollstreckungsvoraussetzungen nachträglich weggefallen sind, insbesondere durch Rücknahme oder Widerruf des Verwaltungsakts (vgl. § 65 Abs. 3 VwVG NRW).

Ggf. richtiger Vollstreckungsadressat

Auf den richtigen Vollstreckungsadressaten[25] braucht in der Fallbearbeitung nur eingegangen zu werden, wenn dieser ausnahmsweise einmal problematisch ist. Da Verwaltungszwang im gestreckten Verfahren zur Durchsetzung eines Verwaltungsakts angewendet wird, ist jeder richtiger Adressat von Vollzugsmaßnahmen, der durch den Verwaltungsakt verpflichtet wird. Das ist zunächst der Adressat des Verwaltungsakts. Die Vollstreckung kann aber auch gegen seinen Rechtsnachfolger eingeleitet oder fortgesetzt werden, soweit der Verwaltungsakt gegen ihn wirkt[26] und die weiteren Vollstreckungsvoraussetzungen in seiner Person vorliegen[27]. Nicht übertragungsfähig ist allerdings die Zwangsmittelandrohung. Ihrer Warn- und Beugefunktion entsprechend ist sie höchstpersönlich. Die Anwendung eines Zwangsmittels muss dem Rechtsnachfolger daher auch dann vorher angedroht werden, wenn sie seinem Vorgänger bereits angedroht worden ist[28].

---

25 Siehe dazu App, DVP 2001, 279.
26 Siehe dazu Fall 100 d.
27 Vgl. die gesetzliche Regelung in § 3 Abs. 3 SächsVwVG sowie Engelhardt/App, VwVG, 7. Aufl. 2006, Vorb. 7 ff. §§ 6–18 VwVG.
28 OVG Münster DÖV 1979, 834, 835.

Die Lehre vom Verwaltungsakt

Richtet sich der zu vollziehende Verwaltungsakt an mehrere Personen, von denen nur eine die gebotene Handlung vornehmen muss, so hat die Behörde nach pflichtgemäßem Ermessen zu bestimmen, gegen wen sie Zwangsmittel anwenden will. Ist der Pflichtige zur Erfüllung nicht in der Lage, weil Rechte Dritter entgegenstehen, so hindert das die Vollziehung, bis eine vollstreckbare Duldungsverfügung gegen den Dritten vorliegt[29].

Gegen Behörden und juristische Personen des öffentlichen Rechts sind Zwangsmittel unzulässig, soweit nicht etwas anderes bestimmt ist (§ 17 VwVG; § 36 VwVG Bbg; § 76 VwVG NRW). Bundesrechtlich ist der Verwaltungszwang gegen Behörden begrenzt zugelassen in § 172 VwGO und § 201 SGG[30]. Kommen Behörden und juristische Personen des öffentlichen Rechts ihren Verpflichtungen nicht nach, muss ansonsten die Aufsichtsbehörde um ihr Einschreiten ersucht werden.

Richtiges Zwangsmittel

Zur Erzwingung von Handlungen, Duldungen und Unterlassungen stehen als Zwangsmittel zur Verfügung (§ 9 Abs. 1 VwVG; § 17 Abs. 1 VwVG Bbg; § 86 Abs. 1 SOG M-V; § 57 Abs. 1 VwVG NRW; § 71 Abs. 1 VwVG LSA iVm § 54 Abs. 1 SOG LSA; § 19 Abs. 2 SächsVwVG; § 44 Abs. 2 ThürVwZVG)

- Ersatzvornahme,
- Zwangsgeld,
- unmittelbarer Zwang.

Ersatzvornahme liegt nach § 10 VwVG nur dann vor, wenn die Vollzugsbehörde einen anderen mit der Ausführung der vom Pflichtigen geschuldeten Handlung auf dessen Kosten beauftragt. Demgegenüber umfasst die Ersatzvornahme in den meisten Ländern (vgl. § 19 Abs. 1 VwVG Bbg; § 89 Abs. 1 SOG M-V; § 59 Abs. 1 VwVG NRW; § 71 Abs. 1 VwVG LSA iVm § 55 Abs. 1 SOG LSA; § 24 Abs. 1 SächsVwVG; § 50 Abs. 1 ThürVwZVG) auch die Selbstvornahme durch die Vollzugsbehörde. Ersatzvornahme kommt nur bei der Verpflichtung zu einer Handlung in Betracht, deren Vornahme durch einen anderen möglich ist (sog. vertretbare Handlung). Für die Erzwingung von Duldungen und Unterlassungen scheidet sie aus[31].

Zwangsgeld soll den Pflichtigen mithilfe des psychischen Drucks, der von der Zahlungspflicht bei Nichtbefolgen des Verwaltungsakts ausgeht, anhalten, sich in der vorgeschriebenen Weise zu verhalten. Es ist in erster Linie für die Erzwingung unvertretbarer Handlungen sowie von Duldungen und Unterlassungen gedacht. Bei vertretbaren Handlungen kann Zwangsgeld nach § 11 VwVG verhängt werden, wenn die Ersatzvornahme untunlich ist, insbesondere wenn der Pflichtige außerstande ist, die Kosten zu tragen, die aus der Ausführung durch einen anderen entstehen[32].

---

29 BVerwGE 40, 101, 103; VGH München BayVBl 1977, 52; eingehend zur Duldungsverfügung von Kalm, DÖV 1996, 463.
30 Vgl. dazu BVerfG NVwZ 1999, 1330.
31 Zur Ersatzvornahme im Polizei- und Verwaltungsvollstreckungsrecht vgl. Burmeister, JuS 1989, 256.
32 Eingehend zum Verwaltungszwang mittels Zwangsgeld Henneke, Jura 1989, 7 und 64.

Die Höhe des Zwangsgeldes beträgt im Bund mindestens drei und höchstens zweitausend Deutsche Mark (§ 11 Abs. 3 VwVG), in Brandenburg mindestens zehn und höchstens fünfzigtausend Euro (§ 20 Abs. 2 VwVG Bbg), in Nordrhein-Westfalen mindestens zehn und höchstens hunderttausend Euro (§ 60 Abs. 1 VwVG NRW), in Sachsen-Anhalt mindestens fünf und höchstens 500 000 Euro (§ 71 Abs. 1 VwVG LSA iVm § 56 Abs. 1 SOG LSA). Sind in einem Bescheid mehrere Verwaltungsakte gebündelt, so gilt der Höchstbetrag nur in Bezug auf die Einzelregelung[33]. Seinem Beugecharakter entsprechend kann Zwangsgeld beliebig oft wiederholt werden (§ 60 Abs. 1 S. 3 VwVG NRW).

Ist das Zwangsgeld uneinbringlich, so kann das Verwaltungsgericht auf Antrag der Vollzugsbehörde die Ersatzzwangshaft anordnen, wenn bei Androhung des Zwangsgeldes (in NRW auch nachträglich) hierauf hingewiesen worden ist (§ 16 VwVG; § 21 VwVG Bbg; § 61 VwVG NRW). Die Ersatzzwangshaft beträgt mindestens einen Tag, höchstens zwei Wochen, in Sachsen-Anhalt höchstens sechs Monate (§ 57 SOG LSA)[34].

Unmittelbarer Zwang ist nach der Legaldefinition des § 2 Abs. 1 UZwG (§ 27 Abs. 1 VwVG Bbg; § 67 Abs. 1 VwVG NRW) die Einwirkung auf Personen oder Sachen durch körperliche Gewalt, ihre Hilfsmittel und durch Waffen. Ziel der Einwirkung ist es, den Pflichtigen zu der aufgegebenen Handlung, Duldung oder Unterlassung zu zwingen[35].

Beispiele:
Ein Beteiligter, der eine Vorladung zum persönlichen Erscheinen nicht befolgt hat, wird von der Polizei zwangsweise vorgeführt. Eine krankheits- oder ansteckungsverdächtige Person wird durch körperliche Gewalt gezwungen, die erforderlichen äußerlichen Untersuchungen wie Röntgenuntersuchung, Blutentnahme oder Abstriche von Haut und Schleimhäuten gemäß § 26 Abs. 2 IfSG zu dulden. Versammlungsteilnehmer werden durch Einsatz von Wasserwerfern am Eindringen in den befriedeten Bezirk des Deutschen Bundestages gehindert.

Unmittelbarer Zwang ist wegen seiner einschneidenden Wirkungen nur als letztes Zwangsmittel erlaubt, wenn Ersatzvornahme oder Zwangsgeld nicht in Betracht kommen oder keinen Erfolg versprechen oder untunlich sind (§ 12 VwVG; § 22 Abs. 1 S. 1 VwVG Bbg; §§ 58 Abs. 3 und 62 Abs. 1 S. 1 VwVG NRW). Das bedeutet nicht, dass andere Zwangsmittel vorher vergeblich angewandt worden sein müssen. Steht fest, dass die Ersatzvornahme, die ohnehin nur der Erzwingung vertretbarer Handlungen dienen kann, oder das Zwangsgeld nicht zum Ziele führen werden, kann unmittelbarer Zwang sofort angewendet werden. Dabei ist auch der Zeitfaktor zu berücksichtigen: Muss der Verwaltungsakt schnell durchgesetzt werden, z.B. der weitere Vertrieb eines nicht zugelassenen gesundheitsschädlichen Mittels oder die Fortführung eines Handwerks oder Gewerbes durch eine nicht geeignete Person verhindert werden, so könnte Zwangsgeld gar nicht so schnell festgesetzt und eingezogen werden, wie es zur Gefahrenabwehr erforderlich ist.

---

33 OVG Münster NVwZ-RR 1992, 517.
34 Zur Zwangshaft Weber, VR 2004, 363.
35 Zum unmittelbaren Zwang siehe auch App, DVP 1997, 135.

Die Lehre vom Verwaltungsakt

Wenn § 12 VwVG auch die Selbstvornahme der Handlung durch die Vollzugsbehörde zum unmittelbaren Zwang zählt, so ist das nicht sachgerecht[36]. Aus Sicht des Pflichtigen macht es keinen Unterschied, ob die Vollzugsbehörde eigene Bedienstete oder Dritte einsetzt. Außerdem wird in beiden Fällen nicht der Wille des Pflichtigen gebrochen, sondern der Erfolg unmittelbar herbeigeführt. Schließlich ist die Selbstvornahme für den Pflichtigen häufig sogar das kostengünstigste Zwangsmittel, so dass die strengen gesetzlichen Einschränkungen auf diese Alternative nicht angewendet werden sollten.

Verhältnismäßigkeit

Bei der Ausübung von Verwaltungszwang kommt dem Grundsatz der Verhältnismäßigkeit eine zweifache Bedeutung zu:

- Zunächst ist zu fragen, ob die Vollstreckung des Verwaltungsakts überhaupt geeignet, erforderlich und angemessen ist.
- Bejahendenfalls ist weiter zu prüfen, ob das gewählte Zwangsmittel verhältnismäßig ist, wozu die Vollstreckungsgesetze eine Reihe von Aussagen treffen: Das Zwangsmittel muss in einem angemessenen Verhältnis zu seinem Zweck stehen. Dabei ist das Zwangsmittel möglichst so zu bestimmen, dass der Einzelne und die Allgemeinheit am wenigsten beeinträchtigt werden (§ 9 Abs. 2 VwVG; § 18 Abs. 1 S. 2 VwVG Bbg; § 58 Abs. 1 VwVG NRW). Ein durch ein Zwangsmittel zu erwartender Schaden darf nicht erkennbar außer Verhältnis zu dem beabsichtigten Erfolg stehen (§ 18 Abs. 2 VwVG Bbg; § 58 Abs. 2 VwVG NRW). Unmittelbarer Zwang kommt nur als letztes Mittel in Betracht (§ 12 VwVG; §§ 58 Abs. 3 S. 2, 62 Abs. 1 S. 1 VwVG NRW). Bei der Anwendung unmittelbaren Zwanges sind unter mehreren möglichen und geeigneten Maßnahmen diejenigen zu treffen, die den Einzelnen und die Allgemeinheit am wenigsten beeinträchtigen (§ 4 Abs. 1 UZwG; § 18 Abs. 3 S. 2 VwVG Bbg, § 58 Abs. 3 S. 2 VwVG NRW).

Aus der Anwendung dieser Grundsätze ergibt sich im Regelfall für die Erzwingung unvertretbarer Handlungen sowie von Duldungen und Unterlassungen folgende **Rangordnung:**

1. Zwangsgeld oder
2. unmittelbarer Zwang.

Bei wiederholter Zwangsmittelanwendung ist von folgender Reihenfolge auszugehen:

1. erneute Androhung des gleichen Zwangsgeldes,
2. Androhung eines erhöhten Zwangsgeldes,
3. unmittelbarer Zwang oder
4. Ersatzzwangshaft.

---

36 So auch App, JuS 1987, 455, 457 f.

Für die Erzwingung einer vertretbaren Handlung legt § 11 Abs. 1 S. 2 VwVG zu Recht einen Vorrang der Ersatzvornahme vor dem Zwangsgeld fest. Entgegen einer verbreiteten Ansicht ist Zwangsgeld keineswegs das mildeste Zwangsmittel, da es den Erfolg nicht selbst herbeiführt und damit, wenn es verhängt wird, zusätzliche Kosten verursacht. Von den Möglichkeiten der Ersatzvornahme ist die Selbstvornahme durch die Vollzugsbehörde kostenmäßig in der Regel günstiger, so dass folgende Reihenfolge gilt:

1. Selbstvornahme durch die Vollzugsbehörde,

2. Ersatzvornahme durch einen beauftragten Unternehmer,

3. Zwangsgeld oder

4. unmittelbarer Zwang (im engeren Sinne).

Fehlerfreie Ermessensausübung

Während spezialgesetzliche Regelungen die Anwendung von Verwaltungszwang zum Teil zwingend vorschreiben (vgl. § 58 Abs. 1 AufenthG; § 16 Abs. 2 IfSG), liegt der Vollzug des Verwaltungsakts nach allgemeinem Vollstreckungsrecht im Ermessen der Behörde. Die Vollzugsbehörde muss ihr Ermessen sowohl hinsichtlich der Entschließung als auch der Auswahl unter mehreren möglichen und geeigneten Zwangsmitteln (ggf. auch unter mehreren Vollstreckungsadressaten) pflichtgemäß im Sinne des § 40 VwVfG ausüben.

Das Entschließungsermessen kann sich auf Null reduzieren. Eine Pflicht zur Vollziehung des Verwaltungsakts kann sich etwa daraus ergeben, dass ein Dritter einen Rechtsanspruch auf Erlass und Durchsetzung des Verwaltungsakts hat. Umgekehrt kann auch zwingend von der Anwendung von Verwaltungszwang abzusehen sein, insbesondere wenn alle in Betracht kommenden Zwangsmittel unverhältnismäßig sind. Als Grundsatz ist aber davon auszugehen, dass ein einmal erlassener Verwaltungsakt bei Nichtbefolgung durchgesetzt werden sollte, da inkonsequentes Verhalten die Glaubwürdigkeit der Verwaltung schwächt. Ausnahmen sind vor allem dann angebracht, wenn nach Erlass des Verwaltungsakts neue Umstände eingetreten sind, die eine andere Betrachtung rechtfertigen.

Die Zwangsmittel können auch neben einer Strafe oder Geldbuße angewandt und so oft wiederholt und hierbei jeweils erhöht oder gewechselt werden, bis der Verwaltungsakt befolgt worden ist oder sich auf andere Weise erledigt hat (§ 13 Abs. 6 S. 1 VwVG; § 17 Abs. 2 VwVG Bbg; § 57 Abs. 3 VwVG NRW)[37].

---

37 Zur Vertiefung des Verwaltungszwangs im gestreckten Verfahren wird verwiesen auf Brühl, JuS 1997, 926 und 1021; 1998, 65.

III. Prüfung der Rechtmäßigkeit des sofortigen Vollzugs

Aufbauschema:

I. Formelle Rechtmäßigkeit des sofortigen Vollzugs
1. Zuständigkeit (§ 7 VwVG; § 16 VwVG Bbg, § 56 VwVG NRW sinngemäß)
2. Androhung nur in Teilbereichen des unmittelbaren Zwangs (§§ 13, 14 UZwG; § 34 S. 3 VwVG Bbg iVm § 64 BbgPolG; § 61 Abs. 1 PolG NRW oder § 69 Abs. 1 VwVG NRW)

II. Materielle Rechtmäßigkeit des sofortigen Vollzugs
1. Ermächtigungsgrundlage (§ 6 Abs. 2 VwVG; § 15 Abs. 2 VwVG Bbg; § 55 Abs. 2 VwVG NRW)
   a) Handeln innerhalb der Befugnisse
      = Prüfung der Rechtmäßigkeit einer fiktiven Grundverfügung
      (I) Formelle Rechtmäßigkeit einer fiktiven Grundverfügung Regelmäßig nur Zuständigkeit (Verweisung auf I.1.)
      (II) Materielle Rechtmäßigkeit einer fiktiven Grundverfügung
         (1) Ermächtigungsgrundlage
         (2) Ggf. richtiger Adressat
         (3) Verhältnismäßigkeit
         (4) Bei Ermessensakten pflichtgemäße Ermessensausübung
         (5) Vereinbarkeit mit höherrangigem Recht
   b) Drohende bzw. gegenwärtige Gefahr
   c) Notwendigkeit des sofortigen Vollzugs
2. Ggf. richtiger Vollstreckungsadressat
3. Richtiges Zwangsmittel (§§ 10, 12 VwVG iVm UZwG; §§ 19, 22 iVm §§ 26 ff. VwVG Bbg; §§ 59, 62 iVm §§ 66 ff. VwVG NRW)
4. Verhältnismäßigkeit (§ 9 Abs. 2 VwVG; § 18 VwVG Bbg; § 58 VwVG NRW)
5. Fehlerfreie Ermessensausübung (§ 40 VwVfG)

Erläuterungen:

Formelle Rechtmäßigkeit des sofortigen Vollzugs

Zuständigkeit

Zuständig ist in sinngemäßer Anwendung des § 7 Abs. 1 VwVG, § 16 Abs. 1 VwVG Bbg, § 56 Abs. 1 VwVG NRW die Behörde, die eine dem sofortigen Vollzug entsprechende Grundverfügung zu erlassen hätte. Die §§ 9 ff. VwVfG sind grundsätzlich nicht anwendbar, da der sofortige Vollzug regelmäßig nicht im Erlass eines Verwaltungsakts besteht.

Androhung bei unmittelbarem Zwang

Wenn das Gesetz die Anwendung von Verwaltungszwang ohne vorausgehenden Verwaltungsakt gestattet, so verzichtet es damit nicht nur auf eine vollstreckbare Grundverfügung, sondern grundsätzlich auch auf die vollstreckungsrechtlichen Verwaltungsakte der Androhung (vgl. § 13 Abs. 1 S. 1 VwVG; § 23 Abs. 1 S. 3 VwVG Bbg; § 63 Abs. 1 S. 5 VwVG NRW) und der Festsetzung des Zwangsmittels (vgl. § 14 S. 2 VwVG; § 24 S. 2 VwVG Bbg; § 64 S. 2 VwVG NRW). Ausnahmen bestehen wegen der besonderen Schärfe des Eingriffs bei der Anwendung unmittelbaren Zwanges. Nach § 13 Abs. 1 S. 1 UZwG ist die Anwendung von Schusswaffen generell anzudrohen. Das ist in den Fällen problematisch, bei denen die sofortige Anwendung zur Abwehr einer gegenwärtigen Gefahr notwendig ist (z.B. bei einer Geiselbefreiung). Als Androhung gilt auch die Abgabe eines Warnschusses (§ 13 Abs. 1 S. 2 UZwG). Einer Menschenmenge gegenüber ist die Androhung zu wiederholen (§ 13 Abs. 1 S. 3 UZwG). Ebenso ist der Einsatz von Wasserwerfern und Dienstfahrzeugen gegen eine Menschenmenge anzudrohen (§ 13 Abs. 2 UZwG). Für den Gebrauch von Explosivmitteln gilt das entsprechend (§ 14 UZwG). § 64 Abs. 1 BbgPolG und § 61 Abs. 1 PolG NRW/§ 69 Abs. 1 VwVG NRW schreiben die Androhung unmittelbaren Zwangs in Satz 1 zwar generell vor seiner Anwendung vor, gestatten jedoch in Satz 2, von der Androhung abzusehen, wenn die Umstände sie nicht zulassen, insbesondere wenn die sofortige Anwendung des Zwangsmittels zur Abwehr einer (gegenwärtigen) Gefahr notwendig ist. Schusswaffen dürfen nach § 64 Abs. 2 BbgPolG und § 61 Abs. 2 PolG NRW dann ohne Androhung gebraucht werden, wenn das zur Abwehr einer gegenwärtigen Gefahr für Leib und Leben erforderlich ist. Der Gebrauch von Schusswaffen gegen Personen in einer Menschenmenge ist gemäß § 64 Abs. 3 S. 2 BbgPolG und § 61 Abs. 3 S. 2 PolG NRW stets anzudrohen; die Androhung ist vor dem Gebrauch zu wiederholen. Als Androhung des Schusswaffengebrauchs gilt auch die Abgabe eines Warnschusses (§ 64 Abs. 1 S. 3 BbgPolG; § 61 Abs. 1 S. 3 PolG NRW).

Materielle Rechtmäßigkeit des sofortigen Vollzugs

Ermächtigungsgrundlage

Ermächtigungsgrundlage für den sofortigen Vollzug ist § 6 Abs. 2 VwVG bzw. die entsprechende landesrechtliche Vorschrift (z.B. § 15 Abs. 2 VwVG Bbg; § 81 SOG M-V; § 55 Abs. 2 VwVG NRW; § 71 Abs. 1 VwVG LSA iVm § 53 Abs. 2 SOG LSA; § 54 ThürVwZVG; abweichend § 21 SächsVwVG). Danach kann Verwaltungszwang ohne vorausgehenden Verwaltungsakt unter drei Voraussetzungen angewendet werden.

• Als Erstes empfiehlt sich zu prüfen, ob die **Behörde innerhalb ihrer Befugnisse gehandelt** hat. Dazu muss untersucht werden, ob die Behörde rechtmäßigerweise einen (Grund-)Verwaltungsakt hätte erlassen dürfen, in dem der Betroffene zu dem Verhalten verpflichtet worden wäre, das nunmehr sofort erzwungen wird. Es muss also in das vollstreckungsrechtliche Aufbauschema das Prüfschema für die Rechtmäßigkeit eines belastenden Verwaltungsakts, in der Regel einer Polizei- oder Ordnungsverfügung[38] eingebaut werden. Um nicht durcheinander zu geraten, sollte man in den Überschriften zur formellen und materiellen Rechtmäßigkeit jeweils den Prüfungsgegenstand benennen. Außerdem ist es empfehlenswert, die Regelung des fiktiven Verwaltungsaktes zu formulieren.

---

38 Siehe dazu Frage 49, Anwendungsproblemkreis 3 III 1.

Die Lehre vom Verwaltungsakt

Beispiel:
Soll im Wege des sofortigen Vollzuges ein verkehrswidrig geparktes Kraftfahrzeug abgeschleppt werden, so besteht die fiktive Grundverfügung in dem Gebot, das Fahrzeug von der betreffenden Stelle zu entfernen. Es darf folglich innerhalb der Schachtelsubsumtion nicht vom Abschleppen gesprochen werden!

Bei der Prüfung der fiktiven Grundverfügung fallen alle Prüfpunkte weg, die einen erlassenen Verwaltungsakt voraussetzen wie die Einhaltung von Form- und Verfahrensvorschriften oder die inhaltliche Bestimmtheit. Auch auf die rechtliche und tatsächliche Möglichkeit braucht nicht eingegangen zu werden, da diese durch den sofortigen Vollzug belegt wird.

- Zweite Voraussetzung ist eine **besondere Gefahrenlage.** Nach § 6 Abs. 2 VwVG ist der sofortige Vollzug zulässig zur Verhinderung einer rechtswidrigen Tat, die einen Straf- oder Bußgeldtatbestand verwirklicht, oder zur Abwendung einer drohenden Gefahr. § 15 Abs. 2 VwVG Bbg und § 55 Abs. 2 VwVG NRW sprechen nur den Oberbegriff der gegenwärtigen Gefahr an. Eine drohende bzw. gegenwärtige Gefahr ist eine Gefahr, bei der das schädigende Ereignis bereits begonnen hat oder „unmittelbar oder in allernächster Zeit mit einer an Sicherheit grenzenden Wahrscheinlichkeit bevorsteht" (so die Legaldefinition in § 3 Nr. 3 Buchst. b SOG LSA).

- Dritte Voraussetzung ist die **Notwendigkeit des sofortigen Vollzugs.** Es muss die überwiegende Wahrscheinlichkeit bestehen, dass der Zweck der Maßnahme nicht durch Erlass eines Verwaltungsakts, auch nicht mit Anordnung der sofortigen Vollziehbarkeit (§ 80 Abs. 2 S. 1 Nr. 4 VwGO) erreicht werden könnte[39].

Weitere Anforderungen

Bei der weiteren vollstreckungsrechtlichen Prüfung ist zu beachten, dass als Zwangsmittel nur Ersatzvornahme und unmittelbarer Zwang in Betracht kommen. An die Verhältnismäßigkeit und die fehlerfreie Ermessensausübung sind gesteigerte Anforderungen zu stellen, da der Betroffene ohne Abwehrmöglichkeit, in der Regel sogar ohne Kenntnis vom behördlichen Handeln, vor vollendete Tatsachen gestellt wird[40].

---

39 OVG Berlin DVBl 1980, 1053; OVG Münster DÖV 1964, 682; NJW 1985, 2219.
40 Zum sofortigen Vollzug siehe allgemein Haurand/Vahle, DVP 2000, 315; zu den Sofortbefugnissen im Polizei- und Ordnungsrecht Kästner, JuS 1994, 361; Kugelmann, DÖV 1997, 153; Schmitt-Kammler, NWVBl 1989, 389; Vahle, DVP 1994, 91; zum Nebeneinander von sofortigem Vollzug und unmittelbarer Ausführung Beckmann, VR 2002, 326; Walter, VR 1998, 397 und Wehser, LKV 2001, 293.

ERSTER TEIL 2. Abschnitt

IV. Prüfung der Rechtmäßigkeit eines auf Erstattung der Kosten der Ersatzvornahme oder des unmittelbaren Zwangs gerichteten Leistungsbescheids

Aufbauschema bei Vollstreckung im gestreckten Verfahren:

I. Formelle Rechtmäßigkeit des Leistungsbescheids
1. Zuständigkeit (§ 19 Abs. 1 S. 1 VwVG iVm § 337 Abs. 1 AO; § 37 Abs. 1 VwVG Bbg iVm § 11 Abs. 2 S. 1 BbgKostO; § 77 Abs. 1 VwVG NRW iVm § 11 Abs. 2 S. 1 KostO NRW)
2. Sonstige Verfahrensanforderungen

II. Materielle Rechtmäßigkeit des Leistungsbescheids
1. Ermächtigungsgrundlage (§ 19 Abs. 1 S. 1 VwVG iVm § 344 Abs. 1 Nr. 8 AO; § 37 VwVG Bbg iVm § 11 Abs. 2 S. 2 Nr. 7 und 8 BbgKostO; § 77 VwVG NRW iVm § 11 Abs. 2 S. 2 Nr. 7 und 8 KostO NRW)
   a) Ersatzvornahme (§ 10 VwVG; § 19 VwVG Bbg; § 59 VwVG NRW) ist durchgeführt oder unmittelbarer Zwang (§ 12 VwVG; § 22 VwVG Bbg; § 62 VwVG NRW) angewendet worden
   b) dadurch sind Beträge an Beauftragte oder Hilfspersonen zu zahlen oder der Vollzugsbehörde Kosten entstanden
   c) Rechtmäßigkeit der Verwaltungsvollstreckung im Wege der Ersatzvornahme oder des unmittelbaren Zwangs
   = Prüfung der Rechtmäßigkeit des Verwaltungszwangs im gestreckten Verfahren
   (I) Formelle Rechtmäßigkeit des Verwaltungszwangs
       (1) Zuständigkeit (§ 7 VwVG; § 16 VwVG Bbg; § 56 VwVG NRW)
       (2) Allgemeine Verfahrensvoraussetzungen (§§ 10 ff. VwVfG)
       (3) Vollstreckungsrechtliche Verfahrensschritte
           (a) Androhung des Zwangsmittels (§ 13 VwVG; § 23 VwVG Bbg; § 63 VwVG NRW)
               (aa) Schriftform (§ 13 Abs. 1 S. 1 VwVG; § 23 Abs. 1 S. 1 VwVG Bbg; § 63 Abs. 1 S. 1 VwVG NRW)
               (bb) Verbindung mit dem Grundverwaltungsakt, wenn ein Rechtsmittel keine aufschiebende Wirkung hat (§ 13 Abs. 2 S. 2 VwVG; § 23 Abs. 2 S. 2 VwVG Bbg; § 63 Abs. 2 S. 2 VwVG NRW)
               (cc) Fristsetzung (§ 13 Abs. 1 S. 2 VwVG; § 23 Abs. 1 S. 2 VwVG Bbg; § 63 Abs. 1 S. 2 und 3 VwVG NRW)
               (dd) Bestimmtheit (§ 13 Abs. 3 VwVG; § 23 Abs. 3 VwVG Bbg; § 63 Abs. 3 VwVG NRW)
               (es) Angabe der voraussichtlichen Kosten bei Androhung von Ersatzvornahme (§ 13 Abs. 4 VwVG; § 23 Abs. 4 VwVG Bbg; § 63 Abs. 4 VwVG NRW)
               (ff) Begründung (§ 39 Abs. 1 VwVfG)
               (gg) Zustellung (§ 13 Abs. 7 VwVG; § 23 Abs. 6 VwVG Bbg; 63 Abs. 6 VwVG NRW)
           (b) Festsetzung des Zwangsmittels (§ 14 VwVG; § 24 VwVG Bbg; § 64 VwVG NRW)
           (c) Anwendung des Zwangsmittels (§ 15 VwVG; § 25 VwVG Bbg; § 65 VwVG NRW)
   (II) Materielle Rechtmäßigkeit des Verwallungszwangs
       (1) Ermächtigungsgrundlage (§ 6 Abs. 1 VwVG; § 15 VwVG Bbg; § 55 Abs. 1 VwVG NRW)
           (a) Vorliegen eines wirksamen Verwaltungsakts, der auf die Vornahme einer Handlung oder auf Duldung oder Unterlassung gerichtet ist
           (b) Vollstreckbarkeit des Verwaltungsakts
           (c) Fehlen von Vollstreckungshindernissen
       (2) Ggf. richtiger Vollstreckungsadressat
       (3) Richtiges Zwangsmittel (§§ 10–12 VwVG; §§ 19, 22 VwVG Bbg; §§ 59, 62 VwVG NRW)
       (4) Verhältnismäßigkeit (§ 9 Abs. 2 VwVG; § 18 VwVG Bbg; § 58 VwVG NRW)
       (5) Fehlerfreie Ermessensausübung (§ 40 VwVfG)
2. Richtiger Umfang des Kostenersatzes

Aufbauschema bei Vollstreckung im sofortigen Vollzug:

I. Formelle Rechtmäßigkeit des Leistungsbescheids
1. Zuständigkeit (§ 19 Abs. 1 S. 1 VwVG iVm § 337 Abs. 1 AO; § 37 Abs. 1 VwVG Bbg iVm § 11 Abs. 2 S. 1 BbgKostO; § 77 Abs. 1 VwVG NRW iVm § 11 Abs. 2 S. 1 KostO NRW)
2. Sonstige Verfahrensanforderungen

II. Materielle Rechtmäßigkeit des Leistungsbescheids
1. Ermächtigungsgrundlage (§ 19 Abs. 1 S. 1 VwVG iVm § 344 Abs. 1 Nr. 8 AO; § 37 VwVG Bbg iVm § 11 Abs. 2 S. 2 Nr. 7 und 8 BbgKostO; § 77 VwVG NRW iVm § 11 Abs. 2 S. 2 Nr. 7 und 8 KostO NRW)
    a) Ersatzvornahme (§ 10 VwVG; § 19 VwVG Bbg; § 59 VwVG NRW) ist durchgeführt oder unmittelbarer Zwang (§ 12 VwVG; § 22 VwVG Bbg; § 62 VwVG NRW) angewendet worden
    b) dadurch sind Beträge an Beauftragte oder Hilfspersonen zu zahlen oder der Vollzugsbehörde Kosten entstanden
    c) Rechtmäßigkeit der Verwaltungsvollstreckung im Wege der Ersatzvornahme oder des unmittelbaren Zwangs
       = Prüfung der Rechtmäßigkeit des Verwaltungszwangs im sofortigen Vollzug
       (I) Formelle Rechtmäßigkeit des sofortigen Vollzugs
           (1) Zuständigkeit (§ 7 VwVG; § 16 VwVG Bbg; § 56 VwVG NRW sinngemäß)
           (2) Androhung nur in Teilbereichen des unmittelbaren Zwangs (§§ 13, 14 UZwG; § 34 S. 3 VwVG Bbg iVm § 64 BbgPolG; § 61 Abs. 1 PolG NRW oder § 69 Abs. 1 VwVG NRW)
       (II) Materielle Rechtmäßigkeit des sofortigen Vollzugs
           (1) Ermächtigungsgrundlage (§ 6 Abs. 2 VwVG; § 15 Abs. 2 VwVG Bbg; § 55 Abs. 2 VwVG NRW)
               (a) Handeln innerhalb der Befugnisse
                   = Prüfung der Rechtmäßigkeit einer fiktiven Grundverfügung
                   ((I)) Formelle Rechtmäßigkeit einer fiktiven Grundverfügung
                       Regelmäßig nur Zuständigkeit mit Verweisung auf (I) (1)
                   ((II)) Materielle Rechtmäßigkeit einer fiktiven Grundverfügung
                       ((1)) Ermächtigungsgrundlage
                       ((2)) Ggf. richtiger Adressat
                       ((3)) Verhältnismäßigkeit
                       ((4)) Bei Ermessensakten pflichtgemäße Ermessensausübung
                       ((5)) Vereinbarkeit mit höherrangigem Recht
               (b) Drohende bzw. gegenwärtige Gefahr
               (c) Notwendigkeit des sofortigen Vollzugs
           (2) Ggf. richtiger Vollstreckungsadressat
           (3) Richtiges Zwangsmittel (§§ 10, 12 VwVG iVm UZwG; §§ 19, 22 iVm §§ 26 ff. VwVG Bbg; §§ 59, 62 iVm §§ 66 ff. VwVG NRW)
           (4) Verhältnismäßigkeit (§ 9 Abs. 2 VwVG; § 18 VwVG Bbg; § 58 VwVG NRW)
           (5) Fehlerfreie Ermessensausübung (§ 40 VwVfG)
2. Richtiger Umfang des Kostenersatzes

Erläuterungen:

Formelle Rechtmäßigkeit des Leistungsbescheids

Zuständigkeit

Die Einforderung der Kosten der Ersatzvornahme oder des unmittelbaren Zwangs ist keine Maßnahme der Verwaltungsvollstreckung mehr, sondern erfolgt durch eine (neue) Grundverfügung, die im Wege der Beitreibung ihrerseits vollstreckt werden kann. Aus § 19 Abs. 1 S. 1 VwVG iVm § 337 AO (§ 37 Abs. 1 VwVG Bbg iVm § 11 Abs. 2 S. 1 BbgKostO; § 77 Abs. 1 VwVG NRW iVm § 11 Abs. 2 S. 1 KostO NRW) ergibt sich, dass die Vollzugsbehörde Kostengläubiger ist. Damit ist sie auch zuständig zur Festsetzung der zu erstattenden Beträge und Kosten. Für die Beitreibung sind dann allerdings die Vollstreckungsbehörden gemäß § 4 VwVG bzw. § 2 VwVG Bbg/NRW zuständig.

Sonstige Verfahrensvoraussetzungen

Das Verfahren ist auf den Erlass eines Verwaltungsakts gerichtet, so dass die §§ 10 ff. VwVfG anwendbar sind. Sofern das Zwangsmittel der Ersatzvornahme oder des unmittelbaren Zwangs im gestreckten Verfahren angewendet und den Beteiligten vor Erlass der Grundverfügung oder eines eventuellen Widerspruchsbescheids Gelegenheit zur Stellungnahme gegeben worden ist, kann gemäß § 28 Abs. 2 VwVfG von einer Anhörung abgesehen werden, es sei denn, die vorher veranschlagten Kosten der Ersatzvornahme oder die zu erwartenden Kosten des unmittelbaren Zwangs würden wesentlich überschritten.

Eine ausdrückliche Formvorschrift besteht für den Leistungsbescheid nicht. Daraus, dass eine möglicherweise notwendig werdende Beitreibung nur aufgrund eines Leistungsbescheides möglich ist[41], ergibt sich aber die tatsächliche Notwendigkeit, die Kosten durch schriftlichen oder elektronischen Bescheid festzusetzen. Die damit nach § 39 Abs. 1 S. 1 VwVfG erforderliche Begründung kann grundsätzlich auf die Angabe der Ermächtigungsgrundlage und die Berechnung der Kosten beschränkt werden, wenn sich der Leistungsbescheid an ein gestrecktes Vollstreckungsverfahren anschließt, aus dem dem Adressaten die zugrunde liegende Sach- und Rechtslage bereits bekannt ist (§ 39 Abs. 2 Nr. 2 VwVfG). Im Falle des sofortigen Vollzugs ist der Leistungsbescheid demgegenüber regelmäßig der erste Verwaltungsakt, den der Betroffene in der Sache erhält, so dass in der Begründung zumindest kurz auch auf die Rechtmäßigkeit des angewendeten Verwaltungszwangs einzugehen ist. Der Leistungsbescheid ist gemäß § 41 Abs. 1 VwVfG bekannt zu geben, wobei aus Beweisgründen die Zustellung vielfach angebracht sein wird.

Materielle Rechtmäßigkeit des Leistungsbescheids

Ermächtigungsgrundlage

Gesetzliche Grundlage für den Kostenersatzanspruch ist im Bund § 19 Abs. 1 S. 1 VwVG iVm § 344 Abs. 1 Nr. 8 AO. Danach werden als Auslagen erhoben „andere Beträge, die aufgrund von Vollstreckungsmaßnahmen an Dritte zu zahlen sind, insbesondere Beträge, die bei der Ersatzvornahme oder beim unmittelbaren Zwang an Beauftragte und an Hilfspersonen gezahlt werden und sonstige durch Ausführung des unmittelbaren Zwanges oder Anwendung der Ersatzzwangshaft entstandene Kosten."

In Brandenburg ergibt sich der Ersatzanspruch aus § 37 VwVG Bbg iVm § 11 Abs. 2 S. 2 Nr. 7 oder 8 BbgKostO, in Nordrhein-Westfalen aus § 77 VwVG NRW iVm § 11 Abs. 2 S. 2 Nr. 7 oder 8 KostO NRW. Nach § 11 Abs. 2 Nr. 7 KostO NRW gehören zu den erstattungsfähigen Auslagen „Beträge, die bei der Ersatzvornahme oder bei der Anwendung unmittelbaren Zwanges an Beauftragte und an Hilfspersonen zu zahlen sind, sowie Kosten, die der Vollzugsbehörde (§ 56 des Gesetzes) durch die Ersatzvornahme entstanden sind, sowie auch Zinsansprüche gemäß § 59 Abs. 3 des Gesetzes", nach Nummer 8 „sonstige durch die Ausfüh-

---

41 Siehe Frage 74.

Die Lehre vom Verwaltungsakt

rung des unmittelbaren Zwanges, durch Anwendung der Ersatzzwangshaft, durch Sicherstellung oder Verwahrung entstandene Kosten."

Die Subsumtion gliedert man sinnvollerweise in drei Teile:

- Erstens prüft man, ob begrifflich eine Ersatzvornahme im Sinne des § 10 VwVG (§ 19 VwVG Bbg; § 59 VwVG NRW) durchgeführt oder unmittelbarer Zwang im Sinne des 12 VwVG (§ 22 VwVG Bbg; § 62 VwVG NRW) angewendet worden ist.

- Zweitens stellt man fest, dass die Vollzugsbehörde aufgrund der Vollstreckungsmaßnahme Beträge an Beauftragte oder Hilfspersonen zu zahlen hat oder ihr Kosten entstanden sind.

- Dritte (ungeschriebene) Voraussetzung ist, dass die Verwaltungsvollstreckung rechtmäßig durchgeführt worden ist[42]. Im Wege einer Schachtelsubsumtion muss dazu die formelle und materielle Rechtmäßigkeit des Verwaltungszwangs entweder im gestreckten Verfahren oder im sofortigen Vollzug geprüft werden. Da zu den Rechtmäßigkeitsanforderungen des sofortigen Vollzugs auch die Rechtmäßigkeit einer fiktiven Grundverfügung gehört, ist in diesem Falle, wie aus dem Aufbauschema ersichtlich, sogar eine doppelte Schachtelung erforderlich. Dabei ist eine klare Gliederung mit Bezeichnung des jeweiligen Prüfgegenstandes in den Überschriften Voraussetzung für eine folgerichtige Prüfung.

Sind die vorstehenden Voraussetzungen erfüllt, besteht dem Grunde nach ein Ersatzanspruch.

Hingewiesen sei darauf, dass zu den Auslagen der Vollzugsbehörde noch Verwaltungsgebühren hinzu kommen können. So sieht § 7 a KostO NRW u.a. in Absatz 1 Nr. 7 für das Abschleppen eines zugelassenen Kraftfahrzeuges eine Gebühr von 25 bis 150 Euro vor[43].

Richtiger Umfang des Kostenersatzes

Zu klären bleibt noch, in welchem Umfang die Behörde Kostenersatz verlangen kann. Erstattungsfähig sind die Kosten, die durch die Ersatzvornahme verursacht worden sind. Dazu gehören vor allem die durch die Beauftragung eines anderen aus einem privatrechtlichen Vertrag zu zahlenden Geldbeträge.

Die in der Androhung der Ersatzvornahme zu veranschlagenden voraussichtlichen Kosten (vgl. § 13 Abs. 4 VwVG; § 23 Abs. 4 VwVG Bbg; § 63 Abs. 4 VwVG NRW) haben dabei nicht die Funktion, die künftige Forderung der Behörde strikt nach oben zu begrenzen. Der Pflichtige soll lediglich die ungefähre Höhe der auf ihn zukommenden Kosten abschätzen können, um sich darüber schlüssig machen zu können, ob er nicht die Ausführung besser selbst übernimmt[44]. Deshalb bleibt – wie § 13 Abs. 4 S. 2 VwVG ausdrücklich klarstellt – das Recht auf Nachforderung unberührt, wenn die Ersatzvornahme einen höheren Kostenaufwand verursacht. Allerdings muss sich die Differenz zwischen dem den vorläufig veranschlagten

---

42 BVerwG NVwZ 1997, 381; VGH Kassel NVwZ 1987, 910; VGH Mannheim NVwZ 1991, 686; OVG Koblenz NVwZ 1994, 715.
43 Zur Verfassungsmäßigkeit siehe OVG Münster NJW 2001, 2035.
44 OVG Lüneburg DÖV 1970, 789 mwN.

Betrag übersteigenden und dem endgültigen Betrag in einem der Größenordnung des gesamten Kostenbetrages entsprechenden Rahmen halten. Bei einer Differenz von 20–30% dürfte dieser Rahmen wohl noch nicht überschritten sein, wohl aber dann, wenn der endgültige Kostenbetrag den vorläufig veranschlagten um mehr als 100% überschreitet[45].

Eine abweichende Kostenberechnung gestatten § 14 BbgKostO und § 14 KostO NRW. Nach Absatz 2 kann die Behörde u.a. dann von der Berechnung und Beitreibung von Gebühren und Auslagen ganz oder teilweise absehen, wenn es sich um geringfügige Beträge handelt oder nach Begleichung der Hauptschuld die Beitreibung der Kosten für den Schuldner eine unbillige Härte bedeuten oder neue, nicht vertretbare Kosten verursachen würde[46].

V. Rechtsbehelfe

Im gestreckten Vollstreckungsverfahren sind gegen die Androhung eines Zwangsmittels und sonstige Vollstreckungsmaßnahmen mit Verwaltungsaktcharakter, also insbesondere die Festsetzung des Zwangsmittels, die Rechtsbehelfe gegeben, die gegen den Verwaltungsakt zulässig sind, der erzwungen werden soll (so ausdrücklich § 18 Abs. 1 S. 1 VwVG). Das sind der (Anfechtungs-)Widerspruch (§ 68 Abs. 1 VwGO) und die Anfechtungsklage (§ 42 Abs. 1 Alt. 1 VwGO). Zu berücksichtigen ist, dass auch die Grundverfügung einen anfechtbaren Verwaltungsakt darstellt. Es muss deshalb geklärt werden, worauf der Rechtsbehelf sich erstreckt und welche Auswirkungen sich daraus für seine Begründetheit ergeben[47]. Dabei sind drei Fallgestaltungen zu unterscheiden:

- Ist die Androhung mit dem zugrunde liegenden Verwaltungsakt verbunden, so erstreckt sich das Rechtsmittel zugleich auf den Verwaltungsakt, soweit er nicht bereits Gegenstand eines Rechtsmittel- oder gerichtlichen Verfahrens ist (vgl. § 18 Abs. 1 S. 2 VwVG). Das Rechtsmittel kann dementsprechend aus zwei Gründen Erfolg haben, erstens weil der vollstreckungsrechtliche Verwaltungsakt selbst rechtswidrig (oder im Falle des Widerspruchs auch unzweckmäßig) ist, zweitens weil der zugrunde liegende Verwaltungsakt rechtswidrig (bzw. unzweckmäßig) ist. Die Rechtmäßigkeit der Grundverfügung ist nach dem Gesetzeswortlaut zwar keine Voraussetzung für die Anwendung von Verwaltungszwang im gestreckten Verfahren. Ist ein Rechtsbehelf gegen die Grundverfügung begründet, so ist diese aber aufzuheben, womit den vollstreckungsrechtlichen Verwaltungsakten die Grundlage entzogen wird. Dies ist schon vor Bekanntgabe der Aufhebungsverfügung zu berücksichtigen.

- Ist die Androhung nicht mit dem zugrunde liegenden Verwaltungsakt verbunden, kommt es darauf an, ob die Anfechtungsfrist für diesen Verwaltungsakt noch läuft.

---

45 OVG Lüneburg aaO.
46 Zur Kostentragungspflicht bei im Wege der Ersatzvornahme durchgeführten Bestattungen siehe OVG Münster NWVBl 1998, 347 ff. mit Besprechung von Jahr, NWVBl 1998, 343.
47 Zum Rechtsschutz in der Verwaltungsvollstreckung siehe Erichsen/Rauschenberg, Jura 1998, 323; Pietzner, VerwArch 1993, 261; Schenke/Baumeister, NVwZ 1993, 1; Weber, VR 2004, 253; Wüstenbecker, JA-Übungsblätter 1987, 33; zur strittigen Frage, ob der vollzogene Grundverwaltungsakt neben dem Leistungsbescheid angefochten werden muss, Enders, NVwZ 2000, 1232.

Die Lehre vom Verwaltungsakt

Sofern die Grundverfügung noch anfechtbar ist, kann der Betroffene gegen beide Verwaltungsakte Rechtsbehelfe einlegen. Widerspruch und Anfechtungsklage müssen dann daraufhin untersucht werden, gegen welche Maßnahme(n) sie sich wenden. § 18 Abs. 1 S. 2 VwVG kann dabei die allgemeine Auslegungsregel entnommen werden, dass sich Rechtsbehelfe im Zweifel gegen alle anfechtbaren Verwaltungsakte richten, die in der Sache ergangen sind. Damit gilt hinsichtlich der Erfolgsmöglichkeiten des Rechtsbehelfs das Gleiche wie oben.

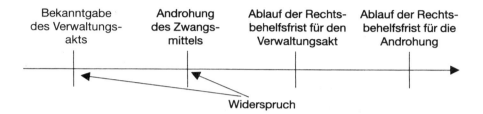

- Ist der Grundverwaltungsakt unanfechtbar geworden, so kann die Androhung nur noch insoweit angefochten werden, als eine Rechtsverletzung durch die Androhung selbst behauptet wird (§ 18 Abs. 1 S. 3 VwVG)[48]. Für jeden Verwaltungsakt läuft eine eigene Rechtsbehelfsfrist, nach deren Verstreichen der Verwaltungsakt bestandskräftig wird. Dass das gestreckte Vollstreckungsverfahren aus mehreren hintereinander geschachtelten Verwaltungsakten besteht, kann nicht zu einer Verlängerung der Anfechtungsmöglichkeit führen.

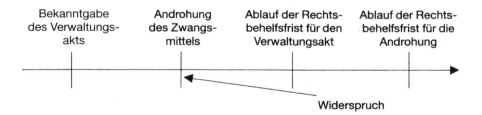

Wird ein Zwangsmittel ohne vorausgehenden Verwaltungsakt angewendet (**sofortiger Vollzug**), so sind hiergegen die Rechtsmittel zulässig, die gegen Verwaltungsakte allgemein gegeben sind (§ 18 Abs. 2 VwVG). Anfechtungswiderspruch und Anfechtungsklage kommen jedoch meist zu spät, da sich die anfechtbare Maßnahme bereits vor Einlegung des Rechtsbehelfs erledigt hat. In diesen Fällen kann der Betroffene Rechtsschutz im Wege der Fortsetzungsfeststellungsklage analog § 113 Abs. 1 S. 4 VwGO[49] suchen. Ein Widerspruchsverfahren ist weder

---

48 Für den vergleichbaren Fall der Anfechtung einer Kostenentscheidung, wenn die Sachentscheidung unanfechtbar geworden ist, OVG Lüneburg NVwZ-RR 1997, 78.
49 Siehe dazu Anwendungsproblemkreis 9 IV 5, Frage 121.

erforderlich noch möglich[50]. Ist die Klage begründet, kann das Gericht die Vollzugsbehörde auch zur Folgenbeseitigung verpflichten (§ 113 Abs. 1 S. 2 VwGO).

Rechtsbehelfe gegen Vollstreckungsmaßnahmen hätten an sich gemäß § 80 Abs. 1 VwGO **aufschiebende Wirkung.** § 80 Abs. 2 S. 2 VwGO ermächtigt jedoch die Länder, die aufschiebende Wirkung für Rechtsbehelfe auszuschließen, die sich gegen Maßnahmen richten, die in der Verwaltungsvollstreckung durch die Länder nach Bundesrecht getroffen werden. Davon haben fast alle Länder Gebrauch gemacht (vgl. z.B. § 39 VwVG Bbg; § 99 Abs. 1 S. 2 SOG M-V; § 8 AGVwGO NRW; § 11 SächsVwVG). Hat der Betroffene auch den zugrunde liegenden Verwaltungsakt angefochten, so wird dadurch die Vollstreckbarkeit gehemmt, wenn der Rechtsbehelf gemäß § 80 Abs. 1 VwGO aufschiebende Wirkung hat. Ansonsten muss der Betroffene, um die Vollstreckung vor Abschluss des Rechtsbehelfsverfahrens zu verhindern, bei der Widerspruchsbehörde (§ 80 Abs. 4 VwGO) oder beim Gericht der Hauptsache (§ 80 Abs. 5 VwGO) die Anordnung bzw. Wiederherstellung der aufschiebenden Wirkung zu erreichen versuchen.

Die **Festsetzung des zu erstattenden Kostenbetrages** bei der Ersatzvornahme oder beim unmittelbaren Zwang ist ein Verwaltungsakt, der selbstständig durch Anfechtungswiderspruch und Anfechtungsklage angegriffen werden kann. Bei diesen Kosten handelt es sich nicht um öffentliche Abgaben und Kosten im Sinne des § 80 Abs. 2 S. 1 Nr. 1 VwGO[51]. Ihre Festsetzung fällt auch nicht unter § 80 Abs. 2 S. 2 VwGO, wenn die Verwaltungsvollstreckung beendet ist und die Kostenfestsetzung deshalb keinen vollstreckungsfördernden Charakter mehr hat[52]. Widerspruch und Anfechtungsklage haben daher aufschiebende Wirkung, solange nicht die sofortige Vollziehung (§ 80 Abs. 1 S. 1 Nr. 4 VwGO) angeordnet ist[53].

---

50 BVerwGE 26, 161, 165 ff.
51 OVG Lüneburg DÖV 1970, 789 mwN; OVG Münster OVGE 22, 307 mwN; VGH Mannheim NVwZ-RR 1997, 74.
52 Engelhardt, aaO, § 19 VwVG Rdnr. 5.
53 Eingehend Willems, VR 1999, 373 mwN.

3. Abschnitt: Der öffentlich-rechtliche Vertrag

Fragen

76. Wo ist der öffentlich-rechtliche Vertrag geregelt?
77. Was versteht man begrifflich unter einem öffentlich-rechtlichen Vertrag?
78. Welche Arten öffentlich-rechtlicher Verträge werden unterschieden?
79. Welche Bedeutung hat der öffentlich-rechtliche Vertrag?
80. Wann ist die Handlungsform des öffentlich-rechtlichen Vertrages zulässig?
81. Welche Anforderungen werden an die Rechtmäßigkeit öffentlich-rechtlicher Verträge gestellt?
82. Welche Rechtsfolgen hat die Rechtswidrigkeit öffentlich-rechtlicher Verträge?
83. Welche Regelungen sind für die Erfüllung öffentlich-rechtlicher Verträge getroffen?
84. Wie können Ansprüche aus öffentlich-rechtlichen Verträgen durchgesetzt werden?

Antworten

76. Rechtsgrundlagen

Das Verwaltungsverfahrensgesetz trifft in den §§ 54 bis 61 einige grundlegende Regelungen über den öffentlich-rechtlichen Vertrag. Darüber hinaus verweist § 62 ergänzend auf die übrigen Vorschriften des Verwaltungsverfahrensgesetzes (insbesondere § 3 und §§ 9 ff.) und erklärt die Vorschriften des Bürgerlichen Gesetzbuches für entsprechend anwendbar. Für den Bereich des Sozialrechts enthalten die §§ 53 bis 61 SGB-X im Wesentlichen inhaltsgleiche Bestimmungen.

77. Begriff

Der Begriff des öffentlich-rechtlichen Vertrages ist nach der Legaldefinition des § 54 S. 1 VwVfG durch drei Merkmale gekennzeichnet: Es muss sich handeln um

- einen Vertrag
- auf dem Gebiet des öffentlichen Rechts,
- durch den ein Rechtsverhältnis begründet, geändert oder aufgehoben wird.

Der Vertragsbegriff ist nach allgemeiner Rechtslehre zu verstehen als Einigung zweier (oder mehrerer) Rechtssubjekte über die Herbeiführung eines bestimmten Rechtserfolges. Ein Vertrag kommt zustande durch Abgabe einander entsprechender Willenserklärungen. Die Vertragsform ist im öffentlichen Recht insbesondere gegenüber dem mitwirkungsbedürftigen Verwaltungsakt abzugrenzen. Beim mitwirkungsbedürftigen Verwaltungsakt beschränkt sich der Einfluss des Betroffenen auf die Frage, ob überhaupt ein Verwaltungsakt erlassen werden soll. Welchen Inhalt der Verwaltungsakt bekommt, bestimmt einseitig die Behörde. Für das Vorliegen eines öffentlich-rechtlichen Vertrages ist also wesentlich, ob der Bürger auch einen rechtlich gleichberechtigten Einfluss auf den Inhalt der Regelung hat.

Maßgebliches Kriterium für die Abgrenzung des öffentlich-rechtlichen Vertrages vom privatrechtlichen Vertrag ist nach § 54 S. 1 VwVfG nicht die Rechtsstellung der Vertragspartner, sondern der Gegenstand des Vertrages: Öffentlich-rechtlich ist ein Vertrag, durch den ein Rechtsverhältnis auf dem Gebiet des öffentlichen Rechts begründet, geändert oder aufgehoben wird[1]. Entsprechend dem durch §§ 1

---

1   Siehe dazu bereits Frage 11, Anwendungsproblembeweis 1 unter III 2 c mit weiteren Nachweisen.

und 9 VwVfG eingeschränkten Anwendungsbereich des Gesetzes verstehen die §§ 54 ff. VwVfG dabei unter dem Begriff des öffentlich-rechtlichen Vertrages nur verwaltungsrechtliche Verträge, so dass völkerrechtliche, verfassungsrechtliche und kirchenrechtliche Verträge nicht erfasst werden[2].

78. Arten

Das Verwaltungsverfahrensgesetz geht zunächst von der Unterscheidung zwischen koordinationsrechtlichen und subordinationsrechtlichen Verträgen aus[3].

- **Koordinationsrechtliche Verträge** sind solche öffentlich-rechtlichen Verträge, die zwischen gleichgeordneten Vertragspartnern, also regelmäßig zwischen zwei oder mehr Trägern öffentlicher Verwaltung abgeschlossen werden[4].

Beispiele:
Zusammenschluss von Fernsehanstalten zur ARD; Zweckverbandsvereinbarungen zwischen Gemeinden über Energieversorgung, Müllbeseitigung, Bildungseinrichtungen usw.; Gebietsänderungsverträge zwischen zwei Gemeinden.

- **Subordinationsrechtliche Verträge** sind dagegen die öffentlich-rechtlichen Verträge, die zwischen Parteien geschlossen werden, die ansonsten in einem Verhältnis der Über- und Unterordnung stehen, regelmäßig also zwischen Verwaltung und Bürger.

Beispiele:
Vereinbarung zwischen Eltern und Gemeinde über den Besuch des städtischen Kindergartens[5]; Enteignungsvertrag gem. § 110 BauGB, Erschließungsvertrag nach § 124 BauGB; Vertrag über die Gewährung einer Zuwendung.

Die praktische Bedeutung der Unterscheidung besteht darin, dass für subordinationsrechtliche Verträge im Sinne des § 54 S. 2 VwVfG Sondervorschriften (§§ 55, 56, 59 Abs. 2 und 61 VwVfG) gelten.

Als (nicht abschließende) Arten subordinationsrechtlicher Verträge nennt das Verwaltungsverfahrensgesetz den Vergleichsvertrag und den Austauschvertrag.

- Ein **Vergleichsvertrag** ist nach § 55 VwVfG ein Vertrag, durch den eine bei verständiger Würdigung des Sachverhalts oder der Rechtslage bestehende Ungewissheit durch gegenseitiges Nachgeben beseitigt wird.

- Als **Austauschvertrag** sieht § 56 VwVfG einen Vertrag an, durch den sich der Vertragspartner der Behörde zu einer Gegenleistung verpflichtet.

79. Bedeutung

Das Verwaltungsverfahrensgesetz hat den öffentlich-rechtlichen Vertrag, dessen Zulässigkeit lange umstritten war[6], als ein notwendiges und legitimes Regelungsinstrument der Verwaltung anerkannt und in § 9 VwVfG gleichrangig neben die klassische Handlungsform des Verwaltungsakts gestellt. Der öffentlich-rechtliche Vertrag bietet sich wegen seiner flexibleren Gestaltungsmöglichkeiten vor allem

---

2 Vgl. Achterberg, JA 1979, 356, 357.
3 Vgl. die Amtliche Begründung, BT-Drucks. 7/910, S. 78, 79 f.
4 Siehe dazu Weck, DVP 2003, 133.
5 Vgl. OVG Berlin JR 1976, 216 und NJW 1982, 954.
6 Zu verfassungsrechtlichen Problemen siehe Bleckmann, NVwZ 1990, 601.

für die Lösung atypischer Fälle an. Aber auch im Verwaltungsalltag ist die nicht zu unterschätzende psychologische Wirkung der Entscheidungsfindung im Wege partnerschaftlicher Zusammenarbeit bei der Wahl der Handlungsform zu bedenken: Ein einvernehmlicher Ausgleich widerstreitender Interessen verbessert das Verhältnis des Bürgers zum Staat, verhindert Rechtsbehelfe und dient damit dem Rechtsfrieden[7]. Allerdings sind die Spielräume der inhaltlichen Ausgestaltung der Vereinbarung und damit die Verhandlungsmöglichkeiten wegen der Gesetzesbindung der öffentlichen Verwaltung im Vergleich zum vom Grundsatz der Privatautonomie geprägten Zivilrecht nicht sehr groß[8].

80. Zulässigkeit

Der öffentlich-rechtliche Vertrag ist nach § 54 S. 1 VwVfG **zulässig, soweit Rechtsvorschriften nicht entgegenstehen.** Satz 2 stellt klar, dass das auch in Über- und Unterordnungsverhältnissen gilt. Es bedarf also für die Zulässigkeit der Vertragsform keiner besonderen gesetzlichen Ermächtigung. Im Einzelfall ist aber zu prüfen, ob Rechtsvorschriften der Regelung durch Vertrag entgegenstehen. Damit sind nicht nur ausdrückliche Verbote gemeint, die selten sind (vgl. z.B. § 2 Abs. 2 BBesG), sondern auch solche Vorschriften, die nach Sinn und Zweck den Erlass eines Verwaltungsakts zwingend voraussetzen, wie es z.B. bei der Einbürgerung oder der Beamtenernennung der Fall ist[9].

81. Rechtmäßigkeitsanforderungen

Das Verwaltungsverfahrensgesetz stellt hinsichtlich der **formellen Rechtmäßigkeit** besondere Anforderungen an die Form und das Verfahren beim Abschluss eines öffentlich-rechtlichen Vertrages auf. Nach § 57 VwVfG ist ein öffentlich-rechtlicher Vertrag schriftlich zu schließen, soweit nicht durch Rechtsvorschrift eine andere Form vorgeschrieben ist (insbesondere notarielle Beurkundung analog § 313 BGB für Verträge, die die Übertragung von Grundstücken zum Gegenstand haben). § 58 Abs. 1 VwVfG macht die Wirksamkeit eines öffentlich-rechtlichen Vertrages, der in die Rechte eines Dritten eingreift, von der schriftlichen Zustimmung des Dritten abhängig. Ebenso wird nach Absatz 2 ein öffentlich-rechtlicher Vertrag, der einen Verwaltungsakt ersetzen soll, bei dessen Erlass nach einer Rechtsvorschrift die Genehmigung, die Zustimmung oder das Einvernehmen mit einer anderen Behörde erforderlich ist, erst wirksam, nachdem die andere Behörde in der vorgeschriebenen Form mitgewirkt hat.

Allgemeine Anforderung an die **materielle Rechtmäßigkeit** eines öffentlich-rechtlichen Vertrages ist nach dem Grundsatz vom Vorrang des Gesetzes, dass er inhaltlich mit dem geltenden Recht in Einklang steht. Besondere Voraussetzungen stellt das Gesetz für Vergleichs- und Austauschverträge auf[10].

---

7 Zu den Funktionen siehe Schmahl, VR 1984, 308, 310 f.
8 Zu Problemen und Möglichkeiten des Verwaltungsvertrages vgl. Bartscher, Der Verwaltungsvertrag in der Behördenpraxis, 1997; Kunig, DVBl 1992, 1193; Maurer, DVBl 1989, 798; Scherzberg, JuS 1992, 205; Seibert, VOP 1990, 52; Waechter, JZ 2006, 166; zu Grundfällen Spranger, UBWV 2000, 401; zur Vertragsgestaltung Grziwotz, Vertragsgestaltung im Öffentlichen Recht, 2002.
9 Maurer, § 14 Rdnrn. 26 ff.
10 Siehe dazu Achterberg, JA 1979, 356, 360 f.

Ein **Vergleichsvertrag** ist nach § 55 VwVfG rechtmäßig, wenn

- bei verständiger Würdigung eine Ungewissheit im Hinblick auf den Sachverhalt oder die Rechtslage besteht und
- die Behörde den Abschluss des Vergleichs zur Beseitigung der Ungewissheit nach pflichtgemäßem Ermessen für zweckmäßig hält.

Ein **Austauschvertrag** ist nach § 56 VwVfG rechtmäßig, wenn die Gegenleistung

- für einen bestimmten Zweck im Vertrag vereinbart wird,
- der Behörde zur Erfüllung ihrer öffentlichen Aufgaben dient,
- den gesamten Umständen nach angemessen ist und
- im sachlichen Zusammenhang mit der (rechtmäßigen) vertraglichen Leistung der Behörde steht.

82. Rechtsfolgen der Rechtswidrigkeit

Das Gesetz kennt bei rechtswidrigen öffentlich-rechtlichen Verträgen nur eine Sanktion, die Nichtigkeit des Vertrages. Die Nichtigkeit tritt aber nicht bei jedem Rechtsverstoß ein, sondern nur in den in § 59 VwVfG abschließend aufgeführten Fällen. Die Regelung beruht auf dem Gedanken eines Kompromisses zwischen dem Grundsatz der unbedingten Vertragsverbindlichkeit und dem Grundsatz der Rechtmäßigkeit des Verwaltungshandelns[11]. Ein fehlerhafter öffentlich-rechtlicher Vertrag ist somit **entweder nichtig oder unangreifbar wirksam.** Lösen kann sich eine Partei vom Vertrag nur nach den allgemeinen Regeln, ergänzt durch § 60 VwVfG zur Anpassung und Kündigung in besonderen Fällen.

Nach § 59 Abs. 1 VwVfG ist ein öffentlich-rechtlicher Vertrag nichtig, wenn sich die Nichtigkeit aus der entsprechenden Anwendung von Vorschriften des Bürgerlichen Gesetzbuches ergibt. Gedacht ist vor allem an die Fälle der §§ 105, 116 bis 118, 125, 138, 142 BGB. Problematisch und strittig ist, ob und inwieweit § 134 BGB entsprechende Anwendung findet. Bereits die Amtliche Begründung[12] weist darauf hin, dass auf dem Umweg über § 134 BGB nicht die differenzierende gesetzliche Regelung in Frage gestellt werden dürfe. Die uneingeschränkte Übertragung des § 134 BGB würde nämlich dazu führen, dass jeder rechtswidrige öffentlich-rechtliche Vertrag nichtig wäre, da der Verwaltung nach dem Grundsatz der Gesetzmäßigkeit ein gesetzwidriges Verhalten verboten ist. Umgekehrt kann aber auch nicht generell auf die mit § 134 BGB verbundene Begrenzung der Gestaltungsmöglichkeiten verzichtet werden. Es ist deshalb eine differenzierende Lösung geboten, die den Begriff des Verbotsgesetzes einschränkend interpretiert und auf gravierende Fälle beschränkt, wobei allgemein anerkannte sichere Abgrenzungskriterien noch nicht entwickelt sind[13].

---

11 Amtliche Begründung, BT-Drucks. 7/910, zu § 55, S. 81.
12 AaO.
13 Siehe Maurer, § 14 Rdnrn. 41 ff. Vertiefend Erichsen, Jura 1994, 47; Giemulla/Jaworsky/Müller-Uri, Rdnrn. 611 ff. mit Zusammenfassung in Rdnr. 633; Schenke, JuS 1977, 281; zur beabsichtigten Neuordnung der Fehlerfolgen Schmitz, DVBl. 2005, 17 und Stelkens, Die Verwaltung 2004, 193.

Der öffentlich-rechtliche Vertrag

83. Erfüllung

Die vertraglich vereinbarten Leistungspflichten sind ordnungsgemäß zu erfüllen. Mangels näherer Regelung im Verwaltungsverfahrensgesetz sind insoweit die BGB-Vorschriften nach § 62 VwVfG entsprechend heranzuziehen. Das gilt insbesondere für Leistungsstörungen. Bei der **Anwendung der bürgerlich-rechtlichen Regelungen** über Unmöglichkeit, Verzug, Positive Forderungsverletzung und Verschulden bei Vertragsschluss ist stets die Eigenart des jeweiligen öffentlich-rechtlichen Vertrages zu berücksichtigen[14].

Eine **Sonderregelung** enthält § 60 VwVfG für den Fall des **Wegfalls der Geschäftsgrundlage**. Haben die Verhältnisse, die für die Festsetzung des Vertragsinhalts maßgebend gewesen sind, sich seit Abschluss des Vertrages so wesentlich geändert, dass einer Vertragspartei das Festhalten an der ursprünglichen vertraglichen Regelung nicht zuzumuten ist, so kann diese Vertragspartei eine Anpassung des Vertragsinhalts an die geänderten Verhältnisse verlangen oder, sofern eine Anpassung nicht möglich oder einer Vertragspartei nicht zuzumuten ist, den Vertrag kündigen (§ 60 Abs. 1 S. 1 VwVfG). Nach § 60 Abs. 1 S. 2 VwVfG kann die Behörde den Vertrag auch kündigen, um schwere Nachteile für das Gemeinwohl zu verhüten oder zu beseitigen. Die Kündigung bedarf grundsätzlich der Schriftform und soll begründet werden (Absatz 2).

84. Durchsetzung

Die Behörde ist nicht befugt, ihre Ansprüche aus einem öffentlich-rechtlichen Vertrag durch Verwaltungsakt festzusetzen und im Wege der Verwaltungsvollstreckung durchzusetzen. Sie ist vielmehr, wenn der Vertragspartner seine vertragliche Leistung nicht erbringt, ebenso wie der Bürger auf eine Klage vor dem Verwaltungsgericht angewiesen. Eine Erleichterung schafft § 61 VwVfG für subordinationsrechtliche Verträge: Jeder Vertragschließende kann sich der sofortigen Vollstreckung unterwerfen. Das hat zur Folge, dass die Behörde nach dem Verwaltungs-Vollstreckungsgesetz, der Bürger nach den §§ 170, 172 VwGO vorgehen kann.

---

14 Näher dazu Bullinger, DÖV 1977, 812; Meyer, NJW 1977, 1705; Obermayer, BayVBl 1977, 546.

Grundlagen

ZWEITER TEIL: Polizei- und Ordnungsrecht

Das Polizei- und Ordnungsrecht wird als ältestes und dogmatisch am besten aufbereitetes Gebiet des Besonderen Verwaltungsrechts in der Ausbildung herkömmlicherweise dazu benutzt, exemplarisch die Umsetzung allgemeiner Lehren und ihre Ergänzung durch fachspezifische Regeln darzustellen und am praktischen Fall zu üben[1].

1. Abschnitt: Grundlagen

Fragen
85. Welche geschichtliche Entwicklung hat das Polizei- und Ordnungsrecht durchlaufen?
86. Welche unterschiedlichen Bedeutungsinhalte hat der Begriff Polizei?
87. Wie ist die Gesetzgebungs- und Verwaltungskompetenz im Polizei- und Ordnungsrecht verteilt?
88. Welche Rechtsgrundlagen bestehen für das allgemeine Polizei- und Ordnungsrecht?
89. Was bedeutet der Grundsatz der Subsidiarität?
90. Was versteht man unter dem Legalitätsprinzip und dem Opportunitätsprinzip und für welche Gebiete sind sie jeweils bestimmend?
91. Welche Mittel stehen zur Durchführung der Gefahrenabwehr zur Verfügung?
92. Sind die Befugnisse der Polizei- und Ordnungsbehörden mit den Grundrechten vereinbar?
93. Welche Entschädigungsleistungen sieht das Polizei- und Ordnungsrecht vor?

Antworten
85. Geschichtliche Entwicklung des Polizei- und Ordnungsrechts

Die geschichtliche Entwicklung des Polizei- und Ordnungsrechts[2] ist durch folgende Abschnitte gekennzeichnet:

- Der Begriff „Polizei" wurde in Deutschland erstmals im 15. Jahrhundert verwendet. Er bezeichnete in Anlehnung an den Inhalt des griechischen Worts „politeia" und des lateinischen Begriffs „politia" den Gesamtbereich der Staatsverwaltung, verstanden als allumfassende Wohlfahrtsverwaltung aufgrund ungeschriebener Hoheitsgewalt des Landesherrn („gute Polizey").

- Zwischen 1500 und 1700 verselbstständigten sich nach und nach das Finanz-, Justiz- und Militärwesen sowie die Diplomatie. Dadurch wurde der Polizeibegriff auf bestimmte Behörden beschränkt, ohne aber den umfassenden Regelungsanspruch aufzugeben.

- In der Aufklärung wurde der Ruf nach einer Begrenzung der polizeilichen Befugnisse auf die Gefahrenabwehr laut (Pütter, Svarez). Er fand seinen gesetzlichen Niederschlag in § 10 Teil II Titel 17 des Allgemeinen Landrechts für die preußischen Staaten von 1794 (ALR): „Die noethigen Anstalten zur Erhaltung der oef-

---
1 Zum Besonderen Verwaltungsrecht im ersten Staatsexamen siehe Beljin/Micker, JuS 2003, 556, 660, 860 und 970.
2 Eingehend dazu Drews/Wacke/Vogel/Martens, §§ 1 und 2; Möller/Wilhelm, 1. Abschnitt 1.

ZWEITER TEIL 1. Abschnitt

fentlichen Ruhe, Sicherheit und Ordnung, und zur Abwendung der dem Publiko oder einzelnen Mitgliedern desselben bevorstehenden Gefahr zu treffen, ist das Amt der Polizey." Praktischer Erfolg blieb dieser Norm aber zunächst versagt, da die polizeilichen Aufgaben durch obrigkeitliche Anweisungen wieder erweitert wurden.

- Erst der liberale Rechtsstaat des 19. Jahrhunderts schaffte den entscheidenden Schnitt, die Polizeigewalt auf die Gefahrenabwehr zu begrenzen und an gesetzliche Grundlagen zu binden. In Süddeutschland geschah das durch die Verabschiedung von Polizeistrafgesetzbüchern, in Preußen durch das sog. „Kreuzberg-Urteil" des Preußischen Oberverwaltungsgerichts[3] von 1882, das § 10 Teil II Titel 17 ALR zur vollen Wirksamkeit als abschließende Regelung polizeilicher Befugnisse verhalf. Gleichzeitig wurde die Polizei in die Verwaltungs- und die Vollzugspolizei gegliedert.

- Der Nationalsozialismus brachte einen Rückfall in absolutistische Zeiten. 1933 wurde die Geheime Staatspolizei (Gestapo) zur gewaltsamen Durchsetzung der Parteiinteressen geschaffen. 1936 wurden alle polizeilichen Aufgaben beim Reichsführer SS zusammengeführt. Die Polizei konnte damit für alle innenpolitisch opportunen Maßnahmen eingesetzt werden.

- Nach Kriegsende waren die westlichen Besatzungsmächte bestrebt, derartige Zustände unmöglich zu machen. Zu diesem Zweck dezentralisierten und entpolizeilichten sie die Gefahrenabwehr. Die Polizei wurde wieder Ländersache, die Aufspaltung in Vollzugs- und Verwaltungspolizei ausgebaut und die Aufgabe der Gefahrenabwehr primär kommunalen Trägern überantwortet.

- Im Gegensatz dazu wurde die Deutsche Volkspolizei der fünf Länder in der sowjetischen Besatzungszone schon 1946 zentralisiert und 1949 mit Gründung der DDR dem Ministerium des Innern unterstellt. 1950 wurde der Staatssicherheitsdienst als eigenständige politische Polizei unter Leitung des Ministeriums für Staatssicherheit gegründet. Die polizeilichen Aufgaben und Befugnisse waren nicht auf die Abwehr von Gefahren für die Sicherheit und Ordnung beschränkt, sondern erstreckten sich auch darauf, sozialistische Verhaltensweisen und das Staats- und Rechtsbewusstsein der Bürger zu fördern sowie eine hohe Arbeitsmoral und -disziplin auszuprägen. Eine gesetzliche Grundlage für das polizeiliche Handeln wurde erst durch das Gesetz über die Aufgaben und Befugnisse der Deutschen Volkspolizei vom 11.6.1968 geschaffen, das allen politischen Kräften den Zugriff auf die Polizei sicherte.

Nach der Wende 1989 in der DDR wurde der Staatssicherheitsdienst aufgelöst und die polizeiliche Tätigkeit von der demokratischen Übergangsregierung mit dem Gesetz über die Aufgaben und Befugnisse der Polizei vom 13. 9.1990 auf eine rechtsstaatliche Grundlage gestellt.

- Als Folge unterschiedlicher Wege der Entpolizeilichung durch die Besatzungsmächte bestehen heute in der Bundesrepublik Deutschland drei verschiedene Polizeirechtssysteme. Gemeinsam ist allen Systemen die Begrenzung der voll-

---

3   PrOVGE 9, 353; abgedruckt auch in DVBl 1985, 216.

Grundlagen

zugspolizeilichen Kompetenzen auf unaufschiebbare Maßnahmen. Unterschiedlich geregelt ist, welchen Behörden die Regelzuständigkeit zukommt. In Hamburg haben alle Verwaltungsbehörden im Rahmen ihres Geschäftsbereichs die erforderlichen Maßnahmen zur Gefahrenabwehr zu treffen (sog. Fachbehördensystem). Bayern, Berlin, Brandenburg, Hessen, Mecklenburg-Vorpommern, Niedersachsen, Nordrhein-Westfalen, Sachsen-Anhalt, Schleswig-Holstein und Thüringen haben das in der britischen und amerikanischen Besatzungszone eingeführte Ordnungsbehördensystem übernommen, wonach die Gefahrenabwehr primär durch besondere und allgemeine Ordnungsbehörden (auch Sicherheits- oder Verwaltungsbehörden genannt) wahrgenommen wird. Die anderen Bundesländer (Baden-Württemberg, Bremen, Rheinland-Pfalz, Sachsen und Saarland) haben terminologisch am traditionellen Polizeibehördensystem festgehalten.

86. Polizeibegriff

Als Folge der Entpolizeilichung hat der Begriff der Polizei unterschiedliche Bedeutungsinhalte bekommen.

• Der **materielle Polizeibegriff** fragt nach der zu erfüllenden Aufgabe. Wird eine Behörde zur Gefahrenabwehr tätig, handelt sie im materiellen Sinne als Polizei, geht es um materielles Polizeirecht. Polizei im materiellen Sinne können daher Polizei-, Ordnungs- und Fachbehörden sein.

• Der **formelle Polizeibegriff** betrifft die Summe der sachlichen Zuständigkeiten von Polizei und Ordnungsbehörden. Neben den allgemeinen und besonderen Aufgaben der Gefahrenabwehr sind die Polizeibehörden insbesondere noch zuständig für die Erforschung und Verfolgung von Straftaten und Ordnungswidrigkeiten (§§ 163, 161 StPO; § 53 OWiG), die Ordnungsbehörden für das Meldewesen.

• Der **institutionelle Polizeibegriff** bezieht sich auf die Trennung in Polizei- und Ordnungsbehörden. Er umfasst alle Behörden und Beamte, die organisationsrechtlich als „Polizei" bezeichnet werden.

87. Gesetzgebungs- und Verwaltungskompetenz

Nach dem Grundgesetz ist die Ausübung der staatlichen Befugnisse und die Erfüllung der staatlichen Aufgaben Sache der Länder, soweit das Grundgesetz selbst keine andere Regelung trifft oder zulässt (Art. 30 GG, vgl. auch Art. 70 und Art. 83 GG).

Das Polizei- und Ordnungsrecht ist weder als Sachgebiet der ausschließlichen Gesetzgebung des Bundes noch der konkurrierenden Gesetzgebung aufgeführt. Trotzdem gibt es zahlreiche bundesrechtliche Vorschriften zur Gefahrenabwehr, insbesondere auf dem Gebiet des Wirtschaftsrechts und des Umweltschutzes, des Verkehrsrechts, des Vereins-, Versammlungs- und Ausländerrechts, des Gesundheitswesens und des Waffenrechts. Das Bundesverfassungsgericht[4] hat das mit

---

4 BVerfGE 8, 143, 149 f.

der Begründung gebilligt, dass die Zuständigkeit zur Gesetzgebung in einem Sachgebiet die Regelung der Ordnungsgewalt in diesem Bereich mit umfasse (sog. Annex-Kompetenz). Ureigenste Ländersache ist damit nur das allgemeine Polizei- und Ordnungsrecht, bei dem die Aufrechterhaltung der öffentlichen Sicherheit und Ordnung den alleinigen und unmittelbaren Gesetzeszweck bildet.

Auch die Bundesgesetze zur Gefahrenabwehr werden überwiegend gemäß Art. 83 GG von den Landesordnungs- und -polizeibehörden ausgeführt. Bundesbehörden zur Gefahrenabwehr dürfen nur eingerichtet werden, soweit die Art. 87 ff. GG dem Bund das Recht dazu einräumen. Bundesbehörden auf dem Gebiet der Gefahrenabwehr sind insbesondere

- der Bundesnachrichtendienst,
- das Bundesamt für Verfassungsschutz,
- das Bundeskriminalamt,
- das Bundesamt für die Sicherheit in der Informationstechnik,
- die Bundespolizei;
- das Bundesluftfahrtamt,
- die Wasser- und Schifffahrtsdirektionen[5].

88. Gesetze des allgemeinen Polizei- und Ordnungsrechts

Da die Gesetzgebungskompetenz für das allgemeine Polizei- und Ordnungsrecht bei den Ländern liegt, bestehen unterschiedliche Rechtsgrundlagen. Das bedeutet jedoch nicht, dass die verschiedenen Landesrechte erheblich voneinander abweichen würden. Zum einen schöpfen sie aus gemeinsamen geschichtlichen Quellen. Zum anderen hat der „Musterentwurf eines einheitlichen Polizeigesetzes des Bundes und der Länder" (ME PolG vom 25.11.1977)[6] zu einer weitgehenden Angleichung der Landesrechte geführt. Novellierungsbedarf hat das sog. Volkszählungsgesetz-Urteil des Bundesverfassungsgerichts vom 15.12.1983[7] ausgelöst. Die sich aus diesem Urteil ergebenden Forderungen nach Gewährleistung des verfassungsmäßigen Rechts auf informationelle Selbstbestimmung hat der „Vorentwurf zur Änderung des Musterentwurfs eines einheitlichen Polizeigesetzes des Bundes und der Länder" (VE ME PolG) von 1986 aufgegriffen. Zur Zeit gelten die folgenden Gesetze (Stand: April 2006):

---

5 Näher dazu Knemeyer, § 3; zu den Sicherheitsbehörden des Bundes Schütte, UBWV 2003, 447; 2004, 12 und 57; zu ihren Befugnissen Kretschmer, Jura 2006, 336.
6 Abgedruckt bei Knemeyer mit eingefügtem Vorentwurf im Anhang.
7 BVerfGE 65, 1.

Grundlagen

Baden Württemberg	Polizeigesetz (PolG) in der Fassung der Bekanntmachung vom 13.1.1992 (GBl. S. 1, ber. S. 596, 1993 S. 155), zuletzt geändert durch Gesetz vom 1.7.2004 (GBl. S. 469)
Bayern	Landesstraf- und Verordnungsgesetz (LStVG) in der Fassung der Bekanntmachung vom 13.12.1982 (GVBl. S. 1098), zuletzt geändert durch Gesetz vom 27.12.2004 (GVBl. S. 540)
	Polizeiaufgabengesetz (PAG) in der Fassung der Bekanntmachung vom 14.9.1990 (GVBl. S. 397), zuletzt geändert durch Gesetz vom 24.12.2005 (GVBl. S. 641)
	Polizeiorganisationsgesetz (POG) vom 10.8.1976, zuletzt geändert durch Gesetz vom 26.7.2005 (GVBl. S. 287)
Berlin	Allgemeines Sicherheits- und Ordnungsgesetz (ASOG Bln) vom 14.4.1992 (GVBl. S. 119), zuletzt geändert durch Gesetz vom 19.4.2006 (GVBl. S. 345)
Brandenburg	Ordnungsbehördengesetz (OBG) in der Fassung der Bekanntmachung vom 21.8.1996 (GVBl. I S. 266), zuletzt geändert durch Gesetz vom 29.6.2004 (GVBl. I S. 289, 294)
	Polizeigesetz (BbgPolG) vom 19.3.1996 (GVBl. I S. 74), zuletzt geändert durch Gesetz vom 29.6.2004 (GVBl. I S. 289)
Bremen	Polizeigesetz (BremPolG) in der Fassung der Bekanntmachung vom 6.12.2001 (GBl. S. 441), zuletzt geändert durch Gesetz vom 28.2.2006 (GBl. S. 99)
Bund	Bundespolizeigesetz (BPolG) vom 19.10.1994 (BGBl. I S. 2978), zuletzt geändert durch Gesetz vom 21.6.2005 (BGBl. I S. 1818)
Hamburg	Gesetz zum Schutz der öffentlichen Sicherheit und Ordnung (SOG) vom 14.3.1966 (GVBl. S. 77), zuletzt geändert durch Gesetz vom 26.1.2006 (GVBl. S. 37)
Hessen	Gesetz über die öffentliche Sicherheit und Ordnung (SOG) in der Fassung der Bekanntmachung vom 14.1.2005 (GVBl. I S. 14), zuletzt geändert durch Gesetz vom 17.10.2005 (GVBl. S. 674)
Mecklenburg-Vorpommern	Polizeiorganisationsgesetz (POG M-V) vom 10.7.2001 (GVOBl. S. 254), zuletzt geändert durch Gesetz vom 19.12.2005 (GVOBl. S. 640)
	Sicherheits- und Ordnungsgesetz (SOG M-V) in der Fassung der Bekanntmachung vom 25.3.1998 (GVOBl. S. 335), zuletzt geändert durch Gesetz vom 18.5.2004 (GVOBl. S. 178)

ZWEITER TEIL 1. Abschnitt

Niedersachsen	Gesetz über die öffentliche Sicherheit und Ordnung (Nds. SOG) in der Fassung der Bekanntmachung vom 19.1.2005 (GVBl. S. 9)
Nordrhein-Westfalen	Ordnungsbehördengesetz (OBG) in der Fassung der Bekanntmachung vom 13.5.1980 (GV. S. 528), zuletzt geändert durch Gesetz vom 5.4.2004 (GV. S. 274)
	Polizeigesetz (PolG NRW) in der Fassung der Bekanntmachung vom 25.7.2003 (GV. S. 441), zuletzt geändert durch Gesetz vom 5.4.2005 (GV. S. 408)
	Polizeiorganisationsgesetz (POG NRW) in der Fassung der Bekanntmachung vom 5.7.2002 (GV. S. 308, 629), zuletzt geändert durch Gesetz vom 5.4.2005 (GV. S. 351)
Rheinland-Pfalz	Polizei- und Ordnungsbehördengesetz (POG) in der Fassung der Bekanntmachung vom 10.11.1993 (GVBl. S. 595), zuletzt geändert durch Gesetz vom 25.7.2005 (GVBl. S. 320)
Saarland	Polizeigesetz (SPolG) in der Fassung der Bekanntmachung vom 26.3.2001 (Amtsblatt S. 1074), zuletzt geändert durch Gesetz vom 5.5.2004 (Amtsblatt S. 1326)
Sachsen	Polizeigesetz (SächsPolG) in der Fassung der Bekanntmachung vom 13.8.1999 (GVBl S. 466), zuletzt geändert durch Gesetz vom 5.4.2004 (GVBl. S. 148)
Sachsen-Anhalt	Gesetz über die öffentliche Sicherheit und Ordnung (SOG LSA) in der Fassung der Bekanntmachung vom 23.9.2003 (GVBl. S. 214)
Schleswig-Holstein	Landesverwaltungsgesetz (LVwG) in der Fassung der Bekanntmachung vom 2.6.1992 (GVOBl. S. 243, 534), zuletzt geändert durch Gesetz vom 15.12.2005 (GVOBl. S. 542)
	Polizeiorganisationsgesetz (POG) vom 12.11.2004 (GVBl. S. 408)
Thüringen	Polizeiaufgabengesetz (PAG) vom 4.6.1992 (GVBl. S. 199), zuletzt geändert durch Gesetz vom 25.11.2004 (GVBl. S. 853)
	Polizeiorganisationsgesetz (POG) in der Fassung der Bekanntmachung vom 6.1.1998 (GVBl. S. 1), zuletzt geändert durch Gesetz vom 29.1.2002 (GBl. S. 148)
	Ordnungsbehördengesetz (OBG) vom 18.6.1993 (GVBl. S. 323), zuletzt geändert durch Gesetz vom 20.6.2002 (GVBl. S. 247)

Grundlagen

Der folgenden Darstellung ist neben dem Bundespolizeigesetz durchgängig das Landesrecht Brandenburg und Nordrhein-Westfalen zugrunde gelegt. Im Übrigen sollten Sie anhand des Gesetzestextes die für Ihr Bundesland geltenden Paragraphen ermitteln und am Rand vermerken!

89. Grundsatz der Subsidiarität

§ 1 Abs. 2 OBG Bbg/NRW legt eine Rangfolge für das anzuwendende Recht fest. Danach führen die Ordnungsbehörden ihre Aufgaben in erster Linie nach den für das jeweilige Sachgebiet besonders erlassenen Rechtsvorschriften durch. Nach den allgemeinen ordnungsrechtlichen Gesetzen richtet sich ihr Tätigwerden nur dann, wenn solche Spezialvorschriften fehlen oder eine abschließende Regelung nicht enthalten.

Für die Rechtsanwendung ergibt sich aus dem Grundsatz der Subsidiarität die Notwendigkeit, vor dem Einstieg in die Rechtmäßigkeitsprüfung zunächst sorgfältig die anzuwendenden gesetzlichen Grundlagen festzulegen.

Den ersten Schritt bildet dabei die **Suche nach spezialgesetzlichen Regelungen.** Die Ordnungsbehörden nehmen heute überwiegend sachgebietsspezifische Aufgaben wahr, deren Erfüllung sich nach speziellen bundes- oder landesrechtlichen Vorschriften richtet[8], so dass nur noch selten ausschließlich allgemeines Ordnungsrecht Anwendung findet. Demgegenüber vollzieht sich die Tätigkeit der Polizei stärker im Bereich der allgemeinen Gefahrenabwehr.

Ist eine spezialgesetzliche Regelung vorhanden, muss in einem zweiten Schritt geklärt werden, **in welchem Umfang dadurch das allgemeine Polizei- und Ordnungsrecht verdrängt wird.** Den Maßstab dafür gibt § 1 Abs. 2 S. 2 OBG Bbg/NRW an: Das Ordnungsbehördengesetz (ebenso das Polizeigesetz) bleibt anwendbar, soweit besondere gesetzliche Vorschriften fehlen oder eine abschließende Regelung nicht enthalten.

Die erste Alternative ist nicht nur dann gegeben, wenn überhaupt kein Spezialgesetz vorhanden ist, sondern auch dann, wenn dieses nur eine lückenhafte Regelung enthält. Die spezielle Regelung beschränkt sich häufig auf die zentralen Punkte wie sachliche Zuständigkeit, Ermächtigungsgrundlage und (schon seltener) Maßnahmen. Die fehlenden Aspekte (z.B. örtliche Zuständigkeit, Form, pflichtige Personen, Verhältnismäßigkeit usw.) sind dann aus dem allgemeinen Polizei- und Ordnungsrecht zu ergänzen, das als „Allgemeiner Teil" des Rechts der Gefahrenabwehr der Lückenfüllung dient.

Die zweite Alternative bereitet größere Schwierigkeiten. Regelmäßig kann davon ausgegangen werden, dass spezielle Normen auch eine abschließende Regelung enthalten. Ausnahmsweise kann aber auch einmal die ergänzende Anwendung anderer fachspezifischer Vorschriften oder allgemeiner Rechtsgrundlagen zulässig sein. In einigen Fällen hat der Gesetzgeber das ausdrücklich gestattet (vgl. § 35 Abs. 4 LAbfG NRW und § 61 Abs. 1 S. 3 BauO NRW). Im Übrigen muss durch Auslegung ermittelt werden, welche Geltungskraft die Regelung beansprucht. Dabei ist Folgendes zu berücksichtigen: Während das allgemeine Polizei- und Ordnungsrecht sich mit dem gesamten Spektrum möglicher Gefahren für die

---

8   Siehe dazu Drews/Wacke/Vogel/Martens, § 11; Knemeyer, §§ 43 ff.

öffentliche Sicherheit oder Ordnung befasst, greifen die Spezialgesetze einen bestimmten Teilbereich heraus, dessen Besonderheiten nach Ansicht des Gesetzgebers eine Sonderregelung erforderlich machen. Ziel ist es dabei, die sachgebietsspezifischen Gefahren unter Beachtung der sachgebietstypischen Rechtsgrundsätze möglichst wirksam zu bekämpfen. Das Ergebnis besteht meist in einer Einschränkung der Eingriffsbefugnisse auf einige wenige, tatbestandlich genau umrissene Gefahrenfälle. Verwirklichen sich nun in einem solchen speziell geregelten Lebensbereich allgemeine Gefahren, die nichts mit den sachgebietsspezifischen Besonderheiten zu tun haben, kann es zur Gefahrenabwehr erforderlich sein, auf die Ermächtigungen des allgemeinen Polizei- und Ordnungsrechtes zurückzugreifen[9].

Beispiel:
Eine öffentliche Versammlung in geschlossenen Räumen darf, wenn Einsturz- oder Feuergefahr für den Versammlungsraum besteht, trotz der Spezialregelung des § 13 VersG nach der polizeirechtlichen Generalermächtigung aufgelöst werden, da § 13 VersG nur versammlungstypische Gefahren erfasst[10].

90. Legalitäts- und Opportunitätsprinzip

Das **Legalitätsprinzip** ist bestimmend für die Verfolgung von Straftaten. Es bedeutet, dass die Strafverfolgungsbehörden (Staatsanwaltschaft, Polizei, Finanzbehörden) bei Verdacht einer strafbaren Handlung von Amts wegen einschreiten müssen[11]. § 163 Abs. 1 StPO bestimmt, dass die Behörden und Beamten des Polizeidienstes Straftaten zu erforschen und alle keinen Aufschub gestattenden Anordnungen zu treffen haben, um die Verdunkelung der Sache zu verhüten. Ein Absehen von der Verfolgung nach Ermessen ist damit nicht erlaubt. Durchbrechungen des Legalitätsprinzips sind auf einige wenige Ausnahmefälle beschränkt (vgl. §§ 153 ff. StPO).

Für die Gefahrenabwehr (und die Verfolgung von Ordnungswidrigkeiten) ist demgegenüber das **Opportunitätsprinzip** maßgeblich. Es stellt die Entscheidung, ob und bejahendenfalls wie eingeschritten werden soll, in das Ermessen der Behörde. Das Opportunitätsprinzip ist in § 16 Abs. 1 BPolG/§ 15 OBG Bbg/§ 16 OBG NRW und § 4 Abs. 1 BbgPolG/§ 3 Abs. 1 PolG NRW) festgeschrieben und findet in der Ausgestaltung der Generalermächtigung (§ 14 Abs. 1 BPolG/§ 13 Abs. 1 OBG Bbg/§ 14 Abs. 1 OBG NRW; § 10 Abs. 1 BbgPolG/§ 8 Abs. 1 PolG NRW) als Ermessensnorm seine Bestätigung. Es entspricht dem praktischen Bedürfnis einer effektiven Gefahrenabwehr nach flexibler Behandlung der unterschiedlichen Gefahrensituationen und trägt dem Umstand Rechnung, dass die zahlenmäßig begrenzten Sicherheitskräfte nicht in der Lage sind, alle Gefahren zu beseitigen. Grenzen des Opportunitätsprinzips ergeben sich aus spezialgesetzlichen Vorschriften und den allgemeinen Anforderungen an eine pflichtgemäße Ermessensausübung.

---

9 Zur Konkurrenz von speziellen polizeilichen Ermächtigungen und Generalklausel eingehend Butzer, VerwArch 2002, 506.
10 Vgl. Wind, VR 1983, 8 mwN; weitere Beispielsfälle finden sich in BVerwGE 55, 118; NJW 1974, 815; OVG Münster DÖV 1970, 344; VGH Baden-Württemberg DÖV 1990, 572. Zu polizeilichen Maßnahmen bei nicht öffentlichen Versammlungen in geschlossenen Räumen vgl. Krüger, DÖV 1993, 658 und v. Coelln, NVwZ 2001, 1234.
11 Zu den Grundlagen des polizeilichen Legalitätsprinzips vgl. Bottke, JuS 1990, 81.

Grundlagen

91. Mittel der Gefahrenabwehr

Polizei- und Ordnungsbehörden können die ihnen übertragene Aufgabe der Gefahrenabwehr auf zwei grundsätzlich verschiedene Arten erfüllen: Zum einen können sie Gefahren mit eigenen Mitteln beseitigen. Zum anderen können sie Maßnahmen gegen Personen treffen und dabei in deren Freiheit und Eigentum eingreifen. Die Gesetze des allgemeinen Polizei- und Ordnungsrechts werden dieser Tatsache dadurch gerecht, dass sie zwischen **Aufgaben** (Abschnitt 1 des BPolG/Teil I des OBG Bbg/NRW; Kapitel 1 des BbgPolG/1. Abschnitt des PolG NRW) und **Befugnissen** (Abschnitt 2 des BPolG/Teil II des OBG Bbg/NRW; Kapitel 2 des BbgPolG/2. Abschnitt des PolG NRW) unterscheiden. Die gesetzliche Zuweisung der Gefahrenabwehraufgabe berechtigt die Polizei- und Ordnungsbehörden dazu, durch eigenes Handeln Gefahren zu bekämpfen. Sie bildet aber noch keine ausreichende Rechtsgrundlage für Eingriffe in Freiheit und Eigentum des Bürgers. Dazu bedarf es vielmehr einer besonderen Ermächtigung, die als polizei- und ordnungsrechtliche Befugnis normiert ist.

Die Möglichkeiten, Gefahren **mit den eigenen Mitteln der Verwaltung** ohne Beeinträchtigung von Individualrechten zu bekämpfen, sind sehr vielgestaltig. Streifenfahrt, Versorgung von Unfallopfern, Beseitigung von Verkehrshindernissen, Streitschlichtung, Sicherung von Großveranstaltungen, Aufklärung über Möglichkeiten des Selbstschutzes, Einsatz der Feuerwehr, Gewährung von Obdach sind nur einige Beispiele. Der Typologie der Handlungsformen nach[12] handelt es sich dabei regelmäßig um schlicht hoheitliche Verwaltungstätigkeit. Eigenhandeln ist rechtmäßig, wenn es sich im Rahmen der Zuständigkeit der Behörde hält, nicht gegen Rechtsvorschriften verstößt und verhältnismäßig ist[13].

In welchen Formen und unter welchen Voraussetzungen **Maßnahmen gegenüber Personen** ergriffen werden dürfen, ist gesetzlich genau festgelegt. Als Mittel der Gefahrenabwehr stehen zur Verfügung: Polizei- oder Ordnungsverfügung, ordnungsbehördliche Verordnung, Erteilung, Versagung und Entzug einer ordnungsbehördlichen Erlaubnis, Maßnahmen des Verwaltungszwangs sowie die Verhängung von Bußgeldern.

Als **Polizei- bzw. Ordnungsverfügung** bezeichnet man einen Verwaltungsakt auf dem Gebiet der Gefahrenabwehr, der ein Gebot oder Verbot ausspricht. Nach der Art der Ermächtigung zum Erlass von Verfügungen unterscheidet man zwischen selbstständigen und unselbstständigen Verfügungen. Selbstständige Verfügungen haben ihre gesetzliche Grundlage unmittelbar in der Generalermächtigung. Unselbstständige Verfügungen stützen sich auf besondere gesetzliche oder verordnungsmäßige Ermächtigungen[14].

Mit Verfügungen können die Polizei- und Ordnungsbehörden im Einzelfall auf konkret bestehende Gefahren reagieren. Eine effektive Gefahrenabwehr ist aber allein mit diesem Instrument nicht zu erreichen. Die Verwaltung muss auch die Möglichkeit haben, für generell gefährliche Lebensbereiche mit Wirkung für eine unbe-

---

12 Frage 19.
13 Vgl. Vahle, VR 1986, 258.
14 Zu den Rechtmäßigkeitsanforderungen siehe Frage 49, Anwendungsproblemkreis 3 sowie Fragen 94 ff.

stimmte Anzahl von Personen die zur Gefahrenabwehr notwendigen Verhaltensregeln festzulegen. Diesem Zweck dient die **ordnungsbehördliche Verordnung**, die in den §§ 24 ff. OBG Bbg/§§ 25 ff. OBG NRW geregelt ist[15].

In erster Linie zuständig ist die örtliche Ordnungsbehörde (§ 26 Abs. 1 OBG Bbg/ § 27 Abs. 1 OBG NRW). Den Kreis- und Landesordnungsbehörden sowie dem Innenminister und im Benehmen mit ihm den Fachministern[16] steht das Verordnungsrecht nur zu, wenn eine einheitliche Regelung für Gebiete geboten ist, die den jeweils niedrigeren Verwaltungsbezirk (Gemeinde, Kreis, Regierungsbezirk) überschreiten (§§ 25, 26 Abs. 2 OBG Bbg/§§ 26, 27 Abs. 2 und 3 OBG NRW). Hat eine höhere Behörde eine Verordnung erlassen, dürfen ordnungsbehördliche Verordnungen unterer Ordnungsbehörden keine entgegenstehenden Bestimmungen enthalten und die Angelegenheit auch nur insoweit ergänzend regeln, als die Verordnung der höheren Behörde dies ausdrücklich zulässt (§ 27 OBG Bbg/§ 28 OBG NRW). Zuständig für den Erlass von Verordnungen der örtlichen Ordnungsbehörden und der Kreisordnungsbehörden ist die Vertretung (Gemeindevertretung, Amtsausschuss, Kreistag; § 26 Abs. 3 OBG Bbg/§ 27 Abs. 4 OBG NRW). Diese Verordnungen sind der Bezirksregierung vorzulegen (§ 36 OBG NRW) bzw. können von den Aufsichtsbehörden aufgehoben werden (§ 35 OBG Bbg). Für alle ordnungsbehördlichen Verordnungen gelten besondere Vorschriften über die Form (§ 29 OBG Bbg/§ 30 OBG NRW), die Verkündung (§ 32 OBG Bbg/§ 33 OBG NRW) und den Inhalt (§§ 28, 30, 31 OBG Bbg/§§ 29, 31, 32 OBG NRW). Als Mittel zur Gefahrenabwehr kommen in ordnungsbehördlichen Verordnungen in erster Linie unmittelbar wirkende Gebote und Verbote in Betracht. Zu ihrer Durchsetzung können für den Fall einer vorsätzlichen oder fahrlässigen Zuwiderhandlung Geldbußen und die Einziehung der durch die Zuwiderhandlung gewonnenen oder erlangten Gegenstände angedroht werden (vgl. § 30 OBG Bbg/§ 31 OBG NRW). Ordnungsbehördliche Verordnungen können auch Ermächtigungstatbestände zum Erlass von Verwaltungsakten (Ordnungsverfügungen, Erlaubnisse) enthalten. Mit der zunehmenden spezialgesetzlichen Normierung des Ordnungsrechts nimmt der Regelungsspielraum und damit die Bedeutung ordnungsbehördlicher Verordnungen immer mehr ab.

Das effektivste Mittel der Gefahrenabwehr ist das **Verbot mit Erlaubnisvorbehalt**[17]. Mit seiner Hilfe wird der Entstehung von Gefahren von Anfang an entgegengewirkt, indem bereits die Aufnahme einer bestimmten Tätigkeit von einer behördlichen Erlaubnis abhängig gemacht wird (vgl. § 22 OBG Bbg/§ 23 OBG NRW).

Zu unterscheiden ist zwischen gebundenen und freien Erlaubnissen[18]. Auf **gebundene** Erlaubnisse hat der Antragsteller einen Rechtsanspruch, wenn er die für ihre Erteilung aufgestellten Voraussetzungen erfüllt. **Freie Erlaubnisse** sind in das pflichtgemäße Ermessen der Ordnungsbehörde gestellt, wobei eine Versagung

---

15 Drews/Wacke/Vogel/Martens, § 27; Götz, § 26; Möller/Wilhelm, 6. Abschnitt; Schoch, Jura 2005, 600. Zum System der Verordnungsklausur siehe Knemeyer, § 41.
16 Zu ministeriellen Gefahrenabwehrverordnungen am Beispiel der nordrhein-westfälischen Landeshundeverordnung siehe Kaltenborn, NWVBl 2001, 249.
17 Vgl. Gusy, JA 1981, 80.
18 Drews/Wacke/Vogel/Martens, § 26; Götz, § 25.

Grundlagen

nur zur Erfüllung ordnungsbehördlicher Aufgaben zulässig ist (vgl. § 22 OBG Bbg/ § 23 OBG NRW). Sie sind nur verfassungsgemäß, wenn nicht die Ausübung grundrechtlicher Befugnisse in Frage steht, was angesichts des weiten Schutzbereichs des Art. 2 Abs. 1 GG nur selten der Fall ist (Beispiel: Sondernutzungserlaubnis im Straßenverkehr). Es gibt persönliche Erlaubnisse, die auf die Geeignetheit und Zuverlässigkeit des Inhabers abstellen (z.B. Fahrerlaubnis, Jagdschein, Waffenschein, Gewerbeerlaubnis), sachliche Erlaubnisse, die sich auf Errichtung, Betrieb und Änderung von Anlagen beziehen (Baugenehmigung, immissionsschutzrechtliche Genehmigungen, Zulassung von Kraftfahrzeugen) und gemischte Erlaubnisse (insbesondere die Gaststättenerlaubnis). Die Erlaubnispflicht bedarf einer besonderen gesetzlichen Grundlage. Sie kann entweder durch ein ordnungsrechtliches Spezialgesetz oder durch eine aufgrund eines Spezialgesetzes oder der Generalermächtigung erlassene ordnungsbehördliche Verordnung eingeführt werden. Regelmäßig sind nicht nur die Voraussetzungen festgelegt, von denen die Erteilung der Erlaubnis abhängt, sondern es ist auch die Zulässigkeit von Nebenbestimmungen und nachträglichen Anordnungen sowie der Entzug (manchmal auch die Wiedererteilung) der Erlaubnis geregelt. Um die Beachtung der Erlaubnispflicht sicherzustellen, ist meist die Ausübung der betreffenden Betätigung ohne behördliche Genehmigung unter Straf- oder Bußgeldandrohung gestellt.

Maßnahmen des Verwaltungszwangs – teils mit Verwaltungsaktqualität, teils in Form schlichten Verwaltungshandelns – dienen der Durchsetzung von Polizei- und Ordnungsverfügungen oder erfolgen im sofortigen Vollzug. Bei den besonderen Befugnissen der Polizei gemäß §§ 21 bis 50 BPolG/11 bis 49 BbgPolG/§§ 9 bis 46 PolG NRW, die größtenteils über § 23 OBG Bbg/§ 24 OBG NRW auch den Ordnungsbehörden zustehen, sind Anordnung und Durchführung der Maßnahme meist zusammen geregelt. Im Übrigen bemisst sich die Rechtmäßigkeit von Vollzugsakten bei der Bundespolizei nach §§ 6 ff. VwVG iVm UZwG, bei der Polizei nach den §§ 53 bis 69 BbgPolG/§§ 50 bis 66 PolG NRW, bei den Ordnungsbehörden nach den §§ 15 ff. VwVG Bbg/§§ 55 ff. VwVG NRW[19].

Durch die **Verhängung von Bußgeldern** können Polizei- und Ordnungsbehörden, soweit Ordnungswidrigkeiten im materiellen Recht festgelegt sind, zurückliegende Verstöße sanktionieren (für die Bundespolizei vgl. § 13 BPolG). Über die damit verbundene Abschreckungswirkung wird diese Maßnahme zugleich zu einem Mittel der in die Zukunft blickenden Gefahrenabwehr. Das Bußgeldverfahren ist im Ordnungswidrigkeitengesetz (OWiG) besonders geregelt[20].

92. Grundrechtskonformität der Befugnisse

Die Ausübung der polizei- und ordnungsrechtlichen Befugnisse stellt als belastendes Verwaltungshandeln regelmäßig einen Eingriff in Freiheit und/oder Eigentum des Bürgers dar. Die Ermächtigungen und die auf ihrer Grundlage erlassenen Einzelmaßnahmen sind deshalb an den Grundrechten zu messen. § 43 OBG Bbg/

---

19 Vgl. Drews/Wacke/Vogel/Martens, § 28; Möller/Wilhelm, 4. Abschnitt 5; Rasch, DVBl 1992, 207. Zu der in einigen Polizeigesetzen enthaltenen sog. unmittelbaren Ausführung siehe Kugelmann, DÖV 1997, 153; Walter, VR 1998, 397; Wehser, LKV 2001, 293.
20 Einen Überblick über das Bußgeldverfahren nach dem OWiG gibt Engemann, JA 2002, 152.

§ 44 OBG NRW und § 70 BPolG/§ 8 BbgPolG/§ 7 PolG NRW, die das Zitiergebot des Art. 19 Abs. 1 S. 2 GG erfüllen, zeigen, dass der Gesetzgeber sich dieser Tatsache bei der Abfassung des allgemeinen Polizei- und Ordnungsrechts bewusst war.

Für die Prüfung, ob die geschaffenen Eingriffsermächtigungen grundrechtskonform sind, müssen die **unterschiedlichen Schrankensysteme** beachtet werden[21].

Eine **erste Gruppe** von Grundrechten findet ihre Schranken in den allgemeinen Gesetzen. Damit sind solche Gesetze gemeint, die nicht auf die Einschränkung eines bestimmten Grundrechts abzielen, sondern sonstigen Regelungsaufgaben dienen. Dazu zählen insbesondere die Generalermächtigungen zum Erlass von Polizei- und Ordnungsverfügungen (§ 13 Abs. 1 OBG Bbg/§ 14 Abs. 1 OBG NRW; § 14 Abs. 1 BPolG/§ 10 Abs. 1 BbgPolG/§ 8 Abs. 1 OBG NRW) und von ordnungsbehördlichen Verordnungen (§§ 25, 26 OBG Bbg/§§ 26, 27 OBG NRW), aber auch ein Großteil der Spezialermächtigungen (z.B. im Bundesimmissionsschutzgesetz, im Kreislaufwirtschafts- und Abfallgesetz und in den Landesbauordnungen). Diese Ermächtigungsgrundlagen gestatten vor allem Beschränkungen der allgemeinen Handlungsfreiheit (Art. 2 Abs. 1 GG: zur verfassungsmäßigen Ordnung gehören auch die geltenden Gesetze) und des Eigentums (Art. 14 Abs. 1 GG), decken also den Bereich ab, der von Maßnahmen der Gefahrenabwehr regelmäßig berührt wird. Darüber hinaus findet auch das Recht auf freie Meinungsäußerung (Art. 5 Abs. 1 GG) seine Schranken u.a. in den allgemeinen Gesetzen (Art. 5 Abs. 2 GG; so darf z.B. eingeschritten werden, wenn eine Flugblattaktion zur Verschmutzung von Straßen oder eine Meinungsverbreitung mittels Lautsprecher zu Lärmbelästigungen führt).

Eine **zweite Gruppe** von Grundrechten, der die meisten Freiheitsrechte angehören, lässt eine Einschränkung durch Gesetz oder aufgrund eines Gesetzes zu (sog. einfacher Gesetzesvorbehalt; vgl. z.B. Art. 2 Abs. 2, 8 Abs. 2 und 10 Abs. 2 S. 1 GG). Zum Teil werden sogar inhaltliche Anforderungen an die einschränkende Regelung gestellt (sog. qualifizierter Gesetzesvorbehalt; Art. 10 Abs. 2 S. 2, 11 Abs. 2, 13 Abs. 3 GG). Gefordert ist immer ein Gesetz, dessen objektive Zielrichtung gerade die Einschränkung des betreffenden Grundrechts ist. Die Generalermächtigungen und die meisten Spezialermächtigungen dienen der Gefahrenabwehr allgemein oder für bestimmte Sachgebiete, genügen dieser Anforderung somit nicht. Der Gesetzgeber hat deshalb, um die Gefahrenabwehr auch in diesen Bereichen zu ermöglichen, besondere Eingriffsgrundlagen geschaffen, die den Vorbehaltsanforderungen der betreffenden Freiheitsrechte Rechnung tragen. Das sind insbesondere die Vorschriften über die polizeilichen Standardmaßnahmen (zu Art. 2 Abs. 2, 13 und 14 GG) sowie das Versammlungsgesetz (zu Art. 8 GG) und das Vereinsgesetz (zu Art. 9 GG).

---

[21] Drews/Wacke/Vogel/Martens, § 18. Zu den Richtervorbehalten im Polizeirecht siehe Wolter, DÖV 1997, 939. Lesenswert ist auch das Urteil des Sächsischen Verfassungsgerichtshofs, DVBl 1996, 1423, zur teilweisen Verfassungswidrigkeit des Sächsischen Polizeigesetzes. Zum Rechtsschutz gegen polizeiliche Maßnahmen siehe Schoch, Jura 2001, 628 und Vahle, DVP 2003, 341.

Grundlagen

Eine **dritte Gruppe** von Grundrechten sieht dem Wortlaut nach weder Einschränkungen noch Schranken vor (Art. 4, 5 Abs. 3, 8 Abs. 1 GG). Gleichwohl ist anerkannt, dass diese Grundrechte ihre „immanenten Schranken" dort finden, wo ihre Ausübung Grundrechte anderer oder verfassungsrechtlich geschützte sonstige Werte verletzt, die nach der im Einzelfall vorzunehmenden Interessenabwägung als höherrangig einzustufen sind. Es kann folglich jede Vorschrift zur Gefahrenabwehr als Konkretisierung der immanenten Grundrechtsschranken in Betracht kommen, soweit sie im Einzelfall im Vergleich zum Grundrecht vorrangige Werte schützt.

93. Entschädigungsleistungen

Die Polizei- und Ordnungsgesetze enthalten besondere Bestimmungen über Entschädigungsleistungen (vgl. §§ 38 bis 42 OBG Bbg/§§ 39 bis 43 OBG NRW; §§ 51 bis 56 BPolG/§ 70 BbgPolG/§ 67 PolG NRW).

Nach **§ 38 Abs. 1 OBG Bbg/§ 39 Abs. 1 OBG NRW** ist ein Schaden, den jemand durch Maßnahmen der Ordnungsbehörden erleidet, zu ersetzen, wenn er

a) infolge einer Inanspruchnahme als nicht verantwortliche Person (§ 18 OBG Bbg/ §19 OBG NRW) oder

b) durch rechtswidrige Maßnahmen, gleichgültig, ob die Ordnungsbehörden ein Verschulden trifft oder nicht,

entstanden ist. § 51 BPolG legt einen Schadensausgleich in weiteren Fällen fest.

Die Ausgleichspflicht bei Inanspruchnahme einer nicht verantworlichen Person wird entsprechend angewendet auf den als Zustandsstörer in Anspruch genommenen Eigentümer einer Sache, wenn sich nachträglich herausstellt, dass die Gefahr in Wirklichkeit nicht bestand, und wenn er die den Verdacht begründenden Umstände nicht zu verantworten hat[22].

Ein Ersatzanspruch besteht nach Absatz 2 jedoch nicht,

a) soweit der Geschädigte auf andere Weise Ersatz erlangt hat oder

b) wenn durch die Maßnahme die Person oder das Vermögen des Geschädigten geschützt worden ist.

Hinsichtlich des Verhältnisses dieser Spezialregelungen zu anderen Haftungsgrundlagen enthält das Gesetz zwei Aussagen: Soweit die Entschädigungspflicht wegen rechtmäßiger Maßnahmen der Ordnungsbehörden in anderen gesetzlichen Vorschriften geregelt ist, finden diese Anwendung (§ 38 Abs. 3 OBG Bbg/§ 39 Abs. 3 OBG NRW). Soweit die zur Entschädigung verpflichtende Maßnahme auch eine Amtspflichtverletzung darstellt[23], bleiben die weitergehenden Ersatzansprüche unberührt (§ 51 Abs. 4 BPolG/§ 39 Abs. 5 OBG Bbg/§ 40 Abs. 5 OBG NRW), was deshalb von praktischer Bedeutung ist, weil nur bei der Amtspflichtverletzung

---

22 BGHZ 117, 303; 126, 279; DVBl 1996, 1312; OVG Münster DVBl 1996, 1444 für Gefahrerforschungsmaßnahmen.
23 Zur Prüfung eines Amtshaftungsanspruchs siehe Brühl, VR 1992, 362 mit Übungsfall in VR 1992, 438; Kaiser, UBWV 2000, 201; Rohr, DVP 1999, 135; Sandkühler, JA 2001, 149, 414; Vahle, DVP 2004, 221.

auch Schmerzensgeld zu zahlen ist (Art. 34 GG iVm §§ 839, 253 Abs. 2 BGB; anders § 52 Abs. 2 BPolG).

Die Entschädigung nach dem Ordnungsbehördengesetz wird grundsätzlich nur für Vermögensschäden gewährt (§ 52 Abs. 1 BPolG/§ 39 Abs. 1 OBG Bbg/§ 40 Abs. 1 OBG NRW mit Einschränkungen für entgangenen Gewinn und mittelbare Vermögensnachteile). Der Ausgleich ist in Geld zu gewähren (§ 52 Abs. 4 S. 1 BPolG/§ 39 Abs. 2 S. 1 OBG Bbg/§ 40 Abs. 2 S. 1 OBG NRW mit besonderen Bestimmungen in den Sätzen 2 und 3 über die Gewährung einer Geldrente oder Abfindung in Kapital). Ein Mitverschulden des von der Maßnahme Betroffenen ist nach § 52 Abs. 5 BPolG/§ 39 Abs. 4 OBG Bbg/§ 40 Abs. 4 OBG NRW bei der Bemessung der Entschädigung zu berücksichtigen. Die Entschädigung wird nur gegen Abtretung der Ansprüche gewährt, die dem Entschädigungsberechtigten aufgrund der Maßnahme, auf der die Entschädigungsverpflichtung beruht, gegen Dritte zustehen (§ 52 Abs. 4 BPolG/§ 39 Abs. 3 OBG Bbg/§ 40 Abs. 3 OBG NRW).

Der Entschädigungsanspruch verjährt nach § 54 BPolG/§ 40 OBG Bbg/§ 41 OBG NRW in drei Jahren von dem Zeitpunkt ab, in welchem der Geschädigte von dem Schaden und von der zur Entschädigung verpflichtenden Körperschaft Kenntnis erlangt, ohne Rücksicht auf diese Kenntnis in dreißig Jahren von der Entstehung des Entschädigungsanspruchs an. Wer entschädigungspflichtig ist, ergibt sich aus § 41 Abs. 1 iVm § 44 OBG Bbg/§ 42 Abs. 1 iVm § 45 OBG NRW. Ausgleichspflichtig nach § 55 Abs. 1 BPolG ist die Bundesrepublik Deutschland. Dies gilt auch, wenn Polizeivollzugsbeamte eines Landes Amtshandlungen zur Wahrnehmung von Aufgaben der Bundespolizei gemäß § 64 Abs. 1 BPolG ausgeübt haben.

Über die Entschädigungsansprüche entscheiden im Streitfall die ordentlichen Gerichte (§ 56 S. 1 BPolG/§ 42 Abs. 1 OBG Bbg/§ 43 Abs. 1 OBG NRW). Der Verwaltungsrechtsweg ist jedoch für Erstattungsansprüche des Trägers der ordnungsbehördlichen Kosten gegen den Träger der Polizeikosten nach § 41 Abs. 1 S. 3 OBG Bbg/§ 42 Abs. 1 S. 2 OBG NRW (sowie für den Rückgriff auf ordnungspflichtige Personen gemäß § 41 Abs. 2 OBG Bbg) gegeben (§ 56 S. 2 BPolG/§ 42 Abs. 2 OBG Bbg/§ 43 Abs. 2 OBG NRW)[24].

---

24 Knemeyer, §§ 34 f.; Möller/Wilhelm, 9. Abschnitt; Schoch, JuS 1995, 504. Zum (privatrechtlichen) Ausgleich unter mehreren polizei- und ordnungspflichtigen Personen siehe Frage 104, zu den Polizeikosten Knemeyer, JuS 1988, 866.

2. Abschnitt: Die Polizei- und Ordnungsverfügung

Wie die Prüfung der Rechtmäßigkeit einer Polizei- und Ordnungsverfügung aufgebaut wird, ist bereits im Anwendungsproblemkreis 3 (Frage 49) besprochen worden. In diesem Abschnitt werden die zur Durchführung der Prüfung erforderlichen speziellen Kenntnisse vermittelt.

A. Zuständigkeit

94. Anwendungsproblemkreis 5: Die Zuständigkeitsprüfung im Polizei- und Ordnungsrecht

I. Problemstellung

Klausuren werden im Verwaltungsrecht ganz überwiegend aus dem Bereich der Gefahrenabwehr gestellt. Im Rahmen der formellen Rechtmäßigkeit wird dabei eine knappe präzise Zuständigkeitsprüfung erwartet. Bei der Korrektur ist aber leider immer wieder festzustellen, dass der Aufbau der Polizei- und Ordnungsbehörden nicht beherrscht wird, die verschiedenen Zuständigkeitsarten nicht auseinander gehalten werden, Unsicherheit über die zu zitierenden Vorschriften besteht oder nicht richtig subsumiert wird.

II. Die Organisation der Gefahrenabwehr

Die Zuständigkeitsprüfung wird im Polizei- und Ordnungsrecht dadurch erschwert, dass das Organisationsrecht im Bereich der Gefahrenabwehr so uneinheitlich ist wie auf kaum einem anderen Gebiet. Das gilt zunächst einmal für die Vielfalt der Organisationsmodelle in Bund und Ländern[1]. Aber auch innerhalb der einzelnen Landesrechte ist die Aufgabe der Gefahrenabwehr aufgespalten und auf verschiedene Behörden verteilt[2]. Das nordrhein-westfälische und damit auch das brandenburgische Recht ist in besonderer Weise geprägt durch die nach dem Zweiten Weltkrieg von der britischen Besatzungsmacht vorangetriebene Entpolizeilichung der Verwaltungspolizei und der Tendenz zur Kommunalisierung der unteren Instanz[3]. Die Aufgabe der Gefahrenabwehr ist in erster Linie der Ordnungsverwaltung zugewiesen, die gegenüber der Polizei verselbstständigt ist und zur allgemeinen inneren Verwaltung gehört (sog. **Trennungssystem**). Die Organisation der **Ordnungsbehörden** folgt damit dem Aufbau der allgemeinen Landesverwaltung. In Nordrhein-Westfalen sind örtliche Ordnungsbehörden die Gemeinden, Kreisordnungsbehörden die Kreise und kreisfreien Städte, Landesordnungsbehörden die Bezirksregierungen (§ 3 OBG NRW). Das fachlich zuständige Ministerium fungiert als oberste Aufsichtsbehörde (§ 7 Abs. 3 OBG NRW). Soweit die Ordnungsverwaltung kommunalen Trägern übertragen ist, wird sie als Pflichtaufgabe zur Erfüllung nach Weisung (§ 3 Abs. 1 OBG NRW) wahrgenommen. In Brandenburg

---

1 Siehe dazu Knemeyer, §§ 3 und 4.
2 Siehe die Übersichten bei Drews/Wacke/Vogel/Martens, § 2 unter 2.
3 Vgl. Drews/Wacke/Vogel/Martens, § 1 unter 7 a; Götz, § 2; Knemeyer, § 1 Rdnr. 10; Rasch, DVBl 1977, 144.

ZWEITER TEIL   2. Abschnitt

weicht der Aufbau der Ordnungsbehörden insoweit davon ab, als Ämter eingerichtet sind und die Bezirksregierungen fehlen. Die Aufgaben der örtlichen Ordnungsbehörden nehmen nach § 3 OBG Bbg die Ämter, die amtsfreien Gemeinden und die kreisfreien Städte, die Aufgaben der Kreisordnungsbehörden die Landkreise und die kreisfreien Städte als Pflichtaufgaben zur Erfüllung nach Weisung wahr. Landesordnungsbehörden sind die Landesminister für ihren jeweiligen Geschäftsbereich.

Zur allgemeinen Ordnungsverwaltung treten noch **Sonderordnungsbehörden** (§ 11 OBG Bbg/§ 12 OBG NRW) hinzu, die außerhalb der Organisation der allgemeinen inneren Verwaltung stehen und denen durch Gesetz oder Verordnung besondere Aufgaben der Gefahrenabwehr auf bestimmten Sachgebieten zugewiesen sind. Sonderordnungsbehörden sind unter anderem die Staatlichen Bau-, Forst- und Umweltämter sowie die Berg-, Eich- und Gesundheitsämter[4].

Allgemeine Polizeibehörden sind in Nordrhein-Westfalen die Bezirksregierungen und die Kreispolizeibehörden, d.h. die Polizeipräsidien in Polizeibezirken mit mindestens einer kreisfreien Stadt, das Präsidium der Wasserschutzpolizei sowie die Landrätinnen und Landräte, soweit das Kreisgebiet durch Rechtsverordnung zu einem Polizeibezirk bestimmt wird (§ 2 Abs. 1 und 2 POG NRW). Oberste Dienstaufsichtsbehörde ist das Innenministerium (§ 5 Abs. 1 Nr. 1 und Abs. 2 POG NRW). Die Fachaufsichtsbehörde ergibt sich aus § 6 POG NRW. Strukturell gegliedert ist die Polizei in den allgemeinen Polizeivollzugsdienst (uniformierte Schutzpolizei) und die Kriminalpolizei – Bereiche, die zunehmend zusammengelegt werden – sowie in die Bereitschaftspolizei und die Wasserschutzpolizei[5]. Wichtigste **Sonderpolizeibehörde** ist das Landeskriminalamt (vgl. §§ 2 Abs. 1 und 13 POG NRW).

In Brandenburg sind die Polizeipräsidien die allgemeinen Polizeibehörden, Sonderpolizeibehörde ist das Landeskriminalamt. Polizeieinrichtungen sind die Landeseinsatzeinheit der Polizei, die Fachhochschule der Polizei sowie der Zentraldienst der Polizei (§ 72 BbgPolG).

Dadurch, dass die untere Instanz der Ordnungsverwaltung auf der Ortsebene, die der Polizei aber auf der Kreisebene angesiedelt ist, ergibt sich eine Art **Gewaltenteilung innerhalb der Gefahrenabwehr:** Die erstinstanzlichen Zuständigkeiten von Polizei- und Ordnungsbehörde sind auf unterschiedliche Behörden verteilt.

Die **Bundespolizei** untersteht dem Bundesministerium des Innern. Sie gliedert sich in fünf regional zuständige Bundesmittelbehörden,

- das Bundespolizeipräsidium Nord mit Sitz in Bad Bramstedt,
- das Bundespolizeipräsidium Ost mit Sitz in Berlin,
- das Bundespolizeipräsidium Mitte mit Sitz in Fuldatal,
- das Bundespolizeipräsidium Süd mit Sitz in München,
- das Bundespolizeipräsidium West mit Sitz in Sankt Augustin,

---

4   Näher dazu Götz, § 23 Rdnrn. 571 ff.
5   Siehe dazu Drews/Wacke/Vogel/Martens, §§ 5 und 6; Götz, § 19; Rasch, DVBl 1975, 561.

Die Polizei- und Ordnungsverfügung

und als Behörden mit zentralen Aufgaben
- die Bundespolizeidirektion mit Sitz in Koblenz,
- die Bundespolizeiakademie mit Sitz in Lübeck.

Unter der Führung der Bundespolizeipräsidien sind 19 Bundespolizeiämter eingerichtet, darunter das Bundespolizeiamt See beim Bundespolizeipräsidium Nord. Diesen stehen zur Wahrnehmung der im Bundespolizeigesetz zugewiesenen Aufgaben (insbesondere Grenzpolizei-, Bahnpolizei- und Luftsicherungsaufgaben) insgesamt 128 Bundespolizeiinspektionen zur Verfügung[6].

III. Funktionsbezeichnung – Rechtsträger – Behörde im organisationsrechtlichen Sinne

Bis in Abschlussprüfungen hinein wird vielfach verkannt, dass die vom Gesetz auf die zugewiesene Aufgabe bezogenen Behördenbegriffe noch keine real existierenden Behörden bezeichnen. Bei Namen wie Ordnungsbehörde, Ausländerbehörde, Bauaufsichtsbehörde usw. handelt es sich um reine Funktionsbezeichnungen. Die **Aufgabenzuweisung durch Funktionsbezeichnungen** wählt der Gesetzgeber teils aus Gründen der gesetzessprachlichen Vereinfachung, teils aber auch, um die Verteilung der Aufgaben auf die vorhandenen Behörden den dafür zuständigen Stellen zu überlassen, insbesondere bei der Ausführung von Bundesgesetzen durch die Länder. Welche Behörde im organisationsrechtlichen Sinne mit der Funktion betraut ist, muss der Rechtsanwender ergänzenden Rechtsvorschriften entnehmen. Zahlreiche Gesetze bestimmen den **Träger der Funktion** bzw. den Behördenaufbau selbst.

Beispiele:
§ 3 OBG NRW: (1) Die Aufgaben der örtlichen Ordnungsbehörden nehmen die Gemeinden, die Aufgaben der Kreisordnungsbehörden die Kreise und kreisfreien Städte als Pflichtaufgaben zur Erfüllung nach Weisung (§ 9) wahr; dies gilt auch für die ihnen als Sonderordnungsbehörden übertragenen Aufgaben.
(2) Landesordnungsbehörden sind die Bezirksregierungen.

§ 3 OBG Bbg: (1) Die Aufgaben der örtlichen Ordnungsbehörden nehmen die Ämter, die amtsfreien Gemeinden und die kreisfreien Städte, die Aufgaben der Kreisordnungsbehörden die Landkreise und die kreisfreien Städte als Pflichtaufgaben zur Erfüllung nach Weisung (§ 9) wahr; dies gilt auch für die ihnen als Sonderordnungsbehörden übertragenen Aufgaben.
(2) Landesordnungsbehörden sind die Landesminister für ihren jeweiligen Geschäftsbereich.

§ 60 Abs. 1 BauO NRW: Bauaufsichtsbehörden sind:
1. Oberste Bauaufsichtsbehörde: das für die Bauaufsicht zuständige Ministerium;
2. Obere Bauaufsichtsbehörde: die Bezirksregierungen für die kreisfreien Städte und Kreise sowie in den Fällen des § 80, im Übrigen die Landräte als untere staatliche Verwaltungsbehörden;
3. Untere Bauaufsichtsbehörden:
   a) die kreisfreien Städte, die Großen kreisangehörigen Städte und die Mittleren kreisangehörigen Städte,
   b) die Kreise für die übrigen kreisangehörigen Gemeinden
als Ordnungsbehörden.

Vor allem in Bundesgesetzen, die von den Ländern ausgeführt werden, finden sich aber auch Ermächtigungen anderer Stellen, die zuständigen Behörden zu bestimmen. Dann muss die Ermächtigungsnorm in Verbindung mit der ausführenden

---
[6] Zur näheren Information und zu weiteren Einrichtungen siehe www.bundespolizei.de unter Organisation.

ZWEITER TEIL   2. Abschnitt

Bestimmung, die meist in einer Durchführungsverordnung enthalten ist, zitiert werden.

Beispiele:
§ 15 Abs. 1 S. 1 TierSchG: Die Durchführung dieses Gesetzes und der auf Grund dieses Gesetzes erlassenen Rechtsverordnungen obliegt den nach Landesrecht zuständigen Behörden.

§ 48 Abs. 1 WaffG: Die Landesregierungen oder die von ihnen durch Rechtsverordnung bestimmten Stellen können durch Rechtsverordnung die für die Ausführung dieses Gesetzes zuständigen Behörden bestimmen, soweit nicht Bundesbehörden zuständig sind.

Die Zuständigkeitsnormen enthalten teils bereits **organisationsrechtliche Behördenbezeichnungen** (z.B. das zuständige Ministerium, die Bezirksregierung), teils benennen sie nur die Träger der Funktion (z.B. die Kreise und kreisfreien Städte, die Ämter, die Gemeinden), deren Behörde dann noch ermittelt werden muss. Nach den Kommunalverfassungen wird die Behörde durch die Bezeichnung des Hauptverwaltungsbeamten benannt. Die Behörde der Gemeinde ist regelmäßig der Bürgermeister, des Kreises der Landrat und der kreisfreien Stadt der Oberbürgermeister.

Land Nordrhein-Westfalen

	Ordnungsbehörden		Polizeibehörden	
oberste Aufsichtsbehörde	Fachministerium		Innenministerium	
Landes- (Bezirks-)ebene	Bezirksregierung		Bezirksregierung	
Kreisebene	Landrat	kreisfreie Stadt: Oberbürgermeister	Landrat	kreisfreie Stadt: Polizeipräsidium
Ortsebene	Bürgermeister		–	

Land Brandenburg

	Ordnungsbehörden		Polizeibehörden
Landesebene	Fachministerium		Innenministerium
Kreisebene	Landrat	kreisfreie Stadt: Oberbürgermeister	Polizeipräsidium
Ortsebene	Amtsdirektor, Bürgermeister amtsfreier Gemeinden		–

Die drei Stufen der Zuständigkeitsbestimmung (Funktionsbezeichnung, Rechtsträger, Behörde im organisationsrechtlichen Sinne) finden sich regelmäßig im Briefkopf der Behörde wieder, in dem zunächst die handelnde juristische Person (Gebietskörperschaft), dann deren Behörde und schließlich die von ihr wahrgenommene Funktion, oft in Form einer Amtsbezeichnung, aufgeführt werden.

Die Polizei- und Ordnungsverfügung

Beispiele:
Stadt Bochum   Landkreis Potsdam-Mittelmark
Die Oberbürgermeisterin   Der Landrat
Ordnungsamt   als Ausländerbehörde

Die Verkennung dieser regelungstechnischen Zusammenhänge führt in Klausuren immer wieder zu unvollständigen, unrichtigen oder ungenauen Ausführungen. Grundsätzlich gehört zu einer Zuständigkeitsprüfung die exakte Bezeichnung der zuständigen Behörde im organisationsrechtlichen Sinne (z.B. der Bürgermeister der Stadt Hennef). Unrichtigkeiten kommen vor allem in der Form vor, dass gesagt wird, der Bürgermeister habe für die Ordnungsbehörde oder in Vertretung der Ordnungsbehörde gehandelt. Diese Formulierungen sind nicht korrekt, weil der Bürgermeister die Ordnungsbehörde ist. Sie können auch nicht als geringfügiges Versehen stillschweigend übergangen werden, weil sich dahinter **gefährliche Fehlvorstellungen** verbergen, die zu gravierenden Fehlern führen können. Als Folge des Denkens in Funktionsbezeichnungen wird nicht selten eine zuständige Behörde für unzuständig gehalten, weil sie unter einer anderen Funktionsbezeichnung in Erscheinung getreten ist (z.B. der Bürgermeister durch das Ordnungsamt statt durch das Bauaufsichtsamt, der Landrat als Straßenverkehrsbehörde statt als Ausländerbehörde). Die Zuständigkeitsordnung bezieht sich auf Behörden im organisationsrechtlichen Sinne, nicht auf Funktionsbezeichnungen als Hilfsmittel der Aufgabenzuweisung oder auf Ämter als behördeninterne Untergliederungen[7].

IV. Die Systematik der Zuständigkeitsregelung

Für die Zuständigkeitsprüfung ist die Unterscheidung zwischen allgemeinem und besonderem Gefahrenabwehrrecht zu beachten. Das allgemeine Polizei- und Ordnungsrecht findet nur insoweit Anwendung, als besondere zur Gefahrenabwehr erlassene Gesetze und Verordnungen fehlen oder keine abschließende Regelung enthalten[8]. Der Bearbeiter muss daher zunächst nach spezialgesetzlichen Aufgabenzuweisungen und Zuständigkeitsregelungen suchen. Dazu bestimmt man die vom Sachverhalt betroffenen Sachgebiete des besonderen Gefahrenabwehrrechts (Bauordnungsrecht, Straßenverkehrsrecht, Gewerberecht, Ausländerrecht usw.), ermittelt die dafür einschlägigen besonderen Gesetze und Verordnungen und durchsucht sie nach speziellen Regelungen. Zu beachten ist dabei, dass Spezialgesetze meist keine umfassende Normierung der Aufgaben und Befugnisse enthalten, sondern sich sinnvollerweise auf die Festlegung der für das Sachgebiet geltenden Besonderheiten beschränken. Dadurch kann es vorkommen, dass bereits für die Zuständigkeit nur ein Teilaspekt spezialgesetzlich festgelegt und im Übrigen auf allgemeine Rechtsvorschriften zurückzugreifen ist. So ist in Fachgesetzen regelmäßig die sachliche und ggf. die instanzielle Zuständigkeit, nicht aber die örtliche Zuständigkeit geregelt, die im allgemeinen Ordnungsrecht sachgerecht für alle Bereiche der Gefahrenabwehr festgelegt ist (vgl. § 4 iVm § 6 OBG Bbg/NRW).

---

7   Vgl. nur Eiselstein, JuS 1987, 30, 34 und Hoppenberg, JA 1983, 499 mwN.
8   Siehe Frage 89.

ZWEITER TEIL 2. Abschnitt

V. Sachliche Zuständigkeit

Die sachliche Zuständigkeit fragt danach, ob der tätig gewordenen Behörde die wahrgenommene Verwaltungsaufgabe zur Erledigung zugewiesen ist[9]. Den Polizei- und Ordnungsbehörden ist die **Aufgabe der Gefahrenabwehr** übertragen. Die generelle Zuweisung dieser Aufgabe im allgemeinen Polizei- und Ordnungsrecht in § 1 Abs. 1 OBG Bbg/NRW und § 1 Abs. 1 BbgPolG/PolG NRW wird überlagert durch zahlreiche (vorrangige) Spezialzuweisungen[10].

1. Spezialzuweisungen

a) Ordnungsverwaltung

Das Handeln der Ordnungsbehörden wird in erheblichem Umfang durch spezielle Gesetze und Verordnungen bestimmt. Die wichtigsten Bereiche des besonderen Ordnungsrechts sind

- das Ausländerwesen[11],
- das Waffenrecht,
- das Versammlungsrecht[12],
- die Bauaufsicht[13],
- die Gewerbeüberwachung[14],
- der Immissionsschutz,
- die Verkehrsüberwachung,
- die Gesundheits- und Veterinäraufsicht,
- die Lebensmittelüberwachung,
- der Katastrophenschutz.

Sofern die Spezialgesetze Zuständigkeitsregelungen enthalten, beschränken sie sich meist auf **sachgebietsbezogene Funktionsbezeichnungen.** Durch Ergänzungsnormen ist die Funktion dann regelmäßig den Gemeinden oder Kreisen als ordnungsbehördliche Aufgabe übertragen.

---

9 Vgl. Achterberg, JA 1980, 703; Hoppmann, JA 1983, 499 mwN; siehe auch schon oben Frage 8.
10 Zu den Aufgabenfeldern und ausgewählten Abgrenzungsproblemen Vahle, DVP 1990 103 und 253.
11 Zum Zuwanderungsgesetz siehe Huber, NVwZ 2005, 1 und Kippels, VR 2005, 76.
12 Siehe Enders, Jura 2003, 34 und 103; Hermanns, JA 2001, 79; Seidel, DÖV 2002, 283; Vahle, DVP 2002, 355.
13 Zu den Eingriffsbefugnissen der Bauaufsichtsbehörden vgl. Jäde, APF 1990, 197; Kischel, DVBl 996, 185; Kochel, JA 1998, 691; Mampel, BauR 1996, 13; Schoch, Jura 2005, 178.
14 Zur Fallbearbeitung im Gewerberecht siehe Vahle, DVP 2004, 331; speziell zum Gaststättenrecht Vahle, DVP 2005, 408; zum Gaststättengesetz nach dem Deregulierungsgesetz Vahle, DVP 2006, 133.

Die Polizei- und Ordnungsverfügung

Für die Zuweisung der sachlichen Zuständigkeit gibt es **drei regelungstechnische Möglichkeiten**:

Bei der ersten Regelungsform definiert der Gesetzgeber abstrakt die wahrzunehmende Aufgabe.

Beispiel:
§ 61 Abs. 1 Satz 1 BauO NRW: Die Bauaufsichtsbehörden haben bei der Errichtung, der Änderung, dem Abbruch, der Nutzung, der Nutzungsänderung sowie der Instandhaltung baulicher Anlagen sowie anderer Anlagen und Einrichtungen im Sinne des § 1 Abs. 1 Satz 2 darüber zu wachen, dass die öffentlich-rechtlichen Vorschriften und die aufgrund dieser Vorschriften erlassenen Anordnungen eingehalten werden.

In der Fallbearbeitung ist dann zu prüfen, ob die in Frage stehende Tätigkeit der Behörde von der Aufgabenbeschreibung erfasst wird. Für die Rechtsanwendung sollte die alle Aufgaben der Behörde umfassend beschreibende Norm auf den Teilbereich reduziert werden, der ernsthaft in Betracht kommt.

Beispiel:
Nach § 61 Abs. 1 S. 1 BauO NRW haben die Bauaufsichtsbehörden u.a. beim Abbruch baulicher Anlagen darüber zu wachen, dass die öffentlich-rechtlichen Vorschriften eingehalten werden.

Die zweite Regelungsform besteht darin, am Ende des Gesetzes (meist in einem Abschnitt Durchführungsvorschriften, Verfahren, Zuständigkeiten o.ä.) zu bestimmen, welche Behörde zur Ausführung des Gesetzes berufen ist.

Beispiel:
§ 44 Abs. 1 S. 1 Halbs. 1 StVO: Sachlich zuständig zur Ausführung dieser Verordnung sind, soweit nichts anderes bestimmt ist, die Straßenverkehrsbehörden.

Bei dieser Regelungstechnik ist aus den Befugnissen auf die Aufgaben zu schließen, so dass bereits für die Zuständigkeitsprüfung eine Befugnisnorm herausgesucht werden muss. Dabei darf man nicht der Versuchung erliegen, in eine vollständige Prüfung der Voraussetzungen der Befugnisnorm und damit der materiellen Rechtmäßigkeit einzutreten. Für die Zuständigkeit reicht es aus, wenn die Behörde eine Maßnahme der in der möglicherweise einschlägigen Befugnisnorm geregelten Art getroffen oder ins Auge gefasst hat.

Beispiel:
Die sachliche Zuständigkeit der Straßenverkehrsbehörde könnte sich aus § 44 Abs. 1 Satz 1 in Verbindung mit § 32 Abs. 1 StVO ergeben. § 32 Abs. 1 StVO verbietet in Satz 1, die Straße zu beschmutzen und zu benetzen oder Gegenstände auf die Straßen zu bringen oder dort liegen zu lassen, wenn dadurch der Verkehr gefährdet oder erschwert werden kann, und verpflichtet in Satz 2 den für solche verkehrswidrigen Zustände Verantwortlichen zu ihrer unverzüglichen Beseitigung. Die Straßenverkehrsbehörde hat Bauer Mettenborg aufgefordert, seinen Mistanhänger nur noch so voll zu laden, dass kein Mist mehr beim Transport auf die Straße fallen kann. Sie ist also zur Durchsetzung des § 32 Abs. 1 StVO tätig geworden und damit nach § 44 Abs. 1 Satz 1 StVO sachlich zuständig.

Bei der dritten Regelungsform listet das zuständige Fachministerium die in einem Sachgebiet zu erledigenden Aufgaben in einer Tabelle auf und weist sie über Abkürzungen Behörden zu.

Beispiel:
§ 1 der Verordnung zur Regelung von Zuständigkeiten auf dem Gebiet der Gewerbeüberwachung NRW:
(1) Für die Wahrnehmung der in der Anlage zu dieser Verordnung aufgeführten Aufgaben sind die dort bezeichneten Behörden sachlich zuständig.
(2) Die für die Erteilung von Erlaubnissen, Bestellungen oder sonstigen Berechtigungen zuständigen Behörden sind auch für deren Versagung, Rücknahme, Widerruf oder Entziehung sowie für die Zulassung von Stellvertretern zuständig.

ZWEITER TEIL 2. Abschnitt

II. Erläuterungen zum nachfolgenden Verzeichnis

In dem Verzeichnis werden folgende Abkürzungen verwandt:

Gem	Gemeinde
IHK	Industrie- und Handelskammer
KrOrdB	Kreisordnungsbehörde
KrPolB	Kreispolizeibehörde
LOBA	Landesoberbergamt
LWK	Landwirtschaftskammer
OrdB	Örtliche Ordnungsbehörde
OrdB 6000	Ordnungsbehörden der Großen kreisangehörigen Städte (Gemeinden mit mehr als 60000 Einwohner)
RP	Regierungspräsident

III. Verzeichnis

(Reihenfolge der Darstellung:
Lfd. Nr./Anzuwendende Rechtsnorm/Verwaltungsaufgaben/Zuständige Behörde)

1 Gewerbeordnung

...

Lfd. Nr.	Rechtsnorm	Verwaltungsaufgabe	Zuständige Behörde
1.13	§ 35 Abs. 1	Untersagung der Gewerbeausübung bei Unzuverlässigkeit	*zuständig:* OrdB 60000, im übrigen KrOrdB
1.14	§ 35 Abs. 2	Gestattung der Fortführung des Betriebes durch einen Stellvertreter	*zuständig:* OrdB 60000, im übrigen KrOrdB
1.15	§ 35 Abs. 5	Verhinderung der Ausübung des untersagten Gewerbes durch geeignete Maßnahmen	*zuständig:* OrdB 60000, im übrigen KrOrdB
1.16	§ 35 Abs. 6	Wiedergestattung der Ausübung des Gewerbes	*zuständig:* OrdB 60000, im übrigen KrOrdB
1.17	...		
1.18	§ 55 Abs. 2	Erteilung der Erlaubnisse zur Ausübung des Reisegewerbes (Erteilung von Reisegewerbekarten)	*zuständig:* OrdB

...

Zitiert wird § 1 Abs. 1, ggf. mit Absatz 2 der Verordnung iVm der laufenden Nummer des Verzeichnisses.

Beispiel:

Für den Widerruf der Reisegewerbekarte ist nach § 1 Abs. 1 und 2 der Verordnung zur Regelung von Zuständigkeiten auf dem Gebiet der Gewerbeüberwachung NRW iVm der Lfd. Nr. 1.18 des als Anlage beigefügten Verzeichnisses die örtliche Ordnungsbehörde sachlich zuständig.

Die Polizei- und Ordnungsverfügung

b) Polizei

Spezialgesetzliche Zuständigkeiten sind für die Polizei weit weniger bedeutsam als für die Ordnungsbehörden. Spezialzuweisungen bestehen[15]

- für die Erforschung und Verfolgung von Straftaten und Ordnungswidrigkeiten (§ 163 StPO; § 53 OWiG; vgl. auch § 78 S. 2 BbgPolG/§ 11 Abs. 1 Nr. 2 POG NRW),
- für die Überwachung des Straßenverkehrs (§ 44 Abs. 2 StVO; § 79 BbgPolG/ § 11 Abs. 1 Nr. 3 POG NRW),
- für die Überwachung des Verkehrs auf den schiffbaren Wasserstraßen und Gewässern (§ 79 BbgPolG/§ 11 Abs. 2 POG NRW),
- für die Auflösung von Versammlungen (§ 13 VersG).

2. Generalzuweisung

Ist keine spezialgesetzliche Zuständigkeit feststellbar, darf auf die Generalzuweisung des allgemeinen Polizei- und Ordnungsrechts zurückgegriffen werden.

a) Die Aufgabe der Gefahrenabwehr

Nach § 1 Abs. 1 OBG Bbg/NRW haben die Ordnungsbehörden „die Aufgabe, Gefahren für die öffentliche Sicherheit oder Ordnung abzuwehren (Gefahrenabwehr)." Die Parallelvorschrift des § 1 Abs. 1 S. 1 BbgPolG hat den gleichen Wortlaut, während in § 1 Abs. 1 S. 1 PolG NRW die Alternative der öffentlichen Ordnung fehlt.

Die Aufgabenbeschreibung über die für das Recht der Gefahrenabwehr zentralen unbestimmten Rechtsbegriffe der Gefahr, der öffentlichen Sicherheit und der öffentlichen Ordnung lässt viele Studenten automatisch die erlernten Definitionen[16] abspulen. Davon ist jedenfalls dann abzuraten, wenn die Befugnis zum Handeln der Behörde aus der Generalermächtigung (§ 13 Abs. 1 OBG Bbg/§ 14 Abs. 1 OBG NRW; § 10 Abs. 1 BbgPolG/§ 8 Abs. 1 PolG NRW) herzuleiten ist, deren Tatbestand aus den gleichen unbestimmten Rechtsbegriffen besteht. Da eine eingehende Erörterung nicht zweimal erfolgen darf, stellt sich die Frage nach der sachgerechten Verteilung der Prüfung. In der Regel sind unbestimmte Rechtsbegriffe beim ersten Auftreten zu definieren und bei ihrer Wiederkehr darauf Bezug zu nehmen. Im Polizei- und Ordnungsrecht würde das Gutachten dadurch aber kopflastig. Die Zuständigkeit ist nur eine erste Anforderung an ein rechtmäßiges Verwaltungshandeln. Im Mittelpunkt steht die Frage nach den Befugnissen, die darüber entscheidet, welche Eingriffe der Bürger in seine Rechts- und Vermögenssphäre hinnehmen muss. Es wäre deshalb unangebracht, den zentralen Prüfpunkt der Ermächtigungsgrundlage durch eine Verweisung auf die vorangegangenen Ausführungen zur Zuständigkeit nur kurz festzustellen. Es kommt hinzu, dass die

---

15 Näher dazu Drews/Wacke/Vogel/Martens, § 11. Zu Konflikten zwischen Gefahrenabwehr und Strafverfolgung siehe Berning, DVP 2001, 277.
16 Siehe Frage 95.

Befugnis zum Erlass einer Polizei- oder Ordnungsverfügung engere Anforderungen an die Gefahr stellt als die Aufgabenzuweisung. Bei der sachlichen Zuständigkeit geht es um die Aufgabenverteilung zwischen den verschiedenen Behörden im Interesse einer Arbeits- und Gewaltenteilung. Wenn den Polizei- und Ordnungsbehörden die Aufgabe der Gefahrenabwehr übertragen ist, so ist das in einem umfassenden Sinne gemeint. Die Befugnis zur Gefahrenabwehr schließt die Entscheidung ein, ob eine Gefahr vorliegt und ob bei vorhandener Gefahr gehandelt werden soll oder nicht. Zudem verlangt eine effektive Gefahrenabwehr auch vorbeugende Maßnahmen[17]. § 1 Abs. 1 S. 2 BbgPolG/NRW schreibt ausdrücklich fest, dass die Polizei im Rahmen der ihr übertragenen Aufgabe auch Straftaten zu verhüten sowie für die Verfolgung künftiger Straftaten vorzusorgen (vorbeugende Bekämpfung von Straftaten) und die erforderlichen Vorbereitungen für die Hilfeleistung und das Handeln in Gefahrenfällen zu treffen hat.

Bei der Prüfung der sachlichen Zuständigkeit aufgrund der Generalzuweisung geht man deshalb besser auf die unbestimmten Rechtsbegriffe nicht ein, sondern verwendet den Klammerbegriff der Gefahrenabwehr und begründet rein tatsächlich, worin die Aufgabe der Gefahrenabwehr besteht.

Beispiel:
Die Ordnungsbehörden sind (sachlich) zuständig für die Gefahrenabwehr (§ 1 Abs. 1 OBG Bbg/NRW). Im vorliegenden Fall ist die Ordnungsbehörde tätig geworden, um Gefahren durch einen unzureichend befestigten Maibaum für die Nachbarn, die Passanten und den Straßenverkehr abzuwehren. Damit ist sie sachlich zuständig.

Ist das Vorliegen einer Gefahr fraglich, reicht die erkennbare Absicht der Behörde aus, zur Gefahrenabwehr tätig werden zu wollen.

Beispiel:
Die Ordnungsbehörde hat die Mülldeponie geschlossen, weil Anzeichen dafür sprachen, dass dort die verschwundenen radioaktiv verseuchten Abfälle gelagert sein könnten. Damit ist sie erkennbar zur Gefahrenabwehr tätig geworden und nach § 1 Abs. 1 OBG Bbg/NRW sachlich zuständig.

b) Die subsidiäre Zuständigkeit der Polizei

Eine Frage der sachlichen Zuständigkeit ist auch die Aufspaltung der Aufgabenbereiche von Ordnungsbehörden und Polizei. Die Zuständigkeit der Ordnungsbehörden zur Gefahrenabwehr ist dem Gesetz nach unbeschränkt. Hingegen besteht eine originäre Zuständigkeit der Polizei nach § 1 Abs. 1 S. 2 BbgPolG/NRW nur dafür, Straftaten zu verhüten sowie für die Verfolgung künftiger Straftaten vorzusorgen und die erforderlichen Vorbereitungen für die Hilfeleistung und das Handeln in Gefahrenfällen zu treffen[18]. Im Übrigen hat die Polizei gemäß § 2 BbgPolG/§ 1 Abs. 1 S. 3 PolG NRW in eigener Zuständigkeit nur tätig zu werden, soweit ein Handeln der anderen für die Gefahrenabwehr zuständigen Behörden nicht oder nicht rechtzeitig möglich erscheint.

Die Abgrenzungsfrage braucht daher beim Handeln einer Ordnungsbehörde wegen der ihr verliehenen Allzuständigkeit zur Gefahrenabwehr nicht angesprochen zu werden. Bei polizeilichem Handeln muss hingegen eine zweifache Prüfung

---

[17] VGH Mannheim NVwZ 1989, 279, 280 mwN.
[18] Dazu Pitschas, DÖV 2002, 221; Soiné, DÖV 2000, 173.

durchgeführt werden: Zunächst ist zu prüfen, ob die Polizei zur Gefahrenabwehr tätig geworden ist oder tätig werden will. Bejahendenfalls ist weiter zu untersuchen, ob die Polizei nach § 2 BbgPolG/§ 1 Abs. 1 S. 2 oder 3 PolG NRW in eigener Zuständigkeit tätig werden durfte bzw. darf. Die Unaufschiebbarkeit der Maßnahme ist danach zu beurteilen, „ob die mit bürokratischen Mitteln arbeitende allgemeine Verwaltung noch ebenso wirksam und rechtzeitig einschreiten könnte"[19]. Dabei kommt es für die Rechtmäßigkeit der Maßnahme nicht darauf an, wie sich die Möglichkeiten der Gefahrenabwehr für Ordnungsbehörde und Polizei im Nachhinein objektiv darstellen. Die subjektive Formulierung („erscheint") macht deutlich, dass es **auf die Sicht der Polizei ankommt,** und berücksichtigt damit die begrenzten Erkenntnismöglichkeiten und die Notwendigkeit zu schneller Entschließung im Eilfall. Die Polizei darf in eigener Zuständigkeit handeln, wenn sie bei sachgerechter Beurteilung der Situation den Eindruck gewinnen muss, dass ein (weiteres) Zuwarten bis zum Eingreifen der Ordnungsbehörde nicht mehr möglich ist, wenn ein Schaden im polizeirechtlichen Sinne verhindert werden soll[20]. Um die Entscheidungsfreudigkeit der Polizei im Interesse einer effektiven Gefahrenabwehr nicht zu gefährden, sollten diese Anforderungen nicht zu engherzig aufgefasst werden[21]. Das gilt erst recht für die Klausur: Ist ein polizeiliches Handeln auf seine Rechtmäßigkeit hin zu untersuchen, sollte man die sachliche Zuständigkeit der Polizei nicht ohne zwingenden Grund verneinen.

c) Subsidiäre Zuständigkeit zum Schutz privater Rechte

Nach § 1 Abs. 4 BPolG/§ 1 Abs. 2 BbgPolG/PolG NRW obliegt der Schutz privater Rechte der Polizei nur dann, wenn gerichtlicher Schutz nicht rechtzeitig zu erlangen ist und wenn ohne polizeiliche Hilfe die Verwirklichung des Rechts vereitelt oder wesentlich erschwert werden würde.

Für den Schutz privater Rechte hat der Staat Gerichte, insbesondere die ordentlichen Gerichte, geschaffen. Müsste die Polizei sich dieser Aufgabe ebenfalls uneingeschränkt annehmen, würde das Gewaltenteilungsprinzip verletzt, der verfahrensrechtliche Schutz des Pflichtigen unterlaufen und die Entscheidung schwieriger zivilrechtlicher Rechtsfragen einer dafür nicht kompetenten Stelle aufgebürdet. Ein Handeln der Polizei in eigener Zuständigkeit ist deshalb **auf Notfälle begrenzt,** in denen der gerichtliche Schutz versagt. In Betracht kommen insbesondere Maßnahmen, die ein gerichtliches Verfahren überhaupt erst ermöglichen wie die Feststellung der Identität des Pflichtigen (§ 23 BPolG/§ 12 BbgPolG/PolG NRW) oder die Sicherstellung von Sachen zum Schutz des Berechtigten (§ 47 BPolG/§ 25 BbgPolG/§ 43 PolG NRW), sowie Fälle, in denen selbst einstweiliger zivilrechtlicher Rechtsschutz keinen effektiven Schutz bietet wie beim polizeilichen Abschleppen fremder, die Grundstücksausfahrt versperrender Fahrzeuge von privatem Grund[22]. Im Ordnungsbehördengesetz fehlt eine entsprechende Vorschrift, wohl weil der Gesetzgeber meinte, dass im Eilfall nur die Polizei zum schnellen

---

19 Götz, § 20 Rdnr. 495.
20 VGH Mannheim DVBl 1990, 1045 mwN; Götz, aaO; zu den problematischen Fallgruppen siehe Vahle, DVP 1987, 367.
21 So ausdrücklich auch Drews/Wacke/Vogel/Martens, § 7 unter 4 b.
22 Siehe dazu VG Freiburg DVBl 1979, 745.

und erfolgreichen Handeln in der Lage sei. Der Bürger kann sich jedoch auch an die allzuständige Ordnungsbehörde wenden und diese darf, gegebenenfalls mit Vollzugshilfe der Polizei, Abhilfe schaffen. § 1 Abs. 2 BbgPolG/PolG NRW ist deshalb für die Ordnungsbehörden entsprechend anzuwenden[23].

Wichtig für die Fallbearbeitung zu wissen ist, dass die Beschränkung der Zuständigkeit nach herrschender Meinung[24] nur insoweit gilt, als ausschließlich der Schutz privater Rechte in Frage steht. Sind die betroffenen Rechte oder Rechtsgüter zugleich durch öffentlich-rechtliche Rechtsnormen geschützt oder wird aus anderen Gründen über den Individualbereich hinaus die öffentliche Sicherheit berührt, dürfen Polizei- und Ordnungsbehörden ohne weiteres tätig werden.

Beispiele:
Die Polizei ist zur Gefahrenabwehr bei Hausbesetzungen zuständig, da nicht nur das Eigentumsrecht des Hauseigentümers verletzt wird, sondern auch ein andauernder Verstoß gegen das Strafgesetz (zumindest Hausfriedensbruch, § 123 StGB, und Nötigung, § 240 StGB) vorliegt[25].

Häufig bemüht werden Polizei- und Ordnungsbehörden bei Streitigkeiten aus dem Nachbarverhältnis (nächtliche Feiern, lautstarke Musik, Grillen, Verbrennen von Abfall, Verwildern des Gartens, Überwuchs von Bäumen und Sträuchern usw.). Auch insoweit bestehen vielfach nicht nur zivilrechtliche Unterlassungs- und Beseitigungsansprüche (§§ 906 ff., 1004 BGB), sondern auch öffentlich-rechtliche Gebote und Verbote (insbesondere aus dem Landesimmissionsschutzgesetz). Insoweit ist dann eine Zuständigkeit gegeben, von der aber bei zweiseitigen Streitigkeiten zurückhaltend Gebrauch gemacht werden sollte, damit die Gefahrenabwehrbehörden nicht als Gerichtsersatz ohne Kostenrisiko missbraucht werden.

d) Gefahrenabwehr gegenüber Verwaltungsträgern

Gefahren für die öffentliche Sicherheit und Ordnung können nicht nur von Privatpersonen, sondern auch von Trägern öffentlicher Verwaltung verursacht werden.

Beispiele:
Eine Bundesbehörde reserviert öffentliche Straßenflächen für ihre Dienstfahrzeuge; vom Betrieb städtischer Schulen, Kindergärten oder Schwimmbäder gehen Lärmbelästigungen aus.

Unstreitig unterliegen auch die Organe und Behörden des Staates der **materiellen Polizeipflicht,** d.h., sie dürfen durch ihr Tätigwerden nicht die öffentliche Sicherheit und Ordnung gefährden. Dabei muss allerdings berücksichtigt werden, dass die Funktionsfähigkeit der öffentlichen Verwaltung durch den Begriff der öffentlichen Sicherheit selbst geschützt wird. Es muss daher durch Abwägung der kollidierenden Güter im Einzelfall ermittelt werden, inwieweit eine Relativierung oder Modifizierung der Polizeipflicht notwendig ist. Die Abwägung ist so vorzunehmen, „dass einerseits ein ordnungsgemäßer Verwaltungsbetrieb gewährleistet bleibt und andererseits die davon betroffenen Güter und Interessen nicht stärker beeinträchtigt werden, als das bei strikter Wahrung des Prinzips der Verhältnismäßigkeit unvermeidbar erscheint"[26].

---

23 So ausdrücklich auch Möller/Wilhelm, 3. Abschnitt 3.1.1.
24 Siehe nur Götz, § 6 Rdnr. 96 und Martens, DÖV 1976, 457, 459; aA Baur, JZ 1962, 73, 76.
25 OVG Münster OVGE 24, 72.
26 Drews/Wacke/Vogel/Martens, § 19 unter 4 b mwN.

Die Polizei- und Ordnungsverfügung

Von der materiellen Polizeipflicht zu unterscheiden ist die Frage, ob Polizei- und Ordnungsbehörden andere Verwaltungsträger **durch Verfügungen zu ordnungsgemäßem Verhalten** anhalten dürfen. Diese Frage ist lange Zeit dem Grundsatz nach verneint worden[27]. Zur Begründung wurde angeführt[28], dass die Aufgliederung der Gesamtorganisation des Staates zu einem grundsätzlich selbstständigen Nebeneinander der einzelnen Aufgabenträger führe. Ein geordnetes und fachlich fundiertes Arbeiten in den einzelnen Teilen der Verwaltung sei nicht gewährleistet, wenn die einzelnen Verwaltungsträger nicht selbstständig, folglich auch nicht selbstverantwortlich auf ihrem Aufgabengebiet entscheiden könnten und müssten. Daher dürfe ein Aufgabenträger nicht in den Bereich des anderen eingreifen. Ausnahmen seien nur zuzulassen bei Übertragung einer besonderen Zuständigkeit zum Eingreifen in den Aufgabenbereich anderer Dienststellen sowie bei rein fiskalischem Handeln. Das Bundesverwaltungsgericht hat in seiner jüngeren Rechtsprechung[29] diese These von der (angeblich) fehlenden Anordnungsbefugnis der Gefahrenabwehrbehörden gegenüber Fachbehörden aufgegeben. Die Aufteilung der Aufgaben auf verschiedene Behörden führt gerade dazu, dass die Fachbehörden andere Aufgaben haben als die (allgemeine) Gefahrenabwehr und durch ordnungsrechtliche Anordnungen in ihre Fachaufgaben nicht eingegriffen wird. Materielle und formelle Polizeipflicht sind deshalb kongruent[30].

VI. Instanzielle Zuständigkeit

Die instanzielle Zuständigkeit bestimmt bei mehrstufigem Behördenaufbau, welche Ebene zum Handeln berufen ist.

1. Ordnungsverwaltung

Für die Ordnungsbehörden ist die instanzielle Zuständigkeit in § 5 OBG Bbg/NRW geregelt. Verwirrung stiftet immer wieder die Tatsache, dass diese Bestimmung die Überschrift „Sachliche Zuständigkeit" trägt. Das dürfte darauf zurückzuführen sein, dass die instanzielle Zuständigkeit früher als Unterfall der sachlichen Zuständigkeit angesehen wurde. Sofern man zwischen sachlicher und instanzieller Zuständigkeit unterscheidet, ist vom Regelungsgehalt her unzweifelhaft in § 1 die sachliche und in § 5 OBG Bbg/NRW die instanzielle Zuständigkeit geregelt. Für die Aufgaben der Gefahrenabwehr sind regelmäßig die örtlichen Ordnungsbehörden zuständig (§ 5 Abs. 1 OBG Bbg/NRW). Empfehlenswert ist es, ergänzend § 3 Abs. 1 OBG Bbg/NRW mitzuzitieren.

Formulierungsbeispiele:
Instanziell zuständig für die Aufgaben der Gefahrenabwehr sind die örtlichen Ordnungsbehörden (§ 5 Abs. 1 OBG NRW). Die Aufgaben der örtlichen Ordnungsbehörden nehmen die Gemeinden wahr (§ 3 Abs. 1 OBG NRW).

Der Bürgermeister (Amtsdirektor, Oberbürgermeister) ist als örtliche Ordnungsbehörde nach § 5 Abs. 1 iVm § 3 Abs. 1 OBG Bbg instanziell zuständig.

---

27 Vgl. Drews/Wacke/Vogel/Martens, § 15 unter 3 b; Folz, JuS 1965, 41; Gebhard, DÖV 1986, 545.
28 Exemplarisch die Argumentation des OVG Lüneburg OVGE 12, 340.
29 BVerwGE 117, 1 (7); DÖV 1999, 786; 2003, 951 (953).
30 Britz, DÖV 2002, 891; Schoch, Jura 2005, 324.

ZWEITER TEIL 2. Abschnitt

Die Zuständigkeit der Landes- und Kreisordnungsbehörden bestimmt sich nach den hierfür erlassenen gesetzlichen Vorschriften (§ 5 Abs. 2 und 3 OBG Bbg/§ 5 Abs. 2 OBG NRW). Es muss daher eine Rechtsnorm gefunden und zitiert werden, welche die Aufgabe ausdrücklich einer höheren Instanz zuweist.

Beispiel:
Für den Vollzug der Landesbauordnung ist nach § 62 BauO NRW, soweit nichts anderes bestimmt ist, die untere Bauaufsichtsbehörde zuständig. Untere Bauaufsichtsbehörden sind gemäß § 60 Abs. 1 Nr. 3 Buchst. b BauO NRW für die übrigen kreisangehörigen Gemeinden die Kreise als Ordnungsbehörden (vgl. § 5 Abs. 2 OBG NRW).

Die Zuständigkeit für den Erlass von ordnungsbehördlichen Verordnungen ist, worauf § 5 Abs. 4 OBG Bbg/§ 5 Abs. 3 OBG NRW ausdrücklich hinweist, in den §§ 25 und 26 OBG Bbg/§§ 26 und 27 OBG NRW besonders geregelt.

Bei Gefahr im Verzug kann jede Ordnungsbehörde in ihrem Bezirk die Befugnisse einer anderen Ordnungsbehörde mit Ausnahme des Erlasses von ordnungsbehördlichen Verordnungen ausüben (§ 6 Abs. 1 OBG Bbg/NRW). Außerdem kann die Aufsichtsbehörde unter den Voraussetzungen des § 10 OBG Bbg/NRW die Befugnisse der ihrer Aufsicht unterstehenden Ordnungsbehörden selbst ausüben oder die Ausübung einem anderen übertragen.

2. Polizei

Bei der Polizei sind in Nordrhein-Westfalen für die allgemeinen und die meisten besonderen Aufgaben die Kreispolizeibehörden als untere Ebene instanziell zuständig (vgl. §§ 10, 11 POG NRW). Die Bezirksregierungen sind nach Maßgabe des § 12 POG NRW zuständig für die Überwachung des Straßenverkehrs auf Bundesautobahnen und autobahnähnlichen Straßen mit Anschluss an das Bundesautobahnnetz. Eine Polizeibehörde kann bei Gefahr im Verzug Aufgaben einer anderen, an sich zuständigen Polizeibehörde übernehmen (§ 14 Abs. 1 POG NRW). Bei Aufgaben von überörtlicher Bedeutung können die Polizeiaufsichtsbehörden Polizeikräfte mehrerer Polizeibehörden ihres Bezirks einer Polizeibehörde oder sich selbst unterstellen (§ 14 Abs. 2 POG NRW).

Demgegenüber sind in Brandenburg die allgemeinen Polizeibehörden nicht instanziell gegliedert, sondern in den Polizeipräsidien zusammengefasst (§§ 72, 73 BbgPolG).

VII. Örtliche Zuständigkeit

Die örtliche Zuständigkeit bestimmt, welche von mehreren gleichartigen Behörden dem räumlichen Aufgabenbereich nach zur Wahrnehmung der Verwaltungsaufgabe befugt ist. Bei der örtlichen Zuständigkeit ist zwischen der ordentlichen Zuständigkeit oder Regelzuständigkeit, die auf den Amtsbezirk bzw. Polizeibezirk begrenzt ist, und den darüber hinaus gehenden außerordentlichen Zuständigkeiten zu unterscheiden.

Die Polizei- und Ordnungsverfügung

1. Ordnungsverwaltung

In Ausbildungs- und Prüfungsarbeiten verführt die Tatsache, dass die untere Instanz in der Ordnungsverwaltung als „örtliche Ordnungsbehörde" bezeichnet ist, immer wieder zu einem **gedanklichen Kurzschluss:** Im Anschluss an das Ergebnis der Prüfung der instanziellen Zuständigkeit wird festgestellt, dass somit die örtliche Ordnungsbehörde, also die in der Gemeinde X, in der der Fall spielt, zuständig sei. Dabei wird übersehen, dass die Bezeichnung „örtliche Ordnungsbehörde" nur die instanzielle Ebene bezeichnet, also nur festsetzt, dass die Ordnungsverwaltung auf der Ortsebene zuständig ist. Welche der zahlreichen im Lande nebeneinander bestehenden örtlichen Ordnungsbehörden örtlich zuständig ist, bedarf noch der Prüfung.

Nach der Regelzuständigkeit des § 4 Abs. 1 OBG Bbg/NRW ist die Ordnungsbehörde örtlich zuständig, in deren Bezirk die zu schützenden Interessen verletzt oder gefährdet werden. Durch diese den § 3 VwVfG verdrängende Regelung ist sichergestellt, dass die Ordnungsbehörde am Ort der Gefahr zum Eingreifen berechtigt ist.

Formulierungsbeispiel:
Das mit Altöl verunreinigte Gewässer liegt im Amtsbereich der Stadt Brühl, so dass der Bürgermeister der Stadt Brühl nach § 4 Abs. 1 OBG NRW örtlich zuständig ist.

Außerordentliche Zuständigkeiten begründen die §§ 4 Abs. 2 und 6 OBG Bbg/NRW.

2. Polizei

Nach § 75 Abs. 1 BbgPolG/§ 7 Abs. 1 S. 1 POG NRW sind ebenfalls die Polizeibehörden regelmäßig zuständig, in deren Polizeibezirk die polizeilich zu schützenden Interessen verletzt oder gefährdet werden. Wegen der Eilbedürftigkeit polizeilichen Handelns sind außerordentliche Zuständigkeiten in den Absätzen 2 bis 5 innerhalb des Landes und in den §§ 76 und 77 BbgPolG/§§ 8 und 9 POG NRW länderübergreifend in weitem Umfang zugelassen[31]. In anderen Ländern hat der Gesetzgeber zum Teil jedem im Vollzugsdienst tätigen Beamten der Polizei die Befugnis zur Wahrnehmung der Aufgaben der Polizei im gesamten Landesgebiet erteilt (vgl. § 76 SächsPolG; § 3 Abs. 1 ThürPOG).

---

31 Eingehend dazu Drews/Wacke/Vogel/Martens, § 7 unter 3, S. 109 ff.

B. Ermächtigungsgrundlage

95. Anwendungsproblemkreis 6: Die Prüfung der Ermächtigungsgrundlage im Polizei- und Ordnungsrecht

I. Problemstellung

Nach dem Grundsatz vom Vorbehalt des Gesetzes ist das Vorliegen einer Ermächtigungsgrundlage jedenfalls bei Eingriffen in Rechtsgüter oder in das Vermögen des Bürgers eine elementare rechtsstaatliche Anforderung an die Rechtmäßigkeit des Verwaltungshandelns[1]. § 1 Abs. 5 S. 1 BbgPolG/PolG NRW legt ausdrücklich fest, dass die Polizei Maßnahmen, die in Rechte einer Person eingreifen, nur treffen darf, wenn dies aufgrund des Polizeigesetzes oder anderer Rechtsvorschriften zulässig ist. Dementsprechend stellt die Prüfung der Ermächtigungsgrundlage in Klausuren und Hausarbeiten regelmäßig (auch bewertungsmäßig) einen Schwerpunkt dar. Für das Polizei- und Ordnungsrecht mit seinem vielgestaltigen System von Ermächtigungen gilt das in besonderem Maße. Der Student muss die verschiedenen Arten von Ermächtigungsgrundlagen, ihre Rangordnung und ihre prüfungstechnischen Besonderheiten kennen.

II. Das System der Ermächtigungsgrundlagen

Ermächtigungsgrundlagen für polizei- und ordnungsrechtliche Eingriffe finden sich in einer unübersehbaren Vielzahl von Regelungswerken. Die grundlegenden Arten von Ermächtigungen sind durch Kollisionsnormen in eine feste Rangordnung gebracht, die bei der Fallbearbeitung beachtet werden muss.

1. Spezialermächtigungen

a) in einem Bundesgesetz

Beispiele:
§§ 52–55 und 58 AufenthG; §§ 17, 20, 24, 25 BImSchG; §§ 16, 17 IfSG; § 35 GewO; §§ 15, 16 GastG; § 3 StVG.

b) in einer Rechtsverordnung des Bundes

Beispiele:
§ 45 StVO; §§ 17, 31 a StVZO.

Als Bundesrecht gehen diese Ermächtigungen gem. Art. 31 GG allen landesrechtlichen Regelungen vor.

c) im Landespolizeigesetz, soweit die Polizei für die Verfolgung künftiger Straftaten vorsorgt oder die erforderlichen Vorbereitungen für die Hilfeleistung und das Handeln in Gefahrenfällen trifft

§§ 29 bis 49 BbgPolG/§§ 9 bis 33 PolG NRW, nach Maßgabe des § 23 OBG Bbg/§ 24 OBG NRW zum Teil auch entsprechend für die Ordnungsbehörden anzuwenden.

---

[1] Siehe bereits Fragen 22 und 49.

Die Polizei- und Ordnungsverfügung

Nach § 1 Abs. 5 S. 2 BbgPolG/PolG NRW sind diese polizeilichen Maßnahmen nur nach dem Zweiten Unterabschnitt „Datenverarbeitung" des Zweiten Abschnitts des Polizeigesetzes zulässig[2].

d) in einem Landesgesetz zur Gefahrenabwehr auf einem besonderen Sachgebiet

Beispiele:
§§ 124 ff. LWG NRW; §§ 9 Abs. 1, 11 und 17 PsychKG NRW; §§ 52 Abs. 2 S. 2, 73 bis 78 BauO Bbg.

e) Polizeiliche Standardmaßnahmen (außer den zu c) gehörenden)

§§ 11 bis 28 BbgPolG/§§ 34 bis 46 PolG NRW, nach § 23 OBG Bbg/§ 24 OBG NRW für die Ordnungsbehörden entsprechend anwendbar.

Den Vorrang der Standardmaßnahmen schreibt § 10 Abs. 1 BbgPolG/§ 8 Abs. 1 PolG NRW letzter Halbsatz ausdrücklich fest[3].

f) in einer Rechtsverordnung des Landes

Beispiele:
Smog-Verordnung; Versammlungsstätten-Verordnung.

g) in einer ordnungsbehördlichen Verordnung

Beispiel:
Ordnungsbehördliche Verordnung über die Aufrechterhaltung der öffentlichen Sicherheit und Ordnung auf und an den öffentlichen Straßen sowie in den öffentlichen Anlagen der Gemeinde.

Nach § 13 Abs. 2 OBG Bbg/§ 14 Abs. 2 OBG NRW und § 10 Abs. 2 BbgPolG/§ 8 Abs. 2 PolG NRW haben die Polizei- und Ordnungsbehörden zur Erfüllung der Aufgaben, die nach besonderen Gesetzen und Verordnungen durchzuführen sind, vorrangig die darin vorgesehenen Befugnisse.

2. Generalermächtigung

Die Generalermächtigung des § 13 Abs. 1 OBG Bbg/§ 14 Abs. 1 OBG NRW für die Ordnungsbehörden und des § 14 Abs. 1 BPolG/§ 10 Abs. 1 BbgPolG/§ 8 Abs. 1 PolG NRW für die Polizei dient als Auffangtatbestand, der die Befugnis zur Gefahrenabwehr in allen Bereichen gewährt, in denen keine speziellen (abschließenden) Ermächtigungen bestehen.

III. Die drei grundlegenden Klausurtypen

Von der Art und Weise her, wie die Ermächtigungsgrundlage in der Fallbearbeitung geprüft werden muss, lassen sich drei grundlegende Arten unterscheiden. Da die verschiedenen Arten bei der Erstellung von Ausbildungs- und Prüfungsarbeiten bewusst ausgewählt werden, um unterschiedliche Kenntnisse und Fertigkeiten zu überprüfen, kann von Klausurtypen gesprochen werden:

---

2 Einen Überblick über diese Ermächtigungen geben Habermehl, JA 1990, 331; Kniese/Vahle, DÖV 1990, 646; Riegel, DÖV 1990, 651; Riotte/Tegtmeyer, NWVBl 1990, 145; Vahle, DVP Beilage Nordrhein-Westfalen 1990, 9; DVP 1992, 487; 1996, 370.
3 Eingehend zu den Standardmaßnahmen Drews/Wacke/Vogel/Martens, § 12; Erichsen, Jura 1993, 45; Knemeyer, §§ 19 f.; zu ihrer Durchsetzbarkeit Finger, JuS 2005, 116.

Klausurtyp 1: Spezialermächtigung
Klausurtyp 2: Generalermächtigung
Klausurtyp 3: Generalermächtigung iVm spezialgesetzlichem Ge- oder Verbot

Der Klausurerfolg hängt nicht unerheblich davon ab, dass der Bearbeiter sich vor Beginn der Ausarbeitung klar macht, welcher Klausurtyp vorliegt und welche prüfungsmäßigen Anforderungen daraus erwachsen.

Klausurtyp 1: Spezialermächtigung

1. Die Charakteristik des Klausurtyps

Ist der zu bearbeitende Fall über eine Spezialermächtigung zu lösen, so ist regelmäßig eine methodisch saubere und argumentationsmäßig überzeugende Subsumtion gefordert. Der Fallsteller wählt diese Alternative, um vom Abfragen angelernten Wissens wegzukommen und die **Technik der Rechtsanwendung** zum Prüfungsgegenstand zu machen. Der Bearbeiter soll zeigen, dass er imstande ist, mit unbekannten Rechtsvorschriften umzugehen. Dazu ist es notwendig, die einzelnen Tatbestandsmerkmale zu ermitteln und auf die einschlägigen Alternativen zu reduzieren. Weiter ist sorgfältig zu prüfen, ob Tatbestandsmerkmale der Auslegung bedürfen. Nicht selten liegt nämlich beim ersten Klausurtyp ein Schwerpunkt bei der Auslegung unbestimmter Rechtsbegriffe. Auslegungsprobleme werden im Sachverhalt meist durch eine kontroverse Argumentation angezeigt. Es empfiehlt sich daher, die vorgebrachten Argumente zusammenzustellen und den Prüfpunkten sowie den Tatbestandsmerkmalen der Spezialermächtigung zuzuordnen[4]. Bewertungsmaßstab für die Auslegung unbestimmter Rechtsbegriffe ist in erster Linie, inwieweit der Bearbeiter sich um eine sachgerechte Entscheidung unter Abwägung aller widerstreitenden Gesichtspunkte bemüht[5]. Das gelingt sehr viel leichter, wenn man zunächst einmal alle Argumente pro und contra gegenüberstellt.

2. Die Ermittlung von Spezialermächtigungen

Ob eine Spezialermächtigung vorhanden ist, muss der Bearbeiter zu Beginn seiner Überlegungen sorgfältig prüfen. Ist das benötigte spezialgesetzliche Material der Klausuraufgabe in Form eines Gesetzesauszugs beigefügt, braucht dieser nur auf Ermächtigungsgrundlagen hin untersucht zu werden. Ansonsten sollten über die Bestimmung der betroffenen Sachgebiete der Gefahrenabwehr die möglicherweise einschlägigen Spezialgesetze ermittelt und auf Ermächtigungen hin abgeklopft werden. Erstaunlicherweise haben nicht wenige Studierende Schwierigkeiten, eine Spezialermächtigung zu erkennen, insbesondere sie von schlichten Geboten und Verboten zu unterscheiden. Wesentliches Merkmal einer Ermächtigungsgrundlage ist, dass einem Träger öffentlicher Gewalt die **Befugnis zum Eingriff in Rechte oder in das Vermögen** des Bürgers verliehen wird. Geregelt sein muss daher, welche Maßnahmen von welcher Behörde getroffen werden dürfen.

---

4   Eingehend dazu Brühl, Fallbearbeitung, Zweiter Teil A III.
5   Zum Vorgehen bei der Rechtsauslegung siehe Brühl, Fallbearbeitung, Erster Teil B.

Die Polizei- und Ordnungsverfügung

Beispiele:

§ 39 Abs. 2 S. 1 LFGB: Die zuständigen Behörden treffen die ntowendigen Anordnungen und Maßnahmen, die zur Feststellung oder zur Ausräumung eines hinreichenden Verdachts eines Verstoßes oder zur Beseitigung festgestellter Verstöße oder zur Verhütung künftiger Verstöße sowie zum Schutz vor Gefahren für die Gesundheit oder vor Täuschung erforderlich sind.

§ 16 Abs. 1 S. 1 IfSG: Werden Tatsachen festgestellt, die zum Auftreten einer übertragbaren Krankheit führen können, oder ist anzunehmen, dass solche Tatsachen vorliegen, so trifft die zuständige Behörde die notwendigen Maßnahmen zur Abwendung der dem Einzelnen oder der Allgemeinheit hierdurch drohenden Gefahren.

§ 15 Abs. 1 VersG: Die zuständige Behörde kann die Versammlung oder den Aufzug verbieten oder von bestimmten Auflagen abhängig machen, wenn nach den zur Zeit des Erlasses der Verfügung erkennbaren Umständen die öffentliche Sicherheit oder Ordnung bei Durchführung der Versammlung oder des Aufzuges unmittelbar gefährdet ist.

In einigen spezialgesetzlichen Ermächtigungsgrundlagen ist nur die Maßnahme, nicht aber die dazu befugte Behörde bezeichnet. In diesem Fall ergibt sich die zum Handeln ermächtigte Behörde aus Ergänzungsnormen, die meist am Ende des Gesetzes zu finden sind.

Beispiel:

§ 55 Abs. 1 AufenthG: Ein Ausländer kann ausgewiesen werden, wenn sein Aufenthalt die öffentliche Sicherheit und Ordnung oder sonstige erhebliche Interessen der Bundesrepublik Deutschland beeinträchtigt.

§ 71 Abs. 1 S. 1 AufenthG: Für aufenthalts- und passrechtliche Maßnahmen und Entscheidungen nach diesem Gesetz und nach ausländerrechtlichen Bestimmungen in anderen Gesetzen sind die Ausländerbehörden zuständig.

Von einer Ermächtigungsgrundlage zu unterscheiden sind **schlichte Ge- und Verbote,** die sich, ohne dass es der Umsetzung durch einen behördlichen Einzelakt bedarf, unmittelbar an den Bürger wenden und von ihm ein Tun, Dulden oder Unterlassen fordern.

Beispiele:

§ 20 Nr. 1 GastG: Verboten ist, Branntwein oder überwiegend branntweinhaltige Lebensmittel durch Automaten feilzuhalten.

§ 26 Abs. 1 S. 1 WHG: Feste Stoffe dürfen in ein Gewässer nicht zu dem Zweck eingebracht werden, sich ihrer zu entledigen.

§ 32 Abs. 1 StVO: Es ist verboten, die Straße zu beschmutzen oder zu benetzen oder Gegenstände auf Straßen zu bringen oder dort liegen zu lassen, wenn dadurch der Verkehr gefährdet oder erschwert werden kann. Der für solche verkehrswidrigen Zustände Verantwortliche hat sie unverzüglich zu beseitigen und sie bis dahin ausreichend kenntlich zu machen …

Klausurtyp 2: Generalermächtigung

1. Die Charakteristik des Klausurtyps

Bildet die Generalermächtigung allein die Grundlage für einen polizeilichen oder ordnungsbehördlichen Eingriff, so stehen die in Lehre und Literatur eingehend behandelten Definitionen der Tatbestandsmerkmale „öffentliche Sicherheit", „öffentliche Ordnung" und „im einzelnen Falle bestehende Gefahr" im Vordergrund[6]. Vom Bearbeiter ist eine zutreffende Wiedergabe der für die Rechtsanwendung notwendigen Definitionen und eine kurze Subsumtion gefordert. Reicht dabei

---

6   Zur Anwendung der Generalklausel vgl. auch Kirchhof, JuS 1974, 648, 781; 1975, 99, 237, 378, 509 und v. Mutius, Jura 1986, 649.

für die Prüfung der Ermächtigungsgrundlage **eine im Wesentlichen reproduzierende Leistung** aus, sind die Probleme des Falles und damit die Klausurschwerpunkte regelmäßig in spätere Prüfpunkte, insbesondere in die Verhältnismäßigkeits- und Ermessensprüfung verlagert.

2. Die Grundstruktur der Generalklausel

Die ordnungsbehördliche Generalermächtigung (§ 13 Abs. 1 OBG Bbg/§ 14 Abs. 1 OBG NRW) hat einen aus unbestimmten Rechtsbegriffen zusammengesetzten Tatbestand und eine in das Ermessen der Behörde gestellte Rechtsfolge:

Tatbestand: Wenn eine im einzelnen Falle bestehende Gefahr für die öffentliche Sicherheit oder Ordnung abzuwehren ist,

Rechtsfolge: können die Ordnungsbehörden die notwendigen Maßnahmen treffen.

In der Fallbearbeitung wird immer wieder verkannt, dass der Tatbestand nicht aus drei (kumulativen) Merkmalen besteht, sondern, wie das Wort „oder" deutlich macht, zwei alternative Tatbestände enthält[7]:

Tatbestand 1: eine im einzelnen Falle bestehende Gefahr für die öffentliche Sicherheit

Tatbestand 2: eine im einzelnen Falle bestehende Gefahr für die öffentliche Ordnung

Der Bearbeiter muss sich entscheiden, welche Tatbestandsalternative er prüfen will, und seine Wahl dem Leser auch mitteilen.

Formulierungsbeispiele:
Darin könnte eine konkrete Gefahr für die öffentliche Sicherheit liegen.

Das Verhalten des A könnte aber noch die öffentliche Ordnung gefährden.

Die Prüfung kann sinnvollerweise nicht mit der Gefahr, sondern nur mit dem Schutzgut beginnen. In Erwägung ziehen sollte man zunächst stets die Alternative der öffentlichen Sicherheit, nicht nur weil sie im Gesetz als erste genannt ist, sondern vor allem deshalb, weil nur sie einen klar abgegrenzten Begriffsinhalt hat. Ist eine Gefahr für die öffentliche Sicherheit zu bejahen, besteht regelmäßig kein Anlass, auch noch in eine Prüfung der zweiten Alternative einzutreten, zumal ihre Verfassungsmäßigkeit und ihre Reichweite umstritten sind[8]. Wird unter den Begriff der öffentlichen Ordnung nicht subsumiert, so wäre es verfehlt, den Begriff zu Beginn der Untersuchung „auf Vorrat" zu definieren.

Für die polizeiliche Generalklausel nach § 10 Abs. 1 BbgPolG gelten die vorstehenden Ausführungen entsprechend. Demgegenüber enthält § 8 Abs. 1 PolG NRW keine Alternative mehr:

Tatbestand: Wenn eine im einzelnen Falle bestehende, konkrete Gefahr für die öffentliche Sicherheit abzuwehren ist (und die §§ 9 bis 46 die Befugnisse der Polizei nicht besonders regeln),

Rechtsfolge: kann die Polizei die notwendigen Maßnahmen treffen.

Die Generalermächtigung in § 14 Abs. 1 BPolG erlaubt der Bundespolizei zur Erfüllung ihrer Aufgaben nach den §§ 1 bis 7 die notwendigen Maßnahmen zu

---

[7] Zu den Schutzgütern siehe Erbel, DVBl 2001, 1714; Schoch, Jura 2003, 177; Waechter NVwZ 1997, 729.
[8] So ausdrücklich auch Giemulla/Jaworsky/Müller-Uri, Rdnr. 679 und Möller/Wilhelm, 3. Abschnitt 3.2.

treffen, „um eine Gefahr abzuwehren". Absatz 2 definiert die Gefahr als „eine im Einzelfall bestehende Gefahr für die Sicherheit oder Ordnung im Bereich der Aufgaben, die der Bundespolizei nach den §§ 1 bis 7 obliegen". In Tatbestand wie Rechtsfolge wird damit auf den begrenzten Aufgabenbereich der Bundespolizei hingewiesen.

3. Das Schutzgut „öffentliche Sicherheit"

Das Schutzgut „öffentliche Sicherheit" hat einen seit langem anerkannten festen Begriffsinhalt mit **drei Schutzrichtungen**[9]. Geschützt werden:

- der Bestand, die Einrichtungen und die Veranstaltungen des Staates,
- die Rechte und Rechtsgüter des Einzelnen,
- die Unverletzlichkeit der Rechtsordnung (Gesamtheit der Rechtsvorschriften).

Die erste Schutzrichtung sichert die **Funktionsfähigkeit des Staates.** Dazu müssen Angriffe auf den Bestand des Staates (Terroranschläge, Volksaufstände), auf seine Einrichtungen (Parlamente, Behörden, Gerichte, Hochschulen und Schulen, Versorgungseinrichtungen und Dienstleistungsbetriebe) und Veranstaltungen (Staatsbesuch, Wahlen, Volkszählung, Rekrutenvereidigung, Radarkontrolle[10]) abgewehrt werden.

Die zweite Schutzrichtung bezieht sich auf **Individualrechtsgüter.** Geschützt werden insbesondere Leben, Gesundheit, Freiheit, Ehre, Eigentum und beschränkt dingliche Rechte, aber auch das Vermögen[11].

Die dritte Schutzrichtung steht in engem Zusammenhang mit der ersten Schutzrichtung, weil nämlich die **Unverletzlichkeit der Rechtsordnung** eine Grundbedingung für den Bestand des Staates ist: Ein Staat, dessen Verhaltensanweisungen von den Bürgern nicht mehr beachtet werden, verliert seine Staatsgewalt und damit eine Voraussetzung für seine Qualität als Staat[12].

In der Fallbearbeitung stellt sich zunächst die Frage, ob man alle Schutzrichtungen aufzählen oder nur die einschlägige(n) ansprechen soll. Den Begriff der öffentlichen Sicherheit vollständig zu definieren ist ein Vorgehen, das nicht falsch ist und jedes Risiko hinsichtlich der Prüfererwartung vermeidet. Andererseits kostet es wertvolle Zeit und wirkt unbeholfen, wenn danach nur auf eine Schutzrichtung näher eingegangen wird. Das Vorgehen sollte daher jedenfalls in Fortgeschrittenenarbeiten von der Problemverteilung der Arbeit abhängig gemacht werden. Gewinnen die Begriffsmerkmale der Ermächtigungsgrundlage besonderes Gewicht, weil mehrere Schutzrichtungen in Betracht kommen, sich Auslegungsprobleme

---

9 Vgl. nur BVerwG MDR 1974, 338 und Möller/Wilhelm, 3. Abschnitt 3.1.
10 Vgl. dazu OVG Münster NJW 1997, 1596.
11 Zur Beschränkung polizeilicher Kompetenzen zum Schutz privater Rechte siehe bereits Frage 94 unter V 2 c; zur Obdachlosigkeit als ordnungsrechtliches Problem Erichsen/Biermann, Jura 1998, 371; Ruder, NVwZ 2001, 1223.
12 Zur Frage, welche Rechtsvorschriften als Schutzgut der öffentlichen Sicherheit in Betracht kommen siehe Haurand, DVP 2002, 107.

ergeben oder der Fall kaum nennenswerte sonstige Probleme aufweist, darf bei der Definition ruhig weiter ausgeholt werden. Ist der Begriff der öffentlichen Sicherheit hingegen über die dritte Schutzrichtung nur der Aufhänger für die Prüfung anderer (Gebots- oder Verbots-)Normen oder verlangt der Fall angesichts der Vielzahl der Probleme ein konzentriertes Vorgehen, ist es ratsam, sich auf die einschlägige Alternative zu beschränken. Es kann dann angedeutet werden, dass auch noch andere Schutzrichtungen vorhanden sind.

Formulierungsbeispiele:
Das Schutzgut der öffentlichen Sicherheit umfasst unter anderem den Bestand, die Einrichtungen und Veranstaltungen des Staates.

Eine anerkannte Schutzrichtung der öffentlichen Sicherheit sind die Rechte und Rechtsgüter des Einzelnen.

Die öffentliche Sicherheit schützt neben anderem auch die Gesamtheit der Rechtsvorschriften.

Kommen mehrere Schutzrichtungen in Betracht, steht der Rechtsanwender vor der Frage, ob er alle einschlägigen Schutzrichtungen erörtern oder sich auf die am einfachsten zu begründende beschränken soll. Sofern die Klausur nicht ersichtlich auf eine umfassende Prüfung der Begriffsmerkmale der Generalklausel abzielt, ist in der Regel eher zur **Konzentration auf die zentrale Schutzrichtung** zu raten. Abgesehen davon, dass eine überzeugende Begründung drei Scheinsubsumtionen vorzuziehen ist, lehrt die Korrekturerfahrung, dass bei nicht zwingend erforderlichen Parallelprüfungen die Gefahr groß ist, auf Abwege zu geraten.

Beispiel:
In einer Zwischenprüfungsklausur, die sich mit der Störung der Sonntagsruhe durch den Betrieb einer Autowaschanlage beschäftigte, waren die Arbeiten am überzeugendsten, die die Gefahr für die öffentliche Sicherheit ausschließlich aus der dritten Schutzrichtung in Verbindung mit dem Feiertagsgesetz NRW herleiteten. Wer zusätzlich (und dann natürlich vorab) noch auf die zweite Schutzrichtung einging, verlor sich regelmäßig in bilderbuchhaften Darstellungen des Sonntagsverhaltens deutscher „Durchschnittsfamilien" oder in der Problematik der Subsidiarität des Individualrechtsschutzes. Dafür wurden dann die auf die Tatbestandsmerkmale des § 3 Feiertagsgesetz NRW abzielenden Argumente vernachlässigt.

Die dritte Schutzrichtung nimmt im Rahmen des Begriffs der öffentlichen Sicherheit insofern eine Sonderstellung ein, als ihr Schutzbereich durch rechtlich festgelegte Wertungen ausgefüllt wird, wodurch sie von besonderer Überzeugungskraft ist. Man ist deshalb, wenn die dritte Schutzrichtung in Betracht kommt, gut beraten, sich auf diese Prüfung zu konzentrieren und das Vorliegen konkurrierender Schutzrichtungen allenfalls kurz anzudeuten.

4. Das Schutzgut „öffentliche Ordnung"

§ 3 Nr. 2 SOG LSA definiert die öffentliche Ordnung im Einklang mit der anerkannten Begriffsbestimmung[13] als „die Gesamtheit der im Rahmen der verfassungsmäßigen Ordnung liegenden ungeschriebenen Regeln für das Verhalten des Einzelnen in der Öffentlichkeit, deren Beachtung nach den jeweils herrschenden Anschauungen als unerlässliche Voraussetzung eines geordneten staatsbürgerlichen Zusammenlebens betrachtet wird". Damit werden über den rechtlich normierten Bereich hinaus soziale, ethische, moralische und sonstige gesellschaftli-

---

13 Vgl. nur BVerwG DVBl 1970, 504, 506 und Hebeler, JA 2002, 521.

che Vorstellungen in den Schutzbereich der ordnungsbehördlichen Generalklausel einbezogen. In der Literatur[14] ist dies heftig bekämpft worden unter Hinweis auf die Gefahr der Ausuferung polizeilicher Befugnisse, die Problematik der Feststellung der Mehrheitsanschauung, den notwendigen Minderheitenschutz und die fortschrittshemmende Tendenz des Schutzes überkommener Vorstellungen vor Veränderungen. Die Kritik hat dazu geführt, dass das Schutzgut der öffentlichen Ordnung zum Teil aus den Polizeigesetzen gestrichen worden ist (so auch aus § 1 Abs. 1 S. 1 und § 8 Abs. 1 PolG NRW). Hingegen ist das Schutzgut der öffentlichen Ordnung in der ordnungsrechtlichen Generalklausel beibehalten worden. In der Fallbearbeitung sollte man sich nicht in die weitgehend abgeschlossene Diskussion um die Verfassungsmäßigkeit dieser Alternative stürzen, die auch Eingang ins Grundgesetz (Art. 13 Abs. 7) gefunden hat und vom Bundesverfassungsgericht[15] nicht infrage gestellt worden ist. Statt dessen sollte man praktische Folgerungen aus der Problematik des Begriffs ziehen. Zum einen ist er als **subsidiärer Auffangtatbestand** anzusehen, auf den nur im Notfall zurückgegriffen wird, wenn die Alternative der öffentlichen Sicherheit keine Handlungsbefugnis eröffnet. Zum anderen sollten die Begriffsmerkmale restriktiv ausgelegt und Gefahren für die öffentliche Ordnung nur in gravierenden Fällen bejaht werden[16].

Erste Voraussetzung ist, dass eine **ungeschriebene Verhaltensregel (Wertvorstellung)** vorliegt. Daraus folgt, dass alle Verhaltensregeln, die von Rechtsnormen aufgegriffen worden sind, aus dem (subsidiären) Schutzbereich der öffentlichen Ordnung ausscheiden. Der Begriff der Wertvorstellung kann bereits zu einer sachgerechten Einschränkung des Schutzbereichs genutzt werden, indem er qualitativ verstanden wird: Nicht alles, was in einer Gemeinschaft herrschende Vorstellung ist, verkörpert allein deshalb bereits einen Wert. Vieles erweist sich bei näherer Betrachtung einfach als Bequemlichkeit, Alltagstrott, Vorurteil usw. Wenn man die gesellschaftliche Übung in Form einer Rechtsnorm zu formulieren versucht, zeigt sich meist sehr schnell, ob sie überhaupt eine Verhaltensregel enthält. § 3 Nr. 2 SOG LSA macht zudem darauf aufmerksam, dass die Regel sich im Rahmen der verfassungsmäßigen Ordnung halten muss, was besonders für den Schutz von Minderheiten wichtig ist (vgl. Art. 3 Abs. 3 GG). Gegenstand der Wertvorstellung können insbesondere sein:

- die religiöse Überzeugung und Betätigung,

- Ethik und Sittlichkeit, Anstand und Sitte,

- die Achtung des politischen Gegners,

- die Zumutbarkeit von Lärm- und Geruchsbelästigungen,

- ästhetische Mindestanforderungen.

---

14 Siehe Möller/Wilhelm, 3. Abschnitt 3.2; v. Mutius, Jura 1986, 649, 653; Prümm, DVP 1983, 125; Tegtmeyer, DVP Beilage Nordrhein-Westfalen 1989, 17.
15 NWVBl 2001, 254.
16 In diesem Sinne auch Fechner, JuS 2003, 734.

Zweite Voraussetzung ist, dass die Wertvorstellung **von der Mehrheit der Bevölkerung geteilt** wird. Dabei ist, um regionalen Besonderheiten Rechnung tragen zu können, in erster Linie auf die überwiegenden Anschauungen in dem betreffenden Behördenbezirk abzustellen. Die Vorstellungen in weiteren Bevölkerungskreisen können bestätigend oder korrigierend herangezogen werden. In der Praxis ist stets sorgfältig zu prüfen, ob die meist von einem Anzeigensteller behauptete Mehrheitsanschauung wirklich von der überwiegenden Mehrheit getragen ist. Da eine exakte Nachprüfung, etwa in Form demoskopischer Umfragen, ausscheidet, müssen Zweifel die Anwendbarkeit der Generalklausel ausschließen. In Ausbildungs- und Prüfungsarbeiten muss man vorrangig den Angaben im Sachverhalt, im Übrigen der eigenen Anschauung vertrauen.

Dritte Voraussetzung ist, dass die Verhaltensregel als **unerlässliche Voraussetzung eines geordneten staatsbürgerlichen Zusammenlebens** anzusehen ist. Diese Anforderung sollte als strenges Maßband verwendet werden, um zu einer sachgerechten Beschneidung des Schutzbereichs zu gelangen.

Die Entscheidung, ob der Begriff der öffentlichen Ordnung erfüllt ist oder nicht, dürfte in Problemfällen nur in ganz wenigen Fällen eindeutig als richtig oder falsch gewertet werden können. Der Student kann sich daher weitgehend von seiner persönlichen Überzeugung, aber auch von klausurtaktischen Überlegungen leiten lassen.

5. Die Gefahr

Für das Schutzgut muss im einzelnen Falle eine Gefahr bestehen. In vielen Ausbildungs- und Prüfungsarbeiten fehlt die Prüfung dieses Tatbestandsmerkmals. Das kann angesichts der Tatsache schnell geschehen, dass die Schutzgüter der Generalklausel nur insoweit erörtert werden, als eine Gefährdung in Betracht kommt, die Gefahr also bereits in die Prüfung des ersten Tatbestandselements hineinspielt. Man sollte daher bei der Prüfung des Schutzguts den Begriff der Gefahr noch nicht verwenden, sondern davon zu sprechen, dass ein Schutzgut berührt oder tangiert wird oder betroffen ist. Die Gefahr wird beim Schutzgut zunächst unterstellt. Steht fest, dass ein Schutzgut berührt ist, muss noch belegt werden, worin die Gefahr für das Schutzgut besteht. Die Prüfung des Schutzguts fragt also danach, **was** passieren kann, die Prüfung der Gefahr, **warum** es passieren kann.

Der Begriff der Gefahr im polizei- und ordnungsrechtlichen Sinne wird definiert als Sachlage, bei der bei objektiver Betrachtung mit hinreichender Wahrscheinlichkeit der Eintritt eines nicht unerheblichen Schadens für die öffentliche Sicherheit oder Ordnung droht[17]. Der Gefahrbegriff hat also zwei Elemente, ein quantitatives und ein prognostisches. Das **Erfordernis eines nicht unerheblichen Schadens** scheidet geringfügige Belästigungen und bloße Unbequemlichkeiten aus dem

---

17 Vgl. nur Möller/Wilhelm, 3. Abschnitt 3.3; v. Mutius, Jura 1986, 649, 655 sowie die Legaldefinition in § 3 Nr. 3 Buchst. a SOG LSA.

Schutzbereich der Generalklausel aus. Die hinreichende **Wahrscheinlichkeit des Schadenseintritts** ist mehr als bloße Vermutung, aber weniger als Gewissheit. Der Grad der zu fordernden Wahrscheinlichkeit hängt von der Bedeutung des bedrohten Schutzguts ab[18]: Sind wichtige Rechtsgüter (Leben, Gesundheit, wichtige Gemeinschaftsgüter) betroffen, dürfen die Anforderungen angesichts der schlimmen Folgen, die eintreten können, nicht zu hoch angesetzt werden[19]. Hingegen ist es angezeigt, bei weniger gravierenden Gefahren strengere Anforderungen an die Wahrscheinlichkeit zu stellen. Umstritten ist, ob der Gefahrbegriff als drittes Element noch eine zeitliche Komponente enthält, dass nämlich die Sachlage in „naher Zukunft" oder in „absehbarer" oder „näherer Zeit" zu einem Schaden führen kann[20].

Für den Fall, dass bereits ein Schaden eingetreten ist, enthielten die Generalklauseln ursprünglich die Alternative der **Störung**. Bei der Novellierung der Polizeigesetze ist diese Alternative gestrichen worden, um klarzustellen, dass eine verwirklichte Gefahr nur insoweit Maßnahmen zur Gefahrenabwehr rechtfertigt, als der störende Zustand noch andauert, es also noch möglich und nötig ist, Kausalabläufe zu unterbrechen. Gefahrenabwehr ist im Gegensatz zum Straf- und Ordnungswidrigkeitenrecht, das in der Vergangenheit abgeschlossenes Fehlverhalten ahnden soll, zukunftsorientiert[21].

Beispiel:
„Der morsche Baum ist umgestürzt und liegt auf dem Grundstück des X." (Damit ist die Gefahr des Umstürzens beendet. Maßnahmen der Gefahrenabwehr sind nicht mehr gerechtfertigt.) „Wegen der starken Neigung des Grundstücks droht der Baum auf die Straße zu rutschen." (Aus der beendeten Gefahr ist eine neue Gefahr entstanden, die beseitigt werden darf.)

Das Vorliegen einer Gefahr ist bei einer Polizei- und Ordnungsverfügung „im einzelnen Falle" festzustellen. Im Unterschied zur ordnungsbehördlichen Verordnung, für deren Erlass eine abstrakte Gefahr ausreicht, ist damit eine **konkrete Gefahr** gefordert (so ausdrücklich § 10 Abs. 1 BbgPolG/§ 8 Abs. 1 PolG NRW). Das hat zur Folge, dass man sich nicht mit der allgemeinen Lebenserfahrung begnügen oder auf die Erkenntnisse fachkundiger Stellen verlassen darf, sondern alle bekannten Umstände des Einzelfalls berücksichtigen muss.

Für die Feststellung, ob eine konkrete Gefahr gegeben ist, kann es nicht auf die subjektive Einschätzung des Handelnden ankommen, sondern es ist eine **objektive Betrachtungsweise** geboten[22]. Dabei darf aber, will man nicht die für eine effektive Gefahrenabwehr unabdingbare Einsatzbereitschaft und Entschlussfreudigkeit der Ordnungskräfte gefährden, dem Handelnden nicht das Risiko des Abweichens seines subjektiven Tatsachenbildes von den sich häufig erst im Nachhinein herausstellenden objektiven Gegebenheiten aufgebürdet werden. Der maßgebliche Zeitpunkt für die Prüfung, ob eine Gefahr vorliegt, muss daher der

---

18 BVerwG DÖV 1970, 713, 715; kritisch Leisner, DÖV 2002, 326.
19 So z.B. OVG Hamburg NJW 1992, 524, 526 für die Gefährdung durch Asbeststaub.
20 Vgl. nur Röhrig, DVBl 2000, 1658 mwN mit Entgegnung von Schwabe, DVBl 2001, 968.
21 Eine dem Gefahrbegriff entsprechende Prognoseentscheidung verlangt der Begriff der Zuverlässigkeit; eingehend dazu Eifert, JuS 2004, 565.
22 Vgl. Möller/Wilhelm, 3. Abschnitt 3.3.3; Schlink, Jura 1999, 169.

Augenblick des Einschreitens sein. Nach dieser sog. **ex ante-Betrachtung** ist das Handeln rechtmäßig, wenn nach den Erkenntnismöglichkeiten im Zeitpunkt der Entscheidung ein verständiger Beamter vom Vorliegen einer Gefahr ausgehen durfte. Stellt sich im Nachhinein heraus (sog. ex post-Betrachtung), dass wegen nicht erkennbarer Umstände oder später eintretender Änderungen des Kausalverlaufs in Wirklichkeit keine Gefahr bestanden hat, so wird das Eingreifen dadurch nicht rechtswidrig.

Daraus ergeben sich drei **Fallgruppen**[23]:

- Von einer **Anscheinsgefahr** spricht man dann, wenn das Tatsachenbild der Behörde im Augenblick des Handelns, ohne dass es ihr bewusst war, unrichtig oder unvollständig gewesen ist, sie bei objektiver Betrachtung aber vom Vorliegen einer Gefahr ausgehen durfte, d.h., alle zumutbaren Erkenntnismöglichkeiten verwertet und den festgestellten Sachverhalt zutreffend gewürdigt hat. Das Handeln ist in diesem Fall rechtmäßig. Der Anscheinsstörer hat jedoch einen Entschädigungsanspruch in entsprechender Anwendung des § 51 Abs. 1 Nr. 1 BPolG/§ 38 Abs. 1 Buchst. a OBG Bbg/§ 39 Abs. 1 Buchst. a OBG NRW, wenn er die den Anschein einer Gefahr begründenden Umstände nicht zu verantworten hat[24]. Sobald sich die Fehlerhaftigkeit des Tatsachenbildes herausstellt, müssen Gefahrenabwehrmaßnahmen, die Dauerwirkung entfalten wie die Sicherstellung einer Sache oder die Sperrung einer Baustelle, aufgehoben werden (vgl. § 15 Abs. 3 BPolG/§ 14 Abs. 3 OBG Bbg/§ 15 Abs. 3 OBG NRW).

- Eine **Schein- oder Putativgefahr** liegt demgegenüber vor, wenn die unwissentliche Fehlvorstellung des Beamten bei pflichtgemäßem Handeln vermeidbar gewesen wäre. Die irrige Annahme einer Gefahr beruht hier darauf, dass der Beamte entweder nicht alle möglichen und gebotenen Mittel zur Aufklärung des Sachverhalts genutzt und dadurch ein falsches Tatsachenbild bekommen hat oder eine zutreffend erfasste Sachlage infolge Übereifers, Angst oder Voreingenommenheit nicht richtig gewürdigt hat. In diesen Fällen liegt nach der im Polizei- und Ordnungsrecht gebotenen objektiven Betrachtungsweise keine Gefahr vor. Das Handeln ist rechtswidrig. Auf Rechtsbehelfe hin sind Polizei- und Ordnungsverfügungen, sofern sie sich noch nicht erledigt haben, aufzuheben und die Vollzugsfolgen zu beseitigen. Außerdem hat derjenige, der durch die rechtswidrigen Maßnahmen einen Schaden erleidet, einen Ersatzanspruch aus § 51 Abs. 2 Nr. 1 BPolG/§ 38 Abs. 1 Buchst. b OBG Bbg/§ 39 Abs. 1 Buchst. b OBG NRW.

- Beim **Gefahrenverdacht** ist der Behörde zum Zeitpunkt des Eingreifens bewusst, dass ihr Tatsachenbild unvollständig ist oder ihre gegenwärtige Einschätzung unrichtig sein kann. Sie kann eine Gefahr noch nicht positiv annehmen, hat aber objektive Anhaltspunkte für ihr Vorliegen. Es muss folglich geklärt werden,

---

23 Zur Vertiefung siehe Brandt/Smeddinck, Jura 1994, 225; Erichsen/Wernsmann, Jura 1995, 219; Führen VR 1990, 37; Gerhardt, Jura 1987, 521; Karst, DVP 1989, 3; Kokott, DVBl 1992, 749; Losch, DVBl 1994, 781; Martensen, DVBl 1996, 286; Möller/Wilhelm, 3. Abschnitt 3.3.3.1 ff.; Poscher, NVwZ 2001, 141; Schink, DVBl 1989, 1182; Schwabe, JuS 1996, 998; Weiß, NVwZ 1997, 737.
24 BGHZ 117, 303; 126, 279; DVBl 1996, 1312.

ob eine Gefahr tatsächlich vorliegt. Dementsprechend sind bei einem Gefahrenverdacht grundsätzlich nur sog. Gefahrerforschungseingriffe zulässig. Damit sind alle Maßnahmen gemeint, die Aufschluss über das Bestehen und den Umfang der Gefahr geben können wie Untersuchungen vor Ort, Entnahme von Stichproben, Einholen von Gutachten. Daneben müssen unter strikter Wahrung des Grundsatzes der Verhältnismäßigkeit aber auch vorläufige Sicherungsmaßnahmen wie das Räumen von Gebäuden, die Sperrung von Plätzen, die Entfernung möglicherweise verseuchter Lebensmittel aus den Regalen der Geschäfte für zulässig erachtet werden. Endgültige Maßnahmen sind beim Gefahrenverdacht ausnahmsweise dann rechtmäßig, wenn der Gefahrerforschungseingriff zu keinem sicheren Ergebnis geführt hat, weitergehende Maßnahmen aber zum Schutz besonders wichtiger Rechtsgüter wie Leben oder körperliche Unversehrtheit unabdingbar erscheinen.

Moderne Herausforderungen an die innere Sicherheit, wie sie durch die Anschläge von New York und Washington am 11. September 2001 entstanden sind, haben ihren gesetzgeberischen Niederschlag in den Polizeigesetzen in Form von neuartigen Befugnissen gefunden, die insbesondere die Raster- und Schleierfahndung sowie Videoüberwachungen[25] erlauben. Damit ist eine Erweiterung des Gefahrbegriffs verbunden, die im Interesse der Sicherheit nach Maßgabe der gesetzlichen Ermächtigungen auf einen konkreten Gefahrverdacht verzichtet[26].

Bei besonderen Befugnissen, insbesondere bei den Standardmaßnahmen, sind die Anforderungen an die Gefahr häufig verschärft.

- Eine **gegenwärtige Gefahr** (vgl. §§ 43 Nr. 1, 50 Abs. 2, 61 Abs. 1 S. 2 PolG NRW) liegt vor, wenn die Einwirkung des schädigenden Ereignisses bereits begonnen hat oder wenn diese Einwirkung unmittelbar oder in allernächster Zeit mit an Sicherheit grenzender Wahrscheinlichkeit bevorsteht (so die Legaldefinition in § 3 Nr. 3 b SOG LSA).

- **Gefahr im Verzug** setzt eine Sachlage voraus, bei der ein Schaden zu befürchten ist, wenn nicht anstelle der zuständigen Behörde eine andere Behörde handeln (vgl. § 6 Abs. 1 OBG NRW; § 14 Abs. 1 POG NRW), auf eine richterliche Anordnung verzichtet (§§ 10 Abs. 3 S. 2, 17 Abs. 3 S. 3, 18 Abs. 3 S. 3, 42 Abs. 1 S. 1 PolG NRW) oder ein Verfahrensschritt ausgelassen (§ 20 Abs. 1 S. 2 OBG NRW; § 12 Abs. 1 Nr. 4 S. 2 PolG NRW) würde (siehe auch die Definition in § 3 Nr. 6 SOG LSA). Zur Wohnungsdurchsuchung hat das Bundesverfassungsgericht[27] klargestellt, dass der Begriff „Gefahr im Verzug" in Art. 13 Abs. 2 GG eng auszulegen ist und mit Tatsachen begründet werden muss, die auf den Einzelfall bezogen sind.

- Eine **erhebliche** (§ 28 Abs. 4 PolG NRW) **oder dringende** (§ 41 Abs. 3 PolG NRW) Gefahr ist „eine Gefahr für ein bedeutsames Rechtsgut, wie Bestand des Staates, Leben, Gesundheit, Freiheit, wesentliche Vermögenswerte oder andere

---

25 Anderheiden, JuS 2003, 438; Huff, JuS 2005, 896; Roggan, NVwZ 2001, 134; Schewe, NVWBl 2004, 415; Vahle, NVwZ 2001, 165; DVP 2003, 1; Zöller, NVwZ 2005, 1235.
26 Gusy, NVWBl 2004, 155; Kötter, Der Staat 2004, 371; Kugelmann, DÖV 2003, 781; Kutscha, LKV 2003, 114; Möllers, NVwZ 2000, 382; Schoch, Der Staat 2004, 347.
27 NJW 2001, 1121.

strafrechtlich geschützte Güter von erheblicher Bedeutung für die Allgemeinheit" (§ 14 Abs. 2 S. 2 BPolG).

- Zum Teil wird die Gefahr auch auf bestimmte Rechtsgüter begrenzt, etwa eine **Gefahr für Leib oder Leben** verlangt (§§ 35 Abs. 1 Nr. 1, 39 Abs. 3 PolG NRW).
- Bei der **gegenwärtigen erheblichen Gefahr** (§ 19 Abs. 1 Nr. 1 OBG NRW; § 9 Abs. 1 S. 1 Nr. 3 POG NRW; § 6 Abs. 1 Nr. 1 PolG NRW) muss mit an Sicherheit grenzender Wahrscheinlichkeit unmittelbar oder in allernächster Zeit mit einer erheblichen Schädigung eines wichtigen Rechtsguts zu rechnen sein. Sonderformen sind die gegenwärtige Lebensgefahr (§ 63 Abs. 4 S. 2 PolG NRW), die gegenwärtige Gefahr für Leib oder Leben (§§ 61 Abs. 2, 64 Abs. 1 Nr. 1 PolG NRW), die gegenwärtige Gefahr für Leib, Leben oder Freiheit einer Person (§§ 16 bis 19 jeweils in Absatz 1 S. 1 Nr. 1 sowie § 20 Abs. 1 Nr. 1 PolG NRW) und die gegenwärtige Gefahr für Leib, Leben oder Freiheit einer Person oder für Sachen von bedeutendem Wert (§ 41 Abs. 1 Nr. 4 PolG NRW).

Klausurtyp 3: Generalermächtigung iVm spezialgesetzlichem Ge- oder Verbot

1. Die Charakteristik des Klausurtyps

Der dritte Klausurtyp **kombiniert die Anforderungen** der ersten beiden Klausurtypen und erfreut sich deshalb bei Klausurstellern besonderer Beliebtheit. Da die Generalklausel die Ermächtigungsgrundlage bildet, ist von ihren Begriffsmerkmalen auszugehen, in der weiteren Prüfung aber auch eine unbekannte Vorschrift zu subsumieren.

2. Die Prüfungsfolge

Das Bindeglied zwischen der Generalklausel und dem spezialgesetzlichen Gebot oder Verbot (das auch einer Straf- oder Bußgeldvorschrift entnommen werden kann) bildet die dritte Schutzrichtung der öffentlichen Sicherheit, die Unverletzlichkeit der Rechtsordnung. In der Fallbearbeitung ist dieser Zusammenhang kurz zu erläutern, festzustellen, dass das Fachgesetz selbst keine Ermächtigung enthält, und das spezialgesetzliche Gebot oder Verbot sorgfältig zu subsumieren[28].

---

28 Zur Übung sei hingewiesen auf meine Klausurbearbeitungen in VR 1990, 173 und 1991, 22.

Die Polizei- und Ordnungsverfügung

Ermächtigungsgrundlage: § 14 Abs. 1 iVm Abs. 2 S. 1 BPolG/§ 13 Abs. 1 OBG Bbg/§ 14 Abs. 1 OBG NRW

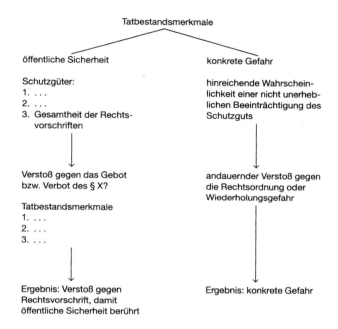

Beim dritten Klausurtyp wird in der Aufgabenstellung über die Argumentation des Betroffenen gerne das Vorliegen einer im einzelnen Falle bestehenden Gefahr in Frage gestellt. Dazu wird vorgetragen, es liege nur ein formaler Verstoß gegen eine Rechtsvorschrift vor, das von dieser Vorschrift geschützte Rechtsgut werde aber wegen der Besonderheiten des Einzelfalles nicht gefährdet. Dieses Argument kann man zum Teil durch den Nachweis widerlegen, dass doch nicht jede Gefahr für das Schutzgut ausgeschlossen ist. Überzeugender ist es jedoch, sich auf die Argumentation zum Schutzzweck der verletzten Rechtsnorm nicht einzulassen, sondern darauf hinzuweisen, dass das unmittelbar betroffene Schutzgut die Unverletzlichkeit der Rechtsordnung darstellt, die durch jeden formalen Verstoß gegen eine Rechtsnorm konkret gefährdet wird. Unabdingbare Voraussetzung für Maßnahmen der Gefahrenabwehr ist, dass der Verstoß gegen die Rechtsvorschrift nicht durch eine in der Vergangenheit liegende Handlung abgeschlossen ist, sondern der gesetzeswidrige Zustand noch andauert oder sich wiederholen kann.

ZWEITER TEIL   2. Abschnitt

C. Polizei- und ordnungspflichtige Personen

Fragen

96. In welcher Weise ist die Inanspruchnahme von Personen zur Gefahrenabwehr geregelt?
97. In welchem Umfang besteht eine Verantwortlichkeit für das Verhalten von Personen?
98. Wer ist für den Zustand von Sachen und Tieren verantwortlich?
99. Wann dürfen nicht verantwortliche Personen zur Gefahrenabwehr verpflichtet werden?
100. Übungs- und Vertiefungsfälle
    a) Der Kinobesitzer C hat als deutsche Erstaufführung den internationalen Monumentalfilm „Mohammed, Gesandter Gottes" angekündigt. Vor der ersten Vorstellung versammeln sich mohammedanische Studenten vor dem Kinogebäude und versuchen durch Bedrohung des Personals und der Besucher die Vorführung zu verhindern, weil der Koran ihnen verbietet, sich ein Bild von Allah oder seinem Propheten zu machen. Die Polizei, die von dieser Aktion völlig überrascht worden ist, sieht sich außerstande, mit den verfügbaren Einsatzkräften einen störungsfreien Ablauf der Veranstaltung sicherzustellen. Sie gibt deshalb C auf, den Film vorerst abzusetzen. C hält diese Maßnahme für unzulässig, da er für die Proteste nicht verantwortlich gemacht werden könne.
    b) E ist Eigentümer eines Felsgeländes, das er von seinem Vater geerbt hat. Zwischen der steil abfallenden Felswand und der Straße liegen mit Wohnhäusern bebaute Grundstücke, die der Vater zur Bebauung veräußert hatte. Wegen akuter Steinschlaggefahr hat die örtliche Ordnungsbehörde E aufgegeben, im Einzelnen bezeichnete Felssicherungsmaßnahmen durchzuführen, deren voraussichtliche Kosten auf 90 000 Euro geschätzt werden. E meint, er sei für die Steinschlaggefahr nicht verantwortlich. Der Bundesgerichtshof habe entschieden, dass der Grundstückseigentümer nicht verantwortlich sei für Beeinträchtigungen, die allein durch Naturkräfte ausgelöst würden. Jedenfalls stünden die Kosten der Sicherungsmaßnahmen außer Verhältnis zu dem Wert des wirtschaftlich nutzlosen Felsgeländes. Verantwortlich seien allein die Eigentümer der gefährdeten Hausgrundstücke, weil sie ihre Häuser unterhalb der Felswand errichtet hätten.
    c) Vier Arbeitnehmers des Bauunternehmers D kippten 40 Blechbehälter mit Resten einer teerhaltigen Flüssigkeit in einen Grundwassersee auf dem auch als Müllkippe benutzten Kiesgrubengelände der Firma E. Zuvor hatten sie sich von Frau E gegen Entgelt von 10 Euro die Erlaubnis geben lassen, mit ihren Lastwagen auf das eingezäunte Gelände fahren zu dürfen. Die teerhaltige Flüssigkeit lief im Wasser aus und verbreitete sich auf der Wasseroberfläche. Die zuständige Ordnungsbehörde ließ unter Einsatz der freiwilligen Feuerwehr und einer Spezialfirma den See säubern und belastete D nachträglich mit den Kosten. Dieser wendet sich gegen seine Inanspruchnahme mit folgenden Argumenten: Die eigentliche Ursache für die Verunreinigung des Wassers habe Frau E gesetzt, indem sie die Zufahrt zum Gelände gestattet habe. Außerdem seien die vier Arbeiter beim Abkippen nicht mehr seine Verrichtungsgehilfen gewesen, da sie den Auftrag gehabt hätten, sämtlichen anfallenden Bauschutt jeweils zu einer Müllkippe zu bringen. Zudem habe es sich um ansonsten tadellose, von ihm selbst ausgewählte und überwachte Arbeitskräfte gehandelt.
    d) Der von einem Unbekannten entwendete Sportwagen des Rechtsanwalts F ist in einem entlegenen Waldstück völlig zerstört aufgefunden worden. F hat nach kurzer Untersuchung die Nummernschilder abgeschraubt und sich nicht weiter um das Autowrack gekümmert. Als er eine behördliche Aufforderung erhält, das Fahrzeug binnen einer Woche zu beseitigen, weist er empört darauf hin, er habe den Unfall nicht verursacht und das Eigentum am Fahrzeug längst aufgegeben.
    e) G war Eigentümer eines idyllischen Seegrundstücks im Außenbereich, auf dem er ohne Genehmigung ein Wochenendhaus errichtet hatte. Die Bauaufsichtsbehörde hatte gegen ihn eine Abrissverfügung erlassen und die Ersatzvornahme angedroht und festgesetzt. Bevor das Haus abgerissen werden konnte, starb G. Die Erben wehren sich entschieden gegen den Zwangsabbruch mit dem Argument, ihnen gegenüber seien keine Verfügungen erlassen worden. Sind sie im Recht? Ändert sich etwas an der rechtlichen Beurteilung, wenn G nicht verstorben wäre, sondern das Grundstück an einen Dritten veräußert hätte?

Antworten

96. Überblick

Die Polizei- und Ordnungsbehörden können Gefahren mit eigenen Dienstkräften und Sachmitteln bekämpfen. Diese Möglichkeit reicht aber wegen der Begrenztheit der Mittel nicht aus. Es müssen auch Privatpersonen zur Gefahrenabwehr ange-

Die Polizei- und Ordnungsverfügung

halten werden können. Die Befugnis dazu geben die Spezial- und Generalermächtigungen. Diese Rechtsgrundlagen befassen sich aber nicht immer mit der Frage, gegen welche Personen vorgegangen werden darf. Dazu ist auf die ergänzenden Vorschriften in den §§ 16–18 OBG Bbg/§§ 17–19 OBG NRW und §§ 17–20 BPolG/ §§ 5–7 BbgPolG/§§ 4–6 PolG NRW zurückzugreifen[1].

Grundgedanke der gesetzlichen Regelung ist, dass derjenige, der für das Entstehen einer Gefahr verantwortlich ist, auch in erster Linie für ihre Beseitigung zu sorgen hat. Das Gesetz unterscheidet dabei zwischen der Verantwortlichkeit für das Verhalten von Personen (§ 16 OBG Bbg/§ 17 OBG NRW; § 17 BPolG/§ 5 BbgPolG/§ 4 PolG NRW) und der Verantwortlichkeit für den Zustand von Sachen und Tieren (§ 17 OBG Bbg/§ 18 OBG NRW; § 18 BPolG/§ 6 BbgPolG/§ 5 PolG NRW). Die nach diesen Bestimmungen polizei- bzw. ordnungspflichtigen Personen bezeichnet man als Störer (Verhaltens- oder Zustandsstörer). In Notfällen dürfen unter den Voraussetzungen des § 18 OBG Bbg/§ 19 OBG NRW bzw. des § 20 BPolG/§ 7 BbgPolG/§ 6 PolG NRW auch nicht verantwortliche Personen (Nichtstörer, Notstandspflichtige) zur Gefahrenabwehr herangezogen werden.

97. Verantwortlichkeit für das Verhalten von Personen

Die Verantwortlichkeit für das Verhalten von Personen ist geregelt in § 16 OBG Bbg/§ 17 OBG NRW und § 17 BPolG/§ 5 BbgPolG/§ 4 PolG NRW.

Der Grundsatz lautet: Verursacht eine Person eine Gefahr, so sind die Maßnahmen gegen diese Person zu richten (§ 16 Abs. 1 OBG Bbg/§ 17 Abs. 1 OBG NRW; § 17 Abs. 1 BPolG/§ 5 Abs. 1 BbgPolG/§ 4 Abs. 1 PolG NRW). Die Verantwortlichkeit wird, da es nicht um persönliche Schuld und deren Bestrafung, sondern um Gefahrenabwehr geht, dem Gesetz nach allein durch die Verursachung begründet.

Verhaltensstörer können zunächst alle natürlichen Personen ohne Rücksicht auf ihre Geschäfts- oder Schuldfähigkeit sein. Maßnahmen können ferner gegen juristische Personen sowie entsprechend § 11 Nr. 2 VwVfG auch gegen teilrechtsfähige Personengemeinschaften (z.B. OHG, KG[2], nicht eingetragener Verein, Erbengemeinschaft) gerichtet werden.

Die Verhaltensverantwortlichkeit kann nicht nur durch positives **Tun,** sondern auch durch **Unterlassen** ausgelöst werden. Unterlassen ist aber nur dann relevant, wenn eine öffentlich-rechtliche Pflicht zum Handeln besteht, die sich aus einer Rechtsnorm (vgl. z.B. §§ 9 ff. KrW-/AbfG; §§ 17, 22, 23, 32 StVO) oder einem Verwaltungsakt ergeben kann.

Ob der Störer schuldfähig ist und vorsätzlich oder fahrlässig gehandelt hat, spielt wegen des geltenden **Verursachungsprinzips**[3] keine Rolle, so dass selbst der Nachweis höherer Gewalt (z.B. des Einflusses von Naturgewalten) grundsätzlich nicht von der Verantwortlichkeit befreit.

---

1 Vgl. Drews/Wacke/Vogel/Martens, §§ 19 bis 22; Götz, §§ 9 und 10; Hamann, DVP 1988, 143; Hermann, DÖV 1987, 666; Knemeyer, §§ 24 bis 31; Kniesel, DÖV 1997, 905; Möller/Wilhelm, 3. Abschnitt 4; von Mutius, Jura 1983, 298.
2 VGH Mannheim, GewArch 1996, 36.
3 Näher zum Verursachungsprinzip Fall 100 a.

Nach Maßgabe besonderer gesetzlicher Bestimmungen kann auch eine **Verantwortlichkeit für das Verhalten anderer Personen** bestehen. So ist nach § 16 Abs. 2 OBG Bbg/§ 17 Abs. 2 OBG NRW und § 17 Abs. 2 BPolG/§ 5 Abs. 2 BbgPolG/§ 4 Abs. 2 PolG NRW für das gefahrverursachende Verhalten von Jugendlichen unter 14 Jahren sowie von Personen, für die zur Besorgung aller ihrer Angelegenheiten ein Betreuer bestellt ist, auch die Person verantwortlich, die zur Aufsicht über sie verpflichtet ist. Absatz 3 gestattet, Maßnahmen zur Abwehr einer Gefahr, die ein Verrichtungsgehilfe in Ausführung der Verrichtung verursacht hat, auch gegen die Person zu richten, die ihn zu der Verrichtung bestellt hat[4]. Diese Bestimmungen sind den §§ 831, 832 BGB nachgebildet, wobei sie aber wegen des im Polizei- und Ordnungsrecht geltenden Verursachungsprinzips einen Entlastungsbeweis nicht gestatten.

98. Verantwortlichkeit für den Zustand von Sachen und Tieren

Die Verantwortlichkeit für den Zustand von Sachen und Tieren ist in § 17 OBG Bbg/§ 18 OBG NRW und § 18 BPolG/§ 6 BbgPolG/§ 5 PolG NRW geregelt. Danach sind der **Eigentümer** (bzw. ein anderer Verfügungsberechtigter) und der **Inhaber der tatsächlichen Gewalt** für eine Gefahr verantwortlich, die von einer Sache oder einem Tier ausgeht.

Die polizeirechtlichen Bestimmungen setzen den Inhaber der tatsächlichen Gewalt an die Spitze, weil er im Eilfall, auf den sich die Zuständigkeit der Polizei begrenzt (§ 2 BbgPolG/§ 1 Abs. 1 S. 3 PolG NRW), regelmäßig einfacher feststellbar sowie häufiger am Gefahrenort anwesend ist und damit am schnellsten auf die Sache einwirken kann. Demgegenüber nennen die ordnungsrechtlichen Vorschriften zuerst den Eigentümer, weil er als Verfügungsberechtigter letztendlich den Zustand der Sache zu verantworten und über ihr Schicksal zu entscheiden hat.

Maßnahmen dürfen dann nicht gegen den Eigentümer gerichtet werden, wenn der Inhaber der tatsächlichen Gewalt diese ohne oder gegen den Willen des Eigentümers ausübt (§ 17 Abs. 2 S. 2 OBG Bbg/§ 18 Abs. 2 S. 2 OBG NRW; § 18 Abs. 2 S. 2 BPolG/§ 6 Abs. 2 S. 2 BbgPolG/§ 5 Abs. 2 S. 2 PolG NRW). Die ordnungsrechtlichen Bestimmungen sehen zudem die Möglichkeit vor, den Inhaber der tatsächlichen Gewalt auf einen im Einverständnis mit dem Eigentümer schriftlich oder protokollarisch gestellten Antrag von der zuständigen Ordnungsbehörde als allein verantwortlich anerkennen zu lassen.

Der Begriff der Sache entspricht dem des Bürgerlichen Rechts (§ 90 BGB), umfasst alle körperlichen Gegenstände (bewegliche Sachen, Grundstücke, Gebäude, Bäume usw.). Auf Tiere sind die Vorschriften über die Verantwortlichkeit für den Zustand von Sachen entsprechend anzuwenden (§ 18 Abs. 1 S. 2 OBG NRW; § 18 Abs. 1 S. 2 BPolG/§ 6 Abs. 1 S. 2 BbgPolG).

Wer Eigentümer ist, richtet sich nach den Vorschriften des BGB (§§ 903 ff.). Als sonstige Verfügungsberechtigte kommen z.B. der Nießbraucher, Pächter, Mieter oder Verwahrer in Betracht.

---

[4] Näher Fall 100 c.

Die Polizei- und Ordnungsverfügung

Inhaber der tatsächlichen Gewalt ist derjenige, der die tatsächliche Einwirkungsmöglichkeit auf die Sache hat, unabhängig davon, ob er dazu berechtigt ist oder nicht (§§ 854 ff. BGB).

Die Gefahr kann von der Beschaffenheit der Sache (Beispiele: einsturzgefährdetes Bauwerk, nicht verkehrssicheres Kraftfahrzeug, verdorbene Konserven, tollwütiger Hund) oder von der äußeren Lage der Sache im Raum ausgehen (Beispiele: auf die Straße gestürzter Baum, auf der Fahrbahn abgestellter Wohnwagenanhänger).

Unerheblich ist, ob den Eigentümer oder den Inhaber der tatsächlichen Gewalt ein Verschulden trifft. Grundsätzlich spielt es daher auch keine Rolle, wodurch die Gefahr verursacht worden ist. Die Zustandsverantwortlichkeit wird folglich nicht ohne weiteres dadurch ausgeschlossen, dass die Sache erst durch das Verhalten Dritter (Beispiele: spielende Kinder verwandeln einen Privatweg durch ausgeschüttetes Wasser in eine spiegelglatte Rutschbahn; ein verunglückter Öltransporter bleibt auf einem Privatgrundstück liegen und droht auszulaufen) oder durch Naturgewalten (Beispiele: ein Sturm weht Dachziegel auf die Straße; durch Hochwasser gelangen Abfälle auf ein gewässernahes Grundstück[5]) in einen gefährlichen Zustand versetzt wird[6].

99. Inanspruchnahme nicht verantwortlicher Personen

Nichtverantwortliche Personen dürfen nach § 18 Abs. 1 OBG Bbg/§ 19 Abs. 1 OBG NRW bzw. § 20 Abs. 1 BPolG/§ 7 Abs. 1 BbgPolG/§ 6 Abs. 1 PolG NRW unter **vier Voraussetzungen,** die alle erfüllt sein müssen, zur Gefahrenabwehr herangezogen werden.

• Erste Voraussetzung ist eine gegenwärtige erhebliche Gefahr. Diese liegt dann vor, wenn ein bedeutsames Rechtsgut (insbesondere Leben, Gesundheit, wichtige öffentliche Einrichtungen und Veranstaltungen) bedroht ist und die Einwirkung des schädigenden Ereignisses bereits begonnen hat oder unmittelbar oder zumindest in allernächster Zeit mit an Sicherheit grenzender Wahrscheinlichkeit bevorsteht.

• Zweitens dürfen Maßnahmen gegen Verantwortliche (Störer) nicht oder nicht rechtzeitig möglich sein oder keinen Erfolg versprechen. Erfasst werden damit die Fälle, in denen entweder niemand für die Gefahr verantwortlich ist oder der Verantwortliche nicht ermittelt oder nicht rechtzeitig erreicht werden kann oder dieser die Gefahr nur unzulänglich oder unter unzumutbarem Aufwand beseitigen kann.

• Drittens wird verlangt, dass die Polizei- oder Ordnungsbehörde die Gefahr auch nicht oder nicht rechtzeitig selbst (unter Ausnutzung aller Verstärkungsmöglichkeiten) oder durch Beauftragte (Feuerwehr, Rettungsdienste, vertraglich verpflichtete Unternehmer) abwehren kann.

• Viertens darf die Inanspruchnahme den Nichtstörer nicht selbst erheblich gefährden oder an der Erfüllung höherwertiger Pflichten hindern (Rechtsgüterabwägung; z.B. kann die Sorge für ein Kind Maßnahmen gegen die Eltern verbieten).

---
5 BVerwG DÖV 1998, 685.
6 Zu den Grenzen der Zustandsverantwortlichkeit siehe den Fall 100 b.

ZWEITER TEIL   2. Abschnitt

Diese Festlegung der Opfergrenze in sachlicher Hinsicht wird ergänzt durch die zeitliche Begrenzung in Absatz 2: Die Maßnahmen gegen den Notstandspflichtigen dürfen nur aufrecht erhalten werden, solange die Abwehr der Gefahr nicht auf andere Weise möglich ist.

- Da der Notstandspflichtige für die Gefahr nicht verantwortlich ist und somit ein Sonderopfer erbringt, hat er nach Maßgabe der §§ 38 ff. OBG Bbg/§§ 39 ff. OBG NRW (bei polizeilichen Maßnahmen über die Verweisung in § 70 BbgPolG/§ 67 PolG NRW bzw. nach § 51 Abs. 1 Nr. 1 BPolG) einen **Anspruch auf angemessene Entschädigung**[7].

100. Übungs- und Vertiefungsfälle

a) Nach § 5 Abs. 1 BbgPolG/§ 4 Abs. 1 PolG NRW dürfen die Maßnahmen gegen die Person gerichtet werden, die die Gefahr verursacht hat.

Versteht man den Begriff der Verursachung im Sinne der allgemeinen Bedingungstheorie, wäre C verantwortlich, denn die Darbietung des Films kann nicht hinweg gedacht werden, ohne dass der Erfolg, die Störaktion der Mohammedaner, entfiele. Es ist jedoch allgemein anerkannt, dass der **Verursachungsbegriff im Polizei- und Ordnungsrecht** enger gefasst werden muss[8]. Eine uneingeschränkte Übernahme der im Strafrecht entwickelten reinen Bedingungslehre (Äquivalenztheorie) würde im Polizei- und Ordnungsrecht, dem das Korrektiv der Schuld fremd ist, zu unerträglichen Ergebnissen führen. Andererseits ist aber auch eine Begrenzung wie im Zivilrecht auf die Ursachen, die nach der Lebenserfahrung generell geeignet erscheinen, den Erfolg herbeizuführen (Adäquanztheorie), mit den Bedürfnissen der Gefahrenabwehr nicht zu vereinbaren.

Die notwendige Einschränkung des Verursachungsbegriffs im Polizei- und Ordnungsrecht muss deshalb anhand einer eigenständigen, an den besonderen Gegebenheiten des Rechts der Gefahrenabwehr orientierten Wertung erfolgen. Dabei ist in erster Linie der **Theorie der unmittelbaren Verursachung** zu folgen. Danach ist nur dasjenige Verhalten als polizeirechtlich erhebliche Ursache anzusehen, das selbst unmittelbar die konkrete Gefahr setzt und damit die Gefahrengrenze überschreitet[9]. Die Unmittelbarkeitslehre verlangt eine wertende Beurteilung, in die weitere Gesichtspunkte einzubeziehen sind. Eine Zurechnung der Gefahr wird überwiegend dann abgelehnt, wenn der vermeintliche Störer nur von einer ihm zustehenden rechtlichen Befugnis Gebrauch macht, das von ihm gezeigte Verhalten deswegen rechtmäßig bzw. sozialadäquat und damit polizeimäßig ist (sog. **Rechtswidrigkeitstheorie**)[10].

Störer ist danach nur derjenige, der die Gefahrengrenze überschreitet, indem er sich polizei- oder ordnungswidrig verhält.

---

7   Zu Entschädigungsansprüchen siehe Frage 93 sowie Drews/Wacke/Vogel/Martens, §§ 32 und 33; Götz, § 17; Kasten, JuS 1986, 450; Knemeyer, §§ 34 f.; Möller/Wilhelm, 9. Abschnitt.
8   Selmer, JuS 1992, 97; Stollenwerk, VR 1999, 117.
9   Vgl. nur OVG Münster NVwZ 1985, 355, 356 und VG Gelsenkirchen NVwZ 1988, 1061, 1062 mwN.
10 Vgl. den Sturmflut-Fall: OVG Hamburg DÖV 1983, 1016; den Heckenfall: OVG Lüneburg OVGE 17, 447; zur Legalisierungswirkung wirtschaftsverwaltungsrechtlicher Genehmigungen BVerwGE 55, 118; VGH Mannheim NVwZ-RR 2000, 589 mwN; Voß, VR 1997, 80.

Die Polizei- und Ordnungsverfügung

Löst eine Ursache die andere aus und führen beide dann zur Störung, ist regelmäßig nur die letzte Ursache polizei- und ordnungsrechtlich relevant[11]. Der mittelbare Verursacher (Veranlasser) ist nur dann Störer, wenn er selbst bereits die Gefahrengrenze überschreitet, insbesondere weil er andere gezielt zu einem Verhalten verleiten will, das die öffentliche Sicherheit oder Ordnung gefährdet (sog. Zweckveranlasser)[12].

Entstehen die gemeinsam zur Störung führenden Kausalfaktoren unabhängig voneinander, ist nur die Ursache verantwortungsbegründend, die von Anfang an den Gefahrenherd, die sog. latente Gefahr, enthält[13].

Der Kinobesitzer C ist nach diesen Grundsätzen kein unmittelbarer Verursacher. Sein Verhalten hat die gewalttätigen Demonstranten zwar zu ihrem Vorgehen veranlasst, jedoch ohne dass er sie dazu hätte verleiten wollen. Die grundrechtlich gewährleistete Religionsfreiheit (Art. 4 Abs. 1 und 2 GG) schließt nicht das Recht ein, anderen eine Verhaltensweise aufzuzwingen, die einer bestimmten Religionsgemeinschaft glaubensmäßig als geboten erscheint. Vielmehr muss derjenige, der in einer für ihn fremden Kultur leben will, deren Eigenheiten grundsätzlich hinnehmen. Den Mohammedanern bleibt es unbenommen, sich selbst kein Bild von Mohammed zu machen. Sie dürfen aber nicht mit rechtswidrigen Mitteln dagegen vorgehen, dass Andersgläubige zu der in ihrem Kulturkreis üblichen filmischen Aufarbeitung der auch sie interessierenden historischen Persönlichkeit Mohammeds greifen, solange das Ergebnis nicht inhaltlich verunglimpfend ist. Der Kinobesitzer C überschreitet daher die Gefahrengrenze noch nicht, indem er den Film über Mohammed zeigt. Unmittelbare Verursacher und damit Verhaltensstörer nach § 5 Abs. 1 BbgPolG/§ 4 Abs. 1 PolG NRW sind nur die Demonstranten.

Die Polizei kann C jedoch nach § 7 Abs. 1 BbgPolG/§ 6 PolG NRW auch als Nichtstörer in Anspruch nehmen. Es ist eine gegenwärtige erhebliche Gefahr abzuwehren. Maßnahmen gegen die Verantwortlichen versprechen keinen Erfolg, weil die zahlenmäßig weit unterlegenen Polizeikräfte sie nicht durchzusetzen vermögen. Maßnahmen gegen C führen auch nicht zu einer Gefahr für ihn selbst oder zu einer Verletzung höherwertiger Pflichten. Die Polizei durfte dem Kinobesitzer C deshalb aufgeben, den Film abzusetzen. Diese Verfügung darf aber nur solange aufrechterhalten werden, bis ein störungsfreier Ablauf der Filmvorführung sichergestellt werden kann (vgl. § 7 Abs. 2 BbgPolG/§ 6 Abs. 2 PolG NRW). Für den Einnahmeausfall ist C zu entschädigen (§ 70 BbgPolG iVm § 38 Abs. 1 Buchst. a OBG Bbg/§ 67 PolG NRW iVm § 39 Abs. 1 Buchst. a OBG NRW)[14].

---

11 Vgl. den Borkum-Lied-Fall: PrOVGE 80, 176; kritisch Doerfert, JA 2003, 385.
12 Vgl. den Schaufensterpuppen-Fall: PrOVGE 85, 270 sowie VGH Mannheim NVwZ-RR 1995, 663; Muckel, DÖV 1998, 18 hält die Rechtsfigur des Zweckveranlassers für entbehrlich; zur Verfassungsmäßigkeit der Rechtsfigur BVerfG NVwZ 2000, 1406.
13 Vgl. den Westgiebel-Fall: PrOVGE 40, 391; Schweinemästerei-Fall: OVG Münster OVGE 11, 250; Tankstellen-Fall: OVG Lüneburg OVGE 14, 396; Hecken-Fall: OVG Lüneburg OVGE 17, 447.
14 Zur versammlungsrechtlichen Störerbestimmung BVerwGE 80, 158; VGH Mannheim DÖV 1990, 572; Rühl, NVwZ 1988, 577; Schröder, VR 1984, 247; zur Beachtung des Grundsatzes der Verhältnismäßigkeit Schnur, VR 2000, 114.

b) Mangels Spezialermächtigung können infolge der akuten Steinschlaggefahr Gefahrenabwehrmaßnahmen auf die Generalermächtigung des § 13 Abs. 1 OBG Bbg/§ 14 Abs. 1 OBG NRW gestützt werden. Fraglich ist allein, ob E für die Gefahr verantwortlich ist. Er erfüllt als Eigentümer des Felsgrundstücks, von dem die Gefahr ausgeht, und als Inhaber der tatsächlichen Gewalt über dieses Grundstück dem Wortlaut nach die Voraussetzungen des § 17 Abs. 1 und Abs. 2 S. 1 OBG Bbg/§ 18 Abs. 1 und Abs. 2 S. 1 OBG NRW. Auch die Zustandshaftung ist jedoch nicht grenzenlos. Allerdings geht der Hinweis auf die zivilrechtliche Rechtsprechung fehl. Zwar hat der Bundesgerichtshof[15] entschieden, dass bei Zustandshaftung der störende Zustand als latente, aber potentielle Gefahrenquelle mindestens mittelbar auf menschliches Handeln zurückgehen müsse, der Tatbestand des § 1004 BGB somit nicht erfüllt sei, wenn die Beeinträchtigung ausschließlich auf Naturkräfte wie abbröckelndes Gestein zurückgehe. Die Einheitlichkeit der Rechtsordnung gebietet es jedoch nicht, den Begriff des ordnungsrechtlichen Zustandsstörers ausschließlich nach zivilrechtlichen Kriterien auszulegen. Im öffentlichen Polizei- und Ordnungsrecht steht die Notwendigkeit eines raschen und effektiven Einschreitens zur Abwehr drohender Gefahren im Vordergrund. Anders als im Zivilrecht geht es hier nicht um den Ausgleich privater und damit gleichrangiger Interessen, sondern um die im Allgemeininteresse liegende Gefahrenabwehr. Das Polizei- und Ordnungsrecht kann deshalb nicht zulassen, dass eine durch Naturereignisse entstandene Gefahr nicht beseitigt wird[16].

Die verwaltungsgerichtliche Rechtsprechung[17] hat Grenzen der ordnungsrechtlichen Zustandsverantwortlichkeit aus Art. 14 GG abgeleitet. Danach muss sich die Zustandshaftung im Rahmen einer verhältnismäßigen Sozialbindung des Eigentums (Art. 14 Abs. 2 GG) halten. Sie darf nicht zu einer übermäßigen Belastung führen und damit die Opfergrenze im Einzelfall überschreiten und den Eigentümer unzumutbar treffen. Das Bundesverfassungsgericht[18] hat diese Rechtsprechung im Ansatz bestätigt, die Auslegung und Anwendung der Vorschriften über die Zustandsverantwortlichkeit des Grundstückseigentümers bei der Sanierung von Altlasten (vor Inkrafttreten des Bundesbodenschutzgesetzes) durch die angegriffenen verwaltungsgerichtlichen Entscheidungen jedoch als den Anforderungen der grundrechtlichen Eigentumsgarantie nicht genügend angesehen. Als Anhaltspunkt zur Bestimmung der Grenze dessen, was einem Eigentümer an Belastungen zugemutet werden darf, zieht das Bundesverfassungsgericht wie auch schon die Verwaltungsrechtsprechung das Verhältnis des finanziellen Aufwands zu dem Verkehrswert nach Durchführung der Sanierung heran: Wird der Verkehrswert von den Kosten überschritten, verliert das Eigentum seinen Wert und Inhalt. Darüber

---

15 BGHZ 19, 126, 129.
16 OVG Koblenz NJW 1998, 625; VGH München BayVBl 1996, 437; 1997, 502.
17 BVerwG NVwZ 1991, 475; NJW 1986, 1626; OVG Koblenz NJW 1998, 625; VGH München BayVBl 1997, 502; 1996, 437; NVwZ 1986, 943.
18 NJW 2000, 2573 mit Besprechung von Bickel, NJW 2000, 2562; Klüppel, Jura 2001, 26; Knoche, GewArch 2000, 448; Lepsius, JZ 2001, 22; Numberger, NVwZ 2005, 529; Radke/Hermann, JA 2000, 925.

hinaus will das Bundesverfassungsgericht aber noch weitere Gesichtspunkte in die Bewertung einbezogen haben. In den Fällen, in denen die Gefahr aus Naturereignissen, aus der Allgemeinheit zuzurechnenden Ursachen oder von nicht nutzungsberechtigten Dritten herrührt, soll die Sanierungsverantwortlichkeit nicht unbegrenzt dem alle Sicherungspflichten einhaltenden Eigentümer zur Last fallen dürfen. Die Belastung des Zustandsverantwortlichen mit Sanierungskosten bis zur Höhe des Verkehrswertes könne ferner in den Fällen unzumutbar sein, in denen das zu sanierende Grundstück den wesentlichen Teil des Vermögens des Pflichtigen bilde und die Grundlage seiner privaten Lebensführung einschließlich seiner Familie darstelle. Das gelte insbesondere, wenn der Eigentümer eines Eigenheims unter Berücksichtigung seiner wirtschaftlichen Lage das Grundstück nicht mehr halten könne. Eine Kostenbelastung, die den Verkehrswert des sanierten Grundstücks übersteige, könne allerdings zumutbar sein, wenn der Eigentümer das Risiko der entstandenen Gefahr bewusst in Kauf genommen oder vor erkennbaren Risikoumständen in fahrlässiger Weise die Augen geschlossen habe. In Fällen, in denen eine Kostenbelastung über den Verkehrswert hinaus zumutbar sei, könne es dem Eigentümer aber nicht zugemutet werden, für die Sanierung auch mit Vermögen einzustehen, das in keinem rechtlichen oder wirtschaftlichen Zusammenhang mit dem sanierungsbedürftigen Grundstück stehe[19].

Die Inanspruchnahme des E überschreitet im vorliegenden Fall die Opfergrenze nicht.

Der Vater des E hat als Rechtsvorgänger die Baugrundstücke durch die Aufteilung der Parzelle erst geschaffen und sie dann als Bauland verkauft. Er hat sein Eigentum auf das wertlose Felsgelände beschränkt und im Übrigen den wirtschaftlichen Nutzen aus seinem Eigentum gezogen. E muss sich als unmittelbarer Gesamtrechtsnachfolger (§ 1922 BGB) diese Handlungen seines Vaters entgegenhalten lassen. Es darf daher nicht isoliert das wirtschaftlich wertlose Felsgrundstück den hohen Kosten der Sicherungsmaßnahmen gegenüber gestellt werden, sondern es muss auch der aus dem Verkauf der Hausgrundstücke gezogene wirtschaftliche Nutzen in den Vergleich einbezogen werden. Eine übermäßige Belastung, die der Zustandsverantwortlichkeit eine Grenze setzen könnte, ist daher in der Verfügung nicht zu sehen.

Die Eigentümer der gefährdeten Hausgrundstücke sind entgegen der Ansicht des E nicht deshalb nach § 16 Abs. 1 OBG Bbg/§ 17 Abs. 1 OBG NRW für die Gefahr verantwortlich, weil sie ihre Häuser unterhalb der Felswand errichtet haben. Sie haben ihre Wohnhäuser nämlich aufgrund bestandskräftig gewordener Baugenehmigungen errichtet und sich damit ordnungsgemäß verhalten. Damit ist die für die Verhaltensverantwortlichkeit erforderliche unmittelbare Verursachung nicht gegeben. E ist allein verantwortlich[20].

---

19 Zu den Grenzen der Zustandshaftung von Unternehmen Vöneky, DÖV 2003, 400.
20 Vgl. zum Fall OVG Koblenz NJW 1998, 625 sowie zu vergleichbaren Fallgestaltungen VG München NVwZ-RR 2002, 166 und BVerwG NJW 1999, 231.

Besondere Probleme hat die sachgerechte Begrenzung der Verantwortlichkeit für sog. Altlasten bereitet, weil das allgemeine Ordnungsrecht auf diese schwierigen Fallgestaltungen nicht zugeschnitten ist[21]. Nachdem zunächst einige Bundesländer in unterschiedlicher Weise versucht hatten, die Altlastproblematik durch besondere Gesetze in den Griff zu bekommen, hat der Bund mit dem Bundesbodenschutzgesetz (BBodSchG) und der Bundesbodenschutzverordnung (BBodSchV) eine einheitliche Regelung geschaffen[22].

c) Der Bauunternehmer D ist nach § 11 Abs. 2 Nr. 7 KostO Bbg/NRW iVm §§ 15 Abs. 2, 19, 37 VwVG Bbg, §§ 1, 13 OBG Bbg/§§ 55 Abs. 2, 59, 77 VwVG NRW, §§ 1, 14 OBG NRW und wasserhaushaltsrechtlichen Vorschriften zum Kostenersatz verpflichtet, wenn er ordnungspflichtig ist. Seine Verantwortlichkeit kann sich aus § 16 Abs. 3 OBG Bbg/§ 17 Abs. 3 OBG NRW ergeben.

Verrichtungsgehilfe ist wie in § 831 BGB derjenige, dem von einem anderen (dem sog. Geschäftsherrn), von dessen Weisungen er abhängig ist, eine Tätigkeit übertragen wird[23]. Die vier Arbeiter sind demnach Verrichtungsgehilfen des Unternehmers D gewesen. Daran hat sich auch nichts geändert, als sie in die Kiesgrube einfuhren. Es kann keine Rede davon sein, dass Frau E die Lastkraftwagen etwa in eigene Verfügungsgewalt übernommen und sich verpflichtet hätte, selbst für die Beseitigung des Mülls zu sorgen.

Der Verrichtungsgehilfe muss eine Gefahr im Sinne des § 16 Abs. 1 OBG Bbg/ § 17 Abs. 1 OBG NRW verursacht haben. Die Arbeiter haben, indem sie unter Verstoß gegen wasserhaushaltsrechtliche Vorschriften die Behälter mit der teerhaltigen Flüssigkeit in den Grundwassersee kippten, eine unmittelbare Ursache für die Verunreinigung des Wassers gesetzt. Ihre Verantwortlichkeit wird nicht dadurch beseitigt, dass Frau E mit ihrer Erlaubnis einen zusätzlichen Kausalbeitrag geleistet hat, zumal nicht davon ausgegangen werden kann, dass sie den Inhalt der Behälter kannte.

Der Geschäftsherr ist nur verantwortlich für das Verhalten seines Gehilfen „in Ausführung der Verrichtung". Handlungen außerhalb des erteilten Auftrags („bei Gelegenheit der Verrichtung") können ihm nicht mehr zugerechnet werden. Die Arbeiter des D hielten sich noch im Rahmen des ihnen erteilten Auftrags. Dem steht nicht entgegen, dass die Auswahl der ungeeigneten Abkippstelle dem Willen und wegen der zu erwartenden Folgekosten auch den wirtschaftlichen Interessen des D widersprach. Entscheidend ist, dass D mit seiner sehr allgemein gehaltenen Weisung das Risiko einer ordnungswidrigen Beseitigung des Mülls eröffnet hat. Nur wenn er seinen Arbeitern eine Weisung gegeben hätte, wie der Bauschutt gefahrlos abzulagern ist, könnte er mit Erfolg vorbringen, das Handeln seiner Arbeiter läge außerhalb des erteilten Auftrags.

---

21 Vgl. die gegensätzlichen Entscheidungen des OVG Münster NVwZ 1985, 355 und des VG Gelsenkirchen NVwZ 1988, 1061 zu zwei Fällen aus dem Bereich Dorstfeld-Süd sowie Fasterding, JA 1996, 599; Kniesel, Neue Justiz 1997, 397; Knorr, BWVBl 1996, 447; Kohl, JuS 1997, 864; Kothe, VerwArch 1997, 456; Oerder, NVwZ 1992, 1031; Schwemer, VR 1996, 147; Seibert, DVBl 1992, 664; Sparwasser/Geißler, DVBl 1995, 1317; zur Amtshaftung wegen Altlasten BGH DÖV 1993, 574; DVBl 1993, 1091.
22 Siehe dazu Sandner, NJW 2000, 2542; speziell zur Störerhaftung Bickel, NVwZ 2004, 1210; Buck, NVwZ 2001, 51; Jochum, 2003, 526; Knoche, GewArch 2000, 448; Knopp NJW 2000, 905; Mohr, NVwZ 2003, 686; Schlemminger/Friedrich, NJW 2002, 2133; zu fallorientierten Aufbaufragen Müller, VR 2001, 226.
23 Vgl. nur VGH Mannheim NJW 1993, 1543.

Die Polizei- und Ordnungsverfügung

Da § 16 Abs. 3 OBG Bbg/§ 17 Abs. 3 OBG NRW im Unterschied zu § 831 BGB vom reinen Verursacherprinzip ausgeht, kann D sich nicht mit dem Nachweis von seiner Verantwortlichkeit befreien, er habe die Arbeiter sorgfältig ausgewählt und überwacht[24].

d) Bei dem Autowrack handelt es sich um Abfall im Sinne des § 3 KrW-/AbfG. Besitzer von Abfällen aus privaten Haushalten sind nach § 13 Abs. 1 S. 1 KrW-/AbfG verpflichtet, diese den öffentlich-rechtlichen Entsorgungsträgern zu überlassen, soweit sie zu einer Verwertung nicht in der Lage sind oder diese nicht beabsichtigen[25]. Die Ablagerung von Abfällen zum Zwecke der Beseitigung außerhalb der dafür zugelassenen Abfallbeseitigungsanlagen ist nach § 27 Abs. 1 S. 1 KrW-/AbfG verboten und stellt nach § 61 Abs. 1 Nr. 2 KrW-/AbfG eine Ordnungswidrigkeit dar, wenn sie vorsätzlich oder fahrlässig erfolgt. Die zuständige Behörde kann nach § 21 Abs. 1 KrW-/AbfG im Einzelfall die erforderlichen Anordnungen treffen. Fraglich ist nur, ob sie auch gegen F gerichtet werden können.

Obwohl er das Abkommen des Sportwagens von der Fahrbahn und dessen schrottreifen Zustand nicht verursacht hat, ist F Verhaltensstörer im Sinne des § 16 Abs. 1 OBG Bbg/§ 17 Abs. 1 OBG NRW. Er hat sich nämlich des Autowracks durch Entfernung der Nummernschilder unter Verstoß gegen die für die Abfallbeseitigung geltenden Vorschriften entledigen wollen und damit unmittelbar eine Gefahr verursacht.

Zugleich könnte F auch Zustandsstörer nach § 17 OBG Bbg/§ 18 OBG NRW sein. Die Anknüpfungspunkte für die Zustandsverantwortlichkeit, das Eigentum und die tatsächliche Gewalt, müssen grundsätzlich in dem Zeitpunkt vorliegen, in dem die Verfügung erlassen wird[26]. Es liegt daher nahe, sich nach Auslösung der Gefahr durch **Eigentumsaufgabe** (sog. **Dereliktion,** § 959 BGB) von der Ordnungspflicht zu befreien. Hat sich kein anderer die Sache angeeignet und besteht auch keine Verhaltensverantwortlichkeit, würde ein solches Vorgehen zu unbilligen Belastungen der Allgemeinheit führen. § 17 Abs. 3 OBG Bbg/§ 18 Abs. 3 OBG NRW bestimmt daher, dass Maßnahmen zur Abwehr einer Gefahr, die von einer herrenlosen Sache ausgeht, auch gegen denjenigen gerichtet werden können, der das Eigentum an der Sache aufgegeben hat.

Die Zustandsverantwortlichkeit des F wird durch § 17 Abs. 2 S. 2 Alt. 1 OBG Bbg/ § 18 Abs. 2 S. 2 Alt. 1 OBG NRW nicht ausgeschlossen. Zwar hat der unbekannte Dieb die tatsächliche Gewalt eine Zeitlang gegen den Willen des Eigentümers ausgeübt. Mit dem unfreiwilligen Besitzverlust erlischt jedoch die Ordnungspflicht des Eigentümers nicht endgültig, sondern ruht nur bis zu dem Augenblick, in dem der unberechtigte Dritte die Sachherrschaft wieder aufgibt[27]. Die Regelung will nämlich keine Verschuldensgesichtspunkte ins Spiel bringen, sondern sicherstellen, dass nichts Unmögliches verlangt wird[28]. F ist deshalb als Zustandsstörer verantwortlich.

---

24 Vgl. zum Fall OVG Münster OVGE 29, 44.
25 Zur öffentlich-rechtlichen und zivilrechtlichen Verantwortlichkeit des Abfallerzeugers vgl. Enders, NVwZ 2005, 381.
26 OVG Hamburg DÖV 1983, 1016.
27 OVG Koblenz NVwZ-RR 1989, 300; VG Berlin NJW 2000, 603.
28 OVG Hamburg NJW 1992, 1909.

e) Endet das Eigentum (und die tatsächliche Gewalt) durch Tod oder Veräußerung der Sache, erlischt zugleich auch die Zustandsverantwortlichkeit des bisherigen Rechtsinhabers. Sie entsteht mit dem Erwerb des Eigentums in der Person des Gesamt- oder Einzelrechtsnachfolgers neu. Gegen ihn können daher die zur Gefahrenabwehr notwendigen Maßnahmen (erneut) ergriffen werden.

Da ein neues Verwaltungsverfahren mit erneuten Anfechtungsmöglichkeiten die Herstellung ordnungsmäßiger Zustände unter Umständen erheblich hinauszögern kann, stellt sich die Frage, ob die gegenüber dem Rechtsvorgänger erlassenen, häufig schon bestandskräftigen Verwaltungsakte **auch gegen den Rechtsnachfolger** wirken[29].

Das ist zunächst der Fall, soweit eine gesetzliche Überleitungsnorm besteht, wie sie in einigen neueren Landesbauordnungen zu finden ist (vgl. z.B. § 52 Abs. 5 BbgBO und Art. 60 Abs. 2 S. 3 BayBO).

Aber auch ohne ausdrückliche Bestimmung wirkt eine gegenüber dem Eigentümer erlassene Anordnung der Beseitigung eines Bauwerks grundsätzlich und insbesondere im Falle der **Gesamtrechtsnachfolge** nach höchstrichterlicher Rechtsprechung[30] gegen den Rechtsnachfolger. Dafür spricht zum einen die Tatsache, dass bauordnungsrechtliche Verfügungen nicht höchstpersönlich, sondern grundstücksbezogen sind. Zum anderen wäre es höchst unbefriedigend, wenn rechtmäßige und eventuell sogar durch mehrere Gerichtsinstanzen hindurch bestätigte Beseitigungsanordnungen nur deswegen nicht durchgesetzt werden dürften, weil ein Eigentumswechsel stattgefunden hat. Diese praktische Erwägung macht es unentbehrlich, die Wirkung gegen den Rechtsnachfolger auch auf die **Einzelrechtsnachfolge** auszudehnen, um der Gefahr einer missbräuchlichen Blockierung von Verfügungen durch vorgeschobene Eigentumsübertragungen zu begegnen[31].

Rechtswirkungen gegenüber dem Rechtsnachfolger entfalten aber nicht die Androhung und die Festsetzung des Zwangsmittels. Wegen ihrer Warn- und Beugefunktion sind sie höchstpersönlich[32]. Die Ersatzvornahme muss den Erben des G daher erneut angedroht und festgesetzt werden, bevor sie angewendet werden darf.

---

29 Vgl. Habermehl, JA-Übungsblätter 1981, 185; Hassel, VR 1978, 42; Niestedt/Nolte, JuS 2000, 1071, 1172; Papier, DVBl 1996, 125; Feine, JuS 1997, 984; Rau, JA 2000, 37; Schlabach/Simon, NVwZ 1992, 143; Spannowsky, NVwZ 1992, 426; Stadie, DVBl 1990, 501; kritisch Oldiges, JA 1978, 541. Zur ordnungsrechtlichen Verantwortlichkeit im Konkurs siehe Petersen, NJW 1992, 1202.
30 BVerwG NJW 1971, 1624.
31 Für naturschutzrechtliche Beseitigungsanordnungen VGH Mannheim NVwZ-RR 1994, 384.
32 OVG Münster DÖV 1979, 834, 835.

Die Polizei- und Ordnungsverfügung

D. Anforderungen an das Mittel der Gefahrenabwehr

Fragen

101. Übungs- und Vertiefungsfälle
   a) I ist Eigentümer eines Grundstücks, das erheblich mit Kohlenwasserstoffen und Phenolen verunreinigt ist. Die Ordnungsbehörde hat ihn mittels Ordnungsverfügung zu verschiedenen Sanierungsmaßnahmen herangezogen. So hat sie I das „Ausspülen der mit Phenolen belasteten Bodenpartien" aufgegeben. Außerdem sind zur Erfassung des belasteten Grundwassers Abwehrbrunnen bis zum Tertiär abzuteufen. Die Zahl und genaue Lage der Abwehrbrunnen sowie die voraussichtlich abzupumpenden und zu reinigenden Grundwassermengen sind durch ein hydrologisches Gutachten festzulegen.
   b) Der Zoologe J hält in seinem Garten einen Geparden, den er von einer seiner Reisen mitgebracht und selbst aufgezogen hat. Die Anwohner sehen mit zunehmender Besorgnis, wie das Tier immer stärker wird und wilder und verzweifelt versucht, seinem Gefängnis zu entfliehen. Als ihm das eines Tages tatsächlich gelingt, reagiert endlich die Ordnungsbehörde und fordert J auf, das (noch verschwundene) Tier binnen zwei Tagen einschläfern zu lassen oder in einem Zoologischen Garten abzugeben.
   c) Die Ordnungsbehörde hat K aufgegeben, die im Erdgeschoss seines Wohnhauses an mehrere Parteien vermieteten Zimmer innerhalb 24 Stunden räumen zu lassen, da die Bewohnen der Zimmer wegen deren Feuchtigkeit gesundheitsschädlich sei. K sieht sich außerstande, diesem Gebot nachzukommen, weil die Mieter sich entschieden weigern, ihre Wohnung zu verlassen.
   d) L betreibt eine Schiffsüberschlagsschaukel, die er auf Jahrmärkten aufzustellen pflegt. Die Bauaufsichtsbehörde hat die Anlage auf Antrag unter bestimmten Sicherheitsauflagen genehmigt. L wendet sich gegen die Auflage „Überschlagschiffe dürfen nur von jeweils einer Person benutzt werden." Diese Einschränkung ist gemacht worden, weil es wegen Nichtbeachtung der für das Anschnallen bestehenden Betriebsvorschriften zu tödlichen Unfällen gekommen war.
   e) M unterhält auf seinem Grundstück, das im Einzugsgebiet einer Trinkwassertalsperre liegt, einen Gewerbebetrieb. Ohne behördliche Genehmigung hat er im Rahmen einer Umstellung seiner Öfen von Koks auf Öl einen genehmigungspflichtigen Öltank eingebaut. Die Bauaufsichtsbehörde hat den nachträglich gestellten Antrag auf Erteilung einer Baugenehmigung abgelehnt und M aufgefordert, die Heizölbehälteranlage innerhalb von 6 Monaten nach den Erhalt der Verfügung zu entfernen. M wehrt sich dagegen, weil der aus Metall bestehende Öltank nicht entfernt werden kann, wenn er entweder in Einzelteile aufgeschweißt und damit völlig zerstört würde oder erhebliche Stemmarbeiten an dem umgebenden Mauerwerk vorgenommen würden.
   f) N hat das Glück, mitten in der Innenstadt einen freien Parkplatz zu finden. Er betätigt die Parkuhr bis zur Höchstparkzeit von einer Stunde und begibt sich auf einen ausgiebigen Einkaufsbummel. Als er nach 5 Stunden zurückkommt, findet er sein Auto nicht mehr vor. Von der Polizei erfährt er, dass sein Fahrzeug auf ihre Anordnung hin abgeschleppt worden sei und gegen Zahlung von 70 Euro auf einem Verwahrplatz abgeholt werden könne. N hält das Vorgehen der Polizei für nicht rechtmäßig, weil er niemanden gefährdet habe. Im Übrigen habe er einen deutlich sichtbaren Zettel auf dem Armaturenbrett ausgelegt mit dem Hinweis „Bei Störung bitte anrufen, komme sofort" und der Angabe der Rufnummer seines Mobilfunk-Telefons.
   g) Das Haus des O befindet sich in einem baufälligen Zustand. Die Bauaufsichtsbehörde hat deshalb den Abbruch des Hauses angeordnet. O beantragt umgehend ihm zu gestatten, die Gefahr durch geeignete Sicherungs- und Instandsetzungsarbeiten abzuwenden. Die Behörde lehnt das ab mit der Begründung, die damit verbundenen Kosten stünden in keinem Verhältnis zum erstrebten Erfolg.
   h) Gastwirt P wird die beantragte Dauergenehmigung zur Abhaltung von Tanzveranstaltungen versagt mit der Begründung, bei ihrer Erteilung werde die behördliche Überwachung erschwert und das verfügbare Kontrollpersonal überfordert. Angesichts der stationierten Soldaten bestehe bei täglicher Tanzmöglichkeit eine gesteigerte sittliche Gefährdung der Jugend.

Antworten
101. Übungs- und Vertiefungsfälle

Das Mittel der Gefahrenabwehr muss in Übereinstimmung mit den Grundsätzen des Allgemeinen Verwaltungsrechts bestimmt, rechtlich und tatsächlich möglich sowie verhältnismäßig sein. Besonderheiten des Polizei- und Ordnungsrechts bilden das Verbot der Aufsichtserleichterung und die Austauschbefugnis.

a) Nach § 37 Abs. 1 VwVfG muss ein Verwaltungsakt **inhaltlich hinreichend bestimmt** sein. Das bedeutet, dass aus der getroffenen Regelung, d.h. aus dem Entscheidungssatz im Zusammenhang mit den Gründen und sonstigen bekannten oder ohne weiteres erkennbaren Umständen, für die Beteiligten die Regelung so vollständig klar und unzweideutig erkennbar sein muss, dass diese ihr Verhalten danach ausrichten können[1]. Welches Maß an Konkretisierung im Einzelfall erforderlich ist, hängt von der Art des Verwaltungsaktes, den Umständen des Erlasses und seinem Zweck ab. Eine Ordnungsverfügung muss aus sich heraus verständlich sein, da sie Titel und damit Grundlage der Vollstreckung und der späteren Geltendmachung eines Kostenersatzanspruchs ist. Dazu gehört grundsätzlich sowohl die Bestimmung des mit ihr verfolgten Ziels als auch die Angabe des Mittels. Von dem Betroffenen kann nicht verlangt werden, dass er unter Hinzuziehung eines Dritten erforscht, was von ihm im Einzelnen verlangt wird[2].

Die angeführten Anordnungen des an I gerichteten Bescheides verstoßen gegen den Bestimmtheitsgrundsatz. Soweit das Ausspülen der mit Phenolen belasteten Bodenpartien aufgegeben wird, ist für den Adressaten nicht eindeutig zu erkennen, auf welchen Bereich sich die Anordnung in räumlicher Hinsicht erstrecken soll. Indem die Behörde die Festlegung der Zahl und Lage der Abwehrbrunnen und der Menge des abzupumpenden und zu reinigenden Grundwassers einem hydrologischen Gutachten überlässt, wälzt sie die ihr vom Gesetz allein zuerkannte Entscheidungskompetenz unzulässigerweise auf Sachverständige ab. Beide Verfügungen sind deshalb rechtswidrig[3].

b) Eine behördliche Verfügung darf **nichts Unmögliches verlangen**. § 44 Abs. 2 Nr. 4 VwVfG erklärt einen Verwaltungsakt, den **aus tatsächlichen Gründen** niemand ausführen kann, für nichtig. Auch § 14 Abs. 1 OBG Bbg/§ 15 Abs. 1 OBG NRW (ebenso § 15 Abs. 1 BPolG/§ 3 Abs. 1 BbgPolG/§ 2 Abs. 1 PolG NRW) setzt ausdrücklich eine mögliche Maßnahme voraus. Spezialgesetze legen den Maßstab für die Erfüllbarkeit zum Teil näher fest, z.B. durch den Begriff „Stand der Technik" (vgl. § 22 Abs. 1 iVm § 3 Abs. 6 BImSchG).

Unzulässig ist grundsätzlich nur eine objektiv unmögliche Maßnahme. Subjektives Unvermögen des Pflichtigen bleibt unbeachtlich, solange er der Aufforderung mithilfe eines Dritten nachkommen kann. Die wirtschaftliche Vertretbarkeit spielt dabei außerhalb ausdrücklicher gesetzlicher Regelungen (vgl. z.B. § 17 Abs. 2 BImSchG) allenfalls bei der Prüfung der Angemessenheit eine Rolle[4].

Die Behörde darf jedenfalls keine Anordnung erlassen, deren Unausführbarkeit von Anfang an feststeht. Das ist bei dem an J gerichteten Gebot aber nicht der Fall, da der Gepard vor Fristablauf wieder eingefangen werden könnte. Darüber hinaus ist eine Verfügung aber auch dann als rechtswidrig anzusehen, wenn ihre Erfüllung nicht allein vom Willen des Pflichtigen abhängt und mit ihrer Erfüllbarkeit nach der Erfahrung des täglichen Lebens nicht mit hinreichender Sicherheit gerechnet werden kann. In einem solchen Fall muss die Behörde ihre Anordnung so abfassen, dass sie, auch ohne zum bezweckten Erfolg geführt zu haben, ihre

---

1 Vgl. Kopp/Ramsauer, § 37 Rdnrn. 5 ff. mwN; Kunig, Jura 1990, 495; Schmitz, DVP 1991, 39.
2 OVG Münster NVwZ 1993, 1000; VGH Kassel NVwZ 1995, 922.
3 Zum Fall OVG Münster aaO.
4 BVerwG NVwZ 1992, 164.

Die Polizei- und Ordnungsverfügung

Erledigung findet, falls der Pflichtige nachweisen kann, dass er von sich aus alles getan hat, um ihr Genüge zu tun[5].

Die Ordnungsbehörde hätte J deshalb nur aufgeben dürfen, sich mit allen Kräften um die schnellstmögliche Wiederergreifung des Tieres zu bemühen und dieses nach dem Einfangen innerhalb einer bestimmten Frist einschläfern zu lassen oder einem Zoologischen Garten zu übergeben[6].

c) Eine behördliche Maßnahme muss nicht nur tatsächlich, sondern auch **rechtlich möglich** sein. Es darf keine Handlung verlangt werden, zu der der Pflichtige privatrechtlich nicht in der Lage ist[7]. Das bedeutet aber nicht, dass jede Verfügung, deren Ausführung von der Zustimmung oder einer sonstigen Mitwirkung eines Dritten abhängig ist, rechtswidrig wäre. Eine rechtliche Unmöglichkeit liegt nämlich dann nicht vor, wenn der betroffene Dritte zur Mitwirkung bereit ist. Die Behörde darf deshalb jedenfalls dann Forderungen stellen, die der Pflichtige aus rechtlichen Gründen nicht allein erfüllen kann, wenn mit der Bereitschaft des Dritten zur Mitwirkung gerechnet werden kann. Das setzt nicht unbedingt eine ausdrückliche Erklärung des Dritten voraus, sondern kann auch aus seinem bisherigen Verhalten oder aus der Tatsache geschlossen werden, dass ihm die Maßnahme lediglich zum Vorteil gereicht[8]. Verweigert der Dritte später gleichwohl seine Mitwirkung, kann sie, sofern er selbst ordnungspflichtig ist, durch den Erlass einer Duldungsverfügung ersetzt werden[9]. Erst wenn auch diese Möglichkeit ausscheidet oder von der Behörde verworfen wird, wird die Verfügung nachträglich unmöglich.

Nach der Weigerung der Mieter, ihre Wohnungen freiwillig zu räumen, war K privatrechtlich nicht in der Lage, der ordnungsbehördlichen Anordnung Folge zu leisten. Der Mieter von Räumen hat zwar nach § 541 a Abs. 1 BGB die zur Erhaltung der Mieträume oder des Gebäudes erforderlichen Einwirkungen auf die Mietsache zu dulden. Ein Vermieter vermag daher, gegebenenfalls mithilfe einstweiliger Verfügungen, etwa die seuchenpolizeiliche Aufforderung zu erfüllen, sein Mietshaus binnen zwei Wochen von Ungeziefer zu reinigen, selbst wenn die Mieter ihre Wohnungen zu diesem Zweck für drei Tage verlassen müssen[10]. Im vorliegenden Fall dient die Räumung aber zumindest im Augenblick noch nicht irgendwelchen Erhaltungsmaßnahmen. Ob solche Maßnahmen überhaupt möglich sind und ob der Eigentümer sie ergreifen will, ist noch völlig offen. Zudem könnte eine Zwangsräumung auch nicht binnen 24 Stunden gerichtlich durchgesetzt werden.

Die Ordnungsbehörde verlangt von K deshalb etwas rechtlich Unmögliches. Richtigerweise hätte sie die nach § 17 Abs. 2 S. 1 OBG Bbg/§ 18 Abs. 2 S. 1 OBG NRW ebenfalls ordnungspflichtigen Mieter zur Räumung und den Eigentümer zu deren Duldung verpflichten müssen[11].

---

5 PrOVGE 95, 121, 123 f.
6 Zu sicherheitsrechtlichen Fragen der Hundehaltung siehe Gängel/Gansel, NVwZ 2001, 1208; Hamann, DVP 1999, 368; Haurand/Vahle, DVP 2001, 465; Kunze, NJW 2001, 1608; Schnupp, DÖD 2001, 189; Stollenwerk, VR 2003, 255; Vahle, DVP 1997, 147.
7 Zur rechtlichen und wirtschaftlichen Unmöglichkeit siehe Vahle, DVP 2005, 109.
8 PrOVGE 38, 179; 104, 203.
9 Eingehend dazu v. Kalm, DÖV 1996, 463.
10 PrOVGE 105, 152.
11 Vgl. PrOVGE 24, 384.

d) Maßnahmen der Gefahrenabwehr müssen wie jedes staatliche Handeln verhältnismäßig sein.

Der Grundsatz der Verhältnismäßigkeit verlangt zunächst, dass die Maßnahme **geeignet** ist, den angestrebten Zweck zu erreichen (ausdrücklich vorausgesetzt in § 14 Abs. 1 OBG Bbg/§ 15 Abs. 1 OBG NRW und § 15 Abs. 1 BPolG/§ 3 Abs. 1 BbgPolG/§ 2 Abs. 1 PolG NRW)[12].

Das wirksamste Mittel zur Beseitigung der vom Betrieb einer Überschlagschaukel für die Benutzer ausgehenden Gefahren wäre das gänzliche Verbot dieser Schaukeln. Begnügen sich die Verwaltungsbehörden mit der Auferlegung bestimmter Sicherheitsvorschriften, müssen diese geeignet sein, die Betriebsgefahr zumindest zu mindern, wenn sie sie schon nicht vollkommen beseitigen können. Eine solche Gefahrenminderung kann bei der fraglichen Auflage nicht schon deshalb angenommen werden, weil aus einer mit nur einer Person besetzten Schaukel naturgemäß auch nur eine Person herausfallen kann. Denn eine Person ist genauso schutzwürdig, wie es zwei Personen sind. Vielmehr wäre das Verbot einer Benutzung der Schaukel durch zwei Personen je Schiff nur dann gerechtfertigt, wenn es zur Beseitigung einer gerade durch die doppelte Benutzung hervorgerufenen erhöhten Gefahr erforderlich erschiene. Eine solche erhöhte Gefahr besteht aber nicht, da bei einer einwandfrei konstruierten Schaukel und Befolgung der Anschnallvorschrift zwei Personen nicht mehr gefährdet sind als eine. Sind die beiden Personen ordnungsgemäß angeschnallt, ist selbst bei eventuellen Meinungsverschiedenheiten zwischen den Benutzern ein Herausfallen oder eine Verletzung am Gestänge ausgeschlossen. Die Auflage ist damit ungeeignet zur Bekämpfung der Betriebsgefahr und aus diesem Grund rechtswidrig[13].

e) Die Bauaufsichtsbehörden haben nach § 52 Abs. 2 S. 2 iVm S. 1 BbgBO/§ 61 Abs. 1 S. 2 iVm S. 1 BauO NRW nach pflichtgemäßem Ermessen die erforderlichen Maßnahmen zu treffen, wenn u.a. bei der Errichtung baulicher Anlagen die öffentlich-rechtlichen Vorschriften nicht eingehalten werden. Der Verstoß gegen das Genehmigungserfordernis rechtfertigt allein noch keine Beseitigungsanordnung. Es ist anerkannt, dass die Behörde ihren Handlungsspielraum überschreitet, wenn sie die Beseitigung eines ungenehmigten Bauwerks fordert, das mit dem geltenden materiellen Baurecht in Einklang steht oder mit früher gültigem materiellen Baurecht übereingestimmt hat, der Bauherr also einen Anspruch auf Erteilung einer Baugenehmigung hat oder gehabt hat[14]. Der von M eingebaute Öltank ist aber im Einzugsgebiet einer Trinkwassertalsperre auch materiell baurechtswidrig, so dass eine Beseitigungsanordnung in Betracht kommt. Die Entscheidung darüber, ob eine Anlage geduldet oder ihre Beseitigung angeordnet werden soll, ist nach pflichtgemäßem Ermessen unter Beachtung des Verhältnismäßigkeitsgrundsatzes zu treffen. Nach § 14 Abs. 1 OBG Bbg/§ 15 Abs. 1 OBG NRW (§ 15 Abs. 1 BPolG/§ 3 Abs. 1 BbgPolG/§ 2 Abs. 1 PolG NRW) haben die Ordnungsbehörden von mehreren möglichen und geeigneten Maßnahmen diejenige zu treffen, die den Einzelnen und die Allgemeinheit voraussichtlich am wenigsten beeinträchtigt. In Umsetzung dieser allgemeinen Regelung lässt § 74 Abs. 1 BbgBO eine Beseiti-

---

12 Zur Geeignetheit als Rechtsbegriff siehe Leisner, DÖV 1990, 807.
13 OVG Lüneburg OVGE 11, 360.
14 OVG Münster OVGE 20, 296.

gungsanordnung nur zu, „wenn nicht auf andere Weise rechtmäßige Zustände hergestellt werden können." Gegen dieses **Prinzip des mildesten Mittels** hat die Bauaufsichtsbehörde verstoßen. Der beabsichtigte Erfolg kann auch mit einem weniger belastenden Mittel erreicht werden. Bezweckt ist der Schutz des Grundwassers vor in das Erdreich eindringendem Öl, das aus dem gefüllten Behälter oder während des Betankungsvorgangs unkontrolliert abfließen könnte. Dieser Gefahr kann schon damit wirksam begegnet werden, dass die Lagerung von Heizöl auf dem Grundstück untersagt und die Einhaltung dieses Verbots durch geeignete Anordnungen (Entleerung, Reinigung und Verplombung des Tanks) sichergestellt wird.

Die Beseitigungsverfügung, deren Ausführung für M mit größeren tatsächlichen Aufwendungen und finanziellen Einbußen verbunden ist, verstößt deshalb gegen den Grundsatz der Verhältnismäßigkeit und ist somit rechtswidrig[15].

f) Erstaunlicherweise herrscht über die Rechtsgrundlage einer so alltäglichen Maßnahme, wie es das polizeiliche Abschleppen straßenverkehrswidrig abgestellter Kraftfahrzeuge darstellt, immer noch Unsicherheit[16]. Während das Abschleppen vielfach als Sicherstellung (Ermächtigungsgrundlage: § 25 Nr. 1 BbgPolG/ § 43 Nr. 1 PolG NRW) qualifiziert wird, sehen andere darin nur eine von der Polizei getroffene Maßnahme zur Entfernung des Fahrzeugs aus dem Bereich, in dem es sich nicht aufhalten darf (Ermächtigungsgrundlage: § 10 Abs. 1 iVm §§ 53 Abs. 2, 55 BbgPolG/§§ 8 Abs. 1, 50 Abs. 2, 52 PolG NRW). Nach einer vermittelnden Meinung ist zu differenzieren: Das Abschleppen stellt eine auf die polizeirechtliche Generalermächtigung gestützte bloße Versetzung dar, wenn das Kraftfahrzeug auf einen freien, der Straßenverkehrsordnung entsprechenden Parkplatz umgesetzt wird[17]. Eine Sicherstellung ist aber anzunehmen, wenn es die Polizei mangels eines solchen Parkplatzes oder wegen unverhältnismäßigen Aufwands auf einen eigens für diesen Zweck bereitgestellten Verwahrplatz bringen lässt[18].

Allgemein anerkannt ist aber, dass bei einer so einschneidenden Maßnahme, wie es das Abschleppen von Kraftfahrzeugen darstellt, der Grundsatz der Verhältnismäßigkeit strikt beachtet werden muss. Das Prinzip der Erforderlichkeit verlangt, das Fahrzeug nicht sicherzustellen und zu einem Verwahrplatz bringen zu lassen, wenn die Gefahr bereits dadurch abgewehrt werden kann, dass das Fahrzeug von seinem Abstellort auf einen in der unmittelbaren Nähe gelegenen freien, der Straßenverkehrsordnung entsprechenden Parkplatz umgesetzt wird[19]. Selbst das mildeste Mittel darf aber nicht zu einem Nachteil führen, der zu dem erstrebten Erfolg erkennbar außer Verhältnis steht (§ 14 Abs. 2 OBG Bbg/§ 15 Abs. 2 OBG NRW; § 15 Abs. 2 BPolG/§ 3 Abs. 2 BbgPolG/§ 2 Abs. 2 PolG NRW). Dieses **Prinzip**

---

15 OVG Münster NJW 1980, 2210.
16 Fehn, VR 1988, 167; Fischer, JuS 2002, 446; Gersdorf, NVwZ 1995, 1086; Graulich, NVwZ 1988, 604; Grünning/Großmann, VR 1985, 37; Grünning/Möller, VR 1984, 156; Haurand/Vahle, DVP 1996, 287; Hauser, APF 1990, 205; Jahn, JuS 1989, 969; Kauther VR 1981, 165; Klein, JA 2004, 544; Klenke, NWVBl 1994, 288; Mehde, Jura 1998, 237; Michaelis, Jura 2003, 298; Perrey, BayVBl 2000, 609; Peters/Schell, BWVPr 1989, 246; Reichelt, VR 2002, 111; Schmalz, JA-Übungsblätter 1979, 31 und 44; Vahle, VR 1997, 92 und DVP 2001, 58; Vahle/Hamann, DVP 1986, 339; Weber, JuS 2003, 104.
17 Näher dazu Remmert, NVwZ 2000, 642.
18 Vgl. nur die eingehend begründete Entscheidung des VGH München BayVBl 1984, 559 mit umfassenden weiteren Nachweisen zum Meinungsstreit.
19 VGH München aaO mwN.

der Angemessenheit gebietet, den Nachteil, den die Maßnahme abwenden soll, mit dem Nachteil zu vergleichen, den die Maßnahme selbst mit sich bringt. Dabei darf aber kein reiner Kostenvergleich angestellt werden. In die Abwägung einfließen müssen sowohl das Gewicht der betroffenen Rechtsgüter als auch generalpräventive Überlegungen. So ist z.B. das Gebot, in eine Fabrikhalle nachträglich eine Brandverhütungs- und -bekämpfungsanlage einzubauen, deren Kosten den Wert der Halle übersteigen, unverhältnismäßig, wenn es nur dem Schutz des Objekts dient[20], aber rechtmäßig, wenn die Gefährdung von Menschen abgewendet werden soll[21]. Dementsprechend gestattet die Rechtsprechung das Abschleppen von Kraftfahrzeugen nur dann, wenn zu dem formalen Gesetzesverstoß ein besonderer Gefährdungstatbestand hinzukommt. Als verhältnismäßig anerkannt hat die Rechtsprechung das Abschleppen von Kraftfahrzeugen insbesondere bei verbotswidrigem Parken

- im Einmündungs- und Kreuzungsbereich[22],
- in Feuerwehranfahrtszonen[23],
- in Sonderspuren für den Omnibus-Linienverkehr[24],
- auf Behindertenparkplätzen[25],
- auf Fußgängerüberwegen[26],
- auf Gehwegen, wenn Fußgänger dadurch zum Betreten der Fahrbahn gezwungen werden[27],
- auf Radwegen, wenn Radfahrer auf die Straße oder den Gehweg ausweichen müssen[28],
- in Haltebuchten mit dem Hinweisschild „Ladezone", jedenfalls wenn diese länger als eine halbe Stunde blockiert sind[29],
- in Fußgängerzonen, soweit ihre Funktion als Ruhezone gestört ist[30],
- auf Anwohnerparkplätzen[31].

Wenn das Oberverwaltungsgericht Münster[32] ausführt, dass das Abschleppen aus dem absoluten Haltverbot regelmäßig nicht deshalb unverhältnismäßig ist, weil der Zweck der Maßnahme allein in der Beseitigung eines Rechtsverstoßes von nicht nur unerheblicher Dauer liegt, ohne dass weitere Beeinträchtigungen (etwa Behinderungen, Vorbildwirkung) vorliegen, so stellt das nur auf den ersten Blick

---

20 VGH Stuttgart VerwRspr 9, 492.
21 OVG Lüneburg DÖV 1971, 644.
22 OVG Münster NJW 2001, 172.
23 OVG Münster OVGE 30, 146; VGH München NVwZ-RR 1989, 298.
24 VGH Kassel NJW 1984, 1197.
25 OVG Koblenz NVwZ-RR 1989, 229; VGH Mannheim NVwZ-RR 2003, 558; VGH München NJW 1989, 245 und 1996, 1979; OVG Schleswig NVwZ-RR 2003, 647.
26 VGH Kassel NVwZ 1988, 657.
27 BVerwG NJW 1990, 931; VGH München NJW 1979, 2631; VG Frankfurt DVBl 1965, 779.
28 OVG Hamburg NJW 2001, 168.
29 OVG Münster NJW 1998, 2465.
30 OVG Koblenz NVwZ 1988, 658; OVG Münster OVGE 36, 82 und DÖV 1997, 886; VGH München BayVBl 1984, 559 und NVwZ 1990, 180; vgl. auch Schwabe, NVwZ 1994, 629 und Wendrich, DVBl 1987, 505.
31 VGH Mannheim NJW 1990, 2270; 1995, 3004; 2003, 3363; NVwZ-RR 1996, 149.
32 NJW 1990, 2835.

den Verzicht auf einen besonderen Gefährdungstatbestand dar. Denn der Anordnung eines absoluten Haltverbots liegt eine gesteigerte Gefahrenprognose zugrunde, die auch das Bedürfnis nach Abschreckung von Nachahmern erhöht[33].

Das Abschleppen eines an einer abgelaufenen Parkuhr stehenden Kraftfahrzeugs hat das Bundesverwaltungsgericht[34] jedenfalls dann für rechtmäßig erachtet, wenn die Parkzeit an einer Parkuhr in einer verkehrsreichen Innenstadt um mehr als drei Stunden überschritten ist[35]. Zur Begründung verweist das Gericht zum einen darauf, das verbotswidrige Parken beeinträchtige die verkehrsregelnde Funktion der Parkuhr, den knappen Parkraum möglichst vielen Kraftfahrern zur Verfügung zu stellen, zum anderen auf den Nachahmungseffekt. Das Fahrzeug des N, das an einer seit vier Stunden abgelaufenen Parkuhr mit einer Höchstparkzeit von einer Stunde stand, durfte daher grundsätzlich abgeschleppt werden.

Fraglich ist aber, ob das Abschleppen nicht wegen der erklärten Wegfahrbereitschaft und der hinterlassenen Handynummer rechtswidrig gewesen ist. Mit dieser Frage hat sich das OVG Hamburg[36] befasst. Es geht von dem in der Rechtsprechung entwickelten Grundsatz[37] aus, dass eine Abschleppmaßnahme unverhältnismäßig und damit rechtswidrig sein könne, wenn der Fahrer des verbotswidrig geparkten Fahrzeugs einen konkreten Hinweis auf seine Erreichbarkeit und seine Bereitschaft zum umgehenden Entfernen des Fahrzeugs gebe. Einem derartigen Hinweis sei aber nur dann nachzugehen, wenn damit ein unzumutbarer Aufwand nicht verbunden und eine kurzfristige und zuverlässige Beseitigung der Störung durch den Verursacher zu erwarten sei. Das OVG Hamburg hält einen einmaligen Anrufversuch bei der angegebenen Handynummer mit einer Wartezeit für die Einlösung der telefonisch gemachten Zusage, das Fahrzeug zu entfernen, von fünf Minuten im Regelfall für zumutbar. Allerdings müsse der einschreitende Beamte sachgerecht entscheiden können, dass die Störung zeitnah beseitigt werden könne und hierzu die ernstliche Bereitschaft bestehe. Dafür sei die Nachricht, bei Störung sofort zu kommen, zu unbestimmt. Erforderlich seien nachvollziehbare Angaben, wann der Verantwortliche eintreffen könne, sowie ein erkennbarer Situationsbezug der Nachricht, um sie als ernstlich gemeint ansehen zu können. Die Polizei durfte das Fahrzeug des N nach diesen Grundsätzen also abschleppen. Der vom OVG Hamburg genährten Hoffnung, das Handy mit einer konkretisierten Benachrichtigung als Abschleppschutz einsetzen zu können, hat das Bundesverwaltungsgericht[38] einen Dämpfer verpasst: Es könne nicht zweifelhaft sein, dass eine rechtmäßige Abschlepppraxis in zulässiger Weise auch spezial- und generalpräventive Zwecke verfolgen dürfe. Soweit zuständige Behörden die Erfahrung gemacht haben sollten oder künftig machen sollten, dass Verkehrsteilnehmer zunehmend dazu übergingen, mit Hilfe von entsprechenden Angaben unter Inkaufnahme von Bußgeldern, aber in Erwartung eines hieraus folgenden „Abschlepp-Schutzes" Verkehrsverstöße zu begehen, die andere Verkehrsteilnehmer behin-

---

33 Vgl. auch VGH Mannheim DÖV 1990, 482.
34 BayVBl 1983, 632 = JA 1984, 114 mit Besprechung von Geiger; bestätigt in BVerwG NVwZ 1988, 623.
35 VG Gießen DVP 1999, 174 verlangt eine einhundertprozentige Überschreitung der Parkzeit, VGH Kassel DVP 1998, 439 lässt das Abschleppen nach einer Wartezeit von pauschal einer Stunde zu.
36 NJW 2001, 3647 mit Besprechung von Schwabe, NJW 2002, 652 und Vahle, DVP 2002, 35.
37 Vgl. nur BVerwG NJW 1990, 931 sowie die weiteren Nachweise bei OVG Hamburg aaO.
38 NJW 2002, 2122.

derten, stünde der Grundsatz der Verhältnismäßigkeit einer Abschlepppraxis, die solche Missstände zurückzudrängen suche, nicht entgegen.

g) Nach § 20 S. 2 OBG Bbg/§ 21 S. 2 OBG NRW (§ 16 Abs. 2 S. 2 BPolG/§ 4 Abs. 2 S. 2 BbgPolG/§ 3 Abs. 2 S. 2 PolG NRW) ist dem Betroffenen auf Antrag zu gestatten, ein anderes ebenso wirksames Mittel anzuwenden, sofern die Allgemeinheit dadurch nicht stärker beeinträchtigt wird. Der Antrag kann gem. § 20 S. 3 OBG Bbg/§ 21 S. 3 OBG NRW nur bis zum Ablauf einer dem Betroffenen für die Ausführung der Verfügung gesetzten Frist, andernfalls bis zum Ablauf der Klagefrist, gestellt werden.

O hat rechtzeitig ein **Austauschmittel** angeboten. Die Behörde darf diesen Antrag nur ablehnen, wenn das andere Mittel weniger wirksam oder gar völlig untauglich ist, die Gefahr zu beseitigen, oder wenn seine Anwendung die Allgemeinheit stärker beeinträchtigt. Die Bauaufsichtsbehörde hat insoweit keine Bedenken gehabt, sondern den Antrag allein deshalb abgelehnt, weil das angebotene Austauschmittel für den Betroffenen belastender sei als die von der Behörde gewählte Maßnahme.

Dieser Gesichtspunkt rechtfertigt es jedoch grundsätzlich nicht, die Anwendung des Austauschmittels nicht zu gestatten. § 20 S. 2 OBG Bbg/§ 21 S. 2 OBG NRW bezieht den Grundsatz des mildesten Mittels nur hinsichtlich der Auswirkungen der Maßnahme für die Allgemeinheit mit ein. Soweit § 14 OBG Bbg/§ 15 OBG NRW zugleich die Beachtung der Auswirkungen für den Einzelnen gebietet, stellt er eine reine Schutzvorschrift dar, auf deren Wirkungen der Betroffene verzichten kann. § 20 S. 2 OBG Bbg/§ 21 S. 2 OBG NRW will ihm gerade die Möglichkeit geben, an die Stelle des von der Behörde objektiv für verhältnismäßig angesehenen Mittels ein anderes zu setzen, das ihm subjektiv, aus welchen Gründen auch immer, weniger belastend erscheint. Die Behörde hat seinem Antrag deshalb grundsätzlich auch dann zu entsprechen, wenn das angebotene Mittel Aufwendungen des Betroffenen erfordert, die zu dem beabsichtigten Erfolg außer Verhältnis stehen[39].

Steht jedoch nicht fest, dass der Betroffene das Austauschmittel im Hinblick auf seine Kosten für wirtschaftlich vertretbar und durchführbar hält, darf das Austauschmittel als weniger wirksames Mittel abgelehnt werden, weil dann nicht sicher ist, ob der Betroffene es auch tatsächlich anwenden kann und will[40]. Solange dafür aber keine begründeten Anhaltspunkte vorliegen, ist dem Antrag stattzugeben.

h) Ordnungsverfügungen dürfen nicht lediglich den Zweck haben, die den Ordnungsbehörden obliegende Aufsicht zu erleichtern (§ 19 Abs. 2 S. 1 OBG Bbg/ § 20 Abs. 2 S. 1 OBG NRW).

Die Versagung der Dauertanzerlaubnis dient lediglich dem Zweck der **Aufsichtserleichterung** und ist deshalb rechtswidrig. Entstehen durch die Massierung von Streitkräften an bestimmten Orten gesteigerte Gefahren, muss der Staat dem durch den Einsatz zulänglicher Sicherheitskräfte entgegentreten. Er darf nicht dem Bürger die Gewährung einer möglichen Rechtsposition mit dem Hinweis auf eine besonders starke Belastung des zu knapp bemessenen Personals verweigern[41].

---

39 OVG Münster DÖV 1962, 617.
40 OVG Lüneburg OVGE 10, 341, 347 f.
41 OVGE RP 5, 95, 97.

Die Polizei- und Ordnungsverfügung

E. Ermessen

Fragen

102. Welchen Ermessensspielraum eröffnet die Generalermächtigung?
103. Was ist beim Entschließungsermessen zu beachten?
104. Welche Kriterien gelten für die Auswahl unter mehreren Adressaten?
105. Inwieweit ist eine Auswahl unter mehreren Mitteln möglich?

Antworten

102. Ermessensspielraum der Generalermächtigung

Die Generalermächtigung stellt das Einschreiten wie auch die meisten Spezialermächtigungen entsprechend dem Opportunitätsprinzip[1] in das Ermessen der Behörde. Klarstellend weisen § 15 OBG Bbg/§ 16 OBG NRW und § 16 Abs. 1 BPolG; § 4 Abs. 1 BbgPolG/§ 3 Abs. 1 PolG NRW darauf hin, dass die Behörde ihre Entscheidung nach pflichtgemäßem Ermessen trifft[2]. Ein Ermessensspielraum wird dabei in dreifacher Hinsicht eröffnet[3]:

- hinsichtlich der Entschließung, ob überhaupt Maßnahmen ergriffen werden sollen,
- hinsichtlich der Auswahl unter mehreren möglichen Adressaten,
- hinsichtlich der Auswahl unter mehreren möglichen Mitteln.

103. Entschließungsermessen

Die **Entscheidung zum Einschreiten** ist regelmäßig unproblematisch, da die Behörde damit ihrem gesetzlichen Auftrag nachkommt, Gefahren abzuwehren. Anlass zu Beanstandungen geben kann allenfalls die Nichtbeachtung des Entscheidungsspielraums (Ermessensmangel) und die Verletzung des Gleichbehandlungsgrundsatzes (Art. 3 GG).

Von entscheidender Bedeutung ist das Entschließungsermessen hingegen für die **Frage, ob der Bürger einen Anspruch auf Tätigwerden der Polizei- oder Ordnungsbehörde hat**[4]. Entsprechend dem Opportunitätsprinzip darf die Behörde grundsätzlich trotz gegebener Gefahrenlage ein Eingreifen ablehnen. Sachgerechte Gründe dafür können z.B. sein, dass ein Handeln an anderer Stelle wichtiger ist und die personellen und sachlichen Mittel erschöpft sind, dass die Gefahr auf andere Weise einfacher, schneller oder kostengünstiger beseitigt werden kann oder dass ein Einschreiten wegen seiner nachteiligen Auswirkungen besser unterbleibt. Eine Pflicht zum Tätigwerden besteht nur dann, wenn einzig die Entschei-

---

1 Siehe Frage 90.
2 Zu den Anforderungen siehe Frage 49 unter III.
3 Eingehend dazu Ossenbühl, DÖV 1976, 463 und Waechter, VerwArch 1997, 298.
4 Drews/Wacke/Vogel/Martens, § 24.

dung zum Eingreifen sachgerecht ist. Eine solche Ermessensreduzierung auf Null wird insbesondere bei einer gegenwärtigen Gefahr für besonders wichtige Rechtsgüter anzunehmen sein. Der objektiven Pflicht zum Einschreiten entspricht ein subjektives öffentliches Recht des Bürgers dann, wenn seine privaten Rechtsgüter oder Rechtsnormen, die auch seine Interessen schützen sollen, bedroht sind[5].

104. Auswahlermessen zwischen mehreren Adressaten

Kommen mehrere Adressaten in Betracht sind zunächst **zwei zwingende Vorgaben** des Gesetzgebers zu beachten: Nach § 17 Abs. 2 S. 2 OBG Bbg/§ 18 Abs. 2 S. 2 OBG NRW (§ 18 Abs. 2 S. 2 BPolG/§ 6 Abs. 2 S. 2 BbgPolG/§ 5 Abs. 2 S. 2 PolG NRW führen nur die erste Alternative auf) muss die Ordnungsbehörde ihre Maßnahmen gegen den Inhaber der tatsächlichen Gewalt richten, wenn er diese gegen den Willen des Eigentümers oder eines anderen Verfügungsberechtigten ausübt oder auf einen im Einverständnis mit dem Eigentümer schriftlich oder protokollarisch gestellten Antrag von der zuständigen Ordnungsbehörde als allein verantwortlich anerkannt worden ist. Nach § 18 Abs. 1 Nr. 2 OBG Bbg/§ 19 Abs. 1 Nr. 2 OBG NRW und § 20 Abs. 1 Nr. 2 BPolG/§ 7 Abs. 1 Nr. 2 BbgPolG/§ 6 Abs. 1 Nr. 2 PolG NRW dürfen Maßnahmen gegen nicht verantwortliche Personen nur dann gerichtet werden, wenn Maßnahmen gegen Verantwortliche nicht oder nicht rechtzeitig möglich sind oder keinen Erfolg versprechen.

Im Übrigen kann die Behörde nach pflichtgemäßem Ermessen einen oder mehrere Störer zur Gefahrenabwehr heranziehen. Für die Ausübung des Auswahlermessens sind folgende **Gesichtspunkte** maßgeblich[6]:

- **Effektivität der Gefahrenabwehr:** Die Behörde soll in erster Linie denjenigen in Anspruch nehmen, der die Gefahr am schnellsten und am wirksamsten beseitigen kann[7].

- **Auswirkungen auf die Pflichtigen:** In zweiter Linie ist zu berücksichtigen, ob die Maßnahme die in Betracht kommenden Adressaten unterschiedlich hart trifft.

- **Ergänzende Kriterien:** Zur weiteren Differenzierung dürfen unbeschadet der Tatsache, dass die polizeirechtliche Verantwortlichkeit verschuldensunabhängig ist, ergänzende Argumente wie das Gewicht des Verursachungsbeitrags, der Grad des Verschuldens, die Verteilung der Kostentragungspflicht[8] sowie das Bestehen einer Versicherung berücksichtigt werden.

---

5 Vgl. Frage 29.
6 Zum polizeirechtlichen Störerauswahlermessen in der Verwaltungspraxis siehe Staab, BWVPr 1994, 56; zur Störerauswahl und zum Gebot der gerechten Lastenverteilung Garbe, DÖV 1998, 632.
7 OVG Münster DVBl 1964, 683, 684; 1971, 828; Drews/Wacke/Vogel/Martens, § 19 unter 6; Möller/Wilhelm, 3. Abschnitt 4.5.
8 Siehe dazu VGH München NVwZ 1989, 681; NJW 1993, 81; Finkenauer, NJW 1995, 432; Kloepfer/Thull, DVBl 1989, 1121; Schwerdtner, NVwZ 1992, 141.

Die Polizei- und Ordnungsverfügung

- **Gesetzliche Reihenfolge zur Bestätigung:** Der Reihenfolge, in der die Gesetze die Polizei- und Ordnungspflicht regeln, liegt die Vorstellung des Gesetzgebers von einer unterschiedlich starken Verantwortlichkeit zugrunde. Stehen vorrangige Gesichtspunkte, insbesondere die Effektivität der Gefahrenabwehr nicht entgegen, ist es in der Regel sachgerecht, den Verhaltensstörer vor dem Zustandsstörer in Anspruch zu nehmen[9]. Ebenso ist es den unterschiedlichen Regelungsreihenfolgen[10] entsprechend grundsätzlich nicht zu beanstanden, im Ordnungsrecht den Eigentümer vor dem Inhaber der tatsächlichen Gewalt heranzuziehen, aber sich im Polizeirecht an den vor Ort greifbaren Inhaber der tatsächlichen Gewalt zu halten.

105. Auswahlermessen zwischen mehreren Mitteln

Auswahlermessen hinsichtlich des Mittels der Gefahrenabwehr besteht nur, wenn mehrere Mittel den rechtlichen Anforderungen genügen, was selten der Fall ist, da der Grundsatz der Verhältnismäßigkeit nur das mildeste Mittel erlaubt und mehrere Mittel mit gleicher Belastung kaum vorkommen. Sofern Auswahlermessen besteht, ist wesentlicher Entscheidungsgesichtspunkt wiederum die Effektivität der Gefahrenabwehr.

---

9 OVG Münster DVBl 1964, 683, 684; 1971, 828; VGH Mannheim DVBl 1990, 1046 stellt aber zu Recht klar, dass ein gesetzliches Rangverhältnis zwischen beiden nicht besteht.
10 Siehe Frage 98.

DRITTER TEIL: Verwaltungsrechtsschutz

Im Verwaltungsrechtsschutz soll die Studentin/der Student die Rechtsbehelfsmöglichkeiten des Bürgers gegenüber der öffentlichen Verwaltung kennen lernen und sich die Fertigkeit aneignen, Zulässigkeit und Begründetheit eines Widerspruchs, einer verwaltungsgerichtlichen Klage und von Anträgen auf Gewährung vorläufigen Rechtsschutzes prüfen zu können.

A. System der Verwaltungskontrolle

Frage
106. Wie ist die Kontrolle der öffentlichen Verwaltung in der Bundesrepublik Deutschland ausgestaltet?

Antwort
106. Überblick

Ein Gesetzgeber, dem an einer wirksamen Kontrolle der Verwaltungstätigkeit gelegen ist, wird bestrebt sein, verschiedenartige Möglichkeiten der Kontrolle miteinander zu kombinieren. So besteht denn auch in der Bundesrepublik Deutschland ein engmaschiges Netz von Kontrollmechanismen.

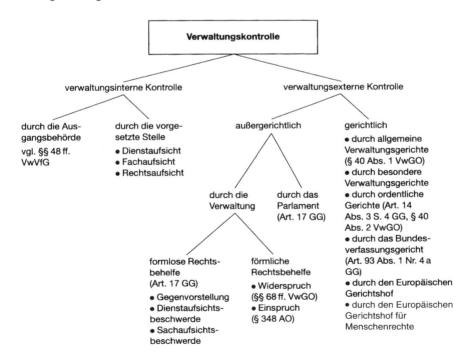

DRITTER TEIL

Nach der Art der Einleitung der Kontrolle unterscheidet man zwischen der verwaltungsinternen und der verwaltungsexternen Kontrolle.

Die **verwaltungsinterne Kontrolle** wird von der Verwaltung selbst eingeleitet und durchgeführt. Als ständige einzelfallunabhängige Eigenkontrolle dient sie in erster Linie dem öffentlichen Interesse an der Recht- und Zweckmäßigkeit des Verwaltungshandelns und fußt damit auf dem Rechtsstaatsprinzip (Art. 20 Abs. 3 GG) und der parlamentarischen Verantwortlichkeit der Verwaltungsspitze (Art. 65 S. 2 GG).

Wie die §§ 48 ff. VwVfG zeigen, ist bereits die Ausgangsbehörde gehalten, nach Eintritt der Bestandskraft erkannte Fehler zu korrigieren und auf Änderungen der Sach- und Rechtslage zu reagieren.

Im Mittelpunkt der verwaltungsinternen Kontrolle steht aber die Aufsicht durch die vorgesetzte Stelle. Wichtige Arten der Aufsicht sind:

- die **Dienstaufsicht** als organisatorische Aufsicht über die innere Ordnung, die allgemeine Geschäftsführung und die Personalangelegenheiten der nachgeordneten Behörde sowie die personalrechtliche Aufsicht über das Verhalten der Bediensteten,

- die **Fachaufsicht** als inhaltliche Aufsicht über die Sachentscheidungen der nachgeordneten Stelle im Hinblick auf deren Rechtmäßigkeit und Zweckmäßigkeit[1],

- die **Rechtsaufsicht** als inhaltliche Aufsicht über die Sachentscheidungen selbstständiger Verwaltungsträger (Gemeinden, Kreise, Hochschulen usw.) in Selbstverwaltungsangelegenheiten, begrenzt auf die Rechtmäßigkeitskontrolle[2].

Die **verwaltungsexterne Kontrolle** wird im Einzelfall von außen ausgelöst und dient in erster Linie dem Individualinteresse des Betroffenen. Ausgehend von den grundrechtlichen Gewährleistungen in Art. 17 und 19 Abs. 4 GG wird Verwaltungsrechtsschutz gewährt

- **von der Verwaltung** durch formlose und förmliche Rechtsbehelfe,

- **vom Parlament** im Wege der Petition,

- **von Gerichten,** insbesondere von allgemeinen und besonderen Verwaltungsgerichten, aber auch von ordentlichen Gerichten (vgl. nur Art. 14 Abs. 3 S. 4 GG und § 40 Abs. 2 VwGO) und vom Bundesverfassungsgericht (Verfassungsbeschwerde gem. Art. 93 Abs. 1 Nr. 4 a GG). Mit der Vollendung der Europäischen

---

[1] Näher dazu Groß, DVBl 2002, 793.
[2] Zur Kommunalaufsicht Oebbecke, DÖV 2001, 406; Schoch, Jura 2006, 188 und 358; zum Struktur- und Funktionswandel der Aufsicht im Neuen Verwaltungsmanagement Pitschas, DÖV 1998, 907.

Union gewinnt der Rechtsschutz durch den Europäischen Gerichtshof (EuGH) und den Europäischen Gerichtshof für Menschenrechte (EGMR) zunehmend an Bedeutung[3].

Nicht unterschätzt werden darf außerdem der gewichtige Beitrag, den die sog. **öffentliche Meinung,** gebildet insbesondere durch die politischen Parteien, Gewerkschaften, Verbände und sonstigen Interessenvertretungen sowie durch die Medien zur Kontrolle der öffentlichen Verwaltung liefert[4].

B. Formlose Rechtsbehelfe

Fragen

107. Was kennzeichnet formlose Rechtsbehelfe im Vergleich zu förmlichen Rechtsbehelfen?
108. Welche Arten formloser Rechtsbehelfe gibt es?
109. Welche Funktion erfüllen formlose Rechtsbehelfe?

Antworten

107. Kennzeichen formloser Rechtsbehelfe

Formlose Rechtsbehelfe sind durch folgende Merkmale gekennzeichnet:

- Sie sind anders als förmliche Rechtsbehelfe nicht an Formen und Fristen gebunden.

- Sie stehen im Unterschied zu förmlichen Rechtsbehelfen, die nur derjenige einlegen kann, der durch die öffentliche Gewalt in eigenen Rechten verletzt ist (vgl. Art. 19 Abs. 4 GG, § 42 Abs. 2 VwGO), jedermann offen (vgl. Art. 17 GG).

- Den geringeren Zulässigkeitsanforderungen formloser Rechtsbehelfe entspricht aber auch ein geringerer Rechtsschutzanspruch des Bürgers. Wer einen förmlichen Rechtsbehelf einlegt, hat grundsätzlich einen Anspruch auf eine begründete Entscheidung (vgl. §§ 73 und 117 VwGO). Demgegenüber ist mit formlosen Rechtsbehelfen kein Anspruch auf ein bestimmtes Tätigwerden verbunden. Die Behörde ist nur verpflichtet, die Eingabe entgegenzunehmen, zu prüfen und die Art der Erledigung formlos mitzuteilen. Auf wiederholtes unbegründetes Vorbringen in der gleichen Sache und auf unsachliche Eingaben in beleidigender Form braucht die Behörde gar nicht zu antworten.

---

3   Zum Rechtsschutz durch Europäische Gerichte siehe Brandt, JuS 1994, 300; Erichsen/Weiß, Jura 1990, 528; Hirsch, MDR 1991, 1; NJW 2000, 1817; Odendahl, JA 1996, 134; Schoch, DVBl 1997, 289; Thiele, DVP 1990, 319 und DÖD 1995, 241 sowie umfassend Rengeling/Middeke/Gellermann, Handbuch des Rechtsschutzes in der Europäischen Union, 2. Aufl. 2003; zur Europäisierung des deutschen Verwaltungsprozessrechts Dünchheim DÖV 2004, 137; DVP 2004, 202; VR 2003, 361; Ehlers, DVBl 2004, 1441; Finger, JA 2005, 228; Kahl, VerwArch 2004, 1; Wahl, DVBl 2003, 1285.
4   Vgl. Zenkert, Der Staat 1992, 321.

- Dafür sind formlose Rechtsbehelfe auch nicht mit einem Kostenrisiko verbunden, während derjenige, der erfolglos einen förmlichen Rechtsbehelf eingelegt hat, regelmäßig die Verfahrenskosten zu tragen hat[1].

108. Arten formloser Rechtsbehelfe

Art. 17 GG gewährt jedermann das Recht, sich einzeln oder in Gemeinschaft mit anderen schriftlich mit Bitten oder Beschwerden an die zuständigen Stellen und an die Volksvertretung zu wenden. Mit den zuständigen Stellen sind insbesondere Behörden und spezielle Beauftragte (z.b. der Bundesbeauftragte für den Datenschutz und die Informationsfreiheit aufgrund §§ 22 ff. BDSG und § 12 IFG oder der Wehrbeauftragte des Bundestages gem. Art. 45 b GG), mit der Volksvertretung der Bundestag und die Landesparlamente gemeint. Bitten wenden sich an die zuständige Behörde, Beschwerden an eine vorgesetzte Stelle. Damit ergeben sich vier Arten formloser Rechtsbehelfe[2]:

- Mit der **Gegenvorstellung** wendet sich der Bürger an die Behörde, die gehandelt hat oder handeln soll, und bittet um eine Überprüfung und Abänderung der bisherigen Sachentscheidung. Eine Sonderform der Gegenvorstellung bilden die „**Einwendungen**", die nach Spezialgesetzen sowie allgemein nach § 73 Abs. 4 VwVfG im Rahmen von Planfeststellungsverfahren bereits vor der Entscheidung erhoben werden können und zum Teil auch müssen, um nicht später ausgeschlossen zu sein (vgl. § 17 Abs. 4 FStrG, § 10 Abs. 3 BImSchG).

- Die **Dienstaufsichtsbeschwerde** ist an eine vorgesetzte Stelle gerichtet mit der Bitte um Überprüfung des persönlichen Verhaltens eines Bediensteten[3].

- Die **(Sach-)Aufsichtsbeschwerde** hat die sachliche Überprüfung der Entscheidung einer nachgeordneten Behörde zum Gegenstand.

- Mit der **Parlamentspetition** kann der Bürger die Legislative im Einzelfall zu einer Kontrolle der öffentlichen Verwaltung veranlassen. Zur Behandlung von Petitionen haben die Parlamente Petitionsausschüsse eingerichtet (vgl. Art. 45 c GG), die die Petition sorgfältig prüfen, wobei ihnen gesetzlich besondere Befugnisse verliehen sind, und dem Plenum einen Entscheidungsvorschlag unterbreiten[4]. Das Parlament kann wegen des Gewaltenteilungsprinzips keine Maßnahme der Verwaltung aufheben oder abändern. Es kann, soweit die Petition nicht als erledigt oder ungeeignet zur Beratung im Parlament angesehen wird, nur beschließen, die Petition der Regierung zur Berücksichtigung, zur Erwägung, als Material oder zur Kenntnisnahme zu überweisen. Die Regierung ist rechtlich nicht verpflichtet, den Beschluss des Parlaments auszuführen. Die Achtung vor dem erklärten Willen des Parlaments gebietet jedoch, der Aufforderung zur Abänderung einer Verwaltungsentscheidung so weit wie möglich nachzukommen[5].

---

1 Siehe dazu Frage 116.
2 Krings, JuS 2004, 474; von Mutius, Jura 1989, 105.
3 Thieme, DÖD 2001, 77; Walz, UBWV 2000, 448.
4 Zu den Verfahrensgrundsätzen des Petitionsausschusses des Deutschen Bundestags siehe NVwZ 1989, 843.
5 Schick, Petitionen, 1987; Vahle, DVP 1999, 367.

Verwaltungsrechtsschutz

109. Funktion formloser Rechtsbehelfe

Formlose Rechtsbehelfe erfüllen eine doppelte Funktion:

• Zum einen eröffnen sie dem Bürger außerhalb des förmlichen Rechtsschutzes mit seinen vielfältigen rechtlichen, wirtschaftlichen und psychologischen Zugangshemmnissen eine einfache und risikolose Möglichkeit um Hilfe zu bitten.

• Zum anderen zeigen sie den staatlichen Organen, insbesondere dem Gesetzgeber, wo den Bürger der Schuh drückt, so dass ihnen zugleich die Funktion eines „sozialen Frühwarnsystems" zukommt.

C. Widerspruch

Fragen

110. Welchen Zwecken dient das Vorverfahren?
111. Welches sind die Rechtsgrundlagen für das Vorverfahren?
112. Anwendungsproblemkreis 7: Die Prüfung der Zulässigkeit und Begründetheit eines Widerspruchs
113. Wie läuft das Vorverfahren ab?
114. Welche Behörde erlässt den Widerspruchsbescheid?
115. Darf der angegriffene Verwaltungsakt im Vorverfahren zum Nachteil des Widerspruchsführers abgeändert werden?
116. Wer trägt die Kosten des Vorverfahrens?
117. Inwieweit hat der Widerspruch aufschiebende Wirkung?
118. Anwendungsproblemkreis 8: Die Prüfung der Rechtmäßigkeit der Anordnung der sofortigen Vollziehung

Antworten

110. Zwecke des Vorverfahrens

Der Gesetzgeber verfolgt mit dem Vorverfahren eine **dreifache Zielsetzung:**

• Dem Bürger bietet das Vorverfahren eine zusätzliche Rechtsschutzmöglichkeit, die einfacher, schneller und kostengünstiger ist als eine verwaltungsgerichtliche Klage.

• Indem die Streitigkeit vielfach bereits im vorgerichtlichen Bereich beigelegt werden kann, führt das Verfahren außerdem zu einer Entlastung der Gerichte.

• Schließlich ermöglicht es der Verwaltung eine umfassende Überprüfung der Maßnahme vor Einleitung eines Gerichtsverfahrens und dient damit der Selbstkontrolle der Verwaltung.

111. Rechtsgrundlagen des Vorverfahrens

Das Vorverfahren ist noch Verwaltungsverfahren und schon Rechtsbehelfsverfahren. Seine Rechtsgrundlagen ergeben sich daher sowohl aus dem Verwaltungsverfahrensrecht (§§ 79, 80 VwVfG) als auch aus dem Prozessrecht (§§ 68 ff. VwGO iVm den landesrechtlichen Ausführungsgesetzen zur VwGO), wobei § 79 VwVfG einen Vorrang des Prozessrechts festlegt.

DRITTER TEIL

112. Anwendungsproblemkreis 7: Die Prüfung der Zulässigkeit und Begründetheit eines Widerspruchs

I. Problemstellung

Die Aufgabenstellung in verwaltungsrechtlichen Klausuren ist an den Fachhochschulen für öffentliche Verwaltung überwiegend darauf gerichtet, Zulässigkeit und Begründetheit eines Widerspruchs zu prüfen.

II. Klausurtaktische Überlegungen

Für den Bearbeiter einer Widerspruchsklausur ist es sehr wichtig, dass er sich über die Gewichtung und die völlig unterschiedlichen Anforderungen der beiden Teilfragen im Klaren ist. In der Zwischenprüfung entfällt auf die Zulässigkeitsprüfung üblicherweise ein Viertel der Leistungspunkte, in der Laufbahnprüfung ist ihr Anteil, wenn sie überhaupt einmal verlangt wird, regelmäßig geringer. Das Hauptinteresse des Prüfers gilt somit der Begründetheitsprüfung. Hier fällt die Entscheidung über Wert oder Unwert der Arbeit. Dementsprechend muss auch der Bearbeiter den größten Teil seiner Zeit und Aufmerksamkeit der Begründetheitsprüfung widmen. Die Rechnung, mit einer sorgfältigen Zulässigkeitsprüfung und ein paar vagen Vermutungen zur Begründetheit durchzukommen, die mancher Arbeit zugrunde zu liegen scheint, kann nicht aufgehen! Andererseits ist zu bedenken, dass bei der Zulässigkeitsprüfung die dafür angesetzten Leistungspunkte leicht zu bekommen sind. Der Bearbeiter sollte daher einerseits die günstige Gelegenheit nutzen, mit dem ersten Teil seines Gutachtens einen beruhigenden punktemäßigen Grundstock zu legen, andererseits aber dafür keine unnötige Zeit und Kraft verschwenden. Die Erfahrung zeigt, dass zumindest in der Zwischenprüfung viele Studenten für die Zulässigkeitsprüfung zu viel Zeit brauchen. Dabei ist es mit geringem Aufwand möglich, diesen Teil des Gutachtens in maximal einer halben Stunde niederzuschreiben. Die Zulässigkeitsprüfung ist nämlich so stark formalisiert, dass sie in jeder Klausur zu rund 90% identisch ist. Das macht es möglich, sich eine Grundform der Zulässigkeitsprüfung zu erarbeiten, die als vorbereiteter Block mit feststehenden Prüfpunkten, Definitionen, Begründungsmöglichkeiten und Überleitungssätzen in die Klausur eingebracht werden kann und nur noch mit den individuellen Merkmalen des Falles angereichert zu werden braucht.

III. Aufbauvorschlag

Aufbauschema:

I. Ggf. Auslegung des Rechtsschutzziels

II. Zulässigkeit des Widerspruchs
1. Zulässigkeit des Verwaltungsrechtswegs
   a) nach Sonderzuweisung (z.B. § 126 Abs. 1 und 2 BRRG)
   b) nach der Generalklausel des § 40. Abs. 1 VwGO
2. Statthaftigkeit
   a) nach spezialgesetzlicher Regelung (z.B. § 126 Abs. 3 BRRG)
   b) nach § 68 Abs. 1 oder 2 VwGO

3. Ggf. allgemeine Zulässigkeitsvoraussetzungen, insbesondere
   a) Beteiligungsfähigkeit (§§ 11, 79 VwVfG)
   b) Handlungsfähigkeit (§§ 12, 79 VwVfG)
   c) Vollmacht bei gewillkürter Vertretung (§§ 14, 79 VwVfG)
   d) allgemeines Rechtsschutzbedürfnis
4. Form (§ 70 Abs. 1 S. 1 VwGO)
5. Frist (§ 70 Abs. 1 und 2 VwGO)
6. Richtige Einlegungsstelle (§ 70 Abs. 1 VwGO)
7. Widerspruchsbefugnis (analog § 42 Abs. 2 VwGO)

III. Begründetheit des Widerspruchs
Der Widerspruch ist begründet, soweit
1. der Verwaltungsakt bzw. seine Ablehnung rechtswidrig und der Widerspruchsführer dadurch in seinen Rechten verletzt ist (§ 68 VwGO iVm § 113 Abs. 1 S. 1 bzw. Abs. 5 S. 1 VwGO analog) oder
2. der Verwaltungsakt bzw. seine Ablehnung unzweckmäßig und der Widerspruchsführer dadurch in seinen rechtlich geschützten Interessen beeinträchtigt ist (§ 68 VwGO).

Erläuterungen:

1. Auslegung des Rechtsschutzziels

An die Bezeichnung und den Inhalt des Widerspruchs werden keine besonderen Anforderungen gestellt. Soweit das Schreiben nicht ausdrücklich als Widerspruch bezeichnet ist und auch keinen eindeutig auf Durchführung eines Vorverfahrens gerichteten Antrag enthält, muss im Wege der Auslegung ermittelt werden, wie das Begehren rechtlich einzuordnen ist. In Anfängerarbeiten ist die Eingabe häufig als „Beschwerde" oder „Einspruch" bezeichnet. Dann ist zu erwägen, ob es sich nicht um einen formlosen Rechtsbehelf (Gegenvorstellung, Sachaufsichtsbeschwerde, Dienstaufsichtsbeschwerde) handelt. Ein Widerspruch ist anzunehmen, wenn aus dem Schreiben hinreichend deutlich wird, dass der Betreffende sich gegen die Vornahme oder Ablehnung eines Verwaltungsakts wendet und eine umfassende Überprüfung im Rechtsbehelfsverfahren begehrt, ohne die damit verbundenen Konsequenzen (Kostenrisiko) auszuschließen.

Im Wege der Auslegung kann auch zu ermitteln sein, worauf sich das Rechtsschutzbegehren erstreckt und welche Rechtsbehelfe dafür in Betracht kommen. Während die Aufgabenstellung sich im Grundstudium regelmäßig auf die Grundverfügung beschränkt, erstreckt sie sich im Hauptstudium meist auch auf Nebenentscheidungen wie die Anordnung der sofortigen Vollziehung (§ 80 Abs. 2 S. 1 Nr. 4 VwGO), die Androhung von Zwangsmitteln (§ 13 VwVG; § 23 VwVG Bbg; § 63 VwVG NRW) und die Kostenentscheidung[1]. Dabei muss insbesondere beachtet werden, dass die Wiederherstellung der aufschiebenden Wirkung nicht im Wege des Widerspruchs, sondern nur nach § 80 Abs. 4 und 5 VwGO erreicht werden kann[2].

Formulierungsbeispiel:
Die Widerspruchsführerin/der Widerspruchsführer begehrt
1. die Aufhebung der Beseitigungsanordnung,
2. die Aufhebung der Zwangsmittelandrohung sowie

---

1 Zum Rechtsschutz gegen Verwaltungskostenentscheidungen siehe Emrich, NVwZ 2000, 163.
2 BVerwG NVwZ-RR 1995, 299; zur Durchführung der Prüfung siehe den Anwendungsproblemkreis 10, Frage 122.

3. die Wiederherstellung der aufschiebenden Wirkung.

Bei den Anträgen zu 1) und 2) handelt es sich um einen Anfechtungswiderspruch im Sinne des § 68 Abs. 1 VwGO, bei dem Antrag zu 3) um einen Aussetzungsantrag nach § 80 Abs. 4 VwGO (oder einen Antrag an das Gericht der Hauptsache nach § 80 Abs. 5 VwGO).

2. Zulässigkeit des Widerspruchs

a) Grundsätzliches

Das Gesetz stellt an die Zulässigkeit des Widerspruchs bestimmte Anforderungen. Als Voraussetzung für eine Sachprüfung sind sie zwingend vor der Begründetheit zu prüfen[3]. Es besteht keine Einigkeit darüber, in welcher Reihenfolge die einzelnen Zulässigkeitsvoraussetzungen geprüft werden sollen. Korrekturrelevant sollte daher nur sein, ob alle Anforderungen in vertretbarer Abfolge sachgerecht erörtert werden.

b) Einleitung der Zulässigkeitsprüfung

Große Abschnitte des Gutachtens wie die Zulässigkeits- und Begründetheitsprüfung sollten durch Überschriften („I. Zulässigkeit des Widerspruchs", „II. Begründetheit des Widerspruchs") kenntlich gemacht und mit einer knappen Zusammenfassung des Prüfprogramms eingeleitet werden.

Formulierungsvorschlag:
Der Widerspruch ist zulässig, wenn der Verwaltungsrechtsweg eröffnet und der Widerspruch statthaft ist, dieser form- und fristgerecht bei der richtigen Behörde erhoben wurde und der Widerspruchsführer widerspruchsbefugt ist.

c) Zulässigkeitsvoraussetzungen

Verwaltungsrechtsweg

Da das Widerspruchsverfahren als Vorverfahren zum Verwaltungsprozess geregelt ist, muss zunächst geprüft werden, ob in der Angelegenheit der Verwaltungsrechtsweg eröffnet ist.

Der Verwaltungsrechtsweg wird zum Teil durch Sonderzuweisungen, im Übrigen durch die Generalklausel des § 40 Abs. 1 VwGO eröffnet.

Sonderzuweisungen bestehen insbesondere für

- Klagen aus dem Beamtenverhältnis (§ 126 Abs. 1 u. 2 BRRG),
- Klagen aus dem Wehrdienstverhältnis (§ 82 SoldatenG),
- personalvertretungsrechtliche Streitigkeiten gemäß § 83 BPersVG,
- Klagen der Gemeinden gegen Aufsichtsmaßnahmen (§ 130 GO Bbg/§ 123 GO NRW).

---

[3] Zur Behandlung der Zulässigkeit des Widerspruchs in der Praxis siehe Brühl, Entscheiden, 4. Abschnitt 5.1.1.

Verwaltungsrechtsschutz

Greift keine Sonderzuweisung ein, muss die Zulässigkeit des Verwaltungsrechtswegs aus der **Generalklausel des § 40 Abs. 1 VwGO** begründet werden. Danach bestehen drei Voraussetzungen:

• öffentlich-rechtliche Streitigkeit,
• nichtverfassungsrechtlicher Art,
• keine ausdrückliche Zuweisung an ein anderes Gericht.

Die öffentlich-rechtlichen Streitigkeiten sind vor allem gegenüber den bürgerlich-rechtlichen Streitigkeiten abzugrenzen, die durch § 13 GVG den ordentlichen Gerichten zugewiesen werden. Öffentlich-rechtlich ist eine Streitigkeit dann, wenn der Gegenstand des Streits eine unmittelbare Folge öffentlichen Rechts ist, sich die Entscheidung in der Sache unmittelbar nach geschriebenen oder ungeschriebenen Rechtsvorschriften richtet, die dem öffentlichen Recht (im engeren Sinne, also ohne Straf- und Prozessrecht) zuzurechnen sind. Die Prüfung der öffentlich-rechtlichen Natur der Streitigkeit erfolgt wie im Anwendungsproblemkreis 1 (Frage 11) dargestellt. Unsicherheit entsteht häufig dann, wenn privat- oder strafrechtliche Fragen in einer verwaltungsrechtlichen Aufgabenstellung eine Rolle spielen, etwa umstritten ist, ob der Adressat einer Ordnungsverfügung Eigentümer und damit Zustandsstörer ist oder ein bestimmtes Verhalten einen Straf- oder Bußgeldtatbestand verwirklicht und deswegen die öffentliche Sicherheit gefährdet wird. In solchen Fällen scheidet eine öffentlich-rechtliche Streitigkeit nicht schon deshalb aus, weil Probleme aus anderen Rechtsgebieten behandelt werden müssen. Diese werden nämlich erst mittelbar relevant über die Auslegung und Subsumtion von Tatbestandsmerkmalen verwaltungsrechtlicher Vorschriften (z.B. die §§ 17 Abs. 1, 13 Abs. 1 OBG Bbg/§§ 18 Abs. 1 und 14 Abs. 1 OBG NRW). Entscheidend ist, dass sich die Hauptfrage nach öffentlichem Recht bemisst[4].

Wird eine öffentlich-rechtliche Streitigkeit bejaht, ist der Verwaltungsrechtsweg nur gegeben, wenn sie **nichtverfassungsrechtlicher Art** ist. Dabei wird ein Verwaltungsrechtsfall nicht schon dadurch zu einer verfassungsrechtlichen Streitigkeit, dass Verfassungsnormen eine Rolle spielen, der Kläger sich insbesondere auf Grundrechte beruft. Für verfassungsrechtliche Streitigkeiten ist ein doppelter unmittelbarer Verfassungsbezug[5] notwendig, der sich auf das anzuwendende Recht und auf die Beteiligten erstreckt: Verfassungsstreitigkeiten sind nach herrschender Meinung Streitigkeiten zwischen am Verfassungsleben unmittelbar beteiligten Rechtsträgern, Verfassungsorganen und Teilen von ihnen um die ihnen in ihrer verfassungsrechtlichen Eigenschaft zukommenden Rechte, Pflichten und Kompetenzen, soweit die Auslegung und Anwendung der Verfassung den eigentlichen Kern des Rechtsstreits bildet[6]. Als (positiver) Anhaltspunkt kann der Katalog der Zuständigkeiten des Bundesverfassungsgerichts (Art. 93 GG, § 13 BVerfGG) dienen, wobei aber der Umkehrschluss nicht zulässig ist, da im Bereich des Verfassungsrechts viele Streitigkeiten nicht gerichtlich, sondern nur im Wege des politischen und öffentlichen Meinungsstreits gelöst werden können[7].

---

4 Büchner/Schlotterbeck, Rdnrn. 102 ff.
5 So ausdrücklich Lüke, JuS 1980, 644, 646 und Schmitt Glaeser/Horn, Rdnr. 59; kritisch Bethge, JuS 2001, 1100 und Schenke, AöR 2006, 117.
6 Kopp/Schenke, § 40 Rdnr. 32 mit kritischer Stellungnahme in Rdnrn. 32 a ff., jeweils mwN.
7 Lüke, JuS 1980, 646 mwN.

DRITTER TEIL

Die öffentlich-rechtliche Streitigkeit nichtverfassungsrechtlicher Art darf schließlich **nicht durch Bundes- oder Landesgesetz ausdrücklich einem anderen Gericht zugewiesen** sein. Verwaltungsrechtliche Streitigkeiten sind zum einen besonderen Verwaltungsgerichten, insbesondere durch § 33 FGO den Finanzgerichten und durch § 51 SGG den Sozialgerichten, zum anderen den ordentlichen Gerichten zugewiesen. Den ordentlichen Gerichten zugewiesen sind insbesondere

- Streitigkeiten über die Höhe der Enteignungsentschädigung (Art. 14 Abs. 3 S. 4 GG; nicht aber für Streitigkeiten über das Bestehen eines Ausgleichsanspruchs im Rahmen des Art. 14 Abs. 1 S. 2 GG gemäß § 40 Abs. 2 S. 1 letzter Halbsatz),

- Amtshaftungsansprüche (Art. 34 S. 3 GG),

- Ansprüche aus Aufopferung, öffentlich-rechtlicher Verwahrung und aus der Verletzung öffentlich-rechtlicher Pflichten (§ 40 Abs. 2 VwGO),

- Streitigkeiten über die Entschädigung beim Widerruf von Verwaltungsakten (§ 49 Abs. 6 S. 3 VwVfG),

- Anträge auf gerichtliche Entscheidung in Baulandsachen (§ 217 BauGB),

- Anfechtung von Verwaltungsakten im Kartellrecht (§§ 63 ff. GWB),

- Rechtsbehelfe gegen Bußgeldbescheide (§§ 67 ff. OWiG),

- Entscheidung über die Rechtmäßigkeit von Justizverwaltungsakten (§ 23 EGGVG).

Formulierungsbeispiel:
Der Verwaltungsrechtsweg wird – sofern wie im vorliegenden Fall keine Sonderzuweisung einschlägig ist – durch § 40 Abs. 1 VwGO für alle öffentlichrechtlichen Streitigkeiten nichtverfassungsrechtlicher Art eröffnet, die nicht einem anderen Gericht ausdrücklich zugewiesen sind. Die mit dem Rechtsbehelf angegriffene Ausweisung ist aufgrund des Aufenthaltsgesetzes erfolgt. Nach diesem Gesetz ist die Befugnis zur Ausweisung ausschließlich der Ausländerbehörde als Träger öffentlicher Gewalt übertragen. Nach der Subjektstheorie handelt es sich damit um eine öffentlich-rechtliche Streitigkeit. Gestritten wird nicht zwischen obersten Verfassungsorganen oder Teilen von ihnen über verfassungsrechtliche Rechte, Pflichten oder Kompetenzen, sondern zwischen Staat und Bürger über verwaltungsrechtliche Befugnisse, so dass die Streitigkeit auch nichtverfassungsrechtlicher Art ist. Eine Zuweisung an ein anderes Gericht ist nicht ersichtlich. Der Verwaltungsrechtsweg ist somit nach § 40 Abs. 1 VwGO eröffnet[8].

Statthaftigkeit

Die Statthaftigkeit legt fest, gegen welche Maßnahmen und in welchem Verfahrensstadium ein bestimmter Rechtsbehelf erhoben werden kann. Der Widerspruch ist statthaft[9],

- wenn er spezialgesetzlich vorgeschrieben ist (klausurrelevant ist § 126 Abs. 3 BRRG iVm § 172 BBG bzw. der Parallelvorschrift des Landesbeamtengesetzes),

- wenn die Aufhebung eines Verwaltungsaktes begehrt wird und ein Vorverfahren nicht ausnahmsweise entbehrlich ist (§ 68 Abs. 1 VwGO),

---

8   Zur Vertiefung vgl. Kunig, Jura 1990, 386; Lüke, JuS 1980, 644; Thiel/Garcia-Scholz, JA 2001, 957; Wüstenbecker, JA-Übungsblätter 1987, 81.
9   Vgl. auch Weidemann, VR 2006, 79.

Verwaltungsrechtsschutz

- wenn der Erlass eines Verwaltungsaktes begehrt wird, sofern der Antrag auf Vornahme des Verwaltungsaktes abgelehnt worden ist und ein Vorverfahren nicht ausnahmsweise entbehrlich ist (§ 68 Abs. 2 iVm Abs. 1 VwGO).

Um keine vom Einzelfall nicht geforderten allgemeinen Ausführungen zu machen und unnötige Schreibarbeit zu sparen, ist in der Klausur nur die Alternative anzuführen, die für den konkreten Fall in Betracht kommt.

Formulierungsvorschläge:
Bei dem Widerspruch gegen die Umsetzung (oder sonstige beamtenrechtliche Maßnahme) handelt es sich um eine beamtenrechtliche Streitigkeit, für die ein Vorverfahren in § 126 Abs. 3 BRRG iVm § 172 BBG (bzw. der entsprechenden Vorschrift des Landesbeamtengesetzes) stets vorgeschrieben ist, so dass der Widerspruch statthaft ist.

Nach § 68 Abs. 1 VwGO ist der Widerspruch statthaft, wenn die Aufhebung eines Verwaltungsaktes begehrt wird und ein Vorverfahren nicht ausnahmsweise entbehrlich ist.

Nach § 68 Abs. 2 iVm Absatz 1 VwGO ist der Widerspruch statthaft, wenn der Erlass eines Verwaltungsaktes begehrt wird, sofern der Antrag auf Vornahme des Verwaltungsakts abgelehnt worden ist und ein Vorverfahren nicht ausnahmsweise entbehrlich ist.

Während im Rahmen des § 126 Abs. 3 BRRG die Rechtsnatur der Maßnahme unerheblich ist, ist der Widerspruch gemäß § 68 VwGO nur statthaft, wenn die Maßnahme, die aufgehoben oder erlassen werden soll, einen Verwaltungsakt darstellt. Eine umfassende gutachtliche Prüfung wird dabei wie im Anwendungsproblemkreis 2 (Frage 33) besprochen in der Regel nur im Grundstudium und in der Zwischenprüfung verlangt. Im weiteren Studium ist eine nähere Untersuchung nur insoweit geboten, als ein Merkmal ausnahmsweise einmal problematisch wird.

In Klausuren wird im **Fall des § 68 Abs. 2 VwGO** häufig nicht die begehrte Maßnahme, sondern die Ablehnung des Antrages auf ihre Verwaltungsaktqualität untersucht. Dieses Vorgehen stimmt nicht nur mit dem Wortlaut der §§ 68 Abs. 2, 42 Abs. 1 VwGO nicht überein, sondern ist auch aus zwei sachlichen Gründen unrichtig: Zum einen wäre, wenn die Ablehnung die für die Statthaftigkeit maßgebende Regelung wäre, bereits § 68 Abs. 1 VwGO einschlägig und Absatz 2 damit überflüssig. Zum anderen würde das gesamte differenzierte Rechtsschutzsystem aus den Angeln gehoben. Da nämlich die Ablehnung einer beantragten Amtshandlung überwiegend als Verwaltungsakt angesehen wird, bräuchte man nur einen Antrag auf Erlass einer Rechtsnorm (z.B. eines Bebauungsplans), auf Vornahme einer schlicht hoheitlichen Amtshandlung oder auf Abschluss eines öffentlich-rechtlichen Vertrages zu stellen und dessen Ablehnung abzuwarten, um an allen gesetzlichen Beschränkungen vorbei Widerspruch und Verpflichtungsklage erheben zu können. Es ist daher **zu prüfen, ob die begehrte Maßnahme einen Verwaltungsakt darstellt.** Zusätzlich ist festzustellen, dass der Widerspruchsführer einen Antrag auf Vornahme des Verwaltungsaktes gestellt hat und dieser abgelehnt worden ist.

Wird die Verwaltungsaktqualität der angegriffenen oder begehrten Maßnahme bejaht, darf nicht vergessen werden, kurz auf **§ 68 Abs. 1 S. 2 VwGO** einzugehen. Danach bedarf es keines Vorverfahrens, d.h., der **Widerspruch ist unstatthaft,**

- wenn ein Gesetz dies für besondere Fälle bestimmt (z.B. in § 6 AGVwGO NRW, § 11 AsylVfG, § 83 AufenthG, § 130 GO Bbg/§ 123 GO NRW, §§ 70, 74 Abs. 1 VwVfG),

245

- wenn der Verwaltungsakt von einer obersten Bundes- oder Landesbehörde erlassen worden ist, außer wenn ein Gesetz die Nachprüfung vorschreibt (vgl. dazu § 126 Abs. 3 Nr. 1 BRRG),

- wenn der Abhilfebescheid oder der Widerspruchsbescheid erstmalig eine Beschwer erhält.

In Klausuren kommt ernsthaft nur der Fall des § 68 Abs. 1 S. 2 Nr. 1 VwGO iVm § 126 Abs. 3 Nr. 1 BRRG in Betracht, da bei Vorliegen eines anderen Ausnahmefalls die Zulässigkeitsprüfung gleich am Anfang abbrechen würde. Es reicht daher regelmäßig ein kurzer Hinweis aus.

Formulierungsvorschlag:
Ein Ausnahmefall nach § 68 Abs. 1 S. 2 VwGO liegt nicht vor, so dass der Widerspruch statthaft ist

Allgemeine Zulässigkeitsvoraussetzungen

Neben den besonderen Zulässigkeitsvoraussetzungen der §§ 68 ff. VwGO sind auch die allgemeinen Anforderungen zu beachten, die sich aus der Doppelnatur des Widerspruchsverfahrens als Verwaltungs- und Rechtsbehelfsverfahren ergeben. Das sind insbesondere

- die Beteiligungsfähigkeit des Widerspruchsführers (§§ 11, 79 VwVfG),

- die Handlungsfähigkeit des Widerspruchsführers (§§ 12, 79 VwVfG),

- das Vorliegen einer Vollmacht bei gewillkürter Vertretung (§§ 14, 79 VwVfG),

- das allgemeine Rechtsschutzbedürfnis (geht weitgehend in der Widerspruchsbefugnis auf).

Die allgemeinen Zulässigkeitsvoraussetzungen sind nur zu erörtern, soweit sie ausnahmsweise einmal problematisch werden. Es ist dann meist geschickter, keinen eigenen Prüfpunkt einzurichten, sondern das konkrete Problem im Zusammenhang mit einer besonderen Zulässigkeitsvoraussetzung anzusprechen (z.B. die Bevollmächtigung bei der formgerechten Einlegung des Widerspruchs). Ist das Vorliegen der allgemeinen Zulässigkeitsvoraussetzungen unproblematisch, erübrigt sich jedes Wort dazu, weshalb sie auch nicht in den Einleitungssatz aufgenommen worden sind.

Form

Nach § 70 Abs. 1 S. 1 VwGO ist der Widerspruch schriftlich oder zur Niederschrift zu erheben.

Schriftlichkeit bedeutet nicht nur, dass eine Urkunde vorhanden sein muss, sondern verlangt dem Grundsatz nach eine eigenhändige Unterschrift des Widerspruchsführers oder seines Verfahrensbevollmächtigten[10]. Die höchstrichterliche Rechtsprechung hat jedoch unter Hinweis auf den Zweck des Schriftlichkeitserfordernisses, der darin liegt sicherzustellen, dass das Rechtsbehelfsschreiben auch tatsächlich von der als Urheber genannten Person stammt und diese den Inhalt

---

10 BVerwGE 81, 32; 10, 1.

verantwortet, Ausnahmen zugelassen[11]. So braucht die Unterschrift nicht auf dem Schriftstück selbst zu sein, sondern kann sich auch an anderer Stelle der Sendung befinden, insbesondere bei der Absenderangabe auf dem Briefumschlag. Zur Erleichterung des Rechtsverkehrs hat die Rechtsprechung auf eine eigenhändige Unterschrift bei Übermittlung von Schriftstücken mit Mitteln der modernen Kommunikationstechnik weitgehend verzichtet. So ist seit langem gesicherter Rechtsstand, dass ein Rechtsbehelf auch durch Telegramm oder Fernschreiben eingelegt werden kann. Auch die fristwahrende Erhebung des Rechtsbehelfs durch Telefax ist anerkannt, generell allerdings nur dann, wenn beim Absender eine eigenhändig unterschriebene Urkunde vorhanden ist, die auf Verlangen vorzulegen ist. Das Computerfax hat der Gemeinsame Senat der obersten Bundesgerichtshöfe[12] nur für bestimmende Schriftsätze in Anwaltsprozessen zugelassen.

Über § 79 VwVfG ist der durch das Dritte Gesetz zur Änderung verwaltungsverfahrensrechtlicher Vorschriften eingefügte § 3 a VwVfG auch auf das Widerspruchsverfahren anwendbar, so dass die elektronische Form bei Verwendung einer qualifizierten elektronischen Signatur nach dem Signaturgesetz zur Erhebung des Widerspruchs genutzt werden kann, wenn die Behörde die elektronische Form zugelassen hat[13].

Die Einlegung des Widerspruchs **zur Niederschrift** bei der Behörde erfolgt in der Weise, dass der persönlich anwesende Antragsteller oder sein Bevollmächtigter die Rechtsbehelfserklärung gegenüber einem für ihre Entgegennahme zuständigen Behördenbediensteten mündlich abgibt und dieser darüber eine Niederschrift aufnimmt[14]. Die persönliche Anwesenheit beider Teile ist unverzichtbar, so dass weder ein Aktenvermerk über ein Telefongespräch noch eine nachträglich aus dem Gedächtnis gefertigte Niederschrift ausreicht[15]. Wünschenswert ist es zur Erhöhung des Beweiswertes, dass die Niederschrift dem Antragsteller vorgelesen und von ihm genehmigt wird und dass sie sowohl vom Antragsteller als auch vom aufnehmenden Beamten unterzeichnet wird[16].

In Klausuren ist regelmäßig ein Widerspruchsschreiben enthalten oder im Sachverhalt erwähnt. Es braucht dann die Erfüllung der Schriftform nur kurz festgestellt zu werden, ohne die Alternative „zur Niederschrift" anzusprechen.

Formulierungsvorschlag:
Der Widerspruch ist schriftlich und damit gemäß § 70 Abs. 1 S. 1 VwGO formgerecht eingelegt worden.

Frist

Die Frage, ob die Widerspruchsfrist gewahrt ist, wirft so vielgestaltige und immer wieder neue Probleme auf, dass sie eines der beliebtesten Klausurthemen darstellt.

---

11 Vgl. die Zusammenstellung in BVerwGE 81, 32 und GemS-OBG, NJW 2000, 2340 sowie bei Redeker/v. Oertzen, § 81 Rdnrn. 6 ff.
12 NJW 2000, 2340.
13 Vgl. Schlatmann, DVBl 2002, 1005, 1013.
14 BVerwGE 17, 166, 168.
15 VGH Kassel DVBl 1964, 599; OVG Weimar NVwZ-RR 2002, 408.
16 Knack/Dürr, § 64 Rdnr. 9; Kopp/Ramsauer, VwVfG, § 64 Rdnr. 13.

Dabei empfiehlt sich folgende **Prüfungsreihenfolge**:

1. Zitierung des § 70 Abs. 1 S. 1 VwGO,
2. Bestimmung des Tages der Bekanntgabe bzw. Zustellung,
3. Berechnung der Monatsfrist,
4. bei Verstreichen der Monatsfrist: Prüfung, ob die Jahresfrist des § 58 Abs. 2 VwGO gilt,
5. bei Verneinung: Prüfung, ob Wiedereinsetzung in den vorigen Stand nach § 70 Abs. 2 iVm § 60 Abs. 1 bis 4 VwGO zu gewähren ist.

Auszugehen ist von § 70 Abs. 1 S. 1 VwGO. Danach ist der Widerspruch innerhalb eines Monats, nachdem der Verwaltungsakt dem Beschwerten bekannt gegeben worden ist, zu erheben. Das Ereignis, das die Rechtsbehelfsfrist auslöst, ist also die **Bekanntgabe des Verwaltungsakts**. Der Begriff der Bekanntgabe entspricht dem zivilrechtlichen Begriff des Zugangs. Der Verwaltungsakt ist als empfangsbedürftige Willenserklärung des öffentlichen Rechts dann bekannt gegeben, wenn er mit Wissen und Wollen der erlassenden Behörde nach den hierfür maßgeblichen Rechtsvorschriften so in den Empfangsbereich des Adressaten gelangt ist, dass unter normalen Verhältnissen die Möglichkeit der Kenntnisnahme besteht. § 41 VwVfG ist zu entnehmen, dass es drei grundsätzliche Arten der Bekanntgabe gibt:

- die (formlose) Bekanntgabe,
- die öffentliche Bekanntgabe und
- die Zustellung

Die **formlose Bekanntgabe** bildet den Normalfall, der immer dann in Betracht kommt, wenn keine Sonderform vorgeschrieben ist oder von der Behörde aus Beweisgründen gewählt wird. Mündliche Verwaltungsakte werden unter Anwesenden oder fernmündlich ausgesprochen. Schriftliche Verwaltungsakte werden dem anwesenden Adressaten übergeben, ansonsten durch Boten überbracht oder mit der Post übermittelt. Elektronische Verwaltungsakte werden an den vom Empfänger eröffneten Zugang übermittelt (vgl. § 3 a Abs. 1 VwVfG). Eine besondere gesetzliche Regelung findet sich in § 41 Abs. 2 VwVfG für zwei Formen der formlosen Bekanntgabe: „Ein schriftlicher Verwaltungsakt gilt bei der Übermittlung durch die Post im Inland am dritten Tage nach der Aufgabe zur Post, ein Verwaltungsakt, der elektronisch übermittelt wird, am dritten Tage nach der Absendung als bekannt gegeben. Dies gilt nicht, wenn der Verwaltungsakt nicht oder zu einem späteren Zeitpunkt zugegangen ist; im Zweifel hat die Behörde den Zugang des Verwaltungsaktes und den Zeitpunkt des Zugangs nachzuweisen." Hinsichtlich der Hinausverlagerung des Bekanntgabezeitpunkts auf den dritten Tag nach Aufgabe zur Post bzw. nach Absendung durch Satz 1 handelt es sich um eine (nicht widerlegbare) Fiktion: Selbst wenn feststeht, dass der Adressat den Verwaltungsakt früher erhalten hat, bleibt es bei dem gesetzlich bestimmten Zeitpunkt. Der Tag der Aufgabe des schriftlichen Verwaltungsakts zur Post ergibt sich weder aus dem im Bescheid angegebenen Erlassdatum noch aus dem Poststempel. Den erforderlichen Beweis erbringt nur der Absendevermerk auf der zu den Akten genommenen Durchschrift. Der Tag der Absendung eines elektronischen Verwaltungsakts wird als Bestandteil der Datei mit gespeichert und angezeigt. Fällt der dritte Tag nach Aufgabe zur Post bzw. Absendung auf einen Samstag, Sonntag oder gesetzlichen Feiertag, so ist § 193 BGB nach herrschender Ansicht in der Rechtsprechung[17] weder unmittelbar noch analog anwendbar. § 193 BGB trägt dem Umstand Rechnung, dass es regelmäßig Schwierigkeiten bereitet eine Frist einzuhalten, deren Ende nicht auf einen Werktag fällt. Im Unterschied dazu geht es bei der Fiktion des § 41 Abs. 2 VwVfG nicht um das Ende einer Frist, sondern um deren Anfangspunkt, also um einen Termin. Dass dieser Termin auf den dritten Tag nach Aufgabe zur Post bzw. Absendung bestimmt ist, ändert als bloße Berechnungsregel nichts. Innerhalb der drei Tage ist keine Willenserklärung abzugeben oder eine Leistung zu bewirken, wie es § 193 BGB voraussetzt. Für den Samstag kommt noch hinzu, dass die Post ebenso wie an Werktagen Briefe austrägt.

Soweit in Frage steht, ob der Verwaltungsakt überhaupt oder innerhalb von drei Tagen zugegangen ist, liegt nur eine widerlegbare Vermutung vor. Der Betroffene kann vorbringen, den Verwaltungsakt nicht oder nicht innerhalb der drei Tage erhalten zu haben. Für den ersten Fall reicht die Behauptung des Nichtzugangs, damit „Zweifel" gegeben sind. Nach der Rechtsprechung[18] verlangt das Bestreiten des nach § 41 Abs. 2 VwVfG vermuteten Zeitpunkts der Bekanntgabe die substantiierte Darlegung von Tatsachen, aus denen schlüssig die nicht entfernt liegende Möglichkeit hervorgeht, dass ein Zugang des Bescheides erst nach dem vermuteten Zeitpunkt erfolgte. Im Zweifel muss die Behörde den Zugang des Verwaltungsaktes und den Zeitpunkt des Zugangs beweisen. Der Beweis dürfte ihr bei einem einfachen Brief kaum gelingen, wohl aber bei einem Einwurf-Einschreiben.

Der Gesetzgeber hat für den Fall, dass eine Vielzahl gleich lautender Verwaltungsakte bekannt zu geben sind, in § 41 Abs. 3 und 4 VwVfG die Möglichkeit der **öffentlichen Bekanntgabe** geschaffen. Ein Verwaltungsakt darf nach § 41 Abs. 3 S. 1 VwVfG öffentlich bekannt gegeben werden, wenn dies durch Rechtsvorschrift zugelassen ist (vgl. § 2 Abs. 6 S. 4 FStrG, § 45 Abs. 4 StVO und §§ 69 Abs. 2 S. 2 und 74 Abs. 5 und 6 VwVfG). Satz 2 lässt die öffentliche Bekanntgabe außerdem bei einer Allgemeinverfügung (§ 35 S. 2 VwVfG) zu, wenn eine Bekanntgabe an die Beteiligten untunlich ist. Verfahrensregelungen für die öffentliche Bekanntgabe enthält § 41 Abs. 4 VwVfG.

§ 41 Abs. 5 VwVfG stellt klar, dass für die Bekanntgabe eines Verwaltungsakts mittels **Zustellung** besondere Vorschriften gelten. Diese finden sich im Verwaltungszustellungsgesetz, dessen Neufassung am 1. Februar 2006 in Kraft getreten ist[19]. Die förmliche Zustellung soll eine sicherere Feststellung der Bekanntgabe und ihres Zeitpunktes ermöglichen. Nach § 1 Abs. 2 VwZG wird zugestellt, soweit dies durch Rechtsvorschrift (vgl. § 13 Abs. 7 VwVG; § 73 Abs. 3 VwGO) oder behördliche Anordnung bestimmt ist. Zustellung ist gemäß § 2 Abs. 1 VwZG die Bekanntgabe eines schriftlichen oder elektronischen Dokuments in der im Verwaltungszustellungsgesetz bestimmten Form. Die Zustellung wird nach § 2 Abs. 2 S. 1 VwZG durch einen Erbringer von Postdienstleistungen (Post) oder durch die

---

17 Überzeugend OVG Münster NVwZ 2001, 1171 mwN; aA BFH NJW 2004, 94.
18 OVG Münster NVwZ 2001, 1171 mwN; vgl. zum Meinungsstand auch Hebeler, DÖV 2006, 112.
19 Siehe dazu Heubel, UBWV 2006, 72; Kremer, NJW 2006, 332; Rosenbach, DVBl 2005, 816; NWVBl 2006, 121; Wieser, APF 2006, 118.

Behörde ausgeführt. Sonderarten der Zustellung sind die Zustellung im Ausland (§ 9 VwZG) und die öffentliche Zustellung (§ 10 VwZG). § 2 Abs. 3 VwZG stellt klar, dass die Behörde die Wahl zwischen den einzelnen Zustellungsarten hat.

Den höchsten Beweiswert hat die in § 3 VwZG geregelte **Zustellung durch die Post mit Zustellungsurkunde.** Dabei übergibt die Behörde der Post den Zustellungsauftrag, das zuzustellende Dokument in einem verschlossenen Umschlag und einen vorbereiteten Vordruck einer Zustellungsurkunde (Absatz 1). Gemäß § 33 Abs. 1 S. 2 PostG ist der Lizenznehmer bei der Erbringung von Briefzustelldienstleistungen mit Hoheitsbefugnissen ausgestattet (beliehener Unternehmer). Die an die Behörde zurück zu leitende Zustellungsurkunde hat daher die Beweiskraft einer öffentlichen Urkunde iSd § 418 ZPO. Für die Ausführung der Zustellung gelten nach § 3 Abs. 2 VwZG die §§ 177 bis 182 ZPO entsprechend. § 177 ZPO stellt klar, dass das Schriftstück der Person, der zugestellt werden soll, an jedem Ort übergeben werden kann, an dem sie angetroffen wird. Wird die Person, der zugestellt werden soll, in der Wohnung, in dem Geschäftsraum oder in einer Gemeinschaftseinrichtung, in der sie wohnt, nicht angetroffen, lässt § 178 ZPO die Ersatzzustellung an andere Personen zu. Das Schriftstück kann zugestellt werden

1. in der Wohnung einem erwachsenen Familienangehörigen, einer in der Familie beschäftigten Person oder einem erwachsenen ständigen Mitbewohner,
2. in Geschäftsräumen einer dort beschäftigten Person,
3. in Gemeinschaftseinrichtungen dem Leiter der Einrichtung oder einem dazu ermächtigten Vertreter.

Wird die Annahme des zuzustellenden Schriftstücks unberechtigt verweigert, so ist das Schriftstück nach § 179 ZPO in der Wohnung oder in dem Geschäftsraum zurückzulassen. Hat der Zustellungsadressat keine Wohnung oder ist kein Geschäftsraum vorhanden, ist das zuzustellende Schriftstück zurückzusenden. Mit der Annahmeverweigerung gilt das Schriftstück als zugestellt. Ist die Zustellung nach § 178 Abs. 1 Nr. 1 oder 2 ZPO nicht ausführbar, kann das Schriftstück nach § 180 ZPO in einen zu der Wohnung oder dem Geschäftsraum gehörenden Briefkasten oder in eine ähnliche Vorrichtung eingelegt werden, die der Adressat für den Postempfang eingerichtet hat und die in der allgemein üblichen Weise für eine sichere Aufbewahrung geeignet ist. Mit der Einlegung gilt das Schriftstück als zugestellt. Der Zusteller vermerkt auf dem Umschlag des zuzustellenden Schriftstücks das Datum der Zustellung. Die Ersatzzustellung durch Niederlegung erfolgt nach § 181 ZPO nur noch, wenn die Zustellung nach § 178 Abs. 1 Nr. 3 oder § 180 ZPO nicht ausführbar ist. Das zuzustellende Dokument kann in diesem Falle bei einer von der Post dafür bestimmten Stelle am Ort der Zustellung oder am Ort des Amtsgerichts, in dessen Bezirk der Ort der Zustellung liegt, niedergelegt werden oder bei der Behörde, die den Zustellungsauftrag erteilt hat, wenn sie ihren Sitz an einem der vorbezeichneten Orte hat (§ 3 Abs. 2 S. 2 VwZG). Über die Niederlegung ist eine schriftliche Mitteilung auf dem vorgesehenen Formular unter der Anschrift der Person, der zugestellt werden soll, in der bei gewöhnlichen Briefen üblichen Weise abzugeben oder, wenn das nicht möglich ist, an der Tür der Wohnung, des Geschäftsraums oder der Gemeinschaftseinrichtung anzuheften. Das Schriftstück gilt mit der Abgabe der schriftlichen Mitteilung als zugestellt. Der Zusteller vermerkt auf dem Umschlag des zuzustellenden Schriftstücks das Datum der Zustellung (§ 181 Abs. 1 S. 2 bis 4 ZPO). Das niedergelegte Schriftstück ist drei Monate zur Abholung bereit zu halten. Nicht abgeholte Schriftstücke sind danach an den Absender zurück zu senden (§ 181 Abs. 2 ZPO).

Die zweite Zustellungsform ist die **Zustellung durch die Post mittels eingeschriebenen Briefes,** die in § 4 VwZG geregelt ist. Seit 1997 bietet die Deutsche Post AG zwei Grundformen des Einschreibens an, das Übergabe-Einschreiben („Einschreiben") und das Einwurf-Einschreiben („Einschreiben Einwurf")[20]. Beim Übergabe-Einschreiben wird die Briefsendung dem Empfänger gegen Empfangsbescheinigung ausgehändigt. Demgegenüber wird die Sendung beim Einwurf-Einschreiben unabhängig von der Anwesenheit des Empfängers in den Briefkasten eingeworfen bzw. in sein Postfach eingelegt. Der Postmitarbeiter bestätigt auf dem Auslieferungsbeleg nur den Einwurf der Briefsendung. Die Neufassung des § 4 Abs. 1 VwZG stellt klar, dass ein Dokument nur mittels Einschreiben durch Übergabe oder mittels Einschreiben mit Rückschein zugestellt werden kann. Das „Einschreiben Einwurf" kann, wie die Rechtsprechung[21] bereits geklärt hatte, nur für die formlose Bekanntgabe gemäß § 41 Abs. 2 VwVfG genutzt werden.

Beim Einschreiben mit Rückschein erhält die Behörde eine Beweisurkunde, wenn die Zustellung gelingt. Für das Übergabe-Einschreiben trifft § 4 Abs. 2 VwZG die gleiche Regelung wie § 41 Abs. 2 VwVfG: Das Dokument gilt mit dem dritten Tag nach der Aufgabe zur Post, die nach Satz 4 in den Akten zu vermerken ist, als zugestellt, es sei denn, dass es nicht oder zu einem späteren Zeitpunkt zugegangen ist; im Zweifel hat die Behörde den Zugang des Schriftstücks und den Zeitpunkt des Zugangs nachzuweisen. Diesen Beweis ermöglicht die Form des Einschreibens, da der Auslieferungsbeleg mit der Empfangsbescheinigung in einem Beleglesezentrum der Deutschen Post AG eingescannt und elektronisch archiviert wird. Der Versender kann dort sowohl telefonisch die Auskunft über die Übergabe der Briefsendung einholen, als auch gegen Entgelt einen schriftlichen Datenauszug erhalten. Die Stärke des Übergabe-Einschreibens, die Aushändigung des Dokuments zu belegen, ist gleichzeitig seine Schwäche. Wird der Empfänger nicht angetroffen, hinterlässt der Postbedienstete eine Benachrichtigung, dass die Briefsendung bei einer bestimmten Poststelle zur Abholung bereitgehalten wird. Damit ist weder nach den Regeln des Privatrechts die Willenserklärung zugegangen[22] noch nach § 4 VwZG die Zustellung erfolgt, weil diese Vorschrift nicht auf die §§ 177 bis 182 ZPO verweist. Zugegangen ist das Einschreiben erst mit der Aushändigung des Originalschreibens durch die Post. Nach Ablauf der Lagerfrist von 7 Werktagen wird das Einschreiben an den Absender mit dem Vermerk „unzustellbar" zurückgesandt. Das Gleiche geschieht, wenn der Empfänger die Annahme des behördlichen Einschreibens verweigert, was er folgenlos tun kann. Das Übergabe-Einschreiben ist deshalb ungeeignet, wenn sicher gestellt werden soll, dass das Dokument zu einem bestimmten Zeitpunkt beim Betroffenen ankommt.

Bei der **Zustellung durch die Behörde gegen Empfangsbekenntnis** nach § 5 Abs. 1 VwZG händigt der zustellende Bedienstete das Dokument dem Empfänger,

---
20 Zu den Einschreibearten und ihrer Bedeutung im Rechtsverkehr siehe Biehl, JA 2002, 577 und Weidemann, DVP 2002, 236.
21 BVerwGE 112, 78.
22 BGH NJW 1998, 976; BAG NJW 1997, 146.

grundsätzlich in einem verschlossenen Umschlag, aus. Der Empfänger hat ein mit dem Datum der Aushändigung versehenes Empfangsbekenntnis zu unterschreiben. Der Bedienstete vermerkt das Datum der Zustellung auf dem Umschlag des auszuhändigenden Dokuments oder bei offener Aushändigung auf dem Dokument selbst. Diese Zustellungsart erfreut sich in Zeiten knapper Kassen vor allem bei den Gemeinden gesteigerter Beliebtheit, insbesondere wenn sich mehrere Adressaten in einem engen räumlichen Bereich befinden (z.B. bei Straßenanliegerbeitragsbescheiden). Die §§ 177 bis 181 ZPO sind nach § 5 Abs. 2 S. 1 VwZG (mit Sonderregelungen über den Inhalt des Vermerks in Satz 2 und den Ort der Niederlegung in Satz 3) anzuwenden.

An Behörden, Körperschaften, Anstalten und Stiftungen des öffentlichen Rechts, Rechtsanwälte, Patentanwälte, Notare, Steuerberater, Steuerbevollmächtigte, Wirtschaftsprüfer, vereidigte Buchprüfer, Steuerberatungsgesellschaften, Wirtschaftsprüfungsgesellschaften und Buchprüfungsgesellschaften kann gemäß § 5 Abs. 4 VwZG auch auf andere Weise (insbesondere mit einfachem Brief), auch elektronisch, gegen Empfangsbekenntnis zugestellt werden. Zum Nachweis der Zustellung genügt das mit Datum und Unterschrift versehene Empfangsbekenntnis, das an die Behörde zurückzusenden ist.

§ 5 Abs. 5 VwZG ermöglicht die **Zustellung auf elektronischem Wege** auch im Übrigen, also gegenüber dem Bürger, soweit der Empfänger hierfür einen Zugang eröffnet hat. Wegen des Belegcharakters der Zustellung ist das Dokument unabhängig davon, ob es einem gesetzlichen Schriftformerfordernis unterliegt oder nicht, mit einer qualifizierten elektronischen Signatur nach dem Signaturgesetz zu versehen. Von der einfachen elektronischen Bekanntgabe nach §§ 3 a, 41 VwVfG unterscheidet sich die elektronische Zustellung nach § 5 Abs. 5 VwZG vor allem dadurch, dass die Zustellung ausdrücklich als solche gekennzeichnet wird und ein Empfangsbekenntnis zu erteilen ist. Zum Nachweis der Zustellung genügt das mit Datum und Unterschrift versehene Empfangsbekenntnis, das an die Behörde zurückzusenden ist. Maßgeblich für den Zeitpunkt der Zustellung des elektronischen Dokuments ist dessen „Empfang". Darunter ist der Zeitpunkt zu verstehen, zu dem der Adressat die erhaltene Datei mit dem Willen, sie als zugestellt gelten zu lassen, entgegengenommen hat. Das Empfangsbekenntnis kann auf gleichem Wege, aber auch schriftlich oder durch Telefax übermittelt werden. Wird es als elektronisches Dokument erteilt, bedarf es zur Ersetzung der gesetzlich vorgeschriebenen Schriftform gemäß § 3 a Abs. 2 VwVfG einer qualifizierten Signatur nach dem Signaturgesetz.

Ist ein Bevollmächtigter bestellt, so können Zustellungen an ihn gerichtet werden. Sie sind an ihn zu richten, wenn er schriftliche Vollmacht vorgelegt hat (§ 7 Abs. 1 VwZG). Lässt sich die formgerechte Zustellung eines Dokuments nicht nachweisen oder ist es unter Verletzung zwingender Zustellungsvorschriften zugegangen, so gilt es nach § 8 VwZG als in dem Zeitpunkt zugestellt, in dem es dem Empfangsberechtigten tatsächlich zugegangen ist, im Fall des § 5 Abs. 5 in dem Zeitpunkt, in dem der Empfänger das Empfangsbekenntnis zurückgesendet hat.

In Klausuren muss demnach die Form der Bekanntgabe ermittelt und nach den notwendigen Angaben gefahndet werden. In Aktenklausuren ist zum Teil eine Postzustellungsurkunde oder ein Empfangsbekenntnis enthalten oder der Tag der

Verwaltungsrechtsschutz

Aufgabe zur Post in Form eines Absendevermerks angegeben. Zum Teil wird der Tag der Bekanntgabe aber auch in den Schreiben oder in einem Bearbeitungshinweis genannt. Lässt sich der Zeitpunkt der Bekanntgabe nicht genau ermitteln, wird es darauf nicht ankommen, weil die Monatsfrist offensichtlich gewahrt oder überschritten ist.

Nach welchen Vorschriften die **Berechnung der Monatsfrist**[23] vorzunehmen ist, ist umstritten. Zum Teil wird unter Hinweis auf den in § 79 VwVfG verankerten Vorrang der Verwaltungsgerichtsordnung § 57 Abs. 2 VwGO mit Verweisung auf Vorschriften der Zivilprozessordnung herangezogen. Die wohl überwiegende Meinung wendet über § 79 VwVfG den § 31 Abs. 1 VwVfG an. Dabei beruft sie sich darauf, dass der Gesetzgeber den § 57 VwGO nicht in die Verweisung des § 70 Abs. 2 VwGO aufgenommen hat und die in Bezug genommenen Vorschriften der ZPO auf das gerichtliche Verfahren zugeschnitten sind. Der Meinungsstreit ist ohne sachliche Auswirkung, da sowohl § 31 Abs. 1 VwVfG als auch § 222 Abs. 1 ZPO auf die Vorschriften des BGB über die Berechnung von Fristen (§§ 187 ff. BGB) weiterverweisen.

Der Fristbeginn ergibt sich aus §§ 79, 31 Abs. 1 VwVfG iVm § 187 Abs. 1 BGB: Die Widerspruchsfrist beginnt mit dem Tage zu laufen, der auf die Bekanntgabe der Frist folgt. Es muss also zwischen dem Tag der Bekanntgabe und dem Fristbeginn unterschieden werden! Die Widerspruchsfrist beträgt nach § 70 Abs. 1 VwGO einen Monat. Da für den Ablauf des Monats ein Tag abzuziehen ist (der Monat, der am 1. beginnt, endet mit dem 28., 29., 30. oder 31., der folgende 1. ist der erste Tag des nächsten Monats), was sich aber dadurch wieder ausgleicht, dass der Bekanntgabetag nicht mitzählt, kommt man für das Fristende gemäß § 188 Abs. 2 Halbs. 1 BGB (iVm §§ 79, 31 Abs. 1 VwVfG) zu folgender einfachen Berechnungsregel: Die Widerspruchsfrist endet mit dem Ablaufe (24 Uhr) desjenigen Tages des darauffolgenden Monats, der das gleiche Datum trägt wie der Tag der Bekanntgabe.

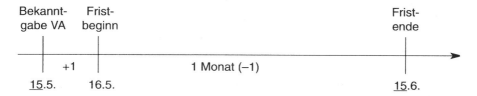

Von diesem Grundsatz gibt es **zwei Ausnahmen:**

- Fällt das Ende der Frist auf einen Sonnabend, Sonntag oder gesetzlichen Feiertag, endet die Frist nach §§ 79, 31 Abs. 1 VwVfG iVm § 193 BGB mit dem Ablaufe des nächstfolgenden Werktages. Beispiel: Bekanntgabe: 7. März, Fristbeginn: 8. März, Fristende: nicht Karfreitag, der 7. April, sondern Osterdienstag, der 11. April.

---

23 Grundfälle zu Widerspruchs- und Klagefrist bieten Deckenbrock/Patzer, Jura 2003, 476.

- Fehlt im nächsten Monat der dem der Bekanntgabe entsprechende Tag, endigt die Frist nach § 31 Abs. 1 VwVfG iVm § 188 Abs. 3 BGB mit dem Ablaufe des letzten Tages des Monats. Beispiel: Bekanntgabe: 31. Januar, Fristbeginn: 1. Februar, Fristende: 28. oder 29. Februar.

Ist die Monatsfrist des § 70 Abs. 1 VwGO nicht gewahrt (was in Klausuren immer zunächst festzustellen ist), so ist zu prüfen, ob nicht an ihrer Stelle die **Jahresfrist** des § 58 Abs. 2 VwGO gilt. Nach dem über § 70 Abs. 2 VwGO anzuwendenden § 58 Abs. 1 VwGO beginnt die Widerspruchsfrist von einem Monat nur zu laufen, wenn der Beteiligte über den Rechtsbehelf, die Verwaltungsbehörde, bei der der Rechtsbehelf anzubringen ist, den Sitz und die einzuhaltende Frist schriftlich belehrt worden ist. Ist die Belehrung unterblieben oder unrichtig erteilt, so ist die Einlegung des Widerspruchs nach § 70 Abs. 2 VwGO nur innerhalb eines Jahres seit Zustellung, Eröffnung oder Verkündigung zulässig, außer wenn die Einlegung vor Ablauf der Jahresfrist infolge höherer Gewalt unmöglich war oder eine schriftliche Belehrung dahin erfolgt ist, dass ein Rechtsbehelf nicht gegeben sei. Ob eine Rechtsbehelfsbelehrung unrichtig ist, ist nicht an § 70 Abs. 1 VwGO, sondern an den geringeren Anforderungen des § 58 Abs. 1 VwGO zu bemessen.

Eine Rechtsbehelfsbelehrung ist im Sinne von § 58 Abs. 2 VwGO unrichtig, wenn sie geeignet ist, bei dem Betroffenen einen Irrtum über die formellen oder materiellen Voraussetzung des in Betracht kommenden Rechtsbehelfs hervorzurufen und ihn dadurch abzuhalten, den Rechtsbehelf überhaupt, rechtzeitig oder in der richtigen Form einzulegen[24]. Unrichtig wird eine Rechtsbehelfsbelehrung insbesondere dadurch[25], dass

- eine Frist von vier Wochen statt des gesetzlich vorgesehenen Monats gesetzt wird,

- die schriftliche Einlegung des Widerspruchs verlangt wird, ohne auf die Alternative der Erhebung zur Niederschrift hinzuweisen[26],

- die (freiwillige) Angabe der Anschrift der Behörde oder des Gerichtes, bei denen der Rechtsbehelf einzulegen ist, nicht richtig ist,

- durch die Vielzahl der in ihr enthaltenen Informationen der Eindruck erweckt wird, alle zu erfüllenden Anforderungen vollständig aufgelistet zu haben[27],

- gesetzlich nicht geforderte Anforderungen aufgestellt werden, insbesondere eine Begründung[28] oder die Beifügung von Abschriften[29] verlangt oder auch nur erwartet wird.

Nicht unrichtig ist eine Rechtsbehelfsbelehrung dann, wenn
- gar keine Angaben zur Form gemacht werden[30],

---

24 BVerwG NJW 2002, 2894.
25 Vgl. auch die Auflistung bei Sadler, VwVG. VwZG, 6. Aufl. 2006, § 6 VwVG Rdnr. 32.
26 BVerwG ZBR 1980, 24.
27 BVerwG NJW 2002, 2894 = JA 2002, 934.
28 BVerwGE 57, 188.
29 BVerwG NjW 1980, 1707; BSGE 11, 213.
30 BVerwG NJW 1976, 1332.

Verwaltungsrechtsschutz

- nur der Sitz ohne postalische Anschrift der Behörde angegeben wird[31],
- die Einlegungsstelle mit den Worten „bei mir" angegeben wird, sofern sich Bezeichnung und Anschrift der Behörde aus dem Briefkopf ergeben,
- (wie regelmäßig) nicht auf die Möglichkeit hingewiesen wird, dass der Widerspruch fristwahrend auch bei der Widerspruchsbehörde erhoben werden kann,
- bei Wegfall der aufschiebenden Wirkung nicht über die Möglichkeit von Aussetzungsanträgen nach § 80 Abs. 4 und 5 VwGO belehrt wird.

Umstritten ist, ob die Rechtsbehelfsbelehrung bei einem zuzustellenden Verwaltungsakt fehlerhaft ist, wenn als Auslöser für die Monatsfrist die Bekanntgabe und nicht die Zustellung genannt ist. Für die Zustellung mit Postzustellungsurkunde hat das Bundesverwaltungsgericht[32] darin keine unrichtige Belehrung gesehen, wohl aber das Bundessozialgericht[33] für die Zustellung mittels eingeschriebenen Briefes. Unrichtig ist bei Zustellung durch Einschreiben auf jeden Fall eine Rechtsbehelfsbelehrung, die als Zeitpunkt des Fristbeginns den Zugang des Bescheides angibt, da sie den Eindruck erweckt, es käme auf die Kenntnisnahme an[34].

Ist die Widerspruchsfrist nicht gewahrt worden, so ist zu prüfen, ob **Wiedereinsetzung in den vorigen Stand** in Betracht kommt. Dafür gilt gemäß § 70 Abs. 2 VwGO § 60 Abs. 1 bis 4 VwGO entsprechend. Nach § 60 Abs. 1 VwGO ist Wiedereinsetzung in den vorigen Stand zu gewähren, wenn jemand ohne Verschulden verhindert war, eine gesetzliche Frist einzuhalten[35]. Das Bundesverfassungsgericht[36] hat klargestellt, dass der Rechtsbehelfsführer darauf vertrauen darf, dass die nach den organisatorischen und betrieblichen Vorkehrungen der Deutschen Post AG für den Normalfall festgelegten Brieflaufzeiten eingehalten werden[37]. Ist der Hinderungsgrund bereits vor Ablauf der Rechtsbehelfsfrist weggefallen, so ist nach der Rechtsprechung des Bundesverwaltungsgerichts[38] nicht etwa von diesem Zeitpunkt an ohne weiteres eine „Überlegungsfrist" von zwei Wochen entsprechend § 60 Abs. 2 S. 1 VwGO in Lauf gesetzt; vielmehr kommt es auf die Umstände des Einzelfalles – insbesondere die Schwierigkeiten der Beurteilung der Erfolgsaussichten des Rechtsbehelfs – an, ob eine über die eigentliche Rechtsbehelfsfrist hinaus reichende zusätzliche „Beratungsfrist" einzuräumen ist.

Wiedereinsetzung in den vorigen Stand wird grundsätzlich auf Antrag gewährt. Der Antrag ist binnen zwei Wochen nach Wegfall des Hindernisses zu stellen (§ 60 Abs. 2 S. 1 VwGO). Die Tatsachen zur Begründung des Antrags sind bei der Antragstellung oder im Verfahren über den Antrag glaubhaft zu machen (Satz 2). Innerhalb der Antragsfrist ist die versäumte Rechtshandlung nachzuholen (Satz 3). Ist dies geschehen, so kann die Wiedereinsetzung auch ohne Antrag gewährt

---

31 BVerwG BayVBl 1991, 154; VG Darmstadt NVwZ 2000, 591.
32 NJW 1991, 508.
33 NVwZ 1998, 109.
34 OVG Münster NVwZ 2001, 212.
35 Näher dazu App, DVP 1994, 183; umfassend Kummer, Wiedereinsetzung in den vorigen Stand, 2003.
36 NJW 2001, 744.
37 Zu den Anforderungen an die Sorgfalt bei Ausnutzung einer Frist bis zum letzten Tag siehe BVerfG NJW 2000, 1636 mit Anm. von Späth, NJW 2000, 1621.
38 NVwZ-RR 1999, 472 mwN.

werden (Satz 4). Ergibt sich aus dem Sachverhalt ein Wiedereinsetzungsgrund, so darf also in einer Klausur die Wiedereinsetzung nicht deshalb verweigert werden, weil kein ausdrücklicher Antrag gestellt ist! § 60 Abs. 3 VwGO setzt grundsätzlich eine Ausschlussfrist von einem Jahr. Über den Wiedereinsetzungsantrag entscheidet in sinngemäßer Anwendung des § 60 Abs. 4 VwGO die Behörde, die über die versäumte Rechtshandlung zu befinden hat. Wiedereinsetzung gewähren kann damit sowohl die Abhilfe- als auch die Widerspruchsbehörde.

Ist endgültig festgestellt, dass die Widerspruchsfrist nicht gewahrt worden ist, so steht der Verwaltungspraxis dennoch ein Schlupfloch offen. Das Bundesverwaltungsgericht[39] hat der Ausgangs- und der Widerspruchsbehörde grundsätzlich die Befugnis zuerkannt, nach pflichtgemäßem Ermessen auch über einen verfristeten Widerspruch sachlich zu entscheiden. Gegen diese Rechtsprechung bestehen ernsthafte Bedenken. Erstens weicht sie die Funktion der Rechtsbehelfsfrist als Ausschlussfrist auf und gefährdet damit die Rechtssicherheit und -klarheit. Zweitens führt das eröffnete Ermessen zu unterschiedlichen Handhabungen mit der Folge, dass das von einer großzügigen Behörde geweckte Vertrauen des Bürgers darin, dass Rechtsbehelfsfristen nicht so ernst zu nehmen seien, von der nächsten Behörde enttäuscht werden kann. Drittens wird der Verwaltung Gestaltungsmacht zu Lasten eines Dritten, nämlich des Verwaltungsrichters, eingeräumt, der mit der Sache nach Fristablauf eigentlich nicht mehr befasst werden dürfte. Die Verwaltung sollte die Widerspruchsfrist als strikte Ausschlussfrist behandeln. Soweit wirklich einmal ein Bedürfnis nach einer Abänderung des Verwaltungsakts besteht, kann der verfristete Widerspruch in einen Antrag auf Wiederaufgreifen des Verfahrens umgedeutet oder das Verfahren von Amts wegen wiederaufgenommen und der Verwaltungsakt zurückgenommen oder widerrufen werden.

Einlegungsstelle

Nach § 70 Abs. 1 S. 1 VwGO ist der Widerspruch bei der Behörde zu erheben, die den Verwaltungsakt (bzw. die Ablehnung des beantragten Verwaltungsakts) erlassen hat. In Klausuren sind häufig Form und Einlegungsstelle unproblematisch, während die Frist näherer Untersuchung bedarf. Dann empfiehlt es sich, die Erfüllung der unproblematischen Anforderungen kurz festzustellen und die anschließende Frist im Gutachtenstil zu problematisieren.

Formulierungsvorschlag:
Der Widerspruch ist schriftlich bei der Ausgangsbehörde, damit gemäß § 70 Abs. 1 S. 1 VwGO formgerecht bei der richtigen Behörde erhoben worden. Fraglich ist aber, ob die Widerspruchsfrist gewahrt ist ...

Näher ist auf die richtige Einlegungsstelle nur einzugehen, wenn Widerspruch bei einer anderen Behörde als der Ausgangsbehörde erhoben worden ist. Nach § 70 Abs. 1 S. 2 VwGO wird die Frist auch durch Einlegung bei der Behörde, die den Widerspruchsbescheid zu erlassen hat, gewahrt. Wer diesen erlässt, bestimmt § 73 Abs. 1 S. 2 VwGO. Nach dessen Ziffer 1 ist das regelmäßig die nächsthöhere Behörde. In diesem Fall müssen also in der Klausur die §§ 70 Abs. 1 Satz 2 und 73 Abs. 1 S. 2 Nr. 1 VwGO sowie, falls greifbar, noch die einschlägigen organisationsrechtlichen Vorschriften (z.B. § 7 OBG Bbg/NRW) angeführt werden.

---

39 BVerwGE 28, 305, 308; 57, 342, 344.

Wird der Widerspruch an eine dritte Behörde gerichtet, so ist die Frist trotzdem gewahrt, wenn der Widerspruch von ihr an die Ausgangs- oder Widerspruchsbehörde weitergeleitet wird und dort vor Ablauf der Frist eingeht.

Widerspruchsbefugnis

Die Widerspruchsbefugnis ist das Merkmal, bei dem am häufigsten unrichtige oder ungenaue Formulierungen zu beklagen sind. Nach § 42 Abs. 2 VwGO sind die Anfechtungs- und die Verpflichtungsklage grundsätzlich nur zulässig, wenn der Kläger geltend macht, durch den Verwaltungsakt oder seine Ablehnung oder Unterlassung in seinen Rechten verletzt zu sein[40]. Sinn und Zweck dieser Regelung ist es, den Kreis der Klagebefugten auf die vom Verwaltungsakt unmittelbar rechtlich Betroffenen zu begrenzen, also die Möglichkeit einer Popularklage auszuschließen[41]. Auf den Widerspruch ist diese Anforderung wegen seiner Natur als Vorverfahren und der gleichgelagerten Interessenlage entsprechend anzuwenden. Dies ergibt sich auch aus § 70 Abs. 1 S. 1 VwGO, der von dem Beschwerten spricht.

Bei der entsprechenden Anwendung des § 42 Abs. 2 VwGO ist zu beachten, dass die Widerspruchsbefugnis wegen der um die Zweckmäßigkeitsfrage ergänzten Kontrollkompetenz weiter gefasst werden muss als die Klagebefugnis[42].

Formulierungsvorschlag:
Widerspruchsbefugt ist analog § 42 Abs. 2 VwGO, wer geltend macht, durch die Vornahme (oder Ablehnung) des Verwaltungsakts in seinen Rechten verletzt oder in seinen rechtlich geschützten Interessen beeinträchtigt zu sein.

Wenn die sachlichen Anforderungen des § 42 Abs. 2 VwGO (analog) immer wieder unrichtig aufgefasst und dargestellt werden, so ist daran die missverständliche Formulierung des Gesetzes nicht ganz schuldlos. Soweit verlangt wird, dass der Widerspruchsführer eine Rechtsverletzung „geltend macht", verleitet das leicht zu dem Irrtum, es komme auf seine Behauptung an. Die bloße verbale Behauptung oder gar das subjektive Gefühl, kann aber nicht genügen, wenn die Voraussetzung der Widerspruchsbefugnis ihre Begrenzungswirkung entfalten soll. Andererseits kann die gebotene objektive Prüfung sich aber auch nicht darauf erstrecken, ob der Widerspruchsführer tatsächlich in seinen Rechten verletzt ist, weil damit die gesamte Begründetheitsprüfung bereits in die Zulässigkeit hineingezogen würde. Bei der Widerspruchsbefugnis geht es vielmehr darum, ein subjektives öffentliches Recht des Widerspruchsführers aufzuzeigen, das durch die Vornahme oder Ablehnung des Verwaltungsakts verletzt sein kann. Sein Rechtsschutzbegehren ist daraufhin zu untersuchen, ob eine Beeinträchtigung einer rechtlich geschützten Position bei unterstellter Rechtswidrigkeit bzw. Unzweckmäßigkeit möglich erscheint (sog. **Möglichkeitstheorie**)[43].

In der Klausur sollte man sich möglichst eng an den Gesetzeswortlaut halten, da sich bei eigenen Formulierungen schnell sachliche Unrichtigkeiten einschleichen.

---

40 Grundfälle führen Hipp/Hufeld, JuS 1998, 802 und 898 auf.
41 Kritisch Klenke, NWVBl 2005, 125.
42 Abweichend Hain, DVBl 1999, 1544.
43 Besonders deutlich BVerwG BayVBl 1980, 443; vgl. auch Kopp/Schenke, § 42 Rdnr. 66.

DRITTER TEIL

Unproblematisch ist die Widerspruchsbefugnis, wenn der Widerspruchsführer Adressat eines belastenden Verwaltungsakts ist, denn dann greift die Behörde immer möglicherweise unmittelbar in seinen Rechtskreis, jedenfalls in sein Recht auf freie Entfaltung der Persönlichkeit aus Art. 2 Abs. 1 GG ein (sog. **Adressatentheorie**)[44].

Formulierungsvorschlag:
Als Adressat/in eines belastenden Verwaltungsakts kann die Widerspruchsführerin/der Widerspruchsführer geltend machen, in ihren/seinen Rechten verletzt zu sein, und ist damit analog § 42 Abs. 2 VwGO widerspruchsbefugt.

Ergeben sich belastende Wirkungen für den Widerspruchsführer aus einem nicht an ihn gerichteten Verwaltungsakt (mit Drittwirkung), so muss das möglicherweise beeinträchtigte Recht des Widerspruchsführers genau bezeichnet werden. Es ist eine Rechtsvorschrift zu suchen, die zumindest auch den Zweck verfolgt, Individualinteressen wie die vom Widerspruchsführer geltend gemachten zu schützen (sog. **Schutznormtheorie**)[45]. Klausurrelevant sind die Widerspruchsbefugnis

- des Ehepartners des ausgewiesenen Ausländers aus Art. 6 Abs. 1 GG[46],
- des Nachbarn im Bau- und Immissionsschutzrecht aus nachbarschützenden Vorschriften[47],
- des Konkurrenten des subventionierten Unternehmens aus Art. 3 Abs. 1 und 12 Abs. 1 GG[48] sowie
- des nicht berücksichtigten Bewerbers um eine Beamtenstelle aus Art. 33 Abs. 2 GG[49].

Die Möglichkeit einer Rechtsverletzung muss ebenfalls ausdrücklich dargetan werden, wenn der Widerspruchsführer den Erlass eines begünstigenden Verwaltungsakts erstrebt. Er kann dann geltend machen, durch die Ablehnung des Verwaltungsakts in seinen Rechten verletzt zu sein, wenn es eine Rechtsnorm gibt, die ihm möglicherweise einen Anspruch auf die beantragte Begünstigung gewährt.

Formulierungsbeispiel:
§ 14 Abs. 2 GO Bbg/§ 8 Abs. 3 GO NRW verleiht auch Grundbesitzern und Gewerbetreibenden, die nicht in der Gemeinde wohnen, einen Anspruch auf Benutzung der öffentlichen Einrichtungen der Gemeinde. Die Widerspruchsführerin/der Widerspruchsführer kann daher geltend machen, durch die Ablehnung des Antrags auf Überlassung eines Standplatzes auf dem Marktplatz in ihren/seinen Rechten verletzt zu sein. Somit ist sie/er in sinngemäßer Anwendung des § 42 Abs. 2 VwGO widerspruchsbefugt.

---

44 BVerwGE 79, 110 (114); NJW 2004, 698; Gurlit, Die Verwaltung 1995, 449; Kopp/Scherke, § 42 Rdnr. 69 mwN.
45 Vgl. nur Kopp/Schenke, § 42 Rdnrn. 78 ff. mit umfassenden weiteren Nachweisen.
46 BVerwGE 42, 141, 142; 55, 8, 11.
47 BVerwGE 27, 29; 41, 58, 63; 52, 122, 128 f.; Beckmann, DVP 1997, 413; Hahn, JuS 1987, 536; Koehl, VR 2004, 447; Konrad, JA 2002, 967; Kopp/Schenke, § 42 Rdnrn. 96 ff.; von Mutius Jura 1989, 297; Pecher, JuS 1996, 887; Schoch, Jura 2004, 317; Stollmann, VR 2005, 397; Vahle, DVP 2002, 20; Wahl JuS 1984, 577; Wüstenbecker, JA-Übungsblätter 1988, 114.
48 Vgl. BVerwGE 60, 154; 65, 167; Cremer, VR 1999, 58; Erichsen, Jura 1994, 385; Hösch, Die Verwaltung 1997, 211; Kopp/Schenke, § 42 Rdnrn. 142 ff. mwN; Knuth, JuS 1986, 523; Schenke, NVwZ 1993, 718; Scherer, Jura 1985, 11; Schmidt, JuS 1999, 1107; Wüstenbecker, aaO, S. 117 ff.
49 Bürger, ZBR 2003, 267; Doerfert, JA 2004, 732; Hilg, APF 1990, 35; Lemhöfer, ZBR 2003, 14; Peter, JuS 1992, 1042; Scherer, aaO; Tegethoff, JA 2004, 732; ZBR 2004, 341; Verlage, DVP 2005, 359; Weiß, ZBR 1989, 273; Wernsmann, DVBl 2005, 276; Wüstenbecker, aaO, S. 120; zum Ausschluss der Konkurrentenklage nach Beförderung des erfolgreichen Mitbewerbers siehe BVerfG NJW 1990, 501 und BVerwGE 80, 127.

Verwaltungsrechtsschutz

d) Zwischenergebnis

Das Ergebnis der Zulässigkeitsprüfung ist als Zwischenergebnis festzustellen.

Der Widerspruch ist zulässig.

Der Widerspruch ist unzulässig.

In der Klausur ist regelmäßig Vorsorge getroffen, dass die Feststellung, der Widerspruch sei unzulässig, nicht die Begründetheitsprüfung entbehrlich macht. Sind die Erfolgsaussichten des Widerspruchs zu prüfen, so wird meist der Hinweis gegeben, dass dann, wenn der Widerspruch für unzulässig gehalten werde, die Begründetheit in einem Hilfsgutachten zu untersuchen sei. Wird getrennt nach der Zulässigkeit und nach der Begründetheit des Widerspruchs gefragt, so bleibt das Ergebnis der ersten Frage ohne Einfluss auf die Bearbeitung der zweiten.

3. Sonderpunkt: Zuständigkeit der Widerspruchsbehörde

Viele Aufbauschemata führen im Rahmen der Zulässigkeit die Zuständigkeit der Widerspruchsbehörde auf. Diese wird aber nur dann zu einer Frage der Zulässigkeit, wenn der Widerspruch bei einer anderen Behörde als der, die den Verwaltungsakt erlassen bzw. abgelehnt hat, eingelegt worden ist. Wegen § 70 Abs. 1 S. 2 VwGO ist dann zu prüfen, ob diese Behörde den Widerspruchsbescheid zu erlassen hat. Ansonsten berührt die Zuständigkeit der Widerspruchsbehörde die Zulässigkeit des Widerspruchs in keiner Weise. § 70 Abs. 1 S. 1 VwGO verlangt nämlich, den Rechtsbehelf im Regelfall gerade nicht bei der Widerspruchsbehörde, sondern bei der Ausgangsbehörde einzulegen, damit diese ihr Abhilferecht ausüben kann. Die Frage, wer den Widerspruchsbescheid zu erlassen hat, stellt sich folglich erst im weiteren Verlauf des Verfahrens: Die Ausgangsbehörde muss, falls sie nicht abhelfen will, klären, wem sie den Widerspruch zur Entscheidung vorlegen muss. Die Behörde, die den Widerspruch vorgelegt bekommt, hat zunächst ihre Entscheidungskompetenz nach § 73 VwGO zu prüfen.

Für die Klausurbearbeitung bedeutet das: Ist gefragt, wie die Widerspruchsbehörde entscheiden wird, ist als erstes ihre Zuständigkeit zu untersuchen. Soweit ein Widerspruchsbescheid zu fertigen ist, wird man zumindest bei einer (teilweisen) Zurückweisung des Widerspruchs vor den Ausführungen zur Zulässigkeit und Begründetheit kurz die Entscheidungskompetenz der erlassenden Behörde begründen. Soll der Bearbeiter in der Rolle eines Sachbearbeiters der Ausgangsbehörde zum Widerspruch Stellung nehmen, hängt die Notwendigkeit, die Zuständigkeit der Widerspruchsbehörde zu prüfen, vom Ergebnis der Begründetheitsprüfung ab, so dass die Bestimmung der Behörde, die den Widerspruchsbescheid zu erlassen hat, am besten an den Schluss des Gutachtens gestellt wird. In einem Vorlagebericht kann ebenso verfahren, die Zuständigkeit der Widerspruchsbehörde aber auch eingangs festgestellt werden. Ist nach der Zulässigkeit und Begründetheit bzw. nach den Erfolgsaussichten des Widerspruchs gefragt, gehört die Zuständigkeit der Widerspruchsbehörde nicht zur Aufgabenstellung.

4. Begründetheit des Widerspruchs

Nach § 68 Abs. 1 S. 1 VwGO sind **Rechtmäßigkeit und Zweckmäßigkeit** des Verwaltungsakts nachzuprüfen. Im Rahmen der Rechtmäßigkeitskontrolle ist zu untersuchen, ob der Verwaltungsakt von der zuständigen Behörde unter Beachtung der einschlägigen Form- und Verfahrensvorschriften in Übereinstimmung mit den materiellrechtlichen Anforderungen erlassen worden ist. Die Frage der Zweckmäßigkeit stellt sich nur bei Ermessensentscheidungen und auch dann grundsätzlich nur, wenn der Verwaltungsakt nicht bereits an einem Rechtsfehler leidet. Mit der Zweckmäßigkeit werden die für die eigentliche Ermessensentscheidung maßgeblichen außerrechtlichen Gesichtspunkte in die Prüfung einbezogen. Diese spielen in verwaltungsrechtlichen Ausbildungs- und Prüfungsarbeiten in aller Regel keine Rolle. Es braucht daher nur kurz angedeutet zu werden, dass der Widerspruch auch bei Unzweckmäßigkeit des Verwaltungsakts bzw. seiner Ablehnung begründet sein kann. Für die Begründetheit des Widerspruchs reicht wegen seines Charakters als Rechtsbehelf nicht schon die objektive Rechtswidrigkeit bzw. Unzweckmäßigkeit aus. Der Widerspruchsführer muss analog § 113 Abs. 1 S. 1 und 5 S. 1 VwGO durch die Rechtswidrigkeit des Verwaltungsakts auch in seinen Rechten verletzt bzw. beeinträchtigt sein[50].

Für den **Anfechtungswiderspruch** kann die Begründetheitsprüfung damit wie folgt eingeleitet werden:

Der Widerspruch ist begründet, soweit der Verwaltungsakt rechtswidrig und die Widerspruchsführerin/der Widerspruchsführer dadurch in ihren/seinen Rechten verletzt ist (§ 68 Abs. 1 S. 1 iVm § 113 Abs. 1 S. 1 VwGO analog). Darüber hinaus kann nach § 68 Abs. 1 S. 1 VwGO auch die Unzweckmäßigkeit des Verwaltungsakts zur Begründetheit des Widerspruchs führen.

Anschließend ist die formelle und materielle Rechtmäßigkeit des angegriffenen Verwaltungsakts wie in Anwendungsproblemkreis 3 (Frage 49) dargestellt eingehend zu untersuchen. Ist die Verwaltungsentscheidung rechtswidrig, darf die Feststellung nicht vergessen werden, dass der Widerspruchsführer dadurch in seinen Rechten verletzt ist. Zur Begründung führt man am besten ein einschlägiges Grundrecht auf.

Formulierungsvorschlag:
Durch die Rechtswidrigkeit des Verwaltungsakts wird die Widerspruchsführerin/der Widerspruchsführer auch in ihren/seinen Rechten, insbesondere aus Art. 2 Abs. 1 GG (bzw. Art. 12 Abs. 1, 14 Abs. 1 GG oder einem anderen Grundrecht) verletzt.

Beim **Verpflichtungswiderspruch** kann die Einleitung der Begründetheitsprüfung lauten:

Der Widerspruch ist begründet, soweit die Ablehnung des Verwaltungsakts rechtswidrig und die Widerspruchsführerin/der Widerspruchsführer dadurch in ihren/seinen Rechten verletzt ist (§ 68 Abs. 1 S. 1 iVm Abs. 2 und § 113 Abs. 5 S. 1 VwGO analog). Außerdem könnte der Widerspruch nach § 68 Abs. 1 S. 1 VwGO begründet sein, wenn die Ablehnung unzweckmäßig wäre.

Das Vorgehen in der (materiellen) Rechtmäßigkeitsprüfung hängt davon ab, wie das Gesetz die Entscheidung über den Erlass des begehrten Verwaltungsakts regelt: Die Rechtmäßigkeit der Ablehnung kann dem Wortlaut des § 113 Abs. 5 S. 1 VwGO folgend nur dann geprüft werden, wenn sie allein vom Vorliegen eines im Gesetz geregelten Versagungsgrundes abhängt. Sind hingegen noch andere Anforderungen entscheidungsrelevant oder regelt das Gesetz positiv die Anspruchsvoraussetzungen, ist im Anschluss an den Einleitungssatz festzustellen, dass die Ablehnung rechtswidrig ist, wenn der Widerspruchsführer einen Anspruch, ein subjektives öffentliches Recht, auf Erlass des beantragten Verwal-

---

50 Kritisch zur eigenständigen Bedeutung der Zweckmäßigkeit Klüsener, NVwZ 2002, 816.

tungsakts hat, und dann das Vorhandensein eines solchen Anspruchs zu prüfen. Wird die Ablehnung als rechtswidrig angesehen, darf wiederum nicht vergessen werden kurz zu begründen, dass der Widerspruchsführer dadurch in seinen Rechten verletzt ist.

Ist der Verwaltungsakt oder seine Ablehnung nicht rechtswidrig oder der Widerspruchsführer bei gegebener Rechtswidrigkeit nicht in seinen Rechten verletzt, muss noch kurz die Unzweckmäßigkeit des Verwaltungsakts bzw. seiner Ablehnung ausgeschlossen werden.

Formulierungsbeispiel:
Anhaltspunkte dafür, dass der Verwaltungsakt (bzw. die Ablehnung des Verwaltungsakts) unzweckmäßig sein könnte, sind nicht gegeben.

5. Ergebnis

Abschließend wird das Ergebnis als Antwort auf die Fallfrage formuliert:
Der Widerspruch ist zulässig und begründet.
Der Widerspruch ist zwar zulässig, aber nicht begründet.

Besondere Bedeutung gewinnt die Formulierung des Ergebnisses, wenn der Widerspruch nur teilweise begründet ist. Diese Möglichkeit zeigen § 113 Abs. 1 und 5 S. 1 VwGO durch das Wort „**soweit**" auf. Damit ist nicht gemeint, dass nur eine oder einige Rechtmäßigkeitsanforderungen verletzt sind, denn das ist immer nur der Fall. Eine Teilrechtswidrigkeit kommt vielmehr nur dann in Betracht, wenn der Verwaltungsakt in personeller, gegenständlicher, räumlicher oder zeitlicher Hinsicht teilbar ist. Er kann dann nur insoweit rechtswidrig sein, als er über das in der Rechtsgrundlage ausdrücklich festgelegte oder sich aus dem Verhältnismäßigkeitsgrundsatz ergebende Maß hinaus geht. Es ist dann abschließend genau festzuhalten, inwieweit der Verwaltungsakt auf den Widerspruch hin aufzuheben oder zu erlassen ist.

IV. Zusatzaufgaben

Widerspruchsklausuren enthalten häufig Zusatzaufgaben. In der Zwischenprüfung werden meist Fragen zum Verfahrensablauf (siehe Frage 113), zur Widerspruchsbehörde (Frage 114), zur Zulässigkeit einer Verböserung (Frage 115) oder zur aufschiebenden Wirkung (Fragen 117 und 118) gestellt. In Laufbahnprüfungsklausuren wird (neben einem isolierten Fristproblem) nicht selten verlangt, zum Abschluss den Tenor des Widerspruchsbescheides mit kurzer Begründung der Nebenentscheidungen (zur Kostenentscheidung siehe Frage 116) zu entwerfen. Ergänzend kann auch über die Aussetzung der Vollziehung zu entscheiden sein (vgl. Anwendungsproblemkreis 10, Frage 122). Bei Zusatzaufgaben wird kein vollständiges Gutachten, sondern ein Ergebnis mit kurzer Begründung im Urteilsstil erwartet. Da Zusatzfragen mit wenig Schreibaufwand relativ viele Leistungspunkte bringen, sollten sie unbedingt bearbeitet werden, bei Zeitmangel notfalls stichworthaft[51].

---

51 Zur gutachtlichen Prüfung von Entscheidungen im Widerspruchsverfahren siehe auch Heilmann, DVP 1995, 91, 135, 267, 354, 445, 489; Schoch, Jura 2003, 752 sowie anhand von Fällen Vahle, DVP 2003, 409.

113. Ablauf des Vorverfahrens

Das Vorverfahren beginnt mit der **Erhebung des Widerspruchs** (§ 69 VwGO).

Die erste Prüfung steht gem. § 72 VwGO der Behörde zu, die den Verwaltungsakt bzw. die Ablehnung erlassen hat (Ausgangs- oder Abhilfebehörde). Das Gesetz billigt ihr die Möglichkeit zu, ihre Entscheidung noch einmal zu überdenken, bevor eine andere Stelle damit befasst wird. Hält sie den Widerspruch für zulässig und begründet, so hilft sie ihm ab und entscheidet über die Kosten (§ 72 VwGO). **Abhilfe** bedeutet Aufhebung oder Abänderung des Verwaltungsakts bzw. Erlass des abgelehnten Verwaltungsakts entsprechend dem Antrag des Widerspruchsführers. Hilft die Ausgangsbehörde dem Widerspruch auch nur teilweise nicht ab, muss sie ihn (insoweit) unverzüglich der zuständigen Widerspruchsbehörde zur Entscheidung vorlegen. Dazu hat sie regelmäßig den Widerspruch mit den Akten und einem sog. Vorlagebericht zu übersenden, in dem der Sachverhalt, das bisherige Verfahren und die rechtliche Würdigung dargestellt sind.

Die Widerspruchsbehörde ist nicht wie das Gericht auf eine begrenzte Nachprüfung des Verwaltungsakts beschränkt, sondern tritt grundsätzlich voll in die Rechtsposition der Ausgangsbehörde ein und trifft eine eigene Entscheidung aufgrund der im Zeitpunkt der Entscheidung bestehenden Sach- und Rechtslage. Die Entscheidung ergeht **in Form eines (positiven oder negativen) Widerspruchsbescheides** (§ 73 Abs. 1 S. 1 VwGO), der eine Kostenentscheidung enthalten muss, zu begründen und mit einer Rechtsbehelfsbelehrung zu versehen und zuzustellen ist (§ 73 Abs. 3 VwGO)[52].

114. Widerspruchsbehörde

Den Widerspruchsbescheid erlässt gem. § 73 Abs. 1 S. 2 VwGO

- nach Nr. 1 im Regelfall die nächsthöhere Behörde, also z.B. bei Maßnahmen der örtlichen Ordnungsbehörde die Kreisordnungsbehörde (§ 7 Abs. 1 OBG Bbg/NRW), bei Maßnahmen der unteren Bauaufsichtsbehörde die obere Bauaufsichtsbehörde (§ 60 Abs. 1 Nr. 2 BauO NRW),

- nach dem Nebensatz der Nr. 1 eine andere höhere Behörde, soweit das durch Gesetz bestimmt ist,

- nach Absatz 2 ein dafür gebildeter besonderer Ausschuss oder Beirat (z.B. der Stadt- oder Kreisrechtsausschuss nach § 6 AGVwGO RP),

- nach Nr. 2 die Ausgangsbehörde, wenn die nächsthöhere Behörde eine oberste Bundes- oder Landesbehörde ist (Ausnahme nach § 126 Abs. 3 Nr. 2 BRRG in beamtenrechtlichen Streitigkeiten),

- nach Nr. 3 in Selbstverwaltungsangelegenheiten die Selbstverwaltungsbehörde, wozu § 8 Abs. 3 BbgVwGG/§ 7 AGVwGO NRW klarstellt, dass in Angelegenheiten, die den Gemeinden und Kreisen als Pflichtaufgaben zur Erfüllung nach Weisung übertragen sind (wichtig insbesondere die Aufgabe der Gefahrenabwehr

---

[52] Eingehend zum Widerspruchsverfahren und zum Widerspruchsbescheid Brühl, Entscheiden, 4. Abschnitt, und in JuS 1994, 56, 153, 330, 420; vgl. auch Engst, Jura 2006, 166; Vahle, DVP 2000, 3; zur Zukunft des Widerspruchsverfahrens Rüssel, NVwZ 2006, 523.

nach § 3 Abs. 1 OBG Bbg/NRW), die Aufsichtsbehörde den Widerspruchsbescheid erlässt[53].

• nach Satz 3 die Behörde, die den Verwaltungsakt erlassen hat, wenn das durch Gesetz bestimmt ist.

115. Verböserung im Widerspruchsverfahren

Die Frage, ob der Verwaltungsakt im Widerspruchsverfahren zum Nachteil des Widerspruchsführers verschlimmert werden darf (sog. **reformatio in peius**), ist im Unterschied zum verwaltungsgerichtlichen Verfahren, für das die §§ 88, 129, 141 VwGO ein Verschlimmerungsverbot aufstellen, in der VwGO nicht geregelt. Im Hinblick auf den Zweck des Vorverfahrens, der Verwaltung eine umfassende Kontrolle und Korrektur ihres Handelns zu ermöglichen, wurde eine Abänderung zum Nachteil des Widerspruchsführers überwiegend für zulässig erachtet, soweit durch Gesetz nichts anderes vorgesehen ist. Das Bundesverwaltungsgericht[54] hält demgegenüber eine Verböserung nur noch für zulässig „nach Maßgabe des jeweils anzuwendenden Bundes- und Landesrechts, also vorrangig nach Maßgabe positivrechtlicher Spezialregelungen oder, wo solche fehlen, nach den Grundsätzen über die Rücknahme oder den Widerruf von Verwaltungsakten". Ob mit diesen Maßstäben die Möglichkeit der Verböserung wesentlich eingeschränkt ist, darf jedoch bezweifelt werden, da ein der reformatio in peius entgegenstehendes schutzwürdiges Vertrauen kaum entstehen kann, wenn der Betroffene mit seinem Rechtsbehelf selbst die Ursache für die Unbeständigkeit der Verwaltungsentscheidung setzt[55].

116. Kosten des Vorverfahrens

Sowohl im Abhilfe- (§ 72 VwGO) als auch im Widerspruchsbescheid (§ 73 Abs. 3 VwGO) ist von Amts wegen zu bestimmen, wer die Kosten trägt. Ergeht ein Widerspruchsbescheid, so sind wie im gerichtlichen Verfahren **zwei Kostenentscheidungen** zu treffen:

• Erstens ist im Verhältnis zwischen Widerspruchsführer und Ausgangsbehörde nach § 80 VwVfG festzulegen, wer wem die Kosten des Vorverfahrens zu erstatten hat.

• Zweitens ist anhand des Verwaltungskostenrechts darüber zu entscheiden, ob die Widerspruchsbehörde Gebühren und Auslagen erhebt.

§ 80 VwVfG regelt die **Kostenerstattung** im Vorverfahren[56] nach dem Obsiegen und Unterliegen. Soweit der Widerspruch erfolgreich ist, hat der Rechtsträger, dessen Behörde den angefochtenen Verwaltungsakt erlassen hat, dem Widerspruchsführer nach § 80 Abs. 1 S. 1 VwVfG die zur zweckentsprechenden Rechtsverfolgung oder Rechtsverteidigung notwendigen Auslagen zu erstatten. Das gilt nach Satz 2 auch dann, wenn der Widerspruch nur deshalb keinen Erfolg hat, weil

---

53 Vgl. auch Riotte/Waldecker, NWVBl 1995, 401.
54 BVerwGE 65, 313, 319 mit Anmerkung von Greifeld, NVwZ 1983, 725; bestätigt in NVwZ 1987, 215.
55 Näher zur Zulässigkeit der reformatio in peius Brühl, Entscheiden, 4. Abschnitt 5.3.3; Jaroschek, JA 1997, 668; Klindt, NWVBl 1996, 452; Meister, JA 2002, 567; speziell zum Prüfungsrecht Kingreen, DÖV 2003, 1.
56 Siehe dazu Gühlstorf, DVP 2004, 313; Vahle, DVP 2006, 189.

die Verletzung einer Verfahrens- oder Formvorschrift nach § 45 VwVfG unbeachtlich ist. Umgekehrt hat der erfolglos Widersprechende der Behörde, die den angefochtenen Verwaltungsakt erlassen hat, nach Satz 3 (mit Ausnahmen für das öffentliche Dienstrecht) die notwendigen Aufwendungen zu erstatten. Ist der Widerspruch nur teilweise erfolgreich gewesen, sind die Kosten analog § 155 Abs. 1 VwGO gegeneinander aufzuheben oder verhältnismäßig zu teilen oder einem Beteiligten ganz aufzuerlegen, wenn der andere nur zu einem geringen Teil unterlegen ist. Im Abhilfe- bzw. Widerspruchsbescheid wird nur eine Kostengrundentscheidung getroffen, in der außer der Kostenlast nur noch zu bestimmen ist, ob die Zuziehung eines Rechtsanwalts oder eines sonstigen Bevollmächtigten notwendig war (§ 80 Abs. 2 iVm Abs. 3 S. 2 VwVfG) und ob der Erstattungsberechtigte Aufwendungen selbst zu tragen hat, weil sie durch sein Verschulden entstanden sind (Absatz 1 Satz 4). Den Betrag der erstattungsfähigen Aufwendungen setzt nach Absatz 3 Satz 1 auf Antrag die Behörde fest, die die Kostenentscheidung getroffen hat (sog. Kostenfestsetzungsverfahren).

Ob die Widerspruchsbehörde **Verwaltungsgebühren und Auslagen** erheben darf, richtet sich nach den einschlägigen kostenrechtlichen Bestimmungen. Nach § 15 Abs. 3 GebG Bbg/NRW sind für den Erlass des Widerspruchsbescheids Gebühren und Auslagen zu erheben, wenn und soweit ein Widerspruch gegen eine gebührenpflichtige Sachentscheidung zurückgewiesen wird, wobei die gleiche Gebühr wie für die Sachentscheidung zu erheben ist. Für Drittwidersprüche und Widersprüche, die sich ausschließlich gegen Kostenentscheidungen richten, sind aufgrund § 15 Abs. 4 GebG Bbg/NRW in den Allgemeinen Verwaltungsgebührenordnungen Rahmengebühren festgesetzt. Die Gemeinden und Gemeindeverbände können aufgrund § 5 Abs. 3 KAG Bbg/NRW für Widerspruchsbescheide gleichfalls eine Gebühr erheben, wenn der Verwaltungsakt, gegen den Widerspruch erhoben worden ist, gebührenpflichtig ist und wenn und soweit der Widerspruch zurückgewiesen wird. Da der Widerspruchsbescheid in Selbstverwaltungsangelegenheiten grundsätzlich von der Selbstverwaltungsbehörde erlassen wird (§ 73 Abs. 1 S. 2 Nr. 3 VwGO), darf die Gebühr aber höchstens die Hälfte der für den angefochtenen Verwaltungsakt festzusetzenden Gebühr betragen. Das Verwaltungskostengesetz des Bundes enthält keine entsprechenden Bestimmungen, so dass Bundesbehörden Gebühren und Auslagen für den Erlass von Widerspruchsbescheiden nur in den sehr seltenen Fällen erheben dürfen, in denen ein Gesetz sie dazu ausdrücklich ermächtigt.

117. Aufschiebende Wirkung des Widerspruchs

Nach § 80 Abs. 1 VwGO haben Widerspruch und Anfechtungsklage aufschiebende Wirkung. Dadurch soll verhindert werden, dass durch Vollziehung des Verwaltungsakts vollendete Tatsachen geschaffen werden, bevor über den Bestand der Maßnahme endgültig entschieden ist. Widerspruch im Sinne des § 80 Abs. 1 VwGO kann nur der Anfechtungswiderspruch sein, da beim Verpflichtungswiderspruch nichts da ist, was vorläufig ausgesetzt werden könnte oder müsste[57].

---

57 Beckmann, VR 2003, 77.

Verwaltungsrechtsschutz

Der **Grundsatz der aufschiebenden Wirkung** ist in nicht unerheblichem Umfang durchbrochen. Die **aufschiebende Wirkung entfällt** gemäß § 80 Abs. 2 VwGO

- nach Satz 1 Nr. 1 bei der Anforderung von öffentlichen Abgaben (Steuern, Gebühren, Beiträgen) und Kosten, um die Liquidität der öffentlichen Hand nicht durch massenweise Einlegung von Widersprüchen zur Erreichung eines Zahlungsaufschubs zu gefährden,

- nach Satz 1 Nr. 2 bei unaufschiebbaren Anordnungen und Maßnahmen von Polizeivollzugsbeamten, um eine effektive Gefahrenabwehr zu gewährleisten (analoge Anwendung auf Verkehrszeichen und die Auslösung von Smog-Alarm),

- nach Satz 1 Nr. 3 in anderen durch Bundesgesetz oder für Landesrecht durch Landesgesetz vorgeschriebenen Fällen (z.B. § 84 Abs. 1 AufenthG, §§ 212 Abs. 2, 212 a BauGB; § 126 Abs. 3 Nr. 3 BRRG; § 16 Abs. 8 IfSG, § 33 Abs. 2 und 4 S. 2 WPflG), insbesondere für Widersprüche und Klagen Dritter gegen Verwaltungsakte, die Investitionen oder die Schaffung von Arbeitsplätzen betreffen (vgl. § 5 Abs. 2 VerkPBG),

- nach Satz 1 Nr. 4 in den Fällen, in denen die sofortige Vollziehung durch die Ausgangs- oder Widerspruchsbehörde im öffentlichen oder im überwiegenden Interesse eines Beteiligten besonders angeordnet wird (siehe den Anwendungsproblemkreis 8, Frage 118).

- nach Satz 2 bei Rechtsbehelfen gegen Maßnahmen, die in der Verwaltungsvollstreckung durch die Länder nach Bundesrecht getroffen werden, sofern die Länder das bestimmen (vgl. z.B. § 39 VwVG Bbg; § 8 AGVwGO NRW).

Die aufschiebende Wirkung tritt mit Einlegung des Rechtsbehelfs rückwirkend auf den Zeitpunkt des Erlasses des Verwaltungsakts ein. Sie endet nach § 80 b Abs. 1 S. 1 VwGO mit der Unanfechtbarkeit oder, wenn die Anfechtungsklage im ersten Rechtszug abgewiesen worden ist, drei Monate nach Ablauf der gesetzlichen Begründungsfrist des gegen die abweisende Entscheidung gegebenen Rechtsmittels (vgl. § 124 a Abs. 3 VwGO)[58].

Welche Rechtswirkungen die aufschiebende Wirkung hat, ist umstritten. Nach vorherrschender Ansicht hemmt sie nicht die Wirksamkeit, sondern lediglich die Vollziehbarkeit des Verwaltungsakts. Das bedeutet zunächst, dass mit Eintritt der aufschiebenden Wirkung alle (weiteren) Vollstreckungsmaßnahmen unzulässig werden. Darüber hinaus ist es Behörde und Bürger verwehrt, sonstige Folgerungen aus dem Verwaltungsakt zu ziehen. So erhält z.B. ein Beamter, der gegen eine Entlassungsverfügung Widerspruch erhoben hat, seine Dienstbezüge vorläufig weiter. Mit Eintritt der Unanfechtbarkeit müssen sich aber alle Beteiligten, soweit das möglich ist, grundsätzlich so behandeln lassen, wie es der von Anfang an gegebenen vollen Wirksamkeit des Verwaltungsakts entspricht (also muss der entlassene Beamte die vorläufig weiter gezahlten Dienstbezüge zurückerstatten). Ein dem Verwaltungsakt widersprechendes Verhalten darf während der Dauer der

---

[58] Zur weitgehenden Wirkungslosigkeit der zweiten Alternative des § 80 b VwGO siehe Beckmann, VR 1997, 387; NVwZ 1998, 373; VR 1999, 272 und 2005, 43 sowie Ruffert, NVwZ 1997, 654. Mit der Wiederherstellung der aufschiebenden Wirkung nach § 80 Abs. 4 und 5 VwGO beschäftigt sich der Anwendungsproblemkreis 10 (Frage 122).

aufschiebenden Wirkung nicht mit Strafen oder Geldbußen geahndet werden. Sind die Straf- oder Bußgeldtatbestände aber schon vor Erhebung des Widerspruchs verwirklicht worden, können die Sanktionen nach Wegfall der aufschiebenden Wirkung verhängt werden[59].

118. Anwendungsproblemkreis 8: Die Prüfung der Rechtmäßigkeit der Anordnung der sofortigen Vollziehung

I. Problemstellung

Fortgeschrittenenklausuren, insbesondere aus dem Bereich der Gefahrenabwehr, enthalten meist auch eine Anordnung der sofortigen Vollziehung. Ob und bejahendenfalls an welcher Stelle des Gutachtens darauf einzugehen ist, richtet sich nach der Fragestellung:

- Ist allgemein nach der Rechtmäßigkeit eines Verwaltungsakts gefragt, so sind alle in ihm enthaltenen Regelungen, also auch die Anordnung der sofortigen Vollziehung auf ihre Rechtmäßigkeit hin zu überprüfen. Am besten stellt man die Bestandteile des Verwaltungsakts zu Beginn kurz vor.

Formulierungsbeispiel:
Der Verwaltungsakt besteht aus
1. der Grundverfügung (Ziffer 1 des Tenors),
2. der Anordnung der sofortigen Vollziehung (Ziffer 2),
3. der Zwangsmittelandrohung (Ziffer 3) sowie
4. der Kostenentscheidung (Ziffer 4)

Nach dem Einleitungssatz zur Rechtmäßigkeit[60] werden dann die einzelnen Prüfungen mit entsprechenden Überschriften nacheinander durchgeführt.

- Komplizierter ist die Situation bei Widerspruchsklausuren. Der Widerspruch ist gegen die Anordnung der sofortigen Vollziehung nicht statthaft. § 80 VwGO eröffnet statt dessen die Möglichkeit, die Aussetzung der Vollziehung bei der Ausgangs- oder Widerspruchsbehörde (Absatz 4) oder beim Gericht der Hauptsache (Absatz 5) zu beantragen. Ist nur nach den Erfolgsaussichten des Widerspruchs bzw. nach der Zulässigkeit und Begründetheit des Widerspruchs gefragt, so gehört die Anordnung der sofortigen Vollziehung nicht zum Prüfprogramm. Einbezogen werden kann sie vom Aufgabensteller aber dadurch, dass er den Rechtsbehelfsführer auch einen Aussetzungsantrag stellen lässt und nach den Erfolgsaussichten der gestellten Anträge fragt. Außerdem kann über die Aussetzung der Vollziehung, umgekehrt aber auch über die nachträgliche Anordnung der sofortigen Vollziehung von Amts wegen, zu entscheiden sein, wenn der Bearbeiter in die Rolle des Sachbearbeiters der Widerspruchsbehörde versetzt wird, der die Widerspruchsentscheidung treffen und den Widerspruchsbescheid entwerfen soll[61].

---

[59] Näher zur aufschiebenden Wirkung und ihren Ausnahmen Schoch, Jura 2001, 671; zur Wirksamkeit des Suspensiveffektes als Rechtsschutzinstrument angesichts der Ausnahmen Kotulla, Die Verwaltung 2000, 521.
[60] Siehe Frage 49, Anwendungsproblemkreis 3 II.
[61] Zur Prüfung der Zulässigkeit und Begründetheit von Anträgen auf Aussetzung der Vollziehung siehe den Anwendungsproblemkreis 10 (Frage 122).

Verwaltungsrechtsschutz

II. Durchführung der Prüfung

Aufbauschema:

I. Formelle Rechtmäßigkeit
1. Zuständigkeit: Ausgangs- oder Widerspruchsbehörde (§ 80 Abs. 2 S. 1 Nr. 4 VwGO)
2. Form: besondere Anordnung, grds. schriftlich (§ 80 Abs. 2 S. 1 Nr. 4 iVm Abs. 3 S. 1 VwGO)
3. Strittig, ob Anhörung (§ 28 Abs. 1 VwVfG unmittelbar oder analog)
4. Schriftliche Begründung (§ 80 Abs. 3 VwGO)
5. Bekanntgabe (§ 41 Abs. 1 VwVfG unmittelbar oder analog)

II. Materielle Rechtmäßigkeit
1. Kein Entfallen der aufschiebenden Wirkung schon kraft Gesetzes (§ 80 Abs. 2 S. 1 Nr.1–3 und S. 2 VwGO)
2. Besonderes Vollzugsinteresse, d. h., die sofortige Vollziehung muss im öffentlichen Interesse oder im überwiegenden Interesse eines Beteiligten geboten sein (§ 80 Abs. 2 S. 1 Nr. 4 VwGO)
3. Pflichtgemäße Ermessensausübung (§ 40 VwVfG unmittelbar oder analog) unter Beachtung des Grundsatzes der Verhältnismäßigkeit

Formelle Rechtmäßigkeit

Zuständig zur Anordnung der sofortigen Vollziehung ist die Behörde, die den Verwaltungsakt erlassen hat (Ausgangsbehörde), und die Behörde, die über den Widerspruch zu entscheiden hat (Widerspruchsbehörde), wobei die Widerspruchsbehörde schon vor Einlegung des Widerspruchs zuständig ist und die Ausgangsbehörde auch noch nach Widerspruchserhebung zuständig bleibt[62].

Für die **Form** trifft § 80 Abs. 2 S. 1 Nr. 4 VwGO die Aussage, dass die sofortige Vollziehung „besonders angeordnet wird". Das bedeutet, dass die Anordnung ausdrücklich und unmissverständlich auszusprechen ist; die Annahme einer konkludenten Anordnung ist nicht möglich[63]. Nimmt man § 80 Abs. 3 S. 1 VwGO hinzu, wonach die Anordnung der sofortigen Vollziehung schriftlich zu begründen ist, so ergibt sich daraus auch für die Anordnung selbst ein Schriftformerfordernis. Die sofortige Vollziehung wird regelmäßig von der Ausgangsbehörde im Tenor des Verwaltungsakts angeordnet. Sie kann aber auch nachträglich bis zum Eintritt der Bestandskraft, selbst noch während des Klageverfahrens, durch besonderen Bescheid oder im Widerspruchsbescheid angeordnet werden.

Im Hinblick auf das **Verfahren** regelt § 80 VwGO in Absatz 3 nur die **Begründungspflicht.** Nach Satz 1 ist das besondere Interesse an der sofortigen Vollziehung des Verwaltungsaktes schriftlich zu begründen. Angesichts der schwerwiegenden Auswirkungen der Anordnung für den Betroffenen besteht die Rechtsprechung zu Recht auf einer einzelfallbezogenen, für den Betroffenen nachvollziehbaren Begründung[64]. Die bloße Wiederholung des Gesetzeswortlauts oder feste Textbausteine reichen nicht aus. Eine ausufernde Begründung ist damit aber nicht verlangt. In weitem Umfang kann auf die Begründung des zu vollziehenden Verwaltungsakts Bezug genommen werden, soweit sich daraus bereits die beson-

---

62 VGH Mannheim, NVwZ-RR 1992, 348; VGH München BayVBl 1988, 152.
63 VGH Kassel DÖV 1976, 675; VGH Mannheim NVwZ 1995, 813.
64 Umfassende Nachweise bei Kopp/Schenke, § 80 Rdnrn. 84 ff.

dere Dringlichkeit und die von der Behörde getroffene Interessenabwägung ergibt. In der neueren Rechtsprechung[65] wird zunehmend die Nachholung der Begründung mit heilender Wirkung im gerichtlichen Verfahren nach § 80 Abs. 5 VwGO in analoger Anwendung des § 45 Abs. 2 VwVfG zugelassen. Einer besonderen Begründung bedarf es nach § 80 Abs. 3 S. 2 VwGO nur dann nicht, wenn die Behörde bei Gefahr im Verzug, insbesondere bei drohenden Nachteilen für Leben, Gesundheit oder Eigentum vorsorglich eine als solche bezeichnete Notstandsmaßnahme im öffentlichen Interesse trifft. Gefahr im Verzug reicht also – anders als in Klausuren häufig zu lesen! – für eine Ausnahme von der Begründungspflicht allein nicht aus. Die Maßnahme muss auch durch die äußere Bezeichnung als Notstandsmaßnahme kenntlich gemacht werden[66].

Ob vor Anordnung der sofortigen Vollziehung eine besondere **Anhörung** der Beteiligten in unmittelbarer oder entsprechender Anwendung des § 28 Abs. 1 VwVfG erforderlich ist, ist umstritten[67]. Angesichts der schwerwiegenden Auswirkungen der sofortigen Vollziehung für den Rechtsbehelfsführer, aber auch des damit verbundenen Risikos für die Behörde[68] sollte eine Anhörung jedenfalls vor Erlass einer nachträglichen Anordnung für geboten erachtet werden, sofern sie nicht wegen Eilbedürftigkeit nach § 28 Abs. 2 Nr. 1 VwVfG entfallen darf[69].

Unabhängig davon, ob man die Vollzugsanordnung als Verwaltungsakt oder als prozessrechtliche Maßnahme ansieht, stellt sie auf jeden Fall eine empfangsbedürftige Erklärung dar, so dass die **Bekanntgabe** an denjenigen, für den sie bestimmt ist oder der von ihr betroffen ist, in unmittelbarer oder entsprechender Anwendung des § 41 VwVfG erforderlich ist[70].

Materielle Rechtmäßigkeit

Notwendig ist die Anordnung der sofortigen Vollziehung nur, wenn die aufschiebende Wirkung nicht schon kraft Gesetzes nach § 80 Abs. 2 S. 1 Nr. 1 bis 3 oder Satz 2 VwGO entfällt.

Materielle Voraussetzung der Anordnung ist, dass die sofortige Vollziehung im öffentlichen Interesse oder im überwiegenden Interesse eines Beteiligten geboten ist. Dazu reicht, wie auch § 80 Abs. 3 S. 1 VwGO zu entnehmen ist, das allgemeine Interesse am Vollzug von Verwaltungsakten nicht aus. Festzustellen ist **das besondere Vollzugsinteresse** anhand einer Abwägung aller im Einzelfall betroffenen öffentlichen und privaten Interessen unter Berücksichtigung der Natur, Schwere und Dringlichkeit des Interesses an der Vollziehung auf der einen Seite und des

---

65 Vgl. nur OVG Bremen NVwZ-RR 1999, 682; OVG Greifswald NVwZ-RR 1999, 409.
66 Zur Überflüssigkeit des § 80 Abs. 3 S. 2 VwGO angesichts der Möglichkeit des Sofortvollzugs siehe Beckmann, VR 2003, 53.
67 Zum Streitstand siehe Hamann, DVBl 1989, 969; Kopp/Schenke, § 80 Rdnr. 82; Redeker/v. Oertzen, § 80 Rdnrn. 27 ff.; Schröder, BWVBl 1995, 384 mwN.
68 Zum Folgenbeseitigungs- und Schadensersatzanspruch bei Vollstreckung eines zu Unrecht für sofort vollziehbar erklärten Verwaltungsakts siehe BVerwG NVwZ 1991, 270; Renck, NVwZ 1994, 1177.
69 So z.B. OVG Bremen NVwZ-RR 1999, 682; OVG Lüneburg NVwZ-RR 1993, 585; VG Berlin NVwZ-RR 1992, 527.
70 Zu den formellen Anforderungen an eine Anordnung der sofortigen Vollziehung siehe auch Kalterborn, DVBl 1999, 828.

Verwaltungsrechtsschutz

Interesses an der aufschiebenden Wirkung sowie der Möglichkeit oder Unmöglichkeit einer etwaigen Rückgängigmachung der vor Bestandskraft vollzogenen Maßnahme und ihrer Folgen auf der anderen Seite[71]. Ein öffentliches Interesse, das die sofortige Vollziehung rechtfertigt, kann sich vor allem aus der Notwendigkeit einer effektiven Gefahrenabwehr ergeben, insbesondere wenn eine gegenwärtige erhebliche Gefahr vorliegt. Als weitere öffentliche Interessen kommen fiskalische Interessen, Interessen des öffentlichen Dienstes, Interessen des allgemeinen Wohls, Interessen der Wahrung der Rechtsordnung sowie sonstige generalpräventive Interessen in Betracht[72]. Die Alternative, nach der die Vollzugsanordnung auch im überwiegenden Interesse eines Beteiligten zugelassen ist, bezieht sich vor allem auf die in § 80 a Abs. 1 Nr. 1 und Absatz 2 VwGO geregelten Fallgestaltungen bei Verwaltungsakten mit Drittwirkung. Anzuerkennen ist ein überwiegendes Interesse des Begünstigten an der sofortigen Vollziehung des Verwaltungsakts dann, wenn der von dem Belasteten zu erwartende oder bereits eingelegte Rechtsbehelf mit erheblicher Wahrscheinlichkeit erfolglos bleiben wird und eine Fortdauer seiner aufschiebenden Wirkung dem Begünstigten nicht zuzumuten ist[73].

Sofern die Voraussetzungen gegeben sind, liegt die Anordnung der sofortigen Vollziehung **im pflichtgemäßen Ermessen der Behörde**. Das Bundesverfassungsgericht[74] hat der Verwaltung die Vorgabe gemacht, dass die aufschiebende Wirkung den Grundsatz bilden, die Anordnung der sofortigen Vollziehung also die Ausnahme bleiben muss. Aus dem Zweck der Rechtsschutzgarantie in Art. 19 Abs. 4 GG und dem Verfassungsgrundsatz der **Verhältnismäßigkeit** ergibt sich, dass der Rechtsschutzanspruch des Bürgers umso stärker ist und umso weniger zurückstehen darf, je schwerwiegender die ihm auferlegte Belastung ist und je mehr die Maßnahmen der Verwaltung Unabänderliches bewirken. Nach dem Prinzip des mildesten Mittels hat die Behörde die Vollzugsanordnung in personeller, zeitlicher oder sachlicher Hinsicht zu beschränken, wenn ein besonderes Vollzugsinteresse nicht für den ganzen Verwaltungsakt besteht und dieser teilbar ist. Außerdem kann die Anordnung von Bedingungen oder Auflagen abhängig gemacht oder dem Adressaten nachgelassen werden, die Vollziehung durch Sicherheitsleistung oder Erbringung bestimmter Nachweise abzuwenden[75].

---

71 Kopp/Schenke, § 80 Rdnrn. 90 ff. mwN.
72 Eingehend zu diesen Fallgruppen Finkelnburg/Jank, Vorläufiger Rechtsschutz im Verwaltungsstreitverfahren, 4. Aufl. 1998, Rdnrn. 737 ff.; Redeker/v. Oertzen, § 80 Rdnrn. 21 ff.
73 BVerwG DVBl 1966, 273, 274.
74 BVerfGE 35, 382, 402; 69, 220, 227.
75 Zur behördlichen Anordnung der sofortigen Vollziehung mit Fallbeispiel vgl. Weidemann/Barthel, DVP 2003, 165.

DRITTER TEIL

D. Verwaltungsgerichtlicher Rechtsschutz

Fragen

119. Wie ist die Verwaltungsgerichtsbarkeit aufgebaut?
120. Welche Verfahrensgrundsätze bestimmen das verwaltungsgerichtliche Verfahren?
121. Anwendungsproblemkreis 9: Die Prüfung der Zulässigkeit und Begründetheit einer verwaltungsgerichtlichen Klage
122. Anwendungsproblemkreis 10: Die Prüfung der Zulässigkeit und Begründetheit von Anträgen auf Gewährung vorläufigen Rechtsschutzes
123. Welche Rechtsmittel stehen gegen verwaltungsgerichtliche Entscheidungen zur Verfügung?

Antworten

119. Aufbau der Verwaltungsgerichtsbarkeit

Die Verwaltungsgerichtsbarkeit wird durch unabhängige, von den Verwaltungsbehörden getrennte Gerichte ausgeübt (§ 1 VwGO).

Die allgemeine Verwaltungsgerichtsbarkeit ist dreistufig aufgebaut:

- Die unterste Instanz bilden die von den Ländern eingerichteten **Verwaltungsgerichte** (VG). Sie sind in Kammern gegliedert (§ 5 Abs. 2 VwGO), die in der Besetzung von drei (Berufs-)Richtern und zwei ehrenamtlichen Richtern[1] entscheiden, soweit der Rechtsstreit nicht einem Einzelrichter zur Entscheidung übertragen ist (§ 5 Abs. 3 iVm § 6 VwGO).

- Gerichte der zweiten Stufe sind die **Oberverwaltungsgerichte** (OVG), die in Baden-Württemberg, Bayern und Hessen Verwaltungsgerichtshof (VGH) heißen. Die Länder Berlin und Brandenburg haben gemäß der Ermächtigung in § 3 Abs. 2 VwGO ein gemeinsames Oberverwaltungsgericht, das OVG Berlin-Brandenburg mit Sitz in Berlin, errichtet, das am 1. Juli 2005 seine Arbeit aufgenommen hat. Bei dem Oberverwaltungsgericht werden Senate gebildet (§ 9 Abs. 2 VwGO), die mit drei Berufsrichtern, nach landesgesetzlicher Bestimmung auch mit fünf Richtern, von denen zwei ehrenamtliche Richter sein können, besetzt sind (§ 9 Abs. 3 VwGO).

- Oberstes Verwaltungsgericht ist das **Bundesverwaltungsgericht** (BVerwG) mit Sitz in Leipzig. Es ist ebenfalls in Senate gegliedert (§ 10 Abs. 2 VwGO), die in der Besetzung von fünf Richtern, bei Beschlüssen außerhalb der mündlichen Verhandlung in der Besetzung von drei Richtern entscheiden (§ 10 Abs. 3 VwGO).

Neben der allgemeinen Verwaltungsgerichtsbarkeit bestehen Sonderverwaltungsgerichtsbarkeiten, insbesondere die Finanzgerichtsbarkeit nach der FGO und die Sozialgerichtsbarkeit nach dem SGG sowie Berufs-, Dienst- und Disziplinargerichtsbarkeiten. Nach § 50 a SGG kann durch Landesgesetz bestimmt werden, dass die Sozialgerichtsbarkeit in Angelegenheiten der Sozialhilfe und des Asylbewerberleistungsgesetzes sowie in Angelegenheiten der Grundsicherung für Arbeitsuchende durch besondere Spruchkörper der Verwaltungsgerichte und der Oberverwaltungsgerichte ausgeübt wird.

---

[1] Zur Wahl der ehrenamtlichen Richter siehe Klenke, NVwZ 1998, 473.

Verwaltungsrechtsschutz

120. Verfahrensgrundsätze

Für den Verwaltungsprozess gelten insbesondere folgende Verfahrensgrundsätze[2]:

- der **Verfügungsgrundsatz** (Dispositionsmaxime), wonach die Beteiligten die Herrschaft darüber haben, welchen Sachverhalt sie dem Gericht unterbreiten wollen, so dass sie Art und Umfang des Rechtsschutzes selbst bestimmen können;
- der **Untersuchungsgrundsatz** (Inquisitionsmaxime), der das Gericht berechtigt und verpflichtet, den entscheidungserheblichen Sachverhalt von Amts wegen zu erforschen, ohne an das Vorbringen oder die Beweisanträge der Beteiligten gebunden zu sein (vgl. § 86 Abs. 1 VwGO);
- der **Grundsatz des Amtsbetriebs**, der bedeutet, dass die Verhandlung in der Hand des Gerichts liegt;
- die **Konzentrationsmaxime**, die besagt, dass der Rechtsstreit möglichst in einer mündlichen Verhandlung erledigt werden soll (vgl. insbesondere die Regelungen in §§ 87 bis 87 b VwGO zum vorbereitenden Verfahren);
- der **Grundsatz der Öffentlichkeit** der Verhandlungen einschließlich der Verkündung von Urteilen und Beschlüssen (§ 55 VwGO iVm § 169 GVG);
- der **Grundsatz der Mündlichkeit**, wonach das Gericht in der Regel aufgrund mündlicher Verhandlung entscheidet (§ 101 VwGO);
- der **Grundsatz der Unmittelbarkeit**, der verlangt, das gesamte Verfahren einschließlich der Beweisaufnahme (§ 96 Abs. 1 VwGO mit Ausnahmen in Absatz 2) vor dem erkennenden Gericht durchzuführen;
- der **Grundsatz des rechtlichen Gehörs** (Art. 103 Abs. 1 GG).

121. Anwendungsproblemkreis 9: Die Prüfung der Zulässigkeit und Begründetheit einer verwaltungsgerichtlichen Klage

I. Problemstellung

Die Prüfung der Zulässigkeit und Begründetheit einer verwaltungsgerichtlichen Klage stellt die klassische Aufgabenstellung im juristischen Studium dar. Aber auch für den Verwaltungsbeamten des gehobenen Dienstes ist es wichtig, die Rechtsbehelfsmöglichkeiten des Bürgers zu kennen, Klageerwiderungen (ggf. mit juristischer Unterstützung) anfertigen und die Sache in der mündlichen Verhandlung vertreten zu können.

---

[2] Vgl. zu den Verfahrensgrundsätzen Büchner/Schlotterbeck, Teil 6 F; Schmitt Glaeser/Horn, § 14 und Ule, §§ 26 bis 30; zur praktischen Einführung in das verwaltungsgerichtliche Verfahren Bosch/Schmidt, Praktische Einführung in das verwaltungsgerichtliche Verfahren, 8. Aufl. 2005; Brandt/Sacher, Handbuch Verwaltungsverfahren und Verwaltungsprozess, 2. Aufl. 2003; Johlen, Münchener Prozessformularbuch Verwaltungsrecht, 2. Aufl. 2005 (mit CD-ROM); Klein/Czajka, Gutachten und Urteil im Verwaltungsprozess, 4. Aufl. 1995; Kuhla/Hüttenbrink, Der Verwaltungsprozess, 2. Aufl. 1998; Martens, Die Praxis des Verwaltungsprozesses, 1975, und Mustertexte zum Verwaltungsprozess, 2. Aufl. 1994; Vahle, DVP 2002, 443; zu den Entscheidungen der Verwaltungsgerichte Schloer, JA 1988, 62; zur Tenorierung Geiger, JuS 1998, 343; Hufeld, JA 1998, 520; Kment, JuS 2005, 420, 517 und 608; Lemke/Wahrendorf, JA 1998, 72; Schmidt, JA 2002, 804, 885, 972; 2003, 51; zu Fragen aus der mündlichen Prüfung Schaller, VR 2000, 133.

DRITTER TEIL

II. Grundsätzliches zum Aufbau und zu den Klagearten

Die Rechtsbehelfsprüfung bei einer verwaltungsgerichtlichen Klage gliedert sich wie beim verwaltungsrechtlichen Widerspruch in **eine Zulässigkeits- und eine Begründetheitsprüfung.** Die Ausführungen zur Gewichtung und zu den unterschiedlichen Anforderungen der beiden Teilprüfungen gelten deshalb entsprechend.

Die Zulässigkeitsprüfung im Verwaltungsprozess wird bestimmt durch die Unterscheidung zwischen allgemeinen und besonderen Zulässigkeitsvoraussetzungen. **Allgemeine Zulässigkeitsvoraussetzungen** sind solche, die bei jeder Klage erfüllt sein müssen. **Besondere Zulässigkeitsvoraussetzungen** sind zusätzliche Anforderungen, die sich aus der einschlägigen Klageart ergeben. Die Rechtsschutzbegehren, mit denen sich die Bürger an das Verwaltungsgericht wenden, sind so vielgestaltig, dass es für den Gesetzgeber nicht möglich war, für alle Fälle gültige einheitliche Zulässigkeitsvoraussetzungen aufzustellen. Er hat deshalb die Rechtsschutzbegehren auf Gemeinsamkeiten und Unterschiede hin untersucht und daraufhin verschiedene Kategorien gebildet, die als Klagearten bezeichnet werden[3]. Für die einzelnen Klagearten hat er dann ergänzende rechtsschutzformspezifische Anforderungen aufgestellt. Die Zulässigkeitsprüfung besteht bei einer verwaltungsgerichtlichen Klage also aus drei Teilen:

- den allgemeinen Zulässigkeitsvoraussetzungen,
- der Bestimmung der richtigen Klageart und
- den besonderen Zulässigkeitsvoraussetzungen der Klageart.

Klagearten sind nach der Verwaltungsgerichtsordnung

- die Anfechtungsklage (§ 42 Abs. 1 Alt. 1 VwGO),
- die Verpflichtungsklage (§ 42 Abs. 1 Alt. 2 VwGO),
- die allgemeine Leistungsklage (angesprochen in §§ 43 Abs. 2 S. 1 und 113 Abs. 4 VwGO),
- die Feststellungsklage in Form der allgemeinen Feststellungsklage (§ 43 Abs. 1 VwGO) und der Fortsetzungsfeststellungsklage (§ 113 Abs. 1 S. 4 VwGO),
- das Normenkontrollverfahren (§ 47 VwGO).

Diese Klagearten sind nicht abschließend. Lässt sich ein Rechtsschutzbegehren keiner der gesetzlich erwähnten Klagearten zuordnen, auch nicht im Wege der erweiternden Auslegung und der Analogie, so muss eine neue Kategorie gebildet und festgelegt werden, welche besonderen Sachentscheidungsvoraussetzungen aufgestellt werden müssen[4]. Das folgt daraus, dass § 40 Abs. 1 VwGO den Verwaltungsrechtsweg in Ausführung der Rechtsweggarantie des Art. 19 Abs. 4 GG[5] für alle öffentlich-rechtlichen Streitigkeiten nichtverfassungsrechtlicher Art eröffnet, die nicht einem anderen Gericht ausdrücklich zugewiesen sind. Eine aner-

---

3   Zu Klagearten und Urteilstypik im Verwaltungsprozess siehe Hufeld, JA 1998, 520.
4   BVerwG NJW 1978, 1870.
5   Siehe dazu Lorenz, Jura 1983, 393 und Schenke, JZ 1988, 317.

Verwaltungsrechtsschutz

kannte weitere Klageart bildet z.B. die Organstreitigkeit in Form der Kommunalverfassungsstreitigkeit oder der Hochschulverfassungsstreitigkeit[6].

III. Allgemeine Zulässigkeitsvoraussetzungen

Aufbauschema:

1. Deutsche Gerichtsbarkeit
2. Zulässigkeit des Verwaltungsrechtswegs (Spezialzuweisung oder § 40 Abs. 1 VwGO)
3. Zuständigkeit des Gerichts
   a) sachliche Zuständigkeit (§§ 45-50 VwGO)
   b) örtliche Zuständigkeit (§§ 52, 53 VwGO)
4. Beteiligungsfähigkeit (§ 61 mit §§ 63–66 VwGO)
5. Prozessfähigkeit (§ 62 VwGO)
6. Prozessbevollmächtigung (§ 67 VwGO)
7. Ordnungsgemäße Klageerhebung (§§ 81, 82 VwGO)
8. Fehlen einer rechtskräftigen Entscheidung (§ 121 VwGO)
9. Fehlen anderweitiger Rechtshängigkeit
10. Allgemeines Rechtsschutzbedürtnis

Erläuterungen:

Deutsche Gerichtsbarkeit

Eine Klage vor einem (deutschen) Verwaltungsgericht ist nur zulässig, wenn die Streitigkeit der deutschen Gerichtsbarkeit unterliegt. Das ist nicht der Fall bei Exterritorialen (§§ 18 bis 20 GVG) und bei Maßnahmen fremder Hoheitsträger[7].

Zulässigkeit des Verwaltungsrechtswegs

Die Zuweisung von Streitigkeiten an die (allgemeine) Verwaltungsgerichtsbarkeit erfolgt durch Sonderzuweisungen und die Generalklausel des § 40 Abs. 1 VwGO[8].

Zuständigkeit des Gerichts

Mit der Zulässigkeit des Verwaltungsrechtswegs steht fest, dass die Streitigkeit der Sache nach den Verwaltungsgerichten zugewiesen ist. Für die Prüfung der sachlichen Zuständigkeit bleibt damit nur noch die Frage nach der **instanziellen und funktionellen Zuständigkeit** übrig. In erster Instanz sind nach § 45 VwGO grundsätzlich die Verwaltungsgerichte zuständig. Die Oberverwaltungsgerichte sind ausnahmsweise zuständig für die Normenkontrolle nach § 47 VwGO, bei technischen Großvorhaben aus dem Bereich der Energieversorgung, der Abfallbeseitigung und des Verkehrs (§ 48 Abs. 1 VwGO) sowie für Klagen gegen die von einer obersten Landesbehörde ausgesprochenen Vereinsverbote (§ 48 Abs. 2 VwGO). Erstinstanzliche Zuständigkeiten des Bundesverwaltungsgerichts sind in

---

6   Näher dazu Ehlers, NVwZ 1990, 105; Erichsen, Jura 1980, 159 f.; Erichsen/Biermann, Jura 1997, 157; Franz, Jura 2005, 156; Klitzing, APF 1987, 273; Martensen, JuS 1995, 989, 1077; Meister, JA 2004, 414; Schoch, JuS 1987, 783; Schwerdtfeger, § 52; Stober, JA 1974, 45, 113; Zöller, DVP 1995, 95; gegen die Notwendigkeit einer neuen Klageart Preusche, NVwZ 1987, 854.
7   Vgl. BVerfGE 22, 293, 297; 37, 271, 283 sowie 73, 339, 367 f. zur funktionellen Verschränkung der Gerichtsbarkeit der EU mit der der Mitgliedsstaaten.
8   Eingehend dazu bereits im Anwendungsproblemkreis 7 (Frage 112) unter III 2 c.

DRITTER TEIL

§ 50 VwGO aufgeführt. Die Zuständigkeiten für das Rechtsmittelverfahren ergeben sich aus § 46 und § 49 VwGO. Im Regelfall ist danach das Oberverwaltungsgericht Berufungsinstanz und das Bundesverwaltungsgericht Revisionsinstanz.

Die **örtliche Zuständigkeit** ist in § 52 VwGO festgelegt. Besondere Gerichtsstände bestehen für Streitigkeiten, die sich auf unbewegliches Vermögen oder ortsgebundene Rechte und Rechtsverhältnisse beziehen (Nr. 1), für Anfechtungs- und Verpflichtungsklagen (Nr. 2 und 3) und für Klagen gegen den Dienstherrn in besonderen Pflichtverhältnissen (Nr. 4). In allen anderen Fällen besteht nach § 52 Nr. 5 VwGO der allgemeine Gerichtsstand des Sitzes, Wohnsitzes oder Aufenthalts des Beklagten. § 53 VwGO eröffnet die Möglichkeit der Zuständigkeitsbestimmung durch das nächsthöhere Gericht.

Beteiligungsfähigkeit

§ 63 VwGO bestimmt, wer an einem verwaltungsgerichtlichen Verfahren beteiligt sein kann[9]. Hauptbeteiligte sind der Kläger und der Beklagte[10] (einschließlich der Streitgenossen im Sinne des § 64 VwGO[11]). Das Gericht kann andere, deren rechtliche Interessen durch die Entscheidung berührt werden, nach Maßgabe des § 65 VwGO beiladen. Der Vertreter des Bundesinteresses (§ 35 VwGO) und der Vertreter des öffentlichen Interesses (§ 36 VwGO) sind Beteiligte, falls sie von ihrer Beteiligungsbefugnis Gebrauch machen (§ 63 Nr. 4 VwGO).

Damit sind aber nur die abstrakten Prozessrollen verteilt. Wer als Kläger, Beklagter, Beigeladener usw. am verwaltungsgerichtlichen Verfahren teilnehmen kann, ergibt sich aus § 61 VwGO. Beteiligungsfähig sind danach[12]:

1. natürliche und juristische Personen,

2. Vereinigungen, soweit ihnen ein Recht zustehen kann,

3. Behörden, sofern das Landesrecht dies bestimmt (siehe § 8 Abs. 1 BbgVwGG/ § 5 Abs. 1 AGVwGO NRW).

Prozessfähigkeit

Prozessfähigkeit ist die Fähigkeit eines Beteiligten, selbst Verfahrenshandlungen vornehmen zu können, insbesondere Klage zu erheben, Anträge zu stellen, Erklärungen abzugeben und entgegenzunehmen. Prozessfähig sind nach § 62 Abs. 1 VwGO

1. die nach bürgerlichem Recht Geschäftsfähigen,

2. die nach bürgerlichem Recht in der Geschäftsfähigkeit Beschränkten, soweit sie durch Vorschriften des bürgerlichen oder öffentlichen Rechts für den Gegenstand des Verfahrens als geschäftsfähig anerkannt sind[13].

---

9 Eingehend zu den Beteiligten von Mutius, Jura 1988, 469.
10 Zur Bestimmung des richtigen Beklagten vgl. Jestaedt, NWVBl 1989, 45.
11 Siehe dazu Deckenbrock/Dötsch, JA 2003, 882.
12 Pietzner/Ronellenfitsch, § 7 1; Schmitt Glaeser/Horn, § 2 IV.
13 Vgl. dazu Kopp/Schenke, § 62 Rdnrn. 5 ff.

Verwaltungsrechtsschutz

Für prozessunfähige natürliche Personen handeln ihre gesetzlichen Vertreter oder besonders bestellte Vertreter (§ 62 Abs. 2 und 4 VwGO iVm §§ 53 bis 58 ZPO). Für Vereinigungen sowie für Behörden handeln ihre gesetzlichen Vertreter, Vorstände oder besonders Beauftragte (§ 62 Abs. 3 VwGO).

Prozessbevollmächtigung

Vor dem Bundesverwaltungsgericht und dem Oberverwaltungsgericht muss sich jeder Beteiligte, soweit er einen Antrag stellt, durch einen Rechtsanwalt oder Rechtslehrer an einer deutschen Hochschule im Sinne des Hochschulrahmengesetzes mit Befähigung zum Richteramt als Bevollmächtigten vertreten lassen (§ 67 Abs. 1 S. 1 VwGO mit Sonderregelungen in den weiteren Sätzen). Vor dem Verwaltungsgericht kann sich ein Beteiligter in jeder Lage des Verfahrens durch einen Bevollmächtigten vertreten lassen und sich in der mündlichen Verhandlung eines Beistandes bedienen (§ 67 Abs. 2 S. 1 VwGO). Als Bevollmächtigter und Beistand kann vor dem Verwaltungsgericht jede Person auftreten, die zum sachgemäßen Vortrag fähig ist (§ 67 Abs. 2 S. 3 VwGO). Erforderlich ist eine schriftliche Vollmacht, die auch nachgereicht werden kann (§ 67 Abs. 3 VwGO)[14].

Ordnungsgemäße Klageerhebung

§ 81 VwGO stellt Anforderungen an die **Form der Klageerhebung,** § 82 VwGO an den Inhalt der Klageschrift auf. Die Klage ist nach § 81 Abs. 1 S. 1 VwGO schriftlich bei dem Gericht zu erheben. Die Erhebung zur Niederschrift des Urkundsbeamten der Geschäftsstelle ist nur beim Verwaltungsgericht zugelassen (§ 81 Abs. 1 S. 2 VwGO). Der Klage und allen Schriftsätzen sollen Abschriften für die übrigen Beteiligten beigefügt werden (§ 81 Abs. 2 VwGO). Nach § 55 a VwGO können die Beteiligten dem Gericht elektronische Dokumente übermitteln, soweit dies für den jeweiligen Zuständigkeitsbereich durch Rechtsverordnung der Bundesregierung oder der Landesregierungen zugelassen worden ist.

Notwendiger **Inhalt der Klageschrift** ist nach § 82 Abs. 1 S. 1 VwGO die Bezeichnung des Klägers und des Beklagten (mit ladungsfähiger Anschrift) sowie des Gegenstands des Klagebegehrens. Darüber hinaus sollen ein bestimmter Antrag gestellt, die zur Begründung dienenden Tatsachen und Beweismittel angegeben sowie die angefochtene Verfügung und der Widerspruchsbescheid in Urschrift oder Abschrift beigefügt sein (§ 82 Abs. 1 S. 2 und 3 VwGO). Entspricht die Klage diesen Anforderungen nicht, hat der Vorsitzende oder der nach § 21 g GVG zuständige Berufsrichter (Berichterstatter) den Kläger zu der erforderlichen Ergänzung innerhalb einer bestimmten Frist aufzufordern (§ 82 Abs. 2 VwGO).

Fehlen einer rechtskräftigen Entscheidung

Rechtskräftige Urteile binden die Beteiligten und ihre Rechtsnachfolger soweit, als über den Streitgegenstand entschieden worden ist (§ 121 VwGO). Damit ist grundsätzlich jede neue Verhandlung und Entscheidung in der gleichen Sache ausgeschlossen. Bei identischem Streitgegenstand ist eine erneute Klage ohne Sachprüfung wegen entgegenstehender Rechtskraft als unzulässig abzuweisen.

---

14 Zum Anwalt im Verwaltungsprozess siehe Johlen, DÖV 2001, 582.

DRITTER TEIL

Fehlen anderweitiger Rechtshängigkeit
Wenn die Streitsache schon bei einem anderen Gericht der allgemeinen Verwaltungsgerichtsbarkeit oder einem ordentlichen Gericht oder einem Gericht der Arbeits-, Finanz- oder Sozialgerichtsbarkeit anhängig ist, so ist eine neue Klage wegen der bereits bestehenden Rechtshängigkeit unzulässig.

Allgemeines Rechtsschutzbedürfnis
Ungeschriebene Voraussetzung jeglicher Inanspruchnahme eines Gerichts ist das allgemeine Rechtsschutzbedürfnis. Der Kläger muss ein berechtigtes Interesse an einer gerichtlichen Entscheidung haben. Er soll das Gericht nicht unnütz oder missbräuchlich in Anspruch nehmen. Das Rechtsschutzbedürfnis fehlt insbesondere, wenn der Kläger den angestrebten Erfolg auf einfachere Art und Weise erreichen kann (etwa der Bürger durch einen Antrag bei der Verwaltung sein Ziel erreichen oder die Verwaltung einen Verwaltungsakt erlassen kann), der angestrebte Rechtsschutz für den Kläger ohne praktischen Nutzen ist (insbesondere die Klärung der strittigen Fragen nur von theoretischem Interesse ist) oder der Kläger missbilligungswerte Ziele mit der Klage verfolgt[15].

Klausurmäßige Behandlung
Die Vorstellung der einzelnen allgemeinen Zulässigkeitsvoraussetzungen darf nicht dazu verleiten, in der Klausur alle Anforderungen erörtern zu wollen. Nichts wirkt anfängerhafter und ungeschickter als ein sklavisches Festklammern an Aufbauschemata gerade im Bereich allgemeiner Zulässigkeitsvoraussetzungen. In jedem Fall zu erörtern sind eigentlich nur die Zulässigkeit des Verwaltungsrechtswegs und die Zuständigkeit des Gerichts. Welche Voraussetzungen darüber hinaus angesprochen werden sollen, hängt weitgehend von der Üblichkeit an der jeweiligen Hochschule ab, wobei die Praxis von Studienabschnitt zu Studienabschnitt und sogar von Dozent zu Dozent variieren kann. Vorrangig muss daher geraten werden, sich nach dem gelehrten Konzept und den (mutmaßlichen) Erwartungen der Prüfer zu richten. Als **allgemeiner Grundsatz** gilt: Angesprochen werden dürfen in der Klausur nur die Voraussetzungen, die sinnvollerweise erörtert werden können. So beschränken sich die Prüfungsmöglichkeiten bei den Anforderungen an eine ordnungsgemäße Klageerhebung auf die Schriftform, wenn die Klageschrift nicht in der Aufgabenstellung enthalten ist. Ebenso wird man zur fehlenden Rechtskraft und Rechtshängigkeit regelmäßig nichts sagen können. Wie ungeschickt und zugleich unnötig angreifbar wirkt dann jegliche „pflichtschuldige" Erörterung („Da der Sachverhalt nichts Gegenteiliges aussagt, gehe ich (!) davon aus, dass weder eine rechtskräftige Entscheidung in der Sache noch eine anderweitige Rechtshängigkeit vorliegt."). Auf die Wirksamkeit einer gewillkürten Prozessvertretung wird man natürlich nur dann zu sprechen kommen, wenn ein Prozessbevollmächtigter aufgetreten ist. Schwierig ist es auch, zum allgemeinen Rechtsschutzbedürfnis etwas Sinnvolles zu schreiben, wenn keine der problematischen Fallgruppen vorliegt, zumal das allgemeine Rechtsschutzbedürfnis bei den meisten Klagearten durch die strengeren Anforderungen des besonderen Rechtsschutzbedürfnisses überlagert wird.

---

15 Eingehend Pietzner/Ronellenfitsch, § 18; Schmitt-Glaeser/Horn, § 2 IX.

Zusammenfassend kann daher festgestellt werden: Zwingend zu erörtern sind die Zulässigkeit des Verwaltungsrechtswegs und die Zuständigkeit des Gerichts. Außerdem ist jede Voraussetzung sorgfältig zu prüfen, die in der Aufgabenstellung in irgendeiner Weise problematisiert wird. Darüber hinaus empfiehlt es sich regelmäßig, kurz das Bestehen der deutschen Gerichtsbarkeit sowie die Beteiligungs- und Prozessfähigkeit (im Falle der Prozessvertretung auch die schriftliche Bevollmächtigung), soweit üblich außerdem das Rechtsschutzbedürfnis festzustellen. Alle weiteren allgemeinen Zulässigkeitsvoraussetzungen können dann in dem Satz zusammengefasst werden: „Sonstige Bedenken gegen die Zulässigkeit der Klage bestehen nicht."

Nicht jeder Mangel bei den allgemeinen Zulässigkeitsvoraussetzungen führt zur Unzulässigkeit und damit zur Abweisung der Klage. Ist das Gericht, bei dem die Klage erhoben worden ist, nicht zuständig, hat es die Sache auf Antrag des Klägers an das zuständige Gericht zu verweisen. Entspricht der Inhalt der Klageschrift nicht den Anforderungen, so ist der Kläger zur Ergänzung aufzufordern (§ 81 Abs. 2 VwGO). Eine schriftliche Vollmacht kann nachgereicht werden (§ 67 Abs. 3 S. 2 VwGO)[16].

IV. Besondere Zulässigkeitsvoraussetzungen und Begründetheitsanforderungen

1. Anfechtungsklage

Aufbauschema:

I. **Zulässigkeit der Anfechtungsklage**
1. Allgemeine Zulässigkeitsvoraussetzungen
2. Statthaftigkeit der Klageart
   Die Anfechtungsklage ist nach § 42 Abs. 1 Alt. 1 VwGO statthaft, wenn Aufhebung eines Verwaltungsakts begehrt wird.
3. Besondere Zulässigkeitsvoraussetzungen der Anfechtungsklage
   a) Durchführung eines Vorverfahrens (§ 68 Abs. 1 VwGO)
   b) Klagefrist (§ 74 Abs. 1 VwGO)
   c) Klagebefugnis (§ 42 Abs. 2 VwGO)

II. **Begründetheit der Anfechtungsklage**
Die Anfechtungsklage ist begründet, soweit der Verwaltungsakt rechtswidrig und der Kläger dadurch in seinen Rechten verletzt ist (§ 113 Abs. 1 S. 1 VwGO).

Erläuterungen:

a) Statthaftigkeit der Klageart

Die Anfechtungsklage ist nach § 42 Abs. 1 Alt. 1 VwGO statthaft, wenn der Kläger die Aufhebung eines Verwaltungsaktes begehrt. Rechtsschutzziel ist also die **Abwehr eines den Kläger belastenden Verwaltungsaktes.** Die angegriffene Maßnahme muss objektiv einen Verwaltungsakt darstellen, so dass die Begriffsmerkmale des Verwaltungsakts wie im Anwendungsproblemkreis 2 (Frage 33)

---

16 Zur Vertiefung wird auf Stern, Verwaltungsprozessuale Probleme in der öffentlichrechtlichen Arbeit, 8. Aufl. 2000, hingewiesen.

besprochen zu prüfen sind. Auf die Wirksamkeit des Verwaltungsakts kommt es nicht an, da § 43 Abs. 2 S. 2 VwGO klarstellt, dass die Anfechtungsklage auch gegen einen nichtigen Verwaltungsakt statthaft ist[17].

b) Besondere Zulässigkeitsvoraussetzungen

Vorverfahren

Zwingende Zulässigkeitsvoraussetzung der Anfechtungsklage ist, dass der Kläger zuvor (erfolglos) versucht hat, die Aufhebung des Verwaltungsakts in einem Vorverfahren zu erreichen, soweit ein Vorverfahren nicht nach § 68 Abs. 1 Satz 2 VwGO ausnahmsweise entbehrlich ist. Die Anforderungen sind jedenfalls dann erfüllt, wenn ordnungsgemäß Widerspruch eingelegt und ein zumindest teilweise negativer Widerspruchsbescheid erlassen oder nach Maßgabe des § 75 VwGO in angemessener Frist sachlich nicht entschieden worden ist. Umstritten ist, ob die Klage auch dann zulässig ist, wenn die Widerspruchsbehörde einen verspäteten (sog. verfristeten) Widerspruch trotz eingetretener Bestandskraft sachlich bescheidet[18].

Klagefrist

Die Anfechtungsklage muss nach § 74 Abs. 1 VwGO innerhalb eines Monats nach Zustellung des Widerspruchsbescheids bzw. nach Bekanntgabe des Verwaltungsakts, sofern ein Vorverfahren nicht erforderlich ist, erhoben werden. Die Frist berechnet sich nach § 57 VwGO. Sie beginnt nur zu laufen, wenn eine richtige Rechtsbehelfsbelehrung erteilt worden ist; anderenfalls ist die Klage grundsätzlich innerhalb eines Jahres zulässig (§ 58 VwGO).

Klagebefugnis

§ 42 Abs. 2 VwGO verlangt für die Anfechtungsklage eine besondere Klagebefugnis: Die Klage ist nur zulässig, wenn der Kläger geltend macht, durch den Verwaltungsakt in seinen Rechten verletzt zu sein. Für die Prüfung der Klagebefugnis kann auf die Ausführungen zur Widerspruchsbefugnis im Anwendungsproblemkreis 7 (Frage 112) verwiesen werden[19].

c) Begründetheit der Anfechtungsklage

Die Anfechtungsklage ist begründet, soweit der Verwaltungsakt rechtswidrig und der Kläger dadurch in seinen Rechten verletzt ist (§ 113 Abs. 1 S. 1 VwGO). Prüfungsgegenstand ist grundsätzlich der ursprüngliche Verwaltungsakt in der Gestalt, die er durch den Widerspruchsbescheid gefunden hat (§ 79 Abs. 1 Nr 1 VwGO), ausnahmsweise nur der Widerspruchsbescheid (§ 79 Abs. 1 Nr. 2 und Abs. 2 VwGO).

---

17 Zur Anfechtungsklage siehe Ehlers, Jura 2004, 30 und 176; speziell zum Gegenstand der Anfechtungsklage Fendt, JA 2000, 977 und Preusche, JuS 1997, 639.
18 Bejahend BVerwGE 57, 342, 344; NVwZ 1983, 608 mwN; aA OVG Münster NVwZ-RR 1995, 623; Brühl, Entscheiden, 4. Abschnitt 5.1.1.6; Fehn, VR 1986, 376; Judick, NVwZ 1984, 356; Linhart, APF 1984, 90.
19 Speziell zur Klagebefugnis Erichsen, Jura 1989, 220; Hipp/Hufeld, JuS 1998, 802, 898: Lemke, JA 1999, 887; Schröder, Jura 1981, 617; Wüstenbecker, JA-Übungsblätter 1988, 81.

Wegen des Grundsatzes der Gewaltenteilung kommt es regelmäßig auf die Sach- und Rechtslage im Zeitpunkt der letzten Verwaltungsentscheidung – meist in Form des Widerspruchsbescheids – an. Aus dem materiellen Recht hat die Rechtsprechung jedoch verschiedene Ausnahmen, insbesondere für Verwaltungsakte mit Dauerwirkung abgeleitet[20]. Nicht entscheidungserheblich ist, ob der Verwaltungsakt schlicht rechtswidrig oder nichtig ist, weshalb darauf nicht eingegangen werden darf. Ist der Verwaltungsakt rechtswidrig, darf nicht vergessen werden festzustellen, dass der Kläger dadurch in seinen Rechten verletzt ist.

Soweit die Klage zulässig und begründet ist, hebt das Gericht den Verwaltungsakt und einen etwaigen Widerspruchsbescheid auf. Die Formulierung des § 113 Abs. 1 S. 1 VwGO macht deutlich („soweit"), dass eine Anfechtungsklage auch nur teilweise erfolgreich sein kann, wenn nämlich nur eine von mehreren angegriffenen Maßnahmen oder nur ein abtrennbarer Teil eines Verwaltungsaktes rechtswidrig ist. Begehrt der Kläger die Änderung eines Verwaltungsakts, der einen Geldbetrag festsetzt oder eine darauf bezogene Feststellung trifft, kann das Gericht den Betrag in anderer Höhe festsetzen oder die Feststellung durch eine andere ersetzen (§ 113 Abs. 2 S. 1 VwGO). Ist der Verwaltungsakt schon vollzogen, so kann das Gericht, wenn die Behörde dazu in der Lage und diese Frage spruchreif ist, auf Antrag auch aussprechen, dass und wie die Verwaltungsbehörde die Vollziehung rückgängig zu machen hat (§ 113 Abs. 1 S. 2 und 3 VwGO)[21].

Zur Entlastung der Gerichte hat der Gesetzgeber zwei Möglichkeiten der Rückverweisung an die Verwaltung geschaffen: Nach § 113 Abs. 2 S. 2 VwGO kann das Gericht die Sache der Behörde zur Neuberechnung zurückgeben. Hält das Gericht eine weitere Sachaufklärung für erforderlich, kann es den Verwaltungsakt und den Widerspruchsbescheid gem. § 113 Abs. 3 VwGO aufheben, ohne in der Sache selbst zu entscheiden[22].

2. Verpflichtungsklage

Aufbauschema:

I. Zulässigkeit der Verpflichtungsklage
1. Allgemeine Zulässigkeitsvoraussetzungen
2. Statthaftigkeit der Klageart
Die Verpflichtungsklage ist nach § 42 Abs. 1 Alt. 2 VwGO statthaft, wenn die Verurteilung zum Erlass eines abgelehnten oder unterlassenen Verwaltungsakts begehrt wird.
3. Besondere Zulässigkeitsvoraussetzungen der Verpflichtungsklage
a) Durchführung eines Vorverfahrens (§ 68 Abs. 2 VwGO)
b) Klagefrist (§ 74 Abs. 1 VwGO)
c) Klagebefugnis (§ 42 Abs. 2 VwGO)

II. Begründetheit der Verpflichtungsklage
Die Verpflichtungsklage ist begründet, soweit die Ablehnung oder Unterlassung des Verwaltungsakts rechtswidrig und der Kläger dadurch in seinen Rechten verletzt ist (§ 113 Abs. 5 S. 1 VwGO).

---

20 Vgl. BVerwG NVwZ 1990, 653 und 654. Zum maßgeblichen Zeitpunkt im Verwaltungsprozessrecht siehe Baumeister, Jura 2005, 655; Gatawis, JA 2003, 692; Klein, NVwZ 1990, 633; Kleinlein, VerwArch 1990, 149; Lemke, JA 1999, 240; Polzin, JuS 2004, 211; Schenke, JA 1999, 580; Zöller, DVP 1995, 497.
21 Zum Folgenbeseitigungsanspruch siehe Brugger, JuS 1999, 625; Bumke, JuS 2005, 22; Eiermann, UBWV 1999, 323; Köckerbauer, JuS 1988, 782; Schenke, DVBl 1990, 328; Schloer, JA 1992, 39; Schoch, Jura 1993, 478; Stangl, JA 1997, 138; Stollenwerk, DVP 1999, 406.
22 Zur nichtstreitigen Erledigung des Verwaltungsprozesses siehe Messmer, JA 2005, 300 und Schäfer, JA 2001, 330.

DRITTER TEIL

Erläuterungen:

a) Statthaftigkeit der Klageart

Die Verpflichtungsklage ist statthaft, wenn der Kläger die Verurteilung zum Erlass eines abgelehnten oder unterlassenen Verwaltungsaktes begehrt (§ 42 Abs. 1 Alt. 2 VwGO). Rechtsschutzziel ist es also, **die Behörde zum Erlass eines (für den Kläger begünstigenden) Verwaltungsaktes** zu **zwingen**. Die angestrebte Handlung der Behörde muss objektiv einen Verwaltungsakt darstellen[23].

Die **Abgrenzung zwischen Anfechtungs- und Verpflichtungsklage** bereitet vielen Studenten Schwierigkeiten im Falle der Ablehnung eines beantragten Verwaltungsakts. Nicht selten wird dann fälschlich die Anfechtungsklage für die richtige Klageart gehalten, insbesondere wenn der Kläger sich in seinem Vortrag gegen die Ablehnung wendet. Hätte der Anfechtungsantrag Erfolg, so würde das jedoch dem Kläger wenig nützen, denn damit würde nur die Ablehnung aufgehoben, aber noch keine Aussage über den Erlass des begehrten Verwaltungsakts getroffen. Das Rechtsschutzbegehren geht also weiter, als die Gestaltungskraft eines Anfechtungsurteils wirken könnte. Das Endziel des Klägers, das über die richtige Klageart entscheidet, ist die Verurteilung der Behörde zum Erlass eines Verwaltungsakts. Damit ist grundsätzlich nur die Verpflichtungsklage statthaft, was sich auch eindeutig aus dem Wortlaut der §§ 42 Abs. 1 und 113 Abs. 5 S. 1 VwGO ergibt[24]. Mit dem zusprechenden Verpflichtungsurteil werden alle von der Behörde erlassenen entgegen stehenden Bescheide gegenstandslos. Eines entsprechenden (Anfechtungs-)Antrages des Klägers bedarf es nicht. Verbindet der Kläger seinen Verpflichtungsantrag mit einem Anfechtungsantrag, so wird das als unschädlich angesehen, wie auch das Gericht die ablehnenden Bescheide im Urteilstenor zur Klarstellung aufheben kann[25].

b) Besondere Zulässigkeitsvoraussetzungen

Vorverfahren

Ein Vorverfahren ist für die Verpflichtungsklage nur vorgeschrieben für die erste Alternative, dass der Antrag auf Vornahme des Verwaltungsakts abgelehnt worden ist (§ 68 Abs. 2 VwGO). Ist über den Antrag auf Vornahme des Verwaltungsakts (oder über den Widerspruch gegen die Ablehnung) ohne zureichenden Grund in angemessener Frist sachlich nicht entschieden worden[26], so ist die Verpflichtungsklage zulässig, ohne dass die Entscheidung der Behörde abgewartet werden muss (§ 75 S. 1 VwGO).

Klagefrist

Eine Klagefrist von einem Monat ist nach § 74 Abs. 2 VwGO für die Verpflichtungsklage ebenfalls nur dann vorgeschrieben, wenn der Antrag auf Vornahme des Verwaltungsakts abgelehnt worden ist, weil nur in diesem Fall eine Verwaltungsentscheidung mit Rechtsbehelfsbelehrung vorliegt.

---

23 Zur Verpflichtungsklage siehe Ehlers, Jura 2004, 310.
24 Vgl. nur BVerwGE 78, 93; kritisch dazu Martens, DÖV 1988, 949.
25 Vgl. BVerwGE 38, 99.
26 Näher dazu Leisner, VerwArch 2000, 227.

Für die Untätigkeitsklage sieht § 75 S. 2 VwGO eine Wartefrist von regelmäßig drei Monaten ab Antragstellung (oder Erhebung des Widerspruchs) vor. Nur wenn besondere Umstände vorliegen, kann die Klage schon früher erhoben werden. Liegt ein hinreichender Grund für die Verzögerung vor, setzt das Gericht das Verfahren bis zum Ablauf einer von ihm bestimmten Frist aus (§ 75 S. 3 VwGO).

Klagebefugnis

Die von § 42 Abs. 2 VwGO geforderte Klagebefugnis bereitet bei der Verpflichtungsklage größere Schwierigkeiten als bei der Anfechtungsklage, da die Erleichterung durch die Adressatentheorie wegfällt. Es muss eine Vorschrift angeführt werden, aus der sich möglicherweise ein subjektives öffentliches Recht des Klägers auf Erlass des begehrten Verwaltungsakts oder zumindest eine geschützte Rechtsposition ergibt, die durch die Ablehnung oder Unterlassung des Verwaltungsakts verletzt sein kann.

c) Begründetheit der Verpflichtungsklage

Nach § 113 Abs. 5 S. 1 VwGO ist die Verpflichtungsklage begründet, soweit die Ablehnung oder Unterlassung des Verwaltungsaktes rechtswidrig und der Kläger dadurch in seinen Rechten verletzt ist. § 113 Abs. 3 VwGO ist auf Verpflichtungsklagen nicht anwendbar[27]. Maßgebend ist grundsätzlich die Sach- und Rechtslage im Zeitpunkt der letzten mündlichen Verhandlung, da kein abgeschlossenes Verwaltungshandeln auf Rechtmäßigkeit überprüft wird, sondern die Behörde zu einem zukünftigen Verhalten verpflichtet werden soll[28]. Die Formulierung des § 113 Abs. 5 S. 1 VwGO verleitet dazu, nach einer Ermächtigungsgrundlage für die Ablehnung zu suchen. Es geht aber bei der Verpflichtungsklage nicht um die Berechtigung eines Eingriffs, sondern darum, dass der Bürger die Behörde zwingen lassen will, einen Verwaltungsakt zu erlassen. Die Begründetheit der Verpflichtungsklage setzt daher in der Regel voraus, dass der Kläger einen Anspruch auf den begehrten Verwaltungsakt hat[29]. Wie im Zivilrecht ist eine Anspruchsgrundlage zu suchen und durchzuprüfen. Ein subjektives öffentliches Recht auf Vornahme eines Verwaltungsakts kann sich aus einem öffentlich-rechtlichen Vertrag, einem anderen Verwaltungsakt, insbesondere einer Zusicherung im Sinne des § 38 VwVfG, oder unmittelbar aus dem Gesetz ergeben. Die Rechtmäßigkeit der Ablehnung prüft man nur dann, wenn das Gesetz nicht positiv die Anspruchsvoraussetzungen regelt, sondern wie vielfach bei Verboten mit Erlaubnisvorbehalt[30] stillschweigend als Grundsatz von einem Anspruch des Bürgers auf die Erlaubnis ausgeht und sich darauf beschränkt, die Ablehnungsgründe aufzuzählen (z.B. in § 57 GewO für die Reisegewerbekarte, in § 4 GastG für die Gaststättenerlaubnis). Der weiteren Anforderung, dass der Kläger in seinen Rechten verletzt sein muss, kommt bei der Verpflichtungsklage keine große Bedeutung zu, da bereits bei der Rechtmäßigkeitsprüfung das Recht des Bürgers geprüft wird.

---

27 BVerwG NVwZ 1999, 65.
28 Kopp/Schenke, § 113 Rdnrn. 217 ff. mwN.
29 Eingehend dazu Proppe, JA 1999, 58 und Wehr, Jura 1998, 575.
30 Näher dazu Gusy, JA 1981, 80.

Ist die Klage begründet, hängt die Entscheidung des Gerichts davon ab, ob die Sache spruchreif ist oder nicht. Nur im Bereich der gebundenen Verwaltung kann das Gericht abschließend darüber befinden, ob der beantragte Verwaltungsakt erlassen werden muss. Es verpflichtet dann die Verwaltung durch sog. **Vornahmeurteil**, die beantragte Amtshandlung vorzunehmen (§ 113 Abs. 5 S. 1 VwGO). Bleibt der Verwaltung noch ein Ermessensspielraum, so darf das Gericht wegen des Grundsatzes der Gewaltenteilung diesen Spielraum nicht selbst ausfüllen, sondern kann die Verwaltung durch sog. **Bescheidungsurteil** nur verpflichten, den Kläger unter Beachtung der Rechtsauffassung des Gerichts (neu) zu bescheiden (§ 113 Abs. 5 S. 2 VwGO)[31].

3. Allgemeine Leistungsklage

Aufbauschema:

I. **Zulässigkeit der allgemeinen Leistungsklage**
1. Allgemeine Zulässigkeitsvoraussetzungen
2. Statthaftigkeit der Klageart
Die allgemeine Leistungsklage ist nach §§ 43 Abs. 2 S. 1, 111, 113 Abs. 4 VwGO iVm § 40 Abs. 1 VwGO und Art. 19 Abs. 4 GG statthaft zur Durchsetzung des Anspruchs auf eine Leistung (Handeln, Dulden, Unterlassen), die nicht im Erlass oder in der Aufhebung eines Verwaltungsakts besteht.
3. Besondere Zulässigkeitsvoraussetzungen
Grundsätzlich nur Klagebefugnis analog § 42 Abs. 2 VwGO (str.)

II. **Begründetheit der allgemeinen Leistungsklage**
Die allgemeine Leistungsklage ist begründet, soweit der Kläger einen Anspruch auf die begehrte behördliche Maßnahme (Handeln, Dulden oder Unterlassen) hat und er durch das zuwiderlaufende Verwaltungshandeln in seinen Rechten verletzt ist.

Erläuterungen:

a) Statthaftigkeit der Klageart

Die allgemeine Leistungsklage ist in der Verwaltungsgerichtsordnung nicht umfassend geregelt, jedoch in §§ 43 Abs. 2 S. 1, 111 S. 2, 113 Abs. 4 angesprochen und in Verbindung mit § 40 Abs. 1 VwGO und Art. 19 Abs. 4 GG **statthaft zur Durchsetzung des Anspruchs auf eine Leistung (Handeln, Dulden, Unterlassen), die nicht im Erlass oder in der Aufhebung eines Verwaltungsakts besteht**[32]. Dem Bürger steht die allgemeine Leistungsklage insbesondere zur Verfügung, um die Verurteilung der Verwaltung zu erreichen

- zur Auszahlung von Geld aufgrund eines Bewilligungsbescheids oder unmittelbar aus dem Gesetz,

- zur Beseitigung eines durch die Verwaltung geschaffenen rechtswidrigen Zustandes (Beseitigungs- oder Abwehrklage),

---

31 Zu den Anforderungen an die Umsetzung der Entscheidung siehe VGH München NVwZ-RR 1999, 410.
32 Zur allgemeinen Leistungsklage siehe Ehlers, Jura 2006, 351; Erichsen, Jura 1992, 384; Frotscher, Jura 1980, 1; Schmitt Glaeser/Horn, § 6; Steiner, JuS 1984, 853.

- zum Widerruf ehrenrühriger amtlicher Äußerungen (Widerrufsklage),
- zur Erteilung einer Auskunft (Auskunftsklage),
- zur Unterlassung drohenden rechtswidrigen Verwaltungshandelns (Unterlassungsklage)[33],
- zum Erlass einer Rechtsverordnung, sofern sich das Begehren in einem Leistungsanspruch artikulieren lässt[34].

Umgekehrt kann die Verwaltung den Bürger im Wege der allgemeinen Leistungsklage vor dem Verwaltungsgericht verklagen, wenn sie die erstrebte Leistung nicht selbst verbindlich festsetzen und vollstrecken darf.

b) Besondere Zulässigkeitsvoraussetzungen

Klagebefugnis

Ob auch für die allgemeine Leistungsklage eine besondere Klagebefugnis zu fordern ist, ist in der Literatur umstritten[35]. Die Rechtsprechung, auf deren Einstellung es bei Prozessvoraussetzungen in der Praxis allein ankommt, wendet ganz überwiegend § 42 Abs. 2 VwGO analog an[36]. Dem sollte man sich in Ausbildungs- und Prüfungsarbeiten schon aus klausurtaktischen Überlegungen anschließen, um keinen Leistungspunkt zu verschenken.

Vorverfahren und Klagefrist nur ausnahmsweise

Grundsätzlich braucht (und darf) vor Erhebung der allgemeinen Leistungsklage kein Vorverfahren durchgeführt zu werden. Dementsprechend ist auch regelmäßig keine Klagefrist vorgeschrieben. Bei beamtenrechtlichen Streitigkeiten erklärt ausnahmsweise § 126 Abs. 3 BRRG die §§ 68 ff. VwGO auch für Leistungsklagen für anwendbar, so dass sowohl die Durchführung eines Vorverfahrens als auch die Einhaltung der Klagefrist des § 74 VwGO zwingende Sachurteilsvoraussetzung ist[37].

c) Begründetheit der allgemeinen Leistungsklage

Die allgemeine Leistungsklage ist begründet, wenn der Kläger einen Anspruch auf die begehrte behördliche Maßnahme (Handeln, Dulden oder Unterlassen) hat und er durch das zuwiderlaufende Verwaltungshandeln in seinen Rechten verletzt ist. Der Anspruch des Klägers kann sich wiederum aus einem öffentlich-rechtlichen Vertrag, aus einem Verwaltungsakt oder aus dem Gesetz ergeben. Hängt der Anspruch von einer Ermessensentscheidung ab, ist § 113 Abs. 5 S. 2 VwGO analog anzuwenden.

---

33 Zum öffentlich-rechtlichen Unterlassungsanspruch siehe Köckerbauer/Büllesbach, JuS 1991, 373 und Laubinger, VerwArch 1989, 261.
34 VGH Mannheim NVwZ-RR 2000, 701.
35 Umfassende Nachweise bei Kopp/Schenke, § 42 Rdnr. 62.
36 Ausdrücklich BVerwGE 36, 192, 199.
37 Vgl. Simianer, ZBR 1992, 71; Wind, ZBR 1984, 167.

4. (Allgemeine) Feststellungsklage

Aufbauschema:

I. Zulässigkeit der Feststellungsklage
1. Allgemeine Zulässigkeitsvoraussetzungen
2. Statthaftigkeit der Klageart
Die (allgemeine) Feststellungsklage ist nach § 43 Abs. 1 VwGO statthaft, wenn der Kläger die Feststellung des Bestehens oder Nichtbestehens eines Rechtsverhältnisses oder der Nichtigkeit eines Verwaltungsakts begehrt. In den ersten beiden Fallgruppen ist die Klage aber nur statthaft, soweit er seine Rechte nicht durch Gestaltungs- oder Leistungsklage verfolgen kann oder hätte verfolgen können (§ 43 Abs. 2 S.1 VwGO).
3. Besondere Zulässigkeitsvoraussetzungen
Der Kläger muss ein berechtigtes Interesse an der baldigen Feststellung haben (§ 43 Abs. 1 VwGO letzter Halbsatz).

II. Begründetheit der Feststellungsklage
Die Feststellungsklage ist begründet, soweit das Rechtsverhältnis besteht bzw. nicht besteht oder der Verwaltungsakt nichtig ist.

Erläuterungen:

a) Statthaftigkeit der Klageart

Die (allgemeine) Feststellungsklage ist **in drei Alternativen statthaft**, nämlich wenn der Kläger die Feststellung

- des Bestehens oder
- Nichtbestehens eines Rechtsverhältnisses oder
- der Nichtigkeit eines Verwaltungsakts

begehrt.

Unter einem **„Rechtsverhältnis"** im Sinne des § 43 Abs. 1 VwGO sind die aus einem konkreten Lebenssachverhalt aufgrund einer Norm des öffentlichen Rechts sich ergebenden Beziehungen zwischen Personen oder Personen und Sachen zu verstehen. Feststellungsfähig sind auch einzelne sich aus einem komplexen Rechtsverhältnis ergebende Berechtigungen oder Verpflichtungen sowie künftige Rechtsverhältnisse, soweit sie bereits hinreichend konkretisierbar sind (sog. vorbeugende Feststellungsklage), nicht hingegen unselbstständige Elemente oder Vorfragen eines Rechtsverhältnisses oder die Ungültigkeit von Rechtsnormen[38].

Begehrt der Kläger die Feststellung des Bestehens oder Nichtbestehens eines Rechtsverhältnisses, ist die Klage nur statthaft, soweit er seine Rechte nicht durch Gestaltungs- oder Leistungsklage verfolgen kann oder hätte verfolgen können (§ 43 Abs. 2 S. 1 VwGO)[39]. Die Feststellungsklage ist also in den ersten beiden Alternativen subsidiär gegenüber den anderen Klagearten. Dies beruht darauf, dass ihre Rechtsschutzwirkung hinter der der anderen Klagearten zurückbleibt und

---

38 Zum vorbeugenden Rechtsschutz im Verwaltungsprozess Peine, Jura 1983, 285.
39 Zur Subsidiarität der Feststellungsklage siehe Klenke, NWVBl 2003, 170.

ohne diese Einschränkung die für andere Klagearten vorgeschriebenen besonderen Zulässigkeitsvoraussetzungen, insbesondere Vorverfahren und Klagefrist bei der Anfechtungs- und Verpflichtungsklage, unterlaufen werden könnten.

Bei der dritten Alternative ist nur zu prüfen, ob die behördliche Maßnahme, deren Nichtigkeit geltend gemacht wird, objektiv einen Verwaltungsakt darstellt. Ob dieser tatsächlich nichtig ist, ist eine Frage der Begründetheit. Nach § 43 Abs. 2 S. 2 VwGO gilt die **grundsätzliche Subsidiarität der Feststellungsklage** für diese Alternative nicht. Der Kläger hat also, solange die Klagefrist noch nicht abgelaufen ist, die Wahl zwischen Anfechtungs- bzw. Verpflichtungsklage oder Feststellungsklage. Mit einer Feststellungsklage würde er allerdings ein unnötiges Prozessrisiko eingehen, da die Abgrenzung der Nichtigkeit von der schlichten Rechtswidrigkeit sehr schwierig ist. Eine Feststellungsklage ist daher erst dann sinnvoll, wenn der Verwaltungsakt bereits bestandskräftig geworden ist. Aber selbst dann ist zu überlegen, ob nicht der Weg über einen Antrag an die Behörde auf Wiederaufgreifen des Verfahrens (§ 51 VwVfG) erfolgversprechender ist[40].

b) Besondere Zulässigkeitsvoraussetzungen

Einzige besondere Sachurteilsvoraussetzung der Feststellungsklage ist, dass der Kläger ein **berechtigtes Interesse an der baldigen Feststellung** hat (§ 43 Abs. 1 VwGO letzter Halbsatz). Vorverfahren und Klagefrist sind nur in beamtenrechtlichen Streitigkeiten über § 126 Abs. 3 BRRG vorgeschrieben. Ein berechtiges Interesse an einer Feststellung setzt zunächst voraus, dass das Bestehen oder Nichtbestehen des Rechtsverhältnisses oder die Nichtigkeit des Verwaltungsakts zwischen den Beteiligten streitig ist und dem Kläger durch die Rechtsansicht des Beklagten überhaupt in der Gegenwart noch konkrete Nachteile erwachsen oder in der Zukunft zu besorgen sind[41]. Das in § 43 Abs. 1 VwGO geforderte berechtigte Interesse ist nicht gleichbedeutend mit einem rechtlichen Interesse, sondern schließt jedes als schutzwürdig anzuerkennende Interesse auch wirtschaftlicher oder ideeller Art ein. Das Bundesverwaltungsgericht[42] wendet jedoch zur Vermeidung der dem Verwaltungsprozess fremden Popularklage die Vorschrift des § 42 Abs. 2 VwGO über die Klagebefugnis auf die Feststellungsklage entsprechend an. Dies bedeutet, dass auch die auf Feststellung des Bestehens oder Nichtbestehens eines Rechtsverhältnisses gerichteten Klagen gemäß § 43 Abs. 1 VwGO nur zulässig sind, wenn es dem Kläger dabei um die Verwirklichung seiner Rechte geht, sei es, dass er an dem festzustellenden Rechtsverhältnis selbst beteiligt ist, sei es, dass von dem Rechtsverhältnis eigene Rechte des Klägers abhängen[43].

c) Begründetheit der Feststellungsklage

Die Feststellungsklage ist begründet, soweit das Rechtsverhältnis besteht bzw. nicht besteht oder der Verwaltungsakt nichtig ist.

---

40 Siehe oben Fragen 60 ff.
41 Schmitt Glaeser/Horn, § 5 Rdnrn. 341 ff.
42 BVerwGE 74, 1; NJW 1996, 139.
43 Zur Zulässigkeit verwaltungsgerichtlicher Feststellungsklagen siehe Kunig, Jura 1997, 326.

5. Fortsetzungsfeststellungsklage

Aufbauschema:

I. Zulässigkeit der Fortsetzungsfeststellungsklage
1. Allgemeine Zulässigkeitsvoraussetzungen
2. Statthaftigkeit der Klageart
   Die Fortsetzungsfeststellungsklage ist statthaft nach § 113 Abs. 1 S. 4 VwGO, wenn sich der Verwaltungsakt nach Erhebung der Anfechtungsklage und vor Entscheidung über die Klage durch Zurücknahme oder anders erledigt hat und der Kläger einen Antrag auf Feststellung stellt, dass der Verwaltungsakt rechtswidrig gewesen ist, analog § 113 Abs. 1 S. 4 VwGO, wenn die Klage sich bereits vor Erhebung der Anfechtungsklage oder vor oder nach Erhebung der Verpflichtungsklage erledigt hat und der Kläger einen Antrag auf Feststellung stellt, dass der Verwaltungsakt bzw. die Ablehnung oder Unterlassung des Verwaltungsakts rechtswidrig gewesen ist.
3. Besondere Zulässigkeitsvoraussetzungen
   a) bei Erledigung nach Klageerhebung alle besonderen Zulässigkeitsvoraussetzungen der ursprünglich erhobenen Anfechtungs- oder Verpflichtungsklage, also Vorverfahren, Klagefrist und Klagebefugnis
   b) Fortsetzungsfeststellungsinteresse (§ 113 Abs. 1 S. 4 VwGO am Ende)

II. Begründetheit der Fortsetzungsfeststellungsklage
Die Fortsetzungsfeststellungsklage ist begründet, soweit der Verwaltungsakt bzw. seine Ablehnung oder Unterlassung rechtswidrig gewesen ist und den Kläger in seinen Rechten verletzt hat (§ 113 Abs. 1 S. 4 mit S.1 bzw. Abs. 5 VwGO).

Erläuterungen:

a) Statthaftigkeit der Klageart

Die Fortsetzungsfeststellungsklage ist dem Wortlaut des § 113 Abs. 1 S. 4 VwGO nach statthaft, wenn sich der Verwaltungsakt nach Erhebung der Anfechtungsklage und vor der Entscheidung über die Klage durch Zurücknahme oder anders erledigt hat[44] und der Kläger einen Antrag auf Feststellung stellt, dass der Verwaltungsakt rechtswidrig gewesen ist. Es handelt sich also um eine **Umstellung des Klageantrags**, mit der darauf reagiert wird, dass die ursprüngliche Klage unzulässig geworden ist[45].

Die Statthaftigkeit der Fortsetzungsfeststellungsklage ist durch **zwei Analogieschlüsse** erweitert worden. Zum einen ist die Fortsetzungsfeststellungsklage auch dann statthaft, wenn sich der Verwaltungsakt schon vor Erhebung der Anfechtungsklage erledigt hat[46]. Zum anderen kann das Gericht analog § 113 Abs. 1 S. 4 VwGO auf Antrag auch aussprechen, dass die Ablehnung oder Unterlassung des Verwaltungsakts rechtswidrig gewesen ist, wenn sich die Verpflichtungsklage vor oder nach Klageerhebung erledigt hat[47].

---

44 Umfassend zur Erledigung in der Hauptsache im Verwaltungsprozess Deckenbrock/Dötsch, JuS 2004, 489, 589 und 689.
45 Zur Vertiefung Ehlers, Jura 2001, 415; Erichsen, Jura 1989, 49; Fechner, NVwZ 2000, 121; Göpfert, NVwZ 1997, 143; Hellerbrand, JA 1995, 153; Kunig, Jura 1997, 326; Ogorek, JA 2002, 222; Rozek, JuS 1995, 414, 598, 697; Schenke, Jura 1980, 133; Stein, DVP 2005, 232; Stollenwerk, DVP 1999, 406.
46 BVerwGE 52, 313, 316 mwN.
47 BVerwGE aaO.

Verwaltungsrechtsschutz

b) Besondere Zulässigkeitsvoraussetzungen

Zulässigkeit der ursprünglichen Klage

Hat sich der Verwaltungsakt nach Klageerhebung erledigt, ist die Fortsetzungsfeststellungsklage als **unselbstständige Klage** nur zulässig, wenn die ursprünglich erhobene Anfechtungs- oder Verpflichtungsklage zulässig gewesen ist, also alle allgemeinen und besonderen Zulässigkeitsvoraussetzungen erfüllt hat[48]. Die Fortsetzungsfeststellungsklage ist in dieser Form nur zulässig, wenn zunächst ein Vorverfahren stattgefunden hat, die Klagefrist gewahrt wurde und die Klagebefugnis gegeben war. Hat sich der Verwaltungsakt schon vor Klageerhebung erledigt, findet kein (weiteres) Vorverfahren mehr statt. Erledigt sich der Verwaltungsakt, während die Widerspruchsfrist noch läuft, ist vor deren Ablauf unmittelbar Klage zu erheben. Tritt die Erledigung erst nach Ablauf der Widerspruchsfrist ein, muss zuvor noch innerhalb der Frist Widerspruch eingelegt worden sein, weil die ansonsten eingetretene Bestandskraft jeglicher inhaltlichen Überprüfung entgegen stünde. Die Erhebung der Fortsetzungsfeststellungsklage ist nicht fristgebunden[49]. Besondere Aufmerksamkeit gefunden[50] haben die Ausführungen des Bundesverwaltungsgerichts[51], mit denen es die Notwendigkeit einer Analogie zu § 113 Abs. 1 S. 4 VwGO in Frage gestellt hat: „Im Hinblick darauf, dass nach der Rechtsprechung für die Zulässigkeit einer Klage auf Feststellung der Rechtswidrigkeit eines erledigten Verwaltungsaktes weder die Durchführung eines Vorverfahrens erforderlich noch eine Klagefrist vorgeschrieben ist und sich das Feststellungsinteresse an den Anforderungen des § 43 VwGO und nicht an dem für § 113 I 4 VwGO Vorausgesetzten orientiert, hätte es möglicherweise näher gelegen, von vornherein den Rechtsschutzbereich der allgemeinen Feststellungsklage des § 43 VwGO entsprechend weiterzuentwickeln."

Fortsetzungsfeststellungsinteresse

§ 113 Abs. 1 S. 4 VwGO verlangt ein berechtigtes Interesse des Klägers an der Feststellung, das insbesondere in folgenden Fallkonstellationen angenommen wird:

• drohende Wiederholung eines erledigten Verwaltungsakts, soweit die hinreichend bestimmte Gefahr besteht, dass unter im Wesentlichen unveränderten tatsächlichen und rechtlichen Umständen ein gleichartiger Verwaltungsakt ergehen wird[52],

• Vorbereitung eines nicht offensichtlich aussichtslosen Amtshaftungsprozesses, aber nur, wenn sich der Verwaltungsakt nach Klageerhebung erledigt[53],

• Rehabilitierung gegenüber diskriminierenden Wirkungen[54].

---

48 BVerwGE 26, 161, 167.
49 BVerwG NVwZ 2000, 63 gegen VGH Mannheim DVBl 1998, 835; BWVBl 1989, 352; 1980, 20, der die Jahresfrist des § 58 Abs. 2 VwGO für anwendbar erachtet hat.
50 Vgl. Clausing, JuS 2000, 688; Finger, VR 2004, 145; Schenke, NVwZ 2000, 1255; Wehr, DVBl 2001, 785.
51 AaO.
52 BVerwG NVwZ 1990, 360.
53 BVerwGE 81, 226.
54 Zum Feststellungsinteresse eines Beamten siehe Schnellenbach, DVBl 1990, 140.

DRITTER TEIL

c) Begründetheit der Fortsetzungsfeststellungsklage

Die Fortsetzungsfeststellungsklage ist begründet, soweit der Verwaltungsakt bzw. seine Ablehnung oder Unterlassung rechtswidrig gewesen ist und den Kläger in seinen Rechten verletzt hat[55].

Nach neuerer Rechtsprechung des Bundesverwaltungsgerichts[56] ist mit der gerichtlichen Feststellung der Rechtswidrigkeit des Verwaltungsakts nach § 113 Abs. 1 S. 4 VwGO zugleich seine Erledigung und damit gemäß § 43 Abs. 2 VwGO seine Unwirksamkeit verbindlich festgestellt.

6. Normenkontrollverfahren

Aufbauschema:

I. Zulässigkeit des Normenkontrollverfahrens
1. Deutsche Gerichtsbarkeit
2. Zulässigkeit des Verwaltungsrechtswegs (§ 40 Abs. 1 VwGO)
3. Statthaftigkeit des Normenkontrollverfahrens (§ 47 Abs. 1 mit Abs. 3 u. 4 VwGO)
4. Zuständigkeit des Gerichts (§ 47 Abs. 1 VwGO)
5. Antragsberechtigung (§ 47 Abs. 2 S. 1 VwGO)
6. Vertahrensfähigkeit (§ 62 VwGO)
7. Verfahrensbevollmächtigung (§ 67 VwGO)
8. Ordnungsgemäßer Antrag (§ 47 Abs. 1 und 2 iVm § 81 VwGO)
9. Antragsbefugnis (§ 47 Abs. 2 S. 1 VwGO)
10. Antragsfrist (§ 47 Abs. S. 1 VwGO)
11. Fehlen einer rechtskräftigen Entscheidung (§ 121 VwGO)
12. Fehlen anderweitiger Rechtshängigkeit
13. Allgemeines Rechtsschutzbedürfnis

II. Begründetheit des Normenkontrollverfahrens
Das Normenkontrollverfahren ist begründet, soweit die Rechtsnorm ungültig ist.

Erläuterungen:

a) Statthaftigkeit des Normenkontrollverfahrens

Das Normenkontrollverfahren nach § 47 Abs. 1 VwGO[57] ist statthaft zur Überprüfung der Gültigkeit

1. von Satzungen, die nach den Vorschriften des Baugesetzbuchs erlassen worden sind, sowie von Rechtsverordnungen aufgrund des § 246 Abs. 2 des Baugesetzbuchs,
2. von anderen im Range unter dem Landesgesetz stehenden Rechtsvorschriften, sofern das Landesrecht dies bestimmt[58].

---

55 BVerwGE 48, 331, 335.
56 BVerwGE 105, 370; 116, 1 mit Besprechung von Schenke, JZ 2003, 31.
57 Zum Normenkontrollverfahren siehe Ehlers, Jura 2005, 171; Kintz, JuS 2000, 1090; Konrad, JA 1999, 331; Löhnig, JuS 1998, 315; Pielow, Die Verwaltung 1999, 445; Renck, ZRP 1997, 48; Schmitt Gaeser/Horn, § 8; Schmitz-Rode, NJW 1998, 415.
58 Davon haben bislang Baden-Württemberg, Bayern, Bremen, Hessen, Mecklenburg-Vorpommern, Niedersachsen, Rheinland-Pfalz, das Saarland, Sachsen, Sachsen-Anhalt, Schleswig-Holstein und Thüringen Gebrauch gemacht.

Verwaltungsrechtsschutz

Zu den im Rang unter dem Landesgesetz stehenden Rechtsvorschriften gehören nach Ansicht des Bundesverwaltungsgerichts[59] nach der Zweckrichtung der Normenkontrolle und dem danach gebotenen weiten Begriffsverständnis nicht nur Satzungen und Rechtsverordnungen, sondern auch solche (abstrakt-generellen) Regelungen der Exekutive, die rechtliche Außenwirkung gegenüber dem Bürger entfalten und auf diese Weise dessen subjektiv-öffentliche Rechte unmittelbar berühren. Außerdem erstreckt sich die verwaltungsgerichtliche Normenkontrolle auch auf verordnungsändernde Gesetzesregelungen[60].

Nach § 47 Abs. 3 VwGO können die Länder eine vorrangige Prüfungskompetenz des Landesverfassungsgerichts begründen[61]. Im Übrigen sieht § 47 Abs. 4 VwGO vor, dass das Oberverwaltungsgericht das Verfahren bei Anhängigkeit eines Kontrollverfahrens vor einem Verfassungsgericht bis zur Erledigung dieses Verfahrens aussetzen kann.

Soweit § 47 VwGO den Rechtsschutz nicht zulässt, die untergesetzliche Rechtsnorm der Umsetzung durch einen Vollzugsakt nicht bedarf und ihre Anwendung auf einen bestimmten, in der Wirklichkeit gegebenen Sachverhalt streitig ist, kommt die Feststellungsklage nach § 43 VwGO in Betracht[62].

b) Zulässigkeit des Normenkontrollverfahrens

Das Normenkontrollverfahren nimmt von der Zielrichtung und der Ausgestaltung des Verfahrens her eine Sonderstellung unter den Rechtsbehelfen der VwGO ein, was das Gesetz auch terminologisch deutlich macht, indem es nicht von einer Klage, sondern von einem Verfahren spricht. Dementsprechend ergeben sich auch Unterschiede im Hinblick auf den Aufbau der Zulässigkeitsprüfung und einige allgemeine Zulässigkeitsvoraussetzungen.

Die Deutsche Gerichtsbarkeit und der Verwaltungsrechtsweg müssen gegeben sein, weil das Oberverwaltungsgericht nach § 47 Abs. 1 VwGO nur „im Rahmen seiner Gerichtsbarkeit" entscheiden darf. Zuständig ist nach § 47 Abs. 1 VwGO das Oberverwaltungsgericht des Landes, das die Rechtsnorm erlassen hat. Antragsberechtigt ist nach § 47 Abs. 2 S. 1 VwGO jede natürliche oder juristische Person sowie jede Behörde. Über den Wortlaut dieser Vorschrift hinaus werden aber auch beteiligungsfähige Vereinigungen im Sinne des § 61 Nr. 2 VwGO für antragsberechtigt erachtet. Eine ordnungsgemäße Antragstellung setzt einen schriftlichen Antrag gerichtet auf die Feststellung der Ungültigkeit einer bestimmt bezeichneten Rechtsnorm voraus. Für natürliche und juristische Personen (und Vereinigungen) ist eine besondere Antragsbefugnis gefordert. Den Antrag darf nach § 47 Abs. 2 S. 1 VwGO nur stellen, wer geltend macht, durch die Rechtsvor-

---

59 BVerwGE 94, 335 zur Regelsatzfestsetzung durch Verwaltungsvorschrift; NVwZ 2005, 602 zu gemeindlichen Ausführungsbestimmungen zur Sozialhilfepauschalisierung.
60 BVerwG DVBl 2003, 804; ablehnend Uhle, DVBl 2004, 1272, dagegen Sendler, DVBl 2005, 423.
61 Vgl. dazu näher Kopp/Schenke, § 47 Rdnrn. 95 ff.
62 BVerwG NJW 2000, 3584 für eine Rechtsverordnung des Bundes mit Besprechung von Aulehner in JA 2001, 291.

schrift oder deren Anwendung in seinen Rechten verletzt zu sein oder in absehbarer Zeit verletzt zu werden[63]. Der Antrag kann nur innerhalb von zwei Jahren nach Bekanntmachung der Rechtsvorschrift gestellt werden. Eine rechtskräftige Entscheidung in der gleichen Sache steht einem neuen Verfahren dann entgegen, wenn durch sie ein Antrag auf Überprüfung der angefochtenen Norm abgewiesen worden ist. Ebenso darf grundsätzlich kein anderes Normenkontrollverfahren anhängig sein, wohl aber z.B. eine Anfechtungs- oder Verpflichtungsklage, für deren Ausgang es mittelbar auf die Gültigkeit der Norm ankommt.

c) Begründetheit des Normenkontrollverfahrens

Begründet ist das Normenkontrollverfahren, soweit die angegriffene Rechtsnorm gegen zwingendes höherrangiges formelles oder materielles Recht verstößt[64].

Nicht erforderlich ist, dass der Antragsteller dadurch in seinen Rechten verletzt ist. Das Normenkontrollverfahren sieht zwar eine Antragsbefugnis vor, um eine uferlose Ausbreitung des Verfahrens zu verhindern, stellt sich aber nach seiner Auslösung als ein **„objektives Rechtsbeanstandungsverfahren"** dar[65]. § 47 Abs. 5 S. 2 VwGO bestimmt, dass die Entscheidung, mit der die Rechtsvorschrift für unwirksam erklärt wird, allgemein verbindlich und die Entscheidungsformel vom Antragsgegner ebenso zu veröffentlichen ist, wie die Rechtsvorschrift bekannt zu machen wäre.

122. Anwendungsproblemkreis 10. Die Prüfung der Zulässigkeit und Begründetheit von Anträgen auf Gewährung vorläufigen Rechtsschutzes

I. Problemstellung

Die Rechtsschutzgarantie des Art. 19 Abs. 4 GG gewährleistet nicht nur das formelle Recht und die theoretische Möglichkeit, die Gerichte anrufen zu können, sondern gewährleistet auch die Effektivität des Rechtsschutzes: Der Bürger hat einen Anspruch auf eine tatsächlich wirksame gerichtliche Kontrolle. Dazu gehört angesichts der oft mehrjährigen Dauer von verwaltungsgerichtlichen Verfahren, dass der Zweck des Verfahrens nicht deshalb illusorisch wird, weil durch verwaltungsbehördliche Maßnahmen oder durch Zeitablauf vollendete Tatsachen geschaffen werden[66]. Das zu verhindern ist die Aufgabe des vorläufigen Rechtsschutzes[67]. Da die Verfahren des vorläufigen Rechtsschutzes schneller und kostengünstiger zu einer Entscheidung führen, dabei aber gleichzeitig vielfach durch die immer genauer gewordene Rechtmäßigkeitsprüfung ausreichenden Auf-

---

63 Kritisch dazu Muckel, NVwZ 1999, 963.
64 Zum Prüfungsmaßstab Kopp/Schenke, § 47 Rdnrn. 112 ff.
65 Strittig; zum Meinungsstand vgl. Kopp/Schenke, § 47 Rdnrn. 3 f., zum Einfluss des Antrags auf den Umfang der Nachprüfung BVerwG NVwZ 1994, 272; Schmitt Glaeser/Horn, Rdnr. 435.
66 BVerfGE 35, 263, 274.
67 Zum Vorläufigen Rechtsschutz im Verwaltungsstreitverfahren siehe Brühl, JuS 1995, 627, 722, 818, 916; Büchner/Schlotterbeck, Teil 7; Finkelnburg/Jank, Vorläufiger Rechtsschutz im Verwaltungsstreitverfahren, 4. Aufl. 1998; Huba, JuS 1990, 382, 805, 983; Loos, JA 2001, 698, 871; Mückl, JA 2000, 329; Pietzner/Ronellenfitsch, §§ 51 ff.; Proppe, JA 1996, 332; Schoch, Jura 2001, 671; 2002, 37, 318; Zacharias, JA 2002, 345; speziell zum vorläufigen Rechtsschutz im Prüfungsrecht Zimmerling/Brehm, NVwZ 2004, 651.

Verwaltungsrechtsschutz

schluss über die Einschätzung des Gerichts in der Hauptsache geben, haben sich die Rechtsschutzbegehren verstärkt in den vorläufigen Rechtsschutz verlagert. Hat der Betroffene im vorläufigen Rechtsschutzverfahren Erfolg, so erreicht er häufig auch in der Hauptsache ohne Prozess sein Ziel dadurch, dass die Behörde sich der gerichtlichen Einschätzung beugt und den angegriffenen Verwaltungsakt zurücknimmt bzw. den beantragten erlässt.

II. Gesetzessystematik

Die Verwaltungsgerichtsordnung gewährt vorläufigen Rechtsschutz in zwei Formen: Die §§ 80 bis 80 b VwGO verleihen Widerspruch und Anfechtungsklage grundsätzlich aufschiebende Wirkung. Damit wird der Vollzug belastender Verwaltungsakte gehemmt. Anträge auf Gewährung vorläufigen Rechtsschutzes sind daher nur dann nötig, wenn die aufschiebende Wirkung ausnahmsweise entfällt[68]. § 123 VwGO ermöglicht (zusammen mit der Sondervorschrift des § 47 Abs. 6 VwGO für das Normenkontrollverfahren) für alle anderen Fälle auf Antrag den Erlass einer einstweiligen Anordnung.

III. Anträge auf Anordnung bzw. Wiederherstellung der aufschiebenden Wirkung

Sofern die aufschiebende Wirkung nach § 80 Abs. 2 VwGO kraft Gesetzes oder durch Anordnung der sofortigen Vollziehung entfällt, hat der Betroffene zwei Möglichkeiten:

- Nach § 80 Abs. 4 S. 1 VwGO kann die Behörde, die den Verwaltungsakt erlassen oder über den Widerspruch zu entscheiden hat, die Vollziehung aussetzen. Der Betroffene kann das, wie sich aus § 80 Abs. 6 S. 1 VwGO ergibt, auch beantragen.

- Er kann außerdem gemäß § 80 Abs. 5 VwGO beim Gericht der Hauptsache beantragen, die aufschiebende Wirkung anzuordnen bzw. wiederherzustellen.

Aufbauschema für einen Antrag nach § 80 Abs. 4 VwGO:

I. Zulässigkeit des Antrags
1. Verwaltungsrechtsweg (Sonderzuweisung oder § 40 Abs. 1 VwGO)
2. Statthaftigkeit des Antrags (§ 80 Abs. 4 S. 1 VwGO)
3. Zuständigkeit der Behörde (§ 80 Abs. 4 S. 1 VwGO)
4. Beteiligungs- und Handlungsfähigkeit (§§ 11, 12 VwVfG)
5. Antragsbefugnis (analog § 42 Abs. 2 VwGO)
6. Allgemeines Rechtsschutzbedürfnis

II. Begründetheit des Antrags
Der Antrag ist begründet, soweit
1. die formellen oder materiellen Voraussetzungen der Vollziehbarkeit nicht oder nicht mehr gegeben sind,
2. ernstliche Zweifel an der Rechtmäßigkeit des Verwaltungsakts bestehen oder
3. die Vollziehung für den Pflichtigen eine unbillige, nicht durch überwiegende öffentliche Interessen gebotene Härte zur Folge hätte (vgl. § 80 Abs. 4 S. 3 VwGO)

---

68 Zur aufschiebenden Wirkung und zu den Ausnahmen siehe bereits Frage 117.

DRITTER TEIL

Aufbauschema für einen Antrag nach § 80 Abs. 5 VwGO:

I. Zulässigkeit des Antrags
1. Verwaltungsrechtsweg (Sonderzuweisung oder § 40 Abs. 1 VwGO)
2. Statthaftigkeit des Antrags (§ 80 Abs. 5 VwGO)
3. Zuständigkeit des Gerichts (§ 80 Abs. 5 S. 1 iVm §§ 45 ff. VwGC)
4. Beteiligungs- und Prozessfähigkeit (§§ 61, 62 VwGO)
5. Ordnungsmäßigkeit der Antragstellung (analog §§ 81, 82 VwGO)
6. Antragsbefugnis (analog § 42 Abs. 2 VwGO)
7. Subsidiarität gegenüber Behördenentscheidung im Falle des § 80 Abs. 2 Nr. 1 VwGO (§ 80 Abs. 6 VwGO)
8. Allgemeines Rechtsschutzbedürtnis

II. Begründetheit des Antrags
Der Antrag ist begründet, soweit
1. die formellen oder materiellen Voraussetzungen der Vollziehbarkeit nicht oder nicht mehr gegeben sind,
2. ernstliche Zweifel an der Rechtmäßigkeit des Verwaltungsakts bestehen oder
3. die Vollziehung für den Pflichtigen eine unbillige, nicht durch überwiegende öffentliche Interessen gebotene Härte zur Folge hätte (vgl. § 80 Abs. 4 S. 3 VwGO)

Erläuterungen:

1. Zulässigkeit des Antrags

Verwaltungsrechtsweg

Aus der systematischen Stellung des § 80 VwGO und der Übertragung der Entscheidung auf das Gericht der Hauptsache in Absatz 5 Satz 1 ergibt sich, dass für Aussetzungsanträge nach § 80 Abs. 4 und 5 VwGO der Verwaltungsrechtsweg eröffnet sein muss.

Statthaftigkeit des Antrags

Der Antrag ist nach § 80 Abs. 4 S. 1 und Abs. 5 S. 1 VwGO statthaft,

• wenn er sich auf einen Verwaltungsakt bezieht, der der Anfechtung unterliegt (ein Rechtsbehelf in der Hauptsache braucht noch nicht eingelegt zu sein[69]) und noch nicht bestandskräftig ist,

• gegen den ein Rechtsbehelf nach § 80 Abs. 2 VwGO keine aufschiebende Wirkung hat oder nach § 80 b Abs. 1 VwGO mehr hat oder der von der Behörde faktisch vollzogen wird[70], und

• wenn mit ihm die Aussetzung der Vollziehung (§ 80 Abs. 4 S. 1 VwGO), die Anordnung oder Wiederherstellung der aufschiebenden Wirkung (Absatz 5 Satz 1), die Aufhebung der Vollziehung (Absatz 5 Satz 3) oder die Fortdauer der aufschiebenden Wirkung (§ 80 b Abs. 2 VwGO) begehrt wird.

---

69 BVerfG NJW 1993, 3190; VGH München BayVBl 1988, 17; aA OVG Münster NVwZ-RR 1996, 184.
70 Vgl. dazu Kirste, DÖV 2001, 397.

Verwaltungsrechtsschutz

Zuständigkeit

Zuständig ist nach § 80 Abs. 4 S. 1 VwGO sowohl die Behörde, die den Verwaltungsakt erlassen hat, als auch die Behörde, die über den Widerspruch zu entscheiden hat[71]. § 80 Abs. 5 S. 1 VwGO erklärt das Gericht der Hauptsache für zuständig. Solange noch keine Anfechtungsklage erhoben ist, ist das das Verwaltungsgericht, das nach §§ 45 ff. VwGO zur Entscheidung über eine künftige Anfechtungsklage berufen wäre. Nach Rechtshängigkeit ist es ohne Rücksicht auf die gesetzlichen Zuständigkeitsregelungen das Gericht, bei dem die Anfechtungsklage tatsächlich anhängig ist.

Endet die aufschiebende Wirkung nach § 80 b Abs. 1 S. 1 VwGO vor Eintritt der Unanfechtbarkeit, ist das Oberverwaltungsgericht zuständig dafür, die Fortdauer der aufschiebenden Wirkung anzuordnen.

Beteiligungs- und Handlungsfähigkeit

Der Antragsteller muss im Verwaltungsverfahren gemäß §§ 11, 12 VwVfG, im gerichtlichen Verfahren gemäß §§ 61, 62 VwGO beteiligungs- und handlungs- bzw. prozessfähig sein.

Ordnungsmäßigkeit der Antragstellung

Im gerichtlichen Aussetzungsverfahren ist der Antrag in entsprechender Anwendung des § 81 VwGO schriftlich, beim Verwaltungsgericht auch zur Niederschrift des Urkundsbeamten der Geschäftsstelle zu stellen. Analog § 82 VwGO muss der Antrag den Antragsteller, den Antragsgegner und den Verwaltungsakt bezeichnen sowie erkennen lassen, dass gerichtlicher Rechtsschutz vor der sofortigen Vollziehung begehrt wird. Der Verwaltungsakt und ein etwaiger Widerspruchsbescheid sollen beigefügt werden.

Für das behördliche Aussetzungsverfahren bestehen keine besonderen Anforderungen an Form und Inhalt des Antrags[72]. Nach dem allgemeinen Bestimmtheitsgrundsatz müssen Gegenstand und Rechtsschutzziel des Antrags hinreichend deutlich werden.

Antragsbefugnis

Wenn in der Hauptsache eine besondere Widerspruchs- und Klagebefugnis gegeben sein muss, so ist konsequenterweise auch für den vorläufigen Rechtsschutz entsprechend § 42 Abs. 2 VwGO zu fordern, dass der Antragsteller geltend macht, durch den Vollzug des Verwaltungsakts in seinen Rechten verletzt zu sein.

Subsidiarität im Falle des § 80 Abs. 2 Nr. 1 VwGO

Bei der Anforderung von öffentlichen Abgaben und Kosten ist der Antrag an das Gericht der Hauptsache nach § 80 Abs. 6 S. 1 VwGO zur Entlastung der Verwaltungsgerichte nur zulässig, wenn die Behörde einen Antrag auf Aussetzung der

---

71 Zum Verhältnis von Ausgangs- und Widerspruchsbehörde siehe Pache/Knauff, DÖV 2004, 656.
72 Vgl. auch OVG Münster DVBl 1997, 672.

Vollziehung ganz oder zum Teil abgelehnt hat[73]. Das gilt nach Satz 2 dann nicht, wenn die Behörde über den Antrag ohne Mitteilung eines zureichenden Grundes in angemessener Frist sachlich nicht entschieden hat oder eine Vollstreckung droht.

Allgemeines Rechtsschutzbedürfnis

Das bei jedem Rechtsbehelf erforderliche allgemeine Rechtsschutzbedürfnis fehlt nur dann, wenn der Antragsteller unter keinem Gesichtspunkt ein schutzwürdiges Interesse an der Entscheidung haben kann. Bei einem Antrag nach § 80 Abs. 5 S. 1 VwGO ist das insbesondere der Fall, wenn die Behörde verbindlich zu erkennen gegeben hat, dass sie den Verwaltungsakt vor der Entscheidung über das eingelegte Rechtsmittel nicht vollziehen wird.

2. Begründetheit des Antrags

Der Antrag ist zunächst dann begründet, wenn die formellen oder materiellen Voraussetzungen der Vollziehbarkeit nicht oder nicht mehr gegeben sind. Bedeutsam ist das vor allem für die Anordnung der sofortigen Vollziehung[74]. Fehlt die von § 80 Abs. 2 S. 1 Nr. 4 VwGO geforderte besondere Anordnung oder eine dem § 80 Abs. 3 VwGO genügende schriftliche Begründung, ist die Vollziehungsanordnung schon aus formellen Gründen aufzuheben[75]. Materielle Voraussetzung ist nach § 80 Abs. 2 S. 1 Nr. 4 VwGO, dass die sofortige Vollziehung im öffentlichen Interesse oder im überwiegenden Interesse eines Beteiligten geboten ist. War die Interessenbewertung der Behörde fehlerhaft oder hat sich die Interessenlage nachträglich dergestalt verändert, dass die sofortige Vollziehung nicht mehr geboten ist, muss die aufschiebende Wirkung wieder hergestellt werden.

Welche Maßstäbe im Übrigen für die Entscheidung über den Aussetzungsantrag gelten, hat der Gesetzgeber in § 80 Abs. 4 S. 3 VwGO für den Fall des § 80 Abs. 2 S. 1 Nr. 1 VwGO ausgesprochen: Die Aussetzung soll bei öffentlichen Abgaben und Kosten erfolgen, wenn ernstliche Zweifel an der Rechtmäßigkeit des angegriffenen Verwaltungsakts bestehen oder wenn die Vollziehung für den Abgaben- oder Kostenpflichtigen eine unbillige, nicht durch überwiegende öffentliche Interessen gebotene Härte zur Folge hätte. Diese beiden Kriterien können auf die anderen Fälle der sofortigen Vollziehbarkeit übertragen werden.

In erster Linie sind also die erkennbaren Erfolgsaussichten in der Hauptsache maßgeblich[76]. In der Fallbearbeitung muss daher im Rahmen der Begründetheitsprüfung die Rechtmäßigkeit des Verwaltungsakts in Form einer Schachtelsubsumtion untersucht werden. Dabei ist grundsätzlich genauso sorgfältig vorzugehen wie sonst auch bei einer Rechtmäßigkeitsprüfung. Die Einschränkungen („erkennbare" Erfolgsaussichten, „ernstliche" Zweifel) erklären sich daraus, dass im Ver-

---

73 Zu den prozessualen Konsequenzen eines fehlenden behördlichen Hinweises auf § 80 Abs. 6 VwGO Kutsch, VR 2004, 361.
74 Zur Prüfung der Rechtmäßigkeit der Anordnung der sofortigen Vollziehung siehe bereits den Anwendungsproblemkreis 8 in Frage 118.
75 Zur Heilung von Begründungsmängeln nach § 80 Abs. 3 S. 1 VwGO im Lichte der Beschleunigungsgesetze vgl. OVG Bremen NVwZ-RR 1999, 682; Tietje, DVBl 1998, 124.
76 BVerfG NVwZ-Beilage I 2/1999, 9.

fahren des vorläufigen Rechtsschutzes regelmäßig keine umfassende Beweisaufnahme durchgeführt werden kann, betreffen also grundsätzlich nur die Vollständigkeit und Richtigkeit der tatsächlichen Entscheidungsgrundlagen und nicht ihre rechtliche Würdigung. Bestehen ernstliche Zweifel an der Rechtmäßigkeit des Verwaltungsakts, soll die Vollziehung ausgesetzt werden.

Ist der Verwaltungsakt offensichtlich rechtmäßig, soll die aufschiebende Wirkung trotzdem angeordnet bzw. wiederhergestellt werden, wenn der sofortige Vollzug eine unbillige, nicht durch überwiegende öffentliche oder private Interessen gebotene Härte zur Folge hätte. Nicht nur die Ausgangs- und die Widerspruchsbehörde, sondern auch das Gericht hat dazu eine eigene Ermessensentscheidung zu treffen, in die alle im Einzelfall betroffenen Interessen einzubeziehen sind.

Ist der Antrag begründet, setzt die Ausgangs- oder Widerspruchsbehörde die Vollziehung gemäß § 80 Abs. 4 S. 1 VwGO aus. Bei der Anforderung von öffentlichen Abgaben und Kosten kann sie die Vollziehung auch gegen Sicherheit aussetzen (Satz 2). Das Gericht entscheidet durch Beschluss (vgl. § 80 Abs. 7 S. 1 VwGO). In dringenden Fällen kann der Vorsitzende allein entscheiden (Absatz 8). Im Beschluss wird ein unzulässiger Antrag verworfen, ein unbegründeter zurückgewiesen. Hat der Antrag Erfolg, so ordnet das Gericht in den Fällen des § 80 Abs. 1 S. 1 Nr. 1 bis 3 und Satz 2 VwGO die aufschiebende Wirkung ganz oder teilweise an; im Falle des § 80 Abs. 2 S. 1 Nr. 4 VwGO stellt es die aufschiebende Wirkung ganz oder teilweise wieder her. Gemäß § 80 Abs. 5 S. 4 und 5 VwGO kann die Aussetzung der Vollziehung gegen Sicherheitsleistung, unter anderen Auflagen oder befristet erfolgen. Ist der Verwaltungsakt bereits vollzogen, kann das Gericht zugleich die Aufhebung der Vollziehung anordnen (Satz 3). Das Gericht kann Beschlüsse über Anträge nach Absatz 5 gemäß Absatz 7 jederzeit von Amts wegen oder auf Antrag ändern oder aufheben[77].

3. Besonderheiten bei Verwaltungsakten mit Doppelwirkung

§ 80 Abs. 1 S. 1 und 2 sowie § 80 a VwGO regeln den vorläufigen Rechtsschutz bei Verwaltungsakten mit Doppelwirkung. Gemeint sind solche Verwaltungsakte, die einen Betroffenen begünstigen, damit zugleich einen anderen belasten, also Verwaltungsakte mit Drittwirkung. § 80 a VwGO unterscheidet zwei Erscheinungsformen: Absatz 1 regelt den Fall, dass ein Dritter einen Rechtsbehelf gegen den an einen anderen gerichteten, diesen begünstigenden Verwaltungsakt einlegt. Leitbild ist der Widerspruch oder die Klage eines Nachbarn gegen die dem Bauherrn erteilte Baugenehmigung. Weitere Anwendungsfälle bilden die Konkurrentenklagen im Wirtschafts- und Subventionsrecht[78]. Absatz 2 erfasst den Fall, dass ein Betroffener gegen einen an ihn gerichteten belastenden Verwaltungsakt, der einen Dritten begünstigt, einen Rechtsbehelf einlegt. Diese Fallgestaltung liegt zum Beispiel vor, wenn der Bauherr eine Stilllegungs- oder Beseitigungsanordnung anficht, die im Interesse des Nachbarn erlassen worden ist.

---

77 Zur Methodik der gerichtlichen Entscheidung nach § 80 Abs. 5 VwGO siehe Proppe, JA 2004, 324.
78 Vgl. Erichsen, Jura 1994, 385.

DRITTER TEIL

Der Verwaltungsakt mit Doppelwirkung wird wie jeder andere Verwaltungsakt mit der Bekanntgabe gemäß § 43 Abs. 1 VwVfG wirksam. Der Begünstigte kann von ihm Gebrauch machen, der Belastete hat ihm Folge zu leisten bzw. die für ihn nachteiligen Wirkungen hinzunehmen. Wenn der Belastete damit nicht einverstanden ist, muss er Rechtsbehelfe einlegen. Damit tritt grundsätzlich aufschiebende Wirkung ein (§ 80 Abs. 1 S. 1 und 2 VwGO). Diese bewirkt, dass der Belastete dem Verwaltungsakt noch nicht nachkommen muss, der Begünstigte von der Begünstigung noch keinen Gebrauch machen darf. Das hat die Behörde dem Begünstigten unverzüglich mitzuteilen und notfalls durch geeignete Anordnungen durchzusetzen. Kommt sie dieser Pflicht auch auf Antrag des Rechtsbehelfsführers nicht nach, kann dieser nach § 80 a Abs. 1 Nr. 2 mit Abs. 3 VwGO eine gerichtliche Entscheidung herbeiführen.

Soweit aufschiebende Wirkung eintritt, kann der Begünstigte gemäß § 80 a Abs. 1 Nr. 1 und Abs. 2 VwGO einen Antrag auf Anordnung der sofortigen Vollziehung an die Ausgangs- oder die Widerspruchsbehörde stellen. Gibt die Behörde dem Antrag statt, ist der Verwaltungsakt (wieder) vollziehbar. Der Belastete kann dagegen gemäß § 80 a Abs. 3 S. 1 VwGO das Gericht anrufen. Lehnt die Behörde den Antrag auf Erlass der Anordnung der sofortigen Vollziehung ab, kann der Begünstigte ebenfalls gemäß § 80 a Abs. 3 S. 1 VwGO das Gericht anrufen. Für das Verfahren und die Rechtsbehelfsmöglichkeiten verweist Satz 2 auf die Regelungen in § 80 Abs. 5 bis 8 VwGO.

Umstritten ist, ob sich der Betroffene, statt zunächst einen Antrag auf Anordnung bzw. Aussetzung der sofortigen Vollziehung an die Ausgangs- oder Widerspruchsbehörde zu richten, auch unmittelbar an das Verwaltungsgericht wenden kann[79]. Die Rechtsprechung macht die Zulässigkeit eines Antrags nach § 80 a Abs. 3 VwGO nicht generell von einer vorherigen erfolglosen Antragstellung bei der Behörde abhängig. Sie wird jedoch überwiegend verlangt für den Antrag des Begünstigten auf Anordnung der sofortigen Vollziehung nach § 80 a Abs. 1 Nr. 1 VwGO[80] sowie zum Teil für den Antrag auf Aussetzung der Vollziehung für den Fall, dass die Behörde noch keine Abwägung der Belange des Adressaten und des Dritten vorgenommen hat, die Vollziehbarkeit also auf dem Gesetz beruht[81].

Für die Ermessensentscheidung der Behörde oder des Gerichts gelten zunächst die gleichen Grundsätze wie für § 80 Abs. 4 und 5 VwGO. Dabei muss aber den Besonderheiten von Verwaltungsakten mit Doppelwirkung Rechnung getragen werden. Zum einen sind die betroffenen Interessen meist vielfältiger und gewichtiger als in den Fällen des § 80 VwGO, was eine sorgfältigere Interessenermittlung, -bewertung und -abwägung notwendig macht. Zum anderen sind die Auswirkungen einer Aussetzung der Vollziehung häufig schwerwiegend und kaum oder nur unter hohen Kosten wiedergutzumachen, so dass auch die Erfolgsaussichten in der Hauptsache noch eingehender untersucht werden müssen[82].

---

79 Zum Streitstand siehe VGH Mannheim, NVwZ 1995, 1004; Christonakis, VR 2004, 261; Heydemann, NVwZ 1993, 419; Kopp/Schenke, § 80 a Rdnrn. 21 f.
80 OVG Bremen NVwZ 1993, 592; OVG Lüneburg NVwZ 1993, 592; VGH München BayVBl 1991, 723.
81 Heydemann, aaO; Jäde, UPR 1991, 295, 296 f.; Schmaltz, DVBl 1992, 230, 234.
82 Redeker/v. Oertzen, § 80 a Rdnrn. 9 ff.

Verwaltungsrechtsschutz

IV. Anträge auf Erlass einer einstweiligen Anordnung

Aufbauschema:

I. Zulässigkeit des Antrags
1. Verwaltungsrechtsweg (Sonderzuweisung oder § 40 Abs. 1 VwGO)
2. Statthaftigkeit des Antrags
   a) gerichtet auf Erlass einer Sicherungsanordnung (§ 123 Abs. 1 S. 1 VwGO) oder einer Regelungsanordnung (§ 123 Abs. 1 S. 2 VwGO)
   b) §§ 80, 80 a VwGO nicht einschlägig
3. Zuständigkeit des Gerichts (§ 123 Abs. 2 iVm §§ 45 ff. VwGO)
4. Beteiligungs- und Prozessfähigkeit (§§ 61, 62 VwGO)
5. Ordnungsmäßigkeit der Antragstellung (§ 123 Abs. 3 VwGO iVm § 920 Abs. 3 ZPO, § 82 Abs. 1 S. 1 VwGO analog)
6. Geltend- und Glaubhaftmachung der Anordnungsvoraussetzungen (§ 123 Abs. 3 VwGO iVm § 920 Abs. 1 und 2 ZPO)
7. Allgemeines Rechtsschutzbedürfnis

II. Begründetheit das Antrags
Der Antrag ist begründet, wenn
1. die Voraussetzungen des § 123 Abs. 1 S. 1 oder 2 VwGO vorliegen,
2. das Gericht im Rahmen seiner Ermessensentscheidung zum Ergebnis kommt, dass der Erlass einer einstweiligen Anordnung geboten erscheint, und
3. das Gericht dem Antrag umfangmäßig stattgeben darf.

Erläuterungen:

1. Zulässigkeit des Antrags

Verwaltungsrechtsweg

Das Anordnungsverfahren ist nur zulässig, wenn für das Hauptsacheverfahren der Verwaltungsrechtsweg eröffnet ist.

Statthaftigkeit des Antrags

Der Antrag ist statthaft, wenn er auf ein im Rahmen des § 123 Abs. 1 VwGO liegendes Rechtsschutzziel gerichtet ist. Nach dieser Vorschrift sind zwei Rechtsschutzbegehren zulässig:

• Nach Satz 1 kann das Gericht auf Antrag eine einstweilige Anordnung in Bezug auf den Streitgegenstand treffen, wenn die Gefahr besteht, dass durch eine Veränderung des bestehenden Zustandes die Verwirklichung eines Rechts des Antragstellers vereitelt oder wesentlich erschwert werden könnte. Diese sog. **Sicherungsanordnung** hat nur geringe Bedeutung, da individualrechtlich relevante Veränderungen des bestehenden Zustandes regelmäßig durch Verwaltungsakt erfolgen und damit der vorrangige einstweilige Rechtsschutz über §§ 80, 80 a VwGO eingreift.

Beispiel:
Einstweilige Anordnung auf Unterlassung der Besetzung eines Beförderungspostens, um den sich auch der Antragsteller beworben hat, mit einem anderen Bewerber mit der Folge, dass sich auch für die Bewerbung des Antragstellers die Hauptsache erledigen würde[83].

---

83 BVerwGE 80, 127.

DRITTER TEIL

- Einstweilige Anordnungen sind nach § 123 Abs. 1 S. 2 VwGO auch zur Regelung eines vorläufigen Zustandes in Bezug auf ein streitiges Rechtsverhältnis zulässig, wenn diese Regelung, vor allem bei dauernden Rechtsverhältnissen, um wesentliche Nachteile abzuwenden oder drohende Gewalt zu verhindern oder aus anderen Gründen nötig erscheint. Diese sog. **Regelungsanordnung** kann gegebenenfalls auch zu einer vorläufigen Verbesserung der Rechtsstellung des Antragstellers führen.

Beispiele:
Einstweilige Anordnungen auf Einschreiten der Behörde zur Gefahrenabwehr, auf vorläufige Zulassung zu einer Ausbildung, auf vorläufige Gewährung einer Geldleistung.

Gemäß § 123 Abs. 5 VwGO ist der Antrag nur statthaft, wenn nicht vorläufiger Rechtsschutz über §§ 80, 80 a VwGO in Betracht kommt.

Zuständigkeit des Gerichts

Für den Erlass einstweiliger Anordnungen ist das Gericht der Hauptsache zuständig (§ 123 Abs. 2 S. 1 VwGO). Soweit die Hauptsache noch nicht rechtshängig ist, ist das das Gericht, bei dem die Hauptsache in erster Instanz gemäß den §§ 45 ff. VwGO anhängig gemacht werden müsste. Nach Rechtshängigkeit begründet § 123 Abs. 2 S. 2 VwGO die Zuständigkeit des Gerichts des ersten Rechtszugs, wenn die Hauptsache im Berufungsverfahren anhängig ist, des Berufungsgerichts. In dringenden Fällen kann der Vorsitzende allein entscheiden (§ 123 Abs. 3 S. 3 iVm § 80 Abs. 8 VwGO).

Beteiligungs- und Prozessfähigkeit

Der Antragsteller muss den Anforderungen der §§ 61, 62 VwGO genügen.

Ordnungsgemäße Antragstellung

Die einstweilige Anordnung ergeht nur auf Antrag (vgl. § 123 Abs. 1 S. 1 VwGO). Der Antrag kann vor und nach Erhebung der Klage zur Hauptsache gestellt werden. Er ist nicht mehr zulässig, wenn das Hauptverfahren rechtskräftig abgeschlossen ist. Der Antrag ist grundsätzlich schriftlich oder zur Niederschrift des Urkundsbeamten der Geschäftsstelle einzureichen (§ 123 Abs. 3 VwGO iVm § 920 Abs. 3 ZPO) und muss inhaltlich hinreichend bestimmt sein (analog § 82 Abs. 1 S. 1 VwGO).

Geltend- und Glaubhaftmachung der Anordnungsvoraussetzungen

Besondere Zulässigkeitsvoraussetzung der einstweiligen Anordnung ist gemäß § 123 Abs. 3 VwGO iVm § 920 Abs. 1 und 2 ZPO, dass der Antragsteller das Bestehen eines eigenen Rechts im Sinne des § 123 Abs. 1 S. 1 oder 2 VwGO vorträgt und eine Gefährdung dieses Rechts geltend und glaubhaft macht. Zur Glaubhaftmachung dienen in erster Linie Urkunden und eidesstattliche Erklärungen (vgl. § 294 ZPO).

Allgemeines Rechtsschutzbedürfnis

Das allgemeine Rechtsschutzbedürfnis fehlt z.B., wenn eine Behörde den Erlass einer einstweiligen Anordnung beantragt, obwohl sie die gewünschte Regelung

Verwaltungsrechtsschutz

durch Verwaltungsakt treffen könnte. Strittig ist, ob das Rechtsschutzbedürfnis zu verneinen ist, wenn der Antragsteller sein Anliegen nicht vorher bei der zuständigen Behörde vorgetragen hat. Zumindest dann, wenn die Sache sehr eilig und die Wahrscheinlichkeit gering ist, dass der Antrag von der Behörde rechtzeitig positiv erledigt wird, muss dem Antragsteller der Weg zum Gericht offen stehen.

2. Begründetheit des Antrags

Erste Voraussetzung ist, dass die in § 123 Abs. 1 S. 1 VwGO für die Sicherungsanordnung oder in § 123 Abs. 1 S. 2 VwGO für die Regelungsanordnung aufgestellten Voraussetzungen erfüllt sind. Es muss also der **Anordnungsanspruch** (= das zu schützende materielle Recht) und der **Anordnungsgrund** (= die Eilbedürftigkeit einer vorläufigen Regelung) glaubhaft gemacht oder das Gericht in Rechtsfragen bei summarischer Prüfung zu dem Ergebnis gekommen sein, dass die Voraussetzungen vorliegen.

Bei Vorliegen der Anordnungsvoraussetzungen hat das Gericht eine **Ermessensentscheidung** darüber zu treffen, ob es eine einstweilige Anordnung erlässt und welchen Inhalt sie hat. Das Gericht muss bei seiner Entscheidung alle tangierten öffentlichen und privaten Interessen des Antragstellers, des Antragsgegners, betroffener Dritter sowie der Allgemeinheit gegeneinander abwägen[84]. Zu beachten sind insbesondere die Bedeutung und Dringlichkeit des Anspruchs, die Zumutbarkeit, eine Entscheidung in der Hauptsache abzuwarten, das Maß einer eventuellen Gefährdung, das bei Erlass der einstweiligen Anordnung bzw. bei ihrer Unterlassung besteht. Auch die Erfolgsaussichten in der Hauptsache sind zu beachten, soweit sie bereits erkennbar sind[85].

Den **Entscheidungsmöglichkeiten des Gerichts** sind in mehrfacher Hinsicht **Grenzen gesetzt:**

- Das Gericht muss sich zunächst im Rahmen des Rechtsschutzbegehrens halten. Es darf nicht mehr als beantragt und auch nicht etwas qualitativ Anderes zusprechen.

- Das Gericht ist weiter an die Entscheidungsmöglichkeiten in der Hauptsache gebunden. Eine einstweilige Anordnung darf nur auf einen Erfolg gerichtet sein, der auch im Hauptverfahren durch Verpflichtungsklage, allgemeine Leistungsklage oder Feststellungsklage erreicht werden könnte.

- Dem Charakter des Anordnungsverfahrens als Mittel des vorläufigen Rechtsschutzes entsprechend darf das Gericht grundsätzlich nur vorläufige Regelungen treffen, dem Antragsteller nicht schon in vollem Umfang das gewähren, was er nur in einem Hauptsacheverfahren erreichen könnte. Damit ist es regelmäßig ausgeschlossen, der Behörde den Erlass des im Hauptverfahren beantragten Verwaltungsakts aufzugeben[86].

---

[84] BVerfGE 51, 266, 288; BVerwG NVwZ 1988, 828.
[85] BVerwGE 50, 124, 133 f.
[86] Zum Problem der Vorwegnahme der Hauptsache und zum Ermessen im einstweiligen Rechtsschutz Schrader, JuS 2005, 37.

DRITTER TEIL

Beispiel:
Ist eine Baugenehmigung beantragt, kann sie nicht im Wege der einstweiligen Anordnung – auch nicht vorläufig – erteilt werden, da dies zur Errichtung des Bauwerks und damit zu vollendeten Tatsachen führen würde.

Vom Verbot einer Vorwegnahme der Hauptsacheentscheidung ist jedoch im Hinblick auf Art. 19 Abs. 4 GG dann eine Ausnahme zu machen, wenn eine bestimmte Regelung zur Gewährung eines effektiven Rechtsschutzes schlechterdings unabdingbar ist[87].

Beispiele:
Bei Ansprüchen auf Geldleistung kann einstweiliger Rechtsschutz notwendigerweise nur dadurch gewährt werden, dass die Behörde vorläufig zur Gewährung von Sozialhilfe, BAföG, Gehalt o. ä. verpflichtet wird.

Eine Vorwegnahme der Hauptsache kann auch dann unumgänglich sein, wenn es um die fristgebundene Wahrung von Ausbildungs- und Berufschancen des Antragstellers geht.

123. Rechtsmittel

Die am 1.1.1997 in Kraft getretene 6. VwGO-Novelle hat das verwaltungsgerichtliche Rechtsschutzsystem grundlegend verändert. Mit der Einführung der Zulassungsberufung (und der Zulassungsbeschwerde) hatte sie dazu geführt, dass im Regelfall nur noch eine Instanz zur Verfügung steht. Mit Wirkung zum 1.1.2002 hat der Gesetzgeber einige dieser in der Richterschaft und Anwaltschaft zum Teil heftig kritisierten Änderungen durch das Gesetz zur Bereinigung des Rechtsmittelrechts im Verwaltungsprozess wieder korrigiert.

- Gegen verwaltungsgerichtliche Urteile steht den Beteiligten die **Berufung** nach § 124 Abs. 1 VwGO nur zu, wenn sie von dem Verwaltungsgericht oder dem Oberverwaltungsgericht zugelassen wird. Das Zulassungsverfahren ist in § 124 a VwGO geregelt. Die in § 124 Abs. 2 VwGO abschließend aufgeführten Zulassungsgründe[88] verfolgen eine doppelte Zielsetzung. Dem Individualinteresse an einer gerechten Einzelfallentscheidung dienen die Zulassungsgründe Nr. 1 (ernstliche Zweifel an der Richtigkeit des Urteils), Nr. 2 (besondere tatsächliche oder rechtliche Schwierigkeiten der Rechtssache) und Nr. 5 (Verfahrensmangel). In diesen Fällen entscheidet das Oberverwaltungsgericht auf Antrag, der innerhalb eines Monats nach Zustellung des vollständigen Urteils beim Verwaltungsgericht zu stellen und innerhalb von zwei Monaten zu begründen ist, durch Beschluss über die Zulassung der Berufung (§ 124 a Abs. 4 und 5 VwGO). Die Zulassungsgründe Nr. 3 (grundsätzliche Bedeutung) und Nr. 4 (Abweichung von einer Entscheidung des Oberverwaltungsgerichts oder eines höheren Gerichts) haben demgegenüber schwerpunktmäßig das Allgemeininteresse an der Wahrung der Rechtseinheitlichkeit und Rechtsfortbildung im Auge. Insoweit lässt das Verwaltungsgericht die Berufung im Urteil von Amts wegen mit bindender Wirkung für das Oberverwaltungsgericht zu (§ 124 a Abs. 1 bis 3 VwGO). Nach Zulassung der Berufung prüft das Oberverwaltungsgericht den Streitfall innerhalb des Berufungsantrags im glei-

---

87 Vgl. Kopp/Schenke, § 123 Rdnrn. 14 ff.
88 Zu den berufungstypischen Zulassungsgründen siehe Kuhla, DVBl 2001, 172; Seibert, DVBl 1997, 932; speziell zur Zulassung der Berufung wegen ernstlicher Zweifel an der Richtigkeit der erstinstanzlichen Entscheidung BVerfG NVwZ 2000, 1163; Dörries, VR 2001, 109.

Verwaltungsrechtsschutz

chen Umfang wie das Verwaltungsgericht, wobei es grundsätzlich auch neu vorgebrachte Tatsachen und Beweismittel berücksichtigt (§§ 128, 128 a VwGO).

- Gegen verwaltungsgerichtliche Entscheidungen, die nicht Urteile oder Gerichtsbescheide sind, steht den Beteiligten und den sonst von der Entscheidung Betroffenen die **Beschwerde** an das Oberverwaltungsgericht nach Maßgabe des § 146 VwGO zu. Nach Absatz 2 können prozessleitende Verfügungen und Beschlüsse nicht mit der Beschwerde angefochten werden. Bei Streitigkeiten über Kosten, Gebühren und Auslagen muss der Wert des Beschwerdegegenstandes 200 Euro übersteigen (Absatz 3). Die Beschwerde gegen Beschlüsse des Verwaltungsgerichts in Verfahren des vorläufigen Rechtsschutzes (§§ 80, 80 a, 123 VwGO) ist in Absatz 4 geregelt. Das mit der 6. VwGO-Novelle geschaffene Zulassungserfordernis ist wieder aufgegeben und durch ein besonderes Begründungserfordernis ersetzt worden. Auch auf die Beschwerde hin findet eine tatsächliche und rechtliche Überprüfung statt.

- Die **Revision** ist seit jeher von einer Zulassung abhängig gewesen. Gegen Urteile des Oberverwaltungsgerichts und gegen Beschlüsse nach § 47 Abs. 1 S. 1 VwGO steht den Beteiligten gemäß § 132 Abs. 1 VwGO die Revision an das Bundesverwaltungsgericht zu, wenn das Oberverwaltungsgericht oder auf Beschwerde gegen die Nichtzulassung (§ 133 VwGO) das Bundesverwaltungsgericht sie zugelassen hat. Die Revision ist nach § 132 Abs. 2 VwGO nur zuzulassen bei grundsätzlicher Bedeutung der Rechtssache (Nr. 1), entscheidungserheblicher Abweichung von einem Urteil des Bundesverwaltungsgerichts, des Gemeinsamen Senats der obersten Gerichtshöfe des Bundes oder des Bundesverfassungsgerichts (Nr. 2) sowie bei Rüge und Vorliegen eines Verfahrensmangels, auf dem die Entscheidung beruhen kann (Nr. 3). Die Revision kann nur darauf gestützt werden, dass das angefochtene Urteil auf der Verletzung von Bundesrecht oder einer Vorschrift des Verwaltungsverfahrensgesetzes eines Landes, die ihrem Wortlaut nach mit dem Verwaltungsverfahrensgesetz des Bundes übereinstimmt, beruht (§ 137 Abs. 1 VwGO). Das Bundesverwaltungsgericht ist an die in dem angefochtenen Urteil getroffenen tatsächlichen Feststellungen grundsätzlich gebunden (§ 137 Abs. 2 VwGO), führt also nur eine begrenzte Rechtskontrolle durch.

- Mit dem am 1. Januar 2005 in Kraft getretenen Anhörungsrügegesetz[89] ist der Gesetzgeber dem im Plenarbeschluss des Bundesverfassungsgerichts vom 30. April 2003[90] erteilten Gesetzgebungsauftrag nachgekommen. Er hat mit der **Anhörungsrüge** einen fachgerichtlichen außerordentlichen Rechtsbehelf geschaffen, der es den Verfahrensbeteiligten in allen gerichtlichen Verfahren ermöglicht, bei einer auf der Verletzung des rechtlichen Gehörs beruhenden, nicht mehr anfechtbaren gerichtlichen Entscheidung auf die fachgerichtliche Behebung dieser Verletzung hinzuwirken. Die Anhörungsrüge entlastet nicht nur das Bundesverfassungsgericht, sondern schließt auch die durch die Zulassungssperre für die Verfassungsbeschwerde bestehende Rechtsschutzlücke[91]. Für den Verwaltungsprozess findet sich die entsprechende Regelung in dem neu eingefügten § 152 a

---

89 BGBl I 2004, S. 3020.
90 BVerfGE 107, 395.
91 Zum Verhältnis von Anhörungsrüge und Verfassungsbeschwerde Desens, NJW 2006, 1243 und Zuck, NVwZ 2005, 739.

VwGO. Danach ist das Verfahren auf die Rüge eines durch eine gerichtliche Entscheidung beschwerten Beteiligten fortzuführen, wenn ein Rechtsmittel oder ein anderer Rechtsbehelf gegen die Entscheidung nicht gegeben ist und das Gericht den Anspruch des Beteiligten auf rechtliches Gehör in entscheidungserheblicher Weise verletzt hat[92].

---

[92] Näher dazu Schenke, NVwZ 2005, 729.

Sachregister
Die Zahlen verweisen auf die Seiten.

A

Abhilfe 262
Abordnung 50
Abschleppen von Kraftfahrzeugen 63 f., 155, 227 ff.
abstrakt-generelle Regelung 51
abstrakt-individuelle Regelung 51 f., 63
Abwehrklage 242
Adäquanztheorie 216
Adressat 82, 212 ff.
Adressatentheorie 258
Akteneinsichtsrecht 59, 80
allgemeine Feststellungsklage 284 f.
allgemeine Leistungsklage 282 f.
Allgemeinverfügung 52, 63
Altlasten 220
Amt 5
Amtsanmaßung 107
Amtshaftung 15, 181, 287
Amtshilfe 7
Änderung der Sach- oder Rechtslage 121, 127 f.
Androhung der Zwangsmittel 139 ff.
Anfechtungsklage 277 ff.
Anfechtungswiderspruch 242 ff., 260
Angemessenheit 32, 84, 227 ff.
Anhörung 80, 112 ff.
Anhörungsrüge 301 f.
Ankündigung eines Verwaltungsakts 47, 58
Anscheinsgefahr 208
Anspruchsgrundlage 98 f., 281
Anstalt 8
Antrag 96 f., 291 ff.
Anwendung der Zwangsmittel 143
Äquivalenztheorie 216
Arbeitsrecht 14
Aufbauschemata 75 ff.
Aufgabenzuweisung 185
Auflage 70 ff.
Auflagenvorbehalt 73

Aufrechnung 47
aufschiebende Wirkung 145, 264 ff., 290 ff.
Aufsicht 6, 236
Aufsichtsbeschwerde 238
Aufsichtserleichterung 84, 230
ausgeschlossene Personen 80
Auskünfte 47
Auskunftsklage 283
Auslegung 25, 72, 81, 89, 241
Aussagegenehmigung 43
Außenwirkung 23, 48 ff., 60 ff.
Austauschmittel 230
Austauschvertrag 164
Auswahlermessen 84, 152, 232 f.
Ausweisung 20, 25 f., 84 f., 92 f., 112 f., 244, 258
Auszahlung von Geld 47, 282
automatische Einrichtungen 109

B

Beamtenverhältnis 34, 48 ff., 60, 62, 129 ff., 132 f., 242, 244 f., 274, 285, 287
Bebauungsplan 64, 288
Bedingung 67 ff.
Befangenheit 80
Befristung 67 ff.
Befugnisse der Polizei- und Ordnungsbehörden 176 ff., 198 ff.
Beginn des Verfahrens 80
Begnadigungsrecht 57
Begründetheit von Rechtsbehelfen 259 ff., 278 ff., 294 ff.
Begründungspflicht 81, 110 ff., 267 f.
Behördenbegriff 5, 43 f., 185 ff.
Beihilfe 50
Beitreibung 136 f.
Bekanntgabe 81, 248 ff.
Beliehene 8, 11, 44, 55 f.
Benutzungsregelung 52, 63
Benutzungsverhältnis 18 f., 56 f.

Sachregister

Berufung 300 f.
Bescheidungsurteil 282
Beschwerde 238, 301
Beseitigungsanordnung 107, 128 f., 222, 226 f.
Beseitigungsklage 282
Besoldungsdienstalter 50, 129 f.
Besoldungsmitteilung 47
besonderes Gewaltverhältnis 30, 34, 49
Bestand des Staates 203
Bestandsschutz 125
Bestimmtheit 83, 90, 224
Beteiligte 274
Beteiligungsfähigkeit 274
Betreuungsfunktion 1
Betriebsverhältnis 49
Beurteilung eines Beamten 60
Beurteilungsspielraum 25 f.
Bundespolizei 79, 171 f., 184 f.
Bundesverwaltung 7 f.
Bundesverwaltungsgericht 270, 273 f., 301
Bürgerfreundlichkeit 29
Bürgerliches Recht 13

D

Dereliktion 221
Deutsche Gerichtsbarkeit 273
Dienstanweisungen 22
Dienstaufsicht 236
Dienstaufsichtsbeschwerde 238
Dienstfahrt 17
Dienstleistungsfunktion 1
Dienstpostenbewertung 50
dingliche Regelung 46, 63
dringende Gefahr 209

E

Ehrentitel 57
Eigentümer 214 ff.
Eigentumsaufgabe 221
Einbürgerung 26, 72
Eingriffsverwaltung 3
Einlegungsstelle beim Widerspruch 256
Einrichtungen des Staates 203

Einschreiben 251
einstweilige Anordnung 297 ff.
Einvernehmen 61
Einwendungen 238
Einzelfall 50 ff., 63 f.
Einzelrechtsnachfolge 222
Einzelweisung 27 f., 48
elektronischer Rechtsverkehr 80, 252
Empfangsbekenntnis 251 f.
Entpolizeilichung 170
Entschädigung 126, 181 f.
Entschließungsermessen 84, 91, 152, 176, 231 f.
Erforderlichkeit 32, 53 f., 151 f., 226 ff.
erhebliche Gefahr 209
Ermächtigungsgrundlage 30, 81, 144 ff., 198 ff.
Ermessen 25, 32, 36, 84 ff., 110, 121, 152, 175, 231 ff., 269, 282
Ermessensfehler 32, 85 ff.
Ermessensmangel 32, 86 f.
Ermessensmissbrauch 32, 88 f.
Ermessensnichtgebrauch 32, 86 f.
Ermessensreduzierung auf Null 36, 110, 121, 129, 152, 232
Ermessensüberschreitung 32, 87 f.
Ermessensunterschreitung. 32, 86 f.
Ermessensverwaltung 3
Ernennung 50
Ersatzrechtsnormen 22
Ersatzvornahme 143, 149, 152
erwerbswirtschaftliche Betätigung 2, 14
erzwungene Amtshandlung 107, 108
Europäische Union 21, 236 f.
Evidenztheorie 104
Exterritoriale 273

F

Fachaufsicht 236
Fehlen natürlichen Willens 42, 108
fehlerhafte Verwaltungsakte 101 ff.
Festsetzung der Zwangsmittel 142 f.
Feststellung 46
Feststellungsinteresse 285
Feststellungsklage 284 f.
Finanzgerichte 244

Sachregister

Fiskalfunktion 2
Form 80, 95, 97, 139, 165, 246 f., 275, 293
förmliche Rechtsbehelfe 239 ff.
formlose Rechtsbehelfe 237 ff.
Formverwaltungsakt 51
Fortsetzungsfeststellungsinteresse 287
Fortsetzungsfeststellungsklage 286 ff.
freie Erlaubnis 178 f.
freie Verwaltung 3
Frist
   Antrags- 97
   Handlungs- 140, 146 ff.
   Klage- 278, 280 f., 283, 287
   Rechtsbehelfs- 103
   Rücknahme- 126 f.
   Widerrufs- 126 f.
   Widerspruchs- 247 ff.
   Zahlungs- 137
funktionelles Amt 49
funktionelle Zuständigkeit 12, 138, 273
Funktionsbezeichnung 5, 185 f.

G

Gebietsklausel 44 f., 56 f.
Gebietskörperschaft 10
Gebot 45, 210
Gebühren 2, 131 f., 264
gebührenpflichtige Verwarnung 66
gebundene Erlaubnis 178 f.
gebundene Verwaltung 3
Geeignetheit 32, 83, 226
Gefahr 206 ff.
Gefahrenabwehr 191 f.
Gefahrenabwehr gegenüber Verwaltungsträgern 194 f.
Gefahrenverdacht 208 f.
Gefahr im Verzug 209
Gegenvorstellung 238
gegenwärtige Gefahr 209
Geheimhaltung 59, 80
Geldforderungen 136 f.
Gemeinde 10, 183 ff.

gemeindliche Einrichtungen 18 f., 56 f.
Generalermächtigung 16, 36, 91, 177, 201 ff.
gerichtlicher Rechtsschutz 270 ff.
Gesamtrechtsnachfolge 222
Geschäftsverteilungsplan 22, 50
Geschichte des Polizei- und Ordnungsrechts 169 ff.
Gesetz 13, 21, 28 ff.
Gesetzesbindung der Verwaltung 13, 29
Gesetzgebungskompetenz 171 f.
gesetzloser Verwaltungsakt 108 f.
gesetztes Recht 21
gestrecktes Vollstreckungsverfahren 138 ff.
Gewaltenteilung 2, 22, 238, 279, 282
Gewohnheitsrecht 20
Gleichheitsgrundsatz 32 f., 57, 128, 133, 231
Gleichordnung 13, 16
Gnadenrecht 57
Grundrechte 31, 32 f., 35, 57, 60, 89 ff., 93, 115 ff., 128, 179 ff., 217 ff., 231, 258, 290
Grundsätze des Verwaltungshandelns 29 ff.
Grundverhältnis 49
Gutachten 47, 58

H

Handlungsfähigkeit 80, 246
Handlungsformen 27 f., 177 ff.
Hausverbot 56
Hinweis auf die Rechtslage 47, 58, 67, 122
Hochschulbenutzungsverhältnis 18
Hochschulverfassungsstreitigkeit 273
hoheitliche Maßnahme 41 f.
hoheitliche Verwaltung 3

I

Inanspruchnahme nicht verantwortlicher Personen 215 ff.
Individualrechtsgüter 193 f., 203
Informationsfreiheit 59 f.

Sachregister

Inhaber der tatsächlichen Gewalt 214 f., 233
Inhaltsbestimmung 67
instanzielle Zuständigkeit 12, 80, 114, 195 f., 273 f.
intendiertes Ermessen 86, 134 f.
Interessentheorie 16
internationales Recht 14, 21, 236 f.

J

Justizverwaltungsakte 244

K

kirchliche Organe 44
Klagearten 272, 277 ff.
Klagebefugnis 278, 281, 283
Klageerhebung 275
Klagefrist 278, 280, 283, 287
Klageschrift 275
Kollisionsgrundsätze 22 f.
Kommunalverfassungsstreitigkeit 273
konkret-generelle Regelung 52, 63
konkret-individuelle Regelung 51
Konzentrationsmaxime 271
koordinationsrechtlicher Vertrag 164
Körperschaft 8, 10
Kosten des Vorverfahrens 263 f.
Kreisordnungsbehörde 183 f., 196
Kreispolizeibehörde 184 f., 196
Kreuzberg-Urteil 170
Kriminalpolizei 184

L

Landeskriminalamt 184
Landesordnungsbehörde 184 ff., 196
Landesverwaltung 3, 8 ff., 172, 183 ff.
Legalitätsprinzip 176
Leistungsbescheid 137, 142, 156 ff.
Leistungsverhältnis 19
Leistungsverwaltung 3, 18 f., 30 f., 96 ff.

M

Maßnahme 41 f.
medizinisch-psychologische Untersuchung 58

milderes Mittel 32, 83 f., 151 f., 227, 229 f.
Missbrauch einer Rechtsstellung 33
Mitteilungen 47
mittelbare Verursachung 216 f.
mittelbare Verwaltung 8, 10 f.
Mittel der Gefahrenabwehr 177 ff., 223 ff.
Mitwirkung 48, 60 f., 97, 114
modifizierende Auflage 71
Möglichkeit 83, 224 f.
Möglichkeitstheorie 257
Mündlichkeitsgrundsatz 271
Musterentwurf eines einheitlichen Polizeigesetzes 171

N

nachbarschützende Vorschriften 36, 65, 258
Nachbarverhältnis 194
nachgiebiges Recht 13
Nachholung von Verfahrenshandlungen 111 ff., 263 f.
Nebenbestimmungen 66 ff.
Nebentätigkeit 50
Negativkatalog 104
Nichtförmlichkeit des Verwaltungsverfahrens 80
Nichtigkeit 104 f., 107 f., 144, 166, 284 f.
Nichtverwaltungsakt 107 f.
Normenkontrollverfahren 288 f.
Notstandspflicht 215 ff.

O

Oberverwaltungsgericht 270, 273, 289, 300
objektives Recht 35
offenbare Unrichtigkeit 103, 108
Offenkundigkeit des Fehlers 104, 108
öffentliche Meinung 237
öffentliche Ordnung 204 ff.
öffentliche Sicherheit 202 ff.
Öffentliches Recht 14, 44 f., 56, 163, 243
Öffentlichkeitsgrundsatz 271

Sachregister

öffentlich-rechtlicher Vertrag 18, 28, 42, 98, 163 ff.
öffentlich-rechtliche Streitigkeit 15, 243
Opportunitätsprinzip 176, 231
ordentliche Gerichte 15, 244
Ordnungsbehörden 183 ff.
ordnungsbehördliche Verordnung 178, 196, 199
Ordnungsfunktion 1
ordnungspflichtige Personen 212 ff.
Ordnungsverfügung 78 ff., 177 f., 183 ff.
Ordnungsverwaltung 3
Ordnungswidrigkeiten 14, 179, 210
Organ 4
Organwalter 4
Organisationsakt 48, 60
Organisationsform öffentlicher Einrichtungen 18 f.
Organisationsfunktion 2
Organisationsgewalt 4
Organstreitigkeit 273
örtliche Ordnungsbehörde 183 ff., 195
örtliche Zuständigkeit 12, 80, 107, 196 f., 274

P

Parkuhr 227 ff.
Parlamentsvorbehalt 31
Peep-Show 114 ff.
personalvertretungsrechtliche Streitigkeit 242
Petition 236, 238
pflegende Verwaltung 2
pflichtgemäße Ermessensbetätigung 32, 85 ff., 91 ff., 231 ff.
Planung 1
politische Funktion 1
Polizeibegriff 171
Polizeibehörden 184 ff.
polizeipflichtige Personen 212 ff.
Polizei- und Ordnungsrecht 1, 169 ff.
Polizeiverfügung 78 ff., 169 ff., 177
Positivkatalog 104, 107, 109
Postzustellungsurkunde 250 f.
Privatrecht 13 ff., 45, 243

privatrechtliche Hilfsgeschäfte 14
privatrechtliche Verwaltung 3, 14
Privileg der Selbsttitulierung und -vollstreckung 39, 135
Prozessbevollmächtigung 275
Prozessfähigkeit 274 f.
Putativgefahr 208

Q

qualifizierte Gefahr 209 f.

R

Realakte 17, 27 f., 47
Rechenfehler 103, 108
Recht 13 ff.
Recht auf fehlerfreien Ermessensgebrauch 36, 100, 121
Recht auf informationelle Selbstbestimmung 172
rechtliches Gehör 112 f., 271
Rechtmäßigkeit 29 ff., 74 ff., 183 ff., 259 ff., 266 ff.
Rechtsanwendung 25
Rechtsaufsicht 236
Rechtsbehelfsbelehrung 103, 254 f.
Rechtsbehelfsfrist 103, 119, 247 f., 278, 280, 283, 287
Rechtsbehelfsverzicht 119
Rechtsgeschäft 27 f.
Rechtsgestaltung 45
Rechtsgewährung 45
Rechtsgrundlage 98 ff.
Rechtshandlungen 27 f.
Rechtshängigkeit 276
Rechtskraft 119, 275
Rechtsnachfolger 148, 222
Rechtsprechungsorgane 43
Rechtsquellen 20 ff.
Rechtsordnung 13 f., 203
Rechtsschein 105
Rechtsschutzbedürfnis 276, 294, 298 f.
Rechtsschutzgarantie 25, 35, 57, 236 f., 272, 282, 290, 300
Rechtsverhältnis 34, 284, 298
Rechtsverletzung 35, 257 f., 260, 281 ff.

307

Rechtsverordnung 13, 21, 27 f., 50 f., 178, 196, 199
Rechtsversagung 45
Rechtsweg 15, 242 ff.
reformatio in peius 263
Regelung 45 ff.
Regelungsanordnung 298
Regierungsorgane 43
Revision 301
Richterrecht 22
Rückforderung von Dienstbezügen 50, 129 ff.
Rücknahme 123 ff.

S

Sachaufsichtsbeschwerde 238
Sache 214 f.
sachliche Zuständigkeit 12, 80, 188 ff.
Sachzusammenhang 17, 171 f.
Sammelbezeichnung 52
Satzung 1, 21, 27 f., 50 f., 64, 108, 288
Scheingefahr 208
Scherzerklärung 107
schlichtes Verwaltungshandeln 27 f., 46 f., 188
schlichte Rechtswidrigkeit 103
Schreibfehler 103, 108
Schriftform 80, 97, 246 f., 267, 275, 293, 298
Schulbenutzungsverhältnis 34, 61 f.
Schutznormtheorie 258
Schutz privater Rechte 193 f., 203
Selbstbindung der Verwaltung 23
Selbstverwaltung 2, 10, 236
Selbstvornahme 143, 149, 152
Sicherungsanordnung 297
Sittenwidrigkeit 99, 114 ff.
sofortiger Vollzug 137, 153 ff.
sofortige Vollziehung 145, 147 f., 265 ff., 290 ff.
Soldaten 34, 49, 242
Sollvorschrift 26
Sonderordnungsbehörden 184
Sonderpolizeibehörden 172, 184
Sonderprivatrechte 13 f.
Sonderrechtstheorie 17
Sonderverordnungen 22

Sozialgerichte 244, 270
Sparsamkeit 29
Spezialermächtigung 200 f.
Staatsverwaltung 3
Standardmaßnahmen 199
Stand der Technik 224
Statthaftigkeit 244 ff., 277 f., 280, 282 f., 284 f., 286, 288 f., 292 f., 297 f.
statusrechtliches Amt 49
Stellungnahme 47
Stiftung 8, 11
Störer 212 ff.
Störung 207
Strafgefangene 30, 34, 49 f.
Strafrecht 14, 171, 191, 210
Straßenverkehr 17, 55 f., 58, 63 f., 72, 133 f., 188, 191
Studenten 34, 49 f.
Stundung 47
Subjektionstheorie 16
subjektives öffentliches Recht 35 f., 100, 121, 257 ff., 281
Subjektstheorie 17, 20, 243 f.
subordinationsrechtlicher Vertrag 164
Subordinationstheorie 16
subsidiäre Zuständigkeit der Polizei 192 f.
Subsidiarität 24, 175 f., 193 f.
Subventionen 23, 30 f., 134 f., 258

T

Tathandlungen 27 f.
Teilrechtsfähigkeit 8
Teilrechtswidrigkeit 261, 279
Tenorierungsvorschlag 95, 261
Tiere 214 f., 224 f.
Totalvorbehalt 31
Trennungssystem 183
Treu und Glauben 33, 99
Tun 213

U

Übermaßverbot 32
Über-/Unterordnungsverhältnis 16
Umsetzung 50, 62

Sachregister

unaufschiebbare Maßnahmen 170 f., 192 f., 265
Unbeachtlichkeit eines Fehlers 103, 108, 110 f.
unbestimmte Rechtsbegriffe 25
unmittelbarer Zwang 141, 143, 150 ff.
unmittelbare Verursachung 216 f.
unmittelbare Verwaltung 3, 7, 9 f.
Unmittelbarkeitsgrundsatz 271
unrichtige Verwaltungsakte 103, 108
Untätigkeitsklage 281
Unterlassen 213
Unterlassungsklage 283
Unterschrift 109, 246 f.
Untersuchungsausschuss 43
Untersuchungsgefangene 34
Untersuchungsgrundsatz 271
Unverletzlichkeit der Rechtsordnung 203, 211 f.
unvertretbare Handlung 149, 151
Unwirksamkeit 102 f.
Unzweckmäßigkeit 103, 257, 259 ff.

V

Veranstaltungen des Staates 203
Verantwortlichkeit 212 ff.
Verböserung im Widerspruchsverfahren 263
Verbot 45, 177
Verbot mit Erlaubnisvorbehalt 178, 281
Vereinbarkeit mit höherrangigem Recht 89 f., 99, 179 f.
Vereinsverbot 273
Verfahrensvorschriften 80 f., 95 ff., 110 ff.
Verfassungsbeschwerde 236, 301
Verfassungsorgane 43 f., 55
Verfassungsrecht 14, 21, 89 ff., 243
verfristeter Widerspruch 256
Verfügungsgrundsatz 271
Vergleichsvertrag 164
Verhaltensstörer 213 f.
Verhältnismäßigkeit 31 f., 72, 83 f., 88, 93, 99, 151 f., 226 ff., 269
Verkehrszeichen 63 f., 227 ff.
Vermögensschutz 125

Verpflichtungsklage 279 ff.
Verpflichtungswiderspruch 245, 260 f.
Verrichtungsgehilfe 214, 220
Versetzung 50
Vertrauensschutz 33, 89, 125 ff.
vertretbare Handlung 149, 152
Vertretung 246, 264, 275
Verursachungsprinzip 213, 216 f.
Verwahrung 244
Verwaltung 1 ff.
Verwaltungsakt
  Arten 65 f.
  Aufhebung 103, 117 ff., 239 ff.
  auf Unterwerfung 66
  Bedeutung 38 f.
  befehlender 65
  Begriffsmerkmale 39 ff.
  Begründung 81, 110 ff.
  begünstigender 65, 123 ff.
  Bekanntgabe 81, 248 ff.
  belastender 65, 123 ff.
  bestandskräftiger 119, 145 ff.
  dinglicher 46, 63 f.
  einseitiger 66
  elektronischer 80, 252
  Ermessens- 65, 73 f., 91 ff.
  fehlerhafter 102 ff.
  fehlerfreier 102
  feststellender 65
  Funktionen 38 f.
  gebundener 65, 73
  gesetzliche Definition 39
  gestaltender 65
  mehrstufiger 60 f., 66
  - mit Dauerwirkung 66
  - mit Doppelwirkung 65, 295 f.
  - mit Drittwirkung 65, 295 f.
  - mit einmaliger Rechtsfolge 65
  mitwirkungsbedürftiger 66, 163
  nichtiger 104 f.
  Nichtverwaltungsakt 107, 108
  rechtmäßiger 74 ff., 102, 123 ff.
  rechtswidriger 74 ff., 102 ff., 123 ff.
  schriftlicher 80, 109
  unrichtiger 103
  unwirksamer 104 f.
  verfahrensrechtlicher 59 ff., 122
  vollstreckbarer 145 ff.

Sachregister

vollstreckungsrechtlicher 139 ff.
wirksamer 102 f.
Verwaltungsgerichte 270 ff.
verwaltungsinterne Maßnahmen 27 f., 48 ff.
Verwaltungskompetenz 171 f.
Verwaltungskontrolle 235 ff.
Verwaltungspolizei 170
Verwaltungsprivatrecht 19
Verwaltungsrecht 14, 23 f.
verwaltungsrechtliche Sonderverhältnisse 22, 30, 34, 48 ff., 60 ff.
Verwaltungsrechtsschutz 235 ff.
Verwaltungsrechtsträger 7 ff.
Verwaltungsrechtsverhältnis 34
Verwaltungsrechtsweg 15, 242 ff.
Verwaltungsverfahrensgesetz 24
Verwaltungsvollstreckung 135 ff.
Verwaltungsvorschriften 22, 23, 48, 99
Verwaltungszwang 136 ff.
Verwirkung 33
Völkerrecht 14, 21
Vollmacht 246, 275
Vollstreckungsbehörde 137
Vollstreckungsverfahren 137 ff.
Vollzugsbehörde 138, 153
Vollzugspolizei 170
Vorbehalt des Gesetzes 30 f., 81, 108
Vorbereitungshandlung 47, 58
vorbeugende Bekämpfung von Straftaten 192, 199
vorbeugender Rechtsschutz 284
Vorlagebericht 267
vorläufiger Rechtsschutz 290 ff.
Vornahmeurteil 282
Vorrang des Gesetzes 29
Vorverfahren 239 ff.

W

Wahrscheinlichkeit 207
Wandel in der Rechtsprechung 127 f.
Wehrbeauftragter 238
Wehrpflichtige 34
Wesentlichkeitstheorie 31
Widerruf 69 f., 123 ff.
Widerrufsklage 283

Widerrufsvorbehalt 69 f.
Widerspruch 239 ff.
widersprüchliches Verhalten 33
Widerspruchsbefugnis 257 ff.
Widerspruchsbehörde 256, 259, 262 f.
Widerspruchsbescheid 262
Widerspruchsfrist 247 ff.
Widmung 46
Wiederaufgreifen des Verfahrens 119 ff.
Wiedereinsetzung in den vorigen Stand 255 ff.
Wiederherstellung der aufschiebenden Wirkung 291 ff.
wiederholende Verfügung 47, 122
Wiederholungsgefahr 211
Willenserklärung 27, 47
Willkürverbot 32
Wirksamkeit 69, 102, 144, 166
wirtschaftende Verwaltung 3, 14
Wirtschaftlichkeit 29, 134 f.
Wirtschaftsrecht 13 f.

Z

Zivilrecht 13 f.
Zulässigkeit 242 ff., 273 ff., 291 ff.
zur Niederschrift 247
Zusicherung 33, 47, 58, 98, 281
Zuständigkeit 11 f., 80, 107, 114, 137 f., 153, 183 ff., 259, 262 f., 273 f., 293, 298
Zustandsstörer 214 f., 218 ff.
Zustellung 142, 249 ff.
Zustimmung 60 f.
Zuwendungen 23, 30 f., 134 f., 258
Zwangsgeld 141 ff., 149 ff.
Zwangsmittel 149 ff., 179
Zweckmäßigkeit 26, 29, 103, 257, 259 ff.
Zweck-Mittel-Relation 32
Zwecktauglichkeit 32
Zweckveranlasser 217
Zweckverfehlung 124, 134 f.
Zwei-Stufen-Theorie 19, 56 f.
Zweitbescheid 47, 122
zwingendes Recht 13 f.